Negociando com Hitler

TIM BOUVERIE
Negociando com Hitler

A DESASTROSA DIPLOMACIA QUE LEVOU À GUERRA

Traducão:
Jaime Biaggio

CRÍTICA

Copyright © Tim Bouverie, 2019
Copyright © Editora Planeta do Brasil, 2020
Copyright da tradução © Jaime Biaggio, 2020
Todos os direitos reservados.
Título original: *Appeasing Hitler*

Coordenação editorial: Sandra Espilotro
Preparação: Tiago Ferro
Revisão: Eliana Rocha, Carmen T. S. Costa
Índice remissivo: Andrea Jocys
Diagramação: A2
Capa: Departamento de Criação da Editora Planeta do Brasil
Imagem de capa: Ann Ronan Picture Library/Heritage-Images/Alamy/Fotoarena

Dados Internacionais de Catalogação na Publicação (CIP)
Angélica Ilacqua CRB-8/7057

Bouverie, Tim
   Negociando com Hitler: a desastrosa diplomacia que levou à guerra; tradução de Jaime Biaggio / Tim Bouverie. – São Paulo: Planeta, 2020.
   528 p.

ISBN 978-65-5535-190-3
Título original: *Appeasing Hitler*

1. Guerra Mundial, 1939-1945 - História diplomática 2. Hitler, Adolf, 1889-1945 3. Grã-Bretanha - Política e governo - 1936-1945 4. Chamberlain, Neville, 1869-1940 I. Título II. Biaggio, Jaime

| 20-3359 | CDD 940.53 |

2021
Todos os direitos desta edição reservados à
EDITORA PLANETA DO BRASIL LTDA.
Rua Bela Cintra, 986 – 4º andar – Consolação
01415-002 – São Paulo-SP
www.planetadelivros.com.br
faleconosco@editoraplaneta.com.br

Para meus pais,

com amor e gratidão.

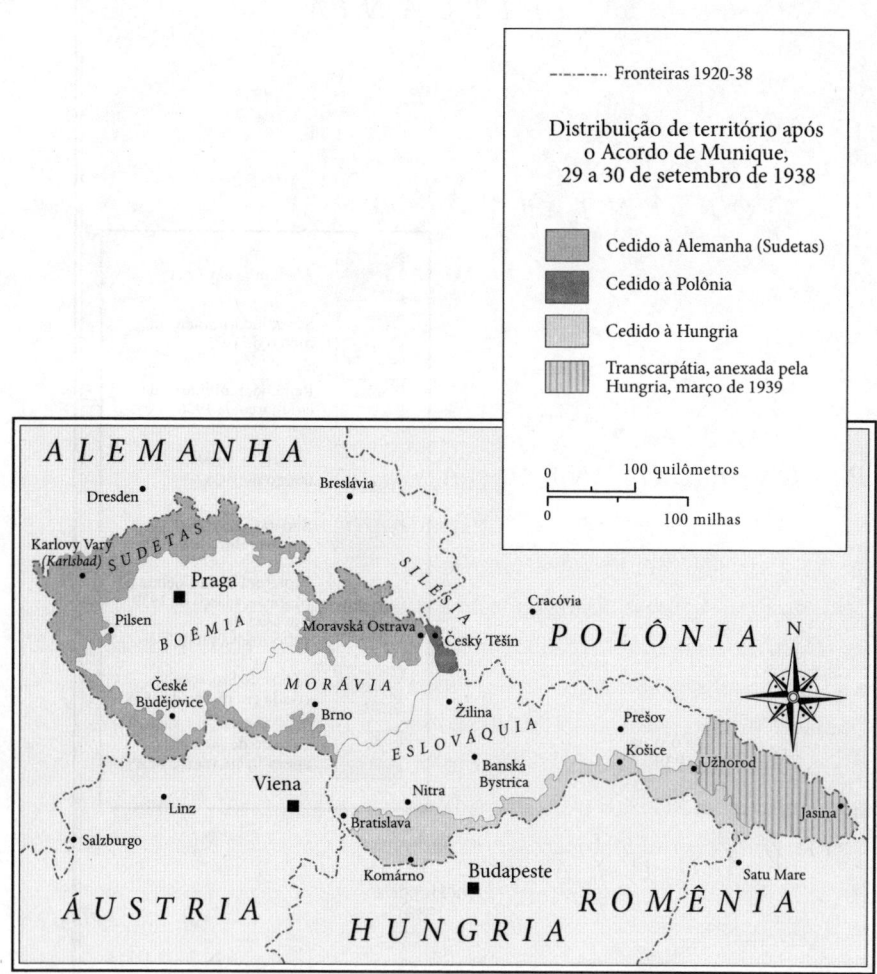

Desmembramento da Tchecoslováquia:
mudanças de fronteira,
outubro de 1938 a março de 1939

Sumário

Prefácio: "Nunca mais!"........................ 11
Prólogo: Irrompe a tempestade 15

I – O experimento com Hitler..................... 21
II – "Falo de armas e do homem" 37
III – Chá com Hitler............................. 59
IV – O imbróglio abissínio 91
V – Através do Reno 103
VI – A defesa do reino......................... 115
VII – A terra encantada de Hitler 127
VIII – Chamberlain se apresenta 141
IX – À caça da paz............................. 159
X – "Chapéus-coco estão de volta!"............. 175
XI – O estupro da Áustria 195
XII – O último trem de Berlim 217
XIII – Honrados e rebeldes 237
XIV – Um país distante......................... 247
XV – Explode a crise 257
XVI – À beira 285
XVII – Um pedaço de papel 305
XVIII – Paz para nosso tempo................... 325
XIX – Chamberlain traído....................... 343
XX – Dissuadindo os ditadores 363

XXI – A última temporada 377
XXII – As horas finais 393
XXIII – Fantasmas do apaziguamento 409
XXIV – A queda de Chamberlain 423
XXV – A última defesa do apaziguamento. 437
Epílogo: "Homens culpados". .443

Agradecimentos. 453
Notas. 457
Fontes e bibliografia. 482
Índice 495

Prefácio
"Nunca mais!"

O desejo de evitar uma nova guerra mundial era talvez o mais compreensível e universal da história. Mais de 16,5 milhões de pessoas morreram durante a Primeira Guerra. Os ingleses perderam 723 mil; os franceses, 1,7 milhão; os russos, 1,8 milhão; o Império Britânico, 230 mil; os alemães, mais de 2 milhões. Vinte mil soldados britânicos morreram no primeiro dia da Batalha do Somme, ao passo que o ossário de Douaumont contém os ossos de cerca de 130 mil soldados franceses e alemães – e isto não passa de 16% dos mortos nos 302 dias da Batalha de Verdun. Entre os sobreviventes, praticamente ninguém deixou de ser afetado. Quase todos tinham pai, marido, filho, irmão, primo, noivo ou amigo morto ou mutilado. Quando acabou, nem os vitoriosos poderiam sentir-se como tal. O cenotáfio, revelado em 19 de junho de 1919 em Whitehall, não era um arco do triunfo, mas um símbolo de perda. A cada Dia do Armistício, milhares de ingleses passavam por ele em silêncio enlutado. Dos dois lados do canal, escolas, vilas, cidades e estações ferroviárias celebravam amigos e colegas com seus próprios memoriais. Nos anos subsequentes, o mantra era tão consistente quanto determinado: "Nunca mais!".

Mas houve mais. Apesar das melhores intenções e dos esforços voltados tanto à conciliação quanto à intimidação, ingleses e franceses se viram em guerra contra o mesmo oponente meros 21 anos após o fim da "guerra para acabar com todas as guerras". O propósito deste livro é contribuir para a nossa compreensão de como isso aconteceu.

O debate a respeito do apaziguamento – a tentativa de Inglaterra e França de evitar uma guerra via concessões "razoáveis" aos agravos alemães e italianos durante os anos 1930 – é tão contínuo quanto controverso. Reprovada, por um lado, como um "desastre moral e material", responsável pelo conflito mais mortal da história, a guerra também já foi descrita como "uma ideia nobre, enraizada no cristianismo, na coragem e no bom senso".[1] Entre esses dois polos estende-se uma vastidão de nuances, subargumentos e escaramuças históricas. A história raramente é preto no branco, e, no entanto, as assim chamadas lições daquela época são citadas por políticos e comentaristas, em particular na Inglaterra e nos Estados Unidos, para justificar uma gama de intervenções em países e territórios estrangeiros – Coreia, Suez, Cuba, Vietnã, Malvinas, Kosovo e Iraque (por duas vezes) –, enquanto, por outro lado, qualquer tentativa de chegar a um acordo com um antigo antagonista é invariavelmente comparada ao infame Acordo de Munique de 1938. Quando comecei a pesquisar este livro, no outono de 2016, o espectro de Neville Chamberlain era evocado por conservadores norte-americanos como parte de sua campanha contra o acordo nuclear do presidente Barack Obama com o Irã, ao passo que hoje o conceito de apaziguamento se revitaliza em meio às dificuldades do Ocidente em reagir ao revanchismo e à agressão dos russos. Um exame renovado dessa política em seu contexto original de conceituação e execução, portanto, se justifica e vem a calhar.

    A literatura disponível a respeito do assunto já é, obviamente, considerável – ainda que não tão extensa ou atualizada quanto por vezes se presume. De fato, livros sobre a Segunda Guerra se multiplicaram ao longo dos últimos vinte anos, mas a escalada e as causas da catástrofe foram relativamente negligenciadas. Além disso, embora tenham surgido muitos ótimos livros sobre o apaziguamento, a maioria tende a se concentrar num evento em particular, como Munique, ou numa só pessoa, como Neville Chamberlain. Já o que eu quis fazer foi escrever um livro que cobrisse o período inteiro – da nomeação de Hitler como chanceler alemão até o fim da "Guerra de Mentira" – para ver como tal política se desenvolveu e as atitudes mudaram. Também quis considerar um painel mais amplo do que aquele formado apenas pelos principais protagonistas. O desejo de evitar a guerra chegando a um *modus vivendi* com os Estados ditatoriais se estendeu muito além da esfera governamental e, portanto, por mais centrais que sejam para esta história Chamberlain, Halifax, Churchill, Daladier e Roosevelt, examinei também atos de figuras menos conhecidas, em especial os de diplomatas amadores. Por fim, quis escrever uma narrativa que capturasse a incerteza, o drama e os dilemas da época. Assim, ainda que haja comentários e análises ao longo dela, meu propósito principal foi construir uma narrativa cronológica, com base em diários, cartas, artigos de jornal e despachos diplomáticos a guiar o leitor por esses anos turbulentos. Nessa busca, tive a sorte de ter acesso a mais de quarenta coleções particulares de documentos – de muitos dos quais extraí material novo e estimulante. Por não querer prejudicar o fluxo narrativo, não ressaltei tais descobertas no corpo do texto, mas, sempre que possível, preferi fontes não publicadas às publicadas tanto na quantidade quanto no detalhamento.

Um livro sobre relações internacionais naturalmente tem escopo internacional. Este, no entanto, é primordialmente um livro sobre a política, a sociedade e a diplomacia britânicas. Por mais estranho que hoje nos pareça, o país ainda era nominalmente o mais poderoso do mundo na década de 1930 – orgulhoso centro de um império que cobria um quarto da superfície do planeta. Era óbvio que os Estados Unidos eram o poder emergente, mas haviam se recolhido ao isolacionismo na sequência da Primeira Guerra, enquanto a França – o único outro poder capaz de cercear as ambições da Alemanha – preferiu abrir mão da iniciativa militar e diplomática em prol da liderança britânica. Portanto, ainda que tivessem preferido não se enredar nos problemas do continente europeu, os franceses perceberam ser – e serem reconhecidos como – o único poder capaz de fornecer a liderança diplomática, moral e militar necessária para conter Hitler e sua ambição pela hegemonia na Europa.

Dentro da Inglaterra, as escolhas que afetariam não só o país, mas talvez todo o mundo, foram feitas por um número incrivelmente pequeno de pessoas. Portanto, as próximas páginas podem soar como uma apologia definitiva à escola histórica da "alta política". No entanto, esses homens (e eram mesmo quase que exclusivamente homens) não operavam num vácuo. Profundamente conscientes de limites políticos, financeiros, militares e diplomáticos – tanto reais quanto imaginários –, os líderes políticos da nação tinham em alta conta também a opinião pública. Numa época em que as pesquisas de opinião ainda eram novidade, esse conceito apresentava-se naturalmente amorfo. E, no entanto, existia – medido por cartas, jornais, comunicação escrita entre cidadãos e autoridades e conversas – e era tratado com absoluta seriedade. Durante a maior parte da década de 1930, os líderes democraticamente eleitos da Inglaterra e da França estavam certos de que suas populações não apoiariam uma política que levasse ao risco de guerra e agiram de acordo com essa percepção. Mas e se a guerra fosse inevitável? E se Hitler se provasse insaciável? E se o puro e simples desejo de evitá-la acabasse por tornar a guerra mais provável?

Prólogo
Irrompe a tempestade

Na noite de sexta-feira, 1º de setembro de 1939, o ex-primeiro lorde do Almirantado, Alfred Duff Cooper, vestiu traje a rigor como sempre para jantar no Savoy Grill com sua esposa Diana e mais três membros do Partido Conservador. Um dia de sol intenso havia se transformado numa noite amena e nada no interior do esplêndido salão de jantar *art déco* indicava uma crise. Mais tarde, ao saírem para a rua, porém, os Cooper ficaram desnorteados ao se verem em meio à completa escuridão – um resultado do blecaute imposto às pressas. Não se encontrava táxi algum e o casal começava a conjeturar como chegaria em casa quando "Bendor" Grosvenor, 2º duque de Westminster, apareceu em seu Rolls-Royce e ofereceu-lhes uma carona. Os Cooper aceitaram-na de bom grado, mas se arrependeram assim que o duque começou a investir contra os judeus, os quais responsabilizava pela guerra que estava por vir. Lembrando-se de serem ele e a esposa convidados no carro do duque, Cooper, cujo temperamento era explosivo, manteve-se calado. Contudo, quando o duque expressou seu júbilo pelo Reino Unido e a Alemanha não estarem ainda em guerra, pois eram "muito bons amigos" do país e de Hitler, o ex-primeiro lorde não se conteve. Antes de sair de supetão do carro em Victoria, explodiu e disse à Sua Excelência esperar que Hitler "logo descobrisse sermos seus mais implacáveis e impiedosos inimigos". No dia seguinte, divertiu-se ao saber que o comentário geral em Westminster era que, se o país acabasse por entrar em guerra, seria por culpa "dos judeus e de Duff Cooper".[1]

Doze horas antes, 1,5 milhão de soldados alemães, 2 mil aviões e mais de 2,5 mil tanques haviam invadido a Polônia por norte, sul e oeste. Naquele momento, os bombardeios da Luftwaffe arrasavam campos de pouso e cidades, enquanto as divisões Panzer já se encontravam em meio à ofensiva-relâmpago pelos campos poloneses. Em Londres, políticos e população tinham certeza de estarem na iminência de uma guerra. Sob os termos do acordo anglo-polonês, assinado apenas seis dias antes, o Reino Unido se comprometia a socorrer a Polônia na sequência imediata de um ataque. "Estamos no mesmo barco agora", assegurou o chanceler do Tesouro, sir John Simon, ao embaixador da Polônia, conde Edward Raczynski, naquela manhã. "A Inglaterra jamais falta à palavra com seus amigos."[2]

Algumas horas mais tarde, o primeiro-ministro Neville Chamberlain gerou vivas na Câmara dos Comuns ao socar a tribuna e declarar que "a responsabilidade por esta catástrofe terrível jaz sobre os ombros de um homem: o chanceler alemão, que não hesita em mergulhar o mundo na desgraça para satisfazer sua ambição desvairada". Ao ouvir tais palavras, o parlamentar conservador Edward "Louis" Spears fez questão de lembrar como Chamberlain, apenas um ano antes, se vangloriara de ter assegurado "a paz para nosso tempo" na Conferência de Munique. Mas naquele instante o primeiro-ministro parecia firme, até mesmo belicoso. O Gabinete autorizara a mobilização total naquela manhã, e o embaixador inglês em Berlim havia dito ao ministro das Relações Exteriores da Alemanha que, caso o governo alemão não estivesse disposto a suspender as hostilidades e retirar suas forças, "o governo de Sua Majestade cumpriria sem hesitar suas obrigações para com a Polônia". O governo britânico, contudo, havia notoriamente deixado de estabelecer um período-limite para aquele semiultimato.[3]

No dia seguinte, sábado, 2 de setembro, o calor tornou-se forte e opressivo. Enquanto os parlamentares, desacostumados a permanecer na cidade durante o fim de semana, tentavam duramente se entreter, nuvens negras começavam a se alinhar no horizonte; claramente uma tempestade se formava. Enquanto isso, continuavam as precauções contra o bombardeio devastador esperado assim que o país declarasse guerra. Mulheres eram evacuadas das cidades, a exemplo das crianças (a maioria das quais havia partido na véspera) e da maior parte das obras clássicas da National Gallery. Sacos de areia eram empilhados em frente a prédios do governo, enquanto, acima das cabeças de todos, uma armada de balões de barragem flutuava languidamente. Num gesto de delirante futilidade, o duque de Windsor, ex-Edward VIII, enviou um telegrama a Hitler, instando-o a "fazer o seu melhor em nome da paz".[4]

À tarde, multidões começaram a se reunir em Whitehall à medida que membros do Gabinete chegavam à Downing Street e congressistas corriam para o Parlamento. A atmosfera, observou o contra-almirante Tufton Beamish, representante conservador de Lewes, era marcadamente diferente daquela de

25 anos antes, quando o país entrara na Primeira Guerra Mundial. "Whitehall então fervilhava de gente entusiasmada, que nem sequer pensava nos milhões que morreriam, no recrutamento que viria, na desgraça, na miséria e no caos... Hoje vejo corações pesados, mentes limpas e severa determinação."[5]

Os membros do Parlamento não estavam tão calmos. Desconcertados pela falta de precisão no pronunciamento de Chamberlain da noite anterior, reuniram-se às 14h45 na Câmara dos Comuns, na expectativa de ouvir que a nação estava em guerra, para então ver sir John Simon surgir e explicar que o primeiro-ministro se atrasara e faria um pronunciamento naquela noite. Rumores preocupantes começaram a se espalhar: o ditador italiano, Benito Mussolini, havia proposto uma reunião de cúpula internacional, e o Gabinete a estaria considerando; o Partido Trabalhista teria se recusado a entrar na coalizão; os franceses preparavam-se para traí-los.

Para matar o tempo e acalmar os nervos, os parlamentares regalaram-se a valer na sala de fumo da Câmara dos Comuns. "Foi incrível o quanto se consumiu de álcool!", recordou o ex-secretário de gabinete lorde Hankey.[6] "As conversas jorravam", lembrou um parlamentar conservador. "Em cada peito uma torturante ansiedade quanto às garantias que havíamos dado à Polônia."[7] "Sentíamos a honra da nação esvanecer-se perante nossos olhos", observou outra testemunha.[8] Soaram afinal os sinos e, tomados de coragem etílica, os parlamentares espremeram-se na Câmara para ouvir uma tardia declaração de guerra, ou assim imaginavam.[9] A atmosfera era a de "uma corte à espera do veredito do júri".[10]

Às 19h42, Chamberlain adentrou o local, festejado por seus apoiadores. Dois minutos depois, empertigou-se. Os membros inclinaram-se para a frente. "Todos e cada um de nós sentíamo-nos tensos, à espera do anúncio de que a guerra fora declarada", escreveu Louis Spears.[11] Mas este não veio. Após falar penosamente sobre as recentes conversas do governo com a Alemanha, o primeiro-ministro confirmou os rumores sobre a proposta da Itália para uma cúpula de cinco países no intuito de resolver a questão germano-polonesa. Estava claro, explicou, que contemplar tal possibilidade enquanto a Polônia "era submetida a uma invasão" seria impossível. Contudo, caso o governo da Alemanha "concordasse em retirar as tropas, estaria então o governo de Sua Majestade disposto a considerar a posição como equivalente à que vigorava antes de forças alemãs cruzarem a fronteira da Polônia". De fato, estariam prontos a engajar-se em quaisquer negociações que então surgissem.[12]

A reação da Câmara foi de espanto. Os poloneses haviam sofrido bombardeios absolutamente terríveis por mais de 36 horas e o governo britânico continuava a evadir-se da questão. Pior, muitos parlamentares concluíam que o primeiro-ministro estava em busca de alguma vergonhosa concessão – uma nova Munique. "Os membros pareciam petrificados em seus assentos", recordou Spears. "O choque foi tamanho que, por um momento, enquanto o primeiro-ministro se sentava, a ausência de movimento foi tão absoluta quanto a de som."[13] Não houve nenhum "Apoiado!" a saudar a conclusão do pronunciamento de Chamberlain.

Quando o líder dos trabalhistas, Arthur Greenwood, ergueu-se para replicar, foi sob o impacto de uma parede de som. Seus próprios correligionários o saudavam, como era normal, mas o extraordinário foi o rugido de aprovação da bancada conservadora. "Fale pela Inglaterra!", gritava o ex-secretário de Estado das Colônias, Leo Amery.[14] Pego de surpresa, Greenwood quase cambaleava. Esteve, contudo, à altura da ocasião, declarando que "cada minuto de atraso implicava pôr em risco os interesses da nação [...] os próprios pilares de nossa honra". O primeiro-ministro poderia até ter boas razões para hesitar, ciente que estava da dificuldade do governo em conseguir que os franceses se comprometessem a um prazo-limite para o ultimato, mas aquilo não podia continuar.

> O momento em que aparentarmos fraqueza será aquele em que a ditadura saberá estarmos vencidos. Não estamos vencidos. Não devemos ser vencidos. Não podemos ser vencidos; mas tardar-se é perigoso, e espero que o primeiro-ministro [...] possa nos informar de sua decisão final quando a Câmara se reunir amanhã ao meio-dia.[15]

Quando Greenwood afinal se sentou, houve alvoroço. Geralmente servis, os ocupantes das fileiras secundárias da bancada conservadora agitavam suas ordens de trabalho e saudavam o líder trabalhista até as raias da rouquidão. "Todos aqueles que desejam morrer insultavam o César", recordou Henry "Chips" Channon, então secretário de gabinete do Secretariado das Relações Exteriores. "A velha ira quanto a Munique havia retornado."[16] Um parlamentar trabalhista pacifista tentou socar um correligionário mais belicoso. Chamberlain ficou pálido. E bem a propósito, pensou Harold Nicolson, congressista do National Labour. "Ali estavam os mais ardentes apoiadores do primeiro-ministro a saudar seu oponente de peito aberto. A primeira fileira da bancada parecia ter tomado um soco no rosto."¹⁷

Em seu assento abaixo da passagem, um homem permanecia em silêncio.

A ninguém o perigo representado pela Alemanha nazista era mais justificado do que a Winston Churchill. Na mais longa e desesperada batalha política de sua vida, desde 1932 vinha se engajando numa ruidosa campanha pelo rearmamento e pela adoção de uma posição mais firme perante as agressões alemãs. E, naquele momento tão crítico, estava quieto. Seu dilema residia no fato de ter concordado, na véspera, em integrar o Gabinete de Guerra e, de certa forma, já se considerar então parte do governo. Por outro lado, nada ouvira de Chamberlain desde então, e o país parecia vacilar em seu compromisso com a Polônia. Exaltado, convocou congressistas de visão próxima a uma reunião às 22h30 daquela noite em seu apartamento. Lá, Anthony Eden, Bob Boothby, Brendan Bracken, Duff Cooper e Duncan Sandys contemplaram uma insurreição aberta. Boothby acreditava que Chamberlain perdera de vez o apoio do Partido Conservador e julgava ser dever de Churchill dirigir-se à Câmara dos Comuns no dia seguinte e assumir o poder.

Àquela altura, a tempestade já havia de fato irrompido. Sob trovões ribombantes como canhões e a chuva a golpear as janelas góticas do palácio de Westminster, doze membros do Gabinete armaram um motim na sala de sir John Simon. Naquela mesma tarde, o Gabinete havia concordado em rejeitar a proposta dos italianos por uma cúpula e emitir um ultimato à Alemanha, a expirar no máximo até a meia-noite, independentemente da posição dos franceses. Agora, os doze ministros – mais da metade do Gabinete – julgavam que o primeiro-ministro havia recuado da decisão e recusavam-se a deixar a sala do chanceler até Chamberlain concordar em fazer uma nova reunião. Aquilo, lembraria o ministro da Agricultura, sir Reginald Dorman-Smith, não tinha precedentes. "Estávamos em greve."¹⁸

Após muitos telefonemas para Paris e um encontro com o embaixador da França, Chamberlain convocou afinal uma nova reunião para as 23h30. Cansados e desarrumados, os ministros dissidentes atravessaram o dilúvio rumo a Downing Street 10, onde foram descobrir, desconcertados, que o secretário das Relações Exteriores, lorde Halifax, havia arranjado tempo para se vestir formalmente. Chamberlain desculpou-se friamente ao Gabinete pelo mal-entendido e explicou os problemas que vinha tendo com os franceses e a recusa deles em contemplar um ultimato enquanto não tivessem acabado de mobilizar suas tropas e evacuar suas mulheres e crianças. Estava, contudo, preparado para aceitar a visão dos colegas de que o Reino Unido precisava emitir seu próprio ultimato, a expirar antes até de o Parlamento voltar a se reunir ao meio-dia do dia seguinte. O embaixador de Sua Majestade em Berlim seria instruído a procurar o ministro das Relações Exteriores da Alemanha às 9 horas do dia seguinte e entregar-lhe um ultimato válido até as 11 horas, horário londrino de verão. Alguém fazia objeções? Nenhuma resposta. "Pois bem, cavalheiros", resumiu Chamberlain. "Isto significa a guerra." "Mal dissera ele tais palavras", recordou Dorman-Smith, "ouvimos o ressoar colossal de um trovão e toda a sala do Gabinete foi iluminada por um ofuscante relâmpago. Jamais em minha vida ouvira um trovejar tão ensurdecedor quanto aquele. Balançou de fato o edifício."[19]

Onze horas depois, Chamberlain falou à nação.

I
O experimento com Hitler

Minha impressão é que as pessoas que direcionam a política do governo de Hitler não sejam normais. Muitos de nós temos de fato a impressão de estar vivendo em um país sob o controle de fanáticos, vândalos e excêntricos.
Embaixador do Reino Unido em Berlim ao Secretariado das Relações Exteriores, 30 de junho de 1933.[1]

O gelo no Tâmisa causava dificuldades aos remadores de Oxford. Em Yorkshire, os East Holderness Foxhounds haviam conseguido desbravar a geada, mas penavam com o mau cheiro. O Hurlingham Club contava com um novo comitê de polo e a popularidade do futebol profissional tinha lamentáveis efeitos sobre o jogo amador. Em seu noticiário doméstico, atrás da seção de Esportes, o *Times* trazia a matéria de um "correspondente especial" sobre a necessidade urgente de uma sala de documentos para armazenar os arquivos do condado de Buckinghamshire; e uma reportagem edificante contava como algumas valises de "soro e bactérias", furtadas do porta-malas do carro de um médico, reencontraram seu dono. A manchete principal no alto da seção Imperial e Estrangeira era sobre a taxa de câmbio na Nova Zelândia. Apenas na página 10, flanqueando uma coluna sobre a mais recente crise ministerial na França, estava a notícia de que o presidente da República Alemã, o marechal de campo Paul von Hindenburg, de 85 anos, recebera o líder do Partido Nacional Socialista dos Trabalhadores Alemães, Adolf Hitler, e o convidara a assumir o cargo de chanceler da Alemanha.[2]

O compromisso de Hitler em 30 de janeiro de 1933 era mais emocionante do que fazia parecer o *layout* anacrônico do *Times*, mas nem tanto. Desde a guerra, a média de duração de um chanceler alemão no cargo era de menos de um ano, e a economia do país vivia uma Grande Depressão, com 24% da força de trabalho desempregada. Ao surgirem no cenário eleitoral em 1930 e crescerem significativamente em julho de 1932, os nazistas haviam causado certa consternação. Mas no decorrer daquele ano haviam perdido votos e muitos consideravam seu auge como passado. Como que para prová-lo, Hitler havia sido forçado a aceitar um governo de coalizão com o chanceler anterior, o católico conservador Franz von Papen, como seu vice-chanceler. Da mesma forma que os conservadores, mais numerosos que os nazistas no ministério, acreditavam poder controlar Hitler, sua presença atenuava a ansiedade internacional. "Hitler tornou-se chanceler na Alemanha", relembrou o parlamentar conservador britânico Cuthbert Headlam, "mas não sozinho – Papen é seu vice-chanceler e uma grande parte do Partido Nacional integra seu gabinete. Não me parece que vá conseguir fazer muito."*³

A figura de Hitler também não causava necessariamente terror aos corações de democratas entusiastas da paz. O *Daily Telegraph* conjecturava como um homem tão pouco inspirador, dono de um "bigodinho ridículo", poderia se provar "tão atraente e impressionante" para o povo alemão.⁴ O *News Chronicle*, de inclinação liberal, ironizava o triunfo do "pintor de paredes austríaco", enquanto o trabalhista *Daily Herald* zombava do "gordinho austríaco com aperto de mão molenga, manhosos olhos castanhos e bigode de Charlie Chaplin". Ainda segundo o *Herald*, nada "na carreira pública do pequeno Adolf Hitler, irritável como uma moça e vaidoso como um galã juvenil, indica que ele possa fugir ao destino de seus predecessores imediatos".⁵

Na véspera, após o colapso de 55 anos de chancelaria do general Kurt von Schleicher, o *Times* observava que um governo Hitler "era considerado a menos perigosa das soluções para um problema fervilhante de perigos".⁶ O comprometimento do líder nazista com a erradicação do Tratado de Versalhes geraria "alguma ansiedade em países estrangeiros", mas, continuava o jornal no dia seguinte, "para ser justo com os nazistas, deve-se admitir não terem, na verdade, ido muito além [...] dos mais constitucionais partidos alemães quanto ao tema da incapacitação alemã".⁷ *The Economist* e o *Spectator* concordavam, ao passo que a *New Statesman*, apoiadora dos trabalhistas, adotava um

---

* Na verdade, Alfred Hugenberg (ministro da Economia) e Franz Gürtner (ministro da Justiça) eram os únicos membros do Partido Popular Nacional Alemão (DNVP). Cinco outros postos eram ocupados por ministros sem qualquer filiação partidária formal.

tom ainda mais confiante: "Não esperemos que judeus sejam exterminados ou o poder dos grandes financistas lhes seja despojado", comentava a revista em 3 de fevereiro de 1933. "Sem dúvida haverá um ataque aos comunistas; mas, se levado a extremos, provocará forte resistência e poderá mesmo resultar em uma 'frente marxista unida' que dará aos nazistas e seus aliados mais do que esperam."[8] No fim das contas, coube ao imperialista *Morning Post* se aproximar da verdade ao argumentar que a mais nova reviravolta na política alemã não trazia bons augúrios à paz interna e previa ser provável que o novo governo "buscasse uma solução para as dificuldades domésticas por meio de aventuras no estrangeiro".[9]

Os acontecimentos de vulto na Alemanha coincidiam, na França, com uma crise política local, como ocorreria com muita frequência nos seis anos seguintes. Em 28 de janeiro, dia da renúncia de Schleicher, os socialistas retiraram seu apoio ao primeiro-ministro Joseph Paul-Boncour devido a seu plano de "salvar" as finanças nacionais com um aumento de 5% em todos os impostos diretos.* Paul-Boncour renunciou e o ministro da Guerra Édouard Daladier, do Partido Radical-Socialista, se tornou primeiro-ministro pela primeira vez.** Apesar disso, a ascensão de Hitler não passou em branco. "A Alemanha mostra agora a sua verdadeira face", comentou *Le Journal des débats*, ao passo que o influente *Paris-Soir* via o país como tendo dado mais um passo rumo à restauração da monarquia e a "uma política externa mais inflexível".[10] Apesar do alarme de alguns dos jornais franceses (em particular os de esquerda), a resposta de outros era mais ambígua. Como no Reino Unido, havia os dispostos a subestimar o "demagogo comum" e "pintor de paredes", enquanto a direita francesa se dividia entre o tradicional antiprussianismo e a admiração pelas bandeiras anticomunistas de Hitler. Assim, apesar de reconhecer o "ódio implacável pela França" de Hitler, *L'Ami du peuple*[11] – de propriedade de François Coty, magnata perfumista e fundador da liga fascista do país – também acreditava que os nazistas prestavam um grande serviço à "civilização" ao darem cabo da

---

* O déficit do país era de £ 100 milhões, segundo a taxa de câmbio da época, e crescia ao ritmo de £ 250 mil por dia. O país, comentava o *Times* em 30 de janeiro de 1933, "vivia na penúria".
** Fundado em 1901, o Partido Radical-Socialista nasceu da tradição radical republicana. Originalmente de esquerda, moveu-se para o centro após a fundação do Partido Socialista em 1905. Quatro entre oito primeiros-ministros que o país teve entre 1933 e 1939 eram radicais-socialistas.

"assustadora experiência bolchevique". Sentimentos semelhantes, ainda que expressos de maneira menos extrema, apareciam em *L'Echo de Paris*, em *Le Petit Journal* e em *La Croix*.

O embaixador da França em Berlim, André François-Poncet, e seu colega inglês, sir Horace Rumbold, haviam descartado Hitler ao final de 1932. Encontravam-se então impassíveis em face da frustração de suas previsões. "O experimento com Hitler teria de ser feito em um momento ou outro", escreveu Rumbold a seu filho, "e veremos agora que frutos dará."[12] François-Poncet concordava. "A França não tem razão para perder a calma", assegurou a Paris em 1º de fevereiro de 1933, mas "deve esperar os próximos atos dos novos mestres do Reich."[13] Não teriam de esperar muito.

Hitler mal fez uma semana de pausa até mostrar ao mundo que a perseguição e a violência características de sua escalada ao poder se tornariam os emblemas de seu governo. Sem maioria no Reichstag, persuadiu Hindenburg a convocar novas eleições, e os nazistas, agora com poder do Estado, lançaram uma campanha de violência e terror. Tropas de choque de camisas marrons interrompiam encontros políticos, vandalizavam sedes dos partidos Comunista e Social-Democrata e espancavam oponentes. A imprensa alemã estava amordaçada, mas correspondentes estrangeiros reportavam com horror crescente a contagem diária de assassinatos, espancamentos e opressão. Seis dias antes da eleição, em 27 de fevereiro de 1933, o Reichstag foi incendiado. Um comunista holandês foi preso no local e os nazistas declararam que o incêndio criminoso marcava o início de uma tentativa de revolução bolchevique. Estava conferida a Hitler a desculpa para estabelecer uma ditadura. Liberdades civis foram suspensas, comunistas e outros oponentes políticos presos em massa, e, em 23 de março, a nova legislatura do Reichstag ratificou o próprio ocaso ao passar a Lei Habilitante, que conferia a Hitler o direito de governar por decreto. Naquele mesmo mês, uma fábrica de explosivos depauperada na Bavária, imediatamente ao norte da cidadela medieval de Dachau, foi convertida em um campo para a "custódia protetora" de prisioneiros políticos.

E então vieram os judeus.

Nem alemães nem humanos de fato, segundo Hitler, os judeus eram culpados pela maioria das mazelas do país. Desde o início da escalada nazista, eram alvo liberado para as SA, que vandalizavam suas propriedades e cometiam agressões e assassinatos impunemente. Em 1º de abril de 1933, ocorreu o primeiro ato persecutório de alcance nacional, um boicote dos nazistas a lojas e empresas de propriedade de judeus. A reação internacional foi de ultraje. Quarenta mil pessoas protestaram no Hyde Park e houve outras manifestações em Manchester, Leeds e Glasgow, assim como em Nova York. O *Scotsman* chamou o acontecimento de o "ápice do ódio", e lorde Reading, ex-secretário das Relações Exteriores e apenas o segundo judeu praticante a integrar o Gabinete, renunciou à presidência da Associação Anglo-Germânica.[14] Joseph Goebbels, diminuto ministro da Propaganda da Alemanha, suspendeu o boicote no dia seguinte, mas isto não interrompeu a remoção de judeus e outros "indesejáveis" de todas as áreas da vida pública alemã. Para a grande maioria era impossível encontrar alternativas de trabalho, e milhares foram forçados ao exílio. O expurgo, observou o embaixador do Reino Unido, não poupou judeus de reputação internacional, como o compositor Arnold Schoenberg, os maestros Bruno Walter e Otto Klemperer e o físico Albert Einstein. Nem mesmo Mendelssohn, falecido em 1847, conseguiu escapar à revolução nazista, e seu retrato foi retirado do hall da Filarmônica de Berlim.

Claro, havia quem preferisse não acreditar nas histórias de atrocidades relatadas nos jornais e em livros como *The Brown Book of Hitler Terror and the Burning of the Reichstag* [O livro marrom do terror de Hitler e o incêndio do Reichstag], publicado em agosto de 1933. Por exemplo, lorde Beaverbrook, dono dos jornais populares *Daily Express* e *Evening Standard*, visitou Berlim em março de 1933 e retornou convencido de que "as histórias sobre perseguição aos judeus são exageradas".[15] Previsivelmente, esse era o discurso adotado pelo governo alemão e por seus apoiadores diante das perguntas de visitantes – ainda que a maioria não se desse ao trabalho de fazê-las, por descaso ou temor. "Todos os relatos do estrangeiro são embustes e mentiras", escreveu o fervoroso coronel nazista Ernst Heyne ao general inglês da Primeira Guerra sir Ian Hamilton, em 1º de abril de 1933. "Nenhum país, estou certo, teria sido tão tolerante com este grupo (os judeus) como nós fomos." Heyne pediu ainda a Hamilton que "fizesse o máximo em seu círculo de amizades para impedir que tal clima se intensificasse devido às transmissões da imprensa [sic] e sua campanha antialemã".[16] O inglês só respondeu em outubro, mas o fez encorajadoramente, elogiando Heyne "pelo novo uniforme nazista com culotes e perneiras extremamente elegantes". "Todos ora se encontram eletrizados por vocês, alemães, e ponderam seus próximos atos. De minha parte, sou um verdadeiro amigo de seu país e tenho absoluta confiança de que, a longo prazo, obterão o que desejam."¹⁷ Algumas semanas depois, mais enfático, declarou em carta a outro correspondente alemão: "Sou admirador do grande Adolf Hitler e tenho feito o melhor para apoiá-lo em tempos difíceis".¹⁸

Hamilton não era fascista ou declarado antissemita. Ainda que tenha se recusado a assinar uma carta reprovando a perseguição aos judeus alemães sob a rasa justificativa de já estar envolvido em muitas causas públicas, assegurou à jornalista e escritora Rebecca West não ter "preconceitos contra judeus" e ter sido escolhido duas vezes para liderar veteranos judeus da Primeira Guerra rumo ao cenotáfio no Dia do Armistício.¹⁹ Quando Hitler chegou ao poder, Hamilton estava com oitenta anos e, na condição de figura central na Legião Britânica, havia passado os quinze anos anteriores a desvelar memoriais de guerra e a tentar ajudar ex-combatentes. Acreditava apaixonadamente na necessidade de promover a reconciliação entre antigos inimigos – em especial por meio de associações de ex-combatentes –, e em 1928, juntamente com lorde Reading, havia sido membro fundador da Associação Anglo-Germânica. Por último, mas não menos importante, havia tempos julgava a potencial queda da Alemanha para o bolchevismo "o infortúnio mais mortal para a Europa".²⁰ Por todas essas razões, não estava pronto a reprovar a forma como os nazistas tratavam os judeus e, pelo contrário, tornou-se um notório apologista do regime.

A atitude de Hamilton era bem típica de sua classe. Embora muitos membros da elite sociopolítica britânica achassem a perseguição dos nazistas aos judeus detestável, até mesmo repugnante, alguns tinham a tendência de encontrar desculpas para tal. "Todos condenamos a insensatez e a violência dos ataques a judeus na Alemanha", escreveu o bispo de Gloucester na revista da diocese em meados de 1933, ainda assim julgando importante lembrar que "muitos judeus foram responsáveis, em particular no começo, pela violência dos comunistas russos; muitos judeus ajudaram a inspirar a violência das comunidades socialistas; [e que], de maneira geral, não se trata de um elemento agradável na vida alemã, em particular na de Berlim".²¹

Ainda assim, a esmagadora reação aos *pogroms* nazistas era de desgosto e, como disse o secretário das Relações Exteriores, sir John Simon, ao emissário nazista Alfred Rosenberg, "em dois meses a Alemanha pôs a perder a compaixão que havia inspirado aqui ao longo de dez anos".²² Simon instruiu sir Horace Rumbold a repetir tal pormenor a Hitler, mas o governo inglês nada podia fazer além disso. Era forçado a concordar com o personagem do "príncipe de Gales", que, na adaptação cinematográfica de *Pimpinela Escarlate,* lançada no ano seguinte, lamentava: "Se um país enlouquece, tem o direito de cometer horrores de todo tipo dentro de suas próprias muralhas".[23] Além disso, havia a questão mais premente de qual política pretendia a nova Alemanha implementar para além de suas muralhas.

Muito antes de Hitler ascender ao poder, qualquer noção de que o Tratado de Versalhes garantiria paz à Europa já havia sido abandonada. Forças significativas haviam dado o alerta, por sinal, de que levaria ao desastre antes mesmo de o documento ser assinado. "Pode-se privar a Alemanha de suas colônias, reduzir-lhe armamentos ao nível de uma mera força policial e a Marinha ao de uma potência de quinta categoria. Mas, se o país se sentir injustiçado no tratado de paz de 1919, encontrará meios para exigir de seus conquistadores a reparação",[24] foram as palavras do primeiro-ministro do Reino Unido, David Lloyd George no assim chamado Memorando de Fontainebleau, em março de 1919. Infelizmente, nem Lloyd George nem o então presidente dos Estados Unidos, Woodrow Wilson (que defendia maior leniência), conseguiram demover o premiê da França, Georges Clemenceau, que estava determinado a atrapalhar os movimentos da Alemanha. A década de 1920, por consequência, foi gasta à procura de formas de corrigir os defeitos de Versalhes.

Em 1925, o Tratado de Locarno ratificou a fronteira ocidental da Alemanha – que dessa vez o assinou de bom grado –, e o país foi admitido na Liga das Nações no ano seguinte. O Pacto Kellogg-Briand de 1928 proibiu a guerra como meio de resolver contendas internacionais, enquanto os planos Dawes e Young reajustaram e reduziram as reparações alemãs até que fossem efetivamente abolidas em 1932 pela Conferência de Lausanne. Apesar de prêmios Nobel da Paz terem sido distribuídos aos artífices de tais acordos, nada disso foi suficiente. A sensação era de que só a abolição das armas de guerra em si poderia garantir a paz. Uma Conferência Mundial pelo Desarmamento foi então inaugurada com grande esplendor em 2 de fevereiro de 1932, em Genebra. "Se todas as nações concordarem totalmente em abrir mão da posse e do uso de armas que tornem possíveis ataques bem-sucedidos", escreveu o presidente Franklin D. Roosevelt, em mensagem endereçada aos demais chefes de Estado, "defesas automaticamente tornar-se-ão inexpugnáveis, e estarão asseguradas as fronteiras e a independência de cada um de nossos países."[25] Infelizmente, ao chegar, a mensagem encontrou uma conferência já emperrada. Ninguém chegava a um acordo quanto ao que constituía armamento "defensivo" e não "ofensivo", e, o mais importante, os alemães exigiam igualdade de condições de armamento com os vizinhos – algo que os franceses jamais permitiriam.

Como os franceses faziam questão de ressaltar, seu país havia passado por duas invasões alemãs nos últimos sessenta anos, a segunda das quais o deixara em situação de penúria. Sua determinação esmagadora em Versalhes, portanto, fora fazer a Alemanha pagar por seus atos e enfraquecê-la a tal ponto que nunca mais tivesse condição de ameaçar a segurança da França. Essa razão levou os franceses, em contraste com outros combatentes, a permanecer fortemente armados ao longo dos anos 1920 e a ter o mais poderoso exército do mundo em 1933. Não se tratava de mera paranoia. Mesmo com nacos de território retalhados e distribuídos a outras nações, a Alemanha ainda tinha uma população de 65 milhões contra os 40 milhões da França. Antes mesmo de Hitler aparecer, o Deuxième Bureau (inteligência militar francesa) arregimentava provas substanciais de rearmamento ilegal por parte dos alemães, e, como os chefes do Estado-Maior lembravam constantemente a seus líderes políticos, a França entraria em breve em "período de vacas magras" com a expectativa de que o recrutamento para as Forças Armadas caísse à metade em consequência da baixa taxa de natalidade dos anos da Primeira Guerra Mundial.

A tarefa de reconciliar as posições francesa e alemã caiu nas mãos dos ingleses, que, no geral, compreendiam melhor o lado alemão e sentiam uma exasperação cada vez maior em relação aos franceses. Em parte, isso remetia a antigos preconceitos nacionais. Antes de 1914, a maioria dos ingleses julgava ter mais em comum com os alemães que com os franceses, um sentimento não totalmente dissipado pela Primeira Guerra Mundial. Nas palavras de Robert Graves em *Goodbye to All That* [Adeus a tudo isso], "o sentimento antifrancês em meio à maioria dos ex-soldados chegava às raias da obsessão"; o poeta Edmund Blunden, que lutara nas batalhas do Somme e de Passchendaele, por sua vez, jurava jamais voltar a engajar-se em uma guerra, "a não ser contra a França. Se algum dia entrarmos em guerra com eles, partirei como um raio".[26] Nos círculos oficiais, o sentimento antifrancês era derivado do desejo de amarrar a Alemanha a uma convenção sobre armas antes que fosse tarde demais e o governo inglês fosse forçado a considerar a alternativa: rearmar-se em grande escala. Era assim que o primeiro-ministro Ramsay Mac-

Donald descrevia a França, em fevereiro de 1930, como o "problema para a paz na Europa"; J. L. Garvin, editor pró-Mussolini do *Observer*, criticava o antigo aliado dos ingleses pelo desejo de preservar um "domínio artificial". Até mesmo o subsecretário permanente francófilo das Relações Exteriores, sir Robert Vansittart, considerava os franceses "inapropriadamente vingativos" em sua relação com os alemães.[27] De início, nem a chegada de Hitler mudou isso. "Não me parece que o hitlerismo tenha tornado nosso povo pró-francês", escreveu o ex-secretário adjunto do Gabinete, Thomas Jones, "mas o fez parar e questionar quão sábia seria a confiança na Alemanha, que crescia regularmente desde a guerra."[28]

Um homem cuja confiança estava severamente abalada era o embaixador inglês, sir Horace Rumbold. Com seus olhos caídos, bigodinho impecavelmente aparado e a expressão fleumaticamente impassível, Rumbold era a quintessência do ex-estudante do Eton College e "tão inglês quanto ovos e bacon".[29] Lorde Curzon, ex-secretário das Relações Exteriores, não o considerava "suficientemente alerta para estar em Berlim", mas por baixo de um exterior ligeiramente tonto residia uma mente penetrante e, como Vansittart refletiria mais tarde, "seus avisos eram mais claros que qualquer um dos recebidos posteriormente".[30] Chocado pela crueldade com que Hitler estabelecera sua ditadura, o embaixador percebeu de saída como a ideologia que sustentava a política interna nazista poderia ser transferida para a esfera internacional. Mas foi ao analisar *Mein Kampf*, o misto de autobiografia e manifesto de Hitler, que Rumbold captou a real natureza da futura política externa hitleriana. Em um magistral despacho de 5 mil palavras, escrito em abril de 1933 (apenas três meses depois da ascensão de Hitler ao poder), Rumbold desvelava seu darwinismo social:

> Ele inicia afirmando ser o homem um animal que luta e conclui, portanto, ser a nação uma unidade lutadora, posto que é uma comunidade de lutadores. Um organismo vivo que deixe de lutar por sua existência está destinado à extinção, afirma. País ou raça que pare de lutar está igualmente condenado. A capacidade de lutar de uma raça depende de sua pureza. Daí a necessidade de livrá-la das impurezas estrangeiras. A raça judia, por obra de sua universalidade, é pacifista e internacionalista por necessidade. O pacifismo é o mais mortal dos pecados, pois significa a rendição da raça na luta por sua existência. [...] A raça alemã, se unida a tempo, seria hoje senhora do globo. O novo Reich deve

recompor em sua malha todos os elementos desgarrados da Alemanha Europa afora. Uma raça que tenha sofrido a derrota pode ser resgatada pela restauração de sua autoconfiança. Acima de tudo, as Forças Armadas devem aprender a crer em sua própria invencibilidade. Para restaurar novamente a pátria alemã "é tão somente necessário convencer as pessoas de que recobrar a liberdade através da força das armas é uma possibilidade.

Rumbold ressaltaria ainda a importância dada por Hitler à construção de um exército poderoso – posto que "as províncias perdidas pela Alemanha não podem ser recuperadas por apelos solenes aos céus [...] mas tão somente pela força das armas" –, bem como sua afirmação de que a Alemanha não poderia repetir o erro cometido na última guerra de combater todos os seus inimigos de uma vez, mas sim elegê-los um a um. Evidentemente, não estava claro até que ponto Hitler pretendia levar a implementação dessas ideias, mas Rumbold recomendava não se agarrar a esperanças de uma radical mudança de filosofia. Hitler poderia de tempos em tempos alegar intenções pacíficas, mas isso seria apenas para "mergulhar o mundo exterior na sensação de segurança". Em última análise, Rumbold estava convencido de que achava-se em curso uma "estratégia deliberada", cuja meta era "trazer a Alemanha ao ponto da preparação, um trampolim a partir do qual possa alcançar terreno sólido antes que adversários possam interferir".[31] Os vizinhos da Alemanha, alertava, devem ficar atentos.

O "despacho do *Mein Kampf*", como ficaria conhecido, causou furor dentro do Secretariado das Relações Exteriores, que o levou ao conhecimento de MacDonald, que por sua vez o fez circular pelo Gabinete. Não foi o único aviso a chegar ao conhecimento da cúpula. Em 10 de maio de 1933, o brigadeiro A. C. Temperley, um dos delegados do país na Conferência pelo Desarmamento, enviou ao Secretariado das Relações Exteriores um memorando que instava o governo a abandonar a bandeira do encontro e protestar formalmente contra a Alemanha por reagrupar ilegalmente suas Forças Armadas. Seria loucura para os antigos Aliados, argumentava Temperley, considerar a ampliação do desarmamento quando a Alemanha vivia "um delírio de nacionalismo renovado e do militarismo mais flagrante e perigoso". Toda a nação alemã estava imbuída do espírito de guerra, e programas supostamente voltados para inculcar a disciplina, como "esportes de defesa", não passavam de "camuflagem para treinamento militar intensivo". Ainda segundo Temperley, os alemães já possuíam 125 aviões de combate – em desobediência ao Tratado de Versalhes, que proibia uma Força Aérea alemã –, e informações secretas haviam revelado uma encomenda à Dornier de 36 bombardeiros noturnos bimotores.

Qual seria então a atitude do governo de Sua Majestade? Estaria preparado para proceder como se nada tivesse acontecido? Poderia se dar ao luxo de ignorar o que ocorria na Alemanha? Na visão de Temperley só havia uma solução. Inglaterra e França, junto aos Estados Unidos, deveriam dizer à Alemanha que os termos de Versalhes não seriam afrouxados e nem seriam tomadas medidas visando à igualdade de status caso não houvesse uma reversão completa dos preparativos e tendências militares correntes. Tal medida reconhecidamente implicaria o risco de iniciar uma guerra, mas, e era o que Temperley apontava, um risco pequeno, pois de forma alguma a Alemanha teria como confrontar o poderio conjunto do Exército francês e da Marinha Real. Assim, o blefe dos alemães ficaria exposto, e Hitler, por bombástico que fosse, teria de ceder. Na conclusão do brigadeiro, a única alternativa seria deixar tudo em banho-maria por cinco anos – ao final desse período, haveria um novo regime instaurado na Alemanha ou uma guerra. "Uma vez mais, temos um cachorro louco no exterior", concluía o relatório, "e é preciso que nos unamos resolutamente para assegurar sua destruição ou ao menos seu confinamento até que o organismo se livre da doença."[32]

No Secretariado das Relações Exteriores, sir Robert Vansittart, concordando por inteiro com o relatório de Temperley, o fez circular pelo Gabinete. Já havia então escrito seu próprio memorando com o alerta de que o regime alemão "hoje, como ontem, deslancharia uma nova guerra na Europa tão logo se sentisse suficientemente capaz". Esta, reconhecia, poderia parecer uma análise grosseira, "mas falamos aqui de gente bastante grosseira, com pouquíssimas ideias na cachola a não ser força bruta e militarismo".[33] O Gabinete concordou que a situação internacional era "certamente inquietante", mas, de resto, tais avisos de pouco adiantaram.[34] O governo se encontrava comprometido com a Conferência pelo Desarmamento, ao passo que a natureza pacífica da opinião pública impossibilitava discutir-se a ideia de uma "guerra preventiva" para deter o rearmamento alemão.

A manutenção da esperança inglesa de alcançar alguma forma de entendimento com os alemães era, como previra Rumbold, encorajada por Hitler, que não perdia uma oportunidade de apresentar-se como homem de paz. Em 17 de maio de 1933, em um discurso de ampla repercussão no Reichstag, proclamou ao mundo seu pacifismo. "A ideia de germanização não faz qualquer sentido para nós", dizia o novo chanceler. "A mentalidade do século passado que levava pessoas a crer que poderiam transformar poloneses e franceses em alemães nos é completamente alienígena."³⁵ Ainda mais encorajador foi dizer-se disposto a aceitar as mais recentes propostas de desarmamento internacional do Reino Unido.

A notícia era boa para Londres, mas Paris já não a recebia tão bem. Os militares franceses opunham-se implacavelmente à redução do próprio arsenal ou ao aumento da capacidade bélica alemã. A exigência de igualdade da parte dos alemães, alertava o general Maxime Weygand, comandante-chefe do Exército francês, era uma cilada: "Na realidade não haverá igualdade, mas uma superioridade das mais pronunciadas da Alemanha, dada a cultura militar da nação e os esforços intensivos já levados a cabo para preparar a indústria bélica alemã para o rearmamento".³⁶ Por outro lado, haveria alguma alternativa a tentar um acordo com Hitler antes que o rearmamento ilegal alemão passasse totalmente dos limites? Goebbels alegaria mais tarde que o único caminho viável aberto a um primeiro-ministro francês era interceder logo por ocasião da chegada de Hitler ao poder, citando *Mein Kampf* como prova do intento agressivo do Führer.³⁷ Mas tal análise baseava-se em uma série de suposições: a de que os franceses tivessem lido *Mein Kampf*; de que o tivessem levado ao pé da letra; e de que estivessem preparados para impedir o rearmamento alemão à força, caso fosse preciso. Fato é que tais suposições não tinham praticamente base alguma na realidade.

A primeira edição de *Mein Kampf* em francês data de 1934 e só esteve disponível por alguns meses antes de Hitler obter ganho de causa de uma ação legal e todos os exemplares serem recolhidos. No ano anterior uma versão em inglês havia sido lançada nos Estados Unidos, porém expurgada das passagens mais incendiárias, entre as quais a defesa da "destruição" da França como pré-requisito necessário para a expansão alemã no Leste.³⁸ A inteligência francesa havia lido o original e alertava já em 1932 que a meta de Hitler era aniquilar a França e dominar a Europa. Contudo, o embaixador francês em Berlim era ambivalente. François-Poncet, que lera o livro e era fluente em alemão, reconhecia o pacifismo de Hitler como "relativo, temporário e condicional", mas dividia-se entre encarar *Mein Kampf* como a linha-mestra de sua atuação no poder ou os resmungos inócuos de um jovem agitador.³⁹ No geral, tendia à segunda opção.

Para os estadistas franceses, esse debate era basicamente teórico. Poucos haviam lido o livro e menos ainda estavam prontos a contemplar uma solução militar. Esta, notoriamente, já havia sido tentada em 1923, quando, em resposta ao então atraso alemão no pagamento de suas reparações, o primeiro-ministro Raymond Poincaré dera a ordem para que as tropas francesas ocupassem o vale do Ruhr. Ao fazê-lo, gerou uma reprovação generalizada à França e estimulou em muito a compaixão pela Alemanha. Passados dez anos, a Alemanha já não era mais uma república encolhida e Poincaré era carta fora do baralho. Seu sucessor, Édouard Daladier, via-se tolhido por um colossal déficit orçamentário e pela necessidade de manter o apoio do Partido Socialista, que inviabilizavam uma guerra preventiva ou uma corrida armamentista. Assim, em março de 1933, os franceses aceitaram com relutância o plano inglês de instituir 200 mil homens como padrão para os exércitos continentais. O Reichswehr alemão poderia dobrar de tamanho, enquanto os franceses seriam forçados a diminuir seus batalhões. Mas o "Plano MacDonald" não passaria desse ponto. Hitler jamais tivera qualquer intenção de limitar-se aos termos de uma convenção sobre armas e usou a insistência dos franceses em controles e inspeções como desculpa para romper as negociações. No sábado, 14 de outubro de 1933, no que seria o primeiro de seus golpes em fins de semana, anunciou a retirada da Alemanha não apenas da Conferência pelo Desarmamento, mas também da Liga das Nações.

A reação estrangeira foi de espanto e ultraje. Para os franceses, estava justificada sua desconfiança; já os ingleses sentiam-se como se sua boa-fé lhes tivesse sido atirada de volta diretamente no rosto. A petulância alemã, contudo, não implicou uma mudança da estratégia britânica. Horace Rumbold havia deixado o posto de embaixador do país em Berlim em julho. Já tinha 64 anos, idade de aposentadoria, mas ainda assim parecia estranho que o governo trocasse de peça em meio à correnteza ou, nesse caso, ao tsunami. O substituto, sir Eric Phipps, era observador e sagaz. Quando Hermann Göring, Reichminister da Aviação e segundo na hierarquia nazista, atrasou-se para um jantar alguns dias após a "Noite dos Longos Punhais" (quando uma série de nazistas de alto escalão haviam sido assassinados) e se desculpou dizendo que estava atirando, Phipps respondeu: "Em animais, espero".[40] No entanto, apesar do asco pelos nazistas, Phipps ecoava a visão do governo de inexistir alternativa que não a de tentar atrair Hitler novamente à mesa de negociação. "Não podemos tomá-lo meramente pelo autor de *Mein Kampf*", escreveu em novembro de 1933, "pois neste caso a lógica nos obrigaria à estratégia de uma guerra 'preventiva', mas também não podemos nos dar ao luxo de ignorá-lo. Assim, não seria recomendável tentarmos logo restringir os atos de homem tão odiosamente dinâmico?"[41]

O que ocorria na Alemanha era certamente dinâmico, e nem só o Secretariado das Relações Exteriores se esforçava para compreendê-lo. Ao longo do ano de 1933, políticos, jornalistas, funcionários públicos e cidadãos comuns viajaram à Alemanha para viver por conta própria a experiência da revolução. O jornalista Vernon Bartlett foi um deles: comprou para si uma canoa desmontável e remou Reno, Mosela e Isar abaixo. O produto dessas remadas foi um livro, *Nazi Germany Explained* [Alemanha nazista explicada], publicado no outono europeu de 1933. Pacifista e liberal convicto, Bartlett não se iludia quanto à natureza da nova ordem na Alemanha, prevendo que a campanha contra os judeus continuaria, já que a crença na raça "ariana" estava entre as que os líderes nazistas tinham em mais alta conta. Contudo, não dava maior peso a *Mein Kampf* e acreditava que, no frigir dos ovos, Hitler não queria uma guerra. "Se eu entendi bem a ideia do nacional-socialismo", escreveu Bartlett, "a conquista de territórios deixou de ser importante."[42]

Sir Maurice Hankey, secretário do Gabinete, foi outro visitante. Administrador excepcionalmente esforçado e talentoso, Hankey não tinha, contudo, muita imaginação (a frase mais humana que o major Henry Pownall, secretário assistente do Comitê de Defesa Imperial, ouviu de sua boca foi: "Que diabo importa a Conferência Econômica Mundial e o Gabinete, quero meu chá e rápido!"[43]). Portanto, em agosto de 1933, pôs-se a caminho da Alemanha com a esposa o que implicaria, ao menos em parte, trabalhar nas férias. Lá, tendo passado alguns dias a caminhar na Floresta Negra, foram testemunhas de uma imensa procissão noturna de "milhares de nazistas, praticamente todos de uniforme, com naipes de metais, orquestras de pífanos e tambores, bandas militares, cantoria e quejandos". O movimento da juventude alemã o impressionou em particular. "Aparenta estar alistado, enquadrado e sujeito a algum tipo de disciplina da parte das forças nazistas." Em relatório ao Gabinete, continuou: "Caso a Alemanha pretenda se rearmar, seu primeiro passo não poderia ter sido mais eficiente".[44]

Esse mesmo pensamento não deixou de ocorrer a um jovem parlamentar conservador escocês. Bob Boothby era bonito, talentoso e convencido. Aos 24 anos, tornara-se congressista por Aberdeen e, embora nada soubesse sobre lavoura e menos ainda sobre pesca, abraçara com fervor as questões de seu distrito eleitoral. Um dia, ao adentrar o Parlamento e encontrar Boothby a pregar com seu zelo costumeiro, Stanley Baldwin deteve-se, murmurou "Arenques, *de novo!*" e deu meia-volta.[45] Um grande entusiasta de viagens, Boothby visitou a Alemanha todos os anos entre 1925 e 1933, e várias vezes peregrinou a Bayreuth para ouvir as óperas de Richard Wagner. Em janeiro de 1932, estava em Berlim fazendo palestras sobre a crise econômica quando Hitler, antes de virar chanceler, solicitou-lhe um encontro. Boothby foi levado a uma sala no Esplanade Hotel, onde "uma figura atarracada, de compleição morena e mirrada com um pequeno bigode e olhos azuis cristalinos" ergueu-se, bateu os calcanhares, levantou o braço e bradou "Hitler!". Nem bem o ouviu, o maldoso parlamentar bateu os próprios calcanhares, ergueu o braço e gritou "Boothby!".[46] Na conversa subsequente, Boothby perguntou a Hitler sobre os judeus e recebeu a mordaz garantia de que "não haveria *pogroms*". Ao retornar à Alemanha no ano seguinte, contudo, abalou-se ao ver placas na entrada de vilarejos com os dizeres "proibida a entrada de judeus", suásticas por toda parte e Bayreuth "transformada, ou deturpada, em santuário nazista".[47] Saiu de lá convencido de que o país estava se preparando para a guerra e, em outubro de 1933, proferiu o primeiro de uma série de alertas a sua base eleitoral em Aberdeenshire. A Alemanha, declarou, estava "à beira de algo bem próximo a um estado febril de guerra". Logo estaria rearmada e em condições de ameaçar a paz na Europa. As circunstâncias tornavam essencial ao Reino Unido providenciar imediatamente "as Forças Armadas necessárias para protegermos nosso país e conduzirmos nossa política externa".[48]

Boothby não era o único a chegar a essa conclusão. Embora não pisasse o solo alemão desde antes da escalada nazista, um outro político, bem mais famoso e dotado de uma eloquência sem par, estava convencido do perigo representado pela Alemanha nazista e de quão pouco preparado o Reino Unido estava para enfrentar a nova ameaça. Mas enquanto Boothby estava em ascensão, a carreira desse outro homem aparentava já ter entrado em seu ocaso.

II
"Falo de armas e do homem"

O muito honorável cavalheiro é um daqueles gênios brilhantes e erráticos que, ao enxergar com clareza, o faz com muita, muita clareza; e às vezes não enxerga.
Clement Attlee, Câmara dos Comuns, 8 de março de 1934.

Winston Churchill já havia visto e feito de tudo. Na condição de tenente supranumerário lotado no 21º Regimento de Lanceiros no Sudão, havia participado de uma das últimas grandes cargas da cavalaria britânica contra os "dervixes" na Batalha de Omdurman, em 1898. Durante a Guerra dos Bôeres, escapou de um campo de prisioneiros e tornou-se herói nacional. Jornalista e autor de renome, entrou para o Parlamento em 1900, embarcando no que se tornaria uma brilhante, ainda que volátil, carreira política. Ao longo dos 34 anos seguintes serviu como presidente da Câmara de Comércio, secretário de Estado para Assuntos Internos, primeiro lorde do Almirantado, secretário da Guerra, secretário da Aviação, secretário de Estado das Colônias e chanceler do Tesouro. Entre os mais altos postos da nação, só não havia sido secretário das Relações Exteriores e primeiro-ministro, embora ambas as posições tenham parecido estar ao seu alcance em dados momentos devido ao seu talento, evidente até mesmo para seus oponentes. Porém, em 1934, tendo se indisposto com seu partido, sua carreira política parecia em declínio terminal.

Churchill nunca foi um conservador tradicional. Em 1904, havia trocado o partido pelos liberais e passado a trabalhar próximo tanto a Asquith quanto a Lloyd George. Muitos conservadores jamais se esqueceram dessa deserção, enquanto muitos outros nunca o perdoaram pelo papel na desastrosa Campanha dos Dardanelos em 1915.* Foi redimido por Stanley Baldwin, que o nomeou chanceler do Tesouro em 1924 – ano em que Churchill voltou ao Partido Conservador –, mas os dois se desentenderam em 1930 graças ao apoio de Baldwin à concessão de poderes limitados de autogoverno à Índia. Churchill renunciou ao Gabinete Paralelo, e em 1931, quando da formação, por Ramsay MacDonald, de um governo de união nacional para debelar a crise causada pela Grande Depressão, não foi convidado a integrá-lo. Afastado dos líderes conservadores, passou os quatro anos seguintes unido à direita do partido em uma ruidosa campanha contra o Ato Administrativo para a Índia e "aquele advogado subversivo do Middle Temple", o líder do Congresso Nacional Indiano, Mahatma Gandhi.[1]

A Índia, porém, não era a única causa de Churchill. Mesmo antes de Hitler chegar ao poder, ele alertava quanto aos riscos de uma Alemanha rearmada. Opunha-se à Conferência pelo Desarmamento e desafiava os que defendiam a paridade de armas entre França e Alemanha, perguntando provocadoramente se desejavam uma guerra. Em 23 de novembro de 1932, em discurso à Câmara dos Comuns, advertiu o governo a não acreditar que a Alemanha só desejasse igualdade de status em relação às outras potências europeias:

> Não é isso o que busca a Alemanha. Todos esses bandos de robustos jovens teutônicos a marchar por ruas e estradas do país com olhos desejosos de sofrer pela Pátria-Mãe não é status o que buscam. São armas, e quando as tiverem, acreditem em mim, reivindicarão o retorno, a devolução de territórios perdidos e colônias perdidas.[2]

A ascensão dos nazistas só fez aumentar a apreensão de Churchill. Sua atitude inicial foi isolacionista, na tentativa de poupar o Reino Unido de ser sugado pelos problemas da Europa. Mas só a força superior conseguiria

---

* Apontado como culpado pela tentativa fracassada da Marinha Real de tomar Constantinopla por meio da ocupação do estreito de Dardanelos, entre fevereiro e março de 1915, seguida pela invasão da península de Galípoli – onde morreram 187 mil soldados aliados –, Churchill continuaria a ser atormentado pela debacle anos 1930 adentro. Ou, nas palavras de V. W. Germains em um livro de nome *The Tragedy of Mr. Churchill* [A tragédia do sr. Churchill], publicado em 1931: "A verdadeira tragédia de Churchill é a de, nada tendo a oferecer na realidade a um trabalhista genuíno, ou a um liberal, não conseguir também conquistar a confiança de conservadores genuínos. Pois os fantasmas dos mortos em Galípoli sempre se erguerão para amaldiçoá-lo novamente em momentos de emergência nacional".

garantir a neutralidade. Assim, em março de 1933, agradeceu publicamente a Deus pela existência do Exército francês e exigiu o fortalecimento da presença militar britânica nos céus e nos mares.³ No mês seguinte, atacou toda a base do nazismo – composta de "ditadura cruel", perseguição aos judeus e "apelos a todas as formas de espírito de luta" –, conclamando o governo a abandonar a quimera do desarmamento em nome de reparos urgentes às forças de defesa do país.⁴

O problema enfrentado por Churchill foi a existência no Reino Unido, entre 1933 e o fim de 1934, de um espírito pacifista provavelmente maior que em qualquer outra época desde o fim da guerra. Entre o fim dos anos 1920 e o início dos anos 1930, foi lançada e vorazmente consumida uma batelada de livros, peças e filmes sobre a guerra. *Journey's End* [Fim da jornada}, de Robert Sherriff, *Goodbye to All That* [Adeus a tudo isso], de Robert Graves, *Testament of Youth* [Testamento da juventude], de Vera Brittain, *Memoirs of an Infantry Officer* [Memórias de um oficial de infantaria], de Siegfried Sassoon, e *Nada de novo no front*, de Erich Maria Remarque, apresentaram os horrores das trincheiras aos sortudos o bastante para não os terem vivido, enquanto a publicação de uma série de livros de memórias de políticos do alto escalão sugeria que a catástrofe havia sido uma tremenda mixórdia. "As nações", escreve Lloyd George no seu best-seller *War Memoirs* [Memórias de guerra], "escorregaram da borda para dentro do caldeirão fervente da guerra sem um só traço de apreensão ou desalento."⁵ Os estadistas haviam fracassado em 1914, e a geração mais nova não lhes permitiria fazê-lo novamente. Em 9 de fevereiro de 1933, alunos da Oxford Union aprovaram por 275 votos a 153 a moção que dizia: "Esta Casa não lutará em quaisquer circunstâncias por seu Rei e País".

O debate sobre "Rei e País" causou furor. Embora o *Daily Express* tenha tentado reduzir a votação a um ato de "comunistas de mente confusa", "piadistas" e "indeterminados sexuais", muita gente ficou profundamente chocada.⁶ Churchill considerou o ocorrido um "sintoma inquietante e revoltante" dos tempos, o *Daily Telegraph* fez um ataque à "deslealdade em Oxford" e uma caixa contendo 275 penas brancas foi enviada à sede da Union.⁷ E a agitação não ficou confinada ao litoral da Grã-Bretanha. Ao discursar na Câmara dos Comuns no ano seguinte, o congressista liberal Robert Bernays relembrou uma recente visita à Alemanha em que lhe perguntaram sobre a votação. "A verdade é que vocês, ingleses, são frouxos", disse um líder da juventude nazista com um "brilho assustador nos olhos."⁸ O mesmo interesse predatório ficou evidente para Patrick Leigh Fermor, de dezoito anos, durante sua caminhada pela Alemanha em 1933-1934, enquanto Mussolini, ao citar a moção durante a crise da Abissínia, considerou-a uma prova da degeneração dos ingleses.9

Na realidade, o debate sobre o caso foi seriamente exagerado. Como explicaram depois pessoas presentes à ocasião, a maioria dos membros não era pacifista e apenas se deixara levar pela oratória do palestrante convidado, o popular filósofo C. E. M. Joad. O proponente da moção, Kenelm Digby, admitiu que o resultado não era representativo da universidade nem da juventude do país, enquanto o capitão Von Rintelen, ex-espião alemão, previu numa entrevista ao *Daily Sketch* que, caso a guerra estourasse no dia seguinte, "aqueles rapazes seriam os primeiros a se alistar".10 Havia, porém, mais do que um leve odor de rebelião no ar, e a ideia da moção foi logo copiada tanto em Manchester quanto em Glasgow, enquanto Cambridge, que tivera a temeridade de ameaçar retirar-se da competição de remo de 1933 em função da votação, endossara moções pacifistas em 1927, 1930, 1932 e 1933.

E nem era o pacifismo exclusividade de universitários sentimentais. A crença de que a corrida armamentista causara a guerra anterior era disseminada, e a campanha da esquerda contra fabricantes de armas – os assim chamados "mercadores da morte" – continuou década adentro. Os liberais estavam firmemente comprometidos com o desarmamento, enquanto o líder trabalhista, o socialista cristão George Lansbury, queria dispersar o Exército, dissolver a Força Aérea e desafiar o mundo: "Façam o seu pior!".11 Na convenção do Partido Trabalhista, em outubro de 1933, delegados votaram pelo desarmamento total e por uma greve geral em caso de guerra, para depauperar a economia e derrubar o governo. No mesmo mês, o governo de coalizão nacional sofreu um tremendo choque quando uma maioria conservadora de quase 15 mil virou uma maioria trabalhista de quase 5 mil na eleição parcial de Fulham East. Uma série de fatores locais e políticos contribuiu para o resultado, mas o fato de o candidato vencedor, John Wilmot, ter alicerçado sua campanha no desarmamento e no pacifismo pareceu a muitos contemporâneos ter sido decisivo.

Três anos depois, Stanley Baldwin citaria a eleição parcial de Fulham East em sua explicação aos parlamentares sobre o porquê de o governo não ter mostrado disposição em iniciar um programa significativo de rearmamento em 1933:

Minha posição de líder de um grande partido não era totalmente confortável. Me perguntei quais seriam as chances – quando aquele sentimento expresso em Fulham era comum país afora –, quais seriam as chances, dentro de um ou dois anos, de tal sentimento mudar tão completamente a ponto de o país dar carta branca ao rearmamento. Supondo que eu tivesse viajado pelo país e dito que a Alemanha estava se rearmando e que nós deveríamos fazer o mesmo, alguém acha que esta democracia pacífica teria se deixado galvanizar por tal grito naquele momento? Do meu ponto de vista, não consigo pensar em nada que tivesse tornado mais garantida a derrota na eleição [geral].[12]

A "franqueza apavorante" dessa confissão foi impiedosamente explorada por Churchill em suas memórias de guerra, nas quais a chamou de declaração "sem paralelo em nossa história parlamentar" e referenciou-a no índice como "confessa privilegiar seu partido ao país".[13] Mas esse não era o quadro completo.

Stanley Baldwin não se deixava abalar facilmente. Filho de um rico ferreiro de Worcestershire, estava no Parlamento desde 1908 e fora primeiro-ministro duas vezes. Político astuto, com especial capacidade de intuir a opinião pública, escondia tais atributos por trás de uma letargia desconexa às vezes próxima da autoparódia. Certa vez, quando Robert Bernays lia uma notícia cuja manchete tinha a palavra "lordes", Baldwin surgiu atrás dele e disse: "Achei que estava lendo sobre críquete. Sempre me esqueço de que lordes pode significar a Câmara dos Lordes".[14] Em outra ocasião, em uma viagem de trem para Edimburgo, o líder conservador simplesmente ficou olhando a paisagem enquanto Bob Boothby distraidamente devorava os sanduíches do primeiro-ministro.[15]

Baldwin, no entanto, era também um romântico e, apesar da ascendência industrial, gostava de evocar uma imagem inglesa de idílio pastoral. Em 1919, dera uma demonstração prática de patriotismo ao fazer uma doação anônima de £ 120 mil (20% de sua fortuna) ao Tesouro para ajudar a pagar a dívida pública. Profundamente ciente dos sacrifícios feitos durante a guerra, estava determinado a preservar a fina camada de civilização e reduzir o conflito de classes em uma época em que as revoluções de esquerda assombravam o continente. Assim, administrou com tato e generosidade a greve geral de 1926, e pode-se dizer que foi mais responsável que qualquer outro político por tornar o Reino Unido "seguro para a democracia".* Em 1931, aceitou a necessidade de um governo de coalizão para salvar a economia inglesa e concordou generosamente em integrá-lo sob o comando do líder trabalhista Ramsay MacDonald. Baldwin tornou-se lorde presidente do Conselho, mas, sendo os conservadores o maior partido na Câmara dos Comuns** por larga margem, acabou como co-primeiro-ministro de fato pelos quatro anos seguintes.

Baldwin não era um pacifista de carteirinha. No entanto, tinha extremo horror à guerra e apoiava o popular ponto de vista de que "grandes armamentos levam inevitavelmente à guerra".[16] Em particular, desenvolvera um profundo medo da guerra aérea. "Qualquer cidade que esteja ao alcance de um campo de pouso pode ser bombardeada nos primeiros cinco minutos de uma guerra", disse aos parlamentares em discurso de grande repercussão em novembro de 1932. Ainda mais alarmante, segundo o lorde presidente, era o fato de não haver defesa prática contra essa nova arma. "Acho que bem faz o homem na rua em dar-se conta", continuou, "da inexistência de um poder na Terra que o impeça de ser bombardeado. Independentemente do que lhe digam as pessoas, o bombardeiro sempre conseguirá furar bloqueios."[17]

Essa declaração apavorante nada tinha de singular. Embora o número de vítimas de ataques aéreos ao Reino Unido durante a Primeira Guerra Mundial tenha sido pequeno, os avanços na aviação e em seu potencial bélico – demonstrados pelo bombardeio japonês a Xangai em janeiro de 1932 e, posteriormente, e em ainda maior escala, pela Guerra Civil Espanhola – convenceram muitos de que o próximo conflito resultaria na destruição completa e quase instantânea de cidades inteiras. "Imagine, se conseguirmos", como seria o resultado de um ataque aéreo moderno, propunha o teórico militar, futuro fascista e entusiasta da ioga J. F. C. Fuller:

---

* Esta frase foi usada pelo presidente Wilson ao dirigir-se à sessão conjunta do Congresso em 2 de abril de 1917, na qual solicitava a aprovação da declaração de guerra à Alemanha. Em 1928, Baldwin observou: "A democracia chegou a galope à Inglaterra, e sempre sinto se tratar de uma corrida pela vida; seremos nós capazes de educá-los antes de o colapso se instaurar?".

** A eleição geral de 1931 foi um triunfo para os conservadores, que obtiveram 473 assentos, uma vitória arrasadora do governo de coalizão. O National Labour, liderado por Ramsay MacDonald, obteve 13 assentos, enquanto o Liberal Nationals, sob a liderança de sir John Simon, obteve 35. Já o Partido Trabalhista foi quase aniquilado, restando-lhe apenas 52 assentos.

Londres viverá dias seguidos de tumulto intenso e generalizado, hospitais serão invadidos, o tráfego vai cessar, os sem-teto gritarão por socorro, a cidade será um pandemônio. Quanto ao governo, em Westminster? Será arrastado por uma avalanche de terror. O inimigo então ditará seus termos, aos quais nos agarraremos como um homem que se afoga agarra-se a um graveto.[18]

Londres era alvo óbvio e suculento – Churchill a comparava a uma "vaca das mais tremendamente gordas [...] amarrada para atrair os animais de rapina" –, mas o terror dos ataques aéreos se espalhou para além da metrópole.[19] Durante uma festa ao ar livre em julho de 1933, o parlamentar conservador progressista Vyvyan Adams alarmou seu eleitorado ao declarar Leeds tão vulnerável quanto Londres e afirmar que, com gás e bombas incendiárias, bombardeiros estrangeiros poderiam tornar a cidade inabitável "em quinze minutos".[20] Adams era fortemente a favor do desarmamento e havia feito uma campanha virulenta pela proibição da aviação militar. Mas embora Baldwin tivesse sido um dos primeiros entusiastas do desarmamento em geral e da proibição aos bombardeiros em particular, ficava cada vez mais dividido à medida que pairava o espectro de uma Alemanha rearmada, enquanto as defesas britânicas permaneciam em estado provisório.

A olhos destreinados, a Grã-Bretanha aparentava estar no ápice de seu poderio. O Tratado de Versalhes dividira as possessões coloniais da Alemanha entre os vitoriosos, e o Império Britânico ficara quase 2,5 milhões de quilômetros quadrados maior, com 13 milhões de novos súditos. O Sudoeste da África, Tanganica, Iraque, Transjordânia e a Palestina agora eram recobertos de rosa no mapa. Mas, apesar de a bandeira britânica tremular por mais terras estrangeiras do que jamais ocorrera antes, tal expansão coincidira com uma crise econômica, e os britânicos logo teriam de enfrentar uma guerra civil na Irlanda, um movimento pela independência da Índia, uma revolta na Palestina e a maior depressão econômica do século. Como Roma 1500 anos antes, o Império Britânico se expandira demasiadamente e, em meados dos anos 1930, corria o risco de desaparecer.

A Primeira Guerra Mundial legara ao país uma dívida pública de £ 6 bilhões (135% da renda nacional) e, após um breve *boom*, uma economia que entrava em recessão. Para tentar equilibrar o orçamento, o governo do pós-guerra iniciara um período de severos cortes de gastos. O orçamento para a defesa fora reduzido de £ 604 milhões por ano em 1920 para £ 111 milhões em 1922 – mais ou menos o nível em que permaneceria por toda a década. A justificativa podia ser encontrada na "Regra de Dez Anos", de 1919, pela qual o governo presumia que o Império Britânico "não se engajaria em qualquer grande guerra durante os dez anos seguintes".[21] A regra foi renovada em 1929 e 1930, mas em 1932 havia preocupação no Estado-Maior. Em 18 de setembro de 1931, um oficial japonês de baixa patente explodiu deliberadamente uma pequena parte de uma linha ferroviária de propriedade da japonesa South Manchuria Railway nas proximidades de Mukden. Os danos foram mínimos, e um trem passou momentos depois pelos trilhos, mas a "sabotagem" foi usada pelos japoneses como desculpa para darem início à invasão da província chinesa da Manchúria. A Liga das Nações, criada para solucionar tais conflitos internacionais, fora posta à prova e ficara devendo. Mas o irromper dos conflitos no Extremo Oriente concentrava as atenções em Whitehall.

No intuito de imaginar o que ocorreria "caso o Japão mostrasse inclinação a levar as coisas às últimas consequências", um relatório "ultrassecreto" da Marinha em janeiro de 1932 revelou as possessões britânicas no Extremo Oriente como chocantemente vulneráveis e concluiu que, mesmo se suas forças conseguissem escapar à destruição nas primeiras batalhas, nada poderia impedir a captura de Hong Kong e Singapura antes mesmo de a frota principal chegar.[22] O Estado-Maior endossou a conclusão e observou que "nossos vastos interesses territoriais e comerciais no Extremo Oriente, bem como nossas comunicações com os domínios e a Índia", estavam terrivelmente expostos.[23] A Regra de Dez Anos, consequentemente, foi deixada de lado, mas os efeitos da Grande Depressão, somados à abertura da Conferência pelo Desarmamento, resultaram em quase nada para consertar o dilapidado sistema de defesa britânico entre 1932 e 1935, e a essa altura uma nova ameaça já se sobrepunha aos perigos do Japão imperial.

Os ingleses estavam determinados a ignorar o rearmamento ilegal por parte dos alemães enquanto a Conferência pelo Desarmamento se arrastasse. Contudo, ficaria cada vez mais difícil fazê-lo devido à desfaçatez com que os alemães conduziam seu programa. Em junho de 1933, o adido aeronáutico inglês em Berlim, o capitão de grupo J. H. Herring, compareceu a uma exposição aérea civil no aeroporto de Tempelhof, em Berlim. Lá, enquanto conversava com a esposa de um importante oficial da Aeronáutica alemã, apontou os novos aviões postais produzidos pela Heinkel e pela Junkers. "Ah", respondeu a senhora, casualmente, "creio que esses serão dois dos novos caças de assento único."²⁴ No mês seguinte, Göring exibiu considerável audácia ao solicitar ao governo britânico que lhe vendesse 25 de seus aviões para "uso policial"; em julho, aviões alemães espalharam panfletos pró-nazistas pela Áustria; e, em 24 de outubro, Hitler revelou suas propostas de "desarmamento", que permitiriam uma força de paz alemã de 300 mil homens – o triplo do permitido por Versalhes. O governo inglês as recusou, mas os servidores públicos preocupavam-se com a possibilidade de tudo estar fugindo do controle.

Em outubro de 1933, sir Robert Vansittart, secretário permanente das Relações Exteriores, sir Warren Fisher, secretário permanente do Tesouro, e sir Maurice Hankey, secretário de Gabinete e do Comitê para a Defesa do Império, arguíram o Gabinete quanto a seus membros estarem prontos a considerar qualquer tipo de advertência à Alemanha em função do programa de rearmamento e, caso contrário, se estariam preparados para contemplar tal possibilidade mais à frente, por exemplo em relação a "agressões alemãs à Polônia ou à Áustria, ou a uma agressão alemã ao Ocidente".²⁵ A resposta foi negativa. O governo britânico não estava preparado naquele momento para fazer nada no sentido de tentar impedir a Alemanha de violar o Tratado de Versalhes. E nem estava preparado para qualquer alarde do rearmamento alemão, para não parecer estar corroborando-o tacitamente ou, pior, para não instigar os franceses a exigirem ações corretivas.

Churchill não tinha tais pudores. Em novembro de 1933, chamou a atenção para as grandes quantidades de sucata de ferro, níquel e outros metais de guerra que estavam sendo importadas pela Alemanha e assinalou a "filosofia de sede de sangue" que vinha sendo inculcada na juventude do país.²⁶ Em fevereiro de 1934, debatendo o Relatório Branco do governo sobre o desarmamento, alegou estar o Reino Unido mais vulnerável do que em qualquer outro momento de sua história e conclamou o governo a botar a casa em ordem antes que as pessoas se vissem forçadas a ouvir o estrondo das explosões de bombas em Londres e presenciar "jorros de cimento, fogo e fumaça".²⁷ A afirmação quanto à vulnerabilidade era exagerada, mas o discurso marcou o início de sua obstinada campanha para proteger o país de ataques aéreos alemães.

O governo já estava ciente da intenção nazista de montar uma Força Aérea militar desde meados de 1933. No mesmo despacho em que mencionava a exposição aérea de Tempelhof, o capitão Herring reportava uma conversa com um oficial de alta patente do Ministério da Aviação da Alemanha que admitia ser inútil negar o armamento aéreo do país, visto que a Arado, uma das principais fabricantes de aviões alemã, não construía "nada além de aviões militares de assento único de alta potência".[28] Dois meses depois, Vansittart fez circular um memorando que resumia a "vastidão de informações secretas" sobre a nascente Força Aérea alemã.[29] Mas o Ministério do Ar não parecia preocupado. A Alemanha não possuiria qualquer aeronave militar antes do fim de 1935, no mínimo, assegurava ao Gabinete.[30] Fosse esse o caso, teria sido uma sorte, pois o plano de 1923 de equipar a Força Aérea Real (RAF) com 52 esquadrões – o mínimo julgado necessário para a defesa do território doméstico e imperial – permanecia incompleto e o subsecretário de Estado para o Ar acabara de anunciar mais um corte nas estimativas para esse ministério. Em 1934, o Reino Unido era somente a quinta maior potência aérea do mundo.

Ministros logo perceberam terem subestimado tanto a rapidez quanto a extensão do rearmamento aéreo alemão. De fato, haviam contribuído para tal feito por meio da bizarra concessão, em fevereiro de 1934, à venda de 118 motores de avião Armstrong Siddeley aos alemães, com uma opção de encomenda de mais 260. O Gabinete havia originalmente considerado o boicote de equipamento aéreo à Alemanha, contanto que outros países aderissem. Mas seus pedidos foram ignorados, e, quando se descobriu que franceses e norte-americanos também estavam vendendo motores de avião aos alemães, o Gabinete concordou em aprovar o negócio. De fato, como disse ao Gabinete Ramsay MacDonald, ex-opositor consciente e artífice do mais recente plano de desarmamento, tendo tomado a decisão, era do interesse do Reino Unido tentar assegurar "a maior proporção possível da encomenda (alemã)".[31]

Como que para compensar tal ato, o Gabinete foi notificado de que o chanceler havia decidido aprovar quatro novos esquadrões para a Força Aérea Real, algo descrito na Câmara dos Comuns por sir Philip Sassoon, o espalhafatoso subsecretário de Estado para o Ar, como uma "modesta tendência ascendente".[32] Modesta, certamente. Devido aos cortes de impostos desde 1930, o orçamento aéreo ainda era aproximadamente £ 1 milhão mais baixo do que havia sido em 1931, enquanto o "novo" programa, na verdade, não passava da retomada do plano caducado de 1923. Mas até mesmo esse incremento era excessivo para a oposição. Ecoando a assertiva de Baldwin de que os bombardeiros sempre conseguiriam chegar, Clement Attlee, que comandava o debate em nome do Partido Trabalhista, negava a existência de alguma defesa contra um ataque aéreo e reafirmava o compromisso de seu partido com o "desarmamento total" e a junção das forças aéreas nacionais em uma única força policial internacional.

Attlee deu lugar na tribuna ao capitão Freddie Guest, parlamentar conservador por Plymouth Drake. Soldado e atleta olímpico condecorado, Guest era entusiasta da aviação, ocupara brevemente o posto de secretário de Estado para o Ar entre 1921 e 1922 e, portanto, falava com autoridade ao criticar as estimativas do Ministério do Ar, tachando-as tanto de inadequadas quanto de enganosas. O governo tentava obter uma Força Aérea maior com menos dinheiro, enquanto a Alemanha se armava tão rápido quanto podia; não tinha uma política clara e navegava à deriva rumo a graves riscos. "Se eu estiver errado", concluiu, "tanto melhor. Se estiver certo, Deus ajude o primeiro-ministro atual."[33]

Churchill pegou a deixa de Guest. Ao cortejar o desarmamento, o governo havia levado o país "a uma situação de extremo risco". Ele não dispunha dos detalhes exatos do programa aéreo alemão, mas não duvidava de que aquela gente capaz, com suas fábricas, senso de disciplina e aptidão para a ciência, pudesse criar uma Força Aérea poderosa em um curto espaço de tempo. "Temo o dia em que os meios para ameaçar o coração do Império Britânico cheguem às mãos dos atuais governantes alemães", declarou. "Temo esse dia, mas talvez não esteja tão distante. Talvez apenas um ano, quiçá dezoito meses, dele nos separe."[34] Ainda havia tempo, afirmava Churchill, para o Reino Unido reparar suas defesas, mas não com essas estimativas para o Ar e seus reles £ 135 mil de aumento líquido. O que o país precisava, continuava ele sob urros de aprovação de parlamentares conservadores, era de paridade de Forças Aéreas, e exortava Baldwin a consegui-lo.

Mas Baldwin ainda não se dispunha a voltar atrás. A política do governo, explicou o lorde presidente, defendia uma convenção aérea que restringisse a escala das forças aéreas nacionais. A meta era a paridade, mas a ser alcançada por meio da nivelação por baixo, e não por cima. Contudo, encerrou seu discurso com a concessão de que, "caso todos os nossos esforços sejam em vão e obter tal igualdade seja impossível", o governo então "se encarregará de garantir que, em força e poder aéreos, este país não mais esteja em posição de inferioridade perante qualquer país próximo de nossa costa".[35] Essa promessa não demoraria a assombrar seu autor.

*

Ao pressionar pela expansão da Força Aérea, Churchill, ainda que não soubesse, tinha como aliado o chanceler do Tesouro, Neville Chamberlain. Na sequência imediata da desistência alemã de participar da Conferência pelo Desarmamento, o governo havia estabelecido um comitê para inteirar-se de como estavam as defesas britânicas. Composto por Hankey, Vansittart e Warren Fisher, juntamente com os integrantes do Estado-Maior, o Comitê de Requerimentos de Defesa (DRC) nomeou a Alemanha, e não mais o Japão, como o definitivo inimigo em potencial do país, sobre o qual deveria recair, portanto, o foco de todo o planejamento defensivo de "longo alcance". Ao identificar o perigo, o DRC recomendava que todos os esforços fossem feitos para retomar as relações com o Japão em termos amigáveis e propunha um pacote de £ 76 milhões voltado para a reconstrução das defesas britânicas.[36]

Na posição de chanceler, Chamberlain estivera na linha de frente dos recentes cortes no orçamento militar. No segundo semestre de 1933, porém, já julgava os riscos decorrentes das fragilidades defensivas no mínimo iguais aos econômicos. Ainda assim, considerava £ 76 milhões um montante "impossível" e lembrava o Gabinete de que "devemos confeccionar nosso casaco de acordo com o pano disponível".[37] Baldwin sugeriu levantar um empréstimo em prol da defesa, mas Chamberlain o vetou como "a estrada larga que leva à destruição". Era uma resposta previsível da parte de um chanceler conservador, comprometido com o equilíbrio orçamentário e atento a uma população veementemente oposta ao aumento de gastos com armamentos. O extraordinário foi como Chamberlain – um civil que jamais vestira um uniforme – conseguiu ser então bem-sucedido ao reverter as recomendações do Estado-Maior.

Com a Alemanha identificada como principal inimigo da nação, o DRC desejava alocar a maior parte da verba para o Exército, especificamente para a criação de uma força expedicionária que pudesse ser enviada ao continente no intuito de apoiar os franceses e defender os Países Baixos. Por outro lado, sua recomendação para a Força Aérea não ultrapassava a consolidação dos 52 esquadrões aprovados em 1923. Para Chamberlain, estava tudo errado. Os horrores do Somme e de Passchendaele haviam tornado as forças expedicionárias politicamente inaceitáveis – posteriormente, Ramsay MacDonald baniria o termo de todos os documentos oficiais –, mas ao mesmo tempo, como Baldwin comentara, algo tinha de ser feito para "satisfazer as condições de quase pânico ora existentes a respeito do espaço aéreo".[39] Afora o fato de que o próprio lorde presidente muito fizera para alimentar tais medos, Chamberlain apossou-se do relatório do DRC, devolvendo-o, em junho de 1934, depois de reverter as recomendações do comitê. Enquanto militares e servidores públicos propunham uma expansão significativa do Exército e apenas um aumento modesto para a Força Aérea, Chamberlain queria esta última significativamente maior e não estava disposto a gastos mais do que modestos para o Exército. "Nossa melhor defesa", declarava o chanceler, "seria a existência de uma força dissuasiva tão poderosa a ponto de tornar um ataque bem-sucedido uma possibilidade por demais duvidosa para ser válida. Proponho que a melhor forma de consegui-lo seja pelo estabelecimento de uma Força Aérea com base neste país de monta e eficiência calculadas para inspirar respeito às mentes de possíveis inimigos."[40]

O conceito da dissuasão aérea fluía naturalmente da concepção apocalíptica de guerra aérea. Em seu discurso sobre "o terror que vem de cima", Baldwin declarara que a única defesa contra bombardeios era o ataque, "o que significa termos de matar mais mulheres e crianças com mais celeridade do que o inimigo se quisermos salvar nossas peles".[41] Ainda assim, e por mais que houvesse certa lógica nessa estratégia, o Estado-Maior ficou chocado com as propostas do chanceler, derivadas, acreditavam, de considerações políticas, e não estratégicas. "As ideias de Chamberlain sobre estratégia desgraçariam uma escola pública", fulminou o tenente-coronel Henry Pownall, assistente de Hankey no secretariado para o Comitê de Defesa Imperial. O pressuposto de que a Força Aérea pudesse substituir os outros dois ramos das Forças Armadas era extremamente perigoso na visão de Pownall, particularmente em um momento em que o Exército parecia só servir para "tatuagens" e a Marinha para a apreciação em "Semanas da Marinha".[42]

O Almirantado encontrava-se igualmente perturbado. Com base na conclusão do DRC que apontava a Alemanha como o perigo maior, Chamberlain desejava cortar os gastos propostos para a Marinha e chegara mesmo a defender que, no caso de uma guerra com o Japão, seria impossível enviar a frota ao Extremo Oriente. "Ter de combater o mundo na Conferência Naval vindoura já é ruim o bastante", queixava-se o primeiro lorde do Almirantado, sir Bolton Eyres-Monsell, "mas ser ao mesmo tempo apunhalado pelas costas pelo chanceler é desanimador."[43] E, no entanto, Chamberlain saiu vitorioso. Derrotou Eyres-Monsell e também o secretário de Estado para a Guerra, lorde Hailsham, que lutava para impedir o Exército de se tornar "a Cinderela das Forças Armadas".⁴⁴ A proposta de gastos para o Exército foi cortada pela metade, de £ 40 milhões para £ 20 milhões; à Marinha foi negado o programa de reconstrução de longo prazo por ela solicitado; o lado positivo, enquanto isso, era que a Força Aérea passaria a ter 38 novos esquadrões.

Era essa a estratégia de "limitação de vulnerabilidades" de Chamberlain.* O país se rearmaria, mas a prioridade seria intimidar a Alemanha por meio de uma Força Aérea poderosa, em vez de preparar tropas para o combate no continente. A se concretizar a guerra, o Reino Unido forneceria apoio pelo ar e um bloqueio naval, enquanto ficaria a cargo dos franceses deter os alemães em terra. Esta, em vários sentidos, era apenas uma reversão à política de defesa tradicional dos ingleses. Afinal, seu país era uma ilha e uma potência marítima, enquanto a França contava com o segundo maior exército do mundo e defesas terrestres descritas por Chamberlain como "inexpugnáveis".** Mas como viriam a demonstrar os eventos de 1934, fiar-se na força francesa era pressuposto cada vez mais precário.

A Grande Depressão atingira tardiamente a França em 1931. Os preços desabaram, a produção industrial entrou em crise e o desemprego aumentou. Entre 1930 e 1933, a renda nacional do país caiu quase 30%. Em fevereiro de 1933, o ministro das Finanças, Georges Bonnet, foi forçado a procurar os holandeses de chapéu na mão, solicitando um empréstimo apenas para manter as finanças do país à tona. Entre as vítimas mais proeminentes da crise estavam os orçamentos de defesa, retalhados em 25% entre 1931 e 1934. Isso apesar de relatórios do Deuxième Bureau que previam que a Alemanha seria capaz de uma campanha militar agressiva dentro de dois anos e esmiuçava o programa de construção da Força Aérea alemã.⁴⁵ Em 1934, os franceses ainda possuíam a segunda maior Força Aérea do mundo, mas apenas se contabilizadas dúzias de biplanos de madeira. A produção de aeronaves francesas era uma mixórdia.

Em 1930, o Parlamento francês aprovara fundos para a construção de uma cadeia massiva de fortificações ao largo da fronteira alemã. Batizada como

---

* O conceito fora concebido e popularizado pelo teórico militar Basil Liddell Hart, defensor da ideia de que, numa futura guerra, o Reino Unido deveria evitar o envio de tropas de vulto ao continente e concentrar-se em reduzir a força-base do inimigo por meio de bombardeios e de um bloqueio naval.
** A União Soviética tinha tanto o maior exército quanto a maior força aérea.

uma homenagem ao ministro da Guerra André Maginot, a Linha Maginot, que entrou em operação em 1936, parecia o apogeu da modernidade. Dezoito metros abaixo da superfície, artilharia pesada, bunkers, postos de comando e casernas eram conectados por trens elétricos. Havia hospitais subterrâneos, uma rede telefônica protegida por concreto e cinemas. A linha era impermeável a bombardeios aéreos ou de artilharia, enquanto seu armamento era capaz de disparar quatro toneladas de cartuchos por minuto. E, no entanto, por mais que a Linha Maginot pudesse parecer algo saído da imaginação de H. G. Wells, toda a sua concepção era o oposto de moderna. Assombrados pelas cicatrizes das trincheiras, que haviam se estendido da Suíça ao Canal da Mancha, e em particular pela carnificina de Verdun, os franceses preparavam-se para mais uma guerra estática de defesa. Na visão de soldados imaginativos como o tenente-coronel Charles de Gaulle, tratava-se de um erro crasso. O futuro da guerra, cria De Gaulle, estava na mobilidade e nos tanques. A Linha Maginot era uma ilusão de grandeza: um "exército de concreto", incapaz de reagir às circunstâncias e devorador do dinheiro que poderia ter sido gasto na mecanização do Exército, além de um bloqueio ao pensamento estratégico.[46]

Ao menos a Linha Maginot *aparentava* solidez. Da política francesa já não dava para dizer o mesmo. Como proteção contra outro Napoleão, a constituição da Terceira República alocara poder ao Legislativo em detrimento do Executivo. O resultado era um carrossel de ministros, que contabilizaram não menos de dez administrações entre janeiro de 1930 e novembro de 1933. Então, em dezembro desse ano, um financista ladino, ainda que empreendedor, chamado Serge Alexandre Stavisky fugiu depois de faturar centenas de milhões de francos na venda de títulos falsos. O ultraje gerado pelo caso Stavisky derivava de seus laços estreitos com vários políticos proeminentes da Terceira República, bem como de sua ascendência judaica. A direita francesa sentiu o cheiro de uma conspiração e, quando Stavisky cometeu suicídio, alegou que ele fora assassinado para proteger os políticos corruptos da França. O governo de Camille Chautemps caiu e Édouard Daladier foi novamente convocado para tentar dar uma solução à crise. Em 6 de fevereiro de 1934, enquanto o novo primeiro-ministro enfrentava dificuldades para obter um voto de confiança na Câmara dos Deputados, eclodiu na Place de la Concorde uma batalha sangrenta entre realistas, comunistas e a polícia. Grades foram brandidas como adagas, o Ministério da Marinha foi incendiado e o ex-primeiro-ministro Édouard Herriot escapou por pouco de ser jogado ao Sena. Na manhã seguinte à noite mais violenta vivida pela França desde a Comuna de Paris, jaziam quinze mortos e 2 mil feridos. Primeiro-ministro havia apenas dez dias, Daladier renunciou com tanta pressa que nem sequer informou o Gabinete.

A Inglaterra não deixou passar em branco a turbulência na França, mas sua causa maior de ansiedade era o que ocorria na Alemanha. Em março de 1934, o governo ficou chocado ao saber que os alemães já possuíam cerca de 350 aeronaves militares e sua capacidade de produção havia subido para sessenta máquinas por mês. A informação fortaleceu o apoio às propostas de Chamberlain de uma Força Aérea ampliada, e, em 18 de julho, o Gabinete aceitou o "Esquema A", segundo o qual quarenta novos esquadrões seriam acrescentados à RAF ao longo dos quatro anos seguintes. Segundo o secretário das Colônias, sir Philip Cunliffe-Lister, o novo programa "seria um grande dissuasor da guerra e desencorajaria a Alemanha em tempos de paz".[47] Como apontado pelo chefe do Estado-Maior da Força Aérea, sir Edward Ellington, porém, o plano do chanceler parecia bom demais para ser verdade.

Ellington passara muito longe do alvo em sua avaliação do programa de aviação da Alemanha. Tendo declarado inicialmente ser improvável que o país viesse a possuir quaisquer aeronaves militares antes do final de 1935, agora previa confiantemente que naquela mesma data os alemães não teriam mais de quinhentas máquinas de primeira linha. No entanto, a proposta de Chamberlain de poupar dinheiro por meio da dispensa de reservas militares para os novos esquadrões o alarmou. A situação naquele momento era de reservas para apenas cinco esquadrões da RAF (mal chegando a sessenta aviões) e, sem estes, a Força Aérea "não seria capaz de operar em estado de guerra por mais que uma semana ou duas".[48] O Esquema A, portanto, era basicamente jogo de cena, pensado para acalmar a população e intimidar a Alemanha. Não significava uma defesa prática contra ataques.

Quando Baldwin se ergueu para fazer a defesa dos novos esquadrões na Câmara dos Comuns, em 30 de julho de 1934, proferiu a dramática declaração em que nomeava as fronteiras do Reino Unido como não mais delimitadas pelos "penhascos de giz de Dover", mas pelo Reno. A oposição não se deixou convencer, porém, e apresentou uma moção de censura contra o governo. "Negamos a proposição de que uma Força Aérea britânica aumentada garantirá a paz no mundo", repreendeu Clement Attlee, "e rejeitamos por completo a reivindicação de paridade."[49] Churchill defendeu o governo, descrevendo-o como o mais pacifista da história, e então dedicou-se a fazer uma série de afirmações aos congressistas. Onde o governo tateara cautelosamente na questão do rearmamento alemão, declarou Churchill sem rodeios, os nazistas já se encontravam bem avançados na montagem de uma Força Aérea militar em desobediência ao Tratado de Versalhes. Essa força, disse ele, seria equivalente à RAF ao final de 1935 e, dado o ritmo de sua expansão, a ultrapassaria em algum momento de 1936. Por fim, argumentou haver o perigo de que, uma vez estabelecida a hegemonia aérea da Alemanha, fosse impossível para o Reino Unido voltar ao pé de igualdade.[50]

Os alertas de Churchill – disseminados com cada vez mais veemência ao longo do verão e do outono de 1934 – dividiram o Parlamento. Embora muitos conservadores, especialmente aqueles à direita do partido, apoiassem sua campanha, havia quem visse em sua agitação uma tentativa oportunista de ressuscitar uma carreira enfraquecida, caso de seu velho rival, o secretário de Estado para a Índia, sir Samuel Hoare. Na visão do Partido Trabalhista, Churchill era um provocador de guerra, ao passo que o ex-líder liberal sir Herbert Samuel o acusava de semear "o pânico cego e sem motivo".[51] Tais ataques, felizmente, pouco o abalavam. Em sua cruzada para assustar o governo e fazê-lo agir, Churchill tinha a ajuda furtiva de dois servidores civis de grande experiência.

O major Desmond Morton havia tomado um tiro no pulmão na Batalha de Arras, em 1917. Incrivelmente, sobreviveu e, com a bala ainda dentro do corpo, viria a servir como ajudante de ordens do marechal de campo Haig. Em 1924, tendo passado os anos imediatamente anteriores estudando a União Soviética para o Serviço Secreto, assumiu a chefia do Centro de Inteligência Industrial do Comitê de Defesa Imperial. Morton havia conhecido Churchill na época em que estiveram juntos no front ocidental e, com uma mera caminhada de quinze minutos a separar sua casa em Kent de Chartwell da casa de campo de Churchill, os dois haviam se tornado bons amigos. Churchill então se esforçava para sacudir o governo de seu torpor, e Morton via-se em posição ideal para ajudá-lo – ainda que isso significasse quebrar o sigilo do Ato Oficial sobre Segredos.

A outra fonte governamental sênior de Churchill era Ralph Wigram. Uma das melhores cabeças do Secretariado das Relações Exteriores, Wigram era observador, bem-apessoado e corajoso. Aos 36 anos, atlético e fã de tênis, contraíra poliomielite. Os médicos não acreditavam em sua sobrevivência, mas, por pura e simples determinação, ou assim pareceu, ele não apenas sobreviveu como veio a tornar-se chefe do Departamento Central do Secretariado das Relações Exteriores, encarregado da Alemanha. Wigram compartilhava da visão de Vansittart sobre a Alemanha nazista: não havia a menor dúvida de que estivesse se rearmando, e o Reino Unido só teria alguma chance de contê-la com força e uma política externa ágil. Por meio de Morton, Wigram veio a conhecer Churchill, e os dois se tornariam as principais fontes de informação do ex-chanceler nos primeiros anos de sua luta pelo rearmamento.

Enquanto isso, as informações recebidas pelo governo – entre outros, de Morton e Wigram – davam motivo para sérias preocupações. O Estado-Maior da Força Aérea havia estado confiante de que a Força Aérea alemã não contaria com mais de quinhentos aviões de primeira linha até o fim de 1935 e mil até 1939. Em outubro de 1934, no entanto, informações secretas revelaram planos alemães de contar com uma força de primeira linha de 1.296 aviões, com plenas reservas, já no outono de 1936. Em face da informação fresca, o secretário de Estado para o Ar, lorde Londonderry, tentou convencer o Gabinete a adiantar a data de completude do Esquema A de março de 1939 para o fim de 1936. Mas Chamberlain era contra, dizendo não haver "nada em nossas informações sobre os preparativos alemães que justifique essa proposta de aceleração". O Gabinete, no fim das contas, julgou a situação suficientemente grave para acelerar a fabricação de metade dos novos esquadrões. E, no entanto, o desenvolvimento da Força Aérea alemã já não era mais então o único aspecto que se tornava gritante demais para ser ignorado.[52]

Em 20 de novembro, o Comitê de Defesa Imperial informou ao Gabinete que os alemães já possuíam um exército regular de 300 mil homens, com planos de expandi-lo e mecanizá-lo em massa. Uma semana depois, sir Eric Phipps registrou um aumento de £ 17,5 milhões nos gastos do governo alemão. Os alemães "rearmam-se febrilmente em terra e no ar", informava o embaixador, e o faziam "sem entraves ou mesmo protestos":

> A impressão deixada pelos meses de verão e outono é de marchas e exercícios incessantes. É evidente a qualquer observador estrangeiro que o povo alemão, com seu amor inato pela disciplina e seu treinamento militar, se regozija em sua nova liberdade. Até as manifestações trabalhistas e os comícios de camponeses

parecem a quem olha de fora basicamente paradas militares. Temos de encarar o fato de que, enquanto em outros países gosta-se de jogar futebol ou sorver café em pequenas mesas sob árvores, os jovens alemães se satisfazem mais ao brincar de soldados, e os homens do país nos quartéis.⁵³

Os ministros ficaram alarmados, mas inicialmente por questões políticas, e não estratégicas. "Podemos vir a ser acusados", escreveu sir John Simon, secretário das Relações Exteriores, "de não termos feito nada a não ser girar os polegares e ir e voltar de Genebra desde que a Alemanha abandonou a Conferência pelo Desarmamento em outubro de 1933."⁵⁴ Uma notícia em particular abalou o Gabinete: Churchill pretendia registrar por escrito uma emenda ao Loyal Address, acusando o governo de não garantir a segurança de seus cidadãos. A raiz da apreensão ministerial residia no fato de que a acusação fazia sentido. Segundo as palavras de um ministro não identificado durante uma reunião do Gabinete em 21 de novembro, a Alemanha agora aparentava estar em condições de, dentro de um ano, possuir "uma Força Aérea tão grande quanto a do Reino Unido".⁵⁵ No entanto, admiti-lo em público era politicamente inconcebível. Tomou-se então a decisão de, embora fosse impossível deixar de reconhecer que a Alemanha estava se rearmando, ainda assim deixar claro que "as acusações do sr. Churchill são exageradas". Acima de tudo, como disse sir Samuel Hoare ao Gabinete, era vital mostrar ao mundo que o governo sabia tanto quanto e ainda mais que Churchill.⁵⁶

O discurso de Churchill em 28 de novembro de 1934 foi o ponto alto do início de sua campanha pelo rearmamento. Proferido perante a Câmara lotada, reafirmava o fato inegável de que a Alemanha – aquela "tremenda potência que apenas alguns anos atrás [...] confrontou quase o mundo inteiro, e quase se sobressaiu" – estava se rearmando. A ameaça aérea era real e terrível. Dez dias de bombardeio intenso a Londres resultariam em 30 ou 40 mil pessoas "mortas ou mutiladas".⁵⁷ Considerando-se que apenas alguns milhares a mais do que esse número seriam mortos ao longo de toda *blitz*, a previsão era totalmente estapafúrdia. Mas disso nem Churchill nem os outros congressistas tinham como saber. A versão cinematográfica de *Daqui a cem anos*, de H. G. Wells, lançada em 1936, imaginava a destruição completa de Londres após um ataque aéreo surpresa e, como depois escreveria Harold Macmillan, "nós encarávamos a guerra aérea [nos anos 1930] [...] da mesma forma que as pessoas hoje encaram a guerra nuclear".⁵⁸

Para proteger o Reino Unido de tal apocalipse, Churchill exigia do governo a manutenção, pelos dez anos seguintes, de uma força aérea substancialmente mais forte que a alemã – que, segundo ele, alcançaria a paridade com a britânica em algum ponto do ano seguinte – e dizia "dever ser considerado alto crime contra o Estado [...] se for permitido a essa força ficar substancialmente abaixo, ainda que por um mês, da força potencialmente possuída por aquele país estrangeiro".[59] Ao sentar-se, recebeu "uma onda surda e persistente de vivas" de parlamentares conservadores, a maioria dos quais parecia profundamente impressionada.[60] Baldwin ergueu-se e pôs-se a ministrar o que o *Daily Mail* chamaria de "xarope calmante".[61] A Alemanha, admitia, gastava vastas somas em rearmamento e de fato possuía uma Força Aérea militar. Contudo, não havia base para alarme apressado, pois não era o caso de a RAF correr riscos de ser superada. Os números recém-citados por Churchill eram totais e não imediatos. No que se referia à comparação, a Força alemã correspondia a apenas 50% da RAF, e isso não mudaria por pelo menos um ano. Baldwin, cujos números lhe eram fornecidos pelo Ministério do Ar, disse ser impossível contemplar o cenário além dessa data. O próprio Ministério do Ar, contudo, já previa uma superioridade alemã da ordem de cem a duzentos aviões de primeira linha para novembro de 1937. Portanto, se as projeções de Churchill eram realmente inflacionárias, a declaração de Baldwin era deliberadamente enganosa. Seu discurso, no entanto, funcionou. "O governo de Sua Majestade", afirmou o lorde presidente, "não está determinado sob condição alguma a aceitar qualquer posição de inferioridade com relação a qualquer Força Aérea que possa ser arregimentada no futuro pela Alemanha." Churchill retiraria sua emenda.[62]

O debate quanto à emenda de Churchill foi acrescido das vozes que defendiam a legalização do rearmamento alemão. A Alemanha, afirmava lorde Londonderry, não poderia ser impedida de desenvolver suas Forças Armadas e, portanto, o passo lógico seria oferecer-lhe o cancelamento da cláusula das armas do Tratado de Versalhes em troca de seu retorno à Liga das Nações. O secretário das Relações Exteriores, sir John Simon, concordava, ao passo que David Lloyd George, ex-líder de Guerra do país, em discurso na mesma ocasião, alertou contra a transformação da Alemanha em "pária". Os alemães haviam sido empurrados na direção de uma revolução devido à recusa das potências a corrigir suas queixas, afirmava o "Mago Galês". Havia chegado a hora de corrigir erros passados; hora de compromisso, e não de censura, de trazer a Alemanha para a comunidade das nações. Como a alternativa seria uma corrida armamentista e possivelmente outra guerra, não é de espantar que tantos, dentro e fora do governo, tenham concordado e então partido em várias missões para apaziguar Hitler.

III
Chá com Hitler

*Certo ou errado, gente de todo tipo que conheceu Hitler
se convenceu de que ele era um fator para a paz.*
Thomas Jones, Diário, 1º de março de 1934.[1]

Trajado com fraque imaculadamente alinhavado, o lorde do Selo Privado era conduzido ao longo de uma sucessão de passagens ladeadas por guardas rumo a uma sala de vastas proporções. Nela seria recebido por um homem mais baixo que o esperado, mas inteligente e, apesar do uniforme "incongruente", "quase um janota".[2] Um tremendo elogio vindo de Anthony Eden, geralmente considerado o homem mais bem-vestido de Londres e cuja aparência de galã era a cereja no bolo de uma reputação íntegra. Enviá-lo para sondar Hitler em fevereiro de 1934 havia sido uma escolha prudente da parte do governo inglês.

Com apenas 36 anos e já o número dois do Secretariado das Relações Exteriores, Eden era um astro em ascensão em um firmamento de homens aborrecidos. Ganhara o Prêmio da Divindade em Eton e mais tarde se formara com louvor em línguas orientais em Christ Church, Oxford. Esse dom linguístico, que incluía fluência tanto em francês quanto em alemão, era um ativo diplomático amplamente utilizado por Eden em Genebra como representante britânico na Conferência pelo Desarmamento. Lá foi saudado por seus esforços incansáveis e se firmou como um dos mais importantes apoiadores da Liga das Nações.

O "crédito pacifista" de Eden, bem como seu prestígio em geral, era reforçado por seu histórico de guerra. Quando eclodiu a Primeira Guerra Mundial, o jovem Anthony ainda era estudante, mas saiu de Eton assim que pôde e, em 1915, entrou para o Corpo Real de Rifles do Rei. Embora a guerra tenha representado uma tragédia para todos, os anos de 1914 a 1918 foram particularmente pungentes na vida de Anthony Eden. Seu irmão mais velho, John, foi morto na França em outubro de 1914. Seu segundo irmão, Timothy, que estava na Alemanha quando as hostilidades começaram, foi confinado em um campo de prisioneiros nos arredores de Berlim. Em fevereiro de 1915, seu pai morreu, e, no ano seguinte, seu irmão de dezesseis anos, William, se afogou na Batalha de Jutland. O tio de Eden, comandante de um esquadrão do Corpo Aéreo Real, foi abatido e capturado, e seu cunhado, seriamente ferido na Batalha do Somme. Portanto, como ele escreveria mais tarde, no espaço de dois anos "cada um dos homens da minha família, com os quais eu passara a vida antes da guerra, estava morto, ferido ou aprisionado".3

Apesar dessa sucessão de mágoas, Eden não titubeou e passou por alguns dos mais sangrentos combates do front ocidental. Em 1917 foi condecorado com a cruz militar, e em março de 1918 tornou-se o mais jovem major da Brigada do Exército inglês. Esse histórico brilhante, somado aos esforços em Genebra, fez de Eden a personificação das aspirações da geração da guerra, dotado de uma consciência aguda dos sacrifícios feitos e determinado a construir um mundo melhor e mais idealista.

Isso também ajudou com Hitler, que adorava reminiscências de guerra. Durante o almoço na embaixada do Reino Unido, no segundo dia da visita de Eden, Hitler, até então desinteressado da refeição vegetariana preparada para ele, só relaxou quando Eden mencionou suas experiências comuns nas trincheiras. A menção visivelmente quebrou o gelo, e Eden e o chanceler passaram momentos agradáveis relembrando os vários setores em que haviam servido.

Eden ficou encantado com Hitler, considerando-o "bem mais que um demagogo" e enxergando nele até mesmo "indícios de humor".4 Sir Eric Phipps o alertara para não se deixar seduzir pelas doces palavras do chanceler sobre a paz, mas o lorde do Selo Privado concluiu assim mesmo que Hitler era sincero. "Acho muito difícil acreditar que o homem deseje ele próprio a guerra", relatou a Baldwin.5 Enviado a Berlim para testar a reação de Hitler às mais recentes propostas de desarmamento do governo, ele ficara aliviado com a reação do Führer. Hitler prometeu honrar o Tratado de Locarno e garantir às SA e SS uma natureza "não militar", não descartando o retorno da Alemanha à Liga das Nações. Sua principal reivindicação era que fosse permitido ao país ter a sua Força Aérea. Eden, ciente de que a Alemanha já fabricava uma de forma ilegal, não achou tal demanda absurda e repassou as exigências de

Hitler a Londres com o comentário de que "as propostas do chanceler foram bem melhores que o esperado".[6] No entanto, seu entusiasmo chocou-se contra o muro representado pelo subsecretário permanente das Relações Exteriores, sir Robert Vansittart.

"Van" e Eden eram personagens semelhantes em diversos aspectos. Alinhado e cortês, Vansittart era também um exímio linguista, ganhador dos prêmios de alemão e de francês em Eton, e posteriormente escreveria várias peças neste último idioma. Em 1903, passou em primeiro lugar nas provas para o Secretariado das Relações Exteriores e em 1930 foi nomeado subsecretário permanente, a cargo do departamento. Enquanto durara a República de Weimar, Vansittart procurara compensar ou "aplacar" as queixas alemãs quanto a Versalhes. Com o advento de Hitler, porém, logo mudaria de atitude, tornando-se a mais notória Cassandra dentro de Whitehall. Nesse contexto, julgava que "o jovem Eden, recém-saído da escola de etiqueta", tivera um olhar benevolente demais para com Hitler e suas promessas.[7] O secretário das Relações Exteriores, sir John Simon, concordava. O governo de Sua Majestade jamais poderia considerar uma proposta tão refratária à França e que levaria inevitavelmente a uma corrida armamentista, escreveu ele a Phipps em 23 de fevereiro.[8]

A reprimenda deixou Eden furioso, esbravejando quanto a Simon ser "uma calamidade não apenas nacional, mas internacional".[9] Poucas semanas depois, porém, Hermann Göring forneceu o que Phipps chamou de "um rotundo não" aos que, como Eden, estavam inclinados a acreditar no pacifismo alemão.[10] Em discurso em Potsdam, no dia 10 de março de 1934, o imponente ex-aviador, ministro da Aviação, ministro-presidente da Prússia e mestre do Reich para Silvicultura e Caça, derramou-se em louvor ao militarismo prussiano, que teria desafiado "o mundo inteiro" e o faria novamente.[11] Aquilo reacendeu antigos temores. Embora os prussianos tivessem socorrido o duque de Wellington em 1815 e sido o fiel da balança em Waterloo, o prussianismo era visto no Reino Unido e na França como sinônimo de notória determinação militar, férrea disciplina e duas invasões do território francês. Eden ficara feliz ao constatar que Hitler "nada tinha de prussiano": o chanceler seria um "típico austríaco" ou, como pensava o secretário particular parlamentar de Eden, lorde Cranborne, um "camponês motivado".[12] Para muitos observadores, no entanto, o regime nazista parecia um aprimoramento totalitário do prussianismo.

"Aquilo é uma loucura militaresca", exclamou o ex-diplomata Harold Nicolson ao visitar Munique em fevereiro de 1934. "A paixão por uniformes é maior até do que em 1912", ao passo que as coroas de flores suspensas no Feldherrnhalle, representando as províncias perdidas pela Alemanha, eram definitivamente um mau presságio. Nicolson foi dormir totalmente deprimido. "A Alemanha voltou a ser a Alemanha de antes da guerra", escreveu em seu diário, mas "com um novo brilho fanático no olhar".[13] O ex-secretário das Relações Exteriores, sir Austen Chamberlain, concordava. A revolução nazista, disse ele à Câmara dos Comuns em 13 de abril de 1933 – apenas dois meses e meio após a ascensão de Hitler ao poder –, era "o pior do típico imperialismo prussiano, recoberto por selvageria, orgulho racial, uma exclusividade que se nega a permitir a qualquer compatriota não dotado de 'pura ascendência nórdica' a igualdade de direitos e de cidadania".[14] Seria loucura, argumentava Austen, contemplar uma revisão dos tratados de paz com a Alemanha naquele clima. Alguns outros compartilhavam de tal visão. Mas havia um ponto de vista alternativo, e mais popular, a defender que a Alemanha só se acalmaria quando os grilhões de Versalhes lhe fossem retirados.

No início dos anos 1930, não havia muitas vozes a defender o Tratado de Versalhes. Uma paz que, na perspectiva alemã, fora "imposta" pelos Aliados vitoriosos "humilhara" a Alemanha ao atribuir-lhe a responsabilidade única por iniciar a guerra, eviscerara-lhe as Forças Armadas, impusera reparações "perniciosas", tomara suas colônias e amputara partes de seu território para benefício de novas nações, como a Tchecoslováquia e a reconstruída Polônia. Durante os anos 1920, os alemães montaram uma considerável e efetiva campanha contra o Versalhes como um todo e a cláusula da suposta culpa pela guerra em particular. Porém, havia muita gente na Grã-Bretanha pronta a criticar o documento por iniciativa própria. "O Tratado de Versalhes os compeliu [os alemães] a corroborar a mais implacável e completa condenação moral da história e afixou mais uma geração alemã aos grilhões do antigo complexo de inferioridade", escreveu em janeiro de 1933 o futuro historiador E. H. Carr.[15]

Carr publicou seu artigo no *Fortnightly Review* sob pseudônimo, devido à sua condição de servidor público do Secretariado das Relações Exteriores, que, por sinal, havia integrado o contingente britânico na Conferência de Paz. Dois outros integrantes da delegação eram o economista de

Cambridge John Maynard Keynes e o jovem Harold Nicolson. A exemplo de Carr, ambos ficaram profundamente desiludidos com o que estava sendo feito e Keynes renunciou ao Tesouro em protesto contra o alto grau de reparações impostas aos derrotados. Cinco meses depois, em dezembro de 1919, publicou *As consequências econômicas da paz*, em que criticou severamente os "pacifistas" e sua "paz cartaginesa". "A política de reduzir a Alemanha à servidão por uma geração", escreveu Keynes, não era meramente "abominável e detestável", mas semeava "a decadência de toda a vida civilizada da Europa."[16] O livro se tornaria um best-seller internacional, estabelecendo o tom para uma série de críticas, entre as quais as de Nicolson, que vieram a seguir.*

Em 1933, portanto, o sentimento de *mea culpa* era forte no Reino Unido. Quase não havia pessoas influentes que acreditassem ter sido a Alemanha a única responsável pela guerra, e o sentimento de mal-estar com relação a Versalhes era generalizado. Em texto da época da Conferência de Paz, o ministro da Educação, H. A. L. Fisher, trazia, a título de autoconsolo, a ideia de que ao tratado se seguiria "a conciliação, e a introdução gradual de reajustes e modificações poderia trazer a estabilização ao horizonte da Europa".[17] No entanto, apesar da entrada da Alemanha na Liga das Nações e da redução e posterior cancelamento das reparações, ainda existia uma crença de que os Aliados, em particular os franceses, não haviam feito o bastante para aliviar o fardo da Alemanha ou restituir-lhe o tão depauperado amor-próprio.

A Alemanha havia feito seu melhor para "dar sequência ao tratado", disse David Lloyd George perante um público de 8 mil pessoas espremidas no mercado pecuário de Ashford em 11 de março de 1933. Havia respeitado "honradamente as cláusulas de desarmamento", enquanto os Aliados não haviam cumprido sua parte do acordo por meio da redução de seus próprios arsenais. Como resultado, a Alemanha fora levada a tornar-se uma "agressiva ditadura militar".[18] Esta, e Lloyd George sabia, não era a mais fiel versão dos fatos.

---

* Keynes seria posteriormente criticado por antiapaziguadores por ter ajudado a estabelecer o mito do "decreto" de Versalhes. Bob Boothby acusou o economista de ter produzido "a Bíblia do movimento nazista", e o jornalista americano ganhador do Prêmio Pulitzer Edgar Mowrer (correspondente do *Chicago Daily News* em Paris) considerou o livro um dos "mais nocivos" jamais escritos. Tais pontos de vista são endossados por estudos acadêmicos recentes, que deixam claro como o Tratado de Versalhes não foi tão punitivo quanto alegavam os alemães nem, em si, responsável pela eclosão da Segunda Guerra Mundial. Poucos contemporâneos, porém, compartilhavam dessa ideia.

O orçamento militar britânico havia sido tremendamente reduzido desde a guerra, ao passo que os alemães vinham descumprindo as cláusulas referentes ao desarmamento desde antes da chegada dos nazistas ao poder. Mas o ex-primeiro-ministro não era nem de longe o único a culpar Inglaterra e França pela ascensão de Hitler. Na Conferência Internacional Trabalhista e Socialista de 1933, em Paris, George Lansbury, líder dos trabalhistas, viu-se na posição de excluído por não acrescentar sua voz ao coro de ataques ao governo alemão e retirou-se antes do final, insistindo em que os Aliados tinham "100% de culpa pela ascensão de Hitler".[19] O jornalista Robert Bruce Lockhart considerava que o francófilo Vansittart deveria "ser responsabilizado" pelos acontecimentos na Alemanha, e o *Times* jamais perdia a oportunidade de descer a lenha num tratado que "fornecera todas as mágoas que o coração de um nacionalista alemão poderia desejar".[20]

A noção de que a culpa pelo nazismo pertencia aos Aliados era fundamental à mentalidade a partir da qual se desenvolveu o apaziguamento. Se o nacional-socialismo fora "criado" por Inglaterra e França, seria apenas lógico que coubesse aos dois países "apaziguá-lo" com a reparação das mágoas, por meio das quais havia prosperado. Conforme havia dito Eden ao Parlamento em março de 1933, a meta do governo na Conferência pelo Desarmamento era "assegurar à Europa o período de apaziguamento de que necessita".[21] Desde então, porém, os alemães haviam se retirado das negociações e as tentativas britânicas de atrair Hitler de volta vinham fracassando. Em abril de 1934, a paciência dos franceses havia se esgotado. Em março, números oficiais apontavam que os gastos militares da Alemanha haviam aumentado em 356 milhões de marcos sobre as estimativas do ano anterior; só o orçamento aéreo já era 121 milhões maior. Hitler pode falar em paz, disse o ministro francês das Relações Exteriores, Louis Barthou, ao emissário nazista, Joachim von Ribbentrop, "mas seus atos são de guerra".[22] Assim, os franceses romperam as negociações pelo desarmamento, informando Londres de que o desejo de paz da França não poderia implicar abdicar da própria defesa.

O "*non*" da França foi recebido com raiva pelos ingleses, cuja crença era a de que os franceses haviam jogado fora uma oportunidade única de deter o leviatã alemão. No entanto, se a decisão francesa de fato deu fim às chances de um acordo multilateral, abriu a porta para um fenômeno curioso do período do apaziguamento: os diplomatas amadores.

*

As perspectivas iniciais não eram favoráveis à amizade entre a Grã-Bretanha e a Alemanha nazista. Os britânicos estavam chocados com a destruição da democracia alemã, alarmados com o renascimento do militarismo e enojados do tratamento dado aos judeus. A visita do ideólogo nazista dr. Alfred Rosenberg a Londres, em maio de 1933, havia sido um desastre. Rosenberg causou péssima impressão ao Secretariado das Relações Exteriores e gerou uma grita generalizada ao depositar uma grande coroa com a suástica no cenotáfio. Um militar da reserva atirou a coroa no Tâmisa e então se entregou de bom grado ao policial mais próximo com a saudação: "Ia mesmo procurar um de vocês, rapazes".[23]

Por volta de 1934, porém, estava claro que a revolução nazista havia fincado bases sólidas, de modo que até mesmo a esquerda moderada admitia ser necessário algum esforço no sentido de erguer pontes com o regime. Uma ideia ousada, promovida por ninguém menos que o primeiro-ministro, era que Hitler deveria ser convidado a visitar Londres. Como enfatizou Ramsay MacDonald ao embaixador alemão, tratava-se de um ponto de vista puramente pessoal, sobre o qual o Gabinete não estava informado, mas "ele tinha certeza de que o chanceler do Reich teria uma recepção amigável da parte do povo inglês, bem como de seu governo". Konstantin von Neurath, ministro das Relações Exteriores da Alemanha, bem a propósito, considerava tal noção "absurda".[24] Contudo, se a impopularidade dos nazistas inibia atos conspícuos de cortejo da parte do governo, nada impedia indivíduos de agir, e uma série deles passou a se engajar em missões para melhorar as relações anglo-germânicas.

Os diplomatas amadores ingleses vinham de todos os lados do espectro político e agiam motivados por razões variadas. Uma série de crenças, porém, os unia, sendo a mais importante a de que o nazismo, independentemente da visão pessoal de cada um sobre ele, não deveria impedir boas relações entre Inglaterra e Alemanha. Pelo contrário, a maioria o via como a reação natural, ainda que violenta, às mágoas legítimas derivadas de Versalhes. Tanto de um ponto de vista moral quanto político, era, portanto, imperativo que se alterasse o tratado e se permitisse à Alemanha reaver o espaço e o status que lhe cabiam por seu tamanho e sua história.

O principal defensor dessa posição era o marquês de Lothian, um político liberal. Cientista cristão, dotado de um ostensivo sentido de moralidade, Lothian, conhecido então como Philip Kerr, trabalhara na administração colonial na África do Sul entre 1905 e 1910, antes de passar a editar o jornal imperial *Round Table*. O trabalho o eximiu de servir na guerra, mas em 1916 tornou-se secretário particular de Lloyd George, vindo a acompanhá-lo a Paris, onde este teve participação no esboço dos tratados de paz. De aparência distinta, ainda que algo corpulento, chegava a ser irritante no seu sentido de missão. Baldwin o julgava "assaz peculiar", até mesmo "esdrúxulo".[25] No entanto, como dizia o amigo em comum Thomas Jones, Lothian possuía inteligência e habilidade numa mesma proporção. Seu problema era a falta de bom senso.

Como muitos liberais, Lothian detestava o nazismo. Contudo, estava convencido de que seus "aspectos brutais" eram derivados, em grande medida, de Versalhes e do fracasso dos Aliados em alterar o tratado quando tiveram a oportunidade.[26] A condição inicial para a reforma do regime, portanto, era que os Aliados se mostrassem "dispostos a fazer justiça à Alemanha".[27] Isto significaria o cancelamento da parte V do Tratado de Versalhes – permitindo aos alemães se rearmarem em escala igual à dos vizinhos – e a revisão, ou reversão, de uma série de cláusulas territoriais. Como escreveu Vernon Bartlett em *Nazi Germany Explained* [Alemanha nazista explicada], "é um paradoxo, mas creio em sua veracidade, que a Alemanha vá representar um risco menor à paz quando sua desvantagem de forças em relação aos vizinhos for menos evidente".[28]

Em janeiro de 1935, Lothian viajou a Berlim, onde tinha na agenda um encontro do Rhodes Scholarship Committee para testar sua teoria com o próprio Hitler. A visita fora arranjada pelo clamorosamente pró-alemão T. P. Conwell-Evans, acadêmico galês e amigo de Ribbentrop que havia passado os dois anos anteriores lecionando história da diplomacia anglo-germânica na Universidade de Königsberg. Como Lothian, Conwell-Evans estava convencido de que a Alemanha nazista tinha argumentos e se arvorava a agir como intermediário entre o regime e membros proeminentes da elite britânica.

Os alemães estavam entusiasmados com a visita de Lothian. Era "sem dúvida o mais importante inglês sem patente oficial a pedir uma audiência com o chanceler até o momento", comunicou o embaixador Leopold von Hoesch, acrescentando que Lothian tinha "inclinações favoráveis à Alemanha e deseja contribuir para a promoção de maior entendimento entre a Alemanha e a Inglaterra".[29] A audiência com Hitler foi concedida e durou mais de duas horas, durante as quais Lothian ouviu uma preleção sobre o risco representado pela Rússia, a falta de boa vontade dos franceses e a importância da amizade entre ingleses e alemães. Lothian ficou bem impressionado com a sinceridade de Hitler. Considerou o Führer "um profeta" e avidamente enviou uma transcrição das conversas a Baldwin, Simon e MacDonald, encabeçada pelo comentário de que "claramente havia bases políticas para um acordo capaz de manter a paz na Europa por dez anos com base na igualdade, caso aproveitemos a oportunidade".30 Dois dias depois, num artigo para o *Times*, afirmou que o fato preponderante na Europa naquele momento era que "a Alemanha não quer a guerra e está pronta a renunciar a ela por completo como método de resolução de conflitos com vizinhos, desde que lhe seja conferida real igualdade".31

Lothian não era o único não conservador a se deixar ludibriar por Hitler. Poucos dias antes de conceder-lhe audiência, o Führer havia recebido lorde Allen de Hurtwood, do National Labour. Clifford Allen era um ativista político que, na condição de opositor consciente, havia sido aprisionado três vezes durante a Primeira Guerra Mundial e publicara em novembro de 1914 um discurso cujo provocativo título era: "Estaria a Alemanha certa e a Inglaterra errada?". Dera apoio a MacDonald na formação do governo de coalizão e, em 1932, fora recompensado com um pariato: "lorde Conchie de Maidstone",* sugerira um gaiato.32 Allen tinha horror aos nazistas, mas opunha-se igualmente ao "perverso" tratado e às "políticas maliciosas da França", que acreditava representarem uma ameaça à paz.33 Ao final de 1933, ajudaria a estabelecer o Grupo Anglo-Germânico – um corpo basicamente composto por homens de centro-esquerda – e, em janeiro de 1935, foi à Alemanha conhecer alguns dos líderes do regime.

O Ministério das Relações Exteriores da Alemanha, sempre alerta, enxergava em Allen o potencial de influenciar quadros proeminentes do National Labour, entre os quais o primeiro-ministro, e providenciou uma audiência com Hitler – que claramente se portou de forma exemplar. "É tamanho o contraste entre ele e o retrato que dele faz o povo britânico", declarou Allen. Não houve discurso ou rompantes súbitos de paixão, nem sequer um sinal

---

* O termo "*conchie*" é uma contração de "*conscientious objector*" (opositor consciente), e Maidstone, uma prisão localizada na cidade de mesmo nome, no condado de Kent, no sudeste da Inglaterra, na qual Allen cumprira pena. [N. T.]

do demagogo. Hitler apresentou-se "calmo, contido, mas não obstante implacável". Seu fanatismo, imaginava Allen, lembrava o de Oliver Cromwell, e ele não tinha dúvidas de que, como o Old Ironsides,* estaria preparado para "perseguir, matar e ser morto em nome de sua religião".34 Apesar de tais colocações, Allen dava crédito à alegação de intento pacífico de Hitler – evidenciada pelo recente pacto de não agressão com a Polônia e sua renúncia à província francesa da Alsácia-Lorena –, e seus ouvintes ficaram confiantes na crença de que ele havia encontrado um parceiro futuro para a diplomacia britânica. "Observei-o com extrema vigilância", escreveu no *Daily Telegraph* ao retornar, "e estou convencido de que genuinamente deseja a paz."

Lothian e Allen eram homens de centro e centro-esquerda que acreditavam moralmente correto e politicamente necessário chegar a algum tipo de acordo com a Alemanha nazista mediante uma revisão dos termos de Versalhes. Essa visão era consideravelmente difundida entre liberais e também tinha significativa penetração no pensamento conservador. Nesse último contexto, se fundia ao outro grande impulso à amizade anglo-germânica: um profundo medo do comunismo.

Ainda que o Partido Comunista da Grã-Bretanha não tivesse mais que 6 mil membros em 1931, o espectro do comunismo pairava nas mentes da classe dominante britânica. A Revolução Russa de 1917 era uma memória recente e produzira impressão horripilante, especialmente encapsulada no assassinato do czar e de sua família. A ela se seguiu uma onda de levantes comunistas e socialistas que destruiu a velha ordem europeia e, em 1927, levou à eclosão da guerra civil na China. Em 1924, Josef Stálin limitou o objetivo bolchevique ao "socialismo em um só país" (isto é, a União Soviética), mas muitos consideravam o princípio da "revolução mundial" intrínseco ao movimento e mantinham vivo o medo da contaminação comunista. Em 1919, os distúrbios do "Red Clydeside"** na Escócia fizeram o governo britânico despachar 10 mil

---

* Apelido de Cromwell. [N. T.]
** Em tradução livre, as "Margens Vermelhas do Clyde", em referência ao rio de mesmo nome que corta a cidade de Glasgow. O período de turbulência e radicalismo político ao qual o termo se refere teve início por volta de 1911, durou até o início dos anos 1930 e teve a cidade como epicentro. Inicialmente, o movimento de classe operária se opunha à participação britânica na Primeira Guerra, mas logo ampliou suas bandeiras, ganhando um caráter sociopolítico mais organizado. [N. T.]

soldados ingleses para restabelecer a ordem (não havia confiança na lealdade das forças locais). A greve geral de 1926 produziu temores semelhantes, e naquele meio-tempo os ingleses haviam testemunhado e até participado do sangrento confronto entre o Exército Vermelho e o Movimento Branco no antigo Império Russo. Aqueles acontecimentos e a ideologia que os inspirava, baseada na abolição da propriedade privada e da hierarquia social, davam ao comunismo status de anticristo. Se tal visão, por razões óbvias, era capitaneada por gente da classe alta, seus medos se imiscuíam prontamente nas mentes de "inferiores" de disposição mais conservadora. "Há algo que o senhor possa fazer para dar fim ao mal do comunismo nesta cidade?", indagou uma eleitora de Essex em novembro de 1932 ao congressista em quem votara, depois de o pároco local começar a pregar ideias marxistas do púlpito. Já o submordomo de Cliveden, mansão de inspiração italiana de propriedade de lorde Astor e sua esposa, localizada às margens do Tâmisa, passara a responder às queixas da patroa quanto à sua recorrente incapacidade de providenciar tapetes para o carro com a tirada: "Bem, não haverá tapetes quando Moscou estiver no controle".[36]

Em oposição à malévola força do comunismo erguia-se o fascismo, que "salvara" a Itália dos bolcheviques em 1922 e cuja cepa teutônica mais agressiva recebia crédito pelo mesmo feito na Alemanha. Em ambas as doutrinas, e particularmente na alemã, certos aspectos ofendiam a elite britânica. Mas, quando a escolha se impunha naquela "Era dos Extremos", o fascismo parecia o mal menor e de fato era enxergado como uma barreira a conter a maré comunista.[37] Nesse contexto, em 1927 Winston Churchill assegurara a Mussolini que, caso fosse italiano, o teria apoiado em seu "embate triunfante contra os apetites e paixões bestiais do leninismo"; o imperialista *Morning Post* dava graças por aqueles "belos e alinhados rapazes (italianos) de camisas pretas", enquanto o governador do Banco da Inglaterra, Montagu Norman, descrevia Hitler e o ministro da Economia da Alemanha, Hjalmar Schacht, como "baluartes da civilização" engajados em uma guerra "em nome do nosso modelo de sociedade".[38]

Na vanguarda da luta contra o comunismo encontrava-se o barão da imprensa lorde Rothermere. Criador do "jornalismo popular" juntamente com seu irmão Alfred (futuro lorde Northcliffe), Harold Harmsworth fundara em 1896 o *Daily Mail*, voltado para as massas. Viria a lançar o *Daily Mirror* em 1903 e a comprar o *Glasgow Record and Mail* e o *Sunday Pictorial*. Em 1929,

Harold – nomeado visconde Rothermere em 1919 – já era dono de catorze jornais e um dos homens mais ricos do país. A Primeira Guerra Mundial o trouxera à política, tendo servido por um breve mandato como primeiro secretário de Estado para o Ar da história do país, mas também lhe trouxera tragédia. Seu segundo filho, Vere, foi morto em novembro de 1916 na Batalha do Ancre. Em fevereiro de 1918, foi a vez de seu primogênito, Vyvyan. Ao recordar uma ocasião em que o barão da imprensa o levou ao quarto de Vyvyan, que estava em casa de licença, Churchill atestou que "o amor de Rothermere por aquele rapaz era profundo" e a dupla tragédia lhe deixou uma marca indelével.[39]

No início dos anos 1930, Rothermere havia se estabelecido à extrema direita do espectro conservador. Essa ala, composta por uma série de indivíduos importantes, via o Império Britânico em declínio e a democracia corroída pelos excessos e pela Grande Depressão. Em contraste, o fascismo na Itália e o nacional-socialismo na Alemanha eram enxergados como brilhantes por terem revigorado o orgulho nacional e derrotado o comunismo. Eminentes conservadores ingleses, entre os quais sir Austen Chamberlain, teciam loas a Mussolini, ao passo que, em abril de 1933, alunos da Universidade de St. Andrews apoiavam a moção que dizia: "Esta casa apoia o Partido Nazista e o felicita por seu esplêndido trabalho na reforma da Alemanha".[40]

Em Rothermere, a paranoia antivermelha se apresentava de forma extrema. No terreno pessoal, fizera-o transferir parte de sua riqueza para a Hungria como medida de segurança contra uma tomada da Inglaterra por parte dos bolcheviques, enquanto no plano político manifestava apoio primeiro a Mussolini, depois a sir Oswald Mosley (líder da União Britânica de Fascistas) e por fim a Hitler. "Conclamo todos os rapazes e moças britânicos a estudarem com atenção o progresso do regime nazista na Alemanha", dizia em um editorial do *Daily Mail* em julho de 1933. Defendia que a imprensa exagerara tremendamente as atrocidades, que teriam consistido apenas em uns poucos episódios isolados, enquanto ignorava as conquistas da revolução nazista, entre elas a expansão do espírito nacional "tal como ocorreu na Inglaterra sob a rainha Elizabeth".[41] Foi ainda mais explícito em novembro daquele ano, ao declarar os "jovens e robustos nazistas" como "guardiões da Europa perante a ameaça comunista".[42]

Rothermere fez sua primeira visita a Hitler em dezembro de 1934, acompanhado por seu único filho sobrevivente, Esmond, e pelo correspondente estrangeiro do *Daily Mail*, George Ward Price. A visita havia sido organizada pela misteriosa Stephanie von Hohenlohe, uma princesa austríaca por casamento que conseguira se infiltrar tanto no círculo íntimo de Hitler quanto na sociedade londrina. Os serviços de segurança estavam convencidos de se tratar de uma espiã alemã, e no entanto não alertaram Rothermere, àquela altura já convertido à causa da revisão das fronteiras húngaras do pós-guerra graças à influência da princesa.

Bastante ciente do poder de Rothermere para moldar a opinião pública inglesa, Hitler o prestigiou com um jantar jamais oferecido a um visitante estrangeiro. Figurões nazistas como Göring, Goebbels e Ribbentrop se juntaram a outros 23 convidados na Chancelaria do Reich. Algumas noites depois, Rothermere retribuiu-lhe a gentileza, oferecendo um jantar no Adlon Hotel. Hitler compareceu, bem como seu ministro das Relações Exteriores, Konstantin von Neurath, Göring (acompanhado da atriz Emmy Sonnemann, que em breve se tornaria a segunda Frau Göring), Joseph e Magda Goebbels e Ribbentrop. A princesa Stephanie atuou como tradutora e Hitler discursou sobre os benefícios da amizade anglo-germânica. Infelizmente para Rothermere, a noite terminou em farsa quando alguém derrubou acidentalmente um enorme vaso, que se despedaçou no chão. Homens da SS, temendo uma tentativa de assassinato, correram para o salão brandindo revólveres e Hitler foi levado antes mesmo de o último prato da refeição ser servido.

Apesar do fiasco, Rothermere voltou da Alemanha na condição inquestionável de amigo do regime. "Não temos por que nos digladiarmos com essa gente", assegurava ele aos quase 2 milhões de leitores do *Daily Mail*, pois uma aliança anglo-germânica se provaria um dos grandes benefícios à humanidade.[43] Ao contrário de outros viajantes, porém, ele não tinha ilusões quanto à direção da política externa dos nazistas. "Não confio em Hitler como estadista", confidenciou em carta a Churchill em maio de 1935. "Estou bem certo de que seu grupo nutre os mais ambiciosos desígnios. Têm intenções convictas de tornar a Alemanha *a* potência mundial."[44] Sob influência dessa convicção, Rothermere lançou por meio de seus jornais uma campanha frenética pelo rearmamento do Reino Unido. Em novembro de 1933, o *Daily Mail* exigia 5 mil novos aviões militares, e mais tarde incrementaria essa conta para "ao menos 20 mil", dada a expansão da Luftwaffe.[45] A natureza paradoxal da posição do barão da imprensa não passou despercebida a seus contemporâneos. Rothermere "nos quer fortemente armados e acanhadamente servis ao mesmo tempo", observou Churchill em carta a sua esposa em que criticava o *Daily Mail* por "encorajar Hitler". O melhor que se poderia dizer sobre tal posição, continuava, era ser uma atitude mais prática que a adotada por muitos políticos trabalhistas. "Eles desejam que permaneçamos desarmados e rudes ao extremo."[46]

Rothermere, Allen e Lothian não foram os únicos políticos ingleses a se deixarem deslumbrar pela recepção que os nazistas lhes deram. Em setembro de 1933, Thomas Moore, parlamentar de extrema direita do Partido Conservador, declarou, após um encontro com Hitler, que "paz e justiça" eram as palavras-chave da política do Führer, ao passo que outro parlamentar conservador, sir Arnold Wilson, afirmou que o líder nazista era, "no âmago, igual aos melhores socialistas de qualquer país, profundamente conservador no sentido de desejar conservar o que há de melhor".[47]

Não é de espantar que aqueles diplomatas amadores fossem uma nada bem-vinda complicação à vida de sir Eric Phipps, que se esforçava em vão para corrigir impressões falsas de ambos os lados. Goebbels descreve como o embaixador "quase desmaiou" durante um almoço oferecido por Ribbentrop a Rothermere, no qual este último atacou Versalhes e ouviu agradecimentos do ministro da Propaganda por advogar a devolução à Alemanha das colônias perdidas.[48] Phipps intercedeu entre perdigotos (em inglês e alemão) para dizer que não havia qualquer intenção nesse sentido da parte do governo de Sua Majestade. Mas em uma série de outras ocasiões, visitantes ingleses turvaram, desimpedidos, as águas da diplomacia oficial.[49] "Fato é que", queixava-se o embaixador após a visita de lorde Lothian, "missionários britânicos da paz de vertentes variadas do pensamento político têm aparecido por aqui com crescente frequência para conduzir conversas com diversos personagens e retornar à Inglaterra com planos de sua própria lavra, a partir dos quais a paz seria assegurada por determinado número de anos."[50] Sir Robert Vansittart compreendia profundamente a questão e assegurava a Phipps estar fazendo tudo ao seu alcance para "negar a tais néscios e revoltantes intrometidos quaisquer credenciais ou encorajamento".[51] No entanto, naquela como em tantas outras frentes, o subsecretário permanente travava uma batalha inglória.

Fato era que muitos visitantes britânicos se admiravam com aquela nova Alemanha. Durante sua viagem em 1933, sir Maurice Hankey ficara impactado pelo sumiço dos pedintes e outros "indigentes", cuja visão nas ruas da Inglaterra era algo tão "desagradável".[52] Ainda mais impressionante era o "milagre" aparentemente operado por Hitler para a cura do desemprego. Sir Arnold Wilson, que se desesperava diante da indiferença de seu próprio governo para com tal drama, festejava as políticas "intervencionistas" dos alemães, que haviam devolvido tanta gente à força de trabalho e produzido enorme energia e entusiasmo em meio à juventude do país. "A nova Alemanha tem aspectos que bem faríamos em estudar, adaptar e adotar", declarou em discurso em Hamburgo, em maio de 1934.[53]

Praticamente todos os visitantes britânicos reparavam na dedicação com que os partidários da Nova Ordem tentavam cair nas graças dos turistas ingleses. "O adesivo com as letras 'G.B.' em meu carro era um talismã para as autoridades nazistas, bem como para a população", escreveu Hankey. "Ninguém sabia quem eu era, e no entanto todos pareciam ansiosos para me ajudar e mostrar-se prestativos, num grau que chegava às raias do constrangimento."[54] O jovem historiador de Oxford Hugh Trevor-Roper certamente ficou constrangido ao ser abordado por um homem e seu filho às margens do Reno durante uma visita ao país em 1935. Os dois derramaram-se em proselitismos sobre as maravilhas da nova Alemanha e o sincero desejo do Führer de uma amizade com o Reino Unido.[55] As viagens fizeram de Trevor-Roper um ferrenho oponente do regime, mas muitos outros, como se queixava Phipps a Londres, de fato enxergavam um "País das Maravilhas" cheio de "cidadelas sorridentes, uma população bem-vestida, sem sinais de pobreza ou desemprego, hotéis e cervejarias ao ar livre lotadas, dinheiro sendo gasto com a mesma desfaçatez de um feriado em Blackpool".[56]

Phipps não era o único a se preocupar com uma impressão equivocada por parte dos ingleses. Em fevereiro de 1935, ninguém menos que Mussolini confrontou o embaixador britânico em Roma quanto ao abismo entre a realidade do nazismo e a compreensão da parte do Reino Unido. "Seria possível", questionou o Duce, a existência de uma "Legião da Morte" na Inglaterra tal como a que "ora existia na Alemanha, dedicada a assassinar pessoas que o regime julgue perigosas"?[57] Vinda do próprio assassino de Matteotti,* era uma declaração irônica, mas o ditador italiano tinha lá sua razão. Os males do regime mos-

---

* Giacomo Matteotti era um político socialista italiano que, em 30 de maio de 1924, acusou os fascistas de fraude eleitoral, denunciando a violência que haviam usado para obter votos na recente eleição. Onze dias depois, foi sequestrado e assassinado pelos fascistas. O quanto Mussolini se envolveu diretamente no crime é discutido até hoje, mas não resta dúvida sobre sua responsabilidade moral.

travam-se às claras, mas, mesmo assim, grande parte da elite britânica decidia abraçar a Alemanha nazista devido às suas conquistas e à oposição ao comunismo. Ao fazê-lo, incorriam em relativismo moral ou traçavam paralelos odiosos, como o comentário de Lloyd George sobre Hitler não ter mostrado para com os judeus metade da ferocidade de Cromwell contra os católicos irlandeses.[58]

Para compreender Hitler e sua sombria ideologia, os investigadores deveriam ter se debruçado sobre *Mein Kampf*. E, no entanto, na Inglaterra como na França, aquela declaração de intenções fora pouco lida e pouquíssimo compreendida. Para começar, só em 1933 foi disponibilizada a primeira tradução em inglês, tão severamente podada de trechos incriminadores que era um terço menor que o original. Algumas pessoas mais empreendedoras, como o brigadeiro sir Henry Page Croft e a duquesa de Atholl, ambos parlamentares imperialistas do Partido Conservador, encomendaram traduções ou o leram no original. Alarmadas pelo que constataram, fizeram tudo o que estava ao seu alcance para disseminar suas descobertas entre colegas. Outra pessoa a ter lido o texto completo fora o ex-secretário colonial Leopold Amery, que se valeu de uma tarde chuvosa em Berlim, em maio de 1934, para comprar um exemplar e recolher-se a seu quarto de hotel. Amery considerou o livro estimulante, mas também se deu conta de que "as visões de Hitler sobre judeus e socialistas beiravam a insanidade e que seu êxito, no cômputo geral, poderia representar um grande perigo".[59] O historiador especializado em temas alemães John Wheeler-Bennett chegou a conclusão semelhante depois de ler o livro, repudiando sua própria crença anterior de que Hitler era um moderado e desejava tão somente respeito para seu país. Estes, porém, eram exceções. A maioria não havia lido o livro e, dos que leram, parte considerável – por exemplo, o general sir Ian Hamilton – inclinava-se a descartá-lo como mera bravata juvenil.[60] Em setembro de 1934, quando o príncipe Otto von Bismarck, encarregado alemão de negócios em Londres e neto do Chanceler de Ferro, perguntou ao pró-alemão A. L. Kennedy, correspondente do *Times* junto ao corpo diplomático, o que as pessoas na Inglaterra de fato achavam dos alemães, ouviu do jornalista a resposta de que a maioria os julga "não muito civilizados e não lá muito normais". "Não lá muito normais", exclamou o príncipe, divertido, "algo mais a acrescentar?" Bem, respondeu Kennedy, "toda aquela coisa de 'Heil Hitler' nos pareceu deveras excêntrica".[61]

Alguns aspectos, porém, iam além da excentricidade. Em 30 de junho de 1934, Hitler engendrou um ataque à cúpula das SA, bem como a uma série de outros rivais. Ao longo da "Noite das Facas Longas" (que na verdade durou 48 horas) foram assassinadas ao menos 85 pessoas, entre as quais um ex-colega de Hitler, o líder das tropas de assalto, Ernst Röhm; o general Schleicher, ex-chanceler e sua esposa; e o líder da Ação Católica. Os ingleses ficaram estupefatos. Chocados com a crueldade, mas também confusos quanto ao que exatamente ocorrera. Uma série de jornais, notoriamente o *Daily Mail*, engoliu e até aplaudiu a alegação de Hitler de que teria esmagado uma conspiração. Houve ainda quem interpretasse o ocorrido como uma vitória do Exército que teria abalado o poder de Hitler. O *Manchester Guardian*, liberal, se mostrou perturbado pela natureza aterradora dos eventos, mas celebrou o fato de que "os lunáticos criminosos, ou alguns deles, foram destruídos". "Talvez o ar da Alemanha se torne mais respirável para católicos, protestantes ou judeus", especulava o jornal.[62]

Para alguns, a ideia de desordeiros inspirados pela suástica dando cabo uns dos outros era motivo de regozijo. Na noite de 2 de julho de 1934, Robert Bernays, jovem congressista liberal, comparecia a um jantar "ultraimponente" oferecido por lorde Astor e esposa e ao qual estavam presentes o embaixador americano, lorde Lothian e Anthony Eden. O ocorrido na Alemanha foi o tema principal das conversas, e pouco antes do jantar a senhora Astor levou Bernays para saber das notícias mais recentes via telégrafo. De volta ao salão, o jovem parlamentar informou a todos que Röhm havia sido executado depois de se recusar a cometer suicídio. Gargalhadas percorreram o salão de refeições enquanto Bernays lia o comunicado em que Goebbels dizia terem os acontecimentos se sucedido "sem nenhuma complicação". "Bem, eis a complicação!", era o comentário generalizado. "Ele se recusou a cometer suicídio!" O jovem congressista conservador Harold Macmillan tripudiou, comparando a situação à de um líder de partido que informasse a bancada de que, em vez de se matar, o primeiro-ministro resolvera tirar férias na Nova Zelândia. "Quão insensível vem se tornando esta geração quanto à vida humana", Bernays pensou. "Não houve outra expressão senão de júbilo pela morte de Röhm."[63] À medida que a ideia de uma trama contra o Führer perdia a credibilidade, a reação passava a ser de crescente repulsa. O *Daily Telegraph* falava em "Pavor na Alemanha" e acusava Hitler de seguir "o manual das ditaduras cruéis e orientais".[64] O chanceler do Tesouro, Neville Chamberlain, previa corretamente que o expurgo faria "aumentar o descontentamento com ditaduras", e a partir desse ponto comparações entre nazistas e gângsteres americanos tornaram-se comuns.[65]

Algumas semanas depois, outro choque ocorreu. Em 25 de julho de 1934, nazistas austríacos assassinaram o chanceler do país, Engelbert Dollfuss, durante o início de uma tentativa de golpe. Hitler, que passara a noite assistindo a uma performance de *O ouro do Reno* em Bayreuth, tentou manter a negação ao sair para jantar com familiares de Wagner. Mas, sendo o terrorismo e a propaganda estimulados abertamente pelos nazistas, era impossível impedir que o sangue respingasse no regime. "Que tragédia de mau agouro", escreveu Neville Chamberlain a sua irmã. "A Áustria se encontra mais uma vez no centro dos acontecimentos, outro assassinato ocorre quase na mesma data daquele do arquiduque [Francisco Ferdinando] e a Alemanha mais uma vez está por trás a instigá-lo, a sugerir e encorajar banhos de sangue e assassínios egoisticamente em nome de seu próprio orgulho e enaltecimento." Embora o chanceler austríaco fosse autoritário e ditador, e o fundador do "austrofascismo", Chamberlain admirava "o pobre Dollfuss" e sentiu sua morte com profundo pesar. "O fato de tais bestas o terem liquidado afinal e o tratado com tanta brutalidade e insensibilidade me faz odiar o nazismo e todos os seus feitos com ainda mais asco que antes."*[66]

Igualmente abalado ficou Mussolini, mas este mais por razões estratégicas que pessoais. A independência da Áustria era um grande interesse italiano, e o Duce enviou tropas ao passo do Brennero como um aviso de que a Itália não ficaria inerte nem permitiria a união da Alemanha com a Áustria, a suposta *Anschluss*. Isso teria efeito duradouro sobre Chamberlain, que continuaria a enxergar Mussolini como um vigilante dos atos de Hitler quase até o início da guerra.

Pontos de vista negativos também foram propagados por uma série de visitantes que voltaram da Alemanha nazista muito mal impressionados com o regime. Lorde Astor retornou de uma visita em setembro de 1933 "mais consciente do terror na Alemanha do que estivera dois anos atrás na Rússia".[67] As pessoas que encontrou lhe imploravam para não citá-las na Inglaterra, porque relatos "tinham retorno" e elas sabiam "o quão reais são os campos de concentração e quão implacáveis os governantes". Astor havia se encontrado com Hitler e dito a ele não haver chance de amizade entre Reino Unido e Alema-

---

* Dollfuss tomou um tiro na garganta e sangrou lentamente até a morte, tendo-lhe sido negado tratamento médico.

nha enquanto esta continuasse a perseguir judeus. Outros consideravam o dilema dos judeus menos importante do que os ataques de Hitler às igrejas. Quando lorde Beaverbrook conheceu o príncipe Louis Ferdinand, neto do Kaiser, em julho de 1933, explicou que, apesar de ser naturalmente "pró-Alemanha", desgostava de Hitler por se tratar de um "perseguidor". O príncipe, longe de ser um nazista de carteirinha, retrucou desconfortavelmente que achava ter havido "algum exagero sobre essa questão judaica". "Os judeus que vão pro inferno!", rosnou Beaverbrook. "Ele persegue a Igreja Luterana!"[68]

Como sugere essa história, a atitude britânica perante os judeus era complicada. Por um lado, havia uma onda antissemita no Reino Unido. Judeus eram alvo frequente de piadas, prisioneiros de estereótipos e, de maneira geral, depreciados. John Maynard Keynes definia como antissemita uma pessoa que desgostasse de judeus "sem motivo", ao passo que mesmo alguém tão respeitado quanto Leslie Hore-Belisha, secretário de Estado de Transporte, sofria em função de "seu rosto, seu jeito de ser e seu nome".[69] "Sapper"* enchia as histórias de Bulldog Drummond de descrições antissemitas, e um bom punhado dos tremendamente populares livros de Richard Hannay, de autoria de John Buchan, se alimentavam da fantasia de uma conspiração internacional judaica. Essa ideia foi especialmente propagada pelos fraudulentos *Protocolos dos sábios de Sião*, cuja edição em inglês data de 1920.** A exposição dos *Protocolos* como forjados, pelo *Times*, não impediu a proliferação de teorias de conspiração que, paradoxalmente, acusavam os judeus de perseguirem o poder por meio do sistema financeiro internacional, bem como do comunismo.

Em contrapartida, Hore-Belisha chegara ao Gabinete (em 1937 seria promovido a secretário de Estado para a Guerra), ao passo que sir Philip Sassoon, subsecretário de Estado para o Ar e judeu, era figura muito popular nos círculos sociais conservadores. Certamente havia no país alguns antissemitas, que gravitavam em torno da União Britânica de Fascistas e outras organiza-

---

* Codinome de H. C. McNeile (1888-1937), autor dos livros protagonizados pelo personagem. [N. T.]
** Os *Protocolos* supostamente revelariam instruções dos "sábios" – um comitê secreto originalmente estabelecido pelo rei Salomão – ao povo judeu para uma revolução que destruiria a civilização cristã e criaria um novo Estado universal a ser comandado por judeus e maçons. Em 1921, foram expostos como forjados, mas muita gente optou por interpretar a Revolução Russa sob essa luz, e teorias de conspiração continuaram a circular anos 1930 adentro.

ções racistas, mas representavam uma ínfima minoria. O fato era que o antissemitismo britânico, ainda que chocante e ofensivo aos olhos de hoje, era basicamente social e esnobe, não racial e extremista – em claro contraste com o nazismo.

Um exemplo da diferença é sir Horace Rumbold, um bastião de anglicidade. Em 1928, ao chegar a Berlim, se disse chocado "com a quantidade de judeus neste lugar" e, em carta ao então subsecretário permanente, caçoou que pensava em mandar fazer um amuleto de osso de presunto para "afastar o nariz grande".*[70] Rumbold, porém, dizia-se perplexo com a perseguição nazista e relatava com riqueza de detalhes as dispensas, crimes e atrocidades. Mesmo lorde Londonderry, que admitia "não ter grande apreço pelos judeus" e viria a se tornar um dos principais contemporizadores do regime nazista, se mostrava perplexo com a obsessão alemã. "O esforço contínuo para exterminar os judeus", escreveu em agosto de 1938 ao general sir Ian Hamilton – quatro anos antes da Conferência de Wannsee, onde foi definida a "Solução Final" –, "é a parte da política deles que não consigo entender e que está fazendo a opinião pública mundial voltar-se contra eles com todas as suas perigosas repercussões. [...] Conversei a respeito do tema com Göring [e] com Ribbentrop e Himmler, e suas respostas não me convenceram de maneira alguma."[71]

Um homem que procurou compreender em primeira mão a perseguição nazista foi Robert Bernays. Na condição de correspondente especial do *News Chronicle*, um veículo liberal, e de parlamentar representante de Bristol North, fez várias viagens à Alemanha em 1933 e 1934. Bernays, cujo avô paterno era judeu (seu pai era clérigo da Igreja Anglicana), tentava proteger seus relatos das acusações de distorção por meio da tentativa de enxergar os fatos pela perspectiva nazista. No livro *Special Correspondent* [Correspondente especial], publicado em 1934, admitia, portanto, haver "certo sentido na alegação de que os judeus alemães pouco tentaram compreender a psicologia coletiva da nação" e ser "lamentável o fato de, desde a guerra, os melhores assentos dos teatros, os restaurantes mais caros, os carros de maior luxo, pertencerem todos aos judeus".[72] Ainda assim, dizia-se horrorizado pelo clima de medo que via. "Mesmo enquanto escrevo, não consigo apagar da mente a expressão de horror nos

---

* Rumbold usa o termo "*evil nose*" como um trocadilho com "*evil eye*", o popular mau-olhado – ou "olho grande". [N. T.]

rostos de tantos com quem falamos." Famílias judias inteiras haviam sido atiradas ao desemprego, espancamentos aleatórios ainda ocorriam, mesmo que fossem menos comuns do que no início da revolução nazista, e os relatos eram de múltiplos suicídios. O tratamento reservado pelos nazistas aos judeus era "inumano", e sua dor, "inescapável". "Não teria como ressaltar ainda mais meu horror e repulsa ao que vi ocorrer", escreveu o parlamentar.73

No início de sua visita, Bernays fizera o possível para obter uma entrevista com Hitler. Com esse intuito, foi ao encontro de Ernst "Putzi" Hanfstaengl, diretor do Escritório de Imprensa Internacional, de quem dizia-se embalar o sono do Führer com seu piano.74 Após uma discussão acalorada sobre o tratamento dado aos judeus, na qual Hanfstaengl disse que, na Inglaterra, judeus controlavam os tribunais, os bancos, a política e a imprensa, Bernays perguntou se poderia ver Hitler. "Mas é claro!", respondeu o adido de imprensa com entusiasmo. "Mas tenho de contar a ele algo a seu respeito." "Sou um parlamentar nacionalista", explicou Bernays, omitindo cuidadosamente o sufixo "liberal". "Quem é o seu líder?", perguntou Hanfstaengl. Por um momento, Bernays pensou em dizer "Lloyd George", mas a verdade prevaleceu sobre a ambição jornalística e ele respondeu: "Sir Herbert Samuel". E adeus entrevista. Quando um dos amigos de Bernays tentou dar sequência ao pedido alguns dias depois, o chefe do escritório vociferou: "Acham que eu vou conseguir uma entrevista para um esparro de judeu?".75

Apesar do tratamento recebido, Bernays achou "uma verdadeira tragédia haver tão pouco contato entre nazistas e britânicos".76 Lorde Lothian concordava e, ao retornar à Inglaterra em fevereiro de 1935, instou o secretário das Relações Exteriores, sir John Simon, a visitar Hitler em pessoa. O momento era propício em vários sentidos. Em janeiro, pouco menos de 91% dos habitantes do Saar – protetorado administrado em conjunto por ingleses e franceses desde o fim da guerra – escolheram em referendo devolver o controle da região à Alemanha. O resultado não surpreendeu, e a esperança britânica era que ele prenunciasse uma nova era de cooperação entre a Alemanha e os antigos Aliados. Como que para prová-lo, Hitler anunciou "não ter mais demandas territoriais a fazer à França" e disse a George Ward Price, o amigável correspondente estrangeiro do *Daily Mail*: "Da parte da Alemanha, jamais romperemos a paz".77

A complementar os novos ventos de Berlim havia mudanças em Paris. Em 9 de outubro de 1934, o formidável ministro das Relações Exteriores da

França, Louis Barthou – um infatigável protetor de tratados, artífice da aliança franco-soviética em andamento –, sangrou até a morte como dano colateral do assassinato do rei Alexandre I da Iugoslávia por separatistas búlgaros e croatas. Barthou foi substituído pelo tremendamente ambicioso e inteligente ex-primeiro-ministro Pierre Laval, cujas gravatas brancas, sua marca registrada, não eram suficientes para afastar uma merecida reputação de desonestidade. Laval era a favor da aproximação com a Alemanha e estava mais que disposto a cooperar com os ingleses em busca de um acordo.

Em fevereiro de 1935, ministros da França e da Inglaterra se encontraram em Londres e decidiram que as cláusulas inoperantes referentes a armamentos no Tratado de Versalhes deveriam ser abolidas. Seriam substituídas por um novo acordo a respeito do assunto – em particular um pacto aéreo –, bem como por um "Locarno oriental", pelo qual a Alemanha "aceitaria" suas fronteiras orientais. Em troca, Hitler seria convidado a integrar um pleito multilateral para defender a independência da Áustria e restaurar o lugar da Alemanha na Liga das Nações. Sir Eric Phipps, que fora instruído a manter o Führer a par das negociações, não estava otimista. O plebiscito de Saar, ele informou a seus mentores políticos, havia fortalecido a posição de Hitler, e o Führer já havia manifestado sua recusa em aderir tanto a um endosso à Áustria quanto a um pacto oriental. E, mais importante, o embaixador sentia que Hitler já antevia seu alvo seguinte. Depois de o comunicado anglo-francês ser apresentado, em 3 de fevereiro, Hitler havia introduzido o assunto da Renânia desmilitarizada. Seu tom tornara-se "ameaçador", e, como Phipps reportara a Londres, parecia claro que "a aquiescência alemã perante a existência de tal zona duraria apenas enquanto o Exército alemão estivesse em processo de expansão e nem um dia a mais". A atitude de Hitler, no geral, "lembrava mais a de um vitorioso do que a de um derrotado".[78]

No entanto, ele não teria nada a ganhar com a rejeição automática às propostas anglo-francesas. Hitler, portanto, disse que as conversas eram bem-vindas e convidou os ingleses a visitar Berlim – mas não os franceses. Como perceberam ambos os lados, era uma tentativa descarada de criar atrito entre eles. Para irritação dos franceses, porém, os ingleses aceitaram o convite. Sob a determinação de que uma oportunidade não deveria ser perdida – como se acreditava que os franceses haviam feito no ano anterior –, foi acordado que Simon e Anthony Eden viajariam a Berlim e, de lá, Eden seguiria para Moscou, Varsóvia e Praga.

A ideia de uma visita a Moscou, concebida por sir Robert Vansittart e pelo astuto embaixador soviético, Ivan Maisky, não era menos polêmica que a da visita a Berlim. Nenhum ministro de Estado havia visitado a Rússia desde a Revolução de 1917, e muitos tinham pela União Soviética um desapreço ainda maior do que pela Alemanha nazista. Todavia, mesmo na direita havia quem estivesse preparado a se entender com a União Soviética à luz da ameaça alemã. "Detesto esta visita de Eden à Rússia, mas a importância maior de mantê-la distante da Alemanha nesta encruzilhada de fato justifica, a meu ver, este passo que, de outra feita, seria extremamente duvidoso", escreveu lorde Lloyd, um imperialista convicto.[79] De fato, a possibilidade alarmante de uma trégua entre alemães e soviéticos foi levantada pelo Secretariado das Relações Exteriores no momento exato em que o convite russo chegou.[80]

Conciliar tais múltiplos convites foi um pesadelo. À parte os excluídos franceses, os alemães temiam que uma visita a Moscou reduzisse o apelo das conversas com eles, e os russos tinham igual ansiedade por não serem esnobados. E tudo ficou ainda mais complicado devido à indecisão constante do secretário das Relações Exteriores.

Sir John Simon era um advogado alto, esguio, respeitável e, de acordo com um jornalista, parecia-se "perigosamente com seu próprio mordomo".[81] Como sugere tal comentário esnobe, tinha origem relativamente humilde (seu pai era pastor de uma congregação) e chegara aonde chegara graças a um cérebro excepcional. Às bolsas em Fettes e Wadham, se seguiram a presidência da União Estudantil de Oxford, graduação Primi Ordinis em Estudos Clássicos e a condição de *fellow* do All Souls College. A esses prêmios, somaram-se os secretariados das Relações Exteriores, Assuntos Internos e a Chancelaria do Tesouro, que o tornaram um de apenas três políticos do século XX a ter ocupado os três postos mais importantes do Estado, afora o de primeiro-ministro.* Ele o desejava, mas sendo liberal, ao menos no nome, e impopular em nível pessoal, a maior das honrarias lhe foi negada. Descrito alternadamente como "frio", "desprovido de imaginação" e "arrogante", seus esforços para ganhar popularidade – tais como pedir aos colegas de Gabinete que o chamassem de "Jack" e bancar champanhe no café da manhã para parlamentares de segunda linha – deram errado.[82] Numa história folclórica e

---

* Os outros dois foram Rab Butler e James Callaghan.

sintomática dos anos 1940, o intelectual socialista G. D. H. Cole tenta escapar do então lorde chanceler recolhendo-se ao vagão da terceira classe de um trem saído de Oxford. Para o horror de Cole, Simon vai atrás dele e os dois acabam por mostrar ao inspetor bilhetes de primeira classe.[83]

No Secretariado das Relações Exteriores, ele não só era impopular, mas também o desespero de colegas e observadores. O jornalista do *Times* Colin Coote considerava que, de estrangeiros, ele só compreendia os gregos da Antiguidade, enquanto quase todos que o conheciam apontavam sua incapacidade crônica de tomar uma decisão.[84] Como pilheriava Lloyd George, o secretário das Relações Exteriores "estava havia tanto tempo em cima do muro que o ferro lhe penetrara a alma".[85] Mas a situação não tinha a menor graça. Ficou célebre seu discurso ao plenário da Liga das Nações em dezembro de 1932, em que não conseguiu expor uma condenação inequívoca à conduta do Japão na Manchúria, enquanto, no cômputo geral, nunca se decidia se censurava ou bajulava a Alemanha na questão do rearmamento ilegal.

A indecisão de Simon quanto às várias visitas ao estrangeiro foi solucionada por fim quando Ramsay MacDonald e Stanley Baldwin intercederam e determinaram que tanto Simon quanto Eden iriam a Berlim, mas apenas Eden seguiria até a Rússia, Polônia e Tchecoslováquia. Tal meio-termo conseguiu irritar alemães e insultar russos, mas é difícil imaginar como teria sido possível agradar a ambos os regimes a não ser deixando de comparecer a qualquer reunião. A viagem à Alemanha, portanto, foi marcada para 7 de março de 1935, mas, antes mesmo que o secretário das Relações Exteriores e o lorde do Selo Privado pudessem embarcar, abateu-se uma nova tempestade diplomática.

Em 4 de março, o governo publicou um Relatório Branco havia muito planejado, em que anunciava um aumento de gastos da ordem de £ 10 milhões para cobrir "sérias deficiências" nas defesas do Reino Unido. Não era uma soma de vulto, e, como observou Simon em seu diário, "não estamos aumentando nosso arsenal de forma alguma (a não ser o aéreo), mas simplesmente repondo o que se deteriorou".[86] Ainda assim, foi o que bastou para a oposição fazer o costumeiro alarido. Clement Attlee dizia que o governo estava alimentando uma corrida armamentista que "acabará por nos levar à guerra".[87] Por sua vez, isso gerou uma irada repreensão de sir Austen Chamberlain, que perguntou ao representante trabalhista se teria coragem de proferir tais palavras caso estivesse no governo e Londres sendo bombardeada. "Caso tenha", continuou o ex-líder dos conservadores, "tornar-se-á uma das primeiras vítimas da guerra, pois terminará amarrado ao poste mais próximo por uma turba furiosa, e com justificativa para tal."[88]

Mas a reação mais forte veio da Alemanha. Para justificar as novas estimativas de gastos em defesa, o Relatório Branco chamava explicitamente a atenção para o rearmamento alemão e o cultivo do espírito bélico em meio à juventude daquele país como os riscos primários para a paz na Europa. Sob a batuta de Goebbels, a imprensa alemã manifestou-se indignada, e Hitler contraiu um "resfriado" diplomático, adiando assim a visita de Simon. Poucos dias depois, Göring informou oficialmente aos adidos de Defesa e Aeronáutica estrangeiros a existência da Luftwaffe. Isso não era novidade, mas pela primeira vez os alemães admitiam terem descumprido o Tratado de Versalhes, num indicativo de sua confiança crescente.

Então, em 16 de março, um dia depois de os deputados franceses aprovarem o restabelecimento do serviço militar de dois anos – o contrapeso necessário para "anos de vacas magras" –, Hitler detonou sua própria bomba. Convocando à Chancelaria do Reich primeiro o embaixador da França e depois o da Inglaterra, informou-lhes estar reinstaurando o recrutamento e criando um exército de tempos de paz composto de 36 divisões – cerca de 500 mil homens. O desprezo descarado a Versalhes e a restauração do orgulho militar alemão produziram uma onda de euforia no país, a contrastar com a consternação em todo o restante do continente, bem como em Washington. Os franceses ficaram particularmente alarmados, chamando a atenção para "os cantos de triunfo com que a opinião pública alemã recebeu o anúncio".[89] Não foi menor a preocupação dos italianos, que uniram suas vozes ao clamor francês por conversas urgentes entre os governos de Reino Unido, França e Itália. Acima de tudo, como foi reportado pela embaixada britânica em Paris, os franceses já não acreditavam mais nas intenções de Hitler de concluir uma convenção sobre armas e levavam em consideração qualquer esforço para se chegar a um acordo nos termos alemães, "equivalente a ceder a chantagem e na medida para incitá-la a novos excessos, dos quais o primeiro seria a violação [...] de cláusulas relacionadas à zona desmilitarizada [do Reno]".[90]

Franceses e italianos ficaram furiosos quando o Reino Unido, sem consultar Paris nem Roma, encaminhou ao Ministério das Relações Exteriores da Alemanha um protesto solitário e totalmente enfraquecido pelas últimas frases, que indagavam acanhadamente se a visita do secretário das Relações Exteriores ainda estaria de pé. Os alemães ficaram atônitos. "Nunca imaginaríamos que os ingleses, tendo protestado de forma tão indignada, indagassem educadamente na mesma sentença se poderiam vir a Berlim", escreveu Paul Schmidt, tradutor do Ministério das Relações Exteriores.[91] A imprensa local exultava e se regozijava com o êxito em separar os ingleses dos franceses. Os jornais da França concordavam amargamente, acusando os ingleses de romperem uma frente unida e serem tolerantes com os atos da Alemanha. "Não há dúvida", lorde Cranborne escreveria alguns dias depois, de Berlim, "do quão marcadamente furiosos estão franceses e italianos conosco pelo que consideram nosso ato de traição."[92] No Reino Unido, contudo, a opinião majoritária era em prol da negociação. Para Cuthbert Headlam, um bastião do conservadorismo-padrão, não fazia "sombra de sentido" deixar a viagem de lado simplesmente porque os alemães haviam "se mostrado às claras", e até céticos como sir Horace Rumbold viam possíveis benefícios caso Simon, "um pacifista congênito", visse Hitler com seus próprios olhos e "encarasse a realidade".[93]

De início, parecia que seria esse o caso. Assustado logo ao descer da aeronave pela saraivada de comandos agudamente detonados e pela espada empunhada por um oficial das SS, o secretário das Relações Exteriores, de espírito civil, chegou à embaixada do Reino Unido resmungando do "infernal poço sem fundo que se abria perante ele".[94] Não era essa a impressão que os alemães desejavam passar. Segundo as recordações de Cranborne, as boas-vindas à comitiva inglesa foram constrangedoramente exageradas, com milhares de pessoas ladeando as ruas "qual fosse a chegada de um imperador".[95] "O governo parece decidido a nos separar da França", escreveu o secretário das Relações Exteriores, culpando tanto Ribbentrop quanto Lothian pelo equívoco.

No dia seguinte, Hitler recebeu Simon, Eden e Phipps efusivamente. E com razão, pensou Paul Schmidt, seu recém-designado intérprete: "A presença dos ingleses aqui é um triunfo para ele". Hitler lançou-se num longo monólogo a respeito de seu propósito messiânico, que Simon escutou com "benevolência paternal".[96] Considerava sua meta de vida revigorar o povo alemão, mas seus convidados ingleses precisavam entender que "o caráter do nacional-socialismo não é expansivo".[97] A Alemanha fora acusada de violar o Tratado de Versalhes, e, no entanto, aquele era um documento que ele, Hitler, preferiria ter morrido antes de assinar. Nem era aquela a primeira vez em que o país tivera de romper um acordo. Em 1806, Napoleão havia imposto um tratado à Prússia, mas não lhe parecia que o duque de Wellington tivesse reclamado quando o marechal Blücher correra a acudi-lo em Waterloo. Eden considerou aquilo "um bom impulso" e "o mais próximo de um momento de humor a acometer Hitler" durante a reunião. Mas a frase havia sido dita "sem nem sequer o semblante de um sorriso".[98]

Simon pressionou Hitler a aceitar um pacto oriental que garantisse as fronteiras orientais europeias, mas Hitler mostrou-se irascível. Desgostava de acordos multilaterais e foi tomado de fúria à mera sugestão de que a Lituânia, que a seu ver cometia abusos contra a minoria alemã em Memel, pudesse participar de qualquer tratado. Além disso, a grande ameaça à paz europeia seria a Rússia comunista. A essa sugestão, Eden, cuja expressão zombeteira traía seu ceticismo, se contrapôs. "A Rússia não era capaz de, e nem mesmo queria, iniciar uma guerra", colocou o lorde do Selo Privado. Hitler implorou a Eden para não subestimar a ameaça da União Soviética, já então a maior força terrestre e aérea. Em todo caso, assegurou aos convidados que não contemplava a guerra contra a Rússia ou a Tchecoslováquia.

À tarde, Hitler negou qualquer intenção de violar a independência da Áustria, procedendo então a restituir à Alemanha o status de grande potência, o que incluiria a devolução de suas colônias, à própria posição ocupada pela Inglaterra no mundo. A Alemanha desejava um acordo tanto com a França quanto com a Inglaterra, explicou o chanceler, mas, enquanto no primeiro caso havia uma série de complexidades a complicá-lo, no segundo os benefícios podiam ser mútuos. Era fato, continuou Hitler, que a Grã-Bretanha não tinha como defender todos os seus territórios coloniais, e talvez o Império Britânico "um dia se visse grato por ter a seu dispor a ajuda da Alemanha, bem como de suas forças". Portanto, se os dois governos pudessem encontrar uma solução que "satisfizesse as demandas mais urgentes e primais da Alemanha", seria fácil trazer o país de volta a uma posição de total "cooperação e relações amigáveis com a Grã-Bretanha". Simon reagiu friamente. O Reino Unido desejava boas relações com a Alemanha, mas não ao preço de suas relações com a França. Aos britânicos não interessava substituir um amigo por outro, mas "serem amigos leais de todos", explicou o secretário das Relações Exteriores.[99]

"Resultados ruins", escreveu um desanimado Eden em seu diário naquela noite. O próprio clima da discussão fora bem diferente do encontrado no ano anterior, e "o velho espírito prussiano" estava muito em evidência.[100] Apesar disso, os nazistas se mostravam ansiosos por agradar. Haviam organizado um suntuoso banquete num magnífico salão rococó com paredes recobertas de tecido adamascado, povoado por hordas de bajuladores com seus uniformes esplêndidos e perucas empoadas. Toda a hierarquia do Terceiro Reich compareceu. Göring se fez particularmente notável em seu uniforme azul-celeste recoberto por tranças douradas. A Cranborne, pareceu jovial, mas também implacável – "fazia bem o tipo de um gângster". O contraste de figurino com Hitler era forte. Este chegou paramentado com um "terno passeio completo de corte grosseiro", passando a Cranborne a impressão de "um garçom cômico de filmes". Neto de lorde Salisbury, primeiro-ministro ao fim do reinado da rainha Vitória, Cranborne sentou-se ao lado da esposa do prefeito de Berlim, que o chocou ao perguntar se ele viera "para trazer-nos a guerra". Ele negou veementemente, para então ouvir da senhora o comentário espontâneo de que não havia contradição entre o desejo dos alemães de um grande exército e seu caráter naturalmente pacífico. "Atividades soldadescas são nosso esporte nacional", explicou ela, ao que Cranborne respondeu não ser o caso do Reino Unido.[101]

No centro da mesa, Eden e Hitler interagiam bem melhor. Hitler aproveitara a deixa de um comentário do colega mais jovem sobre a última ofensiva alemã da Primeira Guerra Mundial e os dois novamente discutiam as posições das duas forças. Por uma incrível coincidência, ficou evidente que, à época, Hitler e Eden haviam estado entrincheirados, quase que em oposição direta um ao outro, nas proximidades de La Fère, ao largo do rio Oise. Juntos, desenharam um mapa das respectivas linhas de frente nas costas de um menu e então ambos o assinaram. Após o jantar, o embaixador da França apressou-se a abordar o lorde do Selo Privado e perguntar se era verdade que havia lutado em março de 1918 em flanco diretamente oposto ao de Hitler. Eden respondeu que assim parecia. "E não o abateu?", exclamou o francês. "Você deveria ser fuzilado!"[102]

As conversas do dia seguinte não avançaram em relação às da véspera. Eden e Hitler se digladiaram quanto à expansão do Exército alemão, incluindo a extraordinária afirmação da parte do Führer de que o Reino Unido, ao contrário da Alemanha, tinha suas próprias organizações paramilitares, que treinavam jovens com rifles, vide o próprio Eden. Este riu da comparação absurda e explicou que o Corpo de Treinamento de Oficiais, longe de ser uma rigorosa incubadora militar, era mais uma desculpa para que os rapazes pudessem fumar nos dias de treinamento externo. Direcionar o assunto para as forças aéreas não fez muita diferença. Hitler se disse a favor de uma proibição aos bombardeios indiscriminados, mas insistia em obter paridade aérea com a França ou a Grã-Bretanha, a que tivesse o maior efetivo. A propósito dessa observação, Simon quis saber, como quem não quer nada, qual era naquele momento o tamanho da Força Aérea alemã. Hitler fez uma pausa e então respondeu, com solenidade e falsidade na mesma medida, que a Alemanha já atingira a paridade com a Grã-Bretanha.

Tratava-se da cereja no bolo alemão. Sem ceder em aspecto algum, Hitler tivera sancionada na prática sua rejeição a Versalhes e agora atormentava os ingleses quanto à própria impotência. Eden e Cranborne estavam profundamente deprimidos. "Temo não haver dúvidas de que o governo alemão esteja investindo numa política que, sabem eles muito bem, pode levar à guerra, e que não estejam dispostos a recuar", escreveu Cranborne para seu colega conservador Billy Ormsby-Gore. "O Saar subiu-lhes à cabeça por completo; consideram-se a maior nação do mundo, e sua ideia de igualdade torna-se rapidamente indistinguível da de dominação mundial. [...] Malditos sejam!"[103] Em seu diário de viagem, o secretário das Relações Exteriores reconhecia que "mais cedo ou mais tarde" seria necessário "dar um basta" às atividades alemãs e que isto teria de ser feito com a ameaça do uso da força. "A ideia de Philip Lothian e do *Times* de que nos bastaria sorrir sedutoramente para o atual governo alemão e assim persuadi-lo a mudar de atitude é, a meu ver, pura estultice."[104]

Eden pensava da mesma forma. No dia seguinte, a bordo do trem de Berlim para Moscou, escreveu um relatório da visita inglesa no qual expressava sérias dúvidas quanto à Alemanha estar pronta a chegar a um acordo sem que lhe fossem devolvidas as colônias e atendida uma série de outras demandas. Em tais circunstâncias só havia uma opção: convocar a Liga das Nações e reafirmar-lhe o propósito no intuito de obter uma frente unida contra futuras provocações alemãs. Simon dava sinais de concordar. Logo após retornar de Berlim, organizou seus pensamentos num bilhete onde declarava: "Se a Alemanha não colaborar para assegurar a harmonia na Europa, o resto da Europa o fará para preservá-la a despeito dela". O que talvez acarrete, continuou, "no curioso espetáculo da colaboração entre conservadores ingleses e comunistas russos enquanto a União da Liga das Nações irrompe em aplausos".[105]

Simon, contudo, não havia perdido totalmente a esperança de aproximação. Em Berlim, havia entretido a ideia de permitir a expansão oriental de Hitler, ao que Eden se interpôs com veemência, ressaltando que, à parte a desonestidade inata da proposta, "os próximos seríamos nós".[106] Ainda assim, o secretário das Relações Exteriores estava pronto a agarrar-se à sugestão de

Hitler de um acordo naval anglo-germânico. Em junho de 1935, portanto, o cada vez mais notório Ribbentrop, já então embaixador itinerante de Hitler, chegou a Londres para conversas e, apesar de agir como "um touro numa loja de porcelana", deparou-se com a aceitação em potencial da exigência de uma frota com 35% do tamanho da Marinha Real.[107]

Para entender esse movimento espantoso, é preciso lembrar o contexto mais amplo da política de defesa do Reino Unido. Como já foi observado, em meados dos anos 1930 o Império Britânico lidava com uma miríade de desafios defensivos, e nem todos superados. Em dezembro de 1934, os japoneses haviam sinalizado que não renovariam o Tratado Naval de Washington, que concedeu tanto ao Reino Unido quanto aos Estados Unidos superioridade naval sobre o Japão da ordem de cinco para três. Aquele era o presságio de uma disputa naval com o Japão, e o Reino Unido já havia concluído que não tinha como arcar com ela. Deparar-se com o desafio dos alemães ao mesmo tempo era impensável. Assombrado pela lembrança da tentativa do almirante Tirpitz de suplantar a Marinha Real às vésperas da Primeira Guerra Mundial e ciente das ambições do almirante Raeder de criar uma nova frota de batalha alemã, o Almirantado alertara o Gabinete para agarrar com as duas mãos a oferta de Hitler. A recusa da França em negociar no ano anterior só fizera aumentar as demandas alemãs, e os ingleses não pretendiam repetir o erro. Limitar a capacidade alemã a 35% da Marinha Real condizia com os planos do almirante Chatfield para um novo padrão com duas potências, e o Almirantado estimava corretamente que os alemães só alcançariam tal patamar em 1942. No entanto, se os argumentos militares eram sólidos, diplomaticamente o acordo anglo-germânico era um desastre.

Apenas dois meses antes, entre 11 e 14 de abril de 1935, os primeiros-ministros da Inglaterra e da França haviam se encontrado com Mussolini perto da cidade de Stresa, no Norte da Itália, para tentar formar uma frente unida contra o engrandecimento alemão. Os franceses queriam uma resolução da Liga das Nações, com a promessa de resposta a futuras violações de tratados por meio de sanções, mas os ingleses a haviam vetado.* Ainda assim, a

---

* A incompetência da delegação britânica deixou pasmo lorde Cranborne, que comparecera na ausência de Eden. No primeiro dia, ele, MacDonald, Simon e Vansittart se encontraram, apenas para os dois mais novos descobrirem que "nem o primeiro-ministro nem o secretário de Estado pareciam fazer a mais vaga ideia de qual política deveríamos adotar" (Relatórios de Salisbury, Cranborne para Eden, abril de 1935, caixa 62).

conferência acabara com uma aparência de unidade e firmeza. Os delegados reafirmaram seu compromisso com Locarno – que incluía a manutenção da Renânia desmilitarizada – e declararam sua determinação de se oporem, "através de todos os meios práticos, a qualquer desrespeito unilateral a tratados que possa pôr em risco a paz na Europa, e [a] atuarem em colaboração próxima e cordial em nome de tal propósito".[108] Os franceses e os italianos, portanto, ficaram furiosos, e com razão, quando os próprios britânicos desrespeitaram Versalhes unilateralmente e assinaram o Acordo Naval Anglo-Germânico dez semanas depois, em 18 de junho. A suposta Frente de Stresa foi exposta como um logro, dissipando o momentâneo nervosismo de Hitler ao considerar a união de três grandes potências europeias contra ele. Na Câmara dos Comuns, Churchill atacou o acordo, que "anulava e estultificava" a reprovação da Liga das Nações ao desrespeito de tratados, além de chamar atenção à ameaça dos submarinos alemães, antes proscritos, agora permitidos.[109] Mais calamitoso ainda era o efeito que as bem-sucedidas negociações teriam sobre a carreira de Ribbentrop. Ao dar a Hitler "o dia mais feliz de sua vida", viu deslanchar uma trajetória que o levaria ao posto de embaixador em Londres e, mais tarde, ministro das Relações Exteriores.[110]

Mas aquela foi uma consequência imprevisível. Entretanto, previsível foi o degringolar das relações entre os outrora parceiros de Stresa. Embora transparecesse calma, Laval, que havia se tornado primeiro-ministro da França em 7 de junho, ainda que permanecesse como ministro das Relações Exteriores, estava furioso com a traição britânica.[111] A segurança francesa havia sido sacrificada no altar do interesse dos britânicos, e o mestre da *Realpolitik*, derrotado em seu próprio jogo. Só havia *solidarité* anglo-francesa quando era oportuno, e o premiê da França manteria aquilo guardado no peito. Em Roma, Mussolini, igualmente irritado, chegou a duas importantes conclusões: o Reino Unido não era amigo da segurança coletiva e vacilava quando confrontado por meio da força. Estava armado o palco para a aventura do próprio Duce na África Oriental.

IV
O imbróglio abissínio

Foi-se o tempo em que a ambição de Mussolini podia ser saciada por algumas palmeiras na Líbia.
Senador Henry de Jouvenel, 3 de março de 1933.[1]

A névoa se dissipara e o sol dançava sobre a água enquanto uma brisa intermitente agitava a vasta coleção de bandeiras. Quando a luz ricocheteava no bronze e nas vigias, era recepcionada pelo piscar dos telescópios e binóculos pertencentes a alguns dos 250 mil espectadores a ladearem os quase vinte quilômetros da orla de Portsmouth. Desde as 8 horas daquela manhã, uma frota de barcos a vapor, iates, lanchas e rebocadores levava passageiros patriotas até as proximidades dos grandes navios de guerra. Mulheres com vestimentas joviais e sombrinhas eram cumprimentadas por oficiais de chapéu bicorne, enquanto cavalheiros que a tudo assistiam da margem tentavam identificar as diversas embarcações a partir do programa. Pouco depois das 14 horas, o iate real, com seu imponente casco negro, chaminés de cor creme e ornamentos folheados a ouro, emergiu do porto, seguido pelo iate do Almirantado, o *Enchantress*. Uma saudação de 21 tiros envolveu a armada numa densa fumaça, e as bandas uniformizadas começaram a tocar o hino nacional. Cento e cinquenta e sete navios de guerra, a maior parte das frotas do Mediterrâneo e Territorial, apresentavam-se para a inspeção de Sua Majestade. Havia oito encouraçados – entre os quais os HMS *Nelson*, *Rodney* e *Queen Elizabeth* –, cruzadores, destróieres, lança-minas, dois porta-aviões e um navio-hospital. O iate real singrava perante cada uma das sete fileiras e era recepcionado pelo agitar dos quepes e por uma sucessão de festejos calorosos. O rei, de pé sobre a ponte, com o uniforme completo de almirante da frota, saudava cada navio que passava. Foi um espetáculo soberbo.

A *Revista da Frota* de 16 de julho de 1935, por ocasião do Jubileu de Prata de George V, foi um dos últimos grandes eventos do Império. O *Daily Telegraph* o chamou de "um cortejo real de grandeza incomparável", enquanto o *Times* teceu loas a uma Marinha que "mapeara os oceanos do mundo, livrara-os de piratas, estabelecera rotas comerciais para todas as terras e preservara o Reino Unido de invasões por oitocentos anos".[2] Ambos os jornais reconheciam, contudo, que a armada não era tão impressionante quanto poderia parecer a princípio. Como observou Hector C. Bywater, correspondente naval de nome tão apropriado do *Telegraph*, a frota era "lamentavelmente deficiente nos aspectos mais substanciais do poder bélico tipificados por canhoneiro e blindagem" e, além disso, "contém em proporção excessivamente significativa material antiquado de eficiência questionável". O parlamentar conservador Cuthbert Headlam, convidado a bordo de uma das embarcações, reparou que a maioria era de fabricação anterior à última guerra, enquanto Robert Bernays imaginava ter visto "o fantasma da Grande Armada".[3] Não estava errado. Em 1910, o Reino Unido contava com 36 encouraçados e 23 cruzadores blindados. Naquele momento, graças ao Tratado Naval de Washington, possuía apenas quinze embarcações de porte, quase todas seriamente necessitadas de modernização. A Marinha Real, portanto, encontrava-se mal equipada para quaisquer operações importantes, justamente a ameaça de Mussolini naquele verão de 1935.

A querela Itália-Abissínia remetia a 1896, quando os abissínios (ou etíopes, como eram chamados mais raramente) derrotaram um exército italiano na Batalha de Adwa. Nacionalistas italianos clamavam por vingança, e, para satisfazer suas ambições imperiais, Mussolini se determinou a conquistar o país da África Oriental. Em dezembro de 1934 surgiu um pretexto, na forma de uma disputa de fronteira em Wal-Wal, e logo tropas italianas estavam sendo transportadas em grande quantidade pelo Canal de Suez, rumo à Eritreia e à Somália Italiana. Nada disso passou desapercebido, e, na primavera de 1935, o ministro inglês em Adis Abeba previa que a guerra eclodiria "com absoluta certeza" assim que a temporada de chuvas terminasse, em outubro.[4] Apesar disso, nem Ramsay MacDonald nem sir John Simon alertaram Mussolini quanto à possível objeção britânica a seus planos durante o encontro de abril em Stresa. Pelo contrário, permitiram ao Duce inserir a frase "na Europa" no comunicado conjunto em que os três países se comprometiam com a manutenção da paz internacional, estando perfeitamente cientes de suas implicações.[5] A Alemanha era sua principal preocupação, e a Itália uma aliada valorosa contra a expansão alemã. Ao simplesmente ignorarem as ambições de Mussolini na África, contudo, os ministros britânicos armavam a cena para um fiasco diplomático e político.

Poucas décadas antes, a conquista da Abissínia pela Itália não teria causado uma crise internacional. A Itália já havia sido bem-sucedida em sua penetração econômica no país e detinha três outras colônias no Norte e no Leste da África – a Líbia, a Eritreia e a Somália Italiana –, duas das quais faziam fronteira com a Abissínia. Das cinzas da Primeira Guerra Mundial, contudo, emergiu um novo conjunto de princípios internacionais, cristalizado pela Liga das Nações. A época do imperialismo descarado e da diplomacia na ponta da faca já deveria ter acabado, e a era do direito internacional, tido início. O Pacto da Liga era reverenciado como fiador da paz, e, a partir dele, a Liga das Nações desenvolveu um significado que, em alguns lugares, chegava às raias do religioso. Caso notório da Grã-Bretanha, em grande parte devido ao evangelismo de lorde Robert Cecil e à influência da União da Liga das Nações.

Terceiro filho de lorde Salisbury, primeiro-ministro da era vitoriana, o ativismo de "Bob" Cecil já se fazia notar em Eton, onde tentava impedir os veteranos de exaurir os calouros com tarefas. Anglicano devoto, pouco se interessava por comodidades mundanas. "Se não lhe for possível se vestir como um cavalheiro, acho que deveria ao menos tentar se vestir como um conservador", admoestara-lhe o futuro arcebispo de Canterbury, Cosmo Lang, quando ambos estudavam em Oxford.[6] Durante a Primeira Guerra Mundial, Cecil servira no Gabinete como ministro do Bloqueio, cargo em que adotou sua maior causa: uma Liga das Nações que se reuniria para solucionar conflitos internacionais. Em 1918, a União da Liga das Nações (LNU) foi fundada e logo transformada, graças principalmente a Cecil, em um poderoso grupo de pressão política. Em outubro de 1934, teve início aquele que era, de longe, o mais ambicioso projeto da LNU. Convencido da solidez do apoio da opinião pública à Liga e para se contrapor ao isolacionismo, Cecil decidiu conduzir uma pesquisa nacional de opinião. Meio milhão de voluntários, mulheres em muitos dos casos, lançaram-se à prospecção de dados em massa e retornaram com 11,6 milhões de respostas – 38% da população adulta.

As perguntas nada tinham de sutis. "Você é a favor de um acordo internacional que leve à abolição total de forças armadas nacionais e aviação naval?"

("sim", 9.600.274; "não", 1.699.989). E a execução nada teve de imparcial. Ainda assim, os resultados mostravam um apoio esmagador à Liga e à segurança coletiva. Quase 96% dos que responderam apoiavam a presença do país como membro da Liga, enquanto mais de 10 milhões de britânicos (86,6%) eram a favor de sanções econômicas a nações agressoras. Um ponto crucial foi o "sim" de 6,5 milhões (58,7%) ao serem questionados se apoiariam medidas militares coletivas sob tais circunstâncias.[7]

Muitos conservadores se ressentiam do assim chamado Pleito da Paz, tachando-o de tendencioso e intrusivo. Lorde Beaverbrook, o isolacionista supremo, o apelidou de "Pleito de Sangue" e alertou seus muitos eleitores de que "o plebiscito arrastará vocês e seus filhos à guerra em nome da Liga das Nações".[8] No entanto, não dava para ignorá-lo. Após o resultado, Austen Chamberlain previu que qualquer governo disposto a deixar de lado a segurança coletiva seria varrido do poder e, por força do acaso, aproximava-se uma eleição geral.[9]

Em 7 de junho de 1935, Ramsay MacDonald havia deixado o cargo de primeiro-ministro. Já fazia algum tempo que não estava bem, e a deterioração de suas capacidades abria seu flanco ao escárnio dos colegas. Em maio do ano anterior, Robert Bernays ficara chocado ao ouvir sir Stafford Cripps chamar MacDonald de "pateta" da tribuna, sem protestos do presidente da casa ou de parlamentares. "Alguém chamar o primeiro-ministro de pateta deve ser algo sem precedentes", pensou Bernays, "mas por outro lado... o primeiro-ministro ser um pateta também não tem precedentes."[10] A MacDonald se sucedeu Stanley Baldwin, que inaugurou seu terceiro mandato no cargo com uma dança das cadeiras. Para júbilo de quase todos, Simon foi afastado do Secretariado das Relações Exteriores e designado secretário de Assuntos Internos. Seu substituto, que gerou bem menos entusiasmo, foi o secretário de Estado para a Índia, sir Samuel Hoare – "o último de uma longa linhagem de tias solteironas", nas palavras do então falecido lorde Birkenhead.[11]

Nem Baldwin nem Hoare iriam permitir que o Reino Unido se envolvesse em uma guerra pela Abissínia. À parte a nascente do Nilo, que se formava a partir do lago Tana, a conclusão de um relatório governamental era que o país não guardava qualquer interesse vital para o Reino Unido. Mussolini se agarrava a essa conclusão – graças a um espião na embaixada britânica em Roma, ele obtivera uma cópia do relatório – como mais uma prova de que o Reino Unido não interferiria. Mas tanto ele quanto os ingleses estavam ignorando a questão da Liga das Nações. Em 1923, a Abissínia havia entrado para a Liga ironicamente por insistência de Mussolini e, portanto, passara à jurisdição do Artigo 16 – segundo o qual um ataque a qualquer membro constituía um ataque a toda a Liga. Em dezembro de 1934, o diminuto mas altivo imperador abissínio, Hailé Selassié, apelara à Liga para que arbitrasse o conflito de fronteira com a Itália, e, em junho de 1935, o novo primeiro-ministro britânico declarara a Liga "a âncora maior da política britânica".[12] Baldwin estava numa enrascada.

Para tentar se safar dela, Anthony Eden foi enviado a Roma com uma oferta. "Será preciso comprar a Itália", observou sir Robert Vansittart, "ou a Abissínia acabará por perecer. [...] Isto, em si, não importaria tanto se não significasse também o fim da Liga (e que a Itália simultaneamente faria *outra* meia-volta rumo aos braços da Alemanha)."[13] Eden, portanto, propôs que os abissínios cedessem grandes partes de seu território a Mussolini em troca de uma fina fatia da Somália Britânica. Mussolini recebeu a proposta com desdém. Não entendia qual o interesse do Reino Unido no destino de um fim de mundo africano desgraçado e chamou a atenção petulantemente para o fato de que Laval, o ministro das Relações Exteriores da França, lhe prometera "liberdade de ação" na Abissínia quando da conclusão do acordo franco-italiano em janeiro. Isso era novidade para Eden, que interveio para se dizer convencido de que o colega francês só desejara dizer em termos "econômicos" – mesma alegação que o próprio Laval posteriormente faria.[14] Contudo, ainda que o maquiavélico francês tivesse evitado dar garantias diretas a Mussolini, é provável que tenha ao menos insinuado seu consentimento, ou sua indiferença, aos planos do Duce. De fato, como disse o diplomata francês Armand Berard ao embaixador americano em Berlim, em maio de 1935, "tivemos de prometer-lhe [a Mussolini] a anexação da Abissínia" para forjar uma aliança contra a agressão alemã. "Espero que Mussolini tenha bom senso o suficiente para anexar o país um pouco de cada vez, como fizemos com o Marrocos. Instamos os italianos a fazê-lo."[15]

Sem uma solução à vista e com as forças italianas se acumulando cada vez mais na fronteira com a Abissínia, a possibilidade da guerra pairava sobre o povo britânico. Jornais falavam na pior crise desde 1914, e os líderes da oposição eram convidados a ir à Downing Street para conversas. Desde o início, as opiniões se dividiam entre intervir ou se isolar. Principal proponente da segunda opção, o *Daily Mail* atacava os entusiastas da Liga, proclamando que a compaixão britânica "estava inteiramente comprometida com a causa das raças brancas, causa esta que a Itália sustenta com firmeza".[16] Aquilo estava longe de ser uma verdade universal, mas de fato muita gente concordava com Evelyn Waugh em seu repúdio à Abissínia como "um país bárbaro" que ainda praticava o comércio de escravos; ou com o parlamentar conservador Henry "Chips" Channon, que indagava por que deveria o Reino Unido lançar-se à guerra pela Abissínia, "quando grande parte dos recantos mais remotos do nosso Império foi ganha por meio da conquista".[17] Outros, independentemente de considerações morais, recusavam-se a contemplar a ideia de um conflito. "Não vou entrar em outra guerra. *Não vou*", gritava um rei George V claramente transtornado para Lloyd George. "Em nada contribuí para a última e, caso haja outra e vejamo-nos ameaçados a ser arrastados para dentro dela, vou eu mesmo à Trafalgar Square agitar uma bandeira vermelha antes de permitir que este país adentre o conflito."[18] Em outra ocasião, o rei ameaçou abdicar caso o Reino Unido entrasse em guerra contra a Itália. "Eu assino um pedaço de papel", gritava o abalado monarca. "Não sei que tipo de papel, mas arranjo um."[19]

Por outro lado, os de inclinação liberal encontravam-se ultrajados pelo ato que Mussolini propunha. Analisando a correspondência recebida ao longo do verão de 1935, o *Times* observava não haver divisão de opiniões quanto à "irresponsável imoralidade dos preparativos de guerra italianos", ao passo que o *Daily Herald* reprovava o desejo de Mussolini de "assassinar abissínios apenas para roubar-lhes a terra".[20] O dilema era o que fazer a esse respeito. Para a maioria dos que adotavam a filosofia liberal – o que incluía muitos do Partido Conservador – a resposta era clara: o Reino Unido precisa fazer valer o Pacto da Liga e apoiar sanções contra a Itália. Se não o fizesse, a autoridade da Liga, já abalada pela invasão japonesa da Manchúria, imploderia, e o mundo perderia um instrumento de contenção de agressores, em particular a Alemanha. Era essa a visão de Churchill, apesar de também enxergar com bastante simpatia a noção de que a ação firme contra a Itália só faria destruir a Frente de Stresa e jogar Mussolini nos braços de Hitler. Plenamente consciente desses riscos, o governo teria preferido agir de maneira discreta, sem ostentar sua posição. Mas, dado o estado da opinião pública e com uma eleição geral marcada para novembro, essa opção não existia.

Em 11 de setembro de 1935, o secretário das Relações Exteriores, sir Samuel Hoare, fez sua declaração de princípios. Dirigindo-se à Assembleia Geral da Liga em tom claro e preciso, disse que "a Liga defende, e com ela o meu país, a manutenção coletiva do Pacto em seu estado íntegro e, em particular, a resistência coletiva e resoluta a todo e qualquer ato de agressão não provocada".[21] A recepção foi arrebatadora. Os jornais britânicos, com a exceção dos de Beaverbrook e Rothermere, teceram loas à declaração, enquanto outros membros da Liga, entre eles a França, assinaram embaixo do exemplo do Reino Unido. Hoare, na verdade, não planejava dar exemplo algum. Mas esta acabou por ser a impressão inescapável, reforçada no dia seguinte quando os cruzadores de batalha *Hood* e *Renown*, com vários destróieres, foram enviados a Gibraltar para reforçar a frota do Mediterrâneo. De Genebra, lorde Cranborne escreveu, esmiuçando o incrível efeito daquela demonstração de força: "Todos os pequenos países estão em êxtase. Os italianos aqui, que eram arrogantes, tornaram-se até certo ponto afáveis".[22]

Mussolini nada tinha de afável nem se abalara. Tendo Laval lhe assegurado que a França não apoiaria sanções militares, deu início à sua invasão da Abissínia no dia 3 de outubro de 1935. Aviões italianos bombardearam Adwa (inclusive o hospital), enquanto o general Emilio de Bono, à frente de cerca de 500 mil soldados, cruzou a fronteira pela Eritreia. A Liga considerou que a Itália violara o Pacto e iniciou o processo de imposição de sanções. Reino Unido e França a acompanharam, mas as discrepâncias contidas na lista do embargo – que incluía o *foie gras*, mas não o carvão, o ferro, o aço ou, o mais crucial, o petróleo – revelavam sua extrema relutância em antagonizar o Duce. Os comandantes militares britânicos, em particular, preocupavam-se com o fato de que ações enérgicas poderiam induzir Mussolini a um ataque repentino contra a Marinha Real ou as bases do país no Mediterrâneo. Algo assim obviamente daria início a uma guerra, e Laval mostrava-se no mínimo ambivalente quanto à disposição da França em apoiar o Reino Unido.

Em meio a tudo isto, Baldwin convocou a eleição geral. Neville Chamberlain havia manifestado o desejo de combater a campanha conservadora pró-rearmamento, mas Baldwin, dotado de uma sensibilidade aguda para captar a opinião pública, foi mais sutil. Em face de um Partido Trabalhista montado numa plataforma de desarmamento em escala internacional, em 31 de outubro Baldwin assegurou aos eleitores que "não haveria grandes armamentos", ao mesmo tempo que ressaltava continuamente a necessidade de o país atualizar suas defesas.[23] Este, explicou ele, era o corolário natural do apoio à Liga, ao qual o comprometimento do Partido Conservador era total. O primeiro-ministro se esquivara durante toda a crise recente. "Stanley não pensava em nada senão em suas férias e na necessidade de permanecer de fora de toda a questão quase a qualquer custo", era a queixa de Hoare a Chamberlain.[24] E, no entanto, quando chegou o momento, tornou-se claro que Baldwin havia captado corretamente o estado de espírito da nação, e, em 14 de novembro, o governo de coalizão nacional – agora na verdade conservador – foi reconduzido ao poder com outra maioria expressiva, ainda que ligeiramente reduzida.*

Com a eleição encerrada, a crise da Abissínia ameaçava subir de patamar. Impostas com sucesso algumas medidas nem tão punitivas em 18 de novembro de 1935, o próximo passo considerado pela Liga era ampliá-las, incluindo o petróleo. A Itália era altamente dependente da importação do produto, e não restava muita dúvida de que um embargo afetaria seriamente sua capacidade bélica.** Mussolini respondeu deixando claro que encararia tal medida como uma declaração de guerra. Alarmados, os comandantes militares ingleses aconselharam o Gabinete a evitar ao máximo o risco de um conflito no Mediterrâneo. Não que isso gerasse qualquer dúvida real quanto a seu desfecho: os italianos não eram famosos pela destreza em combate e o comandante-chefe do Mediterrâneo, almirante sir William Wordsworth Fisher, tinha total confiança em sua capacidade de vencer a Marinha italiana. Havia, contudo, preocupação quanto à possibilidade de bombardeiros italianos infligirem danos consideráveis à frota, algo que, num momento em que suas deficiências se somavam aos riscos internacionais generalizados, o Almirantado não a julgava capaz de absorver. Além disso, havia o medo de que o Japão aproveitasse a oportunidade para iniciar um ataque no Extremo Oriente, a atitude pouco convicta da França e a ameaça crescente da Alemanha. De fato, como escreveu sir Eric Phipps a Hoare no dia 13 de novembro, "o atual embróglio [sic] abissínio é brincadeira de crianças se comparado ao problema que não tardará a confrontar o governo de Sua Majestade".[25] Era preciso achar uma saída.

Ao fim de novembro de 1935, Laval chamou Hoare a Paris para uma conversa. Unidos no desejo de encontrar uma solução pacífica – e em nada mais –,

---

* O Partido Trabalhista teve alguns ganhos na eleição geral de 1935, obtendo 154 assentos contra 386 do Partido Conservador e 33 do Partido Nacional Liberal.

** O intérprete de Hitler, Paul Schmidt, alegaria posteriormente que Mussolini teria admitido a Hitler que, caso tivessem sido aplicadas sanções sobre o petróleo, ele teria suspendido a guerra na Abissínia.

ingleses e franceses vinham deliberando sobre a possibilidade de redesenhar o território abissínio. "Nossa intenção é não medir esforços para dar fim a esse conflito", explicou o confiante Hoare ao secretário particular do rei.[26] "Nossa" incluía sir Robert Vansittart, que, apesar de futuramente vir a adquirir a reputação do mais implacável dos antiapaziguadores, fora tomado de total pânico com a possibilidade de guerra com a Itália – para ele, isso só resultaria em carta branca para Hitler fazer o que quisesse – e estava tão desesperado por um acordo quanto Laval. Eden, que não iria a Paris, preveniu Hoare contra Laval e Vansittart, mas o secretário das Relações Exteriores estava tranquilo. "Não se preocupe", assegurou ao subordinado imediatamente antes de viajar. "Não comprometerei você com nada."[27]

A atmosfera em Paris nada teve de tranquila. Uma multidão de repórteres sitiou o Quai d'Orsay e, lá dentro, Laval fumava como uma chaminé e apresentava a proposta de Mussolini. Após 24 horas de intensa disputa, os dois lados chegaram a um acordo. A Abissínia cederia em torno de dois terços do seu território para a Itália e seria compensada com uma fina fatia da Eritreia, que lhe daria acesso ao mar. Hoare, satisfeito, insistiu com os colegas em Londres que aceitassem a proposta, o que de fato ocorreu durante uma reunião extraordinária do Gabinete em 9 de dezembro de 1935. No mesmo dia, porém, detalhes do plano – quase certamente vazados por inimigos de Laval no Quai d'Orsay – foram publicados no *L'Echo de Paris* e no *L'Oeuvre*. A opinião pública britânica explodiu numa erupção de indignação moral. Recoberto com o manto da Liga, o governo agora se revelava envolvido num acordo escuso a partir do qual a agressão de Mussolini seria premiada. Parlamentares foram bombardeados com cartas de seus eleitores, e mesmo o normalmente servil *Times* se manifestou em contrário, ridicularizando a proposta como "um corredor para camelos".[28] Em Genebra, os outros membros da Liga se disseram traídos, enquanto nos Estados Unidos os jornais falavam em "uma desgraça internacional" e "uma derrota estarrecedora para a Liga das Nações".[29] "Todo o nosso prestígio doméstico e internacional em política externa desmoronou como um castelo de cartas", lamuriava-se Neville Chamberlain em carta à irmã. "Se tivéssemos que passar por nova eleição, provavelmente seríamos batidos e certamente não teríamos mais que uma maioria estreita."[30]

Hoare estava na Suíça quando a tempestade se abateu. Absolutamente exausto, vinha sendo acometido por uma série de desmaios e tentava então recuperar a saúde patinando no gelo durante um feriado. Não era a escolha recreativa mais sensata para alguém dado a sofrer apagões, e ele, ao desmaiar logo no primeiro dia de patinação, quebrou o nariz em dois pontos. Portanto, o secretário das Relações Exteriores estava fora de combate, enquanto Baldwin batalhava para defender o governo não apenas da opinião pública, mas também de seus próprios parlamentares. Segundo Harold Nicolson, a Câmara estava "fervendo" com a questão.[31] "Todos circulam de cabeças baixas", foi a recordação do parlamentar conservador Victor Cazalet. "Vergonha. Traição. Para que nos elegeram três semanas atrás?"[32] A pressão acabou sendo demasiada. Em 17 de dezembro, 57 parlamentares conservadores assinaram uma moção matinal criticando o governo, e uma discussão acalorada no Comitê de Relações Exteriores formado pelos parlamentares conservadores de segunda linha terminou com a conclusão de que o secretário das Relações Exteriores deveria renunciar. Pelo menos cinco ministros foram da mesma opinião na reunião do Gabinete no dia seguinte. Neville Chamberlain foi o encarregado de comunicar a notícia ao arrasado Hoare, que renunciou naquela mesma noite. No dia seguinte, com o nariz ainda engessado, foi ao rei, que tentou animá-lo com a sugestão auspiciosa de que agora lhe sobraria mais tempo para caçar pássaros. "Você sabe o que dizem por aí", gracejou o frágil monarca. "Chega de carvão em Newcastle, chega de Hoares em Paris."* Compreensivelmente, o ex-secretário não achou lá muita graça. "O amigo nem sequer riu", reclamou o rei.[33]

De tão sórdido, o fiasco promovido por Laval e Hoare acabaria por ter implicações para muito além da crise política imediata. O prestígio da Inglaterra e da França foi severamente abalado, enquanto as relações entre os dois países, já estremecidas, chegaram ao ponto mais baixo. A Liga das Nações foi ferida de morte. Criada no intuito de prevenir crises internacionais, a suprema invenção idealista dos acordos pós-guerra fora minada pelas duas grandes democracias da Europa. É verdade que os sinais de que outras nações estivessem prontas a ir à guerra em defesa da Abissínia eram quase inexistentes, e a pos-

---

* Trocadilho com *"whores"*, ou prostitutas. A primeira frase – no original, *"no more coals to Newcastle"* – é uma expressão idiomática do inglês britânico da época que denota desperdício ou perda de tempo; a metáfora se dá por meio da fama de cidade mineira de Newcastle, ou seja, um local onde já há carvão suficiente. Segundo a brincadeira fonética da segunda frase, Paris também não precisaria de prostitutas além das que já tem – ou da presença de Hoare. [N. T.]

tura norte-americana com relação à Liga era particularmente hipócrita. Mas nada disto modificava o resultado. A segurança coletiva estava morta, bem como a crença na capacidade da Liga de proteger pequenos países de agressores. Na Abissínia, Mussolini seguia adiante com sua conquista, inabalável. A "Ofensiva de Natal" abissínia foi interrompida quando os italianos desrespeitaram o Protocolo de Genebra, lançando mão de uma "chuva mortal" de gás mostarda juntamente com as bombas convencionais. Mais tarde, um dos filhos de Mussolini, piloto em serviço na Abissínia, recordaria o "divertido" espetáculo de ver grupos tribais "se abrindo como rosas após o detonar [por ele] de uma bomba no meio deles".[34] Em 5 de maio de 1936, tropas italianas entraram em Adis Abeba, e quatro dias depois Mussolini proclamou a anexação da Abissínia e a criação do Império Fascista. Hailé Selassié fugiu para Londres, mas no fim de junho viajou a Genebra para se opor à suspensão das sanções contra a Itália. Num discurso digno e comovente, que viria a ser adotado como chamamento aos antifascistas mundo afora, o imperador da Abissínia, paramentado com uma simples capa preta, expôs às claras o que estava em jogo:

> Trata-se da confiança depositada por cada Estado nos tratados internacionais. Trata-se do valor das promessas feitas às pequenas nações de que lhe serão respeitadas e garantidas a integridade e a independência. Trata-se do princípio da igualdade dos Estados, por um lado, ou então a obrigação depositada sobre os pequenos de aceitarem elos de vassalagem. Numa palavra, é a moralidade internacional que está em jogo.[35]

Cinco dias depois, a Assembleia da Liga decidiu suspender as sanções contra a Itália.

Mais até que Mussolini, o vitorioso da guerra entre Itália e Abissínia foi Hitler. À *Schadenfreude,* com o desconforto inicial do Duce, seguiu-se o júbilo pela destruição da Frente de Stresa e pela ignomínia imposta aos ingleses e franceses. A autoridade da Liga, que poderia ter sido usada como ferramenta para arregimentar a resistência à expansão alemã, fora destruída, e o isolamento diplomático do regime chegava ao fim. Em 7 de janeiro de 1936, Mussolini disse ao embaixador alemão, Ulrich von Hassell, que não fazia objeções quanto à Áustria tornar-se na prática satélite da Alemanha, no mais recente de uma série de atos de aproximação entre Itália e Alemanha. Mussolini mostrara tudo o que se podia obter por meio da agressividade pura e simples, e as potências ocidentais haviam se mostrado incapazes de contê-lo. Hitler registrou a mensagem e acelerou seus planos.

V
Através do Reno

Diante de cada novo impasse internacional, o governo apresenta argumentos persuasivos para faltar com nossas obrigações – mas nada apaga o fato de que cada rendição leva a outra ainda pior, e piora também a nossa situação, bem como a da civilização.
Basil Liddell Hart, correspondente militar do *Times*, setembro de 1936.[1]

Às 12h50 de sábado, 7 de março de 1936, membros do 6º Pelotão do Exército alemão marcharam a passos de ganso perante as estátuas equestres de bronze de Frederico IV e do *kaiser* Guilherme I e através da ponte de Hohenzollern, que corta o Reno na cidade de Colônia. Lá, foram recebidos pelo prefeito e seguiram até a grande catedral gótica da cidade, onde foram ovacionados. Ao todo, 22 mil soldados, antes ocultos em escolas, salões paroquiais e postos aduaneiros, haviam adentrado a Renânia – a área no noroeste alemão, ao longo das fronteiras com a França, Bélgica e Holanda, a princípio ocupada e então desmilitarizada pelos Aliados em Versalhes. A operação tivera início ao nascer do sol e já estava em pleno andamento quando Hitler chegou ao Teatro de Ópera Kroll, em Berlim, para dirigir-se, ao meio-dia, a uma assembleia do Reichstag especialmente convocada. Observando os deputados uniformizados, nenhum dos quais fazia a menor ideia do porquê de terem sido reunidos, Hitler fez um ataque feroz ao bolchevismo como preâmbulo à afirmação de que o pacto franco-soviético ratificado nove dias antes, em 27 de fevereiro, pela Câmara dos Deputados francesa, havia sido um desrespeito ao Tratado de Locarno.* Tal aspecto era crucial, pois, ainda que a zona desmilitarizada

---

* Acordado em 2 de maio de 1935, o pacto franco-soviético comprometia ambas as nações com "ajuda e assistência" imediatas uma à outra em caso de ataques não provocados.

tivesse sido criada pelo *diktat* de Versalhes – como uma garantia à segurança da França e da Bélgica –, fora ratificada por Locarno, tratado que os alemães haviam assinado por espontânea vontade.

Hitler então citou o memorando entregue uma hora antes às embaixadas da França, do Reino Unido, da Itália e da Bélgica. A Alemanha, conforme declarou, não mais se considerava presa aos termos de Locarno e, "no interesse dos direitos primordiais de um povo à segurança de suas fronteiras", havia decidido, de imediato, restaurar a "soberania total e irrestrita do Reich na zona desmilitarizada da Renânia".² Ao ouvir tal afirmação, os seiscentos deputados – "homenzinhos corpulentos de pescoços inchados, cabelos curtos, barrigas flácidas, uniformes marrons e botas pesadas, homenzinhos de barro por ele moldados", na descrição do jornalista americano William Shirer – puseram-se de pé a gritar "*Heils*" em êxtase. Quando Hitler revelou que naquele exato instante soldados alemães dirigiam-se a guarnições na zona proibida, a explosão de emoção foi tal que ele não conseguiu continuar. "Levantam-se de supetão, aos gritos", prosseguia Shirer, "suas mãos erguidas em saudação servil, rostos deformados por histeria, bocas abertas aos gritos, olhos faiscantes de fanatismo grudados ao novo deus, ao messias."³

Para as potências ocidentais, a remilitarização da Renânia era ao mesmo tempo havia muito esperada e uma total surpresa. Em dezembro de 1935, sir Eric Phipps havia previsto que Hitler reocuparia a zona assim que surgisse uma oportunidade, mas achava que isso só ocorreria depois de mais um esforço para "encaixotar" a Grã-Bretanha.⁴ O Secretariado das Relações Exteriores, em polvorosa devido ao fiasco de Laval e Hoare, foi lento na reação a esse aviso, mas em fevereiro de 1936 quase todos, incluindo o novo secretário, Anthony Eden – promovido por Baldwin para substituir Sam Hoare –, estavam convencidos de que a Renânia era o próximo item na agenda de Hitler.

Tal convicção tornava ainda mais urgente o desejo do governo de reiniciar as negociações com a Alemanha. Acima de tudo, o Secretariado das Relações Exteriores estava ansioso para evitar um *fait accompli*. Sob os termos do Tratado de Locarno, o Reino Unido se comprometia a defender a zona desmilitarizada. Portanto, se os alemães reocupassem a Renânia e os franceses pedissem ajuda para expulsá-los, o governo se veria no indigesto dilema de desonrar suas obrigações perante os termos do tratado ou talvez entrar em guerra. A questão era: o que poderia o país oferecer a Hitler?

Para E. H. Carr, da Divisão Sul do Secretariado das Relações Exteriores, a resposta era dar carta branca à Alemanha na Europa Central e Sudeste.[5] Sir Robert Vansittart se opunha com veemência a essa ideia; preferia algo na linha de oferecer ao país alguma espécie de restituição colonial. "Creio que a Alemanha vai se expandir de alguma forma e em algum momento [...] [e] se não puder ser na África, será na Europa", escreveu.[6] Isso, porém, era anátema para a ala imperialista do Partido Conservador – ambivalente ou até mesmo simpática à expansão alemã no Leste Europeu, mas fervorosa na defesa das possessões britânicas na África – e também para sir Maurice Hankey, secretário do Gabinete, cujo temor era que os alemães interpretassem tais concessões como mero sinal de fraqueza.[7]

Eden estava dividido. Naturalmente desconfiado de ditadores, o novo secretário das Relações Exteriores iniciou seu mandato fazendo circular uma compilação de alertas passados da embaixada britânica em Berlim e intitulada "O perigo alemão". Hitler, Eden comentava, estava determinado a fazer da Alemanha "a potência dominante da Europa". No entanto, e apesar de apressar o rearmamento de seu país, sustentava que o Reino Unido deveria tentar encontrar um *modus vivendi* com a Alemanha.[8] Tendo tal meta em vista, Eden estava pronto para pôr na mesa o status da Renânia. Na verdade, em face da possibilidade iminente de um golpe alemão, o secretário tinha pressa para usar a zona desmilitarizada como moeda de troca enquanto ainda valia alguma coisa. Hitler, no entanto, foi rápido demais.

A entrada da Wehrmacht na Renânia era tão prevista em Paris quanto em Londres. A inteligência militar francesa previa o ato havia mais de ano, e relatórios do período até mesmo identificavam a ratificação da aliança franco-soviética como o pretexto provável. Contudo, não havia planos militares de expulsão das tropas alemãs. Abatido por mais uma série de cortes pesados ao orçamento militar em 1935, o Estado-Maior da França estava convencido de não poder arriscar uma guerra com a Alemanha. Por profética que tivesse sido sua avaliação das intenções alemãs, o Deuxième Bureau superestimara de forma significativa o tamanho das Forças Armadas do país, ao passo que o potencial industrial alemão era corretamente reconhecido como consideravelmente maior que o da França.

Para o defensivista general Maurice Gamelin, chefe do Estado-Maior da França, uma ofensiva militar francesa para expulsar os alemães da Renânia era exatamente o tipo de iniciativa "insana" à qual ele acreditava ser necessário se opor.[9] Assim, alertou os superiores políticos de que qualquer iniciativa militar exigiria ao menos mobilização parcial – ao custo de 30 milhões de francos por dia – e inevitavelmente levaria a uma sangrenta guerra de exaustão. Para reforçar sua posição, Gamelin distorceu o já inflado número de soldados alemães que se acreditava terem entrado na zona, adicionando mais 295 mil homens – compreendendo o Serviço de Trabalho do Reich, a Polícia Militar, as SS e as SA – ao total de soldados treinados e prontos para o combate.[10] Esse derrotismo era complementado por um pacifismo raivoso que varreu a França na sequência do ataque. A esquerda atacava os provocadores belicistas da direita, enquanto esta, abismada com a aliança com a Rússia comunista, não deixava por menos e atacava os blefadores socialistas. A oposição à guerra unia quase todos os jornais franceses, assim como as organizações sindicais e as associações de veteranos.

O governo francês estava desorientado e dividido. Tendo se tornado impopular com sua política de deflação e as barganhas com a Itália, Laval fora forçado a renunciar em janeiro de 1936. Fora substituído pelo radical Albert Sarraut à frente de um governo provisório, até que novas eleições pudessem ocorrer no final de abril. Ainda que individualmente fosse um bravo – veterano de vários duelos, bem como da Batalha de Verdun –, Sarraut não era o homem certo para administrar uma crise. Na noite de domingo, 8 de março de 1936, dia seguinte à reocupação alemã, fez um discurso desafiador, dizendo que o governo francês "não estava disposto a permitir que Estrasburgo sofresse o fogo cerrado dos canhões alemães".[11] Contudo, na tarde daquele mesmo dia, no Gabinete, seu apoio a uma reação militar imediata – defendida pelo ministro dos Correios, Georges Mandel – não bastara para superar uma quantidade de objeções militares, financeiras e diplomáticas. Pelo contrário, o Gabinete concluíra que a França não poderia se engajar numa *action isolée* e decidira que a única resposta imediata para o momento, além da pura e simples defesa da Linha Maginot, era apelar à Liga das Nações e reunir-se com os outros signatários de Locarno. "Esplêndido", comentou Goebbels.[12]

O ambiente em Londres não era mais propício à guerra que o de Paris. "Muita agitação com a jogada de Hitler", registrou em 9 de março Harold Nicolson, eleito havia pouco tempo pelo National Labour para representar Leicester West. "Eden realiza seu pronunciamento às 15h40. [...] Muito calmo.

Promete ajuda caso ocorra um ataque à França; do contrário, negociação. O clima geral na casa é de medo. Tudo para evitar uma guerra."[13] A City se mostrava "esmagadoramente pró-alemã", enquanto o *Times* publicava um editorial otimista intitulado "Uma oportunidade de reconstrução".[14] A referência era à oferta de paz apresentada por Hitler a tiracolo com sua jogada, que incluía tratados de não agressão com os vizinhos, um pacto aéreo no Ocidente e a tentadora sugestão da volta da Alemanha à Liga das Nações.

Determinados a evitar uma guerra, muitos britânicos influentes atrelaram-se a tais propostas. "Receba de braços abertos a declaração de Hitler", foi o estímulo do ex-secretário adjunto do Gabinete, Thomas Jones, ao telefone com Baldwin, um dia depois da reocupação. "Trate como algo relativamente *de minimis*, nada a se encarar de forma trágica, tendo em vista as propostas de paz que a acompanham. [...] Aceite a declaração como feita de boa-fé e assim a coloque à prova."[15] Jones dizia ser essa a visão da maioria dos hóspedes de Blickling, o refúgio de lorde Lothian em Norfolk. Informados da notícia, haviam tomado a iniciativa de formar um "gabinete paralelo" para discutir a situação a fundo. Além de Jones e Lothian, os convidados incluíam lorde Astor e esposa; sir Thomas Inskip, procurador-geral; o diplomata americano Norman Davis; sir Walter Layton, o presidente do conselho de *The Economist*, e sua esposa; o alto-comissário canadense e sua esposa; e o historiador Arnold Toynbee, recém-chegado de visita a Hitler.

Embora não tivesse ido a Blickling como planejara, Eden concordava com essa visão no geral. Apesar de ter declarado em um memorando ao Gabinete, em 8 de março, dia seguinte à invasão, já não ser possível confiar na palavra de Hitler no que se referia a tratados, mesmo aqueles assinados espontaneamente, defendia contraditoriamente que o governo usasse a oportunidade para concluir "um acordo tão abrangente e duradouro quanto possível enquanto Herr Hitler está disposto a tal". Acima de tudo, ele concluía, "é preciso desencorajar qualquer ação militar francesa contra a Alemanha".[16]

Como já verificamos, esse risco não existia. Mas, apesar de o governo francês ter descartado a ação militar unilateral, estava igualmente ansioso para impedir uma vitória alemã total, que destruiria Locarno e deixaria plenamente exposta a fraqueza francesa. Durante uma reunião dos representantes de Locarno em Paris, portanto, o ministro das Relações Exteriores da França, Pierre-Etienne Flandin, falou grosso. A França consultaria o Conselho da Liga para confirmar se a Alemanha desrespeitara o Tratado de Versalhes e então colocaria à disposição da Liga todos os seus recursos, econômicos e militares. Aquele, defendeu Flandin, era o momento de reagir. A Alemanha se tornaria mais forte no ano seguinte, mas naquele momento encontrava-se isolada. Se a Liga aplicasse ou até mesmo meramente ameaçasse aplicar sanções – econômicas a princípio, militares na sequência –, Hitler certamente cederia. Paul van Zeeland, primeiro-ministro da Bélgica, concordava. O risco de uma guerra "era de um em dez" caso as potências de Locarno agissem juntas, ao passo que um conflito futuro parecia inevitável caso as democracias permitissem a Hitler agir sem maiores consequências.[17]

Alarmado por essa aparente resolução, Eden voltou a Londres para relatá-la ao Gabinete, onde encontrou consternação diante das propostas francesas e oposição geral a sanções. Acima de tudo, os ingleses não acreditavam que Hitler fosse se dobrar perante ameaças e, portanto, não consideravam astuto "fazê-las na esperança de não ter de cumpri-las".[18] Os chefes do Estado-Maior apoiavam essa postura, enquanto sua reputação de piores derrotistas da nação se espalhava rapidamente. Segundo a avaliação deles, as Forças Armadas britânicas não se encontravam em condições de lutar com as alemãs. A opinião pública também se manifestava veementemente contra a guerra e em apoio aos atos alemães. "Rumo a Stratford on Avon para encontro da LN", registrou Victor Cazalet, alguns dias após a reocupação. "200 presentes – agitação palpável. 197 a 3 a favor de negociar com Hitler."[19] Perturbado pelo contraste com a invasão da Abissínia pelos italianos, quando aqueles mesmos entusiastas da segurança coletiva clamavam por uma resposta internacional robusta, Cazalet concluiu que o país jamais aceitaria a ação militar para expulsar os alemães de seu próprio território. Essa visão era ecoada pelas descobertas de Robert Bernays em Bristol e pela experiência de Leo Amery em Leicester, onde, para seu espanto, um grupo de ex-militares revelou-se totalmente ao lado dos alemães.

Alguns levavam tal atitude a extremos. O decano de Chichester acreditava que "o cidadão comum quase suspirou com alívio ao saber que Hitler entrara na zona", ao passo que um cônego da catedral de Liverpool, de tão ultrajado com a sugestão de que a Renânia devesse ser ocupada por uma força policial internacional, proibiu orações em prol do governo durante as missas.[20] Na verdade, como disse o secretário de Estado para a Guerra, Duff Cooper, ao embaixador alemão, muitos ingleses "não estavam nem aí quanto aos alemães reocuparem seu próprio território".[21] Esse fato ficou claro para Eden na manhã de 9 de março, quando perguntou ao taxista que o transportava o que achava da notícia. "Para mim, Jerry* pode fazer o que quiser em seu próprio quintal", foi a resposta.²²

Nesse ambiente, a insistência francesa em agir causou uma onda de francofobia. Parlamentares às carradas comentavam sobre o sentimento antifrancês dos eleitores, e concomitantemente surgiu uma onda de apoio à Alemanha. "A visão geral parece ser a de que a França é a pedra no caminho da paz há quinze anos", escreveu um conservador de Liverpool, observando que "todos que encontro no momento parecem se declarar pró-Alemanha ou pelo menos contra a França."²³ No Parlamento, o conservador Comitê das Relações Exteriores, formado por parlamentares de segunda linha, era veemente em sua oposição a sanções e apoio à negociação. Harold Nicolson fez um apelo apaixonado para que o Reino Unido honrasse suas obrigações, mas, como revelou numa carta a sua esposa, a escritora Vita Sackville-West, até ele se dividia quanto ao melhor caminho a trilhar:

> Os franceses não deixam que nos afastemos nem sequer por um milímetro de nossa obrigação. [...] Deparamo-nos, portanto, com a rejeição de nossa promessa ou o risco de uma guerra. O pior de tudo é, de certa forma, eles estarem certos. É sabido que Hitler fez uma aposta. Sabemos ter Schacht lhe dito que a medida levaria a um desastre financeiro, ter Neurath lhe dito que criaria uma situação diplomática perigosa, e ter o Estado-Maior lhe dito que, unidas a França e a Grã-Bretanha, não haveria chance de resistência. Assim, se dermos um ultimato à Alemanha, o razoável seria que ela recuasse. Mas não vai recuar, e então nos espera a guerra. Naturalmente venceremos e chegaremos a Berlim. Mas a que custo? Levará o comunismo à Alemanha e à França. Por isso, os russos desejam tanto o conflito. Ademais, o povo de nosso país se recusa terminantemente a entrar em uma guerra. Depararemo-nos com uma greve geral se sequer sugerirmos tal coisa. É assim que teremos de recuar em ignomínia e Hitler terá marcado seu tento. [...] Mas isso será o ponto final na Liga, o que lamento profundamente. E quão profundamente.²⁴

---

* Forma pejorativa e bastante comum entre militares do Reino Unido ao se referirem aos alemães durante a Primeira e a Segunda Guerra Mundial. A sonoridade de "alemão" em inglês, "german", é próxima de "Jerry". [N. E.]

*

Menos preocupados quanto ao destino da Liga, assim mesmo Baldwin e Neville Chamberlain estavam igualmente convencidos de que uma guerra com a Alemanha não poderia ter qualquer desfecho positivo. A França "pode conseguir esmagar a Alemanha com a ajuda da Rússia", conjeturava o primeiro-ministro, "mas o único resultado provável disso é que a Alemanha se torne bolchevique".[25] Quando o Conselho da Liga se reuniu em Londres em 12 de março de 1936, a prioridade era portanto segurar a França e, enquanto isso, tentar desvencilhar-se da acusação de que o Reino Unido estaria tentando esquivar-se de Locarno. Nas palavras de Oliver Stanley, presidente da Comissão de Educação, "paz com o mínimo possível de desonra".[26]

Flandin, por outro lado, fazia o que podia para persuadir os ingleses à união com os franceses na exigência de que a Alemanha retirasse suas tropas da zona. "Nós sabemos que Hitler está blefando e que, se vocês permanecerem fiéis a suas obrigações, obteremos um resultado satisfatório", disse em um jantar para vinte parlamentares da base do governo de coalizão nacional. "Mas, caso vocês faltem com a palavra, de fato o mundo saberá que a violência é o único fator político que conta, e a Alemanha, como a maior potência isolada do continente, dominará a Europa."[27] Os parlamentares ficaram impressionados, mas quando o ministro das Relações Exteriores francês lançou mão do mesmo argumento perante Chamberlain, enfatizando a crença de que Hitler recuaria em face de uma resolução anglo-francesa, o chanceler retrucou que o governo "não poderia aceitar tal estimativa como sinal confiável das reações de um ditador louco".[28]

Flandin teve, afinal, de aceitar que os ingleses estavam determinados a não agir. Em 17 de março, o ministro do Exterior russo, Maxim Litvinov, fez um discurso veemente a favor da ação coletiva em Genebra, mas isso – e a sugestão de solidariedade anglo-soviética – só serviu para aumentar a obstinação inglesa. Dois dias depois, o Conselho da Liga declarou que a Alemanha violara tanto o Tratado de Versalhes quanto o de Locarno, mas o fez sem recomendar sanções nem exigir uma retirada das tropas da zona. As potências de Locarno propuseram a criação de nova zona desmilitarizada e pediram a Hitler que se abstivesse de reforçar as tropas ou de construir fortificações na Renânia. Se Hitler estivesse disposto a aceitar tais condições, Reino Unido, França, Itália e Bélgica aceitariam negociar o status da zona e novos pactos de assistência mútua. Enquanto isso, a garantia de Locarno, protegendo Bélgica e França de "agressões não provocadas", foi reafirmada, e, na mais significativa concessão à apreensão francesa, seriam feitas conferências de cúpula militar entre ingleses, franceses e belgas.

Para alguns no Reino Unido, até mesmo isso era demasiado. "Estou desesperada com a situação da Europa", escreveu a reformista social Violet Markham para Thomas Jones em 22 de março de 1936. "A Alemanha, é claro, estava flagrantemente errada em seus métodos (como sempre), ainda que tivesse razão. Mas acabou por nos jogar nos braços da França de forma deplorável. [...] Significaria esse novo acordo que, caso a França arrume problemas com a Alemanha, teremos nós de combater Itália e Rússia?"[29] Não se tratava de um ponto de vista único. Muitos acreditavam que alianças militares secretas haviam sido responsáveis por arrastar o Reino Unido para a Primeira Guerra Mundial, e a oposição a enredamentos continentais era generalizada. No Gabinete, sir John Simon liderava a resistência às conferências de cúpula e, em particular, ao compromisso do envio de uma força expedicionária ao continente em caso de guerra. "Não posso crer que, caso Londres seja pesadamente bombardeada, tenhamos de despachar regimentos de soldados para os Países Baixos", escreveu a Baldwin em 26 de março.[30]

Baldwin tranquilizou Simon, mas na Câmara dos Comuns — que, como observou Harold Nicolson, era tremendamente "pró-alemã", ou seja, temerosa de uma guerra — a preocupação era ainda maior.[31] "Os rapazes não aceitarão", informou Kingsley Wood, secretário de Saúde, ao primeiro-ministro.[32] Baldwin repassou tal alerta a Eden, que, inspirado, fez um dos discursos mais celebrados de sua carreira. Conferências de cúpula, disse aos parlamentares, eram uma compensação necessária pela perda do que fora um ponto fundamental da segurança franco-belga. Além disso, manter a segurança era um compromisso do Reino Unido, estabelecido pelo Tratado de Locarno. "Não estou pronto para ser o primeiro secretário das Relações Exteriores britânico a recuar na assinatura de um documento", declarou Eden com solenidade e também com um tanto de hipocrisia.[33]

As conferências, aliás, não valiam tanta inquietação da parte de parlamentares britânicos ou do governo alemão, que reagiu furiosamente. Levando-se a extremos a natureza técnica das conversas, os chefes do Estado-Maior tinham autorização para revelar a seus colegas franceses e belgas como estavam os recursos do Reino Unido — "parcos", observou o tenente-coronel Henry Pownall —, mas de modo algum poderiam negociar que forças poderiam ou não ser usadas em caso de guerra.³⁴ O planejamento conjunto era estritamente proibido e, como confessou um funcionário do Secretariado das Relações Exteriores, tudo não passava de "colírio" para aplacar os franceses.³⁵

Hitler, enquanto isso, rejeitara as propostas de Londres. No dia 29 de março de 1936, saboreou seu triunfo quando 98,8% do eleitorado alemão manifestou-se a favor da reocupação da Renânia em um referendo. Reiterou então as propostas de paz que já fizera, exigindo das democracias que aceitassem sua oferta até 1º de agosto de 1936. A reação inglesa foi típica. Céticos quanto à sinceridade de Hitler, mas desesperados para chegar a um acordo, enviaram-lhe um questionário onde perguntavam que tratados ele estaria disposto a respeitar. Seis meses depois, o Secretariado das Relações Exteriores ainda aguardava uma resposta.

Em retrospecto, a remilitarização da Renânia foi encarada como um divisor de águas nos anos entreguerras: a última oportunidade de parar Hitler sem um conflito de grandes proporções. Tal interpretação, que Churchill propõe em *The Gathering Storm* [A aproximação da tempestade], baseava-se no conhecimento de que o ousado movimento de Hitler fora uma tremenda aposta e que mesmo uma ação limitada do exército francês teria sido bastante para expulsar os alemães da zona. De fato, em vez das centenas de milhares reportadas pelo general Gamelin, apenas 3 mil soldados alemães haviam atravessado o Reno até a margem oeste. Lá, suas ordens eram para resistir ao avanço de tropas francesas, mas tal esforço estaria fadado a ser apenas para constar e anteceder uma retirada completa. "Levando-se em conta a situação em que estávamos, as tropas avançadas da França poderiam ter dado cabo de nós", admitiu o general Alfred Jodl, ex-chefe do Estado-Maior das Forças Armadas da Alemanha, durante seu julgamento em Nuremberg, em 1946.³⁶

Mas na perspectiva ampla, só o tempo deixaria isso claro. Embora alguns tivessem observado o estado real da situação na época, a maioria dos tomadores de decisões, na França e em especial no Reino Unido, estava certa de que uma resposta militar levaria à guerra. Ambos os Estados-Maiores reprovavam veementemente essa possibilidade de desfecho, e a situação doméstica dos dois lados do canal tornava uma retaliação militar praticamente impossível. A França se preparava para as eleições mais polarizadas da década, e a moeda nacional, já à beira do colapso, não teria sobrevivido à mobilização. No Reino Unido, ao pacifismo amplamente disseminado somava-se uma situação de *casus belli*. A reocupação da Renânia era considerada tão justa quanto inevitável, e quase ninguém a julgava uma ameaça direta à segurança britânica. Para Paul Emrys-Evans, presidente do Comitê de Política Externa do Partido Conservador, o governo havia abandonado seu dever. "Os acontecimentos deste ano foram praticamente um desastre", queixou-se ao líder da bancada em 13 de julho de 1936. "Todos na Europa previam a reocupação da Renânia e, no entanto, está claro que o governo não planejou que atitude deveria tomar. Certamente deixaram de preparar o país para qualquer crise e, quando esta chegou, em vez de darem um norte à opinião pública, esconderam-se por trás dela."[37]

Apesar das atenuantes acima, é difícil discordar. Poucos no Reino Unido à época se deram conta ou se importaram, mas a remilitarização da Renânia restringiu a fundo a capacidade da França de socorrer seus aliados no Leste Europeu – Tchecoslováquia, Polônia, Romênia e Iugoslávia, sem falar na Áustria – via invasão da Alemanha através da zona indefesa. A porta para a Alemanha fora fechada, e os franceses, humilhados no processo. A Alemanha, por sua vez, se fortalecera consideravelmente e Hitler obtivera um triunfo em face do ceticismo de seus próprios generais. Sua crença na própria estrela aumentou, ao passo que a margem de manobra dos militares mais cautelosos no sentido de contê-lo em futuras empreitadas loucas diminuiu. A Liga das Nações, efetivamente destruída no pós-Abissínia, foi enterrada em silêncio. O maquinário de Genebra ainda daria sinais de vida até a eclosão da guerra, mas nunca mais haveria qualquer tentativa séria de usar a Liga para coagir agressores. Ocorrera de fato uma guinada histórica.

VI
A defesa do reino

O terror das armadas romanas acrescentava peso e dignidade à moderação dos imperadores. Estes preservavam a paz por meio de uma constante preparação para a guerra; e, ainda que a justiça lhes regulasse a conduta, anunciavam às nações dentro de suas fronteiras que sua tolerância seria tão pouca quanto seu desejo de causar-lhes danos.
Edward Gibbon, *Ascensão e queda do Império Romano*.

A crise na Abissínia trouxe à baila preocupações quanto ao estado das defesas do Reino Unido. Em janeiro de 1936, o *Morning Post* publicou uma série de artigos onde expunha graves deficiências nos três braços das Forças Armadas, incluindo baixos estoques de munição na Marinha, reservas baixas no Exército, a ausência de tanques e canhões modernos, uma provisão orçamentária minúscula para defesas antiaéreas e o tamanho da Força Aérea Real na comparação com a Luftwaffe. No geral, concluía o *Post*, "estamos muito abaixo dos limites da segurança e da prudência".[1] No Parlamento, muitos eram os que concordavam. Em 14 de fevereiro, o ex-secretário das Relações Exteriores, sir Austen Chamberlain, chocou a tribuna parlamentar de imprensa com o virulento ataque à administração das defesas do país, acrescentando sua voz a um coro crescente em prol de um novo ministro para supervisionar um estágio bem mais vigoroso do rearmamento britânico. "De fato, pus em polvorosa o pombal jornalístico", disse Chamberlain à sua meia-irmã. "E, me parece, surpreendi a S[tanley] B[aldwin]." Mas, "para ser sincero, achei já haver passado o tempo de tentar sacudi-lo e retirá-lo da autocomplacência. Por certo é verdade que o escopo total do trabalho exigido do primeiro-ministro hoje em dia não está ao alcance de homem algum, mas me enfurece que o atual primeiro-ministro não faça nem sequer uma parte dele". Quanto a quem deveria ser o novo ministro, Chamberlain não tinha a menor dúvida. Somente um homem, graças "a seus estudos e a suas habilidades especiais", daria conta do recado, e "este homem é Winston Churchill".²

Churchill não via a hora de retornar ao poder. Em 13 de fevereiro de 1936, Victor Cazalet o achou "furioso por 'estar de fora' [do governo] – desdenhoso do presente regime, assoberbado pela ameaça alemã –, descompensado, me pareceu".³ Churchill nutrira a esperança de que Baldwin fosse trazê-lo de volta após a eleição de 1935. Era a expectativa de muitos, até mesmo em Berlim, onde Hitler teria manifestado apreensão com a ideia. Mas Baldwin estava determinado a excluí-lo. "Creio que neste momento não devemos fornecer-lhe um posto", explicou o primeiro-ministro a J. C. C. Davidson, chanceler do ducado de Lancaster. "A tudo ele se dedica de corpo e alma. Na hipótese de uma guerra – e ninguém pode descartá-la –, precisamos preservá-lo para ser nosso primeiro-ministro da guerra."⁴

Apesar do tom desdenhoso, ainda que profético, de tais palavras, o cartaz de Churchill havia aumentado de maneira geral nos quatro meses anteriores à crise da Renânia. A situação internacional se deteriorara e o governo sofria as consequências do caso Hoare-Laval. Outras ocorrências, porém, traziam à mente deslealdades passadas. Em janeiro de 1936, Randolph Churchill, seu intratável filho, aceitou um convite da Associação Sindical de Ross e Cromarty, no norte da Escócia, para se candidatar na eleição suplementar que se aproximava. Randolph, cuja candidatura já havia acarretado numa vitória do Partido Trabalhista no ano anterior em Liverpool Wavertree, disputava com o candidato oficial do governo de coalizão, Malcolm MacDonald – filho de Ramsay e secretário de Estado para os Domínios, apesar de ter perdido seu assento na recente eleição geral.* A situação foi marcada pelo constrangimento. Ainda na esperança de que lhe fossem oferecidos o Almirantado ou o novo posto de defesa, Churchill ficou horrorizado com os atos do filho, que temia virem a ser interpretados por Baldwin como uma declaração de guerra de sua parte. Para piorar, lorde Rothermere, que havia encorajado as empreitadas de Randolph, decidiu enviar à Escócia, pelo *Daily Mail,* Oliver Baldwin, filho

---

* Tendo perdido seus assentos na eleição geral de 1935, Ramsay e Malcolm MacDonald ouviram de Stanley Baldwin a promessa de novos mandatos, que seriam providenciados em distritos anteriormente controlados por conservadores e cujos assentos estivessem agora vagos. Mas as associações sindicais eram independentes e, naquele caso, se ressentiam da ideia de terem de engolir dois socialistas ultrapassados.

do primeiro-ministro, para apoiar Randolph e criticar MacDonald. "Pois teremos o filho de Ramsay, o de Baldwin e o meu digladiando-se uns com os outros num distrito remoto", escreveu o desesperado Churchill à sua esposa.⁵

Felizmente para os três pais, as chances de Randolph eram escassas. Como dizia em meados de janeiro um telegrama de Brendan Bracken, parlamentar conservador e confidente de Churchill: "Vitória socialista provável. Mais dadivosos que conservadores em Cromarty".⁶ Provavelmente era verdade. Abertas as urnas, Randolph havia tido menos de 2.500 votos, em comparação aos cerca de 6 mil do candidato trabalhista e aos quase 9 mil de MacDonald. O *Edinburgh Evening News* descreveu o resultado como outro "prego no caixão político do sr. Winston Churchill, como candidato ao Almirantado ou ministro do Gabinete a cargo da coordenação dos Serviços de Defesa".⁷ Muita gente, contudo, continuava a crer que os predicados de Churchill eram consideráveis demais para Baldwin ignorá-los. Certamente era essa a esperança de Churchill, que optou por poupar golpes que pretendia desferir durante o debate sobre a defesa em 10 de março de 1936, ao passo que sua reação à reocupação da Renânia foi notoriamente contida.

Tudo isso foi em vão. Em 13 de março, seis dias depois da invasão da Renânia, Baldwin chocou Westminster ao revelar que o novo ministro para a Coordenação da Defesa não seria Churchill, mas sim o procurador-geral, sir Thomas Inskip. "Londres é sacudida pelo mais recente exemplo da futilidade – ou do cinismo – de Baldwin", foi o comentário do jornalista Collin Brooks, da equipe de Harmsworth, em seu diário.

> Após semanas de suspense quanto à identidade do novo ministro a coordenar a Defesa, a quem seria o novo homem forte, o burocrata experiente ou homem de negócios implacável, anuncia-se que o posto caberá a sir Thomas Inskip, um procurador-geral de segunda categoria cuja principal credencial é a de ter sido robusto defensor da causa protestante nas discussões sobre os missais.⁸

Os amigos de Churchill ficaram possessos. "É a atitude mais cínica já vista desde que Calígula nomeou seu cavalo como cônsul!", esbravejou o professor Frederick Lindemann, um cientista de Oxford.⁹ O próprio escolhido não estava menos surpreso. "Devo dizer, com toda a sinceridade, que jamais me ocorreu a possibilidade de ser chamado a aceitar tais responsabilidades", admitiu Inskip, humildemente. "Tampouco me ocorreu – digo com toda a seriedade — que pudesse ser capaz de me desincumbir desses deveres caso me fossem oferecidos. [...] Não me vejo como um super-homem."[10]

Inskip, na verdade, demonstrou muito mais habilidade do que esperavam seus contemporâneos ou ele mesmo. Em particular sua influência na decisão, em dezembro de 1937, de reordenar as prioridades da RAF em prol da produção de caças e não de bombardeiros, ainda que motivada pelos custos, acabaria por se provar crucial na sobrevivência do Reino Unido durante a Batalha da Grã-Bretanha. O novo ministro, contudo, devia seu posto não a quem ele era, mas a quem não era — ou seja, Churchill. Como disse Baldwin a Victor Cazalet, ele preferiria dispensar Churchill e "passar quatro meses às turras" do que trazê-lo e "passar quatro anos".[11] Oito semanas depois, elaborou seu ponto de vista para Thomas Jones:

> Dia desses farei algumas observações casuais sobre Winston. Não um discurso — nada de oratória —, só algumas palavras de passagem. Já as tenho prontas. Vou dizer que, quando Winston nasceu, fadas aos montes desceram sobre seu berço com presentes — imaginação, eloquência, diligência, habilidade. E veio então uma fada que disse "ninguém tem direito a tantos dons", ergueu-o e balançou-o e retorceu-o de tal forma a, apesar de todos estes dons, privá-lo de bom senso e sabedoria. E é por isso que, nesta Casa, apesar de deleitarmo-nos em escutá-lo, não seguimos seus conselhos.[12]

Esta era também a opinião de muitos conservadores. Ao escrever para Baldwin em novembro de 1935, Nancy Astor, parlamentar conservadora por Plymouth Sutton e primeira mulher a conquistar um assento na Câmara dos Comuns, implorou ao primeiro-ministro para não incluir Churchill em seu governo. "Significará a guerra em casa e fora dela", alegou, acrescentando: "Sei até onde vai a deslealdade de Winston — e você não pode imaginar o quão grande é a desconfiança nele da parte dos eleitores do país."[13] Neville Chamberlain certamente ficou aliviado por não ter Churchill como colega quando estourou a crise da Renânia. "Gastaríamos todo o nosso tempo controlando-o, em vez de dar conta de nossas tarefas", vaticinou em carta à sua irmã. Contudo, era na condição de presumível herdeiro de Baldwin que Chamberlain mais se sentia aliviado em perceber que o primeiro-ministro compartilhava de sua visão. De acordo com Sam Hoare, Baldwin se recusava a contemplar a possibilidade de Churchill, em grande parte devido "ao risco envolvido em tê-lo no Gabinete quando a questão de seu (de SB) sucessor viesse a tornar-se iminente".[14]

Churchill manteve-se firme apesar da decepção. Poucas semanas depois já reiterara seu alerta a respeito da ameaça alemã, juntamente com as críticas à letargia governamental no que se referia à defesa. Em 1º de maio de 1936, salientou os novos e significativos aumentos na importação de materiais brutos necessários à fabricação de armas da parte da Alemanha. "Todos os sinais apontam para o perigo", escreveu no *Evening Standard*. "As luzes vermelhas piscam na escuridão. Acautele-se a gente de paz. É hora de prestar atenção e de estar bem preparado."[15]

O governo já tomava providências significativas, ainda que tardias, para melhor preparar o Reino Unido. Em março, anunciara um novo programa de cinco anos para a construção de dois novos encouraçados e um porta-aviões, a modernização de navios de porte preexistentes, um reforço à esquadra de cruzadores, que passaria de cinquenta para setenta, e quatro novos batalhões de infantaria para o Exército. E, o principal, a linha de frente da Força Aérea subiria de 1.500 para 1.750 aviões, com reservas de 225%, até março de 1939. O esquema fora outra vitória do chanceler do Tesouro e de sua estratégia de "responsabilidade limitada". Em reação ao Terceiro Relatório do Comitê de Exigências de Defesa, Chamberlain mais uma vez havia sido bem-sucedido na alocação de recursos para a expansão da Força Aérea, e não para a proposta de uma força expedicionária, no que causou desalento a alguns comandantes militares do alto escalão. "Eles não sabem ou não querem saber que, caso a guerra com a Alemanha se concretize (seja devido à Segurança Coletiva, a Locarno ou qualquer outro motivo), deveremos mais uma vez *lutar por nossas vidas*", queixou-se o tenente-coronel Pownall, secretário-assistente militar do Comitê de Defesa Imperial. "A ideia de uma guerra 'sem vontade' é a mais perniciosa e perigosa do mundo. Daremos 100% – e mesmo assim podemos perdê-la. [...] A atitude fria, calculista e algo alienada do chanceler foi terrível de ouvir."[16]

A queixa era excessiva. Tendo pressionado Baldwin para usar o rearmamento como plataforma de campanha na eleição geral de 1935, Chamberlain deixava claro que a reconstrução das defesas do Reino Unido era *a* prioridade para o governo reeleito. Na condição de chanceler, porém, estava determinado a não fazer nada que pudesse abalar a economia, libertada apenas recentemente das garras da Grande Depressão. Naquelas circunstâncias, Chamberlain sentia-se cada vez mais irritado com aqueles que, como Churchill, pareciam garantir ao povo que poderia ter todos os armamentos desejados sem ter de pagar por eles. Gastos em defesa tinham de ser cuidadosamente alocados, e Chamberlain, convencido de que a próxima guerra seria decidida no ar e não pelo confronto de grandes exércitos, julgava a Força Aérea o destino mais justo e eficiente para os recursos. O que Chamberlain e o Tesouro não levaram em consideração foi o quanto o gasto em rearmamento poderia ajudar a reviver a economia, como ocorrera depois de 1933 na Alemanha e ocorreria após 1941 nos Estados Unidos. E, de fato, quando o Reino Unido começou a gastar quantias de vulto em armas entre 1936 e 1939, os benefícios em termos de emprego e produtividade tornaram-se óbvios.

Se o governo aparentava miopia nessa esfera, o mesmo poderia ser dito sobre a oposição, que, como reflexo de um naco substancial da opinião pública, continuava resistindo a aumentar gastos de qualquer espécie com armamentos. O terreno parecia ter se preparado para uma mudança em outubro de 1935, quando Clement Attlee substituiu George Lansbury como líder trabalhista.* Mas até o major Attlee – que enfrentara tanto os turcos quanto os alemães durante a Primeira Guerra Mundial – relutava àquela altura em dar apoio ao rearmamento. "A segurança deste país e a paz mundial", declarava a emenda trabalhista ao Relatório Branco do governo sobre defesa, datado de 1936, não viria das armas, mas da "adesão ao Pacto da Liga das Nações, do desarmamento geral [...] e da cooperação econômica que vise à extinção das causas da guerra."17

Muitos conservadores, ansiosos pela criação de um consenso em torno da defesa nacional, lamentavam a posição trabalhista. Para os medalhões do Partido Conservador, que faziam campanha pelo rearmamento, porém, o inimigo maior continuava a ser o governo. No final de abril de 1936, Churchill atacou ministros pelo fracasso em negociar com autoridades sindicais um projeto de intensificação da produção de armas e cobrou a criação de um Ministério do Abastecimento para supervisionar a relação crucial entre indús-

---

* Essa foi uma consequência da votação esmagadora a favor de sanções econômicas contra a Itália na convenção do Partido Trabalhista, em Brighton. Lansbury, refratário a sanções, foi submetido a um ataque devastador do secretário-geral de Transporte e da União Geral dos Trabalhadores, Ernest Bevin, que lhe disse para parar de "vender sua consciência de porta em porta, perguntando o que fazer com ela".

tria e serviços. Sem querer perturbar o curso normal dos negócios, Baldwin e Chamberlain rejeitaram a ideia. No entanto, havia gente dentro do governo, como lorde Weir, um consultor para questões industriais, e sir Maurice Hankey, para quem a economia teria de entrar em algum tipo de operação de guerra para possibilitar o rearmamento em larga escala.

Ao longo de 1935 e 1936, Churchill continuou a receber informações confidenciais sobre o crescente poderio militar da Alemanha. Desmond Morton o munia de dados sobre os armamentos alemães, enquanto Ralph Wigram o mantinha a par das informações mais recentes do Secretariado das Relações Exteriores. Churchill também era abordado, em segredo, por um número crescente de autoridades militares que, preocupadas com o estado de suas respectivas forças, lhe pediam ajuda. Destas, uma das mais importantes era o líder de esquadrão Torr Anderson, que em 20 de maio de 1936 telefonou para a secretária de Churchill. "Tratando-se de uma autoridade militar, é alguém cujo posto o senhor levaria em consideração", escreveu Violet Pearman a Churchill. "Ele não quis deixar recado, mas [...] falou com segurança que o senhor teria muito interesse no que ele tinha a dizer."[18] Anderson, diretor da Escola de Treinamento da RAF, achava que o nível da educação vinha caindo e que muito poucos navegadores-observadores estavam sendo treinados. Em 25 de maio, elaborou suas preocupações para Churchill e entregou-lhe um memorando de dezessete páginas onde argumentava que não se estava fazendo todo o necessário para preparar a RAF para uma guerra.

Suficientemente convencido de ser esse o caso, Churchill havia passado a maior parte do verão a atormentar ministros com seus próprios memorandos e cartas. Em particular por ser membro do Comitê de Pesquisa Governamental sobre Defesa Aérea, estava em condição de ser uma permanente pedra no sapato. O órgão, um subcomitê do Comitê de Defesa Imperial, fora estabelecido para pesquisar formas de melhorar as defesas aéreas do Reino Unido via experimentos científicos. Para irritação profunda dos colegas, Churchill usava sua posição para expandir seu alcance e criticar todo o escopo da política aérea do governo, ao mesmo tempo que fazia lobby a favor de algumas das ideias mais excêntricas de seu amigo, o professor Lindemann, sobre como desenvolver minas aéreas.

O Ministério do Ar, sob a liderança de lorde Swinton (anteriormente conhecido como Philip Cunliffe-Lister), vinha na verdade passando por uma transformação. Em fevereiro de 1936, o Gabinete havia aprovado o "Esquema F", último e mais duradouro programa de expansão do período entreguerras. A capacidade de ataque aéreo do país havia sido consideravelmente ampliada com a substituição de bombardeiros táticos de curto alcance pelos de médio alcance, ao passo que a maior parte da Força Aérea havia sido reequipada com os últimos modelos de aviões. Hampdens, Wellingtons, Wellesleys, Blenheims, Hurricanes e Spitfires foram encomendados aos borbotões antes mesmo de seus protótipos serem testados. A intenção era acelerar consideravelmente o processo e, na teoria, munir a RAF de um total de 8 mil novos aviões até a primavera de 1939. Além disso, Swinton implementara o projeto das "fábricas paralelas", no qual o governo construía fábricas, ou subsidiava a indústria automobilística para que as expandisse, no intuito de que os operários fossem treinados a fabricar peças de aeronaves. Dessa forma a produção de aviões poderia se intensificar rápida e eficientemente caso estourasse a guerra. Por fim, o Ministério do Ar financiava com recursos praticamente ilimitados os experimentos de Robert Watson-Watt, cujo trabalho com ondas de rádio levaria à invenção do RDF (*"radio detection finding"*, ou "sistema de detecção de rádio"), mais conhecido pelo acrônimo americano RADAR.

Ainda havia problemas sérios, é claro. As informações que agora chegavam com regularidade a Churchill via Torr Anderson constituíam um rosário de deficiências, e até mesmo Watson-Watt era forçado a reclamar de que a burocracia do Ministério do Ar causava a seu trabalho atrasos intoleráveis. Com toda a sua ambição, o Esquema F deixou muito a desejar. Na primavera de 1938, ano em que a guerra quase estourou, só 4.500 dos 8 mil aviões haviam sido entregues, e mal havia um Spitfire, Wellington, Hampden, Beaufort ou Lysander pronto para uso. O melhor que se pode dizer sobre o Ministério do Ar em 1936 é que havia se afastado dos projetos de aparências de anos anteriores e agora caminhava lentamente na direção correta. Certamente se encontrava em melhor estado do que o Secretariado da Guerra, cujo pensamento anacrônico fora revelado por meio das Estimativas de Armadas de 1935-1936, no qual o orçamento para forragem para cavalos havia aumentado em £ 44 mil e a verba para motores em apenas £ 12 mil.[19]

Com a sessão parlamentar do verão de 1936 próxima do fim, Churchill se uniu a Austen Chamberlain na convocação de uma sessão secreta da Câmara dos Comuns. Isso possibilitaria aos membros debater o verdadeiro status das defesas do Reino Unido sem anunciar suas deficiências para as potências estrangeiras. Baldwin, relutante em duelar com Churchill mesmo sem estar sob o olhar da tribuna parlamentar de imprensa, não aceitou. Concordou, porém, em receber uma delegação de parlamentares e lordes para discutir suas preocupações, e, em 28 de julho, dezoito eminentes conservadores – treze parlamentares e cinco lordes – cruzaram as portas do nº 10 da Downing Street e foram recebidos pelo triunvirato decepcionante de Baldwin, lorde Halifax e Inskip.

A conversa foi dominada por Churchill. Bem preparado por Morton e Anderson, ele confrontou o governo em quase todos os aspectos da defesa aérea, apresentando ao mesmo tempo sua crença de que a estimativa francesa de um total de 2 mil aviões alemães de primeira linha até o fim do ano era consideravelmente inferior à realidade. Na segunda reunião, em 29 de julho, expressou preocupação com a incrivelmente baixa taxa de produção de munição, tanques e metralhadoras e, ao final, fez um apelo para que todas as decisões tomadas daquele momento em diante fossem tratadas como emergenciais.

A reação de Baldwin foi surpreendente. Sem se ater a qualquer dos pormenores que lhe haviam sido apresentados, explicou, com uma honestidade desconcertante, o pensamento que o havia guiado durante os anos anteriores:

> A maioria de vocês tem posições seguras. Não representam distritos industriais; ao menos, não a maior parte de vocês. Havia no país depois da guerra um forte sentimento, não diria pacifista, mas pacífico. Ninguém queria mais ter nada a ver com aquilo, e a União da Liga das Nações dedicou uma grande parte de sua propaganda a fazer as pessoas acreditarem que poderiam se fiar na segurança coletiva. E, em 1934, havia a questão de que, se tentássemos fazer muito, isto poderia pôr em risco ou, mais do que apenas em risco, garantir uma derrota quando chegasse a eleição geral. Para mim, pessoalmente, essa impressão era muito forte, e a única coisa na minha mente era a necessidade de vencer uma eleição o quanto antes e ter autonomia total quanto às armas.

Baldwin explicou que o programa de rearmamento fora lento porque tivera de começar do zero (a diminuição das encomendas do governo fizera várias fábricas de armamentos fecharem nos anos 1920). No entanto, tanto ele quanto Chamberlain eram contrários a direcionar a economia a condições de semiguerra por medo de prejuízos à atividade comercial regular do país.

Evidentemente, caso houvesse uma emergência *de fato*, ele, como primeiro-ministro, estaria pronto a considerar poderes de emergência. Ali residia a diferença básica. Churchill acreditava que a Alemanha nazista era uma ameaça imediata à segurança da Europa e, portanto, à do Império Britânico; Baldwin deixava bem claro não considerar inevitável a guerra com a Alemanha:

> O pior de tudo é que nenhum de nós sabe o que se passa na cabeça daquele homem estranho; me refiro a Hitler. Todos conhecemos o desejo alemão, que ele deixa claro em seu livro, de se expandir para o Leste; e, caso o fizesse, não me abalaria muito, mas isso é outra coisa. Não acredito que ela [a Alemanha] pretenda avançar para o Ocidente, pois esta seria uma campanha difícil para ela, e, caso o faça antes de estarmos prontos, concordo que o quadro seria dos mais graves.

Por fim, o primeiro-ministro assegurou aos colegas não ter intenção de mergulhar o país em uma guerra – em nome da Liga das Nações ou de quem quer que fosse. Ele antevia uma possibilidade de risco, mas ainda assim acreditava ser tão possível quanto sensato manter o Reino Unido fora do conflito:

> Supondo que russos e alemães entrem em conflito e os franceses se envolvam como aliados da Rússia em função daquele pacto terrível que fizeram, vocês não se sentiriam obrigados a ajudar a França, certo? Se tiver de haver algum tipo de conflito na Europa, gostaria que fosse entre bolcheviques e nazistas.[20]

Churchill não se deu por satisfeito. A julgar por seus cálculos bastante precisos, e apesar das promessas de paridade aérea que Baldwin fizera, a RAF ainda se encontrava significativamente inferiorizada em relação à Luftwaffe e assim permaneceria por algum tempo. Em 12 de novembro de 1936, durante o debate sobre o discurso do rei, Churchill lançou um ataque devastador ao governo.[21] Já fazia dois anos, disse, desde que primeiro propusera uma emenda ao Loyal Address, afirmando não serem as defesas do país adequadas para sua segurança. Dois anos haviam se passado e ali estava, propondo a mesma emenda. Naquele meio-tempo, a Alemanha se fortalecera exponencialmente. Construíra uma força aérea de grande porte, reintroduzira o recrutamento, começara a construção de uma frota de submarinos e remilitarizara a Renânia. O que havia feito o Reino Unido no mesmo período? Perdera a superioridade aérea, depois a paridade; não desenvolvera novos tanques ou outras armas; privara dos equipamentos mais básicos as forças territoriais; e dera à Alemanha o direito de montar uma força naval com 35% do tamanho da Marinha Real. Bem poderia sir Thomas Inskip, que havia usado a citação bíblica como forma de atenuação, descrever os anos de 1933 a 1935 como "consumidos pelo gafanhoto".[22]

Para Churchill, o remédio era óbvio e urgente. O governo precisava estabelecer um Ministério do Abastecimento para acelerar o rearmamento e regular a indústria para que priorizasse esse esforço. Inevitavelmente envolveria algum nível de interferência na esfera comercial, mas seria melhor que o absurdo da situação no pé em que estava, com empresas autorizadas a priorizar contratos mais lucrativos no estrangeiro – Alemanha inclusive – às necessidades do governo britânico. Inskip era simpático à ideia. Contudo, vira-se forçado a se opor a ela no Parlamento, ao mesmo tempo deixando claro para as bancadas que sua decisão não era definitiva. Churchill ridicularizou tanta hesitação:

> O governo simplesmente não consegue se decidir, ou não consegue fazer com que o primeiro-ministro se decida. Entram, portanto, num estranho paradoxo, decididos somente a serem indecisos, resolutos na irresolução, convictos de vagar a esmo, sólidos na fluidez, poderosos na impotência. Assim seguimos a preparar mais meses e anos – preciosos, talvez vitais para a grandeza do Reino Unido – para o consumo dos gafanhotos.[23]

Em resposta a tal massacre, Baldwin fez a declaração de "espantosa franqueza" em que confessava sua crença de que teria sido eleitoralmente impossível dar início ao rearmamento em larga escala antes da eleição geral de 1935. Os sentimentos do povo eram então por demais pacíficos, e, por essa razão, "a democracia está sempre dois anos atrás do ditador". Naquele momento, contudo, o governo se via oficialmente autorizado ao rearmamento e havia em meio ao povo britânico a profunda convicção de "não podermos voltar atrás em nossa resolução pelo rearmamento na medida necessária para dar conta de cada possível perigo".[24]

Esse sentimento devia muito à campanha de Churchill, que, ao longo do ano de 1936, se espalhara a ponto de abraçar um naco significativo da opinião pública liberal e até de esquerda. Isso ocorreu enquanto Churchill tentava arregimentar apoio à Liga das Nações e à segurança coletiva como parte de sua própria política de rearmamento. Seus discursos abraçaram as pedras de toque liberais da época, e ele logo se viu convidado a colaborar com organizações suprapartidárias como a União da Liga das Nações, o Concílio Antinazista e a Sociedade da Nova Comunidade das Nações.

Ao mesmo tempo, a esquerda se movia lentamente para a posição de Churchill. Em julho de 1936, um grupo de generais espanhóis armou um levante contra o governo republicano de centro-esquerda de Santiago Casares Quiroga. Seguiu-se uma guerra civil na qual aviões alemães destruíram cidades espanholas, destroçando a quimera do desarmamento. O mundo tornara-se um lugar perigoso, e o fascismo, responsável por atrocidades na Abissínia, na Alemanha e agora na Espanha, exigia das democracias que defendessem a si próprias e a seus valores. E, no entanto, o ano de 1936 carregava uma narrativa alternativa, na qual a admiração pela Alemanha nazista atingia seu apogeu e uma nova onda de turistas e viajantes de direita se dedicava a vivenciar o lugar descrito por um jornalista como "a terra encantada de Hitler".[25]

VII
A terra encantada de Hitler

Cheguei à conclusão de que o inglês médio, por mais sensato que seja quanto a questões domésticas, costuma ser confuso, relapso e suscetível em tudo o que se refere a questões internacionais.
Sir Horace Rumbold a Geoffrey Dawson, 10 de junho de 1936.[1]

Ernest Tennant e sua esposa acordaram cedo. Saíram do Grand Hotel de Nuremberg às 7 horas de domingo, 15 de setembro de 1935, e tomaram a direção sudeste além do perímetro urbano, rumo ao vasto ponto de congregação. Lá, ao nascer do sol, 120 mil soldados uniformizados e enfileirados em perfeito alinhamento surgiram diante dos olhos dos espectadores como "um gigantesco campo de tulipas" em flor. Tennant ficou fascinado. "Se ainda há em alguma parte alguém que duvide do poderio da Alemanha nazista, o espetáculo ciclópico desse desfile correligionário fortemente disciplinado lhe trará a convicção", escreveu.

Nenhum dos grandes reis guerreiros do passado, de Xerxes ao *Kaiser*, jamais sonhou com o grau de pompa e fausto que os organizadores a serviço de Hitler em Nuremberg transformaram em rotina anual. [...] O que vi em Nuremberg não alterou qualquer opinião minha sobre o progresso constante da Alemanha e a vital importância da amizade anglo-germânica. [...] Possivelmente, caso o regime presente sobreviva, estejamos testemunhando o nascimento de uma super-raça.[2]

O Comício de Nuremberg de 1935 não foi a primeira experiência de Tennant com a Alemanha nazista. Bem-relacionado banqueiro mercantil, conhecia a Alemanha de viagens anteriores e foi um dos primeiros entusiastas do regime. Em 1932, Joachim von Ribbentrop fizera amizade com ele, e, juntos, os dois passaram a criar contatos entre os nazistas e alguns políticos importantes do Reino Unido. Inicialmente, com pouco êxito. Stanley Baldwin tinha tamanha cautela quanto a ser pego a conversar com Tennant em Downing Street que, ao lembrar que o secretário das Relações Exteriores estava para chegar, encerrou a conversa abruptamente, dizendo a Tennant que os dois não podiam ser vistos juntos e pedindo-lhe que saísse da sala. "Por um momento achei que o sr. Baldwin iria me pedir para me esconder dentro do armário", relembrou o banqueiro.[3]

Mas em 1936 as circunstâncias haviam mudado. A revolução nazista, chocante e turbulenta em 1933 e 1934, parecia haver assentado. O Tratado de Versalhes havia sido eviscerado, a Frente de Stresa destruída. Hitler havia recobrado o amor-próprio do país e parecia ter encontrado uma cura milagrosa para o desemprego. A força alemã, a união alemã e as realizações alemãs eram maravilhas a contemplar. Ao mesmo tempo, a desilusão britânica com a França só crescia. À falta de apoio ao Reino Unido no episódio da Abissínia e às aparentes tentativas de arrastá-lo para uma guerra na Renânia, somava-se então a eleição da Frente Popular – uma aliança de partidos de esquerda, entre os quais o Comunista –, em maio de 1936, apenas dois meses depois da ratificação do ultrassuspeito pacto franco-soviético. A tradicional francofobia se uniu a um renovado medo do comunismo, enquanto a explosão da Guerra Civil Espanhola sugeria estar a Europa dividida entre campos ideológicos rivais. Sob tais circunstâncias, ocorreu uma notável guinada em favor da Alemanha. Essa mudança, é claro, estava longe de ser universal. Muitos britânicos ainda consideravam o nazismo abominável, enquanto a maioria da população se preocupava mais com a economia e o padrão de vida que com eventos do estrangeiro. Ainda assim, era perceptível a guinada que fazia aumentar a admiração pela Alemanha nazista, e uma nova onda de entusiastas partia para viver sua própria experiência no novo Reich. O momento anglo-germânico havia chegado.

Como já foi observado, uma série de razões levava membros da classe dominante do Reino Unido a nutrir simpatia pelo fascismo, das quais a mais importante era o medo do comunismo. "Praticamente *todo* o meu círculo de relacionamentos se mostra [...] compreensivo em relação a Mussolini (ultimamente nem tanto) e aos nazistas, e idiótico a respeito do 'comunismo'", lembrava lady Nelly Cecil, esposa de lorde Robert e filha do conde de Durham, em novembro de 1936. Ela criaria mais tarde um arquivo de correspondência cujo título era "Uma tentativa – malsucedida – de persuadir os mais importantes conservadores da sociedade a mostrar aos visitantes alemães que perseguição política e religiosa, prisões sem julgamento, assassinato e tortura não são recomendações sociais neste país".4 Douglas Reed, correspondente do *Times* na Europa Central, observava que "preconceito de classe e obsessão por propriedades" havia tornado "os esnobes [...] fascistas", e, em maio de 1938, Harold Nicolson se depararia no Clube Pratt com três jovens nobres que admitiram "preferir ver Hitler em Londres do que um governo socialista".5 "A gente das classes dominantes só pensa na própria sorte, e isso implica ódio aos vermelhos", lamentaria o parlamentar governista semanas depois. "Assim se cria um vínculo secreto totalmente artificial, mas, neste momento, perfeitamente persuasivo entre nós e Hitler. Nossos interesses de classe, de ambos os lados, perpassam os interesses nacionais."6

Ao mesmo tempo, o Terceiro Reich possuía um glamour tóxico que, desde a sua criação, atraía alguns dos membros mais frívolos da sociedade inglesa. Maggie Greville, uma das principais anfitriãs de Londres, esteve no Comício de Nuremberg de 1934 e de lá voltou "cheia de entusiasmo por Hitler"; lady "Emerald" Cunard, outra anfitriã da sociedade, viajou a Munique em agosto de 1933, proclamando-se "pró-Hitler"; ao passo que a quarta filha de lorde Redesdale, adequadamente chamada Unity Valkyrie Mitford, gostava de chocar as pessoas que conhecia – até a encarregada do posto dos correios na aldeia – cumprimentando-as com o braço estendido e a saudação "Heil Hitler!".* 7

Essa tendência era encorajada pela conhecida simpatia do príncipe de Gales, ou rei Edward VIII, como passaria a ser conhecido em 20 de janeiro de 1936. Desprovido de inteligência ou de senso de decência constitucional, o príncipe deixou claro seu ponto de vista ao dizer ao príncipe Luís Fernando da Prússia, em julho de 1933, que "não é da nossa conta

---

* Unity se tornaria posteriormente notória pela amizade com Hitler, que a descrevia, e à sua irmã Diana (que em setembro de 1936 se casou com o líder da União Britânica de Fascistas, sir Oswald Mosley), como "espécimes perfeitos da mulher ariana". Quando a guerra explodiu em 1939, ela tentou o suicídio com um tiro no English Garden, em Munique, mas sem sucesso. Devolvida à Inglaterra como inválida por ordem de Hitler, morreu em 1948.

interferir em questões internas da Alemanha, seja em relação a judeus ou a qualquer outra questão", e que "ditadores são muito populares hoje em dia e talvez logo queiramos um na Inglaterra".[8] Quatro meses depois, disse ao ex-embaixador da Áustria, conde Mensdorff, que "o único caminho" era o nacional-socialismo. Em junho de 1935, Chips Channon, jornalista e parlamentar conservador, registraria "muito disse me disse sobre as supostas inclinações nazistas do príncipe de Gales".[9]

A razão do burburinho era o discurso feito pelo príncipe aos membros da Legião Britânica em 11 de junho de 1935, no qual ele celebrava a iminente visita de uma delegação de ex-militares à Alemanha. Esta aconteceria no mês seguinte e, como havia alertado Anthony Eden, foi um presente de bandeja para o regime. A uma audiência de duas horas com Hitler seguiu-se uma visita ao Cemitério de Prisioneiros de Guerra Britânicos, um passeio edulcorado ao campo de concentração de Dachau, onde guardas vestidos de prisioneiros enganaram os turistas, e um "discreto jantar em família com Herr Himmler".[10] Em eventos oficiais, a delegação declarou ter sido a Primeira Guerra Mundial "um erro colossal", recebeu a saudação hitleriana e depositou coroas de flores sobre vários memoriais – ainda que não, como desejavam os anfitriões, no que celebrava os "mártires" nazistas do "Putsch da Cervejaria" de 1923.[11]

Outra visita a gerar polêmica foi a de Charles Vane-Tempest-Stewart, 7º marquês de Londonderry. Descrito pelo ex-parlamentar conservador Cuthbert Headlam como "estúpido" e "pretensioso" – "o nobre orgulhoso de um romance ultrapassado" –, havia sido secretário de Estado para o Ar (1931-1935) e lorde do Selo Privado (1935) no governo de coalizão nacional.[12] Tal "debiloide", nas palavras de Churchill, ter sido capaz de sustentar postos no Gabinete por tanto tempo se devia à influência de sua esposa sobre Ramsay MacDonald e ao fato de o primeiro primeiro-ministro inglês de classe operária "regozijar-se em postar-se ao topo da grande escadaria da Londonderry House como o primeiro ministro da Coroa em traje passeio completo".[13] Mas as suscetibilidades de MacDonald não poderiam manter Londonderry para sempre, e, em novembro de 1935, quatro meses depois de afastá-lo do Ministério do Ar, Stanley Baldwin demoveu-o do Gabinete. Como observou seu biógrafo, o ressentimento com a forma como havia sido tratado foi o que levou Londonderry a procurar novas causas noutras paragens. Sentia a necessidade de "validação externa" e, como já criticava a política externa do governo havia muito tempo, decidiu visitar a Alemanha para colher as opiniões de seus líderes.¹⁴

A visita, feita em companhia da esposa e da filha de catorze anos, ocorreu entre o fim de janeiro e a segunda semana de fevereiro de 1936. Ciceroneados pelos vassalos de Göring, viram da Chancelaria do Reich a passagem de um cortejo de tochas, visitaram instalações da Luftwaffe e compareceram a um recital de Wagner. No segundo dia da visita, foram recebidos por Göring em sua casa de campo e, em 2 de fevereiro, desfrutaram de um almoço oferecido por Ribbentrop a 25 pessoas, entre as quais Rudolf Hess, representante de Hitler. O ponto alto foi a audiência de duas horas oferecida por Hitler a Londonderry na Chancelaria do Reich na tarde de 4 de fevereiro. Como depois lembraria o intérprete, Paul Schmidt, "foi quase como se Hitler estivesse fazendo a corte ao recatado Reino Unido". Hitler expôs os riscos do bolchevismo, expressou seu desejo de chegar a um entendimento com a Inglaterra (nome que usava invariavelmente para se referir ao Reino Unido) e enfatizou a necessidade da expansão alemã. O sucesso da corte foi revelado quando, ao voltar, Londonderry emitiu um comunicado de imprensa em que declarava ter encontrado "um clima bastante amigável a este país [na Alemanha] e um forte desejo de obter a amizade da Grã-Bretanha e da França". Alguns dias depois, ele descreveria Hitler como "um homem amável de queixo recuado e rosto impressionante" a uma plateia em Durham, repetindo a afirmação do Führer de que, se construía uma Alemanha forte, era para impedir a expansão comunista a oeste.¹⁵

Como seria de imaginar, a repetição automática de propaganda alemã por um ex-ministro do Gabinete causou críticas. O *Manchester Guardian* caçoou da credulidade do marquês, ao passo que Harold Nicolson deu seu veredito sobre o comportamento do ex-ministro do Ar em seu diário:

> Minha nova colega Maureen Stanley [esposa de Oliver Stanley, presidente da Comissão de Educação, e filha mais velha de Londonderry] me pediu para ir até a sua casa conhecer seu pai, que acabara de voltar de um *tête-à-tête* com Hitler. De certa forma, admiro Londonderry, pois não há problema em permanecer em 1760 em 1936; e é um cavalheiro de fino trato. Mas desaprovo profundamente isso de ex-ministros de Estado irem passear na Alemanha neste momento. Passa a impressão de negociações secretas e aborrece os franceses. Mas nessas coisas somos incorrigivelmente irresponsáveis.¹⁶

A visita de Londonderry, repetida várias vezes ao longo dos dois anos seguintes, o estabeleceu como o mais proeminente defensor da causa da amizade anglo-germânica e o principal apologista do regime no Reino Unido. Em abril de 1938, ele publicou *Nós e a Alemanha*: um apelo à cooperação, no qual enfatizava a "conexão racial" entre as duas nações e ridicularizava a noção de que a Alemanha estivesse "à impaciente espera da chegada de seu rearmamento a um estágio que lhe permitisse atacar os vizinhos".[17] Não foi porém, de forma alguma, o único não fascista a ser ludibriado. Lorde Lothian teria uma segunda audiência com Hitler em maio de 1937 e, além dele e de Ernest Tennant, houve ainda o historiador Arnold Toynbee, que saiu de um encontro com Hitler em 1936 "convencido de seu desejo sincero de paz", o ex-secretário-adjunto ao Gabinete Thomas Jones e até mesmo o ex-líder trabalhista George Lansbury.[18]

O encontro de Lansbury com Hitler em abril de 1937 e seu subsequente endosso – ele "*não* causará uma guerra a não ser que outros o forcem" – são apenas a prova mais cabal de que a credulidade não era monopólio da direita naquele período.[19] De fato, como observaria posteriormente o mestre de Oxford e candidato trabalhista A. L. Rowse, "não há intelectual de esquerda que possa republicar o que escreveu nos anos 1930 sem revelar as conclusões idióticas a que chegou sobre os acontecimentos". Além do editor do *New Statesman*, Kingsley Martin, pró-apaziguamento – e cuja defesa era não apenas de uma política de isolamento, mas do conceito de "Pequena Inglaterra"* –, a referência de Rowse era a seu colega e futuro ministro do Gabinete Trabalhista, Richard Crossman, que por uma parte considerável da década acreditou que Hitler pretendia apresentar o socialismo à Alemanha.[20] "Lembro de caminharmos juntos pelo pátio em All Souls", recordou Rowse, "e eu gritava com aquele bárbaro loiro: será que ele não conseguia enxergar que Hitler representava o fascismo, não o socialismo? E Dick o defendia à base de 'pelo menos há de se admitir que ele é *sincero*!'"[21]

Para quem notava a verdadeira natureza do nazismo, o séquito crescente de diplomatas amadores e turistas do Terceiro Reich em 1936 e 1937 era uma

---

* Movimento datado do século XIX e então encampado pelo Partido Liberal, de centro-esquerda, que advogava um Império Britânico circunscrito às fronteiras do Reino Unido, sem mais colônias, consideradas um peso econômico. [N. T.]

fonte de irritação e até mesmo de desespero. "Entendo que em nosso país livre o governo nem sempre possa impedir Mayfair de tomar o rumo de Hitler", escrevia em 10 de novembro de 1936 sir Eric Phipps, um exasperado de longa data.

Mas se fosse possível esganar alguns desses visitantes, acho que seria bom. Por ora, só o que vejo é criarem falsas esperanças aqui, e acabarão por gerar até mais ressentimento no seio da nação alemã do que faria aquele rabugento – o embaixador britânico – que sempre se negou peremptoriamente a dar a Goebbels, Schacht e companhia sequer uma nesga de esperança de reaver a menor das colônias.[22]

O visconde Cecil concordava. "Essa gente que viaja a Berlim é de fato um tremendo incômodo", queixou-se ao classicista de Oxford Gilbert Murray, também um entusiasta da Liga. "Parecem-me inteiramente absorvidos pelos alemães. De que nos servem as garantias de paz de Allen [lorde Allen de Hurtwood] se a Alemanha jamais perde uma só oportunidade de agir de forma arrogante e anti-internacional? [...] Meus amigos de direita parecem ter enlouquecido em seu medo do comunismo."[23]

A análise mais condenatória, porém, partiu do predecessor de Phipps em Berlim, sir Horace Rumbold, de percepção infalível, que, em junho de 1936, escreveu para o editor do *Times*, Geoffrey Dawson, de obstinada posição pró-apaziguamento:

> Cheguei à conclusão de que o inglês médio, por mais sensato que seja quanto a questões domésticas, costuma ser confuso, relapso e suscetível em tudo o que se refere a questões internacionais. Tornou-se comum ouvirmos frases como "os alemães se parecem tanto conosco". Nada poderia estar mais distante da verdade. [...] Poderia citar vários pontos de diferença. Só de partida, há um veio brutal nos alemães que absolutamente não se verifica no inglês comum, e eles toleram coisas repugnantes para o cidadão médio deste país. Meu argumento é que devemos saber com quem pretendemos lidar.
>
> Hitler vem aplicando consistentemente os princípios de *Mein Kampf* na própria Alemanha – agora terá de aplicá-los na política externa, e é de onde vem o problema. Para nós, o valor do entendimento com a Alemanha não se limita à possibilidade de paz e estabilidade na Europa Ocidental, podendo também atuar

como um obstáculo às aventuras de Hitler no leste e no centro da Europa. Uma vez que ele se lance a qualquer dessas empreitadas naquelas regiões, a guerra será, a meu ver, uma certeza absoluta. O inglês comum não se dá conta de que o alemão é invariavelmente um Oliver Twist. Dê-se-lhe a mão e terá o ponto de partida para que lhe peça o braço.

Achei que, depois de reocupar a Renânia, Hitler considerara ter a Alemanha atingido a *Gleichberechtigung* [igualdade de direitos], mas agora leio não ser ainda o caso. Talvez isso só venha a ocorrer se e quando o sonho de Hitler se realizar e a Europa for habitada por uma leva de 250 milhões de teutônicos.[24]

No entanto, por ora a maré estava com os germanófilos. Em outubro de 1935, fora estabelecida a Sociedade Anglo-Germânica após o fechamento de sua predecessora, a Associação Anglo-Germânica, devido a um desentendimento em relação aos seus membros judeus.* No verão de 1936, essa organização conscientemente de elite já contava com 24 lordes e dezessete parlamentares entre seus integrantes, assim como vários banqueiros, empresários, generais e almirantes. As pessoas jurídicas signatárias incluíam nomes tão conhecidos quanto Thomas Cook, Dunlop Rubber, Lazard Brothers, Price Waterhouse e Unilever.[25] De maneira alguma se poderia chamar todas essas pessoas e empresas de simpatizantes do nazismo. Muitas queriam simplesmente usar a sociedade em prol de seus interesses comerciais. No entanto, apesar de a organização se dizer apolítica, era na realidade um veículo para a propaganda alemã, atuando como facilitadora de viagens e contatos para membros da elite britânica interessados em visitar o Terceiro Reich. Seu diretor era lorde Mount Temple – que, ainda usando o nome Wilfrid Ashley, havia sido ministro dos Transportes entre 1924 e 1929, na gestão do Partido Conservador –, e seus secretários eram aqueles agentes de viagens extraoficiais do regime, Ernest Tennant e T. P. Conwell-Evans. Do lado alemão, o personagem central era Ribbentrop.

---

* No outono de 1934, a equivalente alemã da Associação Anglo-Germânica fora dissolvida e substituída por uma "sociedade" exclusiva aos de ascendência "puramente ariana". Após alguma discussão interna, foi a vez da versão britânica em abril de 1935. Em texto datado da época da dissolução, o presidente da associação, o general sir Ian Hamilton, alegou ser simpático à causa dos judeus alemães. mas não julgar patriótico ou correto "que toda a questão do internacionalismo seja ofuscada por esse aspecto único da atual condição alemã".

Vaidoso, arrogante e raso, Joachim von Ribbentrop tentava criar laços entre os britânicos e os nazistas desde 1933. De família militar da velha Alemanha guilhermina – o "*von*" não fazia parte de seu nome de batismo, foi comprado depois –, fizera fortuna ao se casar com a filha do maior produtor alemão de espumante, tornando-se depois agente de marcas célebres como Green and Yellow Chartreuse, o uísque Johnnie Walker e o champanhe Pommery. Devido à discreta participação que teve na ascensão de Hitler ao poder, o tremendamente ambicioso e, àquela altura, devotado Ribbentrop conseguiu cavar para si um espaço nos primeiros anos do Terceiro Reich como emissário extraoficial do Führer e seu propagandista no exterior.

Inicialmente seus esforços políticos não foram bem-sucedidos. Sir John Simon reagia com frieza a seus avanços, enquanto outros personagens do governo, tais como Ramsay MacDonald e Neville Chamberlain, o consideravam um novo-rico intrometido. Contudo, algumas das principais senhoras da sociedade gostavam dele, entre elas lady Londonderry e "Emerald" Cunard. Em 1935, Ribbentrop conseguiu negociar com êxito o Acordo Naval Anglo-Germânico. Em 24 de julho de 1936, Hitler o premiou, nomeando-o embaixador na corte de St. James, ainda que não secretário de Estado, como era a expectativa de Ribbentrop. Segundo Frau von Ribbentrop, Hitler despediu-se dele com as seguintes palavras: "Ribbentrop, traga-me a aliança com os ingleses".²⁶

Isso não ocorreria. Embora os jornais tenham se feito de desentendidos, a passagem de Ribbentrop por Londres foi, como muitos haviam previsto, um desastre. Ao chegar à estação Victoria em 26 de outubro de 1936, ele chocou a opinião pública ao romper com o protocolo e fazer um discurso bombástico na plataforma. Na catedral de Durham, os membros da congregação ficaram atônitos quando ele fez a saudação nazista durante o hino "Glorious things of Thee are spoken" – cuja melodia, de Haydn, pode ser a mesma de "Deutschland über alles" –, e a repetição do gesto perante o rei George VI, em fevereiro de 1937, se tornaria tristemente célebre. Ribbentrop logo viraria objeto de chacota e seria apelidado de "embaixador Brickendrop".* Até mesmo Nancy Astor, que era pró-apaziguamento, acusou-o, em sua presença, de

---

* Trocadilho fonético cuja tradução literal seria "embaixador derruba tijolo". O significado mais exato em português seria algo como "embaixador pisa na bola".

ser um "péssimo embaixador".²⁷ Antes de tal reputação se solidificar, contudo, Ribbentrop gozou de algum sucesso em círculos sociais, ainda que não na esfera política, e os nazistas, ao mesmo tempo, se fizeram valer de uma série de operações de propaganda.

Em 1º de agosto de 1936, a 11ª Olimpíada da Era Moderna teve início em grande estilo em Berlim. Mais de 100 mil pessoas assistiram à cerimônia no novo estádio na zona oeste da cidade, enquanto uma multidão estimada em meio milhão de pessoas se reuniu para saudar os desfiles ao longo da Unter den Linden. Guirlandas estendidas por mais de trinta quilômetros e 33 mil metros quadrados de bandeiras davam à capital a aparência de um gigantesco "acampamento de batalha de algum grande imperador".²⁸ Tendo saído de carro triunfalmente da Chancelaria do Reich, Hitler abriu os Jogos às 17h30. Nada menos que 20 mil pombos-correio foram lançados ao céu enquanto o maior compositor alemão vivo, Richard Strauss, regia o Hino Olímpico, de sua autoria. Ao som dos acordes finais da composição, o último dos carregadores da tocha olímpica, Fritz Schilgen – cuja aparência era a epítome do porte atlético ariano –, surgiu, deu uma volta pela pista do estádio e acendeu a pira. Acima do estádio, o maior dirigível do mundo, o *Hindenburg*, de 243 metros de comprimento, projetava-se ameaçadoramente: um símbolo do poder alemão e, em última instância, de sua tragédia.

As Olimpíadas de Berlim foram uma oportunidade de propaganda explorada ao máximo pelos nazistas. Tendo inicialmente menosprezado os jogos como "invenção de judeus e maçons [...] um espetáculo inspirado pelo judaísmo que jamais poderia ser encenado no Reich governado pelo nacional-socialismo", Hitler logo se deu conta, uma vez no poder, de que havia sido presenteado com uma chance única de bancar o anfitrião perante o mundo e maravilhá-lo com sua criação. Com isso em mente, o ano de 1936 – à parte a remilitarização da Renânia – foi marcado por um esforço consciente da parte do regime em mostrar-se "respeitável". Não foram dados quaisquer novos passos no sangrento caminho para a utopia racial – as leis de Nuremberg, que faziam dos judeus cidadãos de segunda classe, haviam sido promulgadas em setembro de 1935 –, e, quando um nazista suíço de vulto foi assassinado por um estudante judeu em fevereiro, não houve *pogrom* como haveria por ocasião de outro assassinato semelhante em novembro de 1938. À medida que os jogos se aproximavam, sumiam das ruas placas proibindo a presença de judeus e também o *Der Stürmer*, jornal de Julius Streicher, semipornográfico e virulentamente antissemita. Livros que haviam sido proibidos reapareciam nas lojas, e clubes noturnos voltavam a apresentar shows de jazz. Nos dias anteriores à cerimônia de abertura, 7 mil prostitutas foram trazidas de ônibus das províncias para a capital para compensar a "faxina" que havia ocorrido desde a chegada dos nazistas ao poder.

Cerca de 150 mil visitantes estrangeiros foram a Berlim para a grande festa esportiva nazista. O contingente britânico era particularmente grande: foi descrito por Ribbentrop como "uma invasão amistosa".[29] Incluía os magnatas da imprensa, lordes Rothermere, Beaverbrook, Kemsley e Camrose, bem como lorde Monsell (que até junho fora primeiro lorde do Almirantado), sir Robert e lady Vansittart (presentes para afastar a ideia de que o secretário permanente das Relações Exteriores era irremediavelmente antialemão), lorde e lady Aberdare, lorde Barnby, o marquês de Clydesdale, lorde Hollenden, lorde Rennell de Rodd, lorde Castlereagh, lorde Jellicoe, o parlamentar Kenneth Lindsay (lorde civil do Almirantado), o parlamentar Harold Balfour e Unity e Diana Mitford.*

Na disputa para impressionar convidados tão especiais, as figuras proeminentes do regime ofereceram uma série de recepções ridiculamente opulentas. Ribbentrop fez do seu jardim em Dahlem uma "terra de conto de fadas" para seiscentas pessoas; Goebbels recebeu 3 mil convidados numa ilha no rio Havel; e Göring ofuscou ambos os rivais ao criar uma aldeia do século XVIII em miniatura, com direito a correio, hospedaria, padaria, burros, carrossel e camponeses a dançar, no gramado do Ministério do Ar.[30] O playboy e parlamentar conservador nascido nos Estados Unidos Chips Channon – que, como observou Harold Nicolson, "deixara-se seduzir pela influência de Ribbentrop como se fosse champanhe" – ficou extasiado. "Jamais houve algo assim desde a época de Luís XIV", disse alguém. "Desde Nero", exultou Channon, que voltou para casa convencido de que o Reino Unido "deveria permitir à pequena e galante Alemanha fartar-se com as terras dos vermelhos a leste".[31] Até mesmo André François-Poncet, cético embaixador francês, confessou ser difícil lembrar que aqueles homens, "tão obviamente satisfeitos com aquele

---

* Um pequeno número de respeitáveis cidadãos ingleses marcou conspicuamente sua ausência dos jogos. Harold Nicolson, a caminho da Áustria, decidiu não passar de carro pela Alemanha, enquanto sir Austen Chambaerlain, que havia acompanhado os Kemsley em seu iate, recusou-se a desembarcar e pisar em solo alemão.

espetáculo elegante e requintado", eram também "perseguidores de judeus e torturadores em campos de concentração".[32]

A Olimpíada foi um triunfo para os nazistas. Mal haviam terminado os jogos, porém, e já outro golpe publicitário caía no colo de Hitler. Em 4 de setembro de 1936, o homem que comandara a vitória do Reino Unido na Grande Guerra, David Lloyd George, chegava ao Berghof para tomar chá com o ditador alemão. A visita, organizada por Ribbentrop em parceria com T. P. Conwell-Evans, trazia tudo que os nazistas poderiam desejar. O ex-premiê de 73 anos, encantado por voltar a conversar com líderes mundiais, engoliu os elogios do Führer e os retribuiu, nomeando Hitler "o maior alemão de sua era".[33] Ao voltar, não foi menos servil: descreveu o Führer como o "George Washington alemão". "A hegemonia alemã na Europa, meta e sonho do antigo militarismo pré-guerra, nem sequer está no horizonte do nazismo", assegurava aos leitores do *Daily Express*.[34]

Cinco dias após a visita de Lloyd George, teve início o comício anual do partido em Nuremberg. O incremento no número de espectadores britânicos em comparação com o ano anterior era visível. Estava lá lorde Mount Temple, diretor da Sociedade Anglo-Germânica, bem como o ex-secretário adjunto do Gabinete, Thomas Jones; lorde Dawson de Penn, médico real; os parlamentares conservadores lorde Apsley, Frank Sanderson, Arnold Wilson, Thomas Moore e o almirante sir Murray Sueter; e lady Ravensdale, filha de lorde Curzon e cunhada de sir Oswald Mosley.

Era um contingente de calibre certamente mais alto que o do ano seguinte, que, segundo um agente do Serviço Secreto Britânico à paisana, consistia basicamente em "nulidades, maníacos por pureza racial e loucos mansos, além de um ou dois indivíduos genuinamente perigosos". O principal destes últimos era o capitão George Pitt-Rivers – antropólogo, eugenista, antibolchevique, racista e proprietário de terras em Dorset –, que "expressava em detalhes seus raivosos sentimentos antibritânicos, de preferência para alemães, falava incessantemente sobre antissemitismo e, ainda que desprezado pelos alemães, era obviamente usado por eles". Pitt-Rivers fora acompanhado por sua secretária e amante, Catherine Sharpe, que proclamava suas simpatias por meio de um distintivo dourado com uma suástica, além de uma pulseira dourada decorada com *fasces* e suásticas. O agente do Serviço Secreto, para quem foi difícil obter informações do companheiro do casal, um certo major Watts, que "raramente se encontrava sóbrio durante períodos de qualquer duração", recomendou que o casal fosse impedido de causar mais danos por meio do confisco de seus passaportes.[35]

Se cada vez mais integrantes da elite social e política britânica gozavam do esplendor do novo Reich de Hitler, o governo britânico permanecia no limbo. Baldwin expressava seu desejo por melhores relações com a Alemanha, mas quando seu secretário das Relações Exteriores, Anthony Eden, perguntou "Como?", sua resposta foi: "Não faço ideia, esse é o seu trabalho".[36] Hitler nunca respondera ao tão ridicularizado "questionário" que lhe perguntava quais tratados pretendia honrar, e, ao longo do verão, reatara sua campanha pela devolução das colônias perdidas pela Alemanha. O Reino Unido ainda sonhava com um acordo permanente, mas não conseguia pensar em formas de alcançá-lo. A sugestão de uma conferência de cinco potências para substituir o já esgotado Tratado de Locarno fora ignorada, ao passo que a eclosão da Guerra Civil Espanhola em julho reduzira ainda mais as chances de um acordo geral na Europa. Em junho, o secretário de Estado para a Guerra, Duff Cooper, causou confusão ao enfatizar a importância da cooperação anglo-francesa em face de agressões alemãs – uma indicação do temor residual por alianças, em especial com os franceses –, e, em novembro, Eden declarou em Leamington que o Reino Unido só pegaria em armas para defender seus interesses vitais. Quatro dias antes, em 16 de novembro de 1936, o rei Edward VIII contou a Stanley Baldwin sobre sua intenção de se casar com uma norte-americana divorciada chamada Wallis Simpson.

A importância da Abdicação para nossa história é dupla. Em primeiro lugar, saía de cena um monarca que demonstrava preocupante admiração por ditaduras em geral e pela Alemanha nazista em particular. Ao descrever a crise em 22 de novembro, Chips Channon observava que o rei, que "é louco por Wallis, louco", também "tinha uma queda por ditadores", sendo "pró-alemão, contra a Rússia e contra um excesso de democracia desleixada". "Não me surpreenderia", prosseguia o parlamentar conservador, "caso tivesse por meta fazer de si um ditador moderado."*[37] Seria pouco provável. Mas, sim, é

---

* A demonstração suprema da falta de bom senso de Edward e de seu pendor para criar problemas se deu em outubro de 1937, quando, na condição de duque de Windsor, fez uma visita fortemente divulgada à Alemanha com sua nova esposa, posou para fotos com Hitler e ao menos em duas ocasiões fez a saudação nazista.

possível imaginar uma situação em que as preferências do rei, somadas à sua falta de respeito pela Constituição, tivessem desencadeado uma crise pior que a de dezembro de 1936. Na ocasião, foi possível à monarquia sobreviver por se tratar essencialmente de uma questão pessoal e o rei ter saído de cena discretamente. Uma ruptura política teria sido bem diferente.

Em segundo lugar, a Abdicação foi voluntariamente deturpada por Ribbentrop, que persuadiu Hitler de que se tratava de uma trama do governo inglês para se livrar de um monarca pró-alemão. "Não sabe que expectativas tem o Führer para as negociações vindouras com base no apoio do rei? É ele nossa maior esperança!", advertiu o embaixador quando o assessor de imprensa da embaixada, Fritz Hesse, tentou alertá-lo quanto à crise. "Não acha que seja tudo intriga de nossos inimigos para roubar-nos de um dos últimos postos de vulto que ainda detemos neste país? [...] Verá, o rei se casará com Wally e os dois dirão a Baldwin e a toda a sua gangue para irem para os infernos."[38] Não foi como as coisas ocorreram, porém, e a confiança de Hitler nos ingleses e na possibilidade de uma aliança anglo-germânica foi severamente abalada. Segundo Hesse, ele disse a Ribbentrop para fazer as malas e retornar à Alemanha. Agora, dizia, "já não há ninguém na Inglaterra pronto a jogar conosco" posto que "o rei foi destronado". Pediu ao embaixador que lhe preparasse um relatório sobre o que fora capaz de realizar desde sua chegada, mas, caso não fosse muita coisa, não o culparia.[39] O momento-chave da amizade anglo-germânica havia passado.

VIII
Chamberlain se apresenta

Como ch[anceler] do T[esouro], eu mal conseguia mover um pedregulho; agora, só preciso erguer um dedo e toda a face da Europa se modifica!
Neville Chamberlain, agosto de 1937.[1]

Em 30 de janeiro de 1937, Hitler se declarou saciado. Dirigindo-se ao Reichstag, no quarto aniversário de sua ascensão ao poder, proclamou que a honra nacional havia sido restabelecida, e a batalha alemã por igualdade com as grandes potências, vencida. "O tempo de supostas surpresas passou", anunciou.[2] Incrivelmente, Hitler cumprira (mais ou menos) com sua palavra por todo um ano. Ainda que a Luftwaffe viesse a causar uma carnificina na Guerra Civil Espanhola, gerando reprovação mundo afora, em 1937 não haveria qualquer novo desafio alemão à segurança europeia ou movimento de expansão das fronteiras do Reich. Mas, se 1937 parece representar um hiato no avanço de Hitler rumo à hegemonia europeia, jamais seria o caso de descrevê-lo como um ano de calma continuidade. A ferida aberta da Guerra Civil Espanhola se aprofundou e foi infectada quando aviões, navios, submarinos e soldados alemães e italianos, fazendo-se passar por "voluntários", uniram-se ao general Franco em sua batalha contra os republicanos e as Brigadas Internacionais, com o apoio de armamentos fornecidos pela União Soviética. Ninguém sabia ao certo se do combate não nasceria uma guerra generalizada na Europa, e a Espanha, para milhões de pessoas, tornou-se "a alma de um mundo desalmado": um microcosmo dos anos 1930 onde fascismo e comunismo, totalitarianismo e democracia chocavam-se numa batalha pela civilização.[3] Enquanto isso, eclodia uma guerra entre o Japão e a China, e, na Rússia, Stálin comandava o "Grande Expurgo", responsável pela morte de cerca de 3 milhões de pessoas.[4] Em maio, o presidente Roosevelt foi forçado a assinar um terceiro Ato de Neutralidade e transformá-lo em lei, ao passo que em junho a queda do governo de Léon Blum representou o estopim de um novo período de turbulência política na França. Contra esse pano de fundo, ocorria no topo da esfera política britânica uma metódica transição.

A aposentadoria de Stanley Baldwin era esperada fazia algum tempo. Em janeiro de 1936, o servidor público P. J. Grigg, amigo de Churchill, ponderava quais seriam as possibilidades de "Baldwin, aquela múmia esbranquiçada, abrir caminho e permitir ao país ser governado por alguém com uma quantidade normal de faculdades".[5] Na esteira do fiasco de Hoare-Laval, não parecia improvável. Churchill o julgava ferido de morte e, em maio, previa que o longo mandato do primeiro-ministro, incrível "considerando-se seu intelecto medíocre", aproximava-se do fim.[6] Uma visão que nada tinha de justa ou de exata. Por mais que lembrasse uma tartaruga semidesperta ou um vigário bonzinho, Baldwin era dotado de um aguçado sentido político e uma extraordinária habilidade de navegar crises. Tendo conduzido a Abdicação como nenhum outro seria capaz – melhor que Churchill teria feito, com certeza –, havia, contudo, drenado suas últimas reservas de energia. Em fevereiro, Thomas Jones o viu contando as horas "como um menino de escola às vésperas das férias", e, em 28 de maio de 1937, duas semanas após a coroação do rei George VI, Baldwin afinal entregou os selos oficiais.[7] Seu conselho ao novo rei foi que convocasse o chanceler do Tesouro, Neville Chamberlain.

A ascensão de Neville Chamberlain a primeiro-ministro foi recebida com uma enxurrada de perfis em jornais. O *Times* elogiou suas "virtudes romanas" – austeridade, realismo, devoção à *res publica* – enquanto o *Sunday Times* ressaltou sua franqueza e determinação.[8] O *Daily Telegraph* ofereceu um retrato mais pessoal. "Apesar de seu exterior travado e algo intimidante", o novo primeiro-ministro era na verdade "muito humano", revelava o jornal. Era "tão dedicado a seu cachimbo quanto o sr. Baldwin ao seu xerez", e tinha, supostamente, "bom paladar para vinho tinto". Um apaixonado pela pesca, para quem "melhor que falar sobre pescarias, só pescar", sofria de gota, mas, felizmente, dormia muito bem, pois, "quando deixa de lado as roupas, deixa de lado as preocupações".[9]

Sem dúvida os perfis dos jornais traziam informações interessantes, mas nem por isso era possível fugir à sensação de que mais se deixava de saber do que de fato se sabia sobre o novo primeiro-ministro. Como chanceler do Tesouro por mais de seis anos, Chamberlain era, é claro, uma figura pública proeminente e conhecida. No entanto, era também uma espécie de enigma: um político formal e distante; um tecnocrata, que escondia sua personalidade por trás de um sentido vitoriano de decoro e obrigações públicas. Quem era Neville Chamberlain, afinal?

O fato mais conhecido sobre o novo primeiro-ministro era sua ascendência. Filho do ex-secretário colonial Joseph Chamberlain e meio-irmão do ex-secretário das Relações Exteriores e líder conservador Austen, Arthur Neville Chamberlain era o terceiro de uma dinastia política que era então, e continuaria a ser, a maior do século XX. Uma herança em vários aspectos difícil e assustadora. "Joe" Chamberlain fora um colosso: um homem que, tendo iniciado a vida adulta na condição de gerente de uma fábrica de parafusos em Birmingham, tornara-se o estadista que, nas palavras de Churchill, criou o conceito de clima político.[10] Lorde prefeito de Birmingham entre 1873 e 1876, sua gestão radical, pautada pelo reformismo social, transformou a cidade de tal forma que, em três anos, encontrava-se "parqueada, pavimentada, adjudicada, mercanciada, hidro-e-gasificada e *aprimorada*".[11] Entrou então para a política nacional, onde obteve a façanha de fazer rachar tanto o Partido Liberal quanto o Conservador – primeiro por meio de sua oposição ao autogoverno para a Irlanda, depois por meio da energética campanha para introduzir um sistema de preferência imperial no comércio e tarifas. Como secretário colonial, foi o principal incentivador do Império e, no que é significativo dada a carreira de seu filho, fez várias tentativas malsucedidas de forjar uma aliança anglo-germânica no fim dos anos 1890.

Segundo Hilda, irmã de Neville, "papai nunca teve favoritos entre seus filhos".[12] Porém, ainda que isso possa ter sido verdade, não há dúvida que "Joe Insistente" havia concebido papéis bem diferentes para seus dois filhos homens. O mais velho, Austen, produto do primeiro casamento de Chamberlain, estava destinado a dar continuidade à obra política do pai. Nascido dentro de uma maleta vermelha,* como definiu seu pai, Austen foi mandado para o Trinity College, em Cambridge, onde estudou história, e dali para o continente, onde continuaria seu treinamento de futuro estadista. Em 1892, aos 29 anos, juntou-se ao pai na Câmara dos Comuns e, em três

---

* Essas maletas, de fato vermelhas por padrão, são usadas até hoje por soberanos e ministros do governo britânico para transportar documentos oficiais. O termo é uma metáfora por meio da qual Chamberlain deixa claro quais as expectativas depositadas de berço sobre o primogênito. [N. T.]

anos, já havia recebido seu primeiro posto governamental, o de lorde civil do Almirantado.

Já Neville Chamberlain não tinha uma carreira política predeterminada. Seis anos mais novo que Austen, filho da segunda esposa de Chamberlain, Neville, determinara seu pai, seria o empresário da família. Enquanto Austen trilhava o caminho delineado para Cambridge e Westminster, Neville teve de estudar matemática, metalurgia e engenharia em Birmingham e depois entrar para uma firma local de contabilidade.

Talvez não tenha sido lá muito emocionante, mas certamente foi mais sociável que a empreitada imposta na sequência por Joe ao filho mais novo. Tendo perdido uma quantia substancial na queda do mercado sul-americano de valores mobiliários ao final dos anos 1880, bem como por seus gastos excessivos, Chamberlain pai desejava que Chamberlain filho restaurasse a saúde financeira da família. Uma conversa com o governador das Bahamas, sir Ambrose Shea, o convenceu de que vastas somas estariam à sua espera no arquipélago via cultivo de sisal – um agave assemelhado a um gigantesco abacaxi, cujas grandes folhas em forma de espadas podem ser usadas para a fabricação de uma fibra como a da maconha. Em 1891, ele despachou Neville, então com 22 anos, para a ilha de Andros, com a meta de comprar e administrar uma propriedade de 20 mil acres.

Anos depois, Alec-Douglas Home, secretário particular parlamentar durante o mandato de Chamberlain, traçaria uma conexão direta entre sua célebre formalidade e a experiência terrível em Andros.[13] Naquele lugar quente, úmido, infestado de mosquitos, a vida era quase insuportavelmente espartana. Fim de mundo do Império por excelência, praticamente não tinha colonos europeus, o que, levando-se em conta as condições vigentes de segregação racial, significava que Chamberlain praticamente não tinha com quem falar. Para piorar, as malditas plantas não cresciam. Da dica quente de Shea só se concretizara a parte do "quente" e, depois de seis duros e áridos anos – nos quais Chamberlain passou por provações como a perda de toda sua colheita inicial num incêndio e a irritação de receber um brasão americano para pendurar na entrada do escritório em vez da Union Jack –, os Chamberlain tiveram de admitir que o esquema havia sido um fracasso colossal, com perdas de £ 50 mil.

Chamberlain ficou arrasado. Ainda que tivesse odiado a vida nas Bahamas, sentia terrível necessidade de êxito por causa do pai e se culpava amargamente pelo fracasso do projeto. "Por mais que me culpe por minha falta de bom senso, sempre será pouco", escreveu ao pai, choroso, o rapaz de 27 anos. "Estive aqui por todo esse tempo e sem dúvida um homem mais perspicaz teria percebido logo qual seria o resultado provável."[14] Olhando pelo lado positivo, estava então livre dos trópicos, apto a começar a desenvolver uma vida mais frutífera na Inglaterra. Por influência de um tio, tornou-se diretor de uma metalúrgica em Birmingham e também assumiu a responsabilidade pelo negócio da família, uma fábrica de beliches para cabines de navios. Na mesma época, começou a descobrir os interesses que lhe dariam energia vida afora, que incluíam o amor pela pesca e pela caça, a dedicação à jardinagem, a paixão por história natural e um forte entusiasmo por literatura e música ou, mais especificamente, por Shakespeare e Beethoven.

Como observaria seu biógrafo, Chamberlain foi um patrão progressista e benevolente. Como gerente da Elliott's Metal Company, introduziu tanto um serviço de assistência social quanto um posto médico em tempo integral, e, em junho de 1914, criou um esquema de bônus participatório nos lucros para os funcionários da empresa da família.[15] Ao mesmo tempo, envolvia-se cada vez mais na vida cívica de Birmingham, primeiro como um ativo entusiasta do desenvolvimento da universidade – ele fora aluno da instituição predecessora, o Mason College – e depois como membro não menos dedicado do comitê administrativo do Hospital Geral de Birmingham. Em 1911, foi eleito para o Legislativo municipal e, três anos depois, convidado a assumir o posto que seu pai ocupara com tanta distinção: lorde prefeito de Birmingham.

Como sugere a nomeação, Chamberlain estava velho demais para lutar na guerra – tinha 45 anos em 1914.* Graças ao posto de lorde prefeito, porém, pôde contribuir significativamente para o esforço de guerra. No início de 1916 persuadiu o Secretariado de Assuntos Internos a adotar seu plano para um sistema de alerta coordenado contra ataques de dirigíveis e, em setembro daquele mesmo ano, abriu o Banco Municipal de Birmingham, que permitia a depositantes emprestarem dinheiro ao Estado em apoio à guerra. Por outro lado, a primeira incursão de Chamberlain na administração federal, como diretor-geral do Serviço Militar, não foi bem-sucedida. Encarregado

---

* Embora poupado dos horrores das trincheiras, a tragédia da guerra atingiu Chamberlain em casa por meio da morte de seu primo Norman na Batalha de Cambrai, em 1917. Tendo sempre considerado Norman um irmão e "um dos amigos mais íntimos" que jamais tivera, Chamberlain ficou arrasado e escreveu um pequeno livro para celebrar a vida do primo.

por Lloyd George, por recomendação de Austen, de elaborar um plano para a implementação do recrutamento, protegendo ao mesmo tempo indústrias essenciais ao esforço de guerra e criando um novo departamento governamental, Chamberlain fracassou. Deve-se dizer em sua defesa que a tarefa era hercúlea, mais dificultada ainda por rivalidades em Whitehall e pela gritante falta de apoio do primeiro-ministro. Um político com mais experiência administrativa federal e mais aliados talvez tivesse sobrevivido, mas Chamberlain não tinha nada disso e, em agosto de 1917, após apenas oito meses na função, renunciou.

Para Chamberlain, o fracasso no serviço militar foi uma humilhação pública e um revés pessoal semelhante ao desastre do projeto do sisal em Andros. Em carta à sua irmã Hilda, um mês antes da renúncia, admitiu ter a mesma sensação de desespero que o acometera vinte anos antes nas Bahamas, "quando as plantas não cresciam".[16] Dessa vez felizmente tinha estabilidade financeira, bem como o apoio de sua família. Na primavera de 1910, aos relativamente tardios 41 anos, se apaixonara por Anne Vere Cole, de 29, jovem vivaz e afetuosa de uma família de esportistas irlandeses. Em janeiro do ano seguinte, os dois se casaram.

"Annie" Chamberlain tinha uma personalidade muito diferente da de Neville. Se ele era tímido, zeloso e inseguro, ela era calorosa, sociável e confiante. Foi, no entanto, um casamento extremamente feliz, complementado pela chegada de dois filhos muito amados – Dorothy, em 1911, e Frank, dois anos depois. Annie fornecia a Neville o amor e o apoio constantes de que ele precisava. Em maio de 1937, ele atribuiria seu sucesso a ela com generosidade e sinceridade:

> Nunca teria me tornado primeiro-ministro não tivesse Annie para me ajudar. Não se trata apenas do bom humor que a todos cativa, levando-os a pensar que um homem com tal esposa não pode ser de todo ruim. [...] Além de tudo isso, é ela quem amacia e suaviza minha impaciência e meu desprezo natural por tudo que tenha leve cheiro de embuste. Sei que me salvou de criar uma impressão de dureza não pretendida.[17]

Com a ajuda de Annie, Chamberlain logo superaria a infâmia de seu fracasso à frente do Departamento de Serviço Militar – ainda que nunca tenha perdoado Lloyd George, por quem nutriu um ódio duradouro. Ao se dar conta de que seu futuro político residia na Câmara dos Comuns, pleiteou um assento e, na eleição geral de dezembro de 1918, foi reinstituído ao Parlamento como representante de Birmingham Ladywood. Assim como seu casamento e a entrada na política local, também a chegada de Chamberlain a Westminster ocorreu relativamente tarde, aos 49 anos. Estava, porém, determinado a compensar o tempo perdido e logo marcaria seu território como defensor de reformas sociais radicais. Em 1922, após a ruptura da coalizão de Lloyd George – que acabou com as chances de Austen Chamberlain chegar a primeiro-ministro –, foi designado diretor-geral dos Correios e, no ano seguinte, entraria para o Gabinete como ministro da Saúde.

Os seis anos passados por Chamberlain no Ministério da Saúde, responsável por habitação, governo provincial e políticas sociais, fizeram seu nome. Exibindo ao máximo o pedigree de liberal radical, conduziu ao livro de estatutos projetos de lei progressistas e modernizantes como o Ato sobre Taxas e Valorização (1925), o Ato Nacional sobre o Seguro de Saúde (1928), o Ato sobre Governo Provincial (1929) e, com Churchill, o Ato sobre Pensões para Órfãos e Idosos (1925). Justamente elogiado pela memorável ficha corrida de reformas sociais, ao fim dos anos 1920 Chamberlain era comumente citado como um futuro líder conservador e, em 1931, dois meses após a formação do governo de coalizão nacional, sucederia Philip Snowden no Tesouro, com a incumbência de tirar o país da Grande Depressão.

A passagem de Chamberlain pelo Tesouro foi muito criticada. Na época vieram pancadas tanto da parte da oposição quanto dos conservadores radicais, como Harold Macmillan, e depois, no auge do keynesianismo, toda uma geração de historiadores e economistas a submeteria a reprimendas quase esmagadoras. De acordo com tais críticas, Chamberlain teria sido um chanceler rígido, burocrático, deflacionário, preocupado tão somente com o equilíbrio das finanças, passivamente à espera da recuperação da economia, sem fazer praticamente nada para reduzir os níveis terrivelmente altos de desemprego que ainda perdurariam por toda a década. De fato, se a primeira imagem que remete ao Reino Unido nos anos 1930 é a de um homem de gola eduardiana a agitar uma folha de papel, a segunda é a de filas de famintos em centros de distribuição de sopa, que George Orwell retratou com tanta eloquência em *O caminho para Wigan Pier* (1937). Nenhuma das duas imagens faz bem ao legado de Chamberlain. Historiadores recentes, no entanto, têm julgado sua condução da economia de forma bem mais favorável, com ênfase em iniciativas como a proteção e a cartelização das indústrias de ferro e aço, a criação do Conselho de Transporte de Passageiros de Londres e a designação de quatro "áreas especiais", localizadas em algumas das regiões do país mais afetadas pela crise, nas quais foram conduzidos experimentos de indução do crescimento econômico – tudo isso em contradição ao mito de que Chamberlain era um apologista do *laissez-faire*. Tais empreitadas não foram particularmente ousadas, e seu impacto sobre o desemprego, irrisório. Ainda assim, não há como negar que em meados dos anos 1930 o crescimento havia retornado, a libra esterlina se recuperado, as exportações estavam em alta e o desemprego despencara de uma taxa de mais de 3,4 milhões em 1932 para 1,8 milhão em 1937.[18]

A economia também não era a solitária preocupação de Chamberlain. Entre um Baldwin letárgico e um MacDonald cada vez mais senil, restava ele a servir como força motriz de todo o governo. Um papel que saboreava em vários aspectos. Como escreveu em maio de 1934 à irmã Ida: "Infelizmente é parte da minha natureza não ser capaz de contemplar problema algum sem tentar encontrar-lhe a solução. Posto que agora estou praticamente a cargo das necessidades defensivas do país".[19] Com o passar do tempo, no entanto, começou a se mostrar impaciente com o caráter puramente prático de seu status. "Como verá, tornei-me algo como um primeiro-ministro em exercício", escreveu em março de 1935 à sua outra irmã, Hilda, "apenas sem o real poder de um ocupante do cargo. Tenho de dizer 'Já pensou?', ou 'O que diria?', quando mais rápido seria dizer 'Eis o que deve fazer'."[20]

Como revela tal colocação, a Chamberlain não faltava autoconfiança. Em meados dos anos 1930, já desenvolvera a presunção, que alguns chamariam de arrogância e muitos identificariam como fraqueza e causa de frustração durante sua passagem pelo cargo. A manifestação mais patente disso se verificava no tratamento dispensado à oposição. Se Baldwin era generoso e emoliente – acreditava ser obrigação sua "educar" o Partido Trabalhista para governar –, Chamberlain exibia total intolerância com o que definia como a confusa, hipócrita e ineficiente oposição trabalhista. Isto se verificava na Câmara dos Comuns, onde até mesmo os observadores que lhe eram mais simpáticos, como Alec Douglas-Home, o definiam como "um debatedor cruel", que parecia deleitar-se em fazer picadinho da oposição "quase como um vivisseccionista".[21] De fato, como o próprio Chamberlain relatou a Ida no verão de 1927, "Stanley [Baldwin] me implorou que lembrasse estar me dirigindo a uma assembleia de cavalheiros. Conforme me disse, eu sempre lhe passava a impressão de enxergar o Partido Trabalhista como lixo quando me dirigia à C. C. Fato é que, intelectualmente, com raras exceções, eles *são* lixo".²²

Essa impressão não escapava aos parlamentares trabalhistas, e a imensa maioria destes detestava Chamberlain. Isso viria a ter consequências importantes, até mesmo históricas, no outono de 1939 e novamente na primavera de 1940, ocasiões em que Chamberlain tentaria formar uma coalizão apenas para descobrir que nem trabalhistas nem liberais estavam dispostos a seguir seu comando. A essa altura, é claro, ele era o homem de Munique e a personificação de uma política que claramente fracassara, mas ainda assim seria errado subestimar o papel que a animosidade pessoal tinha na rejeição da oposição à sua liderança.

Dentro do governo, a autoconfiança intelectual de Chamberlain era evidente. Como lembrou Douglas-Home, "ele não tinha medo de tomar uma decisão por conta própria e nunca se limitava a aceitar a contribuição de outros sobre o assunto que fosse. Escutava todos os argumentos, assimilava-os rapidamente e então tomava a sua decisão. Uma vez tomada, tinha total confiança nela".²³ Na condição de figura central de um governo cujos outros personagens principais costumavam ser lerdos, essa era em vários sentidos uma virtude. Mas também um defeito que levava Chamberlain a, cada vez mais, descartar pontos de vista alheios e ignorar fatos que não se encaixassem nas suas conclusões. "Seu ponto de vista, uma vez formado, era circundado por uma barreira tão fechada e burocrática que nenhum argumento poderia penetrá-la", lembrou Violet Markham, reformista social que trabalhara com ele no Departamento de Serviço Militar. Lorde Swinton, enquanto isso, era um de vários colegas a observar sua tendência de considerar quaisquer pontos de vista distintos do seu como "deslealdade e hostilidade pessoal".²⁴

Esse espinhoso aspecto da arrogância intelectual era um de vários fatores que tornava difícil para os colegas se aproximarem de Chamberlain. Aparentado a um "papa-defunto provinciano" – logo seria apelidado de "legista" – ou a uma severa ave de rapina tanto na indumentária quanto nos modos, era o avesso da sociabilidade e descrito frequentemente como "frio" ou "distante".²⁵ A Arthur Balfour parecia ter "coração de pedra", e Harold Macmillan lembrava seu "olhar sardônico, para não dizer desdenhoso" e comparava uma reunião com ele a "uma conversa com o diretor da escola".²⁶ Sua voz tinha uma qualidade áspera, "sem musicalidade ou charme sedutor", ainda que, como reconhecia o parlamentar independente Arthur Salter, fosse "um instrumento válido para seu propósito" e refletisse a "mente ordeira" por trás dela.²⁷ O humor não era seu ponto forte. Douglas-Home tinha de conspirar para retirar de seus discursos quaisquer piadas – pois "eram terríveis" –, e o próprio evitava o quanto possível frequentar a sala de fumo da Câmara dos Comuns.²⁸ Contudo, seria injusto descartar Chamberlain como um homem frio, com o desdém ascético por outros seres humanos. Incrivelmente tímido – uma realidade a que poucos detratores seus atentavam –, podia ser caloroso, até mesmo espirituoso, na companhia certa, como atestavam Douglas-Home e outros de seu círculo íntimo. Ele e Annie riam de Charlie Chaplin até "se doerem com seus absurdos", e seu enlevo diante da visão de um novo pássaro no poleiro do jardim ou do primeiro broto de açafrão da primavera traía um lado romântico, que se chocava com sua imagem austera.²⁹

Quando Ramsay MacDonald se tornou primeiro-ministro pela segunda vez, em 1929, foi com o solene anúncio: "Pretendemos uma gestão pensada". Depois adicionaria: "Nada de palhaçadas". Como observaria Malcolm Muggeridge, a essas declarações se seguiram pouca ponderação e muita palhaçada.³⁰ Neville Chamberlain, por outro lado, não sentia necessidade de mais tempo para pensar, e palhaçadas estavam fora de cogitação. Ainda que se desse conta de que 68 era uma idade das mais tardias para se tornar primeiro-ministro, estava "feliz por ter a oportunidade de levar a cabo algumas coisas que precisamos levar a cabo" e determinado a "deixar minha marca no cargo".³¹ Em um mundo ideal, teria preferido um legado vinculado à reforma social. Em 1937, porém, o mundo estava longe do ideal e era quase inevitável a um primeiro-ministro ser forçado a passar a maior parte do tempo a lidar com política externa. Como de costume, Chamberlain já dispunha de uma forte noção do que precisaria fazer.

Em comentário frequentemente citado, registrado por Anthony Eden após um jantar na primavera de 1936, Austen Chamberlain exortou seu meio-irmão: "Neville, é bom que te lembres de que nada entendes de política externa".³² Previsivelmente, se levarmos em conta o curso posterior dos acontecimentos, essa típica descompostura de irmão mais velho, sem dúvida irritante, se repetiria.* Contudo, não era de todo justa. Se Neville Chamber-

---

* Segundo Eden, Neville, anfitrião do jantar, limitou-se a "sorrir ironicamente e comentar que aquela era uma colocação algo dura a se direcionar a um homem à mesa do jantar em sua própria casa".

lain não era nenhum especialista em política externa, o que jamais impediu um bom punhado de secretários das Relações Exteriores britânicos de assumir o cargo, havia adquirido um profundo interesse no assunto e desempenhado papel ativo na formulação da política externa durante toda a duração do governo de coalizão. Chegou a ser sondado duas vezes para o Secretariado das Relações Exteriores, em dezembro de 1933 e no ano seguinte.

Entre as crenças mais sólidas de Chamberlain, destacava-se a compreensível convicção de que o Reino Unido deveria tentar reduzir o número de inimigos em potencial. Como o Estado-Maior lembrava ao Gabinete a intervalos regulares, a nação não poderia defender a si e ao seu Império contra as forças somadas de Alemanha, Itália e Japão; e, como Chamberlain costumava lembrar aos colegas, também não poderia gastar somas exorbitantes na tentativa. Assim, em 1934, Chamberlain tentou persuadir o Gabinete a iniciar negociações com o Japão por um pacto de não agressão de dez anos. O apelo de tal pacto era reforçado pela total falta de fé de Chamberlain nos Estados Unidos como aliados na região. Como escreveria com perspicácia à sua irmã Hilda em julho de 1934:

> Já deveríamos saber a este ponto que os Estados Unidos não se comprometerão a resistir pela força contra qualquer ato do Japão, salvo ataques ao Havaí ou a Honolulu. Deles receberemos toda sorte de garantias de boa vontade, em especial caso prometamos dar conta de todo o combate sozinhos, mas, no momento em que forem solicitados a contribuir com algo, se refugiarão invariavelmente por trás do Congresso.[33]

"Temos o azar de estar lidando com uma nação de grosseirões", lamentara em outra ocasião.[34]

A proposta de Chamberlain de um pacto com o Japão não deu em nada. O Gabinete não podia se dar ao luxo de perder a boa vontade americana, por amorfa que fosse, em nome de um acordo potencialmente ilusório com Tóquio, e, em dezembro de 1934, seu ceticismo pareceu se justificar quando o Japão anunciou sua intenção de não renovar o Tratado Naval de Washington. Relutantemente, Chamberlain abandonou a ideia, mas o plano de melhorar as relações com possíveis adversários do Reino Unido, mesmo após atos de agressão nua e crua, continuaria. Em junho de 1936, decidiu forçar Eden a dar fim às sanções contra a Itália, apenas um mês depois de Mussolini anexar a Abissínia, ao descrever a continuidade da medida como "o próprio ápice da loucura" em discurso no 1900 Club.³⁵ A justificativa de Chamberlain para tal "ardente leviandade" – uma clara violação à responsabilidade coletiva do Gabinete – foi: "Se os que deveriam liderar não o fazem, alguém terá de fazê-lo". Felizmente para ele, a maioria dos colegas recebeu bem a iniciativa (o fim das sanções foi anunciado oito dias depois), e Eden, que não fora consultado porque "provavelmente não me imploraria para dizê-lo!", aceitou de bom grado as desculpas insinceras do chanceler.³⁶ Foi, contudo, um dos primeiros exemplos da tendência de Chamberlain a agir unilateralmente, bem como de sua determinação em forçar sua própria política, mesmo que por meio de táticas clandestinas. Em menos de dois anos, essa combinação teria um papel decisivo no rompimento entre Chamberlain e Eden.

Neville Chamberlain não foi o inventor da política do apaziguamento. Uma estratégia já detectada na diplomacia britânica por alguns historiadores em meados do século XIX havia se tornado princípio-guia da política externa do país no início dos anos 1920. Em várias ocasiões Anthony Eden disse à Câmara dos Comuns que a meta do Reino Unido era o "apaziguamento da Europa", enquanto as várias missões governamentais que iam ao encontro de Hitler e Mussolini eram tentativas de traduzir tal política em alguma ação.³⁷ O problema era ter-se obtido tão pouco com isso até 1937. Apesar das infindáveis ofertas de pactos e convenções, o único acordo de fato alcançado nos quatro anos desde a chegada dos nazistas ao poder havia sido o Tratado Naval Anglo-Germânico de 1935. Nesse meio-tempo, Hitler tivera êxito em dividir seus oponentes enquanto perseguia sua política agressiva de revisão dos tratados. Chamberlain esperava modificar esse quadro. Determinado de saída a ser seu próprio secretário das Relações Exteriores, tinha por bem acabar com a natureza fortuita e letárgica da política externa britânica, que parecia vagar a esmo de crise em crise, e estabelecer relações mais amigáveis com os Estados ditatoriais. Como deixou claro em uma carta a um parente distante em janeiro de 1938, a abordagem pretendida era altamente pessoal:

> Ditadores costumam ser pintados como se fossem totalmente inumanos. Creio ser essa ideia das mais errôneas. É, por sinal, a face humana dos ditadores que os torna perigosos; por outro lado, é ela que permite uma aproximação com as maiores esperanças de êxito.³⁸

Chamberlain não chegava a essa resolução movido por qualquer admiração pela Alemanha nazista. Nada tinha em comum com Rothermere ou Londonderry, e, se suas cartas às irmãs guardavam um silêncio tácito quanto à perseguição dos judeus e à política interna alemã, também demonstravam clara aversão ao regime e a suas táticas intimidadoras. Continuava, porém, a ser um otimista. "A Alemanha de Hitler é a valentona da Europa", escreveu em março de 1935, depois que Hitler retomou o recrutamento militar. "No entanto, não me desespero."[39] Um ano depois, explicou da seguinte forma sua indisposição em comprometer um maior quinhão dos recursos financeiros britânicos à disputa de armamentos com a Alemanha:

> Se a ameaça de um ataque alemão fosse tão iminente quanto deseja nos fazer crer Winston [Churchill], nada ao nosso alcance nos tornaria aptos a enfrentar o desafio. Mas não creio que *seja* iminente. Por meio de cuidadosa diplomacia, acredito que possamos afastá-la, talvez indefinidamente. Se decidirmo-nos por seguir os conselhos de Winston e sacrificarmos nossa atividade comercial em nome da produção de armas, porém, infligiremos a nosso mercado danos dos quais ele levará gerações para se recuperar.[40]

O primeiro estágio dessa "diplomacia cuidadosa" era identificar o que queriam de fato os alemães. Como disse Chamberlain ao embaixador soviético dois meses após tornar-se primeiro-ministro:

> Considero muito importante levar os alemães a passar de frases genéricas sobre "dotados" e "não dotados", cujo real sentido ninguém compreende, para uma discussão prática e profissional de seus desejos. Se pudermos trazê-los à mesa de negociações e, com lápis na mão, repassar cada uma de suas queixas, alegações e desejos, isto ajudaria tremendamente a limpar o ar ou ao menos esclarecer a atual situação.[41]

Essa abordagem, na verdade, fora sugerida dez meses antes pelo novo subsecretário adjunto das Relações Exteriores, sir Alexander Cadogan. Convencido de que "nossa assim chamada 'política' tem sido um desastre absoluto desde 1919", Cadogan depreciava fortemente a prática regular do secretariado de "deixar a Alemanha no escuro", pois "nos últimos três anos quem esteve no escuro fomos *nós*. Eis a questão: deixamos toda a iniciativa para A[lemanha] e assim sujeitamo-nos repetidamente a *faits accomplis*".⁴²

Cadogan e Chamberlain queriam "confrontar" as demandas alemãs. Para saber se seria possível atendê-las, era preciso primeiro que fossem declaradas abertamente, e, caso positivo, Hitler poderia ser amarrado a um acordo. O problema dessa lógica é que, por mais que as ambições imediatas da Alemanha fossem muito conhecidas, a maioria delas não era da alçada do governo britânico. Como relatou lorde Lothian depois de encontrar-se com Hitler, Göring e Schacht em maio de 1937, a Alemanha tinha por meta "ajustes no Leste Europeu quanto à Áustria e em favor das minorias alemãs em Gdansk, Memel, Tchecoslováquia e Polônia, e acertos econômicos e coloniais capazes de garantir ao país um padrão de vida em crescimento constante para seu povo". A Lothian tais demandas não pareciam "em si irracionais", e ele conclamava o governo a chegar logo a um acordo naqueles termos, pois o "clima na Alemanha está mudando".⁴³ E, no entanto, da lista acima citada, apenas a repatriação das colônias perdidas constituía uma concessão que o Reino Unido, com a devida colaboração de outras potências, estaria apto a fazer.* Além do mais, era questão tão controversa, tanto no Partido Conservador quanto nos Domínios, que o secretário colonial, William Ormsby-Gore, não acreditava que o governo pudesse sobreviver a tal movimento.⁴⁴

Chamberlain era intrépido. Embora não acreditasse que ceder a Tanganica por si só pudesse comprar paz a longo prazo, mantinha a esperança de que algum tipo de restituição colonial pudesse ser usado para atrair a Alemanha a um acordo europeu de larga escala. A questão, e Chamberlain sabia disso, é que o Reino Unido tinha poucas cartas na mão, e, se a carta colonial tivesse algum valor – o "ás de espadas", na visão de sir Robert Vansittart –, então de forma alguma ele iria descartá-la.⁴⁵ Alertou, portanto, aos participantes da Conferência Imperial de 1937 para que "não fechassem as mentes à possibilidade" de ajustes coloniais e começou então a conceber um plano de criação de uma nova colônia alemã na África Central às custas dos suseranos então existentes, sem falar nas populações nativas.⁴⁶

---

* A maioria das antigas colônias alemãs estava na verdade sob o controle de outros países – África do Sul, Austrália, Nova Zelândia, Japão e França. As concedidas ao Reino Unido após a Primeira Guerra Mundial eram a Tanganica, um terço da Togolândia pré-1914 e uma nesga de Camarões Britânicos também pré-1914.

Em sua missão para melhorar relações com os ditadores, Chamberlain era movido por um senso de urgência nada moderado, alimentado em primeiro lugar pela consciência de que, no que se referia à Alemanha, o Reino Unido lidava com um "mercado em ascensão" e, em segundo, pela deterioração da situação internacional em geral.[47]

Em 26 de abril de 1937, a Legião Condor alemã bombardeou a cidade basca de Guernica, no Norte da Espanha, causando escândalo global. A essa atrocidade, que tão brutalmente expôs a ficção da "não intervenção", seguiu-se em maio um ataque de aeronaves republicanas ao encouraçado leve alemão *Deutschland*, ao qual os alemães responderam bombardeando o porto de Almeria. Ao mesmo tempo e apesar do assim denominado "Acordo de Cavalheiros" assinado entre Reino Unido e Itália em janeiro de 1937, em que as duas partes se comprometiam a respeitar os direitos da outra no Mediterrâneo, submarinos italianos faziam uma operação de bloqueio extraoficial de todas as embarcações com destino à Espanha. Os russos, que alimentavam o esforço de guerra republicano, eram o alvo principal da operação, mas de forma alguma o único, como os britânicos logo descobriram. Na noite de 31 de agosto, o submarino italiano *Iride* disparou torpedos contra o destróier britânico HMS *Havock*. Felizmente errou o alvo, mas alguns dias depois um navio mercante britânico foi afundado pelo submarino italiano *Diaspro* nas proximidades de Valência. A reação do Parlamento e da imprensa britânicos foi de ultraje e, em 3 de setembro, Churchill escreveu a Eden com um plano concebido para deter a pirataria italiana:

> Por que não combinamos com Mustafa Kemal [Atatürk] para escamotearmos alguns quadros da M[arinha] R[eal] e um canhão moderno de grosso calibre em navios-tanque ou outras embarcações mercantes vindas do mar Negro, com um alçapão ou algo assim, e deixamos que se ofereçam aos submarinos piratas, capturando alguns deles?[48]

Previsivelmente, Eden não morria de amores por esse plano – "admirável, fosse nossa política a de acelerar a explosão da guerra", comentou Duff Cooper.[49] Tendo anunciado anteriormente que a Marinha Real retaliaria ataques a navios britânicos, o Secretariado das Relações Exteriores buscava uma solução diplomática. Uma conferência na aldeia suíça de Nyon entre 10 e 14 de setembro de 1937 estabeleceu um sistema de patrulhas navais internacionais no

Mediterrâneo para reduzir atos risivelmente definidos como sendo de pirataria "não identificada". Ainda mais ridículo era o desejo britânico de apaziguar Mussolini (que boicotara a conferência), a ponto de os italianos terem sido convidados a participar das patrulhas. "De suspeitos de pirataria a força policial do Mediterrâneo – e os russos, cujos navios estávamos afundando, excluídos!", gabava-se o ministro das Relações Exteriores italiano, conde Galeazzo Ciano.⁵⁰ A Conferência de Nyon, contudo, foi considerada um grande sucesso. Os ataques de submarinos cessaram e Eden foi aclamado por sua dura diplomacia. O secretário das Relações Exteriores só não revelou que os britânicos sabiam que os italianos haviam decidido interromper os ataques em 6 de setembro, antes de a conferência ter início.

Mal terminava numa parte do mundo e a confusão já tinha início em outra. Em 7 e 8 de julho de 1937, tropas chinesas e japonesas se enfrentaram em Lugouqiao (a Ponte de Marco Polo), a oeste de Pequim. Em agosto, o conflito havia se espalhado até Xangai, ameaçando os consideráveis interesses britânicos na região. Em 26 de agosto, o carro do embaixador britânico na China, sir Hughe Knatchbull-Hugessen, que carregava no capô a bandeira do Reino Unido, foi atacado por um avião japonês, e o embaixador ficou seriamente ferido. Sem querer provocar uma guerra, os japoneses logo expressaram seu "arrependimento". A este, porém, logo se seguiram mais dois incidentes sérios no rio Yangtsé em dezembro, quando uma bateria terrestre japonesa metralhou o canhoneiro britânico HMS *Ladybird* e aeronaves japonesas afundaram o canhoneiro americano USS *Panay*. Chamberlain ficou furioso, mas, ao perceber que nem mesmo algo tão revoltante gerou a cooperação necessária dos Estados Unidos, o governo britânico relutantemente concluiu não haver mais nada a fazer. Como havia dito o primeiro-ministro ao Gabinete em 6 de outubro, ele "não poderia imaginar nada mais suicida do que se meter em uma briga com o Japão no presente momento, quando a situação havia se tornado tão séria na Europa. Se esse país decidisse se envolver no Oriente Médio, a tentação da parte dos Estados ditatoriais de partir para a ação, seja no Leste Europeu ou na Espanha, poderia se tornar irresistível".⁵¹

Confrontado com tantos riscos e dificuldades, outros homens talvez tivessem se desesperado. Chamberlain, porém, não era dado a pessimismos. Como revelou à irmã Ida ao final de outubro de 1937, já tinha em mente "planos abrangentes [...] no sentido de apaziguar a Europa e a Ásia e interromper de uma vez por todas essa louca corrida armamentista que não pode continuar, ou nos levará, a todos, à ruína".[52] A chave para a situação era a Alemanha. "Se ao menos conseguirmos chegar a um entendimento com os alemães, eu não estaria nem aí para Mussolini", admitiu em julho.[53] Infelizmente, no mês anterior, a visita prevista do ministro das Relações Exteriores alemão, Konstantin von Neurath, a Londres havia sido cancelada, negando assim a Chamberlain a chance de testar sua nova estratégia diplomática. Eis que então, aparentemente do nada, surgiu a oportunidade que lhe pareceu perfeita. Lorde Halifax, o lorde presidente do Conselho e assistente de Eden no Secretariado das Relações Exteriores, recebeu um convite para uma exposição internacional de caça em Berlim.

IX
À caça da paz

Deve ter sido estranho; Hitler acha que é Deus, e meu pai acha que foi Deus quem o enviou para falar com Hitler.
Filho de lorde Halifax, sobre o encontro do pai com Hitler.[1]

Edward Wood, 3º visconde Halifax, era uma das figuras mais respeitadas da política britânica. Impecavelmente aristocrático (um dos maiores donos de terras do Norte da Inglaterra), era famoso por ter entrado em negociação direta com Gandhi para dar fim à campanha de desobediência civil quando foi vice-rei da Índia, entre 1926 e 1931. Com 1,98 m de altura, andava levemente curvado, tinha uma cabeça magnífica, "olhos ternos e simpáticos" e não tinha mão esquerda (uma deformidade de nascença). Para Robert Bernays, "passava mais a impressão de um príncipe da Igreja do que de um político".[2] E a religião era de fato uma das duas paixões constantes na vida de Halifax – a outra era a caça à raposa. Tal combinação peculiar, ainda que nada incongruente, lhe valia certa dose de provocações. Churchill inventou o apelido "Santa Raposa", enquanto lorde Beaverbrook o descrevia como "uma espécie de Jesus com botas de cano longo".[3] Foi na condição de caçador de raposas, porém, que Halifax obteve a oportunidade, ou melhor dizendo, a desculpa para viajar à Alemanha no fim do outono de 1937 e iniciar o processo de tentativa de apaziguamento de Hitler.

Segundo as memórias de Halifax, as origens de sua visita à Alemanha haviam sido inteiramente inocentes. Mestre dos Middleton Foxhounds, foi convidado certo dia, no início de outubro de 1937, por meio do editor da revista *Field*, para visitar uma exposição de caça em Berlim e passar alguns dias atirando em raposas na Pomerânia. No entanto, essa não era a história completa. Como Eden registraria em suas memórias, a ideia de uma visita de Halifax fora levantada meses antes pelos nazistas. Em junho de 1936, Ribbentrop já havia dito a Thomas Jones que, caso uma reunião entre Baldwin e Hitler não fosse possível, "quanto antes Halifax se encontrasse com o Führer, melhor".4 De uma forma ou de outra, não há dúvida de que o convite, uma oportunidade ideal de contato com lideranças nazistas em caráter não oficial, foi calorosamente recebido por Halifax e Chamberlain. O primeiro, como registraria seu biógrafo, já havia confessado sua ambição de "enquadrar Hitler", tendo aparentemente se convencido da viabilidade de aplicar as mesmas técnicas que haviam dado certo com Gandhi em mais aquele encrenqueiro excêntrico.5

O Secretariado das Relações Exteriores tinha dúvidas. Eden mostrava-se cético e irritadiço, enquanto Vansittart se opunha com tanta veemência que, quando detalhes da proposta da visita foram vazados para o *Evening Standard*, todos julgaram ter sido ele a fonte. Mas havia apoio de uma parte do Secretariado. O novo embaixador do Reino Unido em Berlim se mostrava cheio de esperanças com a visita.

Em abril de 1937, sir Eric Phipps havia sido transferido de Berlim para Paris. Visto pelos superiores em Londres como demasiadamente "antinazista" para obter algum progresso com o regime, o refinado Phipps não via a hora de trocar a Alemanha nazista por aquele que sempre considerara seu "lar espiritual", mas não sem antes dar o alerta, em seu último despacho, de que a Alemanha planejava incorporar a Áustria e os alemães dos Sudetas da Tchecoslováquia, e talvez nem isso satisfizesse a Hitler.6 Seu substituto seria o pouco conhecido embaixador na Argentina, sir Nevile Henderson.

À primeira vista, Henderson não parecia muito diferente de seu predecessor. Inglês quintessencial, seu uniforme para uma viagem de trem consistia em "um velho casaco, um par de calças de flanela e um velho exemplar daquele artigo tão mal utilizado e difamado, a gravata escolar, em geral com as cores tradicionais do time de críquete de Eton".7 Não estando em um trem, era considerado atraente: alto, vestido com elegância, tinha bigode bem aparado e usava um cravo vermelho na lapela. Seu passatempo favorito era atirar e, por meio desse hobby compartilhado, desenvolvera uma boa amizade com o rei Alexandre I da Iugoslávia durante sua estada na embaixada em Belgrado. Continuaria a atirar na Alemanha – com Göring, ainda por cima –, enquanto, em outros momentos, gostava de confundir seus anfitriões respondendo às saudações "Heil Hitler!" com a sua própria "Rule Britannia!".

À parte a pitada de excentricidade de ambos, contudo, Eric Phipps e Nevile Henderson eram homens muito diferentes. Se o primeiro, como Horace Rumbold antes dele, não tardaria a considerar o regime nazista repulsivo, inerentemente sinistro e fundamentalmente perigoso, o segundo não rejeitava *a priori* regimes autoritários. Na verdade, a habilidade comprovada de Henderson em "se dar" com ditadores como o rei Alexandre foi a principal razão para que obtivesse o posto. Ademais, o novo embaixador tinha uma característica fatalista que o levava a crer ter sido arrancado da obscuridade (ou de Buenos Aires) "pela Divina Providência para a missão específica de, como imaginava, ajudar a preservar a paz no mundo".[8]

Esse ardor messiânico logo criaria problemas para Henderson. Tendo alarmado Eden ao dizer um monte de "estultices" sobre "o que iria fazer na Alemanha" durante um jantar no castelo de Windsor, um de seus primeiros atos no posto foi escrever um memorando sobre a "política britânica para a Alemanha", no qual defendia que o Reino Unido buscasse a amizade alemã, assentindo quanto à sua união com a Áustria, reconhecendo seu direito às colônias e permitindo-lhe a "predominância econômica e até mesmo política no Leste Europeu".[9] Dizer que aquilo representava "um afastamento considerável da política ora seguida pelo governo de Sua Majestade", como colocou Orme Sargent, diretor do Departamento Central, na carta de apresentação escrita para lorde Halifax (que solicitara ler o memorando antes de viajar a Berlim), era muito pouco. Vansittart ficou consternado, mas logo teria duas outras polêmicas bem mais públicas a competir por sua atenção. A primeira foi quando Henderson, unilateralmente, fez saber que pretendia romper o boicote extraoficial de seu predecessor, bem como dos embaixadores da França e dos Estados Unidos, e comparecer ao comício de Nuremberg. A segunda resultou de uma conversa do embaixador com o ministro austríaco, na qual deixou no ar seu apoio à *Anschluss*. Tais gafes foram coroadas em junho de 1937, em discurso de grande repercussão à Deutsch-Englische Gesellschaft (equivalente alemã da Sociedade Anglo-Germânica), quando Henderson repreendeu os ingleses, que teriam "uma concepção inteiramente errônea das bandeiras do regime nacional-socialista", e defendeu que menos atenção fosse prestada à ditadura nazista e muito mais ao grande experimento social pelo qual a Alemanha passava.[10]

Chocado, Vansittart e grande parte do Secretariado das Relações Exteriores logo chamariam a nomeação do embaixador de "desgraça internacional".[11]

Henderson, porém, não considerava o Secretariado fonte de sua autoridade. À parte a Divina Providência, acreditava corretamente estar conduzindo de maneira fiel a política do primeiro-ministro, que delimitara suas visões em duas conversas com o embaixador, em abril e outubro de 1937. "Digo honestamente ter seguido até o amargo fim as linhas gerais traçadas por ele [Chamberlain]", escreveria Henderson depois, acrescentando ter sido tudo facilitado, "pois correspondiam profundamente à minha noção particular do serviço que melhor poderia prestar na Alemanha".[12] Os dois Neville, portanto, estavam em sintonia, e com Halifax dançando conforme a mesma música, os escrúpulos do Secretariado quanto à visita deste último não custaram a ser superados. O lorde presidente viajaria à Alemanha com o pretexto de visitar a Exposição Internacional de Caça, mas o real propósito da viagem seria uma reunião com Hitler em Berchtesgaden.*

O motivo da reunião era alvo de forte controvérsia. Se Eden e Vansittart queriam apenas que Halifax "escutasse e se limitasse a um comentário de alerta sobre a Áustria e a Tchecoslováquia" – acrescentando que seria preciso "fazer todo o possível no intuito de *desencorajar* a Alemanha a agir na direção desses dois estados" –, Chamberlain, Henderson e o próprio Halifax tinham ambições bem maiores.[13] "Creio de fato que a ideia do primeiro-ministro, conforme me foi explanada, abre novas portas na direção de uma estrada que pode realmente levar ao progresso", escreveu Henderson ao lorde presidente após sua reunião com o primeiro-ministro em outubro.[14] Algumas semanas depois, explicou como chegar a tal resultado. "Se é para a Alemanha se dar por 'saciada' com as concessões que a ela fizermos, devemos ser generosos. Independentemente do que digam os pessimistas, creio que, se não formos muito mesquinhos, a Alemanha manterá sua palavra, ao menos pelo futuro próximo." Dez dias depois, acrescentou: "Precisamos deixar de lado todos os medos e suspeitas. [...] O ponto é que somos um povo *insular*, e os alemães, um povo *continental*. Nessa base, podemos ser amigos e seguir nossos respectivos caminhos rumo a nossos destinos sem conflito de interesses vitais".[15]

---

* Assim como o que se verificaria com Chamberlain um ano depois, Hitler não mostrava qualquer disposição de se encontrar com Halifax em algum lugar mais conveniente, como Berlim. A escolha de Berchtesgaden, aliás, tanto em 1937 quanto em 1938 – forçando Halifax e depois Chamberlain a cruzar a Alemanha inteira –, era uma demonstração clara de quem detinha o poder.

Tal lógica, que na prática dava carta branca à Alemanha no Centro e no Leste da Europa, era compartilhada por Halifax. Ao enviar a Chamberlain um relatório a respeito de qual abordagem pretendia adotar na Alemanha, explicou que "não me agrada a atitude do Secretariado quanto à Tcheco S. ou a Áustria". Disse ainda torcer para que "não nos sintamos presos (nas palavras de Henderson) a nos opor à 'evolução pacífica' – talvez um termo a ser interpretado de forma liberal".[16] Tal "cinismo relaxado" pode parecer estranho a um homem de princípios morais tão elevados quanto Halifax, mas como havia admitido em carta a Baldwin pouco antes, ele não conseguia julgar o nacionalismo e nem sequer o racialismo como "artificiais ou imorais".[17] "Não consigo duvidar de que essa gente odeie genuinamente o comunismo, etc.!", escreveu na véspera de sua partida. "E ouso dizer que, se estivéssemos na posição deles, talvez sentíssemos o mesmo!"[18]

Halifax chegou a Berlim nas primeiras horas da manhã de 17 de novembro de 1937. Recebido por Henderson e uma multidão de fotógrafos, passou a manhã na embaixada britânica, seguindo dali para um almoço familiar "informal" na casa dos Neurath, e então para a exposição de caça.[19] Lá descobriu um público considerável a circular entre os itens expostos, entre os quais uma matilha de perdigueiros franceses, um panda gigante empalhado, vários troféus ganhos por membros da Família Real Britânica e uma "ala de imitação de floresta e animais selvagens", onde um gramofone reproduzia o berro de um cervo. Em um toque mais sinistro, os alemães haviam criado uma ala colonial do pré-guerra, onde um grande mapa em destaque exibia os "territórios perdidos".

Para sua surpresa, especialmente ao levar-se em conta tamanha competição, Halifax percebeu ser ele mesmo um dos principais pontos de interesse. Apelidado pelos berlinenses de "Lorde Halalifax" (um trocadilho com "Halali!", o equivalente alemão ao grito triunfal "Tally ho!"), era seguido pelas galerias por uma multidão e educadamente tirava o chapéu-coco à visão de cada braço estendido. "É bom para lorde Halifax ver a exposição, e é muito bom para toda essa gente ver lorde Halifax", disse a Henderson uma autoridade alemã claramente satisfeita. Naquela noite, o staff da embaixada do Reino Unido ofereceu-lhe uma recepção, na qual a primeira secretária Ivone Kirkpatrick o pôs a par da perseguição nazista às Igrejas. No dia seguinte, ele voltou à exposição, prestou respeito à Tumba dos Mortos e inspecionou o vasto e recém-construído quartel de Döberitz, em Brandemburgo. "É assim por toda a Alemanha", explicou Kirkpatrick.[20]

Devidamente alertado, Halifax foi então levado à estação onde ele e Kirkpatrick embarcaram no trem especial de Hitler para a jornada noturna até Berchtesgaden. Foi uma experiência confortável. Os anfitriões alemães queriam agradá-lo, muito embora, aparentemente, tivessem a impressão de que os ingleses viviam à base de uísque, pois a cada meia hora surgia um garçom com uma bandeja contendo uísque e soda. Segundo Kirkpatrick, os dois ingleses foram "fregueses decepcionantes".[21] Caso tivessem sido menos abstêmios, contudo, teria sido mais fácil explicar a inacreditável conduta de Halifax na chegada ao Berghof, quando não reconheceu Hitler. Pior: em uma cena que mais pareceu saída das páginas de P. G. Wodehouse, pressupôs que o homem que o esperava nos degraus cobertos de neve, de calça preta, meias de seda e sapatos de couro envernizado, pronto a levá-lo para dentro de casa, fosse um lacaio. Felizmente, Neurath estava por perto e conseguiu sussurrar *"Der Führer, Der Führer"* ao ouvido do lorde presidente, a tempo de evitar que Halifax entregasse chapéu e casaco a Hitler.[22]

Desastre devidamente evitado, Hitler e Halifax acomodaram-se para três horas de conversa.[23] O início não foi promissor. Apesar do pronunciamento inicial de Halifax, onde elogiava as "realizações" de Hitler – em particular, deter o comunismo –, o alemão estava "irritadiço" e não demonstrava qualquer inclinação a estabelecer algum consenso.[24] Lançou-se, aliás, numa diatribe raivosa contra o sistema democrático, que atrapalhava as boas relações anglo-germânicas ao permitir críticas vis à Alemanha tanto no Parlamento quanto na imprensa britânica. Surpreso, Halifax respondeu com calma não ter nem o poder nem a inclinação de alterar a Constituição britânica e acrescentou que, se Hitler esperava por isso para permitir a melhora nas relações entre os dois países, então ele, Halifax, estava claramente perdendo tempo ali. A resposta criou uma pausa no discurso do Führer, permitindo a Halifax passar a adotar termos mais construtivos. No entanto, sem querer, ele tropeçara na conclusão certa: ao tentar satisfazer Hitler por meio de concessões pacíficas, o governo britânico estava de fato perdendo tempo.

Duas semanas antes de Halifax embarcar para Berlim, Hitler havia convocado os comandantes militares, o ministro da Guerra, Werner von Blomberg, e Neurath para uma reunião na Chancelaria do Reich. Foi quando lhes informou que, para sobreviver economicamente, a Alemanha teria de promover no mais tardar entre 1943 e 1945 uma guerra por "espaço vital" (*Le-*

bensraum). Seria preciso incorporar ao Reich a Áustria e a Tchecoslováquia. Para isso, estava pronto a lançar um ataque-surpresa já em 1938, pois cada ano que passava permitia aos inimigos da Alemanha o emparelhamento em poder bélico. Quanto a quem seriam tais inimigos, Hitler não deixou dúvidas: "A política alemã teve de considerar esses dois antagonistas movidos pelo ódio, a Grã-Bretanha e a França, para os quais um colosso alemão no Centro da Europa seria um espinho na carne, e ambos os países se opunham a qualquer maior fortalecimento da posição alemã na Europa ou fora dela". Felizmente para a Alemanha, o Reino Unido vivia um declínio – vide o desmoronamento de seu status no Oriente Médio, na Índia e no Mediterrâneo –, enquanto a França se encontrava tão tolhida por divisões que uma guerra civil poderia estourar a qualquer momento. Blomberg e Werner von Fritsch, comandante do Exército, não estavam tão convencidos disso. Mais de uma vez ponderaram que, para a Alemanha ter êxito em uma futura guerra, Reino Unido e França não deveriam ser contabilizados como inimigos. A resposta de Hitler foi que a Grã-Bretanha e provavelmente a França também "já haviam descartado tacitamente os tchecos".[25] Mas certeza absoluta não poderia haver. Uma intervenção ocidental ainda era um risco possível e o argumento básico a sustentar a oposição de seus generais. Foi então, justamente quando Hitler penava para convencer seus principais subordinados dos méritos de sua tese, que o lorde presidente do Conselho – "mais importante político e estadista que a Inglaterra possui no momento", dizia o resumo fornecido por Downing Street à embaixada alemã em Londres – surgiu e atuou fortemente no sentido de confirmar-lhe as suposições.[26]

"Eu disse que, sem dúvida, outras questões que se impunham a partir do acordo de Versalhes nos pareciam potenciais geradoras de problemas se conduzidas de forma insensata, como por exemplo Gdansk,* a Áustria e a Tchecoslováquia", escreveu Halifax em seu diário da visita. "Em todas aquelas questões, não estávamos necessariamente preocupados em manter o *status quo* como se encontra hoje, mas em evitar que fossem tratadas de forma a gerar problemas. Se acordos razoáveis fossem possíveis com livre consentimento e boa vontade de todos os principais envolvidos, certamente não teríamos

---

* Anteriormente, parte da Prússia Ocidental, Gdansk, na costa do Báltico, fora decretada Cidade Livre pelo Artigo 100 do Tratado de Versalhes, ainda que a Polônia tivesse consideráveis direitos sobre ela.

desejo algum de bloqueá-los."²⁷ Esse era o exato oposto do aviso que Eden e Vansittart queriam que Halifax transmitisse – embora não haja muita dúvida quanto à aprovação de Chamberlain e Henderson. E tão engajado estava Halifax em passar essa mensagem, traduzível como aquiescência às ambições alemãs no Leste e no Centro da Europa, que a repetiu várias vezes. "Halifax observou que a Inglaterra estava pronta a considerar qualquer solução, desde que não imposta pela força", lembra o intérprete, Paul Schmidt, acrescentando aplicar-se também à Áustria.²⁸

Mesmo ao receber notícia tão formidável – uma revolução em termos de política externa britânica –, o humor de Hitler não melhorou. Ao longo de "uma refeição à base de carne das mais insossas (Hitler comeu sopa de legumes) em um salão tenebroso", o comportamento do Führer foi o de "uma criança mimada e birrenta", recusando-se a se engajar em qualquer tópico de conversa. Voar, a exposição de caça, até mesmo o tempo, assunto perenemente relacionado à Inglaterra, nada disso o atraía. A sensação foi de alívio ao final da refeição, quando Hitler conduziu seus convidados a uma sala de estar das mais espalhafatosas, onde tomou uma xícara grande de chocolate quente recoberta por "um iceberg flutuante de chantilly". A iguaria pareceu acordá-lo, e ele desandou a falar sobre o tema da Índia. Conforme disse ao ex-vice-rei, havia uma solução fácil para os problemas do Reino Unido no Subcontinente: "Matem Gandhi". E então, "se isso não for suficiente para fazê-los se submeterem, matem duzentos e quantos mais for preciso até que a ordem se estabeleça". Segundo Kirkpatrick, Halifax, que criara respeito por Gandhi durante suas negociações, ouviu aquela incitação ao assassinato com "um misto de assombro, repugnância e piedade".²⁹ Isso não o impediu, porém, de repetir a linha de argumentação de que o Reino Unido estaria disposto a oferecer uma de suas colônias à Alemanha caso isso pudesse ajudar a compor um acordo europeu mais amplo.

Como resumo de suas impressões sobre Hitler e a reunião, Halifax escreveu:

> Compreendo bem por que ele é um orador popular. O caráter emocional de sua fala – humor sardônico, desdém, algo quase melancólico – tem muita fluência. Passou-me uma impressão de muita sinceridade, de acreditar em tudo aquilo que diz. Em termos de aproveitamento político, não classificaria em alta conta essas conversas. Penso ser sempre bom fazer contato, mas definitivamente

tive dele a impressão de, à parte as colônias, haver pouco ou nada que deseje de nós, e de sentir o tempo a seu favor no que concerne aos problemas europeus. [...] Em resumo, [ele] considera-se em posição de força e não virá atrás de nós. Não me passou a impressão de estar disposto a ir à guerra conosco em nome de colônias; mas não resta dúvida de que, se não for atendido nesse item, boas relações, caso em que suponho podermos exercer bastante influência e sem as quais a atual tensão continuará, permaneceriam impossíveis.[30]

De sua parte, Hitler falou desdenhosamente do homem a quem se referiria no futuro como o "Vigário Inglês".[31]

A próxima parada de Halifax foi visitar Göring em Carinhall, sua propriedade na floresta de Schorfheide, ao norte de Brandemburgo, cenário de uma famosa obra da literatura do serviço de relações exteriores: o chamado "despacho do bisão", elaborado por Eric Phipps após sua ronda da propriedade em junho de 1934. Nas palavras de Phipps:

> Toda a situação era estranha a ponto de às vezes adentrar a esfera do irreal; mas, por isso mesmo, abria uma janela para o pensamento nazista e, assim, não era de todo inútil. A impressão maior foi a deixada pela patética ingenuidade do general Göring, que nos exibia seus brinquedos como um garoto gordo e mimado: sua floresta primitiva, o bisão e os pássaros, sua área de caça, o lago e a praia particular, a "secretária pessoal" loira, o mausoléu, os cisnes e pedras sarracenas da esposa, todos meros brinquedos para satisfazer sua volubilidade de humor e todos, ou quase todos, germânicos, como ele fazia questão de nos explicar. E então me lembrei da existência de outros brinquedos, esses menos inocentes que os alados, e que poderiam algum dia ser lançados em sua missão assassina com o mesmo espírito e a mesma alegria infantis.[32]

Três anos haviam se passado e a jactância de Göring, a exemplo de sua silhueta, só fizera crescer. Vestido com botas e calças de montaria marrons, um colete verde – valentemente sustentado por um cinto de couro verde do qual pendia uma adaga com estojo vermelho – e um chapéu verde com um grande penacho de *chamois*, Göring levou Halifax e seu chapéu-coco a passear pela floresta em uma "uma espécie de carruagem de caça puxada por dois alazães de Hanover", exibindo orgulhosamente seu bisão e seu cervo. Ao chegar à casa – uma construção gigantesca situada entre dois lagos –, Halifax notou a bandeira do Reino Unido a tremular entre a suástica e uma bandeira de caça. Foi então guiado por uma enorme série de salões abarrotados de tesouros que, como ele deduziria corretamente, haviam sido surrupiados dos melhores museus alemães. Seguiu-se um almoço à base da carne mais crua com que Halifax jamais se deparara, e só após o seu término dirigiram-se o mestre dos Middleton Foxhounds e o mestre de Silvicultura e Caça do Reich para um *tête-à-tête s*obre a situação internacional.³³

A conversa foi bem mais amigável do que a que Halifax tivera com Hitler. O lorde presidente repetiu sua linha de argumentação quanto à Grã-Bretanha estar aberta às mudanças no *status quo* europeu e Göring disse ser a questão colonial o único ponto de contenção entre eles. Era um grande admirador do Império Britânico, que considerava uma "influência estabilizadora", e achava que a Grã-Bretanha "não teria dificuldade em reconhecer que a Alemanha [também] tinha direito a esferas especiais de influência". Halifax concordou. O governo britânico "não desejava se intrometer em assuntos que não fossem primordialmente de nossa alçada" – em outras palavras, o Leste Europeu –, ainda que insistisse em mudanças pacíficas e em que "nada fosse feito, em quaisquer instâncias, que pudesse envolver reações perigosas para todos nós". A isso, Göring, com toda a gravidade, e apesar de sua presença duas semanas antes na Conferência de Hossbach, na Chancelaria do Reich (assim batizada devido ao registro da conversa feito pelo coronel Friedrich Hossbach), respondeu assegurando a Halifax que os nazistas não derramariam jamais "uma gota de sangue alemão" a não ser se forçados.

Em seu diário da viagem, depois enviado a Chamberlain e ao Secretariado das Relações Exteriores, Halifax admitiu ter sido "imensamente entretido" por Göring. Ainda que lembrasse o papel do general na Noite das Facas Longas e lhe fosse impossível não ponderar "por quantas mortes, para bem ou para mal, ele teria sido responsável", sua personalidade lhe pareceu "francamente atraente". Göring era "como um colegial em idade adulta, cheio de vida e de orgulho de tudo o que fazia", "um astro de cinema, um grande proprietário de terras interessado em seu patrimônio, primeiro-ministro, dono da festa, principal guarda-caça de Chatsworth". Mais importante, Halifax não julgara a conversa "desencorajadora", observando ser o general claramente a favor da amizade anglo-germânica. "Não me parece que criará muitas dificuldades no tocante às colônias; mas definitivamente está ansioso por reajustes na Europa Central."³⁴

De volta a Berlim, Henderson ofereceu um jantar em homenagem a Halifax, ao qual compareceram, entre outros, Blomberg, Schacht e o assistente de Göring, general Erhard Milch. Após o jantar, Halifax teve uma conversa franca com Blomberg, que lhe explicou com toda a clareza ser a questão colonial secundária. "As questões vitais para a Alemanha, com sua população em expansão e estabelecida onde está, bem no meio da Europa, são as relacionadas com seu status no Centro e no Leste da Europa." Tendo comparecido à Conferência de Hossbach, Blomberg sabia do que falava, acrescentando que, "se todos tentassem se sentar em cima de cada válvula de segurança, ocorreria em algum momento uma explosão".[35] Essa mensagem clara, contudo, foi distorcida por Schacht, que não estivera na conferência e enfatizou a importância das colônias, sugerindo que o Reino Unido poderia devolver a Togolândia e os Camarões.

No dia seguinte, 21 de novembro de 1937, Goebbels e sua esposa foram tomar chá com os britânicos. A expectativa de Halifax era desgostar intensamente do ministro da Propaganda, mas, "talvez por alguma falha moral minha", não foi o que aconteceu. Goebbels pediu ao lorde presidente que tentasse impedir os ataques da imprensa do Reino Unido a Hitler, alegando que "nada causava mais amargor e ressentimento entre os alemães". Reclamou em particular dos cartuns que ridicularizavam Hitler, parecendo ter críticas específicas a David Low, do *Evening Standard*, cujas caricaturas de Hitler já eram famosas.*[36] Como de hábito, Halifax mencionou a liberdade de imprensa no Reino Unido. Foi simpático, entretanto, e prometeu que "o governo de Sua Majestade fará tudo que estiver ao seu alcance para influenciar nossa imprensa a evitar ofensas desnecessárias".[37]

Durante a viagem de regresso, no trem para Calais, Halifax expôs suas conclusões imediatas em memorando para Chamberlain e o Secretariado das Relações Exteriores. "Salvo ledo engano de minha parte", escreveu, os alemães, "de Hitler ao povo na rua, desejam relações amistosas com a Grã-Bretanha". Acrescentou ser sua impressão que "Hitler fora sincero na afirmação de que não desejava uma guerra: Göring também". Havia, porém, a questão colonial, bem como as óbvias ambições da Alemanha a Leste e no Centro da

---

* Bem a propósito, Low fizera um cartum brilhante de Halifax na Exposição de Caça. Nele, Hitler mostra ao lorde presidente troféus intitulados "Weimar", "Versalhes" e "Locarno". Em um toque agourento, uma série de espaços vazios traziam a inscrição "Reservado", o maior dos quais atraía a atenção de um leão britânico de aparência claramente preocupada.

Europa. Em consideração a ambos os problemas, Halifax posicionou-se a favor de oferecer à Alemanha um acordo colonial em troca de alguma "garantia *de que não pretende causar uma guerra*". Esse postulado, admitia ele, era vago, e voltar atrás numa promessa, bem mais fácil que retomar uma colônia. A alternativa, porém, era ainda menos auspiciosa. Halifax, portanto, estabeleceu três pressupostos lógicos: "a – Desejamos um entendimento com a Alemanha; b – e devemos pagar por isso com; c – a única moeda que temos, que é alguma forma de ressarcimento colonial". Por fim, ao conjeturar que sorte de garantias poderiam ser cobradas da Alemanha em troca, Halifax reiterou sua crença de que o Reino Unido não deveria exigir a manutenção do *status quo*, mas sim obter dos alemães a promessa de que buscariam de forma pacífica seus conhecidos objetivos. "Em resumo, eis a situação", concluía: "Por mais que nos desgoste o prospecto da incansável propaganda nazista na Europa Central, não seremos nós ou os franceses capazes de fazê-la cessar, sendo assim miopia de nossa parte renunciar à oportunidade de um acordo com os alemães na expectativa de algo que quase certamente nos perceberemos impotentes para obter ao final."[38]

Chamberlain considerou a viagem "um grande sucesso". Como foi confirmado por Henderson em uma série de cartas entusiásticas, ele atingira seu objetivo: criar uma atmosfera positiva a partir da qual seria possível "discutir com a Alemanha as questões práticas envolvidas em um acordo para a Europa". Halifax convencera Hitler de "nossa sinceridade", enquanto Hitler e Göring haviam repudiado o recurso à guerra – uma visão endossada pelo próprio Halifax ao narrar ao Gabinete que os alemães estava focados em "construir sua nação" e "não tinham por política aventuras imediatas".[39] É claro, admitia Chamberlain de passagem em carta à irmã Ida, que "pretendem dominar o Leste Europeu; desejam a união mais próxima possível com a Áustria, sem incorporá-la ao Reich, e o mesmo desejam, basicamente, com relação aos *Sudetendeutsche*" na Tchecoslováquia. No entanto, tais coisas não eram necessariamente incompatíveis com a paz na Europa ou com a política britânica. "Não vejo por que não possamos pedir à Alemanha garantias satisfatórias de que não usarão a força na lida com os austríacos e os tchecoslovacos, dando-lhes garantias similares de que não usaremos a força para impedir que obtenham as mudanças desejadas, desde que o façam por meios pacíficos."[40]

De sua parte, Halifax não perdeu tempo em cumprir a promessa a Goebbels e pressionar a "livre" imprensa britânica. Mas os mais importantes e influentes veículos do país já estavam ao seu lado. "Faço tudo o que posso, noite após noite, para manter fora do jornal qualquer coisa que possa ferir suscetibilidades [dos alemães]", confessou o bom amigo do lorde presidente, Geoffrey Dawson, editor do *Times*, em carta de maio de 1937 em que também admitia incluir nas edições "pequenos toques no sentido de amansá-los".⁴¹ Havia, porém, na esquerda liberal jornais consistentemente críticos à Alemanha nazista. Halifax, portanto, marcou um encontro com o presidente do conselho do liberal *News Chronicle*, sir Walter Layton, e o proprietário do *Daily Herald*, apoiador do Partido Trabalhista, lorde Southwood. A conversa com este último não pareceu ter efeito imediato, pois, meros dois dias depois, o jornal publicou uma charge na qual uma mulher, personificando a Europa, oferecia seu bebê, representativo das colônias, a um agressivo Hitler. "Leve meu bebê, mas por favor, me poupe!", dizia a legenda.⁴² Tratava-se de um retrato perfeitamente fiel da política externa britânica (exceto pelo fato de que Chamberlain e Halifax estavam igualmente prontos a sacrificar países do Leste e do Centro da Europa), que teve como consequência uma carta furiosa e pomposa de Halifax a Southwood, queixando-se de "uma charge injustamente cruel", que só fazia dificultar o objetivo da amizade anglo-germânica. Southwood engoliu a bronca, assegurando ao lorde presidente que aquilo não se repetiria.⁴³

David Low, do *Evening Standard*, não seria tão fácil de dobrar. Consagrado como o maior cartunista de sua época, tinha tamanha liberdade de ação que a ele era até permitido parodiar o dono do jornal, lorde Beaverbrook. De fato, sua charge do dia 28 de novembro de 1937, de *timing* premonitório, exibia os editores do *Times* (Dawson) e do *Observer* (J. L. Garvin), juntamente com lorde Lothian e Nancy Astor, dançando sob a batuta do maestro Goebbels. Mas Halifax estava determinado a freá-lo e, por sugestão de sua boa amiga lady Alexandra "Baba" Metcalfe, marcou um almoço com o presidente do conselho do *Standard*, Michael Wardell — segundo Michael Foot, jornalista do jornal, um "simpatizante do fascismo". Ele foi compreensivo, mas disse não poder fazer nada, pois o contrato de Low lhe garantia liberdade editorial. Contudo, se Halifax lhe fizesse um apelo pessoal, talvez Low estivesse disposto a ser razoável. Era uma sugestão bem pouco ortodoxa — raramente, se é que alguma vez, um membro sênior do Gabinete do governo do Reino Unido havia precisado censurar pessoalmente um cartunista de jornal —, mas, da mesma forma como compareceria a um jantar extremamente maçante da Sociedade Anglo-Germânica ainda naquele mês, Halifax estava disposto a acatá-la "em nome de uma boa causa".⁴⁴ Em encontro no apartamento de Wardell em Bayswater, Halifax pediu a Low para atenuar suas charges, pois estavam tendo efeito prejudicial sobre a busca do governo pela paz duradoura. Nesses termos, a recusa ficou difícil para Low. "Pois bem, não quero ser o responsável por uma guerra mundial", respondeu o cartunista, "mas meu dever jornalístico é reportar fielmente os fatos. [...] E acho esse homem deplorável. Mas vou me segurar um pouco."*⁴⁵

Henderson ficou encantado com tais esforços. Embora tenha alegado em suas memórias ter enorme respeito por aquela "libertina privilegiada", a imprensa britânica, na realidade mostrava-se tão disposto a calar críticas dos jornais à Alemanha quanto o dr. Goebbels.⁴⁶ Em carta a Eden, de 29 de novembro de 1937, pouco depois do retorno de Halifax, implorou que "nada deixasse de ser feito para impedir na imprensa britânica atos gratuitos e desnecessários, para não dizer mal-informados, capazes de irritar a Alemanha", acrescentando que, "se quisermos manter escancarada a porta aberta por lorde Halifax, algo deve ser feito para impedir a imprensa de batê-la mais uma vez".⁴⁷ Sua reação, portanto, foi de considerável raiva ao ler dois relatos do *Daily Telegraph*, de 2 e 3 de dezembro de 1937, que afirmavam ter o governo alemão feito lobby junto a Halifax quanto à questão colonial, estando o governo britânico, porém, determinado a negar o pedido de Schacht de que fossem repassados à Alemanha territórios na África Central sob autoridade belga e portuguesa. À parte o fato de tratar-se quase exatamente do mesmo esquema que estava sendo então elocubrado por Chamberlain, Henderson ficou apoplético e citou os artigos como exemplos claros do "imenso dano potencial" da imprensa britânica. "Minha vontade é esganar o sr. Victor Gordon-Lennox", esbravejou para Halifax, referindo-se ao correspondente diplomático do *Daily Telegraph*. Halifax respondeu ter escrito em termos fortes para Eden e "exortando-o a chegar o mais perto de esganar Gordon-Lennox quanto lhe fosse possível".⁴⁸

Assim iniciaram suas missões os novos, ou melhor dizendo, os evangelistas apaziguadores. Se não havia originalidade na doutrina, ela estava pre-

---

* Após o encontro, as charges de Low tornaram-se menos pessoais, embora não menos críticas, por meio da invenção de Muzzler – "um personagem com características bastante claras de ambos os ditadores". Depois de Hitler invadir a Áustria, contudo, o cartunista sentiu-se livre para voltar à carga como antes.

sente no fervor, na convicção, na determinação implacável. O que antes não passava de uma política reativa e dessultória, temperada pelo ceticismo, era agora ativa e positiva, disposta a apresentar-se a todos. Acima de tudo, os apaziguadores evangelistas eram otimistas e depositavam enorme fé na combinação entre boa vontade e discussão razoável. Como havia escrito Halifax imediatamente antes de sua visita (e a colocação poderia facilmente ter saído da boca de Chamberlain), "penso que, se conseguíssemos afinal convencê-los [os alemães] de nossa intenção de amizade, veríamos que vários temas são menos intratáveis do que ora nos parecem".[49]

Infelizmente, naquele exato momento, os alemães chegavam à conclusão oposta. Após tanto esperar pela elusiva aliança anglo-germânica, Hitler passara a ver o Reino Unido menos como amigo em potencial e mais como provável inimigo. Tal estado de espírito tinha relação com a transformação de Ribbentrop de anglófilo de carteirinha em anglófobo inveterado. Amargurado pela falta de êxito, tanto diplomático quanto social, o embaixador alemão passou dezembro de 1937 entocado em seu escritório a escrever um relatório gigantesco para Hitler, explicando ter fracassado em sua missão e dizendo-lhe que, dali para a frente, a Alemanha deveria passar a encarar a Inglaterra como inimiga implacável. Os britânicos nunca abandonariam seu comprometimento com o equilíbrio de poder ou a amizade da França. A política alemã, assim, deveria se direcionar à sedimentação de alianças que pudessem enfrentar "nosso mais poderoso inimigo" e, se necessário, desmembrar seu império.[50] Portanto, à medida que 1937 se aproximava do fim, as políticas do Reino Unido e da Alemanha se moviam em direções opostas: uma polarização crescente que daria o tom para o ano seguinte e levaria a Europa à beira da guerra.

X
"Chapéus-coco estão de volta!"

Temo que a dificuldade fundamental seja N. [Chamberlain] acreditar ser ele um homem com a missão de se entender com ditadores.
Anthony Eden, Diário, 18 de janeiro de 1938.[1]

Ao cair da noite de 11 de janeiro de 1938, uma figura alta e bem-vestida entrava discretamente na embaixada britânica em Washington. O horário tardio fora escolhido para tentar manter o encontro em segredo. O embaixador britânico recebeu o visitante devidamente a sós no escritório particular. Lá, o subsecretário de Estado dos Estados Unidos, Sumner Welles, ouvia sir Ronald Lindsay, um gigantesco escocês pouco dado à efusividade, ler o pequeno documento datilografado que acabara de receber. Ao erguer afinal os olhos do suporte de leitura, Lindsay declarou com profunda emoção: "Essa é a primeira esperança que tenho em mais de um ano de que possamos evitar uma nova guerra mundial".[2]

A notícia que Lindsay recebera, e que chegaria a Londres dentro de uma hora sob máximo sigilo, era que o presidente Roosevelt, ansioso com a deterioração da situação mundial e "mais que nunca impressionado com o risco de conflagração geral", havia decidido tentar interromper a espiral descendente lançando-se à única rota que lhe estava aberta, dado o estado fortemente isolacionista da opinião pública norte-americana.[3] Tratava-se de um plano por meio do qual o presidente apelaria às nações do mundo para que se unissem e considerassem maneiras de harmonizar as relações internacionais. A ideia, na essência um toma lá dá cá, consistia na busca de um acordo de desarmamento (concedido pelos Estados ditatoriais) em troca de um novo sistema igualitário de distribuição de matérias-primas em nível mundial (concedido pelas demais nações). Planejava lançar seu apelo em 22 de janeiro, e pedia naquele momento o apoio britânico. Se não obtivesse sua aprovação em até cinco dias, abandonaria o plano.⁴ As chances de êxito do que se tornaria conhecida como a Iniciativa Roosevelt eram de uma em cem. Porém, pela primeira vez desde o fim da Grande Guerra, os Estados Unidos propunham assumir um papel de destaque na política internacional; a pura e simples rejeição da ideia por parte dos ditadores provavelmente já teria um efeito poderoso sobre a opinião pública norte-americana. Por todas essas razões, Lindsay estava entusiasmado e instigava Londres a "responder a esta inestimável iniciativa com a mais rápida e cordial aceitação".⁵

Não seria assim. Por mais que em 1º de novembro de 1937 Eden tivesse dito à Câmara dos Comuns estar disposto a viajar "não só de Genebra a Bruxelas, mas de Melbourne ao Alasca" para obter a cooperação norte-americana, naquele momento o secretário das Relações Exteriores encontrava-se no sul da França, a confabular e jogar tênis com Churchill e Lloyd George.⁶ Em sua ausência, Chamberlain se encarregara do Secretariado e, como recordaria um alto funcionário, "abominara a ideia de R." e estava determinado a matá-la.⁷ Por essa razão, escreveu ao presidente, agradecendo-lhe pela sugestão interessante e "corajosa", mas ainda assim pedindo-lhe que "guardasse a carta na manga".⁸

A motivação de Chamberlain para ministrar tal "ducha de água fria" não era só o antiamericanismo.⁹ Embora julgasse a ideia de Roosevelt uma "torrente de absurdos" – nada além do tipo de conceito magnânimo e vago que se acostumara a esperar daquelas paragens –, preocupava-se bem mais com o efeito que a iniciativa teria em seus próprios planos.¹⁰ Como explicou em sua resposta ao presidente, o governo britânico já estava engajado em projetos pensados para facilitar o "apaziguamento" da Europa e acreditava "poder esperar algum avanço no futuro imediato". O primeiro-ministro estava trabalhando em um esquema colonial para satisfazer a Alemanha, e o governo da Itália dera sinal recentemente de seu desejo de iniciar negociações, o que deveria resultar em "apaziguamento ao menos para a região do Mediterrâneo".¹¹

O movimento de aproximação com a Itália tivera início no verão de 1937. Abatido pelo cancelamento da visita de Neurath, Chamberlain sentiu-se gratificado quando, em 27 de julho, o embaixador italiano, o barbudo e sedutor conde Dino Grandi, veio visitá-lo, aparentemente trazendo a tiracolo uma carta do Duce. Nela (na verdade uma invenção do embaixador, elaborada para dar início a negociações), "Mussolini" dizia-se ansioso pelo restabelecimento de boas relações entre Reino Unido e Itália e propunha que os dois países iniciassem conversas com vistas à resolução completa de suas diferenças.[12] Em particular, continuava Grandi, Mussolini desejava avidamente o reconhecimento dos britânicos do direito da Itália à anexação da Abissínia. A isso, Chamberlain respondera que tal passo geraria muitas críticas no Reino Unido, sendo admissível apenas no bojo de "um grande esquema de reconciliação, que pusesse fim a suspeitas e ansiedades e levasse à restauração da confiança".[13] No entanto, sentiu-se encorajado, tendo escrito prontamente uma carta a Mussolini – sem mostrá-la a Eden, pois "tinha a sensação de que ele faria objeções" –, na qual lhe assegurava que o governo britânico "era instigado tão somente pelos mais caros sentimentos para com a Itália e estará pronto a qualquer momento a entrar em conversas com vias ao esclarecimento de toda esta situação e à remoção de todas as causas de suspeitas ou mal-entendidos".[14]

Isso geraria uma carta amistosa (e dessa vez genuína) de Mussolini, receptiva à ideia de conversas, e logo Chamberlain se congratulava de ter obtido "um extraordinário relaxamento da tensão na Europa". "Sente-se a dimensão do maravilhoso poder que o cargo de primeiro-ministro nos concede", escreveu à irmã Ida em 8 de agosto de 1937, da propriedade do duque de Westminster em Highland. "Como ch[anceler] do T[esouro], mal conseguia mover um pedregulho; agora, só preciso erguer um dedo e toda a face da Europa se modifica!"[15]

Eden não estava convencido. Considerava Mussolini, mais ainda que Hitler, o "anticristo" e relutava em corroborar o prestígio do ditador em um período em que as forças armadas italianas despejavam gasolina no inferno espanhol e a propaganda antibritânica continuava de vento em popa – habilmente direcionada pelos italianos na direção dos árabes, que se insurgiam na Palestina.[16] Acima de tudo, Eden, ao contrário de Chamberlain, não confiava nas boas intenções do Duce. "Tanto já me prometeram que esse ou aquele ato de nossa parte resultaria na melhora das relações anglo-italianas, e tanto já me decepcionei", escreveu em ata do Secretariado das Relações Exteriores no verão de 1937, "que não compartilho dessa visão otimista quanto ao reconhecimento de direito. [...] Temo que a causa seja a determinação da Itália em reviver o Império Romano, e nós estamos em seu caminho."[17]

De início, a enorme diferença de opinião entre primeiro-ministro e secretário das Relações Exteriores foi mascarada em função de Chamberlain pressupor que Eden só fazia expressar a cautela e os preconceitos naturais do Secretariado. Convencido, assim como sir Samuel Hoare, de que "o Secretariado tem predisposição contra a Alemanha (e a Itália e o Japão)", Chamberlain tornou-se cada vez mais frustrado com seus ocupantes, que, reclamou, "não me parecem ter imaginação e nem coragem". Reconhecidamente, Eden era "excelente em aceitar minhas sugestões sem resmungos, mas é cansativo ter de sempre retomar as questões do início" e às vezes até mesmo reescrever despachos do Secretariado das Relações Exteriores. "Temo muito", continuou em carta à irmã Hilda, "que acabemos por deixar a situação anglo-italiana escorregar de volta para onde estava antes de minha intervenção. O secretariado insiste em ver Musso apenas como uma espécie de Maquiavel, vestindo uma máscara de falsa amizade para satisfazer suas nefastas ambições. Se o tratarmos dessa forma, não chegaremos a lugar nenhum com ele e teremos de pagar por nossa desconfiança com defesas apavorantemente custosas no Mediterrâneo."[18]

Como se viu, o responsável pelo retrocesso nas relações anglo-italianas durante o fim do verão e o outono de 1937 foi o "nefasto Maquiavel", não o Secretariado das Relações Exteriores. Conversas eram impossíveis com submarinos italianos a rondar o Mediterrâneo, e o bombástico discurso do Duce, celebrando a tomada de Santander por parte de Franco, caiu muito mal. Em setembro, Mussolini fez uma rumorosa visita a Berlim e, em novembro de 1937, os italianos se uniram ao Pacto Anti-Comintern entre alemães e japoneses. Em dezembro, a Itália deixaria a Liga das Nações.

Foi nessa época que o desgaste na relação entre Chamberlain e Eden tornou-se visível. Ainda que o caçula dos dois – Eden era quase trinta anos mais novo – assegurasse ao veterano que não se importava que seu interesse em política externa fosse maior do que fora o de Baldwin (até porque menor seria impossível), o secretário das Relações Exteriores logo passaria a resistir à determinação do primeiro-ministro em se entender com os ditadores, quase que independentemente das circunstâncias. Ficava irritado acima de tudo com os métodos cada vez mais clandestinos de Chamberlain, que incluíam uma tentativa desastrada de recrutar Jim Thomas, secretário particular parlamentar de Eden, como espião a serviço do nº 10 de Downing Street, além de comunicados de imprensa concebidos para forçar a direção e o ritmo da política externa. Esses comunicados ocorreram em agosto de 1937, quando vários jornais passaram a noticiar avidamente a iminência de conversas anglo-

-italianas, e de novo em novembro, quando Downing Street manifestou suas expectativas pela visita de Halifax, contra a vontade de Eden. Este, febril, levantou-se indignado do leito para reclamar com Chamberlain. Daí saiu uma briga fenomenal, que culminou na famosa frase com que o primeiro-ministro descompôs seu secretário das Relações Exteriores: "Vê se volta pra cama e toma uma aspirina!".[19] No dia seguinte, sir Horace Wilson – oficialmente expert na área industrial, mas na prática o assessor para todos os assuntos mais próximo de Chamberlain no governo – tentou reparar a situação, garantindo a Jim Thomas que "o primeiro-ministro é devotado a A[nthony] E[den] e o considera o primeiro homem de seu Gabinete". Chamberlain, no entanto, estava convencido de que "sua política de utilizar cada oportunidade de ter encontros com ditadores estava correta", de que AE "estava errado" e, por conseguinte, o primeiro-ministro estaria "salvando AE de si próprio".[20]

Esse não era o único ponto de divergência entre os dois. Como disse Eden em carta de 3 de novembro de 1937 a Chamberlain, "estava profundamente preocupado com o estado de nosso rearmamento".[21] Um memorando do Ministério do Ar mostrava a RAF ainda dois anos atrasada em relação à Luftwaffe, e a situação quanto a canhões antiaéreos e holofotes era periclitante. Não poderia o Reino Unido, questionava Eden, compensar um pouco a diferença comprando equipamento no estrangeiro? Não era o que pensava Chamberlain. Embora aceitasse a necessidade de rearmamento até que a política de apaziguamento começasse a dar resultados, recusava-se a permitir que os gastos com defesa ultrapassassem o nível que julgava financeiramente prudente. A isso, a resposta certeira de Eden foi: "Uma boa posição financeira será pouco consolo para nós se Londres for arrasada devido às deficiências de nossa Força Aérea". Chamberlain, porém, achava tal visão "muito alarmista", acrescentando "não achar que alguém fosse nos atacar pelos próximos dois anos".[22]

Felizmente, se houve uma área na qual Eden teve êxito em arregimentar o apoio de Chamberlain, foi em prevalecer sobre o Estado-Maior, que, em documento oficial extraordinariamente derrotista de fevereiro de 1938, se opunha categoricamente a mais conversas oficiais com França e Bélgica, sob a alegação de que, no campo político, iriam provocar "suspeitas e hostilidade irreconciliáveis da parte da Alemanha".[23] Também no que se referia a Vansittart estavam alinhados. Incomodado havia muito tempo com seu jeito de diretor de escola, seus memorandos dramáticos e sua disposição em negociar com Mussolini, em 1936 Eden tentara sem sucesso livrar-se de "Van" oferecendo-lhe a embaixada em Paris. Os motivos de Chamberlain eram outros. Julgava-o um alarmista e alguém que sempre tentava dificultar suas tentativas de fazer contato amigável com os ditadores. O primeiro-ministro acreditava que Vansittart tinha o efeito desagradável de "multiplicar as vibrações naturais de Anthony".[24] De uma forma ou de outra, seu tempo havia se esgotado. Forçado a aceitar o novo posto de conselheiro-chefe diplomático do governo, que soava pomposo, mas carecia de sentido, Vansittart "caiu para cima", e o posto de novo subsecretário permanente passou para as mãos do "sensato e vagaroso" Alexander Cadogan – anteriormente chefe do departamento referente à Liga das Nações no Secretariado das Relações Exteriores e ministro britânico em Pequim.[25] Ponto para os apaziguadores.

A Iniciativa Roosevelt marcou o início do fim do relacionamento entre Chamberlain e Eden. Consternado com a esnobada do primeiro-ministro no presidente dos Estados Unidos durante sua ausência, Eden se atirou à tentativa de reverter a decisão logo que retornou à Inglaterra em 15 de janeiro de 1938. Ao visitar Chamberlain em Chequers no dia seguinte, disse que lamentava profundamente seus atos, que haviam decepcionado Roosevelt e se provariam certamente um revés ao projeto de dar fim ao isolacionismo norte-americano. Chamberlain respondeu que a iniciativa do presidente causaria confusão em "nossos próprios esforços" junto à Itália e à Alemanha, que, acreditava ele, estavam a ponto de produzir resultados. Isso Eden não poderia aceitar. Embora estivesse pronto a continuar as negociações com a Alemanha, estava convencido de que reconhecer a posição da Itália na Abissínia seria um erro, pois aumentaria o prestígio de Mussolini e, "portanto, o tornaria mais atrativo a Hitler".[26] Naquela noite, Oliver Harvey, o devotado secretário particular de Eden, levantou a possibilidade de renúncia em seu diário:

> Temo que o primeiro-ministro tenha dado uma mancada colossal e seja tarde demais para revertê-la. AE terá de pensar muito a respeito de sua posição, pois obviamente não poderá continuar responsável pela política externa caso o P[rimeiro] M[inistro] continue nessa linha. Não poderá assumir a responsabilidade por uma política que antagonize a América.
>
> O PM está sendo assessorado nessa loucura por Horace Wilson, que nada entende de política externa. Ele, o PM., é por temperamento antiamericano,

mas também, temo, movido por certa vaidade quanto a suas empreitadas com Hitler e Muss.²⁷

Dois dias depois, a chegada da resposta formal de Roosevelt ao telegrama de Chamberlain confirmou os temores de Eden. Embora o presidente houvesse concordado em adiar sua iniciativa por um curto período, estava, como retransmitiu Welles, seriamente decepcionado com a resposta britânica. Ademais, estava claramente horrorizado com a ideia de que o Reino Unido estivesse a ponto de reconhecer de direito a conquista da Abissínia pela Itália, como estabelecido na comunicação inicial de Chamberlain. Aquilo, explicava o presidente, teria péssimas consequências – tanto no Oriente Médio, onde nem Estados Unidos nem Reino Unido reconheciam a anexação japonesa da Manchúria, quanto junto à opinião pública norte-americana. "Em um momento em que o respeito às obrigações dos tratados teria importância tão vital nas relações internacionais da forma como as concebem nossos governos", escreveu Roosevelt, "sinto-me forçado a apontar que todas as repercussões do passo contemplado pelo governo de Sua Majestade deveriam ser consideradas com o máximo cuidado. [...] A opinião pública nos Estados Unidos só apoiará o governo em medidas de cooperação pacífica com outras nações dedicadas à paz neste mundo se tais medidas de cooperação forem destinadas a restabelecer e a manter princípios da lei e da moralidade internacionais."²⁸

Apegando-se a essa comunicação, Eden atravessou a rua e dirigiu-se a Downing Street para se encontrar com o primeiro-ministro. Mas Chamberlain tinha sua própria munição: uma carta de Ivy Chamberlain (viúva de Austen),* que havia passado o inverno em Roma a adular o Duce e ler para ele trechos das cartas do primeiro-ministro. Como disse Chamberlain, Ivy ouvira do conde Ciano, genro de Mussolini e ministro das Relações Exteriores, que o Duce estava ansioso para obter um acordo e aquele era um momento "psicológico" a não se perder.²⁹ Com tal possibilidade a se descortinar, Eden notou ser impossível demover o primeiro-ministro da Iniciativa Roosevelt ou do reconhecimento da Abissínia. "Temo que a dificuldade fundamental seja N acreditar ser um homem com a missão de se entender com ditadores", registrou o secretário das Relações Exteriores, com desânimo, em seu diário.³⁰

---

* Austen Chamberlain havia morrido em março do ano anterior, aos 73 anos.

Não menos deprimente para Eden era o fato de o primeiro-ministro parecer ter o apoio de seus colegas. À espera do início de uma reunião do Comitê de Política Externa do Gabinete, na tarde de 19 de janeiro, o secretário das Relações Exteriores reparou no alto da pilha de papéis de Thomas Inskip uma linha rabiscada à mão onde era possível ler: "Política de Eden, alinhar Estados Unidos, Grã-Bretanha e França, resultado guerra".[31] Eden tentou convencer o ministro para a Coordenação da Defesa do contrário, mas, quando a reunião teve início, descobriu que o resto do comitê compartilhava da mesma opinião. Chamberlain leu longos trechos das cartas de Ivy, cheias de expressões de boa vontade de Mussolini, e então preparou o esboço de um telegrama a Roosevelt, em que explicava os benefícios de se reconhecer a absorção da Abissínia pela Itália.

Isolado no Gabinete, Eden contemplava abertamente a renúncia. A dificuldade, como apontavam seus amigos no Secretariado, era o fato de o plano de Roosevelt ser ultrassecreto e, portanto, não poder ser usado para explicar seus atos. A questão foi levantada por Jim Thomas em atribulada audiência com sir Horace Wilson na manhã de 20 de janeiro, quando o primeiro alertou o segundo de que, caso Eden renunciasse de fato, havia uma chance de toda a história vazar para os norte-americanos, e "o país saberia então que o PM preferira recusar a ajuda de uma democracia para ficar livre para dar sequência a seus flertes com os ditadores". Wilson reagiu com um acesso de raiva e disse a Thomas que, "se a América produzir os fatos, ele usará todo o poder da máquina governamental para atacar o passado de AE com relação aos ditadores e a vergonhosa obstrução do Secretariado às tentativas do PM de garantir a paz mundial".[32]

Nenhuma das ameaças seria concretizada, afinal.* Na tarde de 20 de janeiro de 1938, Eden encontrou um Chamberlain menos seguro de si e conseguiu persuadi-lo a cancelar seu pedido a Roosevelt para adiar o anúncio do plano. Pareceu na ocasião uma significativa vitória. Tendo conseguido a

---

* Se Thomas tentava ameaçar Wilson, quase certamente o fazia sem a aquiescência de Eden. Ao longo de seus embates com Chamberlain, Eden sempre agiu de forma absolutamente honrada, recusando-se a levar sua causa adiante por meio de vazamentos à imprensa ou mesmo de lobby junto a seus colegas no Gabinete. Como Duff Cooper (que apoiou Chamberlain na reunião de Gabinete de 20 de fevereiro) escreveria mais tarde, se Eden "tivesse feito esforço para ganhar meu apoio na época, provavelmente teria sido bem-sucedido".

aprovação de Chamberlain a um telegrama de entusiásticas boas-vindas à proposta do presidente, enviado em seu nome, Eden mandou a seguir uma mensagem dele mesmo a sir Ronald Lindsay, declarando que, "de qualquer forma, queremos que o presidente leve adiante sua iniciativa".[33] Contudo, era tarde demais. Roosevelt então tinha dúvidas e, após adiar repetidamente o plano durante a primeira metade de fevereiro, acabou por decidir que a iniciativa de Chamberlain – o acordo com a Itália, incluído o reconhecimento de direito à Abissínia – estava "totalmente correta" e, portanto, sua própria ideia estava sendo posta na geladeira. "Isto é excelente", foi o comentário de Chamberlain.[34]

Para iniciar conversas com a Itália, Chamberlain vinha buscando vigorosamente seus próprios canais diplomáticos extraoficiais com Mussolini. Dois estavam disponíveis. Um por meio de Ivy Chamberlain – de cujos flertes com o Duce Eden estava amplamente ciente e com os quais se irritava cada vez mais – e o outro por meio das atividades nebulosas de sir Joseph Ball – das quais o secretário das Relações Exteriores não tinha praticamente conhecimento algum.

Descrito pelo ex-presidente do Partido Conservador como "indiscutivelmente durão", embebido na tradição do serviço e "tão experiente quanto qualquer um que eu conheça no lado sórdido da vida e em lidar com criminosos", o major Joseph Ball havia sido agente do MI5 até deixar a função em 1927 e passar a trabalhar para o Partido Conservador.[35] Lá, na condição de gerente de propaganda e depois diretor do então recém-criado Departamento Conservador de Pesquisa, estabeleceu um serviço de inteligência política que, no início dos anos 1930, não apenas conseguira infiltrar pessoas nos partidos Trabalhista e Liberal, mas também estendera seus tentáculos por várias áreas do governo. Também desenvolvera forte amizade com o líder do Departamento, Neville Chamberlain, com quem passaria várias horas ao longo da década seguinte à espreita das trutas nos córregos de Hampshire.

Em meados de 1937, Ball foi abordado por Adrian Dingli, um advogado britânico de ascendência anglo-ítalo-maltesa e conselheiro legal da embaixada italiana. Segundo Ball, Dingli se ofereceu para "informá-lo" da movimentação diplomática da Itália; na versão de Dingli, os dois discutiram maneiras de "aperfeiçoar" as relações anglo-italianas. De uma forma ou de outra, o encontro levou à criação de um canal diplomático extraoficial que permitia a Chamberlain se comunicar com o governo da Itália sem que o Secretariado das Relações Exteriores soubesse e vice-versa. A vantagem desse desdobramento, como viria a ser provado, seria quase totalmente dos italianos. Embora Dingli alegasse que um dos princípios básicos de seu trabalho com Ball fosse privilegiar sempre os interesses britânicos, e não os italianos, era o Secretariado das Relações Exteriores do Reino Unido, e não o da Itália, que os dois, junto com Chamberlain, conspiravam para enfraquecer. Esse aspecto ficou imediatamente claro para o embaixador da Itália, o conde Grandi, que via na relação entre Ball e Dingli não apenas um meio caído do céu para catequizar o círculo próximo ao primeiro-ministro, mas também uma oportunidade de "enfiar uma cunha na divisão incipiente entre Eden e Chamberlain e alargá-la ainda mais, se possível".[36]

Chamberlain não se dava conta desse risco óbvio. Em 10 de janeiro de 1938, valendo-se da ausência de Eden, que estava no sul da França, pediu a Ball para entrar em contato com Grandi e descobrir se ele poderia "obter a permissão de Roma para iniciar 'conversas' em Londres com o PM", na época prerrogativa única do secretário das Relações Exteriores.[37] O esquema caiu por terra quando a Iniciativa Roosevelt deu fim ao feriado de Eden e o pôs novamente a cargo da política externa em caráter oficial. Chamberlain não se deu por vencido. Em 17 de janeiro tomou a medida extraordinária e certamente sem precedentes de rascunhar junto a Ball uma carta para Grandi enviar a Eden, solicitando uma reunião com ele próprio e o secretário das Relações Exteriores. Dingli inicialmente teve dúvidas quanto a esse ardil, que, temia, colocaria os italianos na posição de súplica. Mas, quando Ball surgiu com a carta em sua própria mão, rascunhada em papel timbrado de Downing Street, essa ridícula ideia errada da situação logo se dissiparia. Grandi impôs mudanças sutis, mandou datilografarem a carta e a assinou.

Foi quando dois acontecimentos ameaçaram dar cabo de todo o esquema. Na sexta-feira, 21 de janeiro de 1938, o navio mercante britânico *Endymion* foi afundado por um submarino nacionalista ao largo da costa da Espanha e, à noite, o noticiário da BBC anunciou que "nenhum esforço para melhorar as relações anglo-italianas havia sido contemplado" pelo governo.[38] Ball entrou em ação imediatamente. No sábado, já havia conseguido que a BBC repudiasse a reportagem – quase certamente inspirada pelos apoiadores de Eden no Secretariado das Relações Exteriores – e então lançou sua própria campanha de imprensa, no sentido de angariar apoio do público para um acordo com a Itália. Enquanto isso, Ivy Chamberlain, tendo sido repreendida por Ciano quanto à falta de disposição do Reino Unido para iniciar negociações, decidiu mostrar-lhe uma carta que havia recebido havia pouco tempo do cunhado, na qual ele expressava sua crença em que as conversas começariam antes do final de fevereiro. "O efeito", como Neville Chamberlain descreveu em seu diário, "foi mágico."[39] Convocada para uma audiência com o Duce, Ivy foi perguntada se se importaria em ler a carta para ele. Tratava-se, é claro, de pura encenação. Graças ao serviço secreto italiano, Mussolini sabia muito bem do conteúdo. Conseguiu, porém, disfarçar bem e fingir deleite espontâneo, pedindo a lady Chamberlain que transmitisse ao cunhado a informação de que ele compartilhava por completo dos desejos do primeiro-ministro e esperava que as conversas tivessem logo início e cobrissem todos os pontos, "incluindo propaganda, o Mediterrâneo, as colônias e a economia".[40]

Eden ficou furioso. Ao saber desse mais recente surto de diplomacia extraoficial após o fim de semana de 5 e 6 de fevereiro, escreveu para Chamberlain reclamando de que "isso recria na mente de Mussolini a impressão de poder nos dividir, e ele terá menos disposição para prestar atenção ao que tenho a dizer a Grandi". Ademais, Roma já "passava a impressão, a partir daquela audiência, que a estávamos cortejando, e não resta dúvida alguma de que o propósito disso é mostrar a Berlim que vale a pena fazê-lo". Essa, continuava ele, "era exatamente a jogada favorita de Mussolini, e que ele executa com a maior habilidade sempre que pode. Não acho que devamos permitir-lhe".[41] Ainda que secretamente satisfeito, Chamberlain respondeu se desculpando. Estava "abalado" ao saber que o "procedimento pouco ortodoxo" de sua cunhada causara apreensão a Eden e lhe assegurava que contaria a Ivy "com absoluta certeza" que suas cartas, no futuro, deveriam permanecer privadas. Não conseguiu deixar de acrescentar, no entanto, que não acreditava que ela "tivesse causado algum dano".[42]

O confronto final entre o primeiro-ministro e o secretário das Relações Exteriores quanto às conversas com a Itália foi precipitado por dois eventos. Em 12 de fevereiro, Hitler convocou o chanceler da Áustria, Kurt von Schuschnigg, a Berchtesgaden. Lá o submeteu a uma diatribe quanto a iniquidades austríacas antes de forçá-lo, sob pena de invasão imediata, a suspender a proibição das atividades do Partido Nacional-Socialista Austríaco e a aceitar dois nazistas austríacos, Arthur Seyss-Inquart e Edmund Glaise-Horstenau, em seu governo. A ameaça da *Anschluss* era clara, e deu aos italianos o cacife necessário para forçar os britânicos a assumirem uma posição. Em 17 de fevereiro, o conde de Perth, embaixador britânico em Roma, reportou a insistência de Ciano por um início imediato das negociações, "haja vista a possibilidade de certos acontecimentos futuros".[43] No mesmo dia, o ministro das Relações Exteriores da Itália almoçou com lady Chamberlain e lhe implorou que entendesse como o tempo era essencial: "Hoje um acordo será fácil, mas há coisas ocorrendo na Europa que o tornarão impossível amanhã", disse, enigmaticamente.[44]

Para Chamberlain, essas mensagens tinham um significado óbvio:

> Hitler fizera sua jogada e deixara Mussolini furioso. Ele desejava saber em que pé estava a situação conosco, pois, caso tivesse de nos considerar inimigos em potencial, teria de chegar aos melhores termos possíveis com Hitler, e, quão mais próximo estivesse preso a ele, mais difícil seria obter um acordo conosco.[45]

Lembrando-se de quando Mussolini despachara tropas até o passo do Brennero após a fracassada tentativa dos nazistas de tomarem a Áustria, em julho de 1934, Chamberlain pensou que um acordo anglo-italiano encorajaria Mussolini a resistir à *Anschluss*. Por outro lado, se os britânicos não conseguissem iniciar as conversas, o Duce simplesmente seria forçado a aquiescer aos planos de Hitler. Já o Secretariado das Relações Exteriores interpretava a situação de forma exatamente oposta. Não acreditava que Mussolini, assoberbado na Espanha e na Abissínia, tivesse condições de resistir a uma invasão dos alemães à Áustria, ainda que quisesse. Pelas informações recebidas dos serviços de inteligência, Eden se convencera de que Mussolini na verdade fizera um trato com Hitler, pelo qual aceitava a união da Alemanha com a Áustria em troca de certas promessas alemãs relativas aos interesses italianos na Espanha.

Dessas duas interpretações, a segunda era a mais próxima da verdade. Contudo, os italianos estavam ansiosos para se garantirem por todos os lados, e Ciano instruiu Grandi a "acelerar as negociações com Londres".[46] E Grandi ficou mais que feliz em fazê-lo. Sem nenhum entusiasmo pela aliança com a Alemanha, o embaixador, que esperava "fazer o papel do homem que selou a paz com a Inglaterra", decidira por sua própria conta forçar o fugidio encontro conjunto com Chamberlain e Eden.[47] Em 15 de fevereiro alertou Dingli – e, na prática, Ball e Chamberlain – que, caso aquela reunião não ocorresse nos próximos dias, planejava abandonar os esforços pela melhora das relações anglo-italianas e deixar Londres por tempo indeterminado. Pior ainda, fez uma ameaça: se "sua" carta a Eden solicitando a reunião conjunta viesse a público, seria forçado, em nome da honra da Itália, a revelar que Chamberlain fora o verdadeiro autor.[48]

Confrontado com a chantagem, e também com a ameaça da Alemanha à Áustria, Chamberlain providenciou rapidamente a reunião com Grandi. Determinado a iniciar as conversas com a Itália ainda que "lhe custasse o secretário das Relações Exteriores", recusou a solicitação de Eden para se encontrar sozinho com o embaixador e insistiu em ser ele mesmo o anfitrião da reunião. Depois de muitas artimanhas envolvendo o canal secreto, a reunião afinal foi marcada para as 11h30 de sexta-feira, 18 de fevereiro, na Sala do Gabinete.[49] Lá, Grandi dedicou-se a confirmar as predisposições de Chamberlain. Negou com veemência a existência de qualquer acordo entre Itália e Alemanha com relação à Áustria e então entregou-se a uma longa história das relações anglo-italianas, pintando a Itália como injustiçada. Quinze anos depois, Eden, ao refletir sobre aquela extraordinária audiência, relembrou:

> N[eville] C[hamberlain] pediu a Grandi que nos falasse sobre as relações anglo-italianas, e Grandi, um diplomata habilidoso, fez seu trabalho de forma admirável. Sempre que fazia uma pausa, Chamberlain o encorajava. Permanecia impassível, entre meneios de aprovação, enquanto Grandi detalhava queixa atrás de queixa. Quanto mais NC meneava, mais escandaloso tornava-se o relato de Grandi. No final, mais parecia havermos nós invadido a Abissínia.[50]

De fato, um diplomata habilidosíssimo, Grandi percebera rapidamente as intenções de Chamberlain. "Ao dirigir suas perguntas diretamente a mim", escreveu o embaixador em um despacho que se tornaria célebre, o primeiro-ministro pretendia obter

> nada mais, nada menos que os detalhes e respostas precisas que lhe seriam úteis como munição contra Eden. De pronto, dei-me conta disso e, naturalmente, procurei suprir Chamberlain de toda a munição que considerasse poder lhe ser útil na empreitada. Sem sombra de dúvida, o contato previamente estabelecido entre mim e Chamberlain por meio de seu agente confidencial provou-se deveras valioso nessa conexão.[51]

Portanto, o embaixador explicou que a atitude de Mussolini quanto aos recentes acontecimentos na Áustria teria sido muito diferente se as conversas com o Reino Unido já estivessem adiantadas. Não obstante, "como poderia ele [Mussolini] mobilizar tropas rumo ao Brennero, como fizera antes, caso sentisse na Grã-Bretanha um inimigo em potencial e não julgasse estar o Mediterrâneo em posição segura?".[52] Chamberlain retrucou, questionando que atitude teria Mussolini perante a Áustria caso as conversas começassem naquele momento. Grandi respondeu que tal acontecimento encorajaria Mussolini a assumir uma posição mais forte e independente. Por outro lado, enfatizou que sua negativa quanto à existência de um trato entre Alemanha e Itália com relação à Áustria referia-se ao presente, mas não necessariamente "ao futuro". A postura futura da Itália com relação à paz na Europa e ao equilíbrio de poder, continuava ele, dependia "exclusivamente" de como agiria a Grã-Bretanha. Chamberlain, que dera a tal peça de mal disfarçada chantagem a mais extasiada atenção, inclinou-se para a frente. Deveria, pois, entender, perguntou ao embaixador, que, se as relações de amizade anglo-italianas não fossem imediatamente restituídas, a Itália se veria forçada a assumir uma posição e fazer promessas "potencialmente hostis às grandes potências ocidentais"? A resposta de Grandi foi que o primeiro-ministro entendera a situação "perfeitamente".[53]

Convencido, Chamberlain cortou as poucas tentativas de Eden de arguição do embaixador e pediu a Grandi que retornasse à Downing Street às 15 horas, horário em que já deveria ter uma resposta a lhe dar. Logo que o embaixador saiu, Chamberlain disse a Eden não ter qualquer dúvida quanto ao que deveriam dizer quando retornasse: deveriam anunciar estar prontos a abrir negociações imediatamente e informar-lhe que o embaixador britânico seria convocado para receber instruções. Quando Eden se opôs, Chamberlain perdeu as estribeiras. "Anthony, você desperdiçou oportunidade atrás de oportunidade", gritou, andando a passos fortes pela Sala do Gabinete. Eden devolveu que julgava os métodos de Chamberlain corretos apenas "quando se tem fé no homem com quem se está a negociar". "Pois tenho", cortou o primeiro-ministro.[54]

Os dois – que, na memorável descrição de Grandi, não mais pareciam colegas, e sim "dois galos prontos para a briga" – acabaram por concordar que a única solução para o impasse seria levar a questão ao Gabinete.[55] Foi solicitado a Grandi, portanto, que só retornasse após o fim de semana. E os ministros foram informados da incomum reunião de Gabinete a ocorrer na tarde seguinte, a de sábado, 19 de fevereiro de 1938.

A essa altura, os jornais já haviam se dado conta da existência de um sério racha no coração do governo. Na manhã de sábado, a maioria das manchetes incluía alguma referência às diferenças entre o primeiro-ministro e o secretário das Relações Exteriores, e, quando Eden atravessou a rua em direção à Downing Street, foi saudado por uma multidão. Chamberlain iniciou a reunião com uma hora de considerações sobre a relação entre o Reino Unido e a Itália nos últimos dois anos. Lorde Halifax, que estranhamente não era nem de longe o único quase totalmente alienado à crise iminente, passou um bilhete a Sam Hoare, perguntando "qual o propósito desse maçante sermão sobre história".[56] Só aos poucos ficou claro haver diferenças entre o primeiro-ministro e o secretário das Relações Exteriores quanto a abrir conversas com a Itália. Estas eram essenciais, disse Chamberlain, antes de habilmente retratar a diferença com Eden não como de princípios, "mas de método", e quanto ao presente momento ser ou não oportuno.[57]

A apresentação de Eden não foi das melhores. Como notou Duff Cooper, "quem porventura ainda não estivesse decidido certamente se deixou convencer pelo primeiro-ministro".[58] E logo ficaria claro ter sido esse o caso. Ao chamar cada ministro para uma conversa em separado, Chamberlain percebeu que, dos dezoito presentes, contava com catorze totalmente do seu lado, enquanto apenas quatro pareciam ambivalentes. O Gabinete, no entanto, não se dera conta de que Eden estava pronto a renunciar caso não conseguisse a adesão dos colegas. Quando isso se tornou aparente, houve um "sobressalto horrorizado" e vários ministros começaram a dizer que aquilo modificava a situação. No intuito de evitar uma guinada coletiva, Chamberlain interveio para dizer que não poderia aceitar "qualquer decisão no sentido oposto".[59] O Gabinete, portanto, se viu diante da escolha da renúncia do primeiro-ministro ou do secretário das Relações Exteriores.

Embora tenham sido feitos esforços para encontrar uma fórmula que permitisse a Eden continuar, logo ficou claro que seria impossível achá-la. Ele estava determinado a renunciar, e Chamberlain, decidido a não fazer qualquer movimento para impedi-lo. Pelo contrário, sua principal preocupação era assegurar o apoio do público à sua política, agora responsável pela renúncia do membro mais popular do governo. Na noite de 19 de fevereiro – logo depois de Eden contar ao Gabinete que pretendia renunciar –, Ball contatou Dingli e explicou que, para sua política dar frutos, Chamberlain precisaria poder anunciar que os italianos haviam concordado com as demandas britânicas – na verdade de Eden – de uma retirada dos "voluntários" italianos da Espanha. Ciano concordou na mesma hora. Temeroso de que a renúncia de Eden precipitasse a queda de Chamberlain, instruiu Grandi a dar ao primeiro-ministro garantias – devidamente transmitidas a Ball por Dingli no banco de trás de um táxi. O diário do ministro das Relações Exteriores da Itália captura o drama da perspectiva italiana:

> A crise se instalou em Londres. O Duce liga de Terminillo pedindo informações a cada meia hora. A situação é fluida. Eden renunciou às 13 horas e foi ao Gabinete logo depois. [...] Foi aplaudido pela multidão ao sair, carrancudo e só, saudado com gritos de "Eden primeiro-ministro". Trabalhistas, liberais e os conservadores mais à esquerda já assinaram uma moção em favor dele. Essa é talvez uma das mais importantes crises já ocorridas. Pode ser o diferencial entre guerra e paz. Autorizei Grandi a tomar qualquer medida que possa pôr mais uma flecha na aljava de Chamberlain. Um Gabinete chefiado por Eden teria como meta primária a luta contra ditaduras – a começar por Mussolini.[60]

Tratava-se de uma superestimação. Eden jamais defendera ações preventivas contra a Itália e apoiava, ainda que sem entusiasmo, as tentativas de Chamberlain de apaziguar a Alemanha. Além do mais, como Chamberlain e seus apoiadores apontavam, era um político notoriamente indeciso e havia virado casaca mais de uma vez na questão das negociações com os italianos. Mas dessa vez havia renunciado, garantindo a reputação futura de um dos principais "antiapaziguadores", uma imagem reforçada pelo relato altamente dramático – gótico, até – de Churchill em suas memórias de guerra de como reagiu à notícia, pintando um quadro em que passou a noite em claro, consumido pela "tristeza e pelo medo", lamentando que a única presença "plena de juventude e força a erguer-se contra longas, tristes e arrastadas ondas de falta de rumo e rendição" já não fizesse parte do governo. "Ao contemplar o lento aproximar da luz do dia pelas janelas, avistei a Morte perante a perspectiva de minha mente."[61]

Na época, porém, a tristeza com a renúncia de Eden não era de forma alguma universal. À inevitável alegria em Berlim, e especialmente em Roma, somava-se o júbilo considerável entre os apoiadores da doutrina do apaziguamento dentro do governo. "Mal pude conter meu entusiasmo", escreveu Chips Channon ao saber da notícia. "A política 'esquerdista' doutrinária do Secretariado das Relações Exteriores teve um basta, e a Câmara encontra-se em júbilo."⁶² Harold Nicolson, que acusara Chamberlain de esquartejar Eden "em nome de férias na Itália", expressou sua repulsa pela atitude, tão comum à maioria da direita britânica, em carta de um sarcasmo mordaz aos jornais:

> Não que me importe com o calmo júbilo de lorde Londonderry ou de sir Arnold Wilson. Afinal, esses dois passaram anos a agitar a suástica em seus mastros e têm direito a urrar de felicidade. Também não me incomodam os uivos primais de lady Astor, pois também ela lutou bravamente por Hitler e Mussolini e tem a prerrogativa de gozar de sua alegria durante suas breves visitas à Câmara dos Comuns. Mas, sim, me incomoda o brilho de melífluo alívio a iluminar o rosto do conservador típico. Mais uma vez, isso sim é difícil de suportar.⁶³

Havia, é claro, muita gente politicamente em cima do muro, bem como especialistas em política externa que julgavam errada a atitude de Eden. Maurice Hankey, Alexander Cadogan, Robert Vansittart, até mesmo Robert Bernays, concluíam que Chamberlain estaria certo em sua política de tentar buscar um entendimento com Mussolini. O país, contudo, parecia estar do lado de Eden. No início de março, uma das primeiras pesquisas de opinião pública realizadas no Reino Unido registrou que 71% dos votantes julgavam correta a renúncia de Eden, e 58% opunham-se à política externa de Chamberlain.⁶⁴ Entre as pessoas de esquerda e os liberais, o ultraje era particularmente forte. Uma petição que atacava o governo foi assinada por 163 professores universitários, e houve protestos da União da Liga das Nações, de mineiros galeses, do Conselho Nacional da Paz, do Congresso Sindical, da Nova Sociedade da Comunidade das Nações e da Assembleia Juvenil pela Paz. Lorde Auckland disse a Eden não ter encontrado "ninguém que não lamente sua renúncia tanto quanto eu", embora saiba-se lá se ele procurou com afinco, enquanto o eternamente astuto sir Horace Rumbold escreveu ao filho, diretamente de um cruzeiro pelo Nilo, para reclamar daquela nova guinada na política externa britânica que consistia em "lamber as botas de Mussolini, aquele boçal cacarejante". "Não creio que Chamberlain domine a técnica para lidar com ditadores, que são necessariamente valentões", continuou o ex-embaixador. "Quão mais subserviente se é com eles, mais arrogantes eles se tornam."⁶⁵

A saída de Eden pode ter abalado Chamberlain e seu governo, mas os prejuízos nem de longe eram fatais. Os líderes partidários começaram a circular um rumor de que a verdadeira razão da renúncia era Eden estar doente (mais exatamente, à beira de um colapso nervoso), enquanto Joseph Ball se certificava de que a imprensa conservadora assumisse fortemente o lado de Chamberlain no debate. A não ser por dois colegas seus no Secretariado das Relações Exteriores, lorde Cranborne e Jim Thomas, ninguém mais no Gabinete renunciou. Eden esperava que seu amigo e aliado Oliver Stanley pudesse acompanhá-lo, mas o presidente da Câmara de Comércio acabou preferindo ficar onde estava, provocando a ácida observação de lady Cranborne: "Os Stanley são oportunistas desde Bosworth".*[66]

Acima de tudo, Eden não ajudava a própria causa. Ignorando o apelo de Churchill para que apresentasse sua posição de forma clara e ousada, seu discurso de renúncia, em 21 de fevereiro, foi tão cauteloso e comedido que muitos membros mal conseguiam entender o que motivara a atitude. Felizmente, Cranborne falou muito melhor, acusando o governo de "render-se à chantagem" e dizendo que aquilo "provavelmente iria desencorajar nossos amigos e encorajar quem nos deseja mal".[67] No dia seguinte, Churchill discursou. Possivelmente encorajado pelo telegrama de um grupo chamado "Patriotas de Leeds" que lhe pediu "a cabeça de Neville", declarou ter sido aquela "uma boa semana para ditadores".[68] O duelo entre o ex-secretário das Relações Exteriores e o ditador italiano havia sido longo e árduo, mas não havia dúvida sobre quem triunfara. *Signor* Mussolini vencera, e agora todos os pequenos países da Europa entenderiam o recado e "se bandeariam para o lado do poder e da determinação. [...] Prevejo o dia em que, em algum momento ou outro, por alguma razão ou outra, tenhamos de tomar posição e rogo a Deus para que, quando chegue esse dia, não nos encontremos, por obra de uma política insensata, fadados a tomar tal posição sozinhos".[69]

Apesar de tal alerta sombrio, a tempestade política doméstica passou rápido. Chamberlain defendeu sua política com o que é considerado por muitos o melhor discurso já feito por ele. Embora tenha se queixado de estar sendo "agredido como um batedor de carteiras por muita gente erudita [...] que

---

* Bosworth foi a última batalha da Guerra das Rosas (22 de agosto de 1485). Nela, os Stanley, apesar de terem recebido terras e títulos de propriedade do rei Richard III, apoiaram a causa do invasor e eventual vitorioso, Henry Tudor.

sairia correndo como coelhos caso entrássemos em guerra", ficou feliz com o apoio de lados mais sérios, entre eles uma série de ex-embaixadores.[70] A Câmara dos Comuns, dominada pelos conservadores, manteve sua lealdade ao longo do processo e na semana seguinte já se mostrava entusiasmada com a nova, e claramente delineada, direção da política externa britânica. "O cacife de Chamberlain está nas alturas", animava-se Chips Channon. "Creio se tratar do mais astuto primeiro-ministro dos tempos modernos; e é uma pena que não tenha se livrado de Anthony meses atrás."[71]

Channon, beneficiário direto da queda de Eden, tornou-se secretário particular parlamentar do novo subsecretário de Estado das Relações Exteriores, "Rab" Butler, de 35 anos. "Senti-me embriagado [...] o sonho de uma vida [...] eu, 'Chips', SPP [secretário particular parlamentar] – que coisa boa – e do Secretariado das Relações Exteriores, é mais emocionante do que eu poderia imaginar", escreveu o vaidoso mas sincero diarista.[72] Já o novo secretário das Relações Exteriores, lorde Halifax, estava menos regozijante. Enquanto considerava se deveria ou não aceitar o posto, dissera a Oliver Harvey (imagina-se que um tanto jocosamente) que "era muito preguiçoso e detestava trabalhar" e perguntara (mais a sério) se "teria como caçar aos sábados?".[73] Sua aceitação, porém, era crucial à estratégia de Chamberlain de chegar a um entendimento com os ditadores. Enquanto Eden fora um apaziguador relutante, de essência hostil a ditadores, Halifax estava comprometido com a política de Chamberlain e não tinha tais preconceitos. Sua nomeação, assim, foi enxergada como o que era: um inequívoco ganho para o primeiro-ministro e sua política. Um momento de definição tão claro que ficou marcado até na moda. Em seu primeiro dia no Secretariado, o incrivelmente emocionado Channon foi puxado de lado por Butler, que lhe disse que deveria abandonar o chapéu de feltro, "muito associado a Eden", e comprar um chapéu-coco. Ainda regozijando-se com a queda de Eden, o dândi Channon achou graça. Disse, exultante: "Imagine só: chapéus-coco estão de volta!".[74]

XI
O estupro da Áustria

A independência da Áustria é aspecto-chave. Caso pereça, a Tchecoslováquia tornar-se-á indefensável. E então todos os Bálcãs se verão submetidos a uma gigantesca nova influência. Quando então o velho sonho alemão de uma Europa Central governada por e sujeita a Berlim se tornará uma realidade [...], e suas consequências, não apenas para nosso país, mas para todo o Império, serão incalculáveis.
Sir Austen Chamberlain, 1º de abril de 1936.[1]

A semana de 7 de março de 1938 sinalizou a chegada da primavera em Londres. O sol saiu de seu esconderijo e intrépidos narcisos começaram a desabrochar nos parques reais. Caminhando em meio aos impecáveis canteiros de prímulas e às magnólias em flor de St. James's, do outro lado da rua do Secretariado das Relações Exteriores, o ex-parlamentar conservador Cuthbert Headlam deparou-se com Lorde Halifax.

"Edward, posso congratulá-lo?"
"Não", retrucou o novo secretário das Relações Exteriores, "de jeito algum!"
"Posso compadecer-me?"
"Sim, por favor."
"Quão fácil teria sido a empreitada três ou quatro anos atrás!"
"De fato."
"Seria possível agora? Fico a imaginar."
"Eu também!", e nos despedimos.[2]

Como bem exemplifica esse exemplo quintessencial da discrição e da autodepreciação inglesas, era formidável a tarefa que aguardava os executores da política externa britânica na primavera de 1938. Ainda que Chamberlain acreditasse estar a ponto de remover a Itália da lista de potenciais inimigos do Reino Unido, restavam a ameaça do Japão; a guerra ora travada na Espanha; e, como quase todos concordavam, o maior risco de todos: as ambições expansionistas da Alemanha nazista.

Ao mesmo tempo que se descortinava o drama italiano, eram feitos os preparativos para o apaziguamento da Alemanha. Além do impulso principal, na forma de uma oferta colonial na África Central, o governo considerava a possibilidade de convidar Göring a visitar o Reino Unido como um gesto de boa vontade. As dificuldades vinculadas a essa ideia foram levantadas pela primeira vez em fevereiro de 1937, quando se especulou se o general seria escolhido para representar o governo alemão na coroação do rei George VI. Entusiasmado, lorde Londonderry convidara então o casal Göring a se hospedar na Londonderry House. O Secretariado das Relações Exteriores, contudo, não gostava tanto da ideia. "Se resistirmos, poderemos incorrer na hostilidade eterna de Göring", escreveu sir Eric Phipps em novembro de 1936 (então à espera da coroação de Edward VIII), "e, caso permitamos a vinda, corremos sério risco de que ele seja alvejado a tiros na Inglaterra. Não é provável que qualquer dessas alternativas melhore as relações anglo-germânicas em caráter permanente."*3

Em janeiro de 1938, contudo, o Secretariado das Relações Exteriores considerou seriamente uma sugestão do conde de Derby – ex-ministro do Gabinete e entusiasta de corridas –, que se propôs a convidar Göring para hospedar-se em Knowsley Hall (grande propriedade dos Derby no condado de Merseyside) e assistir à prova de turfe do Grand National. Autor de um relatório sobre o assunto para Eden, o diretor do Departamento Central, William Strang, acreditava que a proposta tinha "muito a recomendá-la". Tratava-se de um evento popular, e "seria extremamente insolente e contrário ao espírito de nossa gente ressentir-se da possível vinda do general Göring. Que ele elegesse tal ocasião para nos visitar, por sinal, poderia ser encarado como um ponto a seu favor".4 Antes mesmo que se pudesse sondar o general, po-

---

* O dilema foi resolvido quando Hitler decidiu que o ministro da Guerra, general Werner von Blomberg, seria seu representante na cerimônia.

rém, questões foram levantadas na Câmara dos Comuns sobre a possibilidade de um ministro alemão estar sendo convidado a Londres para inspecionar sistemas de prevenção a ataques aéreos em retribuição à recente visita a Berlim do subsecretário para o Ar. Prevendo a provável reação a tal convite, Herbert Morrison, do Partido Trabalhista, informou sir Samuel Hoare (agora secretário para Assuntos Internos) de que haveria confusão se Göring viesse a Londres. Os conservadores gritaram "por quê?". Foi quando William Gallacher, o único parlamentar comunista do Reino Unido, perguntou ao secretário de Estado se estava "ciente de que o general Göring está banhado em sangue e é considerado um carniceiro".[5]

Ofendido menos pelos ataques do que pela incapacidade dos parlamentares do Partido Conservador de defendê-lo, Göring não estava disposto a receber convites para eventos desportivos britânicos. Persistia, porém, em Whitehall a ideia de que uma visita ao Reino Unido, acrescida de "alguma adulação [...] e um pouco da experiência de uma casa de campo", poderia trazer resultados esplêndidos com o general, que, apesar do papel conhecido na Noite das Facas Longas, era considerado um moderado dentro da hierarquia nazista.[6] Como explicou Halifax a Harold Nicolson em maio de 1938, apesar de todas as bravatas, os nazistas eram extremamente sensíveis. Odiavam em particular a ideia de serem alvo de chacota no exterior como um bando de arrivistas vulgares. "A tradição de vocês remonta a trezentos anos", havia dito Goebbels ao então lorde presidente em Berlim. "A nossa só tem quatro." "Isto significa", observou o compreensivo Nicolson, "que eles de fato se consideram bastante novos" e "ficam, portanto, enraivecidos quando sugerimos que Hitler bem poderia ter um alfaiate melhor." Nicolson, ainda assim, ficou atônito quando Halifax mencionou que o governo considerava o convite a Göring para caçar perdizes com a família real em Sandringham. "Ronnie [(Cartland, parlamentar do Partido Conservador eleito por Kings Norton, em Birmingham] e eu dissemos que iríamos nos ressentir por tal ato." Seria nocivo à dignidade britânica e teria efeito desastroso perante a opinião pública norte-americana. "Não", insistiu o parlamentar, mais nervoso a cada instante. "Convide Göring para ir ao Nepal se lhe convier, mas não espere que a rainha lhe aperte a mão."[7]

À parte toda a polêmica quanto a Göring, o principal esforço diplomático voltado para a Alemanha no primeiro trimestre de 1938 foi a oferta colonial.

Chamberlain chegou a hesitar temporariamente após ler o influente *The House That Hitler Built* [A casa que Hitler construiu], de Stephen Roberts, uma análise afiada do nazismo, defensora do argumento de que "Hitler não alcançará suas metas sem uma guerra", mas recuperou a confiança em sua política ao decidir simplesmente que Roberts estava errado.[8] "Se aceitasse as conclusões do autor, me desesperaria", disse à irmã Hilda, "mas não aceito e nem aceitarei."[9] Portanto, em 24 de janeiro de 1938, Chamberlain revelou ao Comitê de Política Externa do Gabinete seu plano de oferecer à Alemanha territórios coloniais na África Central, na esperança de que isso satisfizesse o desejo de expansão do país e, assim, abrisse o caminho para um acordo geral.

O esquema de forma alguma foi unanimidade no Comitê. Sam Hoare achava extremamente improvável a oferta contentar a Alemanha, enquanto o secretário para os Domínios, Malcolm MacDonald, ressaltou que "todo o mundo de cor" ficaria furioso com a transferência de populações nativas das mãos de uma potência para outra. Muitos dos habitantes daquelas terras haviam passado vinte anos sob administração britânica e, continuava MacDonald, moralmente seria muito errado forçá-los a serem repatriados. Contudo, ele sempre acreditara que a Alemanha deveria receber territórios coloniais em algum lugar e, como defendia lorde Halifax, "no balanço final", seria mais importante "para o mundo como um todo evitar uma guerra do que manter os nativos dos territórios a serem transferidos na mesma posição em que haviam estado durante os vinte anos anteriores".[10] Sir Nevile Henderson, portanto, foi instruído a tentar obter uma audiência com Hitler o mais rápido possível e nela apresentar o plano do primeiro-ministro. Antes que tal reunião pudesse ocorrer, porém, vários eventos se precipitaram e trouxeram augúrios sombrios para o futuro da paz na Europa.

No fim de janeiro de 1938, o ministro alemão da Guerra, o marechal de campo Werner von Blomberg, foi forçado a renunciar após a revelação de que a mulher com quem havia se casado recentemente (em cerimônia da qual Hitler fora testemunha) tinha trabalhado anteriormente como prostituta e era bem conhecida da polícia de Berlim. Chocado, Hitler – que agora dizia que, "se um marechal de campo alemão se casa com uma prostituta, tudo neste mundo é possível" – decidiu reexaminar uma alegação antiga que pairava sobre o comandante do Exército, general Werner von Fritsch. Em 1933, ele teria sido chantageado por um garoto de programa.[11] Fritsch foi confrontado, (injustamente) considerado culpado e forçado também a renunciar. Ao deparar-se com uma crise das mais sérias, Hitler, sob influência de Goebbels, decidiu que a única forma de evitar uma humilhação pública seria obscurecer a partida de dois generais dando início a uma total reorganização nos altos escalões da Wehrmacht e do Ministério das Relações Exteriores da Alemanha. Assim, foi dissolvido o Ministério da Guerra e criada uma nova estrutura, o Supremo Comando das Forças Armadas (Oberkommando der Wehrmacht). Hitler se autonomeou comandante supremo, e, no Ministério das Relações Exteriores, o agressivo Ribbentrop substituiu o mais cauteloso Neurath.

Os estrangeiros não sabiam bem o que pensar desses desdobramentos. Embora muitos enxergassem a crise política por trás da cortina de fumaça, os observadores se dividiam quanto às implicações da reorganização. Mesmo que ninguém tivesse como saber que os dois generais dispensados eram os que haviam manifestado maior ceticismo quanto aos planos de Hitler na Conferência de Hossbach, era óbvio, para citar o texto do anúncio nas rádios alemãs, que as mudanças haviam gerado "a maior concentração de forças políticas, militares e econômicas nas mãos do supremo líder".[12] Por outro lado, uma série de observadores britânicos encontrava consolo na crença de que a reorganização significava uma certa *des*organização (ao menos de início) dentro das Forças Armadas alemãs: a Alemanha havia se tornado "mais ameaçadora, mas menos formidável", disse Anthony Eden no encontro do Gabinete em 9 de fevereiro de 1938.[13] Com relação à nomeação de Ribbentrop, também havia ambivalência. Embora quase todos estivessem satisfeitos de saber que o desastrado embaixador sairia de Londres, era difícil extrair muita satisfação da promoção de um homem que, nas palavras de Henderson, era "tão vaidoso quanto estúpido, e tão estúpido quanto vaidoso", e que, como notava a maioria, havia se transformado em um amargo anglofóbico.[14]

Um efeito imediato das mudanças foi a decisão de postergar a audiência de Henderson com Hitler. Duas semanas depois, contudo, os verdadeiros detalhes do encontro entre Hitler e Schuschnigg já haviam se tornado conhecidos e a ameaça da *Anschluss* pairava sobre a Europa como a lâmina de uma guilhotina. Eden desejava que Henderson alertasse Hitler do interesse britânico na independência da Áustria e do fato de a oferta colonial depender de garantias de segurança e de estabilidade na Europa Central. Henderson foi veemente na argumentação de que isso não teria efeito prático algum a não ser enfurecer Hitler e gerar má vontade para com a oferta britânica. A discussão persistiu via telegrama, mas foi interrompida em 20 de fevereiro, quando da renúncia de Eden ao Secretariado das Relações Exteriores. Henderson ficou aliviado com a notícia. O embaixador admitia que o júbilo dos alemães era "naturalmente um elogio a Eden", mas, no frigir dos ovos, dizia ele ao novo chefe, lorde Halifax, era "improvável que qualquer entendimento com a Alemanha fosse possível com Eden na Secretaria de Estado". Daquele momento em diante, passava a haver esperança. Reconhecendo que "nem mesmo com a maior boa vontade do mundo" seria possível ao Reino Unido ajudar a Áustria, Henderson insistiu com Halifax para não tornar a independência daquele país um pré-requisito para um acordo anglo-germânico, acrescentando que adotar tal linha de ação poderia fazer os alemães "cooperarem em outras questões".[15] Tal otimismo contrastava tremendamente com o que Henderson definia como paranoia cômica do embaixador francês. Como relataria a Halifax algumas semanas depois, François-Poncet era tão pessimista quanto ao futuro que havia tomado a precaução de armazenar o equivalente a 30 mil francos em barras de ouro em seu cofre. Quando o embaixador do Reino Unido perguntou qual a razão daquilo, o francês explicou se destinarem à compra do trem especial que o levaria de volta à França após a declaração de guerra.* Achando graça, Henderson ressaltou que ele mesmo não conseguiria juntar 30 mil francos nem que desejasse. O zeloso François-Poncet respondeu com a generosa promessa de tentar garantir-lhe um assento em seu trem.[16]

Como já deveria ter ficado claro para Henderson, a atitude de François-Poncet, ainda que dramática demais para a fleuma britânica, era a mais realista das duas. Em 3 de março de 1938, o embaixador britânico teve a tão aguardada audiência com Hitler e, como foi forçado a relatar, o resultado não poderia ter sido pior. Ironicamente, quando se considera a frequente acusação de que Henderson era simpático demais aos nazistas, tanto Hitler quanto Ribbentrop nutriam particular aversão ao típico cavalheiro britânico. Como mais tarde se recordaria Reinhard Spitzy, ajudante de ordens de Ribbentrop, o ministro das Relações Exteriores denegria constantemente o embaixador britânico, ao passo que o Führer gostava de ser lembrado da amizade de Henderson com os Rothschild ou da acusação de que teria aparecido vestido de forma inapropriada para audiências na Chancelaria do Reich. "Como se po-

---

* François-Poncet era atormentado pela sorte de seu predecessor, Jules Cambon, que, em agosto de 1914, tivera dificuldades para reunir a vultosa quantia exigida pelos alemães em troca do uso de um trem que transportaria a ele e sua equipe além da fronteira.

deria levar a sério um homem vestido com um terno risca-de-giz azul, um pulôver vinho e um cravo vermelho na lapela?", questionara Ribbentrop.[17]

Em 3 de março, contudo, não foi a vestimenta de Henderson que levou Hitler a explodir, mas o plano britânico e sua forma de expô-lo. Como relatou o embaixador a Halifax, Hitler permanecera "amuado em sua cadeira" enquanto Henderson explicava que a oferta que fora encarregado de comunicar era condicionada à Alemanha estar pronta a fazer sua parte na pacificação da Europa. Como previsto, menções específicas à Áustria e à Tchecoslováquia só fizeram Hitler fechar ainda mais a cara, a ponto de, na hora em que seria mencionada a oferta propriamente dita, o Führer já estar nervoso demais para se concentrar.[18] Mal Henderson terminou de falar, Hitler se lançou em uma confusa diatribe. Reclamou da imprensa britânica, de bispos ingleses intrometidos, que estariam interferindo em questões religiosas alemãs, e da rejeição de suas ofertas de amizade anglo-germânica. Disse que não toleraria a interferência estrangeira nas relações alemãs com nações próximas e em seus esforços para assentar os alemães excluídos do Reich naquele momento. Pelo contrário, preferia correr o risco de uma guerra generalizada à contínua negação da justiça aos milhões de alemães que padeciam na Áustria e na Tchecoslováquia. Sobre a questão das colônias, Hitler declarou não ser urgente e que poderia esperar por quatro, seis, oito ou até mesmo dez anos. Suas prioridades eram o Centro e o Leste europeus: os austríacos deveriam ganhar a oportunidade de se unir à Alemanha, e os de etnia alemã que habitassem a Tchecoslováquia deveriam ter autonomia total. O único momento de harmonia ocorreu ao final da audiência: Henderson apresentou um desenho amassado do Führer que lhe fora enviado por uma mulher neozelandesa na esperança de obter um autógrafo. Hitler consentiu, e o embaixador observou que, ainda que a audiência não pudesse ser descrita como um sucesso, ao menos "trouxera prazer a uma jovem".[19]

Henderson saiu da Chancelaria do Reich totalmente desanimado. Ao escrever a Halifax, lamentou que Hitler fosse dotado de "noções de valores tão deturpadas que é inútil recorrer a argumentos. [...] Sua capacidade de se autoiludir e sua incapacidade de enxergar qualquer linha de raciocínio que não lhe convenha são fantásticas, e nenhuma perversão da realidade é demasiada quando se trata de levá-lo a aceitar o evangelho de Hitler e da Alemanha". A ideia do apaziguamento colonial claramente não dera nem para a saída. Como dissera Göring a Henderson alguns dias antes, o Reino Unido poderia oferecer aos alemães a África inteira e ainda assim não seria considerado um preço justo pela Áustria. Sim, o embaixador continuava a se recusar a acreditar que Hitler "estivesse pensando em termos de *Anschluss* ou de anexação". Confiava em Hitler quando ele lhe dissera que cumpriria o acordo feito recentemente com o chanceler austríaco, mas fez a advertência de que o Führer, mesmo "odiando a guerra tanto quanto qualquer outra pessoa", não fugiria a ela caso a julgasse necessária para assegurar direitos aos alemães que viviam fora do Reich.[20]

Em Londres, o Secretariado das Relações Exteriores e o Gabinete mostravam-se compreensivelmente deprimidos. Enquanto Hitler mantivesse tal atitude, um acordo era claramente impossível, e Halifax decidiu expressar sua decepção a Ribbentrop quando o novo ministro das Relações Exteriores retornou a Londres alguns dias depois no intuito de apresentar sua carta revocatória. Antes que isso pudesse acontecer, contudo, o chanceler Schuschnigg tentou se antecipar a Hitler ao anunciar, em 9 de março, que um plebiscito sobre a questão da independência da Áustria ocorreria dentro de poucos dias – no domingo, 13 de março de 1938. A jogada, que pegou Hitler totalmente de surpresa, o forçou a agir, assegurando a Ribbentrop em Londres reuniões consideravelmente mais dramáticas do que poderiam ter imaginado os ministros das Relações Exteriores dos dois países.

Ribbentrop encontrou-se com Halifax às 11 horas do dia 10 de março. Do lado de fora do Secretariado das Relações Exteriores havia uma multidão, e o ministro alemão foi recebido com gritos de protesto ao sair de seu carro. Lá dentro, Halifax o esperava para oferecer um aviso cuidadosamente preparado. O Reino Unido, explicou, desejava uma relação amigável com a Alemanha e não pretendia interpor-se a uma evolução pacífica. Contudo, não estaria sendo franco se não expressasse sua visão de que a atual atitude alemã relativa à Áustria e à Tchecoslováquia impunha sérios riscos à manutenção da paz na Europa. O Reino Unido obviamente não desejava ver a Europa entrar em guerra, mas "a experiência histórica nos mostra que, às vezes, a pressão dos fatos é mais poderosa do que o desejo dos homens: e que, caso uma guerra tivesse início na Europa Central, seria impossível dizer onde poderia dar ou quem poderia se envolver".[21]

Esse sermão, obviamente, não teve qualquer efeito. Ao deixar o Secretariado, passando por manifestantes que gritavam "Ribbentrop, caia fora!", ele retornou à embaixada da Alemanha, onde respondeu a uma carta urgente de Hitler, que perguntava o que faria o Reino Unido caso a Alemanha invadisse a Áustria. A resposta foi: "Estou convencido de que a Inglaterra não fará nada de sua própria vontade neste momento, mas exerceria uma influência moderadora sobre as outras potências".[22] Ao ler tais palavras, Hitler mostrou-se exultante. "É exatamente como pensei", disse ele a Reinhard Spitzy. "Não precisamos temer quaisquer complicações por aquele lado."[23]

Naquela noite, Ribbentrop deu uma festa de despedida na embaixada da Alemanha, recentemente redecorada a seu pedido no estilo mais suntuoso e vulgar. Convidou quase todos os que conhecia na Inglaterra, incluindo o governo britânico inteiro e a totalidade do corpo diplomático. Ciente dos relatos de que, naquele exato momento, o exército alemão já se punha de prontidão na fronteira da Áustria, um conviva do Secretariado das Relações Exteriores ficou enojado ao ver o ministro alemão do Exterior cruzar o enorme salão de festas repetidas vezes com o ministro austríaco a tiracolo, conversando da "maneira mais afetuosa".[24] Também presente à recepção estava o diretor-geral da BBC, John Reith. Descrito por um contemporâneo como "o cruzamento entre um escocês sagaz e um santo medieval – mas com mais elementos de fanático do que de acadêmico", Reith era um cruzado puritano cuja admiração pelos nazistas e por Mussolini se refletia em sua própria ditadura, certamente mais benigna, em Portland Place.[25] Das poucas pessoas a parecerem genuinamente tristes pela partida de Ribbentrop, Reith pediu ao ministro das Relações Exteriores alemão para assegurar a Hitler "que a BBC não era antinazista" e, caso a Alemanha enviasse seu equivalente ao país para uma visita, ele penduraria uma suástica no alto da Broadcasting House.[26]

Às 6h10 do dia seguinte, 11 de março, uma sexta-feira, o Secretariado das Relações Exteriores recebeu um telegrama do embaixador britânico em Viena com a informação de que a fronteira entre Alemanha e Áustria fora fechada e havia relatos de movimentação de tropas do lado alemão.[27] Às 10h20, o cônsul-geral do Reino Unido em Munique reportou mobilização geral na Baviera e "tropas em profusão dirigindo-se à fronteira com a Áustria".[28] Ao receber a informação, Henderson instruiu de imediato o adido militar, coronel Noel Mason-MacFarlane, a visitar o novo quartel-general supremo da Wehrmacht e descobrir o que estava acontecendo. Lá, "Mason-Mac", como era conhecido – soldado inteligente e dinâmico, que gostava de contemplar a possibilidade de atirar em Hitler da janela de sua sala de estar*–, foi recebido com a total negação de qualquer movimentação de tropas, muito embora Henderson, àquela altura, já tivesse recebido avisos semelhantes de Nuremberg e Dresden. Determinado a descobrir a verdade, Mason-Mac entrou em seu carro e tomou a direção sul. Mal havia deixado Berlim e já se deparou com "bem mais de 3 mil policiais armados" e membros das SS dirigindo-se para a Áustria em uma miscelânea de veículos, entre eles motonetas, viaturas de polícia, caminhões-tanque e ônibus municipais berlinenses.[29]

Enquanto tudo isso se desenrolava, Ribbentrop – a quem Hitler deliberadamente mantivera desinformado sobre a manobra ora em curso – chegava à Downing Street para um almoço oferecido pelo primeiro-ministro em sua homenagem. Os outros convidados incluíam a maior parte do alto escalão do Gabinete, bem como os casais Cadogan, Londonderry e Churchill. Em meio à refeição, um mensageiro do Secretariado das Relações Exteriores adentrou a sala de jantar e entregou a Cadogan um envelope. O subsecretário permanente o abriu, digeriu o conteúdo e repassou a Halifax. O secretário o leu e repassou-o para Chamberlain. Na lembrança de Churchill, o comportamento de Cadogan fora inescrutável, mas o primeiro-ministro ficara claramente abalado com a informação recebida: Hitler dera a Schuschnigg um ultimato, exigindo o cancelamento do plebiscito.

Incrivelmente, o almoço continuou como se nada tivesse ocorrido. Depois que os convivas fizeram uma pausa para o café, contudo, tornou-se óbvio para os convidados ingleses que algo havia ocorrido e que os anfitriões desejavam encerrar o evento assim que possível. Só o ministro das Relações Exteriores da Alemanha e sua esposa pareciam não se dar conta da atmosfera e passaram mais meia hora engajados numa conversa sobre amenidades que a cada minuto tornava-se mais desconfortável. Anna von Ribbentrop foi afinal induzida a sair sozinha, enquanto o primeiro-ministro levava seu marido, junto com Halifax, Cadogan e Ernst Woermann, primeiro-conselheiro alemão, até o escritório. Chamberlain leu para Ribbentrop dois telegramas, o

---

* "Alvo fácil", havia dito o adido militar a Ewan Butler, correspondente do *Times* em Berlim, apontando de sua janela para a Charlottenburger Chaussee abaixo. "Daqui acertaria o desgraçado num piscar de olhos, e bem que estou pensando em fazê-lo, por sinal." Na primavera de 1939, quando Butler temia ser preso, o coronel Denis Daly, sucessor de Mason-Mac, ofereceu abrigo ao jornalista. "Venha ficar conosco [...] e, se tentarem pegá-lo, trocamos tiros com eles – tenho algumas pistolas em casa."

segundo dos quais dizia que Hitler agora exigia a renúncia de Schuschnigg e o chanceler austríaco havia buscado conselhos do governo britânico. Embora tenha permanecido "calmo e sereno" durante a reunião, Chamberlain instou Ribbentrop a compreender a seriedade da questão, ao passo que Halifax, nervoso como não era habitual, mencionou uma "intolerável" ameaça de uso da força e apelou ao primeiro-ministro para que persuadisse Hitler a conter-se.[30] Como esperava Chamberlain, tais súplicas não tiveram efeito. Genuinamente alheio ao que estava ocorrendo entre Berlim e Viena, muito embora seus interlocutores britânicos não acreditassem nisso, Ribbentrop recusava-se a aceitar os relatos, mas, ao mesmo tempo, justificava os "inexistentes" atos alemães por meio da "má-fé" de Schuschnigg, levando Chamberlain ao desespero. "É tão estúpido, tão raso, tão autocentrado e presunçoso, tão desprovido de capacidade intelectual", reclamou à irmã Hilda, "que parece não registrar jamais o que lhe é dito."[31]

De volta ao Secretariado das Relações Exteriores, Halifax foi informado de que, caso Schuschnigg não tivesse renunciado até às 18 horas (horário da Áustria), o exército alemão invadiria o país. Ultrajado por tais "métodos de bandoleiros", reconheceu ainda assim não haver nada ao alcance do Reino Unido capaz de contê-los.[32] Enviou então um telegrama a Viena, dizendo a Schuschnigg ser o governo britânico incapaz de aconselhá-lo, e saiu para um chá de despedida previamente agendado com Ribbentrop na embaixada da Alemanha. Lá, Halifax encontrou o ministro alemão, recém-saído do telefone com Berlim, ainda a afirmar que nenhum ultimato fora emitido. Contudo, quase no mesmo instante em que o disse, Woermann entrou na sala e anunciou a renúncia de Schuschnigg. O nazista austríaco Arthur Seyss-Inquart tornara-se chanceler. Humilhado, Ribbentrop começou imediatamente a argumentar que, sem dúvida, seria para o bem. A solução do problema austríaco tornaria mais harmoniosas as relações anglo-germânicas, e, quanto aos métodos, não fora o Reino Unido forçado a agir de forma semelhante com relação à Irlanda? Halifax não lhe deu ouvidos. O que agora testemunhavam, disse ele ao ministro do Exterior alemão, era "uma exibição de força bruta, e a opinião pública da Europa inevitavelmente questionaria [...] o que impediria o governo alemão de aplicar a mesma força bruta à solução de seus problemas na Tchecoslováquia" ou em qualquer outra parte do mundo. Quanto à comparação com a história anglo-irlandesa, o ex-vice-rei imperial, formado em Christ Church e *fellow* de All Souls, "mal podia imaginar uma analogia menos substancial". A Irlanda era parte do

Reino Unido tanto quanto Londres ou Yorkshire, enquanto a Áustria era um estado soberano independente. Uma analogia mais adequada seria a Grã-Bretanha emitir de súbito um ultimato ao governo da Bélgica exigindo a queda de seu primeiro-ministro "ou bombardearemos Antuérpia".[33]

A essa reprimenda, seguiram-se dois protestos oficiais de Henderson ao governo alemão. Ninguém esperava que tivessem efeito. Pelo contrário, Hitler os recebeu como mera prova da degeneração britânica. Eram, contudo, tudo o que o governo britânico podia realisticamente fazer àquela altura. A violência dos fatos em questão era ilustrada por uma discussão entre Cadogan e Vansittart quanto ao enunciado dos telegramas. Tendo visto o antecessor se comportar "como um gato a caminhar sobre piso quente" o dia todo, Cadogan finalmente o afrontou e exigiu saber exatamente o que ele propunha *fazer*. "É fácil ser valente em discursos, mas você lutaria?" Vansittart lhe respondeu que não. "Então qual é o sentido disso tudo?", perguntou o exasperado Cadogan. "A mim me parece covardia em alto grau exigir que um homem pequeno combata um grande se você não está disposto a ajudá-lo."[34]

A invasão da Áustria teve início às 5h30 do dia seguinte, sábado, 12 de março de 1938. As tropas alemãs cruzaram a fronteira por Bregenz, Innsbruck, Braunau e Salzburgo, enquanto centenas de aeronaves da Luftwaffe decolavam de aeródromos na Baviera transportando autoridades e inundando as cidades austríacas de folhetos de propaganda, que em grande medida se provariam supérfluos. Não apenas não houve resistência, como os invasores foram calorosamente recebidos. Estradas eram ladeadas por multidões em festa que ofereciam flores aos soldados alemães. Por volta das 16 horas, Hitler e sua *entourage* atravessaram a fronteira em uma frota de Mercedes conversíveis. Após uma pausa breve e emocionada em Braunau am Inn, onde o Führer nasceu, seguiram para leste na direção de Linz. Sinos badalavam, bandas tocavam e o avanço se tornava mais lento à medida que as multidões em júbilo se aproximavam do comboio, acenando, chorando, jogando flores e segurando seus bebês acima de suas cabeças. Em Linz a recepção foi estupenda. Toda a população da cidade parecia ter saído às ruas para dar-lhes as boas-vindas; telhados, terraços, "até mesmo as árvores e postes de iluminação estavam cheios de gente a gritar".[35] Com lágrimas a lhe escorrer pela face, Hitler dirigiu-se à massa da sacada do prédio da prefeitura. A Divina Providência, alegava ele, o havia escolhido para trazer sua terra natal de volta ao Reich alemão.[36]

Infelizmente, a Divina Providência pareceu negligenciar alguns aspectos básicos necessários para tomar outro país de surpresa. Ao se registrar no Hotel Weinzinger, o maior de Linz, a comitiva do Führer descobriu não haver quartos ou comida suficientes para todos. O hotel possuía apenas um telefone e levou nove horas para estabelecer uma conexão com Berlim. Apesar disso e da fila de autoridades nazistas que esperavam para retransmitir instruções ou receber notícias urgentes, foi decidido que o valioso aparelho deveria ficar em primeiro lugar à disposição do pró-nazista George Ward Price, que havia conseguido uma rápida entrevista com Hitler para o *Daily Mail*. Como se recordaria com absoluta sinceridade Reinhard Spitzy, "a necessidade dele, sentimos, era maior que a nossa, pois era de cabal importância ao menos um dos jornais do mundo noticiar uma versão fiel e imparcial dos acontecimentos".[37]

No dia seguinte, Hitler assinaria a Lei para a Reunião da Áustria com o Reich alemão – um eufemismo, pois união alguma como aquela jamais havia existido – e, na tarde seguinte, segunda-feira, 14 de março, faria sua entrada triunfal em Viena. Lá, teve uma recepção que excedeu as expectativas até mesmo de quem estivera com ele em Linz. "Chegou a ser assustador, de certa forma", relembrou Spitzy. "As ruas e as praças ressoavam com os gritos mais ensurdecedores" e "tivemos alguma dificuldade para abrir caminho através da Ringstrasse."[38] Ward Price, que integrara a procissão a convite de Hitler, lembrava de multidões com mais de dez fileiras de extensão ao longo de todo o percurso e bandas de metais a tocar sem que ninguém conseguisse ouvi-las em meio ao tumulto.[39] Do lado de fora do Hotel Imperial, uma massa de vienenses agitava suásticas e gritava "Queremos ver nosso Führer" até Hitler aparecer. Na manhã seguinte, estimava-se que 250 mil pessoas tivessem se espremido na Heldenplatz ("Praça dos Heróis") para ouvir o novo líder anunciar o maior "triunfo" de sua vida: a incorporação da Áustria ao Reich.[40] Como reportou o embaixador britânico a Londres, era impossível negar o entusiasmo, e a impressão era de que "Herr Hitler tem razão ao alegar que seu ato foi bem-recebido pela população austríaca".[41]

A reação britânica à anexação da Áustria foi ambivalente. Embora os métodos tenham causado ultraje generalizado, este foi atenuado pela ideia amplamente difundida de que a *Anschluss* estava fadada a ocorrer em algum momento e não era imoral nem ameaça aos interesses britânicos. Ou, como proclamara o *Times* após Hitler forçar Schuschnigg a assinar o Acordo de Berchtesgaden: "Uma das menos racionais, mais frágeis e mais provocativas artificialidades do acordo de paz foi a proibição da incorporação da Áustria ao Reich".⁴² O jornal, portanto, ainda que pronto a condenar o uso da força, assim como a maioria dos outros – o assim chamado "Estupro da Áustria"* –, também acreditava que "não teria havido queixa no Reino Unido caso esse processo de atração houvesse se desenvolvido naturalmente por meio de confiança crescente e boa vontade mútua".⁴³

Havia, é claro, os que viam com horror a absorção da Áustria. O parlamentar conservador Victor Cazalet registrou seus sentimentos como de "fúria, raiva, impotência [...]. A invasão da Áustria, país que amamos, por aqueles malditos nazistas".⁴⁴ O ex-secretário colonial Leo Amery lamentou o desaparecimento do "último lar da cultura alemã, a última cidadela em que a verdadeira alma da raça alemã ainda encontrava refúgio",⁴⁵ enquanto uma carta do correspondente do *Times* em Viena a seu editor, Geoffrey Dawson, captura a agonia do homem em meio aos acontecimentos:

> Nem em meus piores pesadelos previra algo tão perfeitamente organizado, tão brutal, implacável, forte. Quando essa máquina entrar em ação, arruinará tudo o que encontrar como uma praga de gafanhotos. A destruição e a perda de vidas farão a Grande Guerra parecer a Guerra dos Bôeres. [...] A julgar pelo que vi na Inglaterra em minhas recentes visitas, não temos qualquer chance de resistir a essa máquina gigantesca quando for voltada contra nós, e é vital lembrarmo-nos de que sua meta final é precisamente a destruição da Inglaterra. Isso é algo que, aparentemente, ninguém que não tenha vivido com os alemães entende. Seu verdadeiro ódio é pela Inglaterra.⁴⁶

Em linha de pensamento semelhante, sir Horace Rumbold imaginava quão estúpidos deveriam estar se sentindo naquele momento "nossos londrinos pró-Alemanha".⁴⁷ Mas não era o caso. Lorde Lothian saudou o fim do "período desastroso" em que as potências da Liga negaram aos alemães sua

---

* Esta manchete do *Times*, de 15 de março de 1938, chegou aos ouvidos de Hitler. Ao descer a escadaria do Palácio de Hofburg após discursar para a multidão em delírio, ele se virou para Ward Price e perguntou com desprezo, apontando na direção da massa: "Isso seria um 'estupro'?". Mais tarde, o correspondente do *Daily Mail* comentaria que, se a *Anschluss* fora um estupro, "nunca vi uma vítima mais disposta".

unidade nacional, "levando-os a aceitar um regime totalitário", ao passo que o parlamentar conservador Thomas Moore, um admirador do nazismo, celebrou um golpe "sem derramamento de sangue", que removia "das relações internacionais uma fonte de fricção e discordância".[48] Na Sexta-Feira Santa de 1938, Rumbold compareceu a um jantar em que se viu sentado ao lado da irmã de lorde Peel. "Ela me tirou do sério", confessou ao filho,

> ao falar da maneira que, temo, muitos ou uma boa quantidade de pessoas em sua classe social falem. Boa foi a anexação da Áustria, pois. Para a Inglaterra, teria sido um mau dia caso Hitler tivesse sido apeado – o único ponto com que se importar é nosso comércio. Respondi-lhe com franqueza que muitos por aqui são lamentavelmente ignorantes a respeito da Alemanha e dos nazistas e dizem muita estultice. Ela viu como me inflamei e pareceu bem assustada.[49]

Ernest Tennant, diplomata amador e secretário da Sociedade Anglo-Germânica, não poderia ser chamado de ignorante a respeito da Alemanha ou dos nazistas – e, no entanto, não via por que a anexação da Áustria, ou a forma como fora obtida, devesse inibir o entendimento entre os britânicos e os alemães pelo qual se esforçava havia tanto tempo. Em um texto que sumariza seus pontos de vista, escrito imediatamente após a *Anschluss* e enviado, entre outros, para Rab Butler e lorde Mount Temple, reafirmava sua convicção de que "a probabilidade de uma guerra com a Grã-Bretanha não figura nos cálculos dos alemães". Havia se encontrado com Ribbentrop em Berlim fazia pouco tempo e dissera ao ministro das Relações Exteriores alemão, como gracejo, que o maior incômodo da presente situação para si era ter de fazer treinamento de precaução contra ataques aéreos aos sábados em Saffron Walden, "em vez de jogar tênis, e é disso que a maior parte das pessoas se ressente na Inglaterra". Ribbentrop rira e assegurara a Tennant que tal medo era completamente absurdo. "Jamais pensamos em guerrear com a Inglaterra", assegurara ao visitante. Quanto a levar adiante as conversas entre ingleses e alemães visando a um acordo, Tennant acreditava ser a falta de compreensão mútua a principal dificuldade:

> Infelizmente é deveras difícil para aqueles membros do governo alemão (e são mais de 90%) que jamais estiveram na Inglaterra, e para aqueles membros do governo britânico que nunca visitaram o Terceiro Reich, entender pontos de

vista uns dos outros. Ainda é a Inglaterra governada por uma aristocracia cujas milenares tradições seguem basicamente inalteradas por séculos. Governa a Alemanha um homem comparativamente jovem, de origem humilde, desprovido de experiência pessoal noutros países, cercado por conselheiros do mesmo tipo, todos homens dinâmicos, de grande energia vital, cuja escola foi incrivelmente dura e que, apesar de rudes e implacáveis, são imensamente capazes. [...] Creio ainda ser não apenas possível, mas fácil, fazer amizade com eles. Entre 1933 e 1935 eles admiraram o Reino Unido da mesma forma que um menino admira o senhor da casa. Mesmo hoje esse sentimento de forma alguma se dissipou, mas a Alemanha cresce com enorme rapidez. Não devemos esperar mais.[50]

Não por coincidência, a reação oficial foi quase idêntica à do *Times*. Ainda que chocado com os métodos utilizados, o governo britânico na verdade já descartara a Áustria fazia algum tempo. O país era visto como um legítimo interesse alemão, e quase todos reconheciam a impossibilidade de preservar-lhe a independência, a não ser com um conflito aberto. A principal inquietação britânica – como Halifax mais do que sugerira a Hitler em Berchtesgaden – não era, portanto, impedir a *Anschluss*, mas garantir que ocorresse pacificamente. Halifax, por sinal, e com ele alguns dos mais notórios pró-alemães, acreditava que um acordo anglo-germânico se tornaria mais fácil após a "inevitável" absorção da Áustria pelo Reich. Como escreveu ele ao duque de Buccleuch após o Acordo de Berchtesgaden:

> Sempre achei que os alemães, de uma forma ou de outra, continuariam a cobiçar a ameixa madura de maneira a não deixar que ninguém mais tivesse motivo ou oportunidade para intervir, e que, uma vez fechada a questão, seria bem mais fácil chegar a um entendimento com eles. Assim me parece estarem se encaminhando as coisas.[51]

Quanto a sir Alexander Cadogan, o secretário permanente das Relações Exteriores àquela altura "quase desejava que a Alemanha engolisse a Áustria de uma vez. Deverá mesmo acontecer – de todo modo, não temos como impedir".[52] Essa última verdade era reconhecida por Eden, que em fevereiro de 1938 se recusara a assumir a "falsa posição" de aconselhar os austríacos e "ter de carregar o peso da responsabilidade" caso a situação piorasse.[53] Também não havia expectativa de maior intervencionismo da parte dos franceses.

Embora Yvon Delbos, ministro das Relações Exteriores da França, quisesse tomar uma iniciativa conjunta quando do Acordo de Berchtesgaden, a ideia fora vetada pelos britânicos sob a alegação de que, sem a ameaça do uso da força, protestos eram ocos. "Belas palavras nenhuma chirivia amanteigam", Cadogan gostava de dizer.[54] Somava-se a isso a crônica instabilidade da política interna francesa, cujo impecável senso de oportunidade produzia mais uma crise. Em 10 de março, o governo de Camille Chautemps renunciara, deixando a França sem liderança efetiva, enquanto Hitler dava ultimatos e ordenava às tropas que adentrassem a Áustria. Houve consternação da parte da imprensa e no Congresso, mas, como no Reino Unido, de atos concretos nada além de um protesto formal.

Para Chamberlain, todo o episódio era "desanimador e desencorajante". No dia seguinte à invasão, em carta à irmã Hilda, admitia ser agora "claramente evidente" que "a força é o único argumento que a Alemanha entende, e a 'segurança coletiva' não oferece quaisquer perspectivas de prevenção de tais eventos enquanto não exibir como trunfo visível a força estarrecedora e a determinação de usá-la". E Genebra nunca seria capaz de instigar tal força, que emanaria apenas do velho jogo do poder. "Deus sabe que não gostaria de voltar a formar alianças, mas, se a Alemanha continuar a se comportar como tem feito, talvez nos force a isso."[55]

Ainda não se tratava de um caminho sem volta. Como Chamberlain deixava claro no parágrafo seguinte, ainda tinha considerável fé em sua política para a Itália e de jeito nenhum perdera a esperança de chegar a um acordo com a Alemanha. Embora o Reino Unido devesse mostrar sua determinação em "não ser intimidado" por meio de uma aceleração do programa de rearmamento, pensava que, caso fosse possível evitar um golpe alemão sobre a Tchecoslováquia – algo que "me parece factível" –, então "pode ser possível para a Europa se acalmar novamente e, em algum momento, poderemos reiniciar conversas de paz com os alemães".[56] Seu discurso à Câmara dos Comuns em 14 de março, portanto, foi notoriamente desprovido de drama e não sinalizou qualquer mudança significativa na política britânica além de enfatizar que o país nunca havia se desinteressado e nunca se desinteressaria do Leste Europeu.

Para os que enxergavam a anexação da Áustria como uma guinada crucial, isso não era o bastante. Devidamente convencido de que os nazistas planejavam a conquista generalizada do continente europeu, sir Frederick Marquis, o socialmente consciente diretor-geral das lojas de departamentos Lewis (e futuro lorde Woolton), concluiu que não poderia deixar o momento passar sem fazer algum protesto. Instruiu então seus catorze compradores na Alemanha a fecharem a contabilidade e, em 23 de março de 1938, fez um discurso contundente em Leicester, anunciando um boicote completo a mercadorias alemãs. Surpreso com a considerável e marcadamente positiva reação à intervenção, Marquis concluiu ser aquele o exato modelo de postura moral de liderança que o país queria. Mas nem tudo foram flores. Chamado à Downing Street por sir Horace Wilson, o empresário "tomou uma senhora descompostura" do primeiro-ministro, que desaprovou veementemente sua iniciativa e o repreendeu por ousar interferir na política externa do país.[57]

Norteada por princípios, a postura de Marquis acabaria fortalecida pelos relatos de atrocidades nazistas que chegavam de Viena. Oficialmente proscritos sob o regime de Schuschnigg, os nazistas austríacos, após a proclamação da *Anschluss*, entregaram-se ao que William Shirer descreveu como "uma orgia de sadismo", pior que qualquer coisa que ele vira na Alemanha.[58] Adversários políticos foram presos, torturados e até assassinados, mas o peso maior recaiu sobre os 200 mil judeus austríacos, a maioria dos quais vivia em Viena. Expulsos de suas casas e lojas, suas janelas quebradas e seus bens saqueados, os judeus vienenses foram arrastados para as ruas e forçados a remover pichações pró-Schuschnigg das calçadas, enquanto eram agredidos e insultados por multidões às gargalhadas. Os jornalistas internacionais ficaram horrorizados. John Segrue, do *News Chronicle* londrino, se deparou com um grupo de homens e mulheres judeus forçados a lavar carros enquanto seus algozes, um grupo de soldados das SS, lhes desferiam chutes e impropérios sob o olhar extasiado de uma multidão. Um dos soldados reparou que Segrue não compartilhava da diversão, agarrou-o, pôs um pano sujo em sua mão e vociferou: "Aqui, judeu desgraçado; vai trabalhar e ajudar os outros porcos". Segrue obedeceu por algum tempo. Porém, depois de ajudar uma senhora em sua tarefa, caminhou na direção do homem de preto e apresentou seu passaporte. "Não sou judeu, mas súdito de Sua Majestade, o rei da Inglaterra", explicou. "Não pude acreditar que as histórias sobre a brutalidade de vocês fossem reais e queria ver com os meus próprios olhos. Agora já vi. Tenha um bom dia."[59]

Tão minuciosos quanto pungentes, os despachos de Segrue faziam um justo par com o trabalho de G. E. R. Gedye, correspondente do *Daily Telegraph* e do *New York Times* cujas reportagens destemidas formaram a linha de frente da cobertura do horror austríaco. Não que isso tenha ajudado a modificar a postura dos países ocidentais. Como lamentou Gedye em *Fallen Bastions* [Bastiões caídos], relato arrepiante da nazificação da Europa Central publicado em fevereiro de 1939, o público britânico e norte-americano, por demais distante, confortável e ignorante da situação, não percebia a extensão do horror que se verificava no continente:

> Não é sua culpa, conquanto sua inestimável sorte, que não possam crer no fato de uma após a outra famílias serem retiradas de suas casas e conduzidas qual bestas a um gueto meramente por não possuírem puro sangue teutônico. [...] Vocês não creem em relatos lidos em jornais sobre famílias judias, há gerações instaladas em aldeias de Burgenland, levadas ao sopé da barreira de contenção das águas em uma ilha – crianças, homens e mulheres idosos, aleijões de oitenta anos ou mais e pessoas muito doentes – e lá abandonadas em meio a uma forte tempestade no Danúbio. [...] Darão de ombros, esses tão confortáveis, e dirão "histórias de espantar crianças" se lhes conto de mulheres cujos maridos foram presos uma semana atrás sem qualquer acusação, e que recebem do carteiro vienense um pequeno envelope com a brusca intimação – "A pagar, 150 marcos, pela cremação de seu marido: anexas cinzas provenientes de Dachau". [...] Nunca viram nazistas a vangloriar-se das listas diárias de suicídios, nunca se aventuraram pelas páginas indescritíveis do *Der Stürmer*, de Julius Streicher, ou avistaram a boca salivante desse abutre de arroxeada face e calva moleira. [...] Não precisam sentir o horror que me é inescapável enquanto lembro que a tudo isso aquiescemos, e mitigamos nossas consciências com uma garrafa de água Evian e mais alguns comitês. Invejo-os – creiam-me, invejo-os. Mas ontem me inquiriu um inglês quanto ao endereço de um hotel barato em Viena onde possa gozar de suas férias – *férias* na Áustria, em meio a tudo isto! Não, a ele não invejei.[60]

Ainda que seu tom fosse acusatório, havia certa verdade e, portanto, alívio no que Gedye escrevia sobre a ignorância do Ocidente. Alguns dos detalhes horripilantes não ganhavam as páginas dos jornais – ainda que muitos, como os suicídios em massa, o fizessem[*] –, e era bem mais forte a impressão cau-

---

[*] O *Times* noticiou a estimativa de que 7 mil judeus haviam cometido suicídio em Viena apenas nos primeiros quatro meses da *Anschluss*.

sada pelas extraordinárias cenas de júbilo com que a *Anschluss* fora recebida. Essa, de qualquer forma, parece a mais suave das explicações para o debate ocorrido em 29 de março de 1938 na Câmara dos Lordes, quando ninguém menos que o arcebispo de Canterbury, de insuspeita estatura moral, saudou a união de Alemanha e Áustria sob a justificativa de que uma "ferida constante" no coração da política europeia havia sido removida "sem qualquer derramamento de sangue". Lorde Redesdale acreditava ser Hitler merecedor "da gratidão de todo o mundo" por impedir uma catastrófica guerra civil na Europa, enquanto seu colega trabalhista, lorde Ponsonby, conclamava o governo a abandonar seu programa armamentista e empenhar-se em negociações amistosas com os alemães, pois não havia "obstáculo que a boa vontade não pudesse superar".[61] Assistindo da galeria em sua primeira incursão à mais alta casa do Parlamento, o embaixador soviético, Ivan Maisky, mal podia crer no que testemunhara. "Jamais em minha vida vi agrupamento tão reacionário quanto esse da Câmara dos Lordes. O bolor de suas idades visivelmente a tudo recobre. [...] Os homens sentados naqueles bancos vermelhos são historicamente cegos, tais como toupeiras, e estão prontos a lamber as botas do ditador nazista como um cão vencido. Pagarão por isso, e será ainda em meu tempo!"[62]

O contraste com o discurso de Churchill na Câmara dos Comuns, cinco dias antes, não poderia ser maior. "O estupro da Áustria", declarou, aumentara significativamente a majestade da Alemanha nazista, cujo apetite agora cresceria em proporção à estatura obtida. Não poderia haver complacência ou relaxamento enquanto a "jiboia" digeria sua mais recente vítima. Cabia ao Reino Unido arregimentar a maior gama de impeditivos a futuros atos de agressão. Dessa forma, clamou por plena aliança militar com a França, comprometimento público com a defesa da Tchecoslováquia e tanta aceleração quanto possível no programa de rearmamento. O agouro de sua conclusão causou arrepios nas espinhas de muitos membros que o escutavam.

> Por cinco anos [...] tenho assistido à descida incontinente e indolente de parte desta célebre ilha em escadaria que conduz a um profundo abismo. No início, nos parece uma ampla e bela escadaria, mas o carpete de súbito desaparece. Um pouco mais à frente só lhe restam as lajes, e um pouco mais adiante essas se rompem diante de nossos pés. [...] É quando vitoriosos tornam-se derrotados e

aqueles que baixaram suas armas nos campos e solicitaram um armistício caminham a passos largos para tornarem-se mestres do mundo.⁶³

"Era como o velho relógio da sala de estar de súbito badalando a anunciar a destruição", recordou um parlamentar.⁶⁴

XII
O último trem de Berlim

Querida Tchecoslováquia,
Não creio que vão atacá-la,
Mas não serei eu a apoiá-la.
Hilaire Belloc, março de 1938.[1]

Logo que as tropas alemãs adentraram a Áustria, o destino daquele país estava selado. A Áustria "está acabada", observou sir Alexander Cadogan em seu diário. A questão premente era se Reino Unido e França conseguiriam impedir a situação de pegar fogo na Tchecoslováquia. "Teremos de lutar até a morte contra a Alemanha outra vez?", era a dúvida do secretário permanente das Relações Exteriores. "Ou poderíamos mantermo-nos à parte?" A primeira opção "não fora boa para ninguém". Seria a segunda "fatal"? Cadogan estava inclinado a pensar que não. Em poucas e curtas frases, porém, articulara o dilema em torno do qual os responsáveis pela política ocidental agonizariam ao longo dos sete meses seguintes.[2]

Criado em 1918 dos escombros da antiga Dinastia dos Habsburgo, o democrático Estado da Tchecoslováquia era uma maçaroca de terras e nacionalidades. Centrado em torno das velhas "terras da coroa boêmia", Boêmia, Morávia e Silésia, a nova nação era ainda constituída de Eslováquia (antiga Alta Hungria), Cieszyn e Rutênia Subcarpática. Os tchecos – cerca de 7,5 milhões de pessoas – formavam a maioria dominante, mas havia também minorias significativas, entre as quais quase 2,5 milhões de eslovacos, 500 mil de húngaros, 500 mil de rutênios, 80 mil poloneses e, no caso mais significativo, 3,25 milhões de alemães. Os de ascendência alemã, habitantes em especial dos limites da Boêmia e da Morávia – suposta Região dos Sudetas –, nunca haviam integrado a moderna Alemanha (ao contrário do que pressupunham alguns de seus contemporâneos ocidentais). Antigamente súditos dos Habsburgo, seus ancestrais ainda assim habitavam a região havia no mínimo oitocentos anos. Enquanto durou o Império Austro-Húngaro, os *Sudetendeutsche* (como depois se tornariam conhecidos) haviam estado em ascensão. Sua posição foi revertida, no entanto, após a Primeira Guerra Mundial e a fundação do Estado tchecoslovaco. Embora os alemães dos Sudetas gozassem de liberdades civis, políticas, religiosas e econômicas, com as quais só se podia sonhar na Alemanha nazista, e pudessem, com justiça, ser descritos como a minoria "mais privilegiada de toda a Europa", ressentiam-se do domínio político, cultural e econômico dos tchecos – uma sensação exacerbada tanto pela Grande Depressão (que atingiu as áreas habitadas pelos sudetas com força desproporcional) quanto pela ascensão do nacional-socialismo do outro lado da fronteira.³

Para Hitler, a Tchecoslováquia era alvo primordial. Como austríaco, tinha uma aversão instintiva aos tchecos – preconceito compartilhado por muitos dos súditos de fala alemã da antiga dinastia dos Habsburgo. Como nacionalista pangermânico convicto, enxergava como missão unir todos os alemães dentro dos limites do Reich.* Além dessas motivações pessoais e ideológicas, havia as estratégicas. Como o Führer mais tarde se queixaria a Chamberlain, a Tchecoslováquia se lançara como "uma ponta de lança" no flanco da Alemanha.⁴ Sua fronteira ocidental montanhosa – uma das defesas fronteiriças mais naturais da Europa – e seu exército de mais de 1 milhão de homens constituíam um entrave às ambições alemãs no Leste Europeu, e seus tratados de defesa com a França e a Rússia haviam sido concebidos como uma tentativa de "cercar" o Reich. Para que Hitler pudesse pilhar os campos de petróleo da Romênia, adquirir *Lebensraum* no Leste Europeu ou repatriar à força o Corredor Polonês que separava a Prússia Oriental do resto da Alemanha, primeiro teria de lidar com a Tchecoslováquia.

A plena ciência, por parte do Reino Unido, de qual seria o próximo foco de problemas fez o debate sobre as garantias de defesa da Tchecoslováquia ter início já enquanto os soldados alemães entravam em Viena. Graças ao tratado franco-tcheco de 1925, os franceses já estavam comprometidos e, em

---

* A exceção era a população de etnia alemã do Tirol Sul, à qual Hitler, pragmaticamente, estava pronto a abandonar em nome da amizade ítalo-germânica.

14 de março de 1938, reafirmaram sua determinação de ir ao socorro da Tchecoslováquia caso o país sofresse uma agressão não provocada. Estaria o Reino Unido preparado para fazer o mesmo? Para alguns, como Leo Amery, o choque causado pelo golpe de Hitler sobre a Áustria era suficiente para superar a tradicional aversão britânica a compromissos com o continente. A crueldade alemã significava "ter de encarar realidades [...] e estou inclinado a pensar que a maior esperança de paz neste momento reside em informar à Alemanha que, se decidir tocar a Tchecoslováquia, estaremos lá também".5 Outros antiapaziguadores conservadores, como Churchill, Bob Boothby, Vyvyan Adams e a duquesa de Atholl (parlamentar pelos distritos de Kinross e West Perthshire), concordavam e, nos dias seguintes à *Anschluss*, clamaram por garantias do Reino Unido. Eram, porém, uma minoria.

A ideia de um compromisso de defesa da Tchecoslováquia era considerada pela maioria dos parlamentares conservadores com profundo ceticismo e até mesmo como um anátema. Ao contrário da Bélgica e da França, a Tchecoslováquia não era vista como um interesse britânico vital, e, como disse Alan Lennox-Boyd a seu eleitorado de Bedfordshire, "mesmo que a Alemanha absorvesse a Tchecoslováquia, a Grã-Bretanha continuaria segura".6 Sendo Lennox-Boyd integrante do governo (ainda que uma figura menor dentro dele), a total falta de tato com que expressou sua *Realpolitik* causou uma tempestade política. Boothby a considerou "um estímulo à Alemanha para que desse continuidade ao que fazia".7 Seu ponto de vista, contudo, era típico de vários ocupantes de cargos no governo. De acordo com George Tryon, diretor-geral dos Correios e membro do Partido Conservador com assento no parlamento por Brighton, era ridículo "garantir a independência de um país que não podemos dominar nem influenciar", ao passo que a total extensão do isolacionismo e da tchecofobia dos conservadores era exposta em carta de Michael Beaumont, insignificante representante de Aylesbury no Parlamento, ao subsecretário de Estado para as Relações Exteriores, Rab Butler:

> Pelo amor de Deus, faça o que puder para impedir que o país seja atropelado pela histeria com relação a esse desagradável ocorrido [a *Anschluss*] e forçado a assumir mais compromissos no estrangeiro, em particular se relacionados à Tchecoslováquia. Não obstante pessoas como eu, a quem seria preferível o empalamento a lutar por aquele país abominável (há mais de nós do que Vossa Excelência imaginaria), estou certo de que embora a maior parte do país, de tão

chocada com o ocorrido na Áustria, esteja pronta a agir, muito rapidamente será restabelecida a velha indisposição de arriscar vidas em nome de algo que não nos implica diretamente. Mesmo neste momento, creio que teríamos uma forte oposição a assumir novos compromissos, porém mais à frente será difícil que as pessoas estejam dispostas a honrá-los.[8]

Felizmente para Beaumont, o governo britânico não se mostrava mais disposto a garantir a segurança da Tchecoslováquia do que ele. Em 18 de março, cinco dias após a *Anschluss*, o Comitê de Política Externa do Gabinete se reuniu para avaliar memorando de lorde Halifax cujo título era "Possíveis medidas para evitar ações alemãs contra a Tchecoslováquia". Partindo do pressuposto de que o governo alemão agiria "por bem ou por mal" para incorporar a Região dos Sudetas ao Reich, o documento esboçava os três caminhos que, acreditava o secretário das Relações Exteriores, se mostravam então abertos ao governo do Reino Unido. Havia a "Grande Aliança" (tal como defendida por Churchill), na qual Reino Unido e França se uniriam a uma série de outros Estados em um bloco defensivo; um novo compromisso a assumir com a França, pelo qual o Reino Unido prometeria auxiliá-la caso fosse atacada pela Alemanha como consequência de honrar suas obrigações para com a Tchecoslováquia; ou a opção "negativa" de não assumir nenhum compromisso novo e aconselhar os tchecos a buscar o melhor entendimento possível com os alemães.[9]

Como deixara claro seu sumário, era a terceira opção a que Halifax preferia. A Grande Aliança era "impraticável", e assumir quaisquer novos compromissos implicava um risco de envolver o Reino Unido em uma guerra "na qual poderíamos ser derrotados e perder tudo". Não houve dissenso entre seus colegas. Embora Oliver Stanley (presidente da Câmara de Comércio) e sir Samuel Hoare (secretário para Assuntos Internos) tenham se manifestado a favor de um maior comprometimento com a França, a ideia soçobrou quando foi ressaltado não haver nada que França ou Reino Unido pudessem fazer em termos práticos para defender a Tchecoslováquia de uma invasão. A *Anschluss* havia "revertido" as defesas tchecas na fronteira ocidental e, como explicou o ministro para a Coordenação da Defesa, sir Thomas Inskip, "parecia certo que a Alemanha pudesse se apossar de toda a Tchecoslováquia em menos de uma semana".[10] Além disso, os ministros haviam se deixado influenciar fortemente por um recente despacho de Basil Newton, embaixador do Reino Unido em Praga, segundo o qual, "devido a sua situação geográfica, sua história e às divisões raciais de sua população, a atual posição política da Tchecoslováquia não é sustentável em caráter permanente".[11] Fosse esse o caso – e os ministros inclinavam-se a dar peso à palavra do "homem no centro dos acontecimentos" –, então por que deveria o Reino Unido arriscar-se a lutar até a morte para preservar o *status quo*?, perguntavam-se os políticos. Afinal, com base em que fariam objeções à incorporação dos territórios sudetas ao Reich, desde que conduzida pacificamente? Foi quando o secretário do Gabinete, sir Maurice Hankey, lembrou aos presentes o acordado em Versalhes: que a Tchecoslováquia só poderia sobreviver caso todo o seu território permanecesse intacto. Seus distritos fabris e industriais, as melhores terras para agricultura, suas fortificações e defesas, tudo isso estava localizado na Região dos Sudetas. Se essa lhe fosse retirada, a Tchecoslováquia viraria um Estado vassalo à mercê da Alemanha nazista.

Os ministros ouviram, mas não se deixaram abalar. Não havia "uma alma neste país" a apoiar garantias diretas aos tchecos, acreditava Stanley, ao passo que o secretário de Estado para os Domínios, Malcolm MacDonald, alertava que uma guerra em nome da Tchecoslováquia significava risco de ruptura da Comunidade das Nações.[12] Após mais alguma discussão, na qual foram mencionadas a fragilidade da França e a posição de isolamento dos Estados Unidos, a reunião terminou com apoio inequívoco à terceira opção. "C. P. E. unânime que a Tchecoslováquia não vale o sacrifício de um só granadeiro britânico", observou Cadogan, em tom positivo.[13]

Chamberlain gostou daquilo. Como explicou em carta à irmã Ida, já considerara uma série de possíveis caminhos, entre eles a Grande Aliança, mas rejeitara todos por questões práticas:

> Basta olhar para o mapa e ver como nada que a França ou nós possamos fazer poderia salvar a Tchecoslováquia de ser controlada pelos alemães caso eles queiram fazê-lo. A fronteira com a Áustria está praticamente aberta; as grandes fábricas de munição da Skoda estão suficientemente perto dos aeródromos alemães para serem alvos fáceis de bombardeio, todas as ferrovias cruzam o território alemão e a Rússia está há mais de 160 km de distância. Não temos, portanto, como ajudar a Tchecoslováquia – seria ela meramente um pretexto para irmos à guerra contra a Alemanha. Nisso não temos como pensar, a não ser caso houvesse perspectiva razoável de deixá-la de joelhos em um espaço de tempo aceitável,

e disso não enxergo sinal. Abandonei, assim, quaisquer ideias de dar garantias à Tchecoslováquia ou à França com relação às obrigações assumidas por esta com aquele país.[14]

Poucos contemporâneos seus teriam discordado dessa análise. Chamberlain podia até subestimar o potencial de intervenção da Rússia (sábia precaução, de certa forma), mas muitos compartilhavam de sua visão de que oferecer garantias à Tchecoslováquia era blefar, e, caso a Alemanha pagasse para ver, o país se veria numa posição extremamente precária. Em março de 1938, o exército britânico praticamente não existia. Em caso de guerra, o máximo que se poderia enviar ao continente seriam duas divisões mal equipadas e uma divisão móvel. À Armada Territorial faltavam 20 mil homens para atingir a meta, e estes manejariam um número insuficiente de baterias antiaéreas. Havia ainda uma carência de equipamento moderno. Ao refletir sobre esse acúmulo de deficiências, o diretor do Comando do Leste, general Edmund Ironside, concluía que o país "não tinha condições de ir à guerra", ao passo que Cadogan acreditava que o Reino Unido seria "arrasado" se um conflito estourasse naquele momento.[15]

O primeiro-ministro e o secretário das Relações Exteriores tinham mais dúvidas com relação a Hitler e suas intenções. Como disse Halifax ao Comitê de Política Externa em 18 de março, ele não acreditava estar lidando com um homem possuído de "ganas de conquista em escala napoleônica".[16] A *Anschluss* fora um choque, mas, como admitia em carta a sir Nevile Henderson, o que lhe parecia mais difícil perdoar era a estupidez dos alemães em não se darem conta "da algazarra que causariam".[17] Quanto ao futuro, Halifax admitia a tolice que seria descartar a possibilidade de mais uma demonstração de força política da parte dos alemães, mas nem ele nem o primeiro-ministro acreditavam que as ambições de Hitler ultrapassassem a união de todos os alemães dentro dos limites do Reich. De fato, como revelou Chamberlain em carta a Ida datada de 20 de março, seu plano naquele momento era abordar Hitler diretamente e perguntar-lhe o que queria para os alemães dos Sudetas. Se as demandas do Führer fossem razoáveis, o governo britânico instaria os tchecos a aceitarem-nas, enquanto a Hitler seriam pedidas garantias de que deixaria em paz o resto da Tchecoslováquia.[18]

Na terça-feira, 22 de março, o Gabinete ratificou a decisão do Comitê de Política Externa. A discussão havia sido centrada no relatório dos chefes do

Estado-Maior sobre a situação militar, um documento que, como previra Inskip, era uma leitura deprimente. Apesar de dois anos de rearmamento, vinte dos 27 esquadrões de caças operavam com maquinário obsoleto ou a caminho de sê-lo; não havia canhões antiaéreos de 3,7 ou de 4,5 polegadas; quanto à Marinha, só seria capaz de defender as águas territoriais do país e funcionar como instrumento de dissuasão no Oriente Médio caso abandonasse o Mediterrâneo nas mãos dos italianos. Quanto à defesa da Tchecoslováquia, os chefes do Estado-Maior confirmavam as previsões já feitas: "Nenhuma pressão que esse país e seus possíveis aliados possam exercer seria suficiente para impedir a derrota da Tchecoslováquia". Alguém, provavelmente Duff Cooper (as atas do Gabinete não deixam claro), ressaltava que, embora a situação fosse indubitavelmente ruim, nada havia no relatório que sugerisse que ela não pudesse melhorar com o tempo. O Estado-Maior ignorara o potencial de ajuda russa e pouco explorara as deficiências militares alemãs, expostas durante a invasão da Áustria, quando grande parte dos tanques quebrou e teve de ser abandonada às margens da estrada. E o principal: se fosse permitido à Alemanha dar sequência a seu processo de engrandecimento, isso certamente só a tornaria ainda mais poderosa no futuro. Tchecoslováquia e outros pequenos Estados na Europa Central e no Leste Europeu, de aliados em potencial, poderiam se tornar amanhã fontes de poder ainda maior para a Alemanha. Nem mesmo Cooper, contudo, pedia garantias diretas, e a reunião acabou por concordar com a crença do primeiro-ministro de que o país não estava numa posição que lhe permitisse adotar uma política geradora do risco de guerra.[19]

Apesar disso, a declaração de Chamberlain ao Parlamento dois dias depois, em 24 de março, conseguiu satisfazer muitos dos que clamavam por uma política mais firme. Embora o primeiro-ministro tenha se declarado reticente a atrelar mais compromissos formais ao país, fez uma colocação crucial: "No que tange à paz e à guerra, obrigações legais não são as únicas a constar, e, caso estourasse uma guerra, seria improvável que atingisse apenas os que assumiram tais obrigações". De fato, "a inexorável pressão dos fatos pode muito bem provar-se mais poderosa que pronunciamentos formais; e, em tal caso, estaria perfeitamente dentro das probabilidades que outros países, além dos envolvidos na pendenga originária, se envolvessem quase imediatamente".[20]

A ambiguidade deliberada da declaração – sugerindo, sem prometer, que o Reino Unido poderia intervir em caso de guerra generalizada por causa da Tchecoslováquia – ganhou aplausos de todos os lados. Os antiapaziguadores (incluindo Cooper, mas não Churchill) ficaram amplamente satisfeitos, ao passo que os isolacionistas regozijavam-se, pois o Reino Unido não arriscaria seu Império por causa de um "Estado zero à esquerda" como a Tchecoslováquia.[21]

Contudo, nem todos ficaram felizes. Em 17 de março de 1938, quatro dias após a *Anschluss*, o ministro das Relações Exteriores da União Soviética, Maxim Litvinov, em atitude incomum, dirigiu-se a um grupo de jornalistas estrangeiros em Moscou. Litvinov, totalmente desperto para a ameaça nazista (ao contrário de seu equivalente britânico, havia lido *Mein Kampf*), tornara-se um convertido à política da segurança coletiva no bojo da ascensão de Hitler ao poder. Como tal e em posição de liderança, orientara uma revolução na política externa soviética, por meio da qual a URSS entrou para a Liga das Nações (1934), formou uma aliança defensiva com a França (1935), apoiou sanções contra a Itália (1935-1936) e chegou mesmo a se oferecer para aderir às sanções contra a Alemanha após a reocupação da Renânia (1936). Em maio de 1935, os russos já tinham seu próprio tratado com a Tchecoslováquia, prometendo ir em seu auxílio caso ela fosse atacada, desde que a França cumprisse com suas obrigações primeiro. Para a angústia de Litvinov, porém, nada disso acarretara esforços correspondentes da parte do Reino Unido ou da França. Cegas pelo medo do comunismo, as potências ocidentais pareciam preferir deixar Hitler atingir seus objetivos pouco a pouco do que unir forças à URSS para impedi-lo. A política de Litvinov não estava dando frutos, e seus inimigos no Politburo já começavam a desejar outra revolução e a reorientação da política externa russa rumo a um acordo com a Alemanha.

Antes que isso pudesse ocorrer, contudo, Litvinov obteve a permissão de Stálin para mais um esforço, talvez o último, de formar uma aliança contra agressões alemãs. Em fala aos correspondentes estrangeiros no Ministério das Relações Exteriores, o russo explicou que a União Soviética, profundamente abalada pela invasão da Áustria, estava preparada para entrar em discussões com quaisquer nações dispostas a dar um basta a futuros atos de agressão e assim "eliminar" o risco de uma nova carnificina mundial. "Amanhã pode ser tarde demais", avisou, mas a hora de as grandes potências unirem forças pela "salvação coletiva da paz" ainda não havia passado.[22]

Tendo ignorado-a por uma semana, Chamberlain rejeitou a oferta por meio de seu pronunciamento à Câmara dos Comuns. Profundamente desconfiado dos russos – que, acreditava, "manipulavam a situação furtiva e astuciosamente por debaixo dos panos no intuito de nos levar à guerra contra a Alemanha" –, também não punha muita fé na capacidade militar soviética.²³ Isso, em grande parte, era compreensível. Em junho de 1937, Stálin estendera o "Grande Terror" ao Exército Vermelho e à Marinha soviética. O expurgo atingiu três de cada cinco marechais, treze de cada quinze comandantes do Exército, oito de cada nove almirantes, 57 dos 85 comandantes de unidades e todos os dezessete comissários políticos das Forças Armadas. A estimativa era de que haviam sido removidos 65% do alto escalão militar soviético, e o adido militar britânico avaliava que a Rússia, naquele momento, era incapaz de qualquer operação que não fosse puramente defensiva.*²⁴ Tais relatos, que chocaram e horrorizaram as democracias ocidentais, potencializaram os preconceitos de Chamberlain. No entanto, para o Reino Unido, rejeitar a URSS era o mesmo que rejeitar a possibilidade de ameaçar ou confrontar a Alemanha, sustentando uma guerra demorada em duas frentes, além de reforçar a posição de quem, dentro da hierarquia soviética, defendia o isolacionismo ou a aproximação com a Alemanha.

A outra potência com motivos para se decepcionar com a fala de Chamberlain era a França. Em 15 de março, Joseph Paul-Boncour – apressadamente nomeado para o Ministério das Relações Exteriores em meio à *Anschluss* – pedira "ao governo de Sua Majestade que declare publicamente, caso a Alemanha ataque a Tchecoslováquia e a França socorra esta última, que a Grã-Bretanha apoiaria a França".²⁵ Esse pedido também foi rejeitado. O dano às relações anglo-francesas, no entanto, fora limitado, e por duas razões: primeiro, por a França não ter outra opção senão manter-se próxima ao Reino Unido, e, segundo, porque o governo de Blum caiu em 10 de abril, depois de apenas um mês no poder. O novo primeiro-ministro, Edouard Daladier, que desde junho de 1936 servia como ministro da Defesa e já havia sido primeiro-ministro duas vezes, tinha uma perspectiva da situação significativamente mais próxima da britânica. Ainda assim, por um breve momento pareceu que Daladier iria pedir ao assertivo Paul-Boncour que permanecesse no Quai d'Orsay. Horrorizados, os britânicos, para quem o francês de cabelos grisa-

---

* A análise dos franceses era semelhante: o Exército Vermelho, declarava no verão de 1938 o Deuxième Bureau, "não passava de um cadáver decapitado".

lhos era "um verdadeiro perigo para a paz na Europa", tomaram a medida extraordinária de informar a Daladier que tal nomeação "seria uma lástima".²⁶ Tendo provavelmente chegado à mesma conclusão, Daladier concordou e nomeou Georges Bonnet, também do grupo radical e notório apoiador da conciliação com ditadores.²⁷

Chamberlain estava cheio de confiança. Considerara seu discurso de 24 de março um "radiante sucesso" e previa que, se houvesse uma eleição geral iminente, eles "levariam tudo".²⁸ Em 4 de abril, despachou a oposição com um "discurso realmente combativo" em defesa da política externa do governo e, poucos dias depois, comentou com sua irmã Hilda uma carrada de elogios recebidos, entre eles o de lorde Beaverbrook, segundo o qual seria ele "nosso melhor primeiro-ministro em meio século".²⁹ Durante a quinzena seguinte, pôde chamar a atenção para dois notáveis feitos oriundos de sua política de apaziguar países conturbados: em 16 de abril foi concluído em Roma o acordo anglo-italiano, e em 25 de abril novo tratado anglo-irlandês foi assinado na Downing Street.

Ambos gerariam polêmicas. Como observou Anthony Eden, a aproximação com Mussolini se baseava em uma série de promessas que o Duce já quebrara (notoriamente a de retirar da Espanha os "voluntários" italianos), enquanto o acordo com o líder irlandês Eamon de Valera implicava a renúncia do Reino Unido a seu direito de manter portos na república vizinha. Churchill, que garantira o uso dos portos no Tratado Irlandês de 1921, torpedeou essa decisão como "exemplo imprevidente de apaziguamento" – veredito que seria confirmado no início da Segunda Guerra Mundial, quando De Valera manteve a Irlanda neutra e recusou acesso aos britânicos.³⁰ Mas Churchill só falava em nome de uma minoria. A maior parte dos apoiadores do governo – e, no caso do Tratado Irlandês, os partidos Trabalhista e Liberal também o eram – recebeu os dois acordos como conquistas diplomáticas que reduziam as deficiências britânicas em um mundo já tão perigoso.

Para Chamberlain, essa dupla realização servia para reforçar a fé na sua própria diplomacia – o assim chamado "toque de Chamberlain". Como apregoava em meados de março às irmãs, qualquer acordo anglo-irlandês dever-se-ia totalmente "à influência por mim estabelecida sobre De Valera" – percepção que o astuto irlandês confirmara em mais de uma ocasião.³¹ Devido à *Anschluss*, percebeu ser impossível exercitar tais habilidades sobre Hitler naquele momento, mas ainda assim o governo iria pressionar os tchecos a resolverem seus problemas relacionados a minorias e, se isso tivesse êxito, disse a Ida, "talvez seja então possível agora um reinício junto a Berlim".³²

De fato, em 22 de abril, Ernst Woermann, primeiro conselheiro da embaixada da Alemanha, reportou a Berlim o conteúdo de uma conversa que tivera com Rab Butler, na qual o jovem subsecretário das Relações Exteriores aparentemente se dera ao trabalho de enfatizar quanto a *Anschluss* não diminuíra de forma alguma o desejo da parte do primeiro-ministro de "um real entendimento" com a Alemanha. "Os povos britânico e alemão são sangue do mesmo sangue", teria declarado Butler (ecoando teorias raciais nazistas), e seria "inconcebível que os dois países voltassem a se encontrar nos campos de batalha". Quanto à Tchecoslováquia, havia talvez alguns pontos sobre os quais os dois não poderiam conversar com franqueza. Ainda assim, logo a seguir, Butler declarara estar a Inglaterra "ciente de que a Alemanha atingiria 'sua meta seguinte' e só o preocupava 'a forma como isso se daria'".³³ Se Ribbentrop cultivava qualquer dúvida sobre a possibilidade de o Reino Unido agir de forma belicosa quanto à Tchecoslováquia, as conversas em questão serviram para dissipá-las.

Em 27 de abril de 1938, os novos representantes diplomáticos da França chegaram a Londres para conversas. Três dias antes, Konrad Henlein, líder do Partido Alemão dos Sudetas (SdP), havia expedido uma série de extensas demandas em Karlsbad, incluindo o reconhecimento das áreas sudetas como uma entidade legal à parte, igualdade total de condições para os sudetas de etnia alemã e liberdade de disseminação da ideologia nazista. Tais aspirações – equivalentes à demanda por autonomia completa dentro do Estado – haviam sido rejeitadas pelo governo em Praga. Os britânicos tentavam então cooptar a França a apoiar sua política de pressionar os tchecos a aceitar concessões.

Daladier assumiu de saída uma atitude provocadora. Henlein afirmou que não queria autonomia, mas a "destruição" do Estado tchecoslovaco. Mais importante, estavam lidando com uma Alemanha que aspirava a uma posição de hegemonia na Europa. Em sua opinião, "as ambições de Napoleão eram muito inferiores às metas atuais do Reich alemão". Claro, confrontar a Alemanha naquele momento acarretava riscos, mas era importante não esquecer a força do exército tcheco – "bem treinado, bem equipado e revigorado pelo espírito público" – ou as 5 mil aeronaves da Força Aérea soviética, e nem as deficiências, bem como os pontos fortes, das Forças Armadas alemãs. Caso o Reino Unido e a França declarassem inequivocamente que não permitiriam a destruição da Tchecoslováquia, acreditava o primeiro-ministro da França, "a paz na Europa poderia ser salva".³⁴

"Muito bonito, mas uma tremenda bobagem", foi o veredito de sir Alexander Cadogan sobre o discurso.³⁵ Por mais que a história não viesse a validar esse ponto de vista, havia algo de verdadeiro nas palavras do subsecretário permanente. Seis semanas antes, logo após a *Anschluss*, o Comitê Permanente de Defesa Nacional da França havia se reunido para considerar a questão da ajuda ao aliado do Leste e, como os britânicos, chegado à conclusão de que nada poderia ser feito em termos práticos para impedir uma conquista alemã. O máximo que a França poderia oferecer, declarara Daladier (então ministro da Defesa), seria ajuda indireta – mobilizar o exército francês para se interpor às forças alemãs ao longo da fronteira ocidental –, enquanto o general Gamelin, comandante-chefe das Forças Armadas da França, era cético com relação às possibilidades de ajuda russa. Para efeito externo, a França continuava comprometida a "defender" a Tchecoslováquia, e seu novo primeiro-ministro – altamente cônscio da honra francesa – certamente esperava não ter de ver o dia em que fosse forçado a quebrar sua promessa. No entanto, Daladier ter nomeado Bonnet para substituir Paul-Boncour já diz muito, e, como reportou a Berlim o novo embaixador alemão em Londres, os franceses aparentavam esperar que a ideia de pressionar os tchecos partisse do Reino Unido, para então poderem "aquiescer sem dar a impressão de terem tomado a iniciativa na questão".³⁶

E isso fizeram, diligentemente. Depois de Chamberlain acalmar Daladier com um bom almoço, seu francês execrável e a pequena concessão de conferências de cúpula naval, o "Touro de Vaucluse", como o premiê francês era coloquialmente conhecido, ergueu os chifres e aderiu à política britânica.* Tanto britânicos quanto franceses pressionariam os tchecos a chegar a um rápido acordo com os sudetas, enquanto os britânicos se encarregariam de consultar Hitler sobre qual solução ele julgaria aceitável. A base lógica de todo o esquema era a crença britânica de que as demandas de Hitler eram razoáveis

---

* O apelido era derivado do distrito eleitoral que Daladier representava desde 1919 e de sua aparência bovina. Contudo, como seus críticos viviam apontando, os seus eram chifres de caracol.

e limitadas à Região dos Sudetas. Como Henderson escreveu a Halifax em 6 de maio de 1938, era vital para os tchecos conceder naquele momento a Henlein a maioria de suas demandas, pois "tanto Herr Hitler quanto Henlein são moderados se comparados a muitos de seus seguidores, e, em minha opinião, a solitária esperança do sr. Benes [presidente da Tchecoslováquia], de acordo com os interesses de seu país, é fazer uma oferta de tal magnitude que os dois não tenham como recusá-la".[37]

A análise de Daladier sobre as intenções alemãs, no entanto, se mostraria a mais correta. Quatro semanas antes, em 28 de março de 1938, Hitler havia recebido Henlein e seu delegado, Karl Hermann Frank, na Chancelaria do Reich. Lá, dissera aos convidados que pretendia solucionar a questão dos sudetas num "futuro não muito distante" e que a função deles era manter a situação em fervura alta por meio de demandas inaceitáveis ao governo de Praga. "Devemos sempre exigir muito, de forma a jamais estarmos satisfeitos", foi o sumário exato oferecido por Henlein sobre as instruções recebidas.[38] Algumas semanas mais tarde, Hitler convocou o chefe do Alto-Comando das Forças Armadas, general Wilhelm Keitel, e instruiu-o a atualizar o "Caso Verde" – o plano para a invasão da Tchecoslováquia, iniciado após a Conferência de Hossbach. Havia ao menos três situações que poderiam gerar uma crise, explicou o Führer, mas sua preferência era por algum incidente interno. Dois meses depois, o momento pareceu ter chegado.

Ao cair da noite de quinta-feira, 19 de maio de 1938, sir Nevile Henderson recebeu um telegrama do cônsul em exercício em Dresden informando-o de que tropas alemãs se concentravam ao longo da fronteira sul com a Tchecoslováquia e que, a partir daquele domingo, estavam suspensas as licenças para todos os militares. O embaixador não deu muita importância a isso. Não havia evidências de atividade militar anormal em Berlim, disse em telegrama para Londres, e o cancelamento das licenças provavelmente era devido às eleições locais, que ocorreriam naquele domingo nos distritos dos sudetas. Na manhã seguinte, porém, Basil Newton, embaixador britânico em Praga, recebeu um telefonema alarmado do ministro das Relações Exteriores da Tchecoslováquia, informando-o sobre os relatos de que soldados alemães estavam se concentrando na Saxônia e na Baviera. Foi pedido a Henderson que os investigasse, e ele, diligentemente, visitou o Ministério das Relações Exteriores, onde o secretário de Estado, Ernst von Weizsäcker, telefonou para o Alto-Comando da Wehrmacht pedindo informações. Mais tarde, ele procuraria Henderson para dizer que o general Keitel lhe assegurara que toda a conversa sobre concentração de tropas era "um completo disparate". Não houvera reunião de tropas na Saxônia, mas apenas em Königsbrück, onde ocorriam exercícios de rotina. Henderson permanecia cético. Lembrou a Weizsäcker que havia recebido as mesmas negativas em 11 de março, quando o exército alemão se preparava para invadir a Áustria, e alertou o Secretariado das Relações Exteriores de que, caso ocorresse algum "incidente" durante as eleições, Hitler "daria ordens para que as tropas alemãs cruzassem imediatamente a fronteira".[39]

Em Londres, os poderosos faziam as malas para o que prometia ser o primeiro fim de semana do verão. Halifax planejava visitar ambas as suas *alma maters*, primeiro Oxford, depois Eton, enquanto Chamberlain tinha em mente um fim de semana de pesca de trutas. Infelizmente, nenhum dos dois pôde gozar da tranquilidade que esperava. "Esses alemães dos infernos me estragaram mais um fim de semana", rugiu Chamberlain quando foram buscá-lo no rio para informá-lo da torrente de telegramas recebidos nas primeiras horas daquela manhã, sábado, 21 de maio.[40] Eles continham mais relatos de tropas alemãs concentrando-se ao longo da fronteira com a Tchecoslováquia, entre os quais uma alegação de que a 7ª e a 17ª-Divisão de Infantaria avançavam rumo à divisa da Baviera com o país, e que aviões alemães teriam sido avistados sobrevoando o norte da Boêmia. O Estado-Maior da Tchecoslováquia estava extremamente nervoso, e no fim da noite anterior persuadira o governo a mobilizar parte dos militares da reserva – cerca de 174 mil homens.

A eficiência e o entusiasmo com que essa ordem foi levada a cabo deixaram com a cara no chão os que menosprezavam as Forças Armadas tchecas ou acreditavam que os tchecos simplesmente abririam as pernas, como haviam feito os austríacos. A ordem chegou às cidades e aldeias do país às 22 horas de sexta-feira, 20 de maio, e às 3 horas do dia seguinte cerca de 70% dos reservistas já se encontravam a postos. Ao nascer do sol, dos 174 mil soldados convocados, apenas dezesseis ainda não haviam se apresentado. As fronteiras, e todo o território dos Sudetas, haviam sido ocupadas pelos militares. Foi "milagroso", escreveu a jornalista britânica Shiela Grant Duff: "Cada guarnição avançava, aliviando aquela posicionada adiante, com precisão de relógio".[41] Sua colega americana Virginia Cowles, que cobria as eleições para o *Sunday Times*, ficou sabendo da crise iminente enquanto viajava para um comício do SdP com o assessor de comunicação do partido. "Vou te contar um segredo", disse ele. "Henlein está com Hitler neste exato momento em Berchtesgaden. O exército alemão pode cruzar a fronteira a qualquer momento." A jovem repórter ficou horrorizada. "Isso significaria uma guerra mundial", exclamou ela. "De jeito nenhum", respondeu ele. "Tudo acabará dentro de poucos dias."[42]

A resposta não acalmou Cowles. Ela foi ao comício ("um pesadelo de bandeiras, suásticas [...] e *Heils* de enlouquecer os ouvidos"), mas, ao ser acordada às 5 horas de sábado por soldados tchecos patrulhando as ruas, decidiu retornar a Praga. Lá, no Hotel Ambassador, não encontrou sinais de crise. Uma faxineira lavava o piso, o rapaz da recepção separava a correspondência, o carregador de bagagens lia o jornal. De repente, Reynolds Packard, o espalhafatoso repórter da United Press, irrompeu no lobby num estado de grande agitação. Havia rumores de uma invasão alemã e o governo começara a se mobilizar, explicou. Cowles correu ao telefone e, após várias tentativas, conseguiu falar com o *Sunday Times*. A voz masculina do outro lado da linha lhe pareceu saída de outro mundo:

"Bom dia", disse ele, amigavelmente. "Como você está?"
"Não muito bem. O exército tcheco está se mobilizando."
"Não diga! Por que estão fazendo isso?"
"Acham que o exército alemão está cruzando a fronteira."
"Não diga! Tem certeza?"
"Tenho certeza de que os tchecos estão se mobilizando."
"Não diga! Vejam só. Isso *é* notícia."[43]

A essa altura, o Secretariado das Relações Exteriores também se encontrava em polvorosa. No final de maio, o Serviço Secreto de Inteligência (SIS) alertara sobre a possibilidade de um ataque alemão e agora surgia a notícia de que a polícia tcheca matara a tiros dois alemães sudetas. "Estaria 1914 acontecendo de novo?", conjeturava Chips Channon.[44] Às 15 horas, o Secretariado recebeu detalhes da acalorada audiência que Henderson tivera naquela manhã com Ribbentrop. Segundo reportara o embaixador, o ministro alemão das Relações Exteriores "estava em estado de espírito altamente temperamental e belicoso". Ficara particularmente exasperado devido a Henderson ter informado a Reuters da negativa que recebera quanto à movimentação de tropas alemãs, e agora se recusava a repassar quaisquer informações militares ao embaixador – uma atitude, replicava Henderson, que o forçava a inferir que medidas militares, *sim*, estariam ocorrendo. O ministro então se voltara para o "assassinato" dos dois sudetas e, lançando mão de "um linguajar sedento de sangue", garantira ao embaixador que, caso tais provocações continuassem, a Tchecoslováquia seria destruída.[45]

A situação parecia sair de prumo, e Halifax, apesar de concordar com Cadogan de que "não devemos ir à guerra!", decidiu que Hitler deveria ser alertado de que estava brincando com o perigo.[46] Naquela mesma tarde, sábado, 21 de maio, a França havia reafirmado seu compromisso com a Tchecoslováquia, e Henderson fora instruído a telefonar novamente para o Wilhelmstrasse e alertar Ribbentrop de que, caso a França entrasse em guerra, "o governo de Sua Majestade não teria como garantir que as circunstâncias não o forçariam a também se envolver".[47] Em contraste com a volúvel irascibilidade daquela manhã, Ribbentrop escutou a maior parte da mensagem no mais taciturno silêncio. Contudo, ao ouvir o aviso britânico, exaltou-se novamente. Caso a França fosse louca o bastante para intervir, gritou, sofreria "a maior derrota francesa em toda a história do mundo e, caso o Reino Unido a ela unisse forças, então, uma vez mais, teríamos de lutar até a morte".[48]

O farsesco incidente do "trem especial" nada fez para diminuir as tensões. Como Henderson foi forçado a explicar repetidas vezes, estava planejado havia muito tempo que o adido naval da embaixada iniciaria um período de licença com sua família naquele sábado, 21 de maio. Infelizmente, o espaço no trem havia se revelado insuficiente para acomodar a família do adido e os filhos de outro funcionário da embaixada. A solução oferecida pela companhia ferroviária havia sido a adição de um novo vagão. Agora com espaço sobrando, o adido persuadira mais duas famílias de funcionários da embaixada a se juntarem ao que acabou parecendo um êxodo em massa. O fato de tais arranjos coincidirem com uma crise diplomática foi um tremendo azar. Ao voltar do Ministério das Relações Exteriores na manhã de domingo, Henderson ficou surpreso ao encontrar o embaixador da França na porta de sua casa. Era verdade, inquiriu o alarmado François-Poncet, que o embaixador estaria evacuando a embaixada? Henderson assegurou-lhe não ser o caso. Mal entrou em casa, porém, recebeu uma ligação urgente de Londres querendo saber que diabos estava acontecendo – haviam ouvido falar que "as mulheres e as crianças" estariam de partida naquela noite em um "trem especial" –, seguida de outra de Weizsäcker, implorando ao embaixador para "que não fosse alarmista".[49] No fim das contas, o adido foi autorizado a partir, mas Henderson proibiu todos os outros de embarcarem junto.

Como se viu, o drama da fictícia evacuação britânica foi um episódio apropriado ao que era, essencialmente, uma crise imaginária. Não havia plano alemão para a invasão da Tchecoslováquia no fim de semana de 21 e 22 de maio de 1938, e nem havia evidências de qualquer atividade militar além incomum, como reportaria o adido militar britânico depois de dirigir mais de 1.100 quilômetros rumo à fronteira entre Alemanha e Tchecoslováquia e ao longo dela. O que pareceu ter ocorrido foi que os tchecos, sob intensa pressão da agressiva propaganda alemã, reagiram de forma exacerbada a manobras militares reais e imaginárias, tendo recebido anteriormente relatos de inteligência dando conta de que os alemães planejavam usar "perturbações" durante as eleições como desculpa para a invasão.[50]

Contudo, se a crise havia sido imaginária, tivera consequências reais. O mundo acreditava que a Tchecoslováquia fora ameaçada, e a invasão alemã impedida pelos atos das democracias ocidentais. A imprensa internacional se derramou em pródigos elogios à resolução da Grã-Bretanha em particular: Hitler havia pretendido atacar, mas o rugido do leão britânico o detivera. Isso, na visão de Henderson, era desastroso. Enfurnado em Obersalzberg, Hitler estaria enraivecido com a sugestão de que fora forçado a recuar e teria dado início a uma "tempestade cerebral" que, na visão do embaixador, o levaria a "cruzar a linha entre a negociação pacífica e o uso da força".[51]

Essa não era uma interpretação exata dos acontecimentos. Hitler jamais havia contemplado uma resolução pacífica para a questão da Tchecoslováquia e, nos últimos meses, estivera ativamente envolvido em planejar uma solução militar que destruísse o Estado tcheco. O que a Crise de Maio fez foi fortalecer sua determinação e acelerar seus planos. Após uma semana passada a cismar em Berchtesgaden, Hitler retornou a Berlim, onde convocou seus principais generais para uma reunião na Chancelaria do Reich. Lá, em 28 de maio, proclamou sua "vontade férrea" de fazer a Tchecoslováquia "desaparecer do mapa" muito em breve.[52] Apesar dos acontecimentos do fim de semana anterior, não acreditava em intervenção do Reino Unido ou da França. Ainda assim, instruiu o almirante Raeder a acelerar o programa de encouraçados e submarinos (obviamente para intimidar a Grã-Bretanha) e lançou uma ordem para que os trabalhos avançassem com urgência na Linha Siegfried, a série de fortificações defensivas ao longo da fronteira com a França. Embora uma série de generais tivessem consideráveis dúvidas quanto ao plano do Führer, naquele momento ficaram quietos. O Caso Verde foi reformulado, e sua apresentação passou a conter a declaração de Hitler de que era "sua inalterável decisão esmagar a Tchecoslováquia por ação militar no futuro próximo".[53] Os preparativos militares deveriam estar finalizados "no mais tardar" em 1º de outubro de 1938.[54]

Em Londres, muita gente estava convencida de que a ameaça à Tchecoslováquia havia sido real. "Não resta dúvida de que a Alemanha *estava* preparando alguma de suas gracinhas para entre a sexta-feira e o domingo", registrou o general de brigada Henry Pownall, e acrescentou que "C" – o diretor do SIS, almirante Hugh "Quex" Sinclair – tinha informações de que "alguém na Alemanha cancelara tudo na segunda-feira".[55] Na visão de Chamberlain, "o diacho da coisa toda foi por um triz". A imprensa alemã negar que quaisquer atos inapropriados estivessem por ocorrer era esperado, mas então por que Ribbentrop praguejara contra Henderson por compartilhar as negativas com a Reuters? No cômputo geral, o primeiro-ministro não duvidava

> de que: 1) o governo alemão fizera todos os preparativos para um golpe; 2) decidira afinal, após ficar ciente de nossos avisos, que o risco era grande demais; 3) a visão generalizada de que havia ocorrido justamente isso conscientizou-os da sua perda de prestígio; e 4) estão a despejar seu rancor sobre nós por sentirem que ficamos com o crédito de tê-los parado.

Todo o episódio serviu para ilustrar "quão totalmente não confiável e desonesto é o governo alemão".[56]

No entanto, apesar da (incorreta) conclusão de que a firmeza britânica impedira um ataque alemão, a Crise de Maio não levou a uma nova política de resistência. Pelo contrário, horrorizado pelo que quase ocorrera, o governo assumiu uma determinação ainda maior de forçar os tchecos a atender as exigências dos sudetas de etnia alemã no intuito de evitar uma nova crise. Tal atitude levou a algumas discussões bizarras. Como se recordaria Duff Cooper após a reunião de emergência do Gabinete na noite de 29 de maio, domingo, "a sensação geral [...] parecia ser que a grande e brutal Tchecoslováquia estava intimidando a pequena, pobre e pacífica Alemanha".[57] Alguns dias depois,

Halifax foi incisivo com Jan Masaryk, embaixador tcheco em Londres e filho do presidente que fundara o país, quanto à urgência de que Benes chegasse a um acordo generoso com Henlein, acrescentando sua crença de que o máximo com que os tchecos conseguiriam se safar seria a autonomia para os sudetas "no modelo suíço".[58] Em Paris, sir Eric Phipps – que, contaminado pelo derrotismo francês, se transferira firmemente para as hostes dos apaziguadores – pediu a Bonnet que aplicasse pressão semelhante. Como reportou o embaixador a Londres, o ministro das Relações Exteriores da França não poderia ter concordado mais. Bonnet, desesperado para evitar o dilema "guerra ou faltar com a palavra", prometeu exercer todas as pressões possíveis sobre Praga, incluindo a ameaça de que a França se julgaria "livre de sua obrigação" caso os tchecos não se mostrassem razoáveis.[59] Ao mesmo tempo, os britânicos deixaram claro para os franceses que seus atos ao longo do crucial fim de semana de maio não implicavam de forma alguma um comprometimento do Reino Unido com a Tchecoslováquia.

Contudo, embora tecnicamente esse fosse o caso, na prática a Crise de Maio levaria a uma intensificação dos compromissos britânicos. Tendo ficado com o crédito por extinguir a agressão alemã em maio, seria de fato possível para o Reino Unido se manter de lado quando a próxima crise eclodisse? No intuito de evitar esse dilema, os britânicos tomaram medidas para forçar os tchecos a chegar a um acordo, entre as quais o envio de um mediador britânico. Isso, no entanto, só serviria para aproximar ainda mais os destinos dos dois países. Caso os tchecos seguissem os conselhos dos britânicos e ainda assim fossem atacados, como poderia o Reino Unido se abster? No coração da política britânica residia, portanto, um paradoxo: os britânicos estavam convencidos de que não deviam nem podiam se comprometer com a defesa da Tchecoslováquia, e no entanto, pela força de seus próprios atos, acabaram quase inextricavelmente ligados ao destino daquele frágil país.

XIII
Honrados e rebeldes

A hora não é de festejar em paz, mas de salvar seu país.
Sir Timothy Eden ao irmão, Anthony, 16 de maio de 1938.[1]

Na noite de quarta-feira, 16 de março de 1938, Winston Churchill jantou com seu filho, Randolph, Harold Nicolson e Bob Boothby no Clube Pratt. A *Anschluss* ocorrera três dias antes e o homem que havia quase seis anos alertava quanto à ameaça alemã estava em modo belicoso. "Nunca", disse a seus convivas, "um homem herdou situação tão medonha quanto Neville Chamberlain." Graças à letargia dos anos Baldwin, o Reino Unido estava agora numa posição onde se arriscava a perder tudo se não tomasse uma atitude, e no entanto, "se agirmos com rigor, em meia hora Londres estará em petição de miséria". O Partido Conservador era cheio de "homens cegos e obstinados", e ele, Churchill, não iria aguentar aquilo por muito mais tempo. Caso o governo não adotasse uma política nova e clara nas próximas semanas, ele renunciaria à liderança e levaria consigo cerca de cinquenta conservadores em um ato de aberta insurreição.[2]

Churchill devia saber que aquilo era ilusão. Oito meses depois (já numa posição bem mais forte), convocou cinquenta conservadores para o seguirem até o lobby em apoio a uma moção do Partido Liberal que pleiteava a criação de um Ministério do Abastecimento, mas só Harold Macmillan e Brendan Bracken o atenderam.* A tomada da Áustria, contudo, de fato fez germinar no Partido Conservador um sentimento cada vez mais coeso de oposição

---

* Considerando-se que Churchill contara com o apoio de cerca de sessenta parlamentares conservadores durante sua campanha contrária ao autogoverno para a Índia, fica ainda mais aparente o quão isolado estava em seu partido naquele período.

ao apaziguamento. Tarde da noite de 7 de abril de 1938, Ronald Cartland, parlamentar jovem e corajosamente independente de Kings Norton, em Birmingham, confidenciou ao porta-voz do Partido Trabalhista para assuntos de política externa, Hugh Dalton, que, de tão atiçados com a *Anschluss*, cerca de quarenta parlamentares conservadores lhe pareceram a ponto de votar contra o governo caso os aguardasse alguma combinação alternativa. Por outro lado, a maior parte dos seus colegas "ainda morria de medo do bicho-papão comunista", o que os cegava quanto aos riscos representados pela Alemanha nazista. Quanto a seu líder, Cartland disse a Dalton que Chamberlain vinha se tornando cada vez mais ditatorial e que "agora temos um Führer no Partido Conservador".3

O grande problema a ser encarado por rebeldes em potencial conservadores era a falta de liderança. Em janeiro de 1938, Leo Amery estabelecera um "grupo de estudos" para cerca de vinte parlamentares conservadores com afinidades de pensamento e a intenção de se encontrarem regularmente na esperança de desenvolver em conjunto um norte para a política externa. Mas Amery, ainda que respeitado como ex-membro do Gabinete e *fellow* de All Souls, não era um homem que inspirasse pessoas a segui-lo. Miúdo e seco, de voz aborrecida e hábito ainda mais aborrecido de falar em excesso, por mais que fosse um político extremamente capaz, era alvo de piadas segundo as quais poderia ter sido primeiro-ministro caso fosse meia cabeça mais alto e fizesse discursos meia hora mais curtos. Se a oratória era a qualidade desejada, o homem sem dúvida era Churchill. Ainda assim, para muitos conservadores, o ex-liberal, arquiteto do desastre de Galípoli, opositor das reformas na Índia e defensor do rei Edward VIII durante a crise da Abdicação, continuava alvo de considerável desconfiança.

O líder desejado pelos antiapaziguadores era Anthony Eden. Para sua crescente frustração, porém, o ex-secretário das Relações Exteriores parecia avesso ao posto. Após renunciar, em 20 de fevereiro, o exausto Eden se recolhera ao sul da França. Certo dia, ao ouvir o rádio, foi alarmado pela demoníaca voz de Hitler a proclamar *"Ein Volk, ein Reich, ein Führer"* ("Um povo, um império, um líder") perante uma multidão histérica na Áustria. Seus amigos e apoiadores o incitaram a retornar de imediato à Inglaterra. "Os próximos dias, semanas e meses – mas dias e semanas em particular – certamente vão estar entre os mais vitais de nossa história", escreveu seu irmão mais velho, sir Timothy. "Temos de nos comprometer com os franceses a proteger a independência da Tchecoslováquia. [...] A hora não é de festejar em paz, mas de salvar seu país."⁴ Uma semana depois, tentou novamente: "O risco é de que venhamos todos a dormir novamente e então, numa manhã de domingo, nos chegue a notícia de Hitler em Praga. Você não pode nos deixar adormecer. Decerto são os alemães o perigo, não aqueles italianos de uma figa. [...] Portanto – velho cavalo de guerra –, deixe-nos senti-lo farejar de longe o cheiro de batalha e ouvi-lo gritar entre os trompetes!".⁵

Chegaram cartas também de Jim Thomas (ex-secretário particular parlamentar de Eden), Ronald Tree (parlamentar conservador por Harborough) e Duncan Sandys (idem por Norwood, e genro de Churchill). Este último articulou a questão de maneira sucinta:

> Ansiamos mais que tudo é que alguém como você nos traga coesão. Em nossa maioria, estamos enfastiados de lutar pequenos combates independentes de guerrilha por toda parte. [...] Só em você enxergamos a liderança que trará a esses elementos do partido união e efetividade.⁶

Mas Eden se recusou a responder ao chamado. Continuou na Riviera até 4 de abril e, ao retornar, deixou claro não estar preparado para confrontar Chamberlain ou mesmo se deixar rotular como o "irreconciliável opositor dos ditadores".⁷

Em parte, isso se devia às deficiências naturais de Eden como político. Como ele mesmo colocaria posteriormente em seu diário: "Odeio verdadeiramente o 'jogo' da política, não porque seja melhor do que esses [Churchill e Beaverbrook, com quem havia jantado na ocasião] [...] mas porque a mim falta o 'brio'".⁸ Sua autoavaliação era exata. Nunca um antiapaziguador tão resoluto quanto imaginavam seus apoiadores, Eden parecia bom demais para ser verdade, e era. Embora fotogênico, cioso e esforçado, era também indeciso, tímido e vaidoso. Nos dezoito meses passados nos assentos de trás da bancada, de fevereiro de 1938 a setembro de 1939, hesitou o tempo todo quanto a fazer ou não uma intervenção política, e, ao fazê-la, seu ataque direto ao governo não causou qualquer impacto. Em parte era falta de "brio", mas também cálculo egoísta. Ciente de sua posição de favorito para a sucessão de Chamberlain caso a política do primeiro-ministro fracassasse aos olhos dos demais, Eden julgava ter pouco a ganhar ao criticar o governo, o que lhe renderia as mesmas acusações de deslealdade e ambição que haviam infernizado

Churchill. Portanto, recusou o posto onde seus apoiadores desejavam vê-lo e, nas palavras de Nicolson, continuou a perder "todos os bondes com a mais extraordinária elegância" até a eclosão da guerra.⁹

O ex-substituto de Eden, lorde Cranborne, tampouco estava preparado para liderar na ausência do mestre. "Não me agrada a política do primeiro-ministro", escreveu ele em 5 de julho de 1938 de sua cadeira em Dorset:

> A impressão que passa, de submeter-se aos ditadores é, creio, desastrosa. [...] Afasta nossos verdadeiros amigos e o que ganhamos em troca, na melhor das hipóteses, são novos amigos bem pouco confiáveis. Também aliena a opinião [norte-]americana, de essencial importância neste momento. [...] De qualquer forma, deve-se dar-lhe um julgamento justo, o que certamente vem tendo. Enquanto isso, estou bem à vontade a cultivar rosas em Cranborne. Traz-me resultados a um só tempo mais rápidos e mais satisfatórios.¹⁰

Como indica a carta, os "edenitas" – ou "Glamour Boys", na acepção pejorativa dos apoiadores de Chamberlain – preocupavam-se em particular com o efeito da política do primeiro-ministro sobre os Estados Unidos. O apoio norte-americano seria crucial em qualquer guerra futura e, embora a opinião pública naquele país ainda tendesse fortemente para o isolacionismo, havia uma tendência perceptível e crescente ao ultraje – em particular na Costa Leste – à medida que se sucediam os golpes fascistas. Nessas circunstâncias, a política de Chamberlain de buscar acordo com os ditadores era questionada e cada vez mais criticada. Como reportou em março de 1938 o amigo educador nova-iorquino de Thomas Jones, o dr. Abraham Flexner, a revista mais popular da Broadway era um "número excruciantemente divertido chamado 'Os quatro anjinhos da paz'", do qual constavam Chamberlain, Hitler, Mussolini e um general japonês, todos traindo uns aos outros.¹¹ Quase simultaneamente, lorde Astor, em visita ao país em que nascera, observava ter encontrado um panorama político norte-americano claramente menos isolacionista que o do outono anterior. A Inglaterra era vista com carinho, mas também com incompreensão por estar buscando um acordo com a Alemanha nazista.¹²

A atitude de Roosevelt era ambivalente. Em 5 de outubro de 1937, ele havia feito em Chicago o apocalíptico discurso sobre a "quarentena", no qual conclamava todas as nações amantes da paz a se unirem para proteger o mundo contra o "presente reino de terror" do qual "não havia como fugir por meio do mero isolamento ou da neutralidade".¹³ Contudo, também entretinha um plano grandioso de apaziguamento econômico – daí o Plano Welles, que criaria um novo sistema para a distribuição dos recursos naturais do mundo em troca do desarmamento internacional. A rejeição britânica ao plano, à qual se seguiu a renúncia de Eden, alarmou o presidente. Em conversa com o embaixador da França em 11 de março de 1938, ele descreveu Chamberlain como um "homem de finanças" que decidira abandonar a França na esperança de fazer um "acordo comercial" com os ditadores. Três dias antes, havia se estendido mais quanto aos riscos inerentes à política do primeiro-ministro com uma analogia tipicamente norte-americana:

> Se o delegado faz um acordo com os principais gângsteres e o acordo dá fim a assaltos a mão armada, esse delegado será considerado um grande homem. Se os gângsteres não cumprirem com a palavra, porém, o delegado pode acabar na cadeia. Certas pessoas, penso, estão se arriscando demais.¹⁴

A *Anschluss* endureceu ainda mais sua posição. A opinião pública norte-americana ficou ultrajada com a tomada do poder pelos nazistas, e, em 17 de março de 1938, o secretário de Estado Cordell Hull declarou, em discurso aprovado por Roosevelt, que o isolamento não era uma rota para a segurança, mas uma "fonte fértil de insegurança".¹⁵ Na noite seguinte, contudo, Joseph P. Kennedy, arrogante novo embaixador americano na corte de St. James's, falou durante um encontro da prestigiosa Pilgrims Society, no Claridge's Hotel. Kennedy, para quem as ambições alemãs na Europa Central em nada afetavam os Estados Unidos, pretendia usar a ocasião para cultivar a boa vontade dos isolacionistas norte-americanos, assegurando-lhes não haver risco de que ele tivesse "se aculturado" em Londres. Já havia produzido "uma esplêndida peça de demagogia democrática" ao se recusar a usar culotes em sua audiência com o rei e ao anunciar sua intenção de dar fim à prática de apresentar debutantes norte-americanas à corte – mas não antes de suas próprias filhas debutarem.¹⁶ Planejava a seguir usar o jantar cerimonial para demover os britânicos da ideia de que poderiam contar com os Estados Unidos para "livrar sua barra" em caso de guerra. Horrorizado, o Departamento de Estado insistiu para que o discurso fosse reescrito, mas o tom geral permaneceu fiel às intenções originais do embaixador. Embora Kennedy tivesse tranquilizado sua audiência – que incluía tanto lorde Halifax quanto o duque de Kent – de que era um equívoco achar que os Estados Unidos "não lutariam em quaisquer circunstâncias a não ser uma invasão de fato", enfatizou o fato de muitos norte-americanos se oporem a "alianças enredadas" e declarou que o país estava determinado a manter-se distante de querelas europeias.[17] Como notou o embaixador em seu diário, esses trechos do discurso caíram claramente em "ouvidos moucos".[18]

Apesar da fria recepção a Kennedy na Pilgrims Society, os apaziguadores permaneceram em ascensão durante o primeiro semestre de 1938. Não era apenas liderança e coesão que faltavam ao pequeno grupo antiapaziguador do Partido Conservador, mas também a chance de qualquer oposição séria a Chamberlain surgir internamente era dificultada pela força da máquina da agremiação.

A engrenagem principal era o líder da bancada, o capitão David Margesson. Com mais de 1,80 metro, maçãs do rosto proeminentes, cabelo penteado para trás e olhos negros penetrantes, Margesson era um renomado disciplinador, descrito por vários colegas de Parlamento como "rígido", "um verdadeiro ditador" e até mesmo "David Himmler".[19] Alguns o enxergavam como bondoso e encantador. Harold Macmillan, que nessa época se rebelou em praticamente todas as questões, o avaliava equilibradamente como "um típico aluno da Harrow, duro, não muito sensível, mas muito justo".[20] No entanto, não resta muita dúvida de que sua administração implacável da bancada do partido – pautada, segundo um comentário, por métodos de inspetor de escola – contribuiu significativamente para coibir possíveis fontes de dissenso. Quando os autores de *Guilty Men* [Homens culpados] – uma crítica impiedosa aos anos do apaziguamento, publicada em julho de 1940 por três jornalistas do estafe de Beaverbrook – se perguntaram como nunca houvera "um levante de peso em meio à legião arregimentada [...] nos assentos dos fundos da bancada conservadora" durante aquele período, a resposta foi simples: o capitão David Margesson.[21]

Igualmente importante, mas de visibilidade consideravelmente menor, era sir Joseph Ball. Já estabelecido como a metade britânica do "canal secreto" existente entre Chamberlain e Mussolini, Ball, tecnicamente diretor do Departamento Conservador de Pesquisa, era também o elo entre Chamberlain e a mídia. Não que os elementos mais influentes daquela indústria necessitassem de qualquer pressão para adotar a linha de pensamento do governo. John

Reith, diretor-geral da BBC, acreditava que, "partindo-se do pressuposto de ser a BBC voltada ao povo, e o governo igualmente, conclui-se que a BBC deva ser voltada para o governo" – sofisma que também se aplicava a uma série de jornais.[22] Mas Ball tinha a responsabilidade particular de pautar a imprensa contra os inimigos internos do primeiro-ministro. Por isso ele escreveu a Chamberlain, logo após o discurso de renúncia de Eden, para assegurar-lhe que não fora bem-sucedido e que "havia tomado certas medidas a portas fechadas no intuito de garantir que esse ponto de vista fosse disseminado por todo o país".[23]

Em junho de 1936, Ball havia comprado discretamente, em nome do Partido Conservador, a antiga publicação *Truth*, ligada aos radicais. Transformada a partir dali em panfleto conservador, esse "jornal" semanal oferecia uma defesa isolacionista e pró-alemã do apaziguamento e se especializava em ataques injuriosos a críticos do primeiro-ministro dentro do Partido Conservador. O envolvimento de Ball era segredo guardado a sete chaves – seria revelado apenas em 1941, quando sir Robert (a essa altura lorde) Vansittart conduziu uma investigação particular sobre a linha editorial – mas não resta dúvida de que Chamberlain tinha conhecimento das atividades do amigo e as aprovava. Em carta de julho de 1939 à irmã Ida, ele se regozijava com o fato de Churchill estar "aflito com alguns artigos espirituosos e zombeteiros quanto à sugestão de que ele [Churchill] pudesse ser de alguma ajuda no Gabinete, publicados no *Truth* (que sir J. Ball controla em segredo!)".[24]

O terceiro homem detentor de considerável influência por trás dos panos era sir Horace Wilson. Franzino, ainda que ágil, com longos dedos e cara de peixe, Wilson era oficialmente primeiro conselheiro industrial do governo. Chegara à Downing Street via Baldwin, mas seu papel fora amplificado sob Chamberlain. Logo o funcionário público de fala mansa seria reconhecido como o confidente mais próximo do primeiro-ministro em todas as questões, incluindo a política externa. Estava claro que Chamberlain confiava no bom senso de Wilson e se pautava por seus conselhos. "É o homem mais formidável da Inglaterra. Não poderia passar um dia sem ele", disse ao historiador da arte Kenneth Clark, admirador da "mentalidade jesuíta [...] flexível" do servidor público.[25] A sala de Wilson era contígua à do primeiro-ministro, e diariamente os dois caminhavam juntos no St. James's Park.

No retrato pintado pelos inimigos de Wilson (que eram muitos), ele aparece como uma espécie de eminência parda sinistra. Mas, se é verdade que sua influência era considerável – mais poder que qualquer um "desde o cardeal Wolsey", segundo uma voz crítica do Partido Trabalhista –, seria errado supor que ele tenha feito algo mais que reforçar e consolidar as decisões do primeiro-ministro.[26] Era, no entanto, perigosamente inexperiente em política externa, e sua formação em relações industriais só fazia aumentar a inclinação natural de Chamberlain para enxergar nas discordâncias internacionais algo semelhante a pendengas comerciais ou municipais. A embaixada da Alemanha o considerava "decididamente pró-alemão".[27]

Por todas essas razões, Wilson logo se tornaria o pesadelo dos antiapaziguadores (em particular no Secretariado das Relações Exteriores), alguns dos quais traçaram uma ligação detestável entre sua origem modesta e sua dedicação ao apaziguamento. "Veio de Bournemouth, destruiu o Império Britânico e agora voltou a Bournemouth", foi o comentário de Orme Sargent logo após a aposentadoria forçada de Wilson em 1942.[28] De fato, na correspondência dos antiapaziguadores, a questão de classe aparece com destaque, tipicamente citada como uma "explicação" depreciativa dos pontos de vista dos opositores. Os aristocratas "queriam chamuscar a barba de Musso", escreveu o visconde Cecil pouco depois da crise da Abissínia, mas "S[tanley], B[aldwin], Ramsay [MacDonald], Runciman, Simon e companhia, assim como os Chamberlain, morrem de medo que ele lhes faça cara feia. *Conspuez les bourgeois*!!". Posteriormente, seria a vez de Gwendolen, irmã de Cecil, argumentar que o desejo de Halifax de conciliação com Hitler merecia maior censura que o de Chamberlain, pois "de um pobre-diabo de classe média não se pode mesmo esperar muito mais".[29] Harold Macmillan considerava Chamberlain "muito classe média [...] de visão muito estreita", ao passo que, para Harold Nicolson, o primeiro-ministro "não passava de um ferreiro".[30]

Por outro lado, esquerdistas e críticos nos Estados Unidos viam o apaziguamento como uma trama de aristocratas e plutocratas, pensada para garantir seus privilégios às custas da liberdade na Europa. O centro dessa suposta conspiração era Cliveden, a casa de lorde e lady Astor em Buckinghamshire, onde, de acordo com o panfleto comunista escandaloso *Week* (e, portanto, a maioria da imprensa de esquerda), políticos, donos de jornais, funcionários públicos e figuras da sociedade se reuniam para festas em fins de semana onde faziam futrica em nome de uma aliança anglo-fascista. A visita de Halifax a Hitler, o expurgo de Vansittart, o acordo italiano, a "punhalada" em Eden: segundo o *Week*, tudo isso fora planejado em Cliveden. "Quem são os homens

– e mulheres – por trás da crise no Gabinete e da rendição da Grã-Bretanha à chantagem fascista?", era a pergunta do *Reynolds News* após a renúncia de Eden. "A resposta é o Clube de Cliveden, grupo de políticos aristocratas, donos de jornais e financistas, que ora exercem, por meio do sr. Chamberlain, uma influência dominadora no Gabinete do Reino Unido."[31]

O Clube de Cliveden, por sinal, como admitiria posteriormente o maroto editor do *Week*, o stalinista Claud Cockburn, era basicamente invenção sua. Embora Cliveden recebesse alguns dos principais apaziguadores, como lorde Lothian, Geoffrey Dawson, Thomas Jones, Nevile Henderson, Halifax e Chamberlain, não se tratava de conspiração (a maioria "não identificaria uma nem que lhes fosse trazida na ponta de um espeto", confessaria Cockburn), e o grupo passava tanto tempo a desfrutar de jogos infantis como o da dança das cadeiras (vencido por Chamberlain) quanto a discutir política.[32] Além do mais, embora seja verdade que a maioria da aristocracia apoiava o apaziguamento, isso também se verificava em todo o resto do país, não sendo algo confinado a uma classe.

Uma potencial linha divisória mais interessante é apresentada pela observação de um historiador de que "todos os antiapaziguadores mais velhos possuíam sólidas fichas de guerra", ao passo que aqueles favoráveis à conciliação com os ditadores dentro do governo de coalizão nacional "não haviam lutado".[33] Embora seja de fato digno de nota que Duff Cooper, Harold Macmillan, Eden e Churchill tenham exibido bravura na Grande Guerra, enquanto a Baldwin, MacDonald, Chamberlain, Halifax, Simon e Hoare tenham sido poupados os horrores do combate (os três últimos serviram, mas não na linha de frente), há importantes exemplos que provariam o contrário. Dez membros secundários do Gabinete de Chamberlain de 1938 apoiavam o apaziguamento (ainda que com alguma relutância) apesar de terem experiência na linha de frente (cinco desses, condecorados com a Cruz Militar), ao passo que alguns dos apaziguadores aristocráticos de renome, tais como o duque de Buccleuch, o duque de Westminster e lorde Londonderry, tinham também um histórico sólido de guerra. Dos 387 parlamentares conservadores eleitos na eleição geral de 1935 – dos quais a maioria esmagadora dava apoio amplo e irrestrito à política externa de Chamberlain –, 171 haviam servido de alguma forma durante a Primeira Guerra Mundial.[34]

Por outro lado, é notória a quantidade de antiapaziguadores proeminentes – Churchill, Eden, Cooper, Nicolson, Spears, Vansittart, Austen Chamberlain – francófilos, com uma forte visão da história britânica como ligada ao continente. Enquanto isso, os principais apaziguadores tinham poucos vínculos com a França e tradicionalmente entendiam as relações exteriores através da perspectiva do Império e de seus domínios de língua inglesa. Na definição de Oliver Stanley, cruel, mas dotada de mais do que uma pitada de verdade, "Baldwin achava a Europa uma chatice, e Chamberlain a via como não mais que uma Birmingham maior".[35]

Fundamentalmente, no entanto, o apoio ou a oposição ao apaziguamento eram determinados por um critério – especificamente, por uma avaliação de Hitler e suas metas. Quem as julgasse razoáveis e limitadas, como alegava o Führer, via sentido em fazer concessão às demandas alemãs para evitar outra guerra. Todavia, se Hitler era visto como alguém comprometido com um programa de conquista e dominação, como sustentava o pequeno grupo de antiapaziguadores, a política do primeiro-ministro, na memorável definição de lorde Hugh Cecil, era o mesmo que "fazer cafuné na cabeça de um crocodilo na esperança de que ronrone".[36]

XIV
Um país distante

Não consigo enxergar qual seria a solidez moral – neste século XX pleno de princípios de nacionalidade, à luz da autodeterminação – de irmos à guerra para forçar 3¼ milhões de alemães sudetas a permanecerem súditos em condição inferior de um Estado eslavo.
Sir Nevile Henderson a lorde Halifax, 20 de março de 1938.[1]

O conhecimento britânico da Tchecoslováquia não era bom. Em *Conto do inverno*, Shakespeare descreve a Boêmia como "um país deserto, próximo ao mar", e trezentos anos mais tarde um membro da Câmara dos Lordes afirmou (provavelmente não sem razão) que nem sequer um entre cem ingleses saberia onde ficava aquele país.[2] Para o agradável embaixador tcheco em Londres, Jan Masaryk, aquilo fora de início uma espécie de piada. "Passo a maior parte das minhas visitas oficiais ali a explicar ao cavalheiro que habita o local que a Tchecoslováquia é um país, e não uma doença contagiosa", disse a um amigo quando passavam em frente ao nº 10 da Downing Street.[3] Contudo, no verão de 1938, os britânicos se viram na posição de ter que fazer o papel de experts, até de mediadores, nas questões daquele "país distante".

A Crise de Maio havia sido um choque cruel. De uma hora para outra, ministros acreditavam estar à beira de uma guerra. Ao recuar e contemplar o abismo que se abria perante seus olhos, estavam determinados a fazer todo o possível para evitar cair nele. Na prática, isso significava compelir os tchecos a resolver a questão dos Sudetas antes que Hitler a resolvesse com o uso da força. Quase todos concordavam que os alemães dos Sudetas tinham certa razão. Como sir Nevile Henderson lembrava continuamente a seus mestres em Londres, os Sudetas "tinham o direito moral à autoadministração e, em última instância, à autodeterminação". Esse, afinal, havia sido o princípio-

-base do presidente Woodrow Wilson na Conferência de Paz, e, embora não houvesse dúvida de que se estendia ao Império Britânico, era, como insistia o embaixador, "moralmente injusto compelir essa sólida minoria teutônica a permanecer sujeita a um governo central eslavo em Praga".4

Como sugeria tal aplicação de dois pesos e duas medidas, a motivação primordial de Henderson não era a libertação de minorias oprimidas. Embora continuasse a crer que Hitler preferiria uma solução pacífica para a questão da Tchecoslováquia, o embaixador estava profundamente ciente de que uma nova crise poderia eclodir a qualquer instante e, por consequência, desesperado para que a questão dos Sudetas fosse resolvida o mais rápido possível. Ao mesmo tempo, acreditava ainda haver uma chance de a Alemanha "tornar-se um dos anjos satisfeitos" se lhe fosse permitido atingir a ambição de incorporar todos os alemães no interior das fronteiras do Reich.5 E isso, na visão do embaixador, era tão razoável quanto inevitável. Ao escrever para lorde Halifax a 1º de abril de 1938, argumentou que Hitler apenas procurava completar uma missão "deixada incompleta por Frederico, o Grande, e por Bismarck", e, como escrevera ao diretor da Sociedade Anglo-Germânica, lorde Mount Temple, poucas semanas antes, não havia, de qualquer forma, "nada" que pudesse "impedir a união da Alemanha ao longo deste século ou a unidade do '*Deutsches Volk*'".6 Por fim, como se poderia esperar levando-se em conta visão tão simpática à política externa nazista, Henderson nutria desprezo pelos tchecos e manifestou sua aprovação aos sentimentos de um ex-funcionário do governo britânico que começara um despacho com a seguinte declaração: "Não existe um Estado chamado Tchecoslováquia".7

Àquela altura, sir Robert Vansittart, o tremendamente frustrado conselheiro-chefe diplomático do governo, considerava Henderson "um nazista perfeito", que havia se tornado "quase histérico em meio à atmosfera de Berlim".8 O secretariado das Relações Exteriores, porém, estava unido quanto à necessidade de aplicar pressão sobre os tchecos. Na sequência imediata da Crise de Maio, o chefe do Departamento Central, William Strang, havia sido enviado para avaliar a situação diretamente das "trincheiras frontais" em Berlim e Praga e, ao voltar, ficou decidido o uso do "*big stick*" sobre Edvard Benes, o presidente tcheco.9 Por consequência, Basil Newton, embaixador britânico em Praga, foi instruído a avisar Benes que corria o risco de perder a empatia britânica caso prevaricasse. Ao mesmo tempo, Halifax pediu a Georges Bonnet que ameaçasse o governo tcheco com o cancelamento do tratado franco-tcheco caso eles continuassem a agir de forma "irracional".[10]

A pressão britânica sobre a Tchecoslováquia não partia somente do Secretariado das Relações Exteriores. Em 3 de junho de 1938, o *Times* publicou uma matéria de capa na qual sugeria que os alemães dos Sudetas deveriam poder decidir seu futuro por meio de um plebiscito, mesmo que isso significasse "sua secessão da Tchecoslováquia para o Reich".[11] O furor causado era totalmente previsível. O *Times* era enxergado no exterior como porta-voz extraoficial do governo britânico, e a política do governo continuava a ser encorajar um acordo sobre a questão sudeta "dentro da moldura do Estado tchecoslovaco".[12] O líder sudeta alemão, Konrad Henlein, certamente não esperaria menos do que o *Times* julgava razoável e, como até mesmo o diretor do jornal reclamou ao editor, Geoffrey Dawson, não era lá muito moral defender "a causa do lobo contra a do cordeiro".[13] Claro, se Dawson tivesse dado ouvidos ao seu correspondente diplomático, teria total consciência do perigo com que estava brincando. Após o advento da *Anschluss*, Leo Kennedy (até então simpatizante alemão) havia escrito para seu editor de Praga para expressar sua profunda convicção de que "a Alemanha nazista tem um programa de longo prazo que está determinada a implantar – independentemente do quão pacíficas sejam suas declarações entre surtos de ação – e pretende tanto dissolver esse país [Tchecoslováquia] quanto desafiar o Império Britânico".[14] Mas Dawson, que mal pusera os pés no continente, não queria saber de experts.

Durante junho e julho, enquanto Hitler se via às voltas com o Caso Verde, o Secretariado das Relações Exteriores se entregava com unhas e dentes ao problema tcheco. Embora a comunicação entre Londres e Praga se desse em um vaivém frenético, entre tchecos e alemães dos Sudetas as negociações se arrastavam e, como reportou o embaixador do Reino Unido, as chances de um acordo pareciam escassas. Apesar disso, e do tom cada vez mais beligerante da imprensa alemã, Chamberlain estava radiantemente otimista. "Tendo a pensar que eles [os alemães] perderam o bonde e talvez nunca mais venham a ter um quadro tão favorável à confirmação de seu domínio sobre o Centro e o Leste da Europa", disse a Ida em 18 de junho de 1938, refletindo sobre a Crise de Maio.[15] Poucas semanas depois, falou perante um grande comício do governo de coalizão nacional no terreno da Boughton House, de propriedade do duque de Buccleuch, nas proximidades de Kettering. No fim de semana anterior, Churchill havia estado entre os convivas em Boughton e fora consultado pela duquesa quanto ao lugar onde devia posicionar o primeiro-ministro para que fizesse seu discurso. Em qualquer lugar "onde o sol lhe bata nos olhos e o vento nos dentes", foi a maldosa resposta.[16] Mas o discurso foi um sucesso. Ao relembrar os horrores da Grande Guerra – os 7 milhões de homens "cujas vidas foram ceifadas em pleno auge [...] os 13 milhões de aleijados e mutilados, a dor e o sofrimento de pais e de mães" –, Chamberlain repetiu o mantra pacifista de que na guerra não havia vitoriosos, apenas derrotados, para então proclamar sua certeza de não haver vivalma naquele país que não desejasse a continuidade de seus esforços pela paz.[17]

Havia ainda momentos em que o rufar dos tambores da guerra podia ser abafado pelo suave tamborilar da sociedade londrina. Chips Channon registrou em seu diário em 22 de junho de 1938:

> Jantamos com a incansável Laura Corrigan, um festival de 137 pessoas, todos os mais jovens e modernos de Londres, com os Kent [duque e duquesa] a gozar alegremente dos folguedos e a comandar a festa. [...] Há uma nova dança a que chamam o Palais Glide e remete aos aposentos da criadagem. Com a champanhe a lubrificar-nos, o grupo pavoneou-se nesse absurdo *pas* até as 4 horas. Leslie Belisha [secretário de Estado para a Guerra] estava no mais gaiato dos humores e "rompeu a aurora", assim como metade do Gabinete. Por mais que a frivolidade geral dominasse a noite, soube de algumas notícias – por exemplo, que o rei passa bem e é deveras contrário a Anthony Eden, que, em dois anos, nos causou mais aborrecimentos do que qualquer secretário do Exterior desde Palmerston.*[18]

Outra fonte de otimismo para Chamberlain fora a visita secreta, em 18 de julho, do ajudante de ordens pessoal de Hitler, o capitão Fritz Wiedemann. Em encontro com lorde Halifax e sir Alexander Cadogan na casa do secretário das Relações Exteriores, em Eaton Square, o corpulento emissário explicou ter sido enviado com plena ciência da parte do Führer para inquiri-los sobre a possibilidade de Göring ir a Londres continuar a conversa iniciada

---

* Bem menos divertida foi a recepção de Herbert von Dirksen, o novo embaixador da Alemanha, como anfitrião, algumas semanas antes. Como observou sir Alexander Cadogan, "tive de comparecer a uma cerimônia musical na embaixada alemã. A atmosfera remetia às entranhas de uma vaca".

em novembro do ano anterior por Halifax. O secretário lhe respondeu que ficaria "encantado, na essência", mas que seria bem melhor se fosse possível, antes de tudo, esclarecer a questão tcheca.[19] A isso, Wiedemann, que havia sido comandante de Hitler na Primeira Guerra Mundial, "arrulhou com a suavidade de um pombo" e concedeu a Halifax a mais "absoluta garantia" de que Hitler não planejava "qualquer ato enérgico" naquela área, desde que não houvesse nenhum incidente de monta, como um massacre de alemães dos Sudetas.[20] O secretário sentiu-se alentado e comentaria posteriormente a "honestidade transparente" do capitão, concordando com a possibilidade de uma visita de Göring.[21] De fato, segundo o relatório de Wiedemann – que deve ser lido com certo ceticismo –, Halifax não apenas teria enviado a Hitler seus respeitos, mas também declarado que gostaria de ver, como culminação de sua obra, "o Führer entrar em Londres, ao lado do rei da Inglaterra, sob a aclamação do povo inglês".*[22]

A esperança gerada pela visita de Wiedemann logo se esvaneceu. Ao final da segunda semana de julho, as negociações entre o governo tchecoslovaco e os alemães dos Sudetas haviam chegado a um impasse e começaram a circular rumores de um golpe alemão em agosto. Henderson continuava convencido de que Hitler não se arriscaria em uma guerra a não ser que fosse provocado, mas o governo não estava disposto a correr esse risco. Foi posto em prática um plano que vinha sendo fermentado no Secretariado das Relações Exteriores. Lorde Runciman, ex-ministro de Estado e magnata do setor naval, seria enviado à Tchecoslováquia para servir de mediador.

Ao anunciar a missão de Runciman na Câmara dos Comuns, em 26 de julho de 1938, Chamberlain ofereceu aos parlamentares um coquetel de previsões edulcoradas, dissimulação e mentiras descaradas. Alegou estar despachando um mediador britânico "em resposta a um pedido do governo da Tchecoslováquia" (Runciman na verdade havia sido imposto a Benes); negou que o governo estivesse "coagindo" os tchecos (o oposto da verdade); declarou tratar-se de uma missão independente do governo britânico (uma tecnicali-

---

* Wiedemann, que trabalhava com Göring para evitar uma guerra com o Reino Unido, tinha interesse em enfatizar a cordialidade britânica. Cadogan, também presente, não menciona tais declarações em seu diário, nem Halifax em seu próprio relato. Por outro lado, as anotações a mão de Wiedemann mencionam a declaração (usando "Palácio de Buckingham" em vez de "Londres") e, de resto, espelham em quase tudo as anotações de Halifax.

dade na qual ninguém acreditava); e afirmou estar havendo, continente afora, um "relaxamento da [...] tensão" em comparação aos seis meses anteriores (uma fantasia).²³ Por fim, apesar do fato de Mussolini escarnecer abertamente do acordo anglo-italiano e de navios britânicos terem voltado a ser bombardeados em portos espanhóis, apontou seu acordo com o Duce como justificativa para sua política:

> Se apenas nos fosse possível encontrar uma solução pacífica para essa questão da Tchecoslováquia, eu mesmo sentiria estar o caminho novamente aberto para mais uma tentativa de apaziguamento geral – apaziguamento impossível de ser obtido até que nos dermos por satisfeitos de não ter restado sem acordo qualquer grande causa de diferenças ou conflito. Já demonstramos a possibilidade de um entendimento absoluto entre um Estado democrático e outro totalitário, e não vejo por que tal experiência não deva se repetir.²⁴

Em resposta a essa declaração, o parlamentar trabalhista Josiah Wedgwood – que sofrera sérios ferimentos na Primeira Guerra Mundial – proferiu uma das críticas mais impressionantes e apaixonadas ao apaziguamento já ouvidas na Câmara dos Comuns:

> Qual é a desculpa para se permitir que o poderio nazista se estenda por todo o entorno das fronteiras da Tchecoslováquia? A desculpa, como sempre, é de atender aos interesses da paz. Pois digo eu a esta Câmara que se trata do interesse da guerra, da guerra inevitável, guerra esta que não conseguiremos vencer. A cada vez que sacrificamos um aliado em potencial a esse patético desejo de apaziguar tiranos, só nos aproximamos da guerra e a tornamos mais inevitável, essa guerra que fingimos tentar evitar. Neste momento, a Tchecoslováquia tem uma fronteira natural acidentada de três lados, e esta fronteira está armada. Se dela cortarmos a área dos Sudetas, teremos caminho livre para o fácil avanço dos alemães rumo a Praga.²⁵

Leo Amery não sabia se considerava a designação de Runciman "cômica ou um toque de gênio". "É perfeitamente possível que sua amena e invencível ignorância e sua incapacidade de ao menos perceber as emoções e aspirações de ambos os lados ajudem a baixar a temperatura e de fato contribuir para uma resolução pacífica", registrou ele de forma venenosa.²⁶ Noutros cantos, elogios a Runciman e a sua missão foram feitos com menos sarcasmo. O *Times* ressaltou sua "mente capaz e imparcial" (uma forma de dizer que Runciman não tinha simpatia pela causa tcheca), ao passo que J. L. Garvin, editor do *Observer*, antitcheco e defensor fanático do apaziguamento, proclamou que a nação poderia fazer as malas para as férias de verão com o "coração livre" devido à convocação desse "peregrino da paz".[27]

Como se comprovaria, a missão de Runciman estava mais próxima do primeiro pensamento de Amery do que do segundo. Descrito por um diplomata francês como se "tivesse saído direto das páginas de Dickens e se ressentisse disso", lorde Runciman de Doxford, com seu colarinho quebrado (anacronismo compartilhado com Chamberlain), seu fraque e sua "conduta intrigante", aparentava ser exatamente o que era: um político liberal à moda antiga e metodista abstêmio, com pouca imaginação ou inteligência emocional.[28] "Fazia a temperatura cair, mesmo a distância", segundo Loyd George.[29] A julgar por isso (e independentemente do que dissessem os jornais), estava longe de ser o homem certo para resolver uma pendenga pautada pelo nacionalismo mais visceral. Sua equipe era igualmente mal aparelhada para a tarefa. Dos quatro homens inicialmente selecionados para acompanhá-lo, nenhum tinha conhecimento detalhado algum sobre a Tchecoslováquia, enquanto o principal assistente de Runciman, Frank Ashton-Gwatkin, era um conhecido simpatizante da expansão econômica alemã na Europa Central e no Leste Europeu.

A tarefa da qual Runciman fora encarregado era obviamente impossível. Henlein tinha ordens expressas para rejeitar qualquer acordo em potencial e, mesmo sem saber disso, o líder da missão já a havia comparado a "estar à deriva em um barco pequeno no meio do Atlântico".[30] Apenas uma semana depois de chegar a Praga, Ashton-Gwatkin já reportava que o abismo a separar os dois lados era maior que o existente entre o Reino Unido e a Irlanda "em seu pior momento", e, em 10 de agosto de 1938, menos seis dias depois de iniciar seu trabalho, Runciman escreveu para Halifax em tom extremamente desanimado:

> Um aspecto patético da presente crise é o fato de a gente comum daqui [...] enxergar a mim e à minha missão como única esperança de estabelecimento da paz. Infelizmente, não percebem quão débeis são nossas sanções. Temo pelo dia em que descobrirão que nada poderá salvá-los.[31]

Halifax respondeu encorajadoramente que, caso Runciman fosse capaz de romper a barreira, teria feito "mais pelo mundo do que muitos conseguem, e não estou de forma alguma disposto a abandonar a esperança de que encontres uma forma de passar por ela".[32] O tempo, porém, estava contra Runciman.

Em 6 de julho, o Secretariado das Relações Exteriores soubera de fontes secretas que os comandantes de companhias militares alemãs estariam confinados aos quartéis a partir de meados do mês, pois "esperava-se um estado contínuo de alerta daquele ponto em diante".[33] Aparentemente, estava-se convocando reservistas da Luftwaffe e estocando petróleo. O Secretariado não demoraria a ter em mãos "pelo menos meia dúzia" de relatórios do Serviço Secreto de Inteligência a dar conta de um ataque alemão à Tchecoslováquia no outono, provavelmente após o comício de Nuremberg, marcado para o início de setembro – previsão corroborada pela notícia de que, de 1º de agosto em diante, todas as licenças para os integrantes das Forças Armadas alemãs estariam canceladas.[34] "A máquina militar alemã está operando a toda", reportou o coronel Mason-MacFarlane, adido militar do Reino Unido, "e a guerra com a Tchecoslováquia é certamente a mais provável eventualidade". Por outro lado, havia indícios substanciais de que o Alto-Comando do Exército era contrário a tal empreitada e Mason-Mac ainda não estava "convencido de que os indícios militares à nossa disposição indiquem a clara intenção de marcha no próximo outono".[35]

Nisso se fiava Henderson. Se, aos seus próprios olhos, o embaixador parecia estar representando um papel numa tragédia grega – "vendo a marcha perene e inexorável dos acontecimentos rumo a seu inevitável desfecho trágico" –, ainda assim ele se recusava a crer que Hitler tivesse fechado questão quanto a uma solução militar.[36] "A guerra sem dúvida serviria aos propósitos de todos os judeus, comunistas e doutrinários no mundo para quem o nazismo é anátema", escreveu a Halifax, "mas hoje representaria um risco enorme para a própria Alemanha e, em particular, para a nova Alemanha nazista que Hitler ergueu nos últimos cinco anos." Para ele, a chave para a situação estava em Praga. Os tchecos eram "uma raça tinhosa, e Benes mais ainda", porém, mesmo assim era possível chegar a um acordo pacífico se o Reino Unido batesse o pé e forçasse os tchecos a concederem o "autogoverno" aos alemães dos Sudetas.[37] "Assim como sempre estive convencido, desde muitos anos, de que a Áustria inevitavelmente se incorporaria à Alemanha, mais cedo ou mais tarde, estou convencido de o mesmo se aplicar aos Sudetas", escreveu.[38]

Halifax não sabia como interpretar os movimentos dos alemães. Embora tivesse chegado ao seu conhecimento no início de agosto que a Wehrmacht planejava uma "mobilização-teste" de sete ou oito divisões para meados de setembro, ele suspeitava de que esses e outros preparativos militares fossem pouco mais do que blefes, pensados para assustar os tchecos e fazê-los aceitar a submissão. "Acho difícil acreditar que, caso convencidos de que isso levaria à guerra generalizada, ele achassem válido insistir por meio da força para atingir suas aspirações totais na Tchecoslováquia", escreveu de Yorkshire para Henderson. Os britânicos evidentemente não estavam em condições de fazer ameaças de guerra. Determinados a evitar um banho de sangue na Tchecoslováquia, mantinham a assim chamada política especulativa, enquanto continuavam dizendo "perpetuamente a Benes o que não faríamos em caso de problemas, e a lembrar diplomaticamente aos alemães o que faríamos". Para obter o primeiro dos objetivos, o secretário das Relações Exteriores não se fazia de rogado em pressionar Praga. Contudo, continuava Halifax em sua carta a Henderson, era igualmente importante "incutir nas estúpidas cabeças dos alemães que, caso continuem a pressão, a arma provavelmente irá disparar".[39]

Quatro dias após a carta, em 9 de agosto, surgiu a notícia de que o primeiro-ministro voltaria mais cedo das férias na Escócia – não devido à situação internacional, mas sim a um forte caso de sinusite que viria bem a calhar, pois, como Chamberlain explicou a Hilda, "as coisas andam deveras difíceis na Europa Central".[40] Na véspera, Henderson havia escrito que "os augúrios da tempestade se espalham na Alemanha e espera-se o aumento dos rumores, em particular militares". Ainda se agarrava à crença no desejo de Hitler de uma solução pacífica, mas alertava que "esse não esperaria por tempo indeterminado".[41] O embaixador enviou então a Halifax o relato de um almoço que Mason-Mac havia tido com um oficial do Exército recentemente aposentado e ex-apoiador de Hitler. A boa notícia, retransmitia o adido militar, era o fato de o exército alemão estar aparentemente *vollkommen untauglich* (completamente despreparado) para o combate. A má notícia, que "Göring, Himmler e Ribbentrop estão decididos a ir à guerra neste outono, e o general Keitel está cem por cento alinhado a eles".[42] O relógio está correndo, avisou o embaixador, e o tempo restante para lorde Runciman encontrar uma solução deve ser de no máximo seis semanas.

Foi decidido afinal apelar a Hitler pela interrupção dos preparativos militares. Em 11 de agosto, Halifax enviou a Henderson um memorando que devia ser retransmitido ao Führer, no qual dizia que "o primeiro-ministro e eu" estamos compelidos a lembrá-lo quanto aos efeitos prejudiciais de tais medidas sobre os esforços do governo britânico por uma solução pacífica para a questão dos Sudetas, o que por sua vez ameaçaria "a paz de cada uma das grandes potências da Europa". À luz dessa questão, "seria de fato necessário correr riscos tão sérios e incalculáveis e, por tabela, ameaçar, talvez mesmo destruir, os planos de pronta retomada das conversas entre nossos governos?".[43]

A esse recado nada aterrorizante o ditador alemão nem sequer se dignou a responder. Na véspera, passara uma furiosa descompostura no general Gustav von Wietersheim por ter ousado retransmitir um aviso do general Wilhelm Adam, comandante do 2º Batalhão Armado da Alemanha, de que a Linha Siegfried não conseguiria resistir por mais de três semanas ao exército francês; e, em 18 de agosto, aceitou a renúncia do general Ludwig Beck, chefe do Estado-Maior e principal opositor dos planos do Führer.

Uma semana depois, em 26 de agosto, Hitler e sua comitiva visitaram a fronteira ocidental, onde Adam fora encarregado da nada invejável tarefa de mostrar ao Führer as fortificações. Em uma demonstração de fanfarronice belicosa, Hitler caminhou até a metade da ponte sobre o Reno em Estrasburgo, ponto exato da divisa entre a Alemanha e a França. Antes de sair de lá, contudo, ouviu Adam, que insistira em se encontrar a sós com o comandante supremo, repetir sua crença de que a Linha Siegfried era totalmente inadequada e, em sua opinião, britânicos e franceses "declarariam guerra logo que fosse disparado o primeiro tiro contra os tchecos, e os franceses não demorariam a invadir-nos". Foi quando Hitler explodiu. "Não temos mais tempo para dar ouvidos a esse tipo de coisa", gritou. "Você não entende. [...] Produzimos na Alemanha 23 milhões de toneladas de aço por ano. Os franceses só produzem 6 milhões, e os ingleses apenas 16 milhões. Os ingleses não possuem reservas, e os franceses vivem grandes dificuldades internas. Pensarão duas vezes antes de declarar guerra a nós."[44]

XV
Explode a crise

As Priam to Achilles for his Son,
So you, into the night, divinely led,
To ask that young men's bodies, not yet dead,
Be given from the battle not begun.*
John Masefield, poeta laureado, *The Times*, 16 de setembro de 1938.

O tempo em Balmoral havia estado horrível. Ventos fortes assolavam a propriedade do rei nas Terras Altas e o rio Dee transbordava com a água da chuva. Quando o grupo de convidados reais, entre os quais o primeiro-ministro, se aventurou pela charneca atrás de tetrazes, foi açoitado pelo granizo. Chamberlain atirou mal. Embora tenha se irritado por menos tetrazes terem alçado voo em sua direção do que na de qualquer dos demais, sua mente estava distante. Ao longo de agosto, relatos haviam continuado a inundar o Secretariado das Relações Exteriores dando conta da deterioração do quadro nos Sudetas e do contínuo acúmulo de forças alemãs ao longo da fronteira tcheca. No dia 21, o adido militar britânico em Berlim relatou uma reunião secreta entre Hitler e seus generais na qual o Führer havia aparentemente anunciado sua intenção de atacar a Tchecoslováquia antes do fim de setembro. "A Alemanha não poderia esperar momento mais favorável", teria dito Hitler às mais altas patentes da Wehrmacht. Sua "colheita seria magnífica" e agiria com "a certeza prática de que França e Inglaterra não interviriam".[1]

Três dias antes, sir Robert Vansittart havia sido visitado por Ewald von Kleist-Schmenzin, conservador prussiano e ferrenho oponente do nazismo.

---

* "Como Príamo a Aquiles, por seu filho/ Também você aventura-se na noite, divinamente guiado/ A pedir pelos corpos de jovens, todavia não mortos/ Que sejam poupados da batalha por começar."

Ele estava em Londres por ordem do almirante Wilhelm Canaris, diretor da Abhwehr, o serviço de inteligência militar alemão, e opositor da guerra, bem como do general Ludwig Beck, e sua intenção era alertar o governo quanto aos planos de Hitler, bem como do dissenso no Alto-Comando militar alemão. Segundo Kleist-Schmenzin, a guerra era então "certa, a não ser que a impedíssemos". "Como?", quis saber Vansittart. Kleist-Schmenzin lhe explicou que o Alto-Comando do Exército, o povo alemão e até mesmo Göring não eram a favor da guerra e, caso o Reino Unido ameaçasse intervir, havia grandes chances de Hitler ser contido e até derrubado.[2] Se a primeira opção era possível, a segunda foi descartada por Chamberlain (provavelmente com razão) como fantasia. "Ele me faz lembrar os jacobitas na corte de França na época do rei William", escreveu o primeiro-ministro, "e acho que devemos descontar uma boa parte do que diz."[3] Apesar disso, Chamberlain estava inquieto e sentia que o governo precisava fazer algo. Assim, um alerta discreto foi inserido no discurso que o chanceler do Tesouro, sir John Simon, faria em Lanark. Um dos maiores defensores do apaziguamento, Simon passou a maior parte de sua fala a depreciar a ideia de que o Reino Unido não pudesse obter um acordo igualitário com a Alemanha. Porém – e só isso seria lembrado – alertou a plateia de que "o início de um conflito é como o início de um incêndio sob fortes ventos. Pode no começo ter alcance restrito, mas quem será capaz de dizer até onde irá se alastrar, quanta destruição causará ou quantos poderão ser chamados a apagá-lo?".[4]

Saber se Reino Unido e França socorreriam a Tchecoslováquia caso a Alemanha a atacasse era a preocupação esmagadora de todos os envolvidos durante a crise. Para os tchecos, era questão de vida ou morte. Caso pudessem contar com as democracias ocidentais, estariam preparados para resistir às demandas de Hitler, talvez até mesmo a uma invasão. Para Hitler, era a diferença entre uma aposta garantida e um tremendo risco. E para os próprios britânicos e franceses, tratava-se de um dilema entre a honra e os horrores de uma guerra que não tinham certeza alguma de poder vencer. Ainda assim, o governo britânico não poderia ficar parado enquanto Hitler convocava reservistas e se preparava para invadir uma democracia soberana. Sir Nevile Henderson, portanto, foi chamado de Berlim e, em 26 de agosto, o primeiro-ministro convocou o Gabinete para uma reunião de emergência dali a quatro dias.

Sendo agosto, a maioria dos ministros e servidores públicos de peso não estava em Londres. Halifax se encontrava em Yorkshire, Cadogan jogava golfe em Le Touquet e o primeiro lorde do Almirantado, Duff Cooper, estava em um cruzeiro oficial pelo mar Báltico. A maioria do Gabinete, porém, conseguiu voltar, e Halifax os pôs a par do que acontecia. Se Hitler decidira-se pela guerra, disse o secretário das Relações Exteriores, "o único método de intimidação com possibilidade de dar certo seria o anúncio de que, em caso de invasão alemã à Tchecoslováquia, nós declararíamos guerra a ela". Por outro lado, era importante fazer uma série de considerações: no Reino Unido e no Império, a opinião pública não estava preparada para a guerra e ficaria dividida quanto ao tema; não havia como defender a Tchecoslováquia de fato e, ao final de uma guerra, seria improvável reconstruí-la como era então; e, no ponto mais crucial, se confrontar Hitler era a questão, seria "justificável entrar em uma guerra garantida agora para evitar uma possível guerra mais tarde"?[5]

Henderson endossava cada uma dessas objeções. Tendo passado os dois meses anteriores a assegurar ao Secretariado das Relações Exteriores, contra todas as evidências, que Hitler só estava interessado em uma solução pacífica, agora argumentava que uma ameaça só tornaria Hitler mais difícil e uma guerra mais provável. Ou, nas palavras dele, "fortalecerá a posição dos extremistas e não a dos moderados".[6] Kleist-Schmenzin havia tentado demolir essa noção do Führer moderado incitado por um partido defensor fervoroso da guerra quando disse a Vansittart que "só há um extremista de verdade e é o próprio Hitler".[7] Mas Chamberlain descartara sua opinião e passara a endossar a de Halifax e Henderson. Descartou a proposta de Duff Cooper de uma semimobilização da Frota como "picuinha" e, após duas horas e meia de discussão, o Gabinete se posicionou por unanimidade contra uma ameaça. Chamberlain agradeceu aos colegas por terem comparecido e, após uma visita ao médico, pegou o trem para Balmoral. O governo, nas ácidas palavras do embaixador soviético, havia tomado uma "decisão verdadeiramente importante – a de não fazer nada".[8]

A reunião do Gabinete em 30 de agosto deveria ter sido secreta, mas inevitavelmente a notícia vazou, como também vazou a convocação de Henderson. A maioria dos jornais interpretou corretamente tais eventos como sinais de que a desavença tcheca chegara a uma perigosa nova fase. O *Daily Express*, no entanto, deu um jeito de tranquilizar seus leitores. "NÃO HAVERÁ GUERRA", proclamava a manchete de 1º de setembro de 1938, encabeçando um editorial de primeira página assinado pelo próprio lorde Beaverbrook. Não havia com o que se preocupar, explicava o barão da imprensa, "pois a decisão sobre paz e guerra depende de um homem, o Führer alemão. E ele não será responsável por fazer guerra neste momento. Hitler se mostrou ao longo de sua carreira um homem de astúcia excepcional". Uma lógica curiosa, pois a aguda percepção da fraqueza anglo-francesa da parte de Hitler era o que lhe permitia tramar a destruição da Tchecoslováquia. De fato, como havia dito Halifax, se Hitler estava convencido de que o Reino Unido e a França iriam se envolver, então o melhor era se impor a ele.

Esse era o ponto de vista de Churchill. Apesar de ter passado a maior parte de agosto "terrivelmente enredado" com os antigos bretões, romanos, anglos e saxões de sua *História dos povos de língua inglesa*, havia acompanhado de perto o desenrolar da situação na Boêmia e, em 31 de agosto, escrevera a Halifax cobrando um comunicado conjunto de Reino Unido, França e Rússia, apontando uma invasão da Tchecoslováquia como algo que "levantaria questões cabais para as três potências".[9] Dois dias depois, expressou a visão de que um veto desses países "certamente impediria o desastre da guerra".[10] Churchill se mostrava particularmente ansioso para obter o apoio da União Soviética. Em 2 de setembro, recebeu uma solicitação urgente do embaixador soviético, Ivan Maisky, que desejava encontrá-lo. Churchill respondeu estar à sua disposição e, na mesma tarde, Maisky foi de carro até Chartwell, sua casa de campo em Kent. Ao chegar, mostrou-se fascinado pelo esplendor da propriedade de Churchill, dotada de piscina, quadra de tênis e vários lagos com peixes dourados. "Nada má a vida dos líderes da burguesia britânica!", devaneou o embaixador.[11] O propósito da visita era transmitir-lhe a notícia de que, após conversas recentes em Moscou entre o embaixador da França e o ministro das Relações Exteriores soviético, Maxim Litvinov, a Rússia mostrava-se inequivocamente comprometida com a defesa da Tchecoslováquia, desde que a França interviesse primeiro, segundo os termos do tratado soviético-tchecoslovaco. A seguir, passou-lhe a sugestão de Litvinov de que Reino Unido, França e Rússia deveriam invocar o Artigo 2º da Liga das Nações, pelo qual os membros se declaravam obrigados a fazer consultas conjuntas caso a guerra fosse julgada iminente. Churchill passou as propostas para Halifax, mas o secretário das Relações Exteriores – quase tão cético quanto à Rússia e a seu felino embaixador quanto Chamberlain – não se convenceu. Preferia, segundo disse a Churchill, esperar pelos desdobramentos na Alemanha antes de fazer qualquer movimento definitivo.

*

Henderson não havia causado boa impressão na reunião do Gabinete em 30 de agosto. Sir Samuel Hoare o julgara "tenso" e "dominado pelos nervos". "Tão ansioso estava para evitar uma guerra", recordou o secretário para Assuntos Internos, que, "assim como no caso dos austríacos, também no dos tchecos encontrava-se absolutamente convencido de que, para a manutenção da paz internacional, seus pequenos países deveriam aceitar a virtual absorção pelo Reich".[12] Ainda assim, ao retornar a Berlim, o embaixador foi ao encontro de Ribbentrop e alertou-o de que, caso acreditasse que França e Reino Unido jamais marchariam pela Tchecoslováquia, estaria cometendo um grave erro.

Hitler não pensava assim. Convencido que as democracias nada fariam, como nada haviam feito quanto ao recrutamento, à Renânia e à Áustria, estava convencido de haver chegado a hora de alcançar pela força os objetivos da Alemanha. Tendo um dia pensado que a criação de um novo Império alemão se estenderia ao longo de gerações, ele agora desejava ver com os próprios olhos o "Grande Reich Germânico", mas temia não viver o bastante. A isso se juntava o fato de, ainda que tardiamente, as potências ocidentais estarem se rearmando. A seus olhos, nos últimos anos a Alemanha vinha perdendo a primazia na corrida armamentista e, como o Alto-Comando Alemão em 1914, decidira que quanto antes as contas pudessem ser ajustadas, melhor. Por fim, sua megalomania sombria e destrutiva o levava a encontrar prazer onde os demais só enxergavam medo ou repulsa. "Vida longa à guerra – mesmo que dure de dois a oito anos", brindou o Führer com Konrad Henlein em 2 de setembro.[13]

Os líderes britânicos se perguntavam se, ao entreter a ideia de uma guerra, Hitler não teria "cruzado a fronteira da insanidade".[14] E, no entanto, ainda esperavam evitar um conflito por meio da pressão aos tchecos para se entenderem com Henlein. Em 2 de setembro, Benes propôs o "autogoverno cantonal" aos alemães dos Sudetas. Henlein estava com Hitler em Berchtesgaden e foi instruído a rejeitar a oferta. O presidente tcheco – a quem o embaixador britânico dissera que teria de fazer "grandes sacrifícios" ou encarar a possibilidade de uma invasão – recorreu então a seu "Quarto Plano", basicamente a aceitação das antes inaceitáveis demandas de Karlsbad.[15] Os líderes do SdP mostraram-se embasbacados. "Deus do céu, nos concederam tudo!", espantou-se o assistente de Henlein.[16] Mas Hitler não estava interessado em uma resolução.

Essa mensagem chegou ao governo inglês na noite de 6 de setembro juntamente com um misterioso visitante, trazido clandestinamente à Downing Street pelo portão do jardim. O visitante – a quem Cadogan só se referia como Herr X, pois "a vida do homem corre risco" – era Theodor Kordt, encarregado de negócios da embaixada alemã e irmão do chefe de gabinete de Ribbentrop. Como explicou, primeiro a Horace Wilson e depois, na manhã seguinte, a Halifax e Cadogan, ele escolhera "a consciência em detrimento da lealdade" e viera ao encontro deles para contar que Hitler pretendia "marchar" sobre a Tchecoslováquia em 19 ou 20 de setembro.[17] Os britânicos descartaram sua sugestão para que emitissem um aviso à Alemanha, mas a crise claramente se encaminhava para seu ápice e, faltando menos de uma semana para o discurso de Hitler no comício de Nuremberg, Halifax pediu a Wilson que avisasse Chamberlain para voltar da Escócia.

Enquanto o primeiro-ministro tomava a direção sul, o *Times* causava furor ao reforçar seu ponto de vista de que os tchecos deveriam ceder os Sudetas ao Reich, dessa vez sem plebiscito. O efeito foi sísmico. A cessão representava o apogeu das aspirações nazistas, mas a verdade é que nem Henlein nem Hitler a haviam exigido até então. Para a França, a defesa da integridade da Tchecoslováquia era uma obrigação assumida por tratado, e lorde Runciman ainda estava em Praga tentando negociar um acordo. Aquele era um jogo de tênis diplomático que as democracias estavam perdendo por 40 x 0, e o *Times* ainda lhes abrira um rombo nas raquetes. Não é de surpreender que o Secretariado das Relações Exteriores tenha "subido pelas paredes".[18] Como partia-se do pressuposto de que o *Times* refletia a visão do governo britânico, o que parecia era que os britânicos estavam prontos a retalhar a Tchecoslováquia para salvar a própria pele.

Halifax emitiu um comunicado no qual negava que o artigo fosse representativo da política do governo, mas o estrago já estava feito. O editorial circulou pela Alemanha, onde foi interpretado como um balão de ensaio, uma premonição da inevitável rendição das democracias. O efeito, reportou Vansittart a Halifax, foi "desastroso".[19] Maisky o chamou de "uma punhalada nas costas da Tchecoslováquia no momento mais crítico de sua história"; Oliver Harvey, secretário particular de Halifax, levantou a voz contra "aquele mísero derrotista Geoffrey Dawson"; enquanto em Praga Runciman solicitou ao correspondente do *Times* que transmitisse o seu desalento diante de um artigo não apenas "inútil e desnecessário", mas "tremendamente perigoso dentro do atual estágio das negociações".[20] Todos pareciam furiosos com o jornal. Todos menos o secretário das Relações Exteriores, que no mesmo dia da publicação do artigo almoçou com Dawson no Travellers Club. O editor do *Times* chegou esperando uma descompostura ministerial, mas teve uma surpresa agradável ao descobrir que seu bom amigo, colega no conselho de Eton e vizinho em Yorkshire, "não parecia discordar do editorial".[21]

O artigo do *Times* trouxe à tona o conflito de opiniões sobre a crise tcheca. Na explicação de Robert Bernays, agora ministro júnior, à sua irmã, "tal proposta [cessão] é, claro, uma impossibilidade: o território onde os alemães vivem na Tchecoslováquia dá acesso a uma fronteira altamente defensável, e abrir mão dela, para os tchecos, seria colocar-se à mercê dos alemães, que poderiam então fazer o que quisessem lá e no Leste Europeu".[22] Por outro lado, os Sudetas eram a terra de mais ou menos 3 milhões de alemães, e boa parte destes desejava fazer parte do Reich. Seria justo impedi-los? Para muitos, não. Porém, como apontavam outros, a questão ia muito além das aspirações – legítimas ou não – de uma minoria. "Esse conflito, na realidade, nada tem a ver com a Tchecoslováquia", explicou Oliver Stanley, presidente da Câmara de Comércio, durante um jantar com Harold Nicolson. "Trata-se de fato de um embate final entre os princípios da lei e da violência."[23] Nicolson concordou plenamente, mas mostrou-se temeroso de que Chamberlain, "cuja mente e cujos modos são os de uma escova de tecidos", fosse cego a tudo aquilo. "A ele parece certo dar à Alemanha tudo o que ela quer no momento", escreveu Nicolson em seu diário em 6 de junho de 1938, "e não consegue enxergar que, se cedermos, não nos será possível resistir a demandas futuras. Se saciarmos o jacaré alemão com peixes de outros lagos, ele ficará tão gordo que passará a exigir os de nossos lagos. E então não teremos força suficiente para resistir."[24]

Chamberlain rejeitava tal ponto de vista por não acreditar que as metas de Hitler fossem ilimitadas e, portanto, que a guerra com a Alemanha fosse inevitável. Para um homem cujo apelido era "o Legista" e cuja marca registrada era um guarda-chuva, a busca por sinais positivos era a sua maneira de ser. O que não o impedia de sentir-se gravemente alarmado. A expectativa de que Hitler declarasse suas intenções no discurso ao comício de Nuremberg em 12 de setembro levava o primeiro-ministro a confessar que "essa questão paira sobre minha cabeça como um pesadelo".[25] "Não é terminantemente horrível", escreveu para Ida de Balmoral, "pensar que o destino de centenas de milhões depende de um homem e que ele é um tanto louco?" Mas o fatalismo não era o estilo de Chamberlain e, na mesma carta, ele explicava estar dando tratos à bola para pensar em alguma forma de impedir a catástrofe. Já havia inclusive pensado em uma ideia que, caso todo o resto falhasse, poderia salvar a situação. Era o "Plano Z", pelo qual o primeiro-ministro, em um gesto dramático, viajaria em pessoa ao encontro de Hitler para tentar garantir a paz. O plano era tão secreto que Chamberlain mantivera segredo até junto às irmãs, geralmente informadas de tudo. Horace Wilson havia estado presente quando da ideia, e Henderson a aprovara em sua visita a Londres. À parte esses dois, apenas Halifax estava ciente do segredo.

A situação nos Sudetas, enquanto isso, continuava a se deteriorar. Em 7 de setembro, o SdP promovera um protesto em Moravska Ostrava durante o qual um deputado sudeta teria sido aparentemente golpeado na cabeça por um policial tcheco. Foi a desculpa usada por Henlein, obedecendo a ordens expressas de Berlim, para rejeitar o Quarto Plano de Benes e suspender negociações. Temerosos de que a movimentação das tropas tivesse começado, Halifax e Cadogan interromperam um jantar para esboçar uma mensagem para Hitler apenas para descobrir pela BBC que a situação parecia estar em suspenso. Ainda assim, o incessante arregimentar de tropas alemãs e os relatos contínuos dos serviços de inteligência – tudo dando conta da iminência de uma invasão – convenceram Halifax de que a "política especulativa" não estava funcionando e o governo deveria então enviar a Hitler um aviso. Ele instruiu Henderson, que se encontrava no comício de Nuremberg, a informar Hitler que, caso a França interviesse, como declarara, o Reino Unido inevitavelmente a seguiria. Como demonstração do endurecimento da posição britânica, o secretário das Relações Exteriores disse a Henderson para chamar atenção para a recente declaração do Conselho Nacional do Partido Trabalhista, na qual instava o governo a "unir-se aos governos da França e da União Soviética para resistir a qualquer ataque contra a Tchecoslováquia".[26] Mas Hitler jamais recebeu a mensagem. Reagindo às instruções recebidas no tom histérico que já se tornara usual, Henderson argumentou fortemente que tal alerta "faria Herr Hitler perder as estribeiras". "Já deixei a posição britânica clara como água para todos os que importam", afirmou, dizendo que repetir o alerta do dia 21 de maio seria "fatal".*²⁷ O governo ouviu o conselho do embaixador e o recado foi suspenso.

A decisão foi tomada pelo Comitê para a Situação na Tchecoslováquia, de nome pouco imaginativo. Formado por Chamberlain, Halifax, Simon e Hoare, era o "Gabinete Interno" responsável por contornar a crise. Decididos a aceitar as recomendações de Henderson, saíram da sala do Gabinete para encontrar Churchill à sua espera no hall. Na lembrança de Hoare, ele viera "para exigir um ultimato imediato a Hitler".²⁸ Eden, que era da mesma opinião, havia visitado o Secretariado das Relações Exteriores na véspera para fazer pressão por um aviso. Dois dias depois, em 11 de setembro, tentou de novo, enquanto Churchill retornava à Downing Street para argumentar que "devemos dizer à Alemanha que, caso ponha os pés na Tchecoslováquia, entraremos imediatamente em guerra".²⁹ Mas o governo estava determinado a insistir com a "política especulativa". Assim, enquanto Chamberlain informava a jornalistas que a Alemanha "não deveria ter ilusões" quanto ao compromisso britânico com a França, Halifax alertava aos franceses que não partissem do pressuposto de que o Reino Unido entraria automaticamente em guerra com a Alemanha simplesmente "devido ao envolvimento da França".³⁰ Naquela noite, Churchill escreveu para seu amigo lorde Moyne, ex-ministro conservador:

> Infelizmente, uma nuvem de incertezas paira sobre todos os planos no presente momento. [...] e não posso fingir ter quaisquer esperanças quanto ao desfecho. Em razão do descuido com nossas defesas e da forma equivocada com que se tratou o problema da Alemanha nos últimos cinco anos, creio estarmos muito próximos da desolada escolha entre guerra ou desonra. Minha sensação é de que

---

* Henderson passava por agruras em Nuremberg. Os hotéis estavam reservados para os convidados de Hitler, e os corpos diplomáticos tinham de se acomodar nos vagões-dormitório de um trem separado para a ocasião. O local era extremamente opressivo e, como se recordou a jornalista Virginia Cowles, a visão "dos embaixadores das três grandes democracias – Grã-Bretanha, Estados Unidos e França – a espiar para fora das janelas de um vagão-restaurante descarrilado [...] passava claramente o recado de que a situação na Europa havia piorado bastante!". Henderson havia dificultado a própria situação ao se esquecer de levar papel e ser forçado a enviar seus despachos em folhas em branco arrancadas de romances de detetives. Também não se sentia bem – sofria do câncer na garganta que o mataria dali a quatro anos. Mas mesmo isso não justifica seu comportamento, que passava a sensação de covardia. Longe de projetar a força britânica, mal se dava ao trabalho de esconder o nervosismo e, segundo um oficial nazista, "expressava em termos bastante fortes sua aversão aos tchecos".

escolheremos a desonra, para então termos a guerra atirada pouco depois em nossa direção em termos ainda mais adversos do que os atuais.³¹

Em sua recusa a assumir compromissos ou fazer ameaças, Chamberlain buscava forças na leitura de "um livro muito interessante" sobre George Canning, secretário das Relações Exteriores no século XIX. "Seguidas vezes", relatou a Ida, "Canning reitera que jamais se deve fazer ameaças a não ser que se esteja em posição de cumpri-las; ainda que levados a lutar, possamos fazer boa figura – ou assim espero –, certamente não nos encontramos em uma situação na qual nossos assessores militares nos aconselhariam a dar início a hostilidades sem que fôssemos forçados a tal papel." Tudo isso bem poderia ser verdade, mas em nada aliviava a tensão. "Esta semana foi das mais desagradáveis", confessou o primeiro-ministro, "o bastante para fazer muita gente perder a cabeça caso não sejam as suas tão firmemente afixadas quanto a minha."³² Já tendo então discutido o "Plano Z" com o Gabinete Interno, encontrara amplo apoio. Vansittart, no entanto, se opunha implacavelmente à ideia e a combatia "com unhas e dentes", comparando-a à súplica de Henrique IV do Sacro Império Romano-Germânico ao papa Gregório VII em Canossa.³³ Chamberlain ouviu seu conselheiro-chefe diplomático com a cabeça entre as mãos. Mas Vansittart já não era uma influência havia tempos. Para Chamberlain, seu "Plano Z" era "uma jogada ousada", um "golpe de mestre" que, se desse certo, não só solucionaria a crise na Tchecoslováquia, como "poderia se provar uma oportunidade para promover uma mudança completa na situação internacional".³⁴ Por esse prêmio, ele estava mais do que preparado a arriscar sua reputação.

Na manhã de segunda-feira, 12 de setembro, ocorreu a primeira reunião do Gabinete completo desde a sessão de emergência em 30 de agosto. Como antes, foi Halifax quem forneceu o resumo da situação: os tchecos haviam feito novas propostas, que foram rejeitadas; Daladier reiterara as obrigações da França para com a Tchecoslováquia; e os franceses haviam enviado tropas à Linha Maginot. A informação mais crítica advinda dos serviços de inteligência para o governo era que Hitler decidira "marchar sobre a Tchecoslováquia" em algum momento entre 18 e 29 de setembro. Segundo explicou Halifax, o governo considerara emitir uma advertência formal, mas Henderson "insistira com todas as forças para não o instruirmos a tomar a *démarche* oficial" e o governo aceitara. O próprio Halifax, proponente inicial da ameaça, parecia então julgar o governo impotente. Hitler estava "possível ou provavelmente louco" e, caso "tenha se decidido a atacar, é provável que nada do que façamos possa impedi-lo".[35] A maioria dos presentes concordou, mas Duff Cooper chamou a atenção para o ponto de vista de que o Reino Unido deveria deixar claro que se encontrava pronto para lutar pela Tchecoslováquia: "Esse conselho vem da imprensa [...], da oposição, de Winston, do governo da França, do governo dos Estados Unidos e até do Vaticano". Chamberlain odiava que o contradissessem e respondeu de forma azeda que Henderson, estacionado no local, "deve estar mais bem-informado que o Vaticano".[36]

Naquela tarde Hitler fez o tão esperado discurso em Nuremberg. Apesar da crise, muitos homens e mulheres notáveis da Inglaterra haviam viajado à cidade medieval para testemunhar os festejos. Além dos suspeitos de sempre – Ernest Tennant e sir Arnold Wilson, representante conservador de Hitchin, entre eles –, lá estavam lorde Stamp (diretor da London, Midland and Scottish Railway) e sua esposa, sir Frank Sanderson (representante conservador de Ealing), Norman Hulbert (representante conservador de Stockport), o visconde de Clive, lorde Hollenden (presidente da Wholesale Textile Association) e sua esposa, e lorde McGowan (diretor da Imperial Chemical Industries).

Também estavam por lá lorde e lady Redesdale, pais de Unity Mitford, adoradora de Hitler. No Grand Hotel de Nuremberg, a repórter americana Virginia Cowles observou esses aristocratas excêntricos e não teve como não achar graça:

> Lady Redesdale, uma mulher pequena e reservada, passou a maior parte de seu tempo (quando não acompanhava Unity a alguma das revistas) a costurar num canto do lobby do hotel, enquanto lorde Redesdale, homem alto e bonito, com um grande bigode branco, circulava com o ar confuso de quem se vê em uma incômoda recepção caseira onde (curiosamente) ninguém fala inglês. [...] Lorde Redesdale foi soterrado a semana toda por cartas que lhe pediam freneticamente que usasse sua influência para interromper a guerra. Certo dia lhe chegou às mãos um bilhete da Buchman Society, que então realizava uma conferência em Genebra. O bilhete lhe implorava para mostrar a Hitler uma carta publicada no *Times* londrino. [...] e declarava que esta poderia "mudar o Führer

e alterar o curso da história". Seu levemente petulante comentário foi: "Ah, droga, não trago comigo uma cópia do *Times*".*³⁷

Alguns dos que compareceram não eram simpatizantes nazistas. A parlamentar Thelma Cazalet (cujo irmão Victor era seu colega na bancada do Partido Conservador) se sentou atrás de Hitler pensando: "Se ao menos eu tivesse uma arma *e* a coragem para dar fim a esse homem".³⁸ Também antinazista era o esteta e autor de livros de viagem Robert Byron. Amigo de Unity Mitford, fora a Nuremberg por curiosidade mórbida. De início, mostrou-se inclinado a ver o lado cômico. "Essa gente é tão grotesca", comentou, que, "se entrarmos em guerra, será como se estivéssemos a combater um gigantesco zoológico." Porém, durante uma reunião com um grupo de nazistas importantes – entre os quais o assessor de imprensa de Hitler, Otto Dietrich –, em que o infame editorial do *Times* foi citado como prova de que a Inglaterra compreendia que a Tchecoslováquia não era problema seu, assumiu uma postura séria. "O que acontece no continente é da conta da Inglaterra, sempre", exclamou de súbito, as bochechas ganhando cor. "Por azar, de vez em quando temos um Chamberlain a guiar-nos – mas é meramente temporário. Não se enganem. No fim, *sempre* nos erguemos e nos opomos às tiranias que ameaçam a Europa. Já as esmagamos antes, e aviso-lhes que vamos esmagá-las de novo."³⁹

Uma pena Byron não ter sido convidado para o chá organizado por Ribbentrop para estrangeiros ilustres em 11 de setembro, véspera do discurso de Hitler. O ministro das Relações Exteriores da Alemanha planejara meticulosamente o *posicionamento* dos convidados, de forma a acomodar Hitler ao lado de lorde Brocket, um dos membros mais importantes da Sociedade Anglo-Germânica e entusiasta do regime, que aparentava ter concordado com as acusações do Führer aos tchecos e a seu presidente.⁴⁰ Na tarde de segunda-

---

* Em seus romances *The Pursuit of Love* [A busca do amor] (1945) e *Love in a Cold Climate* [Amor em clima frio] (1949), Nancy Mitford imortalizou seu pai como o imperceptível mas benigno tio Matthew, que detestava os alemães e gostava de relembrar a ocasião em que matara oito "chucrutes" com sua "pá de trincheira". O verdadeiro lorde Redesdale era, na verdade, membro da Sociedade Anglo-Germânica e (como exemplifica sua intervenção no debate na Câmara dos Lordes após a *Anschluss*) um proeminente apologista do regime. Em janeiro de 1935, fez a primeira de várias visitas à Alemanha nazista, encorajado por suas duas filhas fascistas. "Farve [papai] é fascista por natureza. Ele simplesmente adoraria o Führer", insistiram elas.

-feira, 12 de setembro, Hitler repetiu tais acusações para todo o mundo ouvir. Perante um mar de uniformes marrons de gala, investiu contra Benes e os tchecos e acusou-os de desejar a "aniquilação" da minoria alemã. Só poderia haver uma solução: os alemães dos Sudetas precisariam obter o direito à autodeterminação.⁴¹ Escutando a transmissão ao vivo sem tradução, Oliver Harvey achou que soava como "um louco ou ainda um chefe de tribo africana a dar sermão nos seus", enquanto Leo Amery, fluente em alemão, achou "o tom furioso e os urros ferozes do público [...] assustadores". "Só o que resta ao nosso governo agora", continuou o ex-secretário colonial, "é evitar o erro de Edward Grey e fazer com que eles [os alemães] não tenham a menor dúvida quanto à nossa posição."*⁴²

Nesse ponto, Chamberlain e Halifax haviam decidido ser impossível manter os Sudetas na Tchecoslováquia. Chamberlain já tinha esse ponto de vista solidificado fazia um mês, pelo menos, ao passo que Halifax se convencera gradualmente de não existir qualquer possibilidade de acordo sustentável entre tchecos e alemães dos Sudetas. O primeiro-ministro e o secretário das Relações Exteriores eram ainda impulsionados rumo a essa conclusão pelo ministro das Relações Exteriores da França, Georges Bonnet, que, graças a informes exagerados sobre a Luftwaffe e ao estado execrável da Força Aérea de seu país, havia perdido a calma por completo e bombardeava os britânicos com seus apelos para salvar a França de uma guerra a qualquer custo. Os franceses preferiam uma solução que permitisse aos Sudetas continuarem a ser parte do Estado tcheco, mas em último caso estavam prontos a aceitar um plebiscito para determinar o futuro do território. Os tchecos sempre haviam se recusado a contemplar tal possibilidade. Porém, o despencar da moral dos franceses permitira aos britânicos considerar a cessão com a consciência tranquila, e Halifax agora manifestava apoio a um plebiscito, seguido por uma conferência de quatro potências para supervisionar a transição.

Longe de onde as decisões eram tomadas, o povo se preocupava com a possibilidade de uma guerra ou, em alguns poucos casos, com o abandono dos tchecos à própria sorte. "Várias pessoas me telefonam ao longo do dia im-

---

* Sir Edward Grey, secretário das Relações Exteriores do Reino Unido na época em que eclodiu a Primeira Guerra Mundial, foi acusado de não deixar clara a posição do país durante a Crise de Julho de 1914, permitindo assim aos alemães concluírem que o Reino Unido permaneceria neutro em uma eventual guerra.

plorando para que 'faça alguma coisa'", escreveu Harold Nicolson. "Não fazem ideia do que desejam que eu faça, mas estão à beira do pânico e sentem certo alívio em incomodar pessoas pelo telefone."⁴³ De volta de uma reunião da Liga das Nações em Genebra, Robert Bernays comparou Londres a "uma cena de pesadelo como as do cinema". "O riso e até os sorrisos se esvaneceram. Parecemos um povo à espera do Juízo Final." Por toda a capital, cavaletes espalhados explicavam onde obter máscaras contra gás. Sinistras linhas azuis haviam começado a aparecer nas calçadas, informando aos londrinos a localização dos abrigos antiaéreos mais próximos. Durante um jantar festivo, Bernays tentou animar o ambiente com uma piada, só para ser admoestado por uma mulher: "Ora, mas que coisa! Não percebe que dentro de uma semana poderemos estar todos mortos?".⁴⁴

Entre os antiapaziguadores havia uma busca desesperada por uma liderança. O candidato preferencial era Eden, mas, à parte a publicação de uma carta no *Times*, o ex-secretário das Relações Exteriores se recusava a assumir uma posição pública. Isto levava pessoas, até mesmo na esquerda, a se voltarem para Churchill. "Há um forte anseio por uma liderança", escreveu a parlamentar independente Eleanor Rathbone, "e até mesmo os que, no trato geral da política, discordam fortemente do senhor percebem se tratar do único homem a possuir tanto a consciência plena dos riscos de nossa posição militar quanto a crença na ação internacional coletiva contra a agressão."⁴⁵ Alguns dias depois, seria a vez de o parlamentar trabalhista Josiah Wedgwood escrever:

> Meu caro Winston,
> Estariam nossos companheiros falando sério? Parece-me que procuraram todos menos você, e para mim é inconcebível que estejam de fato considerando uma guerra sem chamá-lo...
> Nenhuma dessas pessoas teve nada a ver com os rumos da última guerra. São bebês, se não covardes. Você, ou Deus, terá de ajudar se formos ter alguma chance de salvar este país.⁴⁶

Enquanto isso, eclodia uma revolta dos alemães dos Sudetas. Motivados pelo discurso de Hitler, militantes do SdP na região de Asch-Eger atacaram delegacias, agências dos correios, estações de trem e postos de alfândega. Os tchecos responderam instituindo a lei marcial e ocupando as ruas com tropas. Ao final do dia seguinte, terça-feira, 13 de setembro, treze tchecos e dez alemães dos Sudetas haviam morrido. A situação começava a sair de controle e, durante uma reunião ministerial noturna, Duff Cooper insistiu para que Chamberlain mobilizasse a frota. Ele se recusou. Ainda tinha na manga o "Plano Z" e, conforme relatou a Ida, esperava "a situação estar preta o suficiente".[47] Resolveu então que o momento havia chegado. O pretexto nem foi o banho de sangue nos Sudetas, mas o completo desmoronamento da determinação francesa. Segundo Eric Phipps – que na tarde de 13 de setembro esteve tanto com Bonnet quanto com Daladier –, o ministro das Relações Exteriores da França estava em pleno "colapso nervoso" por causa de um informe do aviador americano Charles Lindbergh sobre as condições da Luftwaffe e até Daladier parecia ter perdido o ânimo. "Temo que os franceses estejam blefando", escreveu o embaixador para Halifax, e então repassou-lhe uma sugestão do premiê da França: uma conferência de cúpula entre três potências, o Reino Unido, a França e a Alemanha.[48] Foi essa a gota d'água. Chamberlain não deixaria os franceses tirarem a cartada de suas mãos. Recusou-se a atender o telefonema de Daladier e, após uma reunião noturna do Gabinete Interno, enviou uma mensagem para Hitler na qual propunha, "em virtude de uma situação cada dia mais crítica [...] viajar prontamente a seu país e visitá-lo com vistas a tentarmos encontrar uma solução pacífica. Proponho fazê-lo de avião e estou pronto a viajar amanhã mesmo".[49]

"Caí do Paraíso!", foi como um relato definiu a reação de Hitler ao telegrama de Chamberlain.[50] Ele estava sem dúvida feliz e afirmaria ter chegado a cogitar a ideia de voar ele mesmo para Londres, poupando da viagem o premiê de 69 anos. Ao perceber que não seria sensato, contudo, respondeu no início da tarde do dia seguinte, quarta-feira, 14 de setembro, que estava à disposição do primeiro-ministro, acrescentando "e a senhora Chamberlain viria também?".[51] Mais cedo, Chamberlain havia relatado seu plano ao Gabinete, evidentemente como fato consumado, pois o Gabinete não poderia rescindir o autoconvite do primeiro-ministro. Mas a maioria aplaudiu entusiasticamente a manobra. Ainda que tenha surgido como uma "bomba", "todos a encararam como um toque de gênio", escreveu o secretário de Estado para a Índia, lorde Zetland.[52] Alguns, porém, expressaram sua preocupação. Leslie Hore-Belisha, secretário de Estado para a Guerra, considerou a empreitada "não desprovida de risco" e alertou que Hitler estaria conduzindo "um plano incansável nos moldes de *Mein Kampf*"; Oliver Stanley se manifestou contra um plebiscito (que Chamberlain dissera estar preparado para aceitar) ao dizer que equivaleria a "dar a Herr Hitler tudo o que ele estava exigindo por meio da força e representaria a rendição completa"; ao passo que Duff Cooper argumentou que a escolha "não era entre guerra ou plebiscito, mas entre guerra agora ou guerra depois". Na falta de uma alternativa, porém, Cooper mostrou-se pronto a dar apoio ao primeiro-ministro, e, quando sir John Simon perguntou ao Gabinete se concederia a aprovação unânime à ideia, ela foi prontamente dada.

Do lado de fora da sala do Gabinete, o alívio e o consequente entusiasmo foram ainda maiores. "É dos melhores e mais inspiradores atos de toda a história", enalteceu Chips Channon, que recebeu a notícia durante um banquete oferecido pela delegação britânica durante a conferência da Liga das Nações em Genebra. O grupo "ergueu-se eletrizado, como todo o mundo deve estar, e brindou à sua saúde [de Chamberlain]".[53] "Boa sorte, Chamberlain", estampava a primeira página do *Daily Herald*, simpático ao Partido Trabalhista, enquanto o *News Chronicle*, ligado aos liberais, chamava a notícia de "um dos golpes mais ousados e dramáticos da história da diplomacia moderna".[54] A valorização dos títulos do governo foi da ordem de £ 250 milhões, e o Lloyd's of London decidiu cancelar propostas de inclusão de "risco de guerra" em apólices de seguros.[55] De cem pessoas consultadas em uma rua de classe operária, setenta aprovavam os atos de Chamberlain, segundo uma pesquisa da Mass-Observation, enquanto até alguns dos críticos do primeiro-ministro, como Leo Amery, elogiavam o que era sem dúvida "uma jogada ousada".[56] Churchill, por outro lado, considerou-a "a coisa mais estúpida que já se fez".[57]

No exterior, a reação foi tremendamente positiva. Os primeiros-ministros dos Domínios aplaudiram os atos da pátria-mãe, e observadores em Berlim relataram um relaxamento da tensão. Em Paris, o alívio era palpável. Mais cedo, o governo estava em busca de uma saída a todo custo, e Bonnet dizia a Phipps que simplesmente não havia como "sacrificar 10 milhões de homens para impedir que 3,5 milhões de sudetas passassem a integrar o Reich".*[58] Agora se mostrava pronto a aceitar qualquer solução que evitasse a guerra,

---

* Tendo proposto uma reunião *à trois*, Daladier ficou muito contrariado ao saber que Chamberlain, sem consultá-lo, havia decidido se convidar para ir à Alemanha. Por várias vezes havia sido sugerido que ele se reunisse com Hitler, mas ele sempre se recusara, conforme contou a Phipps, por achar que "deveria haver um representante da Grã-Bretanha presente".

disse ao embaixador. Já os tchecos ficaram embasbacados. Nem consultados nem alertados quanto à missão de Chamberlain, já haviam chegado ao que consideravam o limite das concessões apenas para se verem excluídos de negociações que determinariam seu destino. Nos Estados Unidos inexistia o fator alívio, e a reação foi simpática à causa tcheca. Embora Roosevelt tivesse assegurado a Chamberlain seu apoio, o embaixador britânico, sir Ronald Lindsay, relatara poucos dias antes o quanto o ponto de vista norte-americano era favorável a que "o governo de Sua Majestade assumisse posição forte contra a agressão alemã" e que quaisquer concessões "poderiam acarretar em certo esvaziamento da afabilidade [norte-]americana".[59] Mas o comentário mais perceptivo veio de Roma. "Não haverá guerra", disse Mussolini ao genro e ministro das Relações Exteriores, o conde Galeazzo Ciano, "mas o prestígio britânico está liquidado."[60]

Pouco depois das 8 horas de 15 de setembro de 1938, um Chamberlain sorridente chegou ao campo de pouso de Heston na zona oeste de Londres. Logo que saltou do carro, uma voz gritou: "Defenda a Tchecoslováquia! Sem concessões a Hitler!". Mas era um solitário manifestante, separado dele por uma barreira.[61] Uma pequena festa de despedida ocorreu ali mesmo na pista, e dela participaram lorde e lady Halifax, sir Alexander Cadogan, Theodor Kordt (de cartola e fraque), presidente do conselho e diretor-executivo da British Airways, e lorde Brocket, que acabara de voltar de Nuremberg. Enquanto Chamberlain conversava amenidades com o grupo, lorde Londonderry fez sua entrada triunfal, pousando com seu próprio avião, que pilotara até ali especialmente para desejar boa viagem ao primeiro-ministro. O sol brilhava – bom presságio, sugeriu Halifax – e Chamberlain parecia estar de ótimo humor. Vestido com um sobretudo cinza, colarinho engomado e guarda-chuva a tiracolo, posou para as fotos na escada do avião e então fez um curto discurso para ser reproduzido no noticiário:

> Vou ao encontro do chanceler alemão, pois a presente situação me parece ser tal em que conversas entre nós possam ter consequências úteis. Sempre foi minha política tentar garantir a paz; a pronta aceitação de minha sugestão por parte do Führer me encoraja a esperar que minha visita não seja desprovida de resultados.

A plateia lhe deu três vivas e, com um aceno de seu chapéu Homburg de feltro, sumiu dentro do reluzente bimotor Lockheed Elektra.*

Como já ressaltou seu biógrafo, e ao contrário da crença popular, aquele não foi o primeiro voo de Chamberlain. Como um personagem de *Esses homens maravilhosos e suas máquinas voadoras*, ele já havia estado rapidamente no ar, de cartola e tudo, em 1923, ciceroneando o duque de York (o futuro George VI) em uma feira industrial em Birmingham.[62] Mas, comparado com a empreitada daquele momento, isso mal contava, e o mito do premiê de 69 anos a voar pela primeira vez para salvar a Europa da guerra era poderoso. Ao levantar voo, Chamberlain sem dúvida levava com ele as esperanças e as preces da maioria do povo inglês e de muito mais gente. Ainda que houvesse alguns, como Duff Cooper, que julgavam ter o primeiro-ministro tantas chances de enquadrar Hitler "quanto teria o Pequeno Lorde de fechar um acordo satisfatório com Al Capone", tratava-se de uma minoria e, naquele momento, particularmente silenciosa.[63]

O povo britânico não havia sido preparado psicologicamente para uma guerra, e a Tchecoslováquia lhes parecia uma questão distante demais. Ainda que se mostrassem dispostos a ir "uma vez mais até a ruptura" em nome da liberdade na Europa, haveria consequências, e seriam severas, alertavam os experts. Na noite anterior, Chamberlain havia lido um relatório do Estado-Maior reafirmando a opinião de que nada estaria ao alcance de Reino Unido e França que pudesse impedir a Alemanha de tomar de assalto a Tchecoslováquia em questão de semanas. Se guerra houvesse, seria longa e "ilimitada", e o Reino Unido teria de se preparar para ser bombardeado diariamente com cargas de quinhentas a seiscentas toneladas nos primeiros dois meses.**[64] Chamberlain levava essa avaliação muito em conta; em sua viagem de volta, visualizava na mente um bombardeiro alemão fazendo a mesma rota. Pacifista de corpo e alma, enxergava um conflito futuro em termos apocalípticos e só considerava a guerra uma política válida caso os pilares da segurança europeia estivessem sob risco e todas as demais opções já esgotadas. Não estava pronto a considerar essa opção só para que 3,25 milhões de alemães não fossem incorporados ao Reich. A paz, portanto, era primordial. Mas, se essa era a meta,

---

*   Havia na verdade dois aviões: um para Chamberlain, Horace Wilson e William Strang, do Secretariado das Relações Exteriores, e outro para dois taquígrafos e os dois detetives do primeiro-ministro.
** Na verdade, menos de 75 mil toneladas de bombas foram jogadas sobre o Reino Unido na guerra inteira.

qual seria o preço? A resposta dependia de avaliar Hitler e suas reivindicações. Se, como alegava, Hitler era homem de paz e os Sudetas constituíam sua demanda territorial final, a estratégia de Chamberlain fazia sentido. Mas havia outra possibilidade – aquela levantada na véspera por Hore-Belisha na reunião do Gabinete: a de que Hitler estivesse pondo em marcha um plano que levasse à hegemonia alemã na Europa. Caberia a Chamberlain avaliar.

O avião havia sobrevoado o território da França sem contratempos, e o primeiro-ministro e Harold Wilson, se refestelado com sanduíches de presunto e uísque.[65] No entanto, ao se aproximarem de Munique, encontraram uma tempestade pelo caminho, e o pequeno avião "balançava e dava solavancos como um navio no mar".[66] Por sorte, após alguns instantes de nervosismo, um avião alemão os orientou no pouso e Chamberlain saiu da aeronave com um sorriso. O *Manchester Guardian* considerou-o "por certo galante", mas, segundo um membro da embaixada britânica, os alemães ficaram confusos com a visão "daquele homenzinho bufo de guarda-chuva" saindo de um avião. "Simplesmente não acreditavam que alguém com aquela aparência fosse o primeiro-ministro da Grã-Bretanha", lembrou.[67] Se foi mesmo assim, não deixaram transparecer e, como contou Chamberlain a Ida, ele ficou "encantado com a recepção entusiasmada da multidão que esperava sob chuva, fazendo a saudação nazista e gritando '*Heil!*' a plenos pulmões".[68] Segundo o intérprete de Hitler, Paul Schmidt, a euforia de fato superou até a reservada a Mussolini um ano antes.

Integravam o comitê de boas-vindas oficial Ribbentrop, o secretário de Estado Weizsäcker, o embaixador Henderson e seu equivalente alemão, Herbert von Dirksen. Havia uma guarda de honra, inspecionada por Chamberlain, e, como reparou Wilson, uma banda "deveras estridente".[69] Os britânicos foram então levados em uma frota de Mercedes sob aplausos de transeuntes até a estação onde embarcaram no trem especial de Hitler para a viagem de três horas até Berchtesgaden. Chamberlain lamentou que o mau tempo o tenha impedido de ver a paisagem, "pois o cenário deve ser belíssimo".[70] Mais desalentadora que as montanhas encobertas pela neblina era a sucessão infindável de comboios militares, cheios de "soldados com uniformes novos em folha e os canos de suas armas apontados para cima", que passavam ao lado do trem.[71] Não se tratava de coincidência, e sim de um indicativo de como Hitler pretendia manipular o primeiro-ministro britânico.

Em Berchtesgaden houve novos "*Heil*!", e Chamberlain continuou a aproveitar a sensação de ser saudado enquanto subia a montanha até Berghof. O Führer o recebeu nos degraus molhados, apertou sua mão firmemente e conduziu-o, e ao resto do grupo, para dentro. A aparência de Hitler não causou grande impressão a Chamberlain. Tendo repassado detalhes como o fato de o Führer usar "calças pretas como as que usamos à noite", descreveu a expressão de Hitler como "assaz enfadonha, especialmente quando em repouso". "Uma figura absolutamente indistinta", explicou a Ida. "Numa multidão, jamais o notaríamos e o tomaríamos pelo pintor de casas que um dia foi."[72] No informe ao Gabinete, foi mais direto, descrevendo-o como "o pobre-diabo mais comum que já se viu" – embora fosse "impossível não se impressionar com seu poder".[73] O ex-cabo austríaco e o ex-lorde prefeito de Birmingham agora tomavam chá no salão com sua grande janela panorâmica, de onde então só se descortinava uma névoa cinzenta. As paredes eram adornadas com várias obras dos grandes mestres alemães e italianos, incluindo, como notou pudicamente Chamberlain, "um enorme nu italiano!".[74]

A conversa não fluiu. Chamberlain elogiou o salão. Hitler respondeu que salões de vulto existiam era na Inglaterra. Chamberlain disse que Hitler deveria visitar o país e vê-los com seus próprios olhos um dia. Hitler replicou que seria recebido com protestos. Chamberlain admitiu que seria preciso escolher com cautela a época. Disso não passou.

Quando começou a conversa mais séria, no escritório privado de Hitler, ficaram a sós, a não ser pelo intérprete, Paul Schmidt.* Chamberlain começou com a sugestão de que dedicassem o resto da tarde a cada um entender com clareza o ponto de vista do outro e deixassem para o dia seguinte especificidades da questão dos Sudetas. Mas Hitler o interrompeu e disse que seria impossível. De acordo com informações daquele dia (inventadas, mas que, como tática, seriam repetidas ao longo da crise), trezentos alemães dos Sudetas haviam sido mortos e uma solução precisava ser achada de uma vez por todas. Hitler então embarcou em uma longa exposição de sua visão para a Alemanha. Explicou que, desde jovem, era obcecado pela teoria racial e estava determinado a trazer para o Reich todos os alemães, onde fosse possível.

---

* Essa estratégia era deliberada, pensada por Henderson e Weizsäcker, para que Ribbentrop não tparticipasse das conversas.

Chamberlain o interrompeu. Estaria o Chanceler dizendo que, fossem aqueles 3 milhões de sudetas incorporados ao Reich, ele não teria mais qualquer outra reivindicação? "Pergunto porque muita gente diz que isso não é tudo, que você pretende desmembrar a Tchecoslováquia." Hitler negou categoricamente. Acreditava em unidade racial e, portanto, não ia querer um monte de tchecos no Reich. A Tchecoslováquia, contudo, era uma "ponta de lança em seu flanco", e ele não se sentiria seguro até que os tratados de defesa entre Tchecoslováquia e Rússia fossem abolidos. Acrescentou com solenidade acreditar que, uma vez concedida aos alemães dos Sudetas a autodeterminação, minorias polonesas, húngaras e eslovacas iriam exigir o mesmo e a Tchecoslováquia deixaria de existir.[75]

Na maior parte da conversa, Hitler manteve fala mansa, em tom baixo. Mas nesse ponto, de súbito, se exaltou e declarou "numa torrente de palavras" que tudo aquilo era pura teoria.[76] Trezentos compatriotas seus haviam sido mortos na véspera, e ele não estava disposto a aceitar que aquilo continuasse. "Estou determinado a acertar contas", berrou. "Não me importo se haverá ou não uma guerra mundial. Estou determinado a acertar contas e logo, e estou pronto a correr o risco de uma guerra mundial em vez de permitir que isso se prolongue." Chamberlain ficou indignado. Se Hitler estava decidido a fazer guerra, por que o fizera viajar até ali? "Estou perdendo meu tempo."[77] Hitler sentiu o golpe e se aquietou. Percebendo que "rápidas decisões teriam de ser tomadas para salvar a situação", Chamberlain assegurou ao Führer estar plenamente preparado para aceitar o princípio da autodeterminação. "Minha opinião pessoal", confidenciou a Ida, "era, por princípio, não dar a mínima se os Sudetas fariam parte do Reich ou não."[78] A dificuldade, explicou a Hitler, residia nos meios, não no fim. Estava, contudo, preparado para discutir a questão com seus colegas e voltar futuramente para retomar negociações. Hitler disse lamentar o fato de Chamberlain ter de fazer duas viagens, mas prometeu que da próxima vez o encontraria perto de Colônia. Chamberlain perguntou a Hitler se, nesse meio-tempo, a situação poderia permanecer em suspenso, e Hitler lhe prometeu não dar a ordem para as tropas marcharem, salvo se alguma circunstância não prevista o forçasse a fazê-lo.

Chamberlain ficou satisfeito com a reunião. Embora tenha detectado em Hitler "impiedade", achou ter "estabelecido certo crédito" e que aquele era "um homem em cuja palavra se podia confiar".[79] Ficou ainda mais satisfeito quando Horace Wilson lhe contou sobre a suposta impressão favorável que causara a Hitler. "Tive uma conversa com um *homem*", teria Hitler dito na presença do chefe de pessoal de Ribbentrop, que repassara a informação a Wilson.[80] O secretário de Estado, Ernst von Weizsäcker, no entanto, registrou uma cena bastante diferente. Segundo ele, logo que Chamberlain saiu, Hitler bateu palmas em júbilo e se gabou de ter "conduzido aquele civil murcho a um beco sem saída". Naquela noite, Eva Braun, amante de Hitler, se uniu ao coro de piadas sobre o inglês peculiar que parecia tão apegado a seu guarda-chuva.[81]

A afirmação de que teria conduzido Chamberlain a uma armadilha é injusta, mas apenas no sentido de dar crédito demais a Hitler pela posição em que ora se encontrava o primeiro-ministro. Se esse já havia decidido que os alemães dos Sudetas deviam ter direito à autodeterminação, não era necessária grande habilidade da parte do Führer para que Chamberlain cedesse às suas exigências. Mas, de uma forma ou de outra, aquele era um pleito de Hitler e Chamberlain estava, sim, cedendo a ele. Mais importante, Chamberlain havia chamado para si a responsabilidade de entregar os Sudetas de uma forma que se provasse aceitável aos tchecos, bem como aos franceses, aos britânicos e aos olhos do mundo. Se fosse bem-sucedido, Hitler obteria o que exigira. Se falhasse – como Hitler esperava –, o Führer poderia ter a guerrinha com que sonhava. Nem de longe um triunfo para a diplomacia britânica.

De volta a Londres, na noite de sexta-feira, 16 de setembro, um presunçoso Chamberlain disse ao Gabinete Interno achar ter "segurado Hitler por ora", mas que ficara claro que nada além da autodeterminação para os alemães dos Sudetas o satisfaria.[82] Nesse aspecto, o primeiro-ministro pensava que deviam concordar. Era impensável, disse, que o Reino Unido entrasse em guerra em desafio a esse princípio. Henlein havia fugido na véspera para a Alemanha – exigindo a cessão imediata – e lorde Runciman, que havia retornado de Praga e comparecia à reunião, achava impossível que tchecos e sudetas pudessem em algum momento "se acalmar e viver juntos em harmonia".[83]

Na manhã seguinte, o Gabinete completo foi convocado para ouvir o primeiro-ministro. Seu relato foi depreciativo quanto à pessoa de Hitler, mas impressionado por seu poder e sua seriedade. No aspecto mais crucial, Chamberlain acreditava que "os objetivos de Herr Hitler são estritamente limitados" e ele estaria "falando a verdade" ao dizer que não pretendia incorporar os tchecos ao Reich.[84] À tarde, quando a reunião foi retomada, lorde

Maugham, o lorde chanceler, iniciou sua fala com um pedante sermão sobre a política externa de Canning e Disraeli. Segundo ela, "duas condições teriam de fazer-se presentes antes de intervirmos. Primeiro, que interesses britânicos estivessem sendo seriamente afetados; em segundo lugar, que, ao fazê-lo, fosse tão somente pela força esmagadora". Duff Cooper se contrapôs, dizendo que o Reino Unido sempre tivera como política evitar que uma única potência obtivesse indevida predominância no continente. Ao deparar-se naquele momento com "provavelmente a potência mais formidável a já ter dominado a Europa", a resistência seria obviamente do interesse nacional. Duvidava que os Sudetas fossem a "meta final" de Hitler e chamava a atenção para o número de promessas que o Führer já havia quebrado. Em virtude da "assustadora responsabilidade de incorrer numa guerra", porém, não pretendia marcar posição contra um plebiscito, desde que realizado em condições justas, com supervisão internacional. Duvidava muito que isso fosse representar "o fim de nossas preocupações", mas talvez valesse a pena tentá-la, apostando na improvável possibilidade de que "algo não previsto pudesse abalar o poderio do Partido Nazista" em algum momento antes da crise seguinte.[85]

Lorde De La Warr, então lorde do Selo Privado, apoiou a primeira parte do que Cooper disse e se declarou "pronto a encarar a guerra para libertar o mundo da ameaça contínua dos ultimatos". Lorde Hailsham levantou-se em defesa do primeiro-ministro. Era fato estabelecido, argumentou o lorde presidente do conselho, que uma potência dominava o continente, e o Reino Unido, portanto, "não tinha alternativa senão se submeter ao que o lorde do Selo Privado julgava uma humilhação". Tal demonstração magistral de *Realpolitik* derrotista afrontou lorde Winterton, chanceler do ducado de Lancaster, que argumentou que, a se pautar por essa lógica, o governo bem poderia aquiescer "à invasão de Kent ou à rendição da ilha de Wight". Oliver Stanley concordou. "Essa não foi a última das jogadas de Hitler", alertou aos colegas, acrescentando que, se a escolha fosse entre a rendição e a luta, "deveríamos lutar".

Os figurões, contudo, apoiavam a rendição. Halifax concordava com o primeiro-ministro que era impossível levar o país à guerra, em flagrante desafio à tese da autodeterminação. Sam Hoare, manifestando-se logo após a exposição tendenciosa da situação por parte de Runciman, achou que os tchecos já haviam perdido os Sudetas e, até "esse fato ser reconhecido, não haveria paz na Europa".[86] No entanto, mesmo no grupo leal a Chamberlain pairavam dúvidas quanto ao resultado de suas negociações. "A impressão deixada pela história do primeiro-ministro foi algo dolorosa", registrou em seu diário sir Thomas Inskip. "Ele teve de ouvir H[itler] vangloriar-se de quão terrível instrumento era a máquina militar alemã. [...] e o primeiro-ministro nos disse mais de uma vez que ele não estava exagerando. Ficou claro que H[itler] fez o serviço completo: efetivamente, o que fez foi chantagear o primeiro-ministro."87

Se Hitler havia chantageado Chamberlain, ele precisava que os franceses o ajudassem a chantagear os tchecos e fazê-los concordar com a rendição dos Sudetas. Até então, os franceses, por incrível que parecesse – e para seu tremendo desgosto –, haviam sido totalmente excluídos da diplomacia do primeiro-ministro. No domingo, 18 de setembro, contudo, Daladier e Bonnet chegaram a Londres para ouvir os resultados. A reunião teve início em tom dramático, com Chamberlain lendo um telegrama recém-chegado do governo tcheco que lhes dizia para conduzirem uma mobilização geral. Desfiou então os detalhes de sua reunião em Berchtesgaden, concluindo que a recusa aos termos estabelecidos por Hitler implicaria inevitavelmente uma imediata invasão. A isso se seguiu um extraordinário jogo de empurra, com ambos os lados tentando fugir à responsabilidade de coagir os tchecos. Chamberlain disse que a questão se resumia em saber se os franceses estavam prontos a aceitar o princípio da autodeterminação, mas Daladier discordou. O premiê francês, "cuja voz tremia de emoção cuidadosamente modulada", falou sobre o "sagrado dever" da França para com a Tchecoslováquia e, mais uma vez, expressou sua convicção de que "a verdadeira meta alemã é a desintegração da Tchecoslováquia e a realização de seus ideais pangermânicos através de uma marcha para o Leste". Se baixassem a cabeça naquele momento, "o resultado seria que, num curtíssimo espaço de tempo, a Alemanha seria senhora da Europa".88

Era verdade, mas também era da boca para fora. A portas fechadas ou até mesmo entreabertas, Daladier e (com menos angústia) Bonnet haviam decidido que a deserção também cabia em seu conceito de bravura e, após um bom almoço, regado ao vinho tinto de Bordeaux favorito de Chamberlain (Château Margaux), acrescido de conhaque de 1865, cederam devidamente.*

---

* Daladier, aliás, já sabia que, em último caso, Benes estava pronto a concordar com a cessão de parte do território, ainda que a área proposta pelo presidente tcheco – o máximo que se poderia perder sem inviabilizar a existência do país – fosse significativamente menor do que a exigida por Hitler.

"Nas discussões internacionais, a hora mais sombria costuma ser antes do almoço", comentou cinicamente Chamberlain.[89] Tendo extraído dos britânicos a promessa de garantias ao truncado Estado tcheco, Daladier concordou então com a redação de um comunicado conjunto dizendo a Benes para se render. "Mas e se ele recusar?", quis saber Chamberlain. Nesse caso, respondeu o "Touro de Vaucluse", "será necessário aplicar a mais forte das pressões". Chamberlain agradeceu-lhes, e os ministros franceses partiram. As duas grandes democracias europeias encontravam-se então comprometidas com o desmembramento da única democracia a leste do Reno.

Enquanto o Gabinete Interno – formado inteiramente por apaziguadores – bajulava e intimidava os franceses, os céticos no Gabinete propriamente dito consideravam seus postos. "Diga a Walter [Elliot, ministro da Saúde] que, se ele sair, eu saio", pediu De La Warr a sua amiga e colega no National Labour, Blanche Dugdale. "Baffy", como era conhecida, disse que não o faria, mas fez tudo o que podia para induzir De La Warr a renunciar. "Para início de conversa (embora eu não o tenha dito)", confidenciou em seu diário, "ele não faz diferença alguma se permanecer", enquanto, "se renunciar, pode ajudar a formar um núcleo."[90] Esse era de fato um problema para os antiapaziguadores. Entre aqueles que Chamberlain paradoxalmente rotulava "a irmandade mais fraca", só Duff Cooper detinha o controle de algum departamento importante. O resto, lamentava Oliver Harvey, era um grupo desanimador: "Oliver Stanley flácido, Elliot pura conversa fiada, De La Warr sólido mas sem muita substância, Morrison atualmente bem *dégonflé* [murcho], ao que parece".[91] Fora do governo, Eden continuava relutante em assumir uma postura pública e Churchill era considerado egoísta e belicoso demais para unir a maioria dos conservadores em torno de si.

Não ajudava o fato de grande parte da imprensa – certamente seus nomes mais poderosos e populares – chegar às raias da subserviência em sua lealdade ao governo. No dia em que Chamberlain voou para Munique, lorde Beaverbrook escrevera a Halifax para lhe contar que ele e os demais proprietários de jornais estavam ansiosos para ajudar o primeiro-ministro e perguntar se não seria possível designar um membro do Gabinete para manter os barões da imprensa informados da linha que o governo seguiria. Sam Hoare, cuja carreira Beaverbrook subsidiava em segredo, foi devidamente despachado, e assim, em 22 de setembro, o *Daily Express* informava aos seus leitores "A

VERDADE" sobre a Tchecoslováquia. "Não há qualquer dever ou responsabilidade da parte deste país com relação à defesa daquela potência da Europa Central", declarava Beaverbrook na primeira página. "É perverso e é falso acusar a Grã-Bretanha, seu próprio país, de vender a Tchecoslováquia e desertar a França." Alguns dos antiapaziguadores que eram figuras públicas – tais como Bob Boothby, Harold Nicolson e, obviamente, Churchill – publicaram pontos de vista alternativos, principalmente no *Daily Telegraph*, mas com pouco impacto se comparados aos esforços pró-apaziguamento do *Times*, do *Observer*, do *Daily Mail* e do *Express*.

O comunicado anglo-francês foi enviado a Praga na tarde de segunda-feira, 19 de setembro de 1938. Na véspera, o embaixador tcheco, Jan Masaryk, havia escrito para Halifax alertando-o de que o governo de seu país dava como certo que seria consultado antes de quaisquer decisões com impacto sobre seu futuro. A resposta de britânicos e franceses aos tchecos foi dizer-lhes que toda a Região dos Sudetas deveria ser entregue ao Reich. Não é de se espantar que Benes tenha reagido pessimamente, acusando as democracias de abandonarem a Tchecoslováquia. Ainda que realista o bastante para ter previsto a necessidade de ceder uma parte do território, não esperava que seus aliados insistissem na aceitação das exigências mais extremas dos alemães.

Naquela noite, o Gabinete tcheco se reuniu em agonia e, na manhã seguinte, saiu ainda sem uma decisão. Após uma segunda maratona de reuniões em 20 de setembro, enviaram um recado a britânicos e franceses, implorando que reconsiderassem sua posição. Mas as democracias estavam decididas e Chamberlain redigiu uma resposta "colocando os pobres tchecos contra a parede".[92] Às 2 horas, Basil Newton e Victor de Lacroix, os embaixadores de Reino Unido e França, chegaram ao castelo de Hradcany para apresentar a Benes o que ele corretamente deduziu ser um ultimato. Ou os tchecos capitulavam ou franceses e britânicos não se responsabilizariam pelo destino que certamente se abateria sobre eles. Apesar das grandes manifestações em Praga a favor da resistência, os tchecos não poderiam contemplar uma guerra solitária contra a Alemanha. Benes desistiu. Enquanto milhares se concentravam na praça Venceslau com cartazes que estampavam "Não entregaremos a república ao pintor de casas alemão", o governo tcheco redigia sua rendição.

> Sob pressão da premente insistência que culminou no comunicado britânico de 21 de setembro, [o] governo tcheco lamentavelmente aceita as propostas fran-

cesa e britânica, na suposição de que os dois governos tudo farão nas circunstâncias para preservar os interesses vitais do Estado tchecoslovaco.[93]

Era um documento patético: deplorável a curto prazo, trágico levando-se em conta o destino ainda por vir.

XVI
À beira

Devemos levar nossa covardia até o limite, mas nunca além.
Sir Alexander Cadogan, 21 de setembro de 1938.¹

Com a rendição tcheca como trunfo, Chamberlain partiu para sua segunda reunião com Hitler, prevista para ocorrer na estação termal de Bad Godesberg, próxima a Bonn, às 10h45 de quinta-feira, 22 de setembro de 1938. A atmosfera foi notoriamente diferente do que havia sido uma semana antes. Na ocasião, a sensação geral havia sido de alívio e admiração; o poeta laureado, John Masefield, se vira até mesmo inspirado a escrever alguns versos gongóricos. Dessa vez, dúvidas surgiram e havia uma campanha da imprensa, dos dois lados do Atlântico, contra a "Traição da Tchecoslováquia".² Ela era estimulada por Churchill, que reagiu à notícia da rendição tcheca, na noite de 21 de setembro, com um comunicado de imprensa abrasivo:

> A divisão da Tchecoslováquia, sob pressão anglo-francesa, corresponde a uma completa rendição das democracias ocidentais à truculenta ameaça nazista. Tal colapso não trará paz ou segurança à Grã-Bretanha e à França. Pelo contrário, jogará os dois países numa posição de fragilidade e risco cada vez maiores.
> Por si só, a neutralização da Tchecoslováquia já significa que 25 divisões alemãs estão agora livres para ameaçar o front ocidental. A rota para o mar Negro estará escancarada para o triunfante nazismo. Aceitar os termos de Herr Hitler implica a prostração da Europa perante o poder nazista. [...] A ideia de que a segurança possa ser comprada jogando aos lobos uma pequena nação é um delírio fatal. O poder bélico alemão aumentará mais rápido antes que franceses e britânicos possam completar seus preparativos defensivos.³

Naquela mesma tarde, o Gabinete havia se reunido para debater que linha Chamberlain deveria adotar em Godesberg. O sentimento geral era de que haviam chegado ao limite das concessões e a hora era de Hitler mostrar boa fé. Duff Cooper cobrou do primeiro-ministro que falasse nos termos mais diretos com o chanceler alemão. Ele deveria dizer que fizera "tudo e mais um pouco, que lhe trazia a cabeça da Tchecoslováquia em uma bandeja – e que, para fazê-lo, incorrera em acusações de rendição, traição e covardia. Mais não seria possível fazer. Ele preferiria, se necessário, ir à guerra".[4] Nenhuma voz se ergueu em discordância, e o Gabinete foi unânime em dizer que Chamberlain deveria impedir Hitler de recorrer às reivindicações de húngaros e poloneses que, com o Führer a encorajá-los, rodeavam feito urubus a carcaça da Tchecoslováquia.

Chamberlain pousou às 12h36 de 22 de setembro em Colônia, onde, "segurando firmemente o símbolo da paz, seu guarda-chuva", passou em revista uma divisão das SS Leibstandarte Adolf Hitler e entrou no carro para a curta viagem até Godesberg.[5] Sua comitiva, composta por sir Nevile Henderson e Ivone Kirkpatrick (primeira secretária da embaixada britânica), além do indefectível sir Horace Wilson, encontrou à sua espera quartos luxuosos no Hotel Petersberg, na margem direita do Reno. Por orientação do Ministério das Relações Exteriores da Alemanha, fora reservada uma suíte mobiliada à maneira de Luís XV e abastecida com frutas, charutos, hortênsias e água de colônia em grande quantidade. Hitler encontrava-se instalado do outro lado do rio, em um de seus pousos favoritos, o Hotel Dreesen. Lá havia planejado o assassinato de Ernst Röhm e de seus apoiadores – a Noite das Facas Longas – em junho de 1934 e lá estava previsto para ocorrer seu segundo encontro com Chamberlain.

Os britânicos cruzaram o Reno em balsas, passando por um iate de luxo no qual Hitler planejava levar o primeiro-ministro num passeio descendo o rio wagneriano. Por que Hitler imaginou que Chamberlain pudesse estar no clima para passeios turísticos é difícil de compreender; ele mesmo certamente não viera ao seu encontro com o intuito de aceitar o plano de paz do primeiro-ministro. De fato, Chamberlain mal terminara de explicar o acordo que havia feito com os tchecos quando Hitler o interrompeu para dizer que sentia muito, mas aquilo não seria possível. Chamberlain ficou estupefato. Retesou-se na cadeira, rosto corado, e perguntou por que razão essa mudança de uma reunião para outra. Hitler respondeu friamente que eles precisariam considerar as demandas de outras nacionalidades que buscavam liberdade ou autonomia do Estado tchecoslovaco. Além disso, recusou-se a aceitar os prazos que Chamberlain propunha. A situação teria de ser resolvida dali a poucos dias, no mais tardar até 1º de outubro. Perplexo, o primeiro-ministro se disse desapontado e confuso. Havia conseguido garantir aquilo que Hitler queria e "sem que uma gota sequer de sangue alemão fosse derramada". Ao fazê-lo, tinha colocado sua carreira política nas mãos dele e, em casa, era acusado de vender os tchecos e curvar-se a ditadores. Fora inclusive vaiado no dia da partida. A isso seguiu-se uma longa litania de "enrolação mal-humorada", enquanto relatos inventados das atrocidades tchecas eram desfiados. Hitler exigiu o esboço imediato de uma fronteira linguística, e o mapa que havia preparado foi mostrado a Chamberlain. Mas cartografia alguma poderia compensar a fenda que se abrira e, após um exaustivo par de horas, o primeiro-ministro decidiu interromper a reunião e voltar para o hotel.

Enquanto isso, em Londres, Halifax esperava ansioso por notícias. O Secretariado das Relações Exteriores já se encontrava em estado de consternação devido aos relatos de que os Sudetendeutsches Freikorps – uma milícia criada por Hitler no dia seguinte à cúpula de Berchtesgaden – haviam atravessado a fronteira da Alemanha e ocupado as cidades de Asch e Eger. Poderiam os britânicos continuar a aconselhar os tchecos a não se mobilizarem sob tais circunstâncias? Halifax achava que não e enviou uma mensagem nesse sentido para Godesberg. Do Hotel Petersberg, recebeu a notícia deprimente de que Hitler, longe de aceitar o acordo anglo-francês, exigia uma ocupação imediata. Homem justo, Halifax estava embasbacado, mas aceitou momentaneamente o pedido de Chamberlain para não aconselhar os tchecos a se mobilizarem.

Ao mesmo tempo, ocorria no apartamento de Churchill uma reunião de alguns dos principais antiapaziguadores. Harold Nicolson chegou ao mesmo tempo que seu anfitrião saltava de um táxi. "Isto [...] é o inferno", vaticinou Nicolson. "O fim do Império Britânico", devolveu Churchill. Aos dois juntaram-se cinco de seus pares – Lloyd, Horne, Lytton, Wolmer e Robert Cecil –, bem como o líder dos liberais, Archie Sinclair, e Brendan Bracken. Churchill serviu-se de um uísque com soda e então retransmitiu ao grupo a linha que Chamberlain pretendia adotar, sobre a qual Downing Street acabara de informá-lo. Alguém perguntou o que ocorreria caso Hitler rejeitasse as propostas anglo-francesas. Nesse caso, respondeu Churchill, "Chamberlain voltará hoje à noite e teremos guerra". Outra voz sugeriu então que poderia ser inconveniente a presença de Chamberlain em território alemão em tal cenário. "Nem mesmo os alemães seriam estúpidos o bastante para privar-nos de nosso amado primeiro-ministro", respondeu Churchill. Mais tarde, o telefone tocou e o grupo foi informado por Clement Attlee de que o Partido Trabalhista se mostrava disposto a unir-se aos conservadores rebeldes na oposição a mais concessões. Com essa significativa inflação de apoios, a reunião se dispersou com a resolução de se opor a Chamberlain caso tentasse trazer-lhes "paz com desonra".[6]

Churchill e seus acólitos não estavam sozinhos na raiva que sentiam da política britânica. Naquela noite, 10 mil pessoas se manifestaram em Whitehall, cobrando do governo: "Defendam os tchecos" e "Chamberlain deve sair!".[7] A Mass-Observation, com seus métodos nada científicos, mas estimulantemente pessoais de monitorar a opinião pública, registrou insatisfação crescente, em particular entre os homens – dos quais 67% sentiam "indignação" pelo tratamento reservado por Chamberlain aos tchecos segundo uma pesquisa de 21 e 22 de setembro, contra apenas 22% das mulheres.*[8] Ainda mais interessantes eram as opiniões registradas. Em resposta à pergunta "O que pensa você sobre a Tchecoslováquia?", um motorista de ônibus de trinta anos de Lewisham disse:

> Acho que eles deveriam rejeitá-los. Ora diabos, com que direito ele vai até lá e arma um truque sujo como esse? O mundo todo ficará contra nós agora. Quem vai confiar em nós? É como jogar seu próprio filho aos lobos. Nós ajudamos a fazer deles um país e agora Chamberlain surge querendo bajular aquele porco. Haverá guerra mais cedo ou mais tarde, e aí ninguém nos ajudará. Os Estados Unidos não nos emprestarão um mísero centavo. Se eles [os tchecos] tiverem brio, garanto que não se entregarão.

Ou ainda, de uma empacotadora ouvida pelo *Evening News*:

> Por que ele não disse com todas as letras seis meses atrás que não faria nada em nome de ninguém a não ser o nosso litoral? A mim parece que, quando

---

* A amostra era de 350 pessoas e revelou uma desilusão crescente ao longo dos dois dias.

Hitler e Mussolini começarem a reivindicar nosso Império, ele lhes entregará pedaço a pedaço desde que não encostem em nós, até não sobrar mais Império algum. É algo sujo, na minha opinião, não dizer à parte mais fraca o que você fará quando mais ou menos prometeu que não deixaria que ninguém a prejudicasse.⁹

Claro, nem todos se sentiam assim, e alguns conseguiam fingir muito bem-estar, tudo dentro da normalidade. "Caro Rab", escreveu Michael Beaumont, representante conservador de Aylesbury, ao subsecretário de Estado das Relações Exteriores em 21 de setembro, o dia da rendição tcheca:

> Compreendo que ora você não esteja no momento nem no local certo para receber convites para atirar, mas, caso não nos encontremos todos mergulhados em um holocausto, poderias vir e atirar conosco em 17 de dezembro, chegando no dia 16 e cá permanecendo pelo fim de semana?
>
> O que quer que faça, mantenha-nos fora de uma guerra o suficiente para que possamos atirar com você em outubro, pelo que mal podemos esperar.
>
> Como sabe, não tenho tantas loas a tecer ao governo de Sua Majestade, mas acho que Neville e Edward Halifax têm sido magníficos. Deve ter passado por poucas e boas. Às favas com os tchecos!¹⁰

O mais importante endurecimento de posição aconteceu dentro do Secretariado das Relações Exteriores. Abalado pelas notícias de Godesberg e detectando a mudança do clima no país – o que incluía vários membros do Gabinete –, Halifax resolveu ignorar o conselho de Chamberlain e, às 16 h de sexta-feira, 23 de setembro, autorizou Basil Newton em Praga a rescindir o conselho do governo para que os tchecos não se mobilizassem. Enviou então um "duro" telegrama ao primeiro-ministro, vigorosamente endossado por Sam Hoare:

> Grande parte da opinião pública parece endurecer, achar que atingimos limite de concessões. [...] Nós, claro, podemos imaginar imensas dificuldades que você tem de confrontar, mas, julgando sua própria posição e a do governo e país, parece aos colegas vital que não saia sem frisar ao chanceler, se possível em audiência especial: após grandes concessões tchecoslovacas, rejeitar oportunidade de solução pacífica em favor de uma que envolve guerra seria crime imperdoável contra a humanidade.¹¹

*

Em Godesberg, Chamberlain estava incerto do que poderia conseguir, se é que conseguiria algo. Tendo atingido um impasse na noite de 22 de setembro, decidiu cancelar a reunião que teria com Hitler na manhã seguinte e preferiu escrever-lhe, solicitando o envio de suas exigências por escrito. Com relutância, Hitler concordou, e às 22h30 do dia 23 os ingleses retornaram ao Dreesen. Lá, Hitler leu para eles um memorando que exigia que os tchecos iniciassem a evacuação dos Sudetas em 26 de setembro – dali a três dias – e as tropas alemãs começariam sua ocupação três dias depois disso. Chamberlain disse que aquilo era um ultimato – um *diktat*, concordou Henderson.[12] Hitler limitou-se a apontar que o documento era intitulado "Memorando". Nesse momento entrou na sala um ajudante de ordens e entregou um bilhete ao Führer. Tendo encarado o papel por algum tempo, passou-o a Schmidt para que o traduzisse para o primeiro-ministro. Era a notícia de que os tchecos haviam se mobilizado.

O silêncio pareceu durar uma eternidade. Chamberlain temia que Hitler pudesse dar ali mesmo a ordem de retaliação, mas o Führer o surpreendeu quando disse que, por respeito às negociações, não reagiria a mais essa recente provocação. E de fato concordou em estender o prazo para a evacuação até 1º de outubro, apelando à vaidade de Chamberlain ao dizer-lhe ser um dos poucos homens a quem já fizera uma concessão. A atmosfera se transformou. Lisonjeado, Chamberlain disse que repassaria aos tchecos os termos de Hitler, e o Führer falou algo vago sobre a possibilidade de uma melhora das relações anglo-germânicas. Schmidt lembrou-se de tê-lo ouvido dizer: "Nossas diferenças não precisam existir. Não nos intrometeremos no exercício de seus interesses extraeuropeus, e vocês podem nos dar carta branca no Centro e no Sudeste europeus sem qualquer prejuízo".[13] Quando os dois se despediram, Chamberlain declarou sua crença de que "um relacionamento de confiança se solidificara entre ele e o Führer".[14] Na verdade, havia sido chantageado.

Em Downing Street na tarde seguinte, sir Alexander Cadogan ficou "totalmente horrorizado" quando ouviu o primeiro-ministro recomendar que as exigências de Hitler fossem aceitas.[15] Chamberlain disse ao Gabinete Interno estar "satisfeito quanto a Herr Hitler estar falando a verdade ao dizer considerar essa uma questão racial" e que ele declararia guerra se seus termos não fossem aceitos. Felizmente, tinha a sensação de ter estabelecido "algum grau de influência pessoal" sobre o Führer – um homem que "não voltaria atrás em sua palavra uma vez dada" – e de que teriam o potencial de atingir "uma guinada nas relações anglo-germânicas".[16] Era evidente, observou Cadogan, que Hitler "o hipnotizara em certa medida": "Defendia com a mais absoluta calma a rendição absoluta".[17] Não menos surpreendente foi o encanto aparentemente lançado pelo primeiro-ministro sobre os colegas. Na véspera, Halifax, Hoare e sir John Simon haviam todos se oposto às propostas; Simon, em particular, mostrara-se "tão belicoso quanto o Duque da Plaza Toro".* Naquele dia, contudo, o chanceler considerou tratar-se apenas de uma questão de "modulação", e os secretários das Relações Exteriores e de Assuntos Internos uniram-se a ele na tímida adequação à linha do primeiro-ministro.[18]

Às 17h30, quando o Gabinete completo se reuniu, no entanto, Chamberlain teve de enfrentar forte oposição. Apesar de repetir a promessa de Hitler de que "não tinha mais ambições territoriais na Europa", bem como sua própria crença de que o Führer "não iludiria deliberadamente um homem que respeitava e com quem estivera em negociações", e de que seria "uma grande tragédia se perdêssemos essa oportunidade de alcançar um entendimento com a Alemanha", ao menos um terço do Gabinete mostrou-se favorável a resistir.[19] Duff Cooper disse ser impossível para ele compartilhar da visão otimista do primeiro-ministro quanto às garantias de Hitler e defendeu uma mobilização geral e imediata. Anteriormente ele achara haver apenas dois possíveis desfechos para a crise: "Paz com desonra ou guerra". Agora via uma terceira possibilidade: a saber, "sermos empurrados para a guerra pela mão firme da opinião pública num momento em que aqueles por quem estivermos lutando já tiverem sido derrotados".[20] Leslie Hore-Belisha, Oliver Stanley, lorde Winterton e lorde De La Warr o apoiaram. Chamberlain rejeitou o chamamento por mais precauções defensivas, embora tenha concedido ao Gabinete uma reavaliação da situação quando voltassem a se reunir na manhã seguinte.

Halifax não se deixou abalar. Aparentemente esquecido da postura desafiadora da véspera, retornou ao Secretariado das Relações Exteriores "tranquilamente *défaitiste*-pacifista". Seu subsecretário permanente, no entanto, estava totalmente desesperado. "Como vamos olhar na cara de qualquer estrangeiro depois disso? Como manteremos o Egito, a Índia e todo o resto?", conje-

---

* O Duque da Plaza Toro é o personagem-título de um poema de W. S. Gilbert. O duque ama a guerra, mas sempre dá um jeito de que outros lutem-na em seu lugar.

turava Cadogan. Embora compreendesse haver uma série de deficiências no aparato de defesa do país, havia decidido que, "à desonra, era preferível a derrota", e, ao levar o secretário de carro para casa, decidiu dizer-lhe o que pensava.[21] Na manhã seguinte, Halifax mandou chamá-lo. "Alec, estou muito bravo com você", repreendeu o secretário. "Você me legou uma noite de insônia. Acordei à 1 hora da manhã e não consegui mais dormir. Mas cheguei à conclusão de que você está certo."[22] De fato, Halifax disse aos colegas, quando a reunião do Gabinete foi retomada em 25 de setembro, sentir agora haver uma divergência entre ele e o primeiro-ministro. Falando "em voz baixa e com grande emoção", explicou ter considerado na véspera que aceitar as demandas de Godesberg não envolvia aceitar um novo princípio, comparado àquele com o qual o Gabinete já havia concordado.[23] Naquele momento já não tinha a mesma certeza. Havia, em sua opinião, uma diferença entre uma transferência ordeira e uma turbulenta (e tudo que esta última implicava para as minorias nas áreas a serem transferidas) e "não conseguia afastar a mente do fato de que Herr Hitler nada nos dera e estava ditando termos, como se tivesse ganhado uma guerra, mas sem ter de lutá-la". Em uma reviravolta espantosa, Halifax disse então ao Gabinete que a "meta final" de seu agrado seria a destruição do nazismo:

> Enquanto durasse o nazismo, a paz seria incerta. Por essa razão, ele não julgava correto fazer pressão sobre a Tchecoslováquia para que aceitasse. Deveríamos expor o caso a eles. Na hipótese de haver rejeição, ele imaginava que a França aderiria e, se a França embarcasse, deveríamos fazê-lo também.[24]

A transformação de Halifax de apaziguador em resistente representou um grande golpe para Chamberlain, que deixou implícito, em bilhete que fez correr pela mesa onde se reunia o Gabinete, que preferiria renunciar a levar o país à guerra:

> Sua mudança radical de posição desde que nos vimos na noite passada é um golpe horrível para mim, mas você evidentemente deve formar suas próprias opiniões.
> Temos de ver, contudo, o que dirão os franceses.
> Se eles disserem que intervirão, e assim nos arrastarem, não creio que possa aceitar a responsabilidade por essa decisão.

"Sinto-me estúpido", escreveu Halifax em resposta, "mas passei a maior parte da noite acordado em tormento e não consegui chegar a qualquer outra conclusão no momento, quanto à coerção à Tch[eco] E[slováquia]" "Conclusões noturnas não costumam partir da perspectiva correta", foi a severa tréplica de Chamberlain.[25]

Hore-Belisha e lorde Hailsham decidiram seguir o "forte posicionamento moral" de Halifax e declararam seu inequívoco apoio à resistência, juntamente com Stanley, Elliot, De La Warr, Winterton e Cooper.[26] Chamberlain ficou desolado. Seu Gabinete, o secretário das Relações Exteriores à frente, se rebelava abertamente. De início ele tentou remendar a enorme rachadura que se apresentava, mas Cooper declarou que preferiria renunciar a se submeter a algo tão ordinário. Chamberlain respondeu que esperava algo assim, mas implorou ao primeiro lorde do Almirantado que não fizesse nada precipitado. Cooper aceitou aguardar a reunião do Gabinete Interno com os franceses naquela tarde. Fora uma reunião eletrizante – uma guinada, registrada por Baffy Dugdale em seu diário como o momento em que os "carimbadores* começaram a virar homens de novo".[27]

Ao longo da semana anterior, sir Eric Phipps havia enviado de Paris uma torrente diária de comunicados (três por dia, às vezes), enfatizando tanto a extrema relutância quanto a inaptidão dos franceses em lutar. Eram tão derrotistas, aliás, que o Secretariado das Relações Exteriores concluíra estar sendo o embaixador deliberadamente seletivo em seus relatórios e ordenara que todos os consulados britânicos enviassem diretamente a Londres seus despachos. De certa forma, a acusação era injusta. O derrotismo, entre a direita francesa em particular, estava certamente no ar, e a incapacidade do governo de se preparar para a guerra (havia séria escassez de máscaras contra gás, sem mencionar defesas antiaéreas) fazia aumentar a crescente sensação de pânico. Por outro lado, o governo continuava a convocar reservistas (753 mil em 24 de setembro) e, em reunião do Conselho de Ministros na manhã de 25 de setembro de 1938, Daladier alinhou-se com os resistentes – Georges Mandel, Paul Reynaud e Auguste Champetier de Ribes – contra Bonnet e os *capi-*

---

* O termo designa burocratas, políticos ou instituições cujo poder nominal não se reflete na capacidade real de ação ou que dificilmente confrontam quem está acima deles na hierarquia. [N. T.]

tulards. O primeiro-ministro da França então cruzou o Canal da Mancha e disse a Chamberlain que preferiria lutar do que se submeter às ordens alemãs.

Os tchecos, àquela altura, já haviam rejeitado enfaticamente as exigências de Godesberg, declarando que "a nação de são Venceslau, João Hus e Thomas Masaryk não será uma nação de escravos".[28] Como em maio, a declaração de mobilização produzia cenas extraordinárias. "Homens corriam desabaladamente pelas ruas escuras em busca de seu equipamento", lembrou o correspondente do *Daily Express*, Geoffrey Cox. "Nos restaurantes, garçons tiravam seus aventais. Lojistas fechavam seus estabelecimentos noturnos. Carros nas ruas eram parados pela polícia e solicitados a levar homens aos pontos de encontro. Logo as ruas estavam cheias deles, com maletas a tiracolo, andando apressadamente rumo a quartéis ou estações de trem."[29]

Chamberlain encontrava-se em uma enrascada, mas não estava disposto a desistir. Quando o Gabinete se reuniu novamente após o encontro com os franceses, às 23h30 de domingo, 25 de setembro, ele anunciou que enviaria Horace Wilson a Berlim com o intuito de fazer um apelo final a Hitler para que a transferência dos territórios fosse coordenada por um órgão internacional. Se Hitler recusasse tal exigência, continuou ele em tom quase casual, Wilson lhe diria que a França certamente lutaria para defender a Tchecoslováquia e o Reino Unido certamente se juntaria a ela. "Era [...] uma completa reversão do que ele mesmo nos aconselhara a fazer na véspera. E uma reversão de linha política também, o que a maioria do Gabinete havia apoiado", observou o satisfeito, mas embasbacado, Cooper.[30]

Na manhã seguinte, o comandante-chefe francês, general Maurice Gamelin, chegou a Londres e "animou o primeiro-ministro" com seus planos otimistas visando ao início da guerra, que envolviam uma cautelosa ofensiva contra a Linha Siegfried cinco dias após a eclosão da operação.[31] De fato, prognósticos favoreciam a França, estando a Linha Siegfried incompleta e havendo apenas "oito divisões alemãs para fazer frente a 23 divisões francesas".[32]

Enquanto isso, o especialista industrial do primeiro-ministro estava a caminho de Berlim. Lá, encontrou a cidade num estado de "grande agitação".[33] Faltavam cinco dias para a entrada em operação do Caso Verde, o plano para a invasão da Tchecoslováquia, e a propaganda antitcheca atingira seu ponto de fervura. Hitler continuava convencido de que o Reino Unido não iria intervir e preparava um violento ataque aos tchecos para aquela noite no Sportpalast de Berlim. O momento não era propício ao apelo de Wilson. E Hitler de fato mal teve a paciência para ouvir a carta de Chamberlain. Em determinado momento, levantou-se de supetão da cadeira, dizendo que não fazia sentido continuar com aquilo, e dirigiu-se à porta. Ao ver que Wilson não se levantara, voltou e teve o maior acesso de fúria que Schmidt já presenciara. Tão surpresos ficaram os britânicos que Ivone Kirkpatrick, a acompanhante de Wilson, parou de fazer anotações. "Você está anotando tudo? É assustadoramente importante!", sibilou Wilson, empurrando-lhe a caneta. A resposta da primeira secretária da embaixada britânica foi que ela dificilmente se esqueceria de qualquer palavra.[34] Quando Hitler se controlou, Wilson lhe perguntou se estava preparado para se encontrar com uma delegação tcheca. Hitler respondeu que só o faria se eles antes tivessem aceitado os termos de Godesberg e lhes daria até as 14 horas de quarta-feira – dois dias – para fazê-lo. Teria sido o momento para que Wilson fizesse o alerta, mas o servidor público ficara tão intimidado com a diatribe de Hitler que optou por não fazê-lo. Como reportou Kirkpatrick a Londres, "os epítetos dirigidos ao sr. Chamberlain e a sir Horace Wilson não poderiam ser repetidos em ambiente social".[35]

Naquela noite, no Sportpalast, Hitler superou seu ataque na Chancelaria com o que o jornalista americano William Shirer definiria como "o pior paroxismo que já vi na vida".[36] Aos gritos, guinchando como um mau espírito, desferiu insultos contra Benes e prometeu ao povo alemão que os Sudetas seriam seus até 1º de outubro. Ao retornar à Chancelaria na manhã seguinte, Wilson encontrou um Hitler igualmente determinado. Não deu atenção à declaração de véspera de Chamberlain prometendo a atuação do Reino Unido para garantir que os tchecos lhe entregassem a Região dos Sudetas, e disse que, se os termos de Godesberg não fossem aceitos até as 14 horas do dia seguinte, "esmagaria os tchecos!".[37] Foi quando Wilson finalmente fez o alerta, embora com o cuidado de soar "mais desolado que raivoso".[38] Hitler respondeu alegremente estar preparado para todas as eventualidades. "Se França e Inglaterra atacarem... deixem que o façam! Para mim é uma questão totalmente indiferente. [...] Hoje é terça-feira, e até a próxima segunda deveremos estar em guerra."[39]

Os antiapaziguadores no Reino Unido faziam todo o possível para impedir o governo de ceder. Em carta ao *Times* em 26 de setembro, Leo Amery declarou:

A questão se tornou bastante simples. Entregaremos à brutalidade implacável um povo livre cuja causa defendemos, mas que agora pensamos em jogar aos lobos para salvar nossa pele? Ou seríamos ainda capazes de nos impor perante um valentão? Não é a Tchecoslováquia, mas nossa alma que está em jogo.⁴⁰

Para deter tal "brutalidade implacável", os antiapaziguadores encontravam-se unidos na convicção de que o governo teria de envolver tardiamente a Rússia em uma aliança defensiva. Cinco dias antes, em 21 de setembro, Litvinov havia anunciado em discurso na Assembleia da Liga das Nações a resolução inequívoca da União Soviética de proteger "um dos mais antigos, aculturados e trabalhadores povos europeus".⁴¹ Dois dias depois, disse a Rab Butler que, se os britânicos falavam sério quanto a se oporem a uma invasão alemã à Tchecoslováquia, deveriam se encontrar com os franceses e os russos para coordenarem um plano de ação e mostrarem a Hitler que era para valer.

A incapacidade do governo de aproveitar essa proposta desanimou Churchill. Na tarde de 26 de setembro, enquanto Wilson ouvia os gritos de Hitler, ele fez circular uma declaração dizendo que a única esperança de preservação da paz residia em dizer aos alemães que uma invasão levaria à guerra com Reino Unido, França e Rússia. Naquela noite, um grupo de antiapaziguadores, que incluía Robert Cecil, Bob Boothby, Archie Sinclair, Harold Macmillan, Amery e Nicolson, se reuniu no apartamento de Churchill em Morpeth Mansions. O Gabinete, pelo que souberam, era um cenário de confusão, mas os membros mais jovens haviam se sobressaído e a resistência parecia ser a nova linha de atuação. Discutiram então a missão de Wilson, decidindo, como registrado por Nicolson, que, "se Chamberlain trair seus companheiros de novo, formaremos um bloco unido contra ele".⁴² Churchill não achava que fosse acontecer, pois tinha informações de que o Secretariado das Relações Exteriores emitiria uma declaração alertando sobre o envolvimento de franceses, britânicos e agora russos caso a Tchecoslováquia sofresse um ataque. Chamberlain, disse, "estava exausto e destruído". Amery, um velho amigo, sentia pena dele.

> O pobre coitado fez valentemente o seu melhor, mas jamais deveria ter tentado tal tarefa, tão poucas eram suas qualificações para tal. E ainda que a insensatez dos alemães venha a apagar suas pegadas, a história sem dúvida dirá que fez

uma mixórdia das piores em sua primeira visita a Hitler, que parece tê-lo iludido em alguma medida.[43]

Às 20 horas, o Secretariado das Relações Exteriores emitiu seu comunicado. Como Churchill havia sido avisado, o texto alertava: "Se, apesar de todos os esforços do primeiro-ministro britânico, ocorrer um ataque alemão à Tchecoslováquia, o resultado imediato será a ativação do compromisso da França em socorrê-la, e a Grã-Bretanha e a Rússia certamente se alinharão à França".[44] Parecia se tratar da posição firme que os antiapaziguadores vinham exigindo, mas qualquer impressão de o primeiro-ministro ter deixado de lado o apaziguamento era ilusória. Chamberlain estava furioso com Halifax por emitir a declaração sem consultá-lo e, mesmo com o relógio correndo, continuava a fazer tudo o que podia para diminuir a lacuna entre as exigências de Hitler e a postura desafiadora de seus colegas.

País afora, filas se formavam nas portas das prefeituras e de salões municipais. Parecia o prenúncio de uma liquidação de loja de departamentos, mas não eram pechinchas que o povo inglês procurava, e sim máscaras contra gás. Mussolini utilizara bombas de gás contra os abissínios e parecia provável, como parte do esperado "ataque avassalador" a partir dos céus, que Hitler fizesse o mesmo. Baterias de defesa antiaérea haviam sido instaladas na Horse Guards Parade e na ponte de Westminster, enquanto um solitário caça patrulhava as nuvens sobre a capital. Na terça-feira, 27 de setembro, os primeiros evacuados – 3 mil crianças cegas – foram levados para locais seguros e o Secretariado de Guerra fez um apelo solicitando 25 mil mulheres voluntárias para o Serviço Territorial Auxiliar. Diversas linhas do metrô de Londres foram fechadas oficialmente para reparos, mas na realidade para que suas estações pudessem ser usadas como abrigos antiaéreos, e todos os policiais de licença foram chamados a se reapresentar. Em Sissinghurst, a esposa de Harold Nicolson, a escritora Vita Sackville-West, supervisionou a abertura de uma trincheira no pomar. O mesmo ocorria em escala mais industrial em Londres, onde voluntários transformavam os parques reais em grandes canteiros de escavações. Na bolsa de valores, a libra caía vertiginosamente em relação ao dólar, mas nos cartórios o movimento era intenso, com centenas de casais apressando seu casamento.

Se o país, de forma geral, não demonstrava espírito xenófobo, seus líderes eram ativamente derrotistas. Em reunião demorada do Gabinete Interno na tarde de 27 de setembro, os comandantes militares repetiram seu prognóstico sombrio, seguido de um relato deprimente do adido militar britânico em Berlim, o coronel Mason-MacFarlane, sobre o estado de espírito das forças tchecas. Cadogan ficou incomodado: julgou-o, ao mesmo tempo, enganoso e baseado em evidências meramente circunstanciais. Após a cúpula de Godesberg, Mason-Mac havia sido encarregado de entregar o memorando de Hitler aos tchecos. Dirigiu à noite até a fronteira e andou por quase dez quilômetros, escalando cercas de arame farpado sob risco constante de tomar um tiro, até encontrar um posto de fronteira tcheco. Uma missão corajosa, mas a única pesquisa que fizera para dizer ao primeiro-ministro que os soldados tchecos estariam "morrendo de medo".45 Em relatório anterior daquele mesmo mês, o adido militar em Praga, tenente-coronel Humphrey Stronge, concluíra:

> Tudo aponta para o fato de eles [os tchecos] terem resiliência. [...] O mero fato de terem preservado por três séculos sua individualidade cultural, linguística e etnográfica à luz dos elementos que tiveram de assimilar forçosamente indica que possuem certa obstinação que não se suprime facilmente.46

Próximo ao fim da reunião, Chamberlain perguntou ao primeiro lorde do Almirantado, o almirante sir Roger Backhouse, se considerava tomadas todas as medidas necessárias. Backhouse disse que gostaria de ir além. Estaria o primeiro-ministro disposto a mobilizar tropas? Chamberlain hesitou, mas deu sinal positivo. Juntando a papelada, o primeiro lorde retornou rapidamente ao Almirantado para dar a ordem. Pouco tempo depois, a cabeça de Wilson surgia pela fresta da porta do Gabinete. "Vossa Excelência está ciente de que não dissemos a Duff que a frota seria mobilizada?"47

Ao longo da tarde, uma série de telegramas foram trazidos ao primeiro-ministro. Roosevelt escreveu rogando a todos os envolvidos que não desistissem das negociações, enquanto chegava de Praga a notícia de que Benes concordara em entregar a província de Tesin aos poloneses em troca de sua neutralidade. De Berlim, Henderson o informava de que a sorte estava lançada. Os preparativos militares alemães estavam feitos, segundo o embaixador, e, se os delegados tchecos não chegassem a Berlim até as 14 horas do dia seguinte, quarta-feira, 28 de setembro, Hitler daria a ordem para a invasão. Essa informação foi repassada pelos britânicos a Praga, acrescentando que "o governo de Sua Majestade não se responsabilizaria por aconselhá-los sobre o que devam fazer".⁴⁸ O governo, porém, não desistira de todo. Com a aquiescência de Chamberlain, Halifax e Cadogan elaboravam um plano segundo o qual seria permitido às tropas alemãs ocupar os territórios de Asch-Eger em 1º de outubro; um encontro de plenipotenciários alemães e tchecos, dois dias depois, planejaria a evacuação das tropas tchecas das áreas restantes.

Contudo, embora Halifax estivesse disposto a entregar os tchecos numa bandeja de prata, não estava pronto a permitir que Hitler iniciasse sua marcha sem respeitar o devido processo legal ou diplomático. Retirados da sala do Gabinete às 19h30 (ainda de terça-feira, 27 de setembro) para que os eletricistas pudessem preparar o local para o pronunciamento do primeiro-ministro à nação, marcado para dali a meia hora, Chamberlain, Halifax e Cadogan dirigiram-se à sala contígua de Wilson. Este então mostrou ao secretário das Relações Exteriores um telegrama que redigira insistindo com os tchecos que aceitassem as exigências de Hitler. Aquilo representava "a rendição total", observou o horrorizado Cadogan, e tanto ele quanto Halifax se manifestaram contra. Chamberlain aceitou a reprovação calado. "Estou completamente baratinado", balbuciou como que pedindo desculpas.⁴⁹ E de fato estava totalmente exausto. Admitia ter "perdido a noção do tempo" e que só sua esposa sabia a angústia que vivenciara "naquelas horas agonizantes em que a esperança parecera quase extinta".⁵⁰

Infelizmente, tanto a exaustão quanto o desespero ficaram patentes durante o pronunciamento. A fala hesitante na qual cada frase era permeada por uma aura trágica foi a expressão da devaneadora perplexidade de Chamberlain por "estarmos cavando trincheiras e experimentando máscaras contra gás devido a uma pendenga em um país distante entre pessoas das quais nada sabemos". Ele falou sobre suas visitas à Alemanha e, como se tentasse persuadir os colegas de Gabinete, repetiu a promessa de Hitler de aquela ser sua última exigência territorial. E então, apesar do ostensivo compromisso do Reino Unido em apoiar a Tchecoslováquia, disse que o país não poderia em hipótese alguma lutar puramente em defesa da soberania tcheca:

> Por mais que simpatizemos com uma pequena nação contra a qual se ergue um vizinho grande e poderoso, não podemos aceitar nas circunstâncias que todo o Império Britânico se envolva em uma guerra simplesmente por sua causa. Caso tenhamos de lutar, deverá ser por propósitos maiores que esse. Sou um homem da paz até os recônditos de minha alma. Conflito armado entre nações

é para mim um pesadelo; mas, se estivesse convencido de que alguma nação decidira dominar o mundo por meio do medo de sua força, sentiria que a isto se deveria resistir. [...] A guerra é recurso medonho, e é preciso que tenhamos muito claro antes de embarcar em uma se estão realmente em jogo as grandes questões e se é irresistível o chamado para arriscar tudo em sua defesa, pesadas todas as consequências.⁵¹

Dizer que não foi exatamente o discurso do Dia de São Crispim* nem sequer chega perto de descrever a sensação. Duff Cooper, furioso por Chamberlain não ter falado nada sobre a mobilização da frota, considerou o pronunciamento "deprimente", enquanto Amery julgou que só encorajaria os alemães. "Se já houve algum dia civil tão essencial, cidadão tão habituado a lidar com seus semelhantes, seja no conselho municipal ou no Gabinete, e ao mesmo tempo homem tão incapaz de pensar em termos de força, estratégia ou diplomacia, esse alguém é Neville", observou em seu diário o ex-secretário colonial.**⁵² De fato, tratava-se de considerável fuga ao dever de um primeiro-ministro. Com o país à beira de uma guerra, seu líder democrático não conseguira fornecer aos cidadãos uma única razão pela qual deveriam lutar. Pelo contrário, munira-os de uma infinidade de razões pelas quais não deveriam, entre elas a afirmação de que a Tchecoslováquia seria ao mesmo tempo distante demais e alheia demais para valer o derramamento de uma só gota de sangue inglês. Vindas do filho de um dos grandes imperialistas vitorianos, um homem que naquele momento comandava interesses políticos e militares britânicos espraiados do Extremo Oriente ao Caribe, da África do Sul à Índia, tais palavras eram no mínimo anômalas.⁵³

Quando o Gabinete se reuniu às 21h30 de 27 de setembro, nada se alterara no espírito sepulcral de Chamberlain, que continuava a falar das dificuldades militares variadas bem como da oposição dos Domínios à guerra. Wilson disse então que a única chance de evitar uma conflagração era enviar

---

* Antológico momento da peça *Henrique V*, de William Shakespeare, quando o rei conclama seus homens, em grande desvantagem numérica perante os franceses, a lutar como bravos na véspera da Batalha de Agincourt (25 de outubro de 1415, Dia de São Crispim). [N. T.]
** Nem todos compartilhavam desta visão. Alec Hardinge, secretário particular do rei, ligou para a Downing Street e disse a Chamberlain que Sua Majestade julgara o pronunciamento "maravilhoso, exatamente o que se queria", enquanto Roosevelt notou lágrimas nos olhos de certos membros de seu Gabinete que haviam se reunido para ouvi-lo.

um telegrama a Praga, insistindo que o governo tcheco recuasse suas tropas e permitisse aos alemães ocupar imediatamente os territórios dos Sudetas. Dessa proposta resultou uma ameaça de renúncia da parte de Cooper, que também atacou Chamberlain devido ao seu pronunciamento derrotista. Halifax se disse contrário à capitulação, mas propôs um "cronograma" próprio para a ocupação alemã. Quando também essa proposta foi recebida com oposição feroz, Chamberlain distanciou-se do esquema e disse resignadamente que, se assim queria o Gabinete, ele deixaria que fosse. De saída, Cooper perguntou casualmente ao primeiro-ministro se achava que a mobilização da frota deveria ser mantida em segredo. Quando Chamberlain respondeu achar desnecessário, Cooper correu ao Almirantado e disse ao departamento de imprensa que passasse a informação para os jornais matutinos.[54] A ideia era tentar deter Hitler com uma demonstração de força, mesmo de última hora. Mal sabiam os ministros britânicos que o líder alemão estava ele mesmo em dúvida.

Após a reunião com Horace Wilson, na manhã de 27 de setembro de 1938, Hitler havia dado a ordem às sete divisões que constituíam a força primária da invasão para que se transferissem para "os pontos de partida" próximos à fronteira com a Tchecoslováquia. Foi então até a sacada da Chancelaria do Reich, defronte à Wilhelmstrasse, no instante em que uma divisão mecanizada da Wehrmacht cruzava a rua com estrondo rumo ao front. A parada era um exercício de propaganda, pensada para impressionar diplomatas e jornalistas estrangeiros, mas acabou tendo o efeito oposto. Nevile Henderson, que a assistia de uma janela na embaixada britânica, reparou que "nem uma única pessoa na rua aplaudia sua passagem". "O retrato que passava era quase o de um exército hostil a cruzar uma cidade conquistada."[55] William Shirer corroborava sua visão, descrevendo a cena como "a mais impressionante manifestação contra a guerra que jamais vi".[56] A cena abalou Hitler. Como poderia declarar guerra se o entusiasmo do povo alemão era quase nenhum? Começou a recuar e, naquela noite, respondeu a um telegrama de Chamberlain com o que parecia uma tímida tentativa de conciliação. As tropas alemãs, dizia, não ultrapassariam os territórios que os tchecos já haviam concordado em ceder, e o plebiscito seria livre.

Na manhã seguinte, quarta-feira, 28 de setembro, Annie Chamberlain desceu para o café da manhã e encontrou o marido ocupado com o que mais tarde descreveria como "o último puxão no último tufo de grama bem na beira do precipício".⁵⁷ Animado com o telegrama de Hitler, estava escrevendo para o Führer, dizendo ter certeza de que "lhe será possível obter todo o essencial sem guerra e sem demora" e oferecia-se para ir a Berlim "discutir os preparos para a transferência com você e os representantes do governo tcheco, e também representantes da França e da Itália, caso deseje".⁵⁸ Ao mesmo tempo, apelava a Mussolini para agir como intermediário, dando a partida a uma cúpula de quatro potências para resolver o conflito. Tanto em Berlim quanto em Roma, diplomatas faziam todo o possível para evitar que o ramo pegasse fogo. Henderson, no entanto, para grande alarme seu, não conseguia uma audiência com Hitler. Telefonou para Göring, àquela altura ainda contrário à guerra, e explicou o problema. "Não precisa dizer nem uma palavra a mais", respondeu o recentemente promovido marechal. "Irei imediatamente ver o Führer."⁵⁹

Enquanto isso, em Londres, fora do Gabinete Interno e do Secretariado das Relações Exteriores ninguém estava a par desse último movimento desesperado de atividade diplomática e um clima agourento pairava sobre a cidade. Caminhando por Whitehall, Harold Nicolson deparou-se com uma grande aglomeração, gente "silenciosa e ansiosa". Alguns depositavam flores recém-colhidas na base do cenotáfio, enquanto os demais "nos observavam com olhos mudos e inquisitivos".⁶⁰ Dentro de Westminster, a Câmara dos Comuns fervilhava. Na galeria dos lordes, encontravam-se lorde Baldwin, o arcebispo de Canterbury, o duque de Kent e até Mary, a rainha consorte. Orações eram feitas, uma formalidade que nessa ocasião em particular parecia significar algo mais. Quando entrou o primeiro-ministro, ouviram-se aplausos desordenados. Lamentavelmente, no entanto, Chamberlain, que trabalhara em seu discurso até a madrugada, não teve a mesma vitalidade da recepção a ele reservada. Cansado, nem sequer tentou disfarçar sua angústia de ter de levar em consideração o espectro da guerra. Ainda assim o conflito parecia quase inevitável, e as poucas estocadas de Chamberlain em Hitler foram muito bem recebidas pelos antiapaziguadores. "Como estão agora seus amigos chucrutes?", perguntou Anthony Crossley alegremente a Chips Channon, sentado a seu lado.⁶¹

Chamberlain discursava havia menos de uma hora quando tocou o telefone no Secretariado das Relações Exteriores, a pouco mais de quatrocentos metros dali. Esbaforido, Henderson avisava que Hitler havia convidado Mussolini, Daladier e Chamberlain para uma conferência de cúpula em Munique no dia seguinte. Cadogan leu a mensagem por alto e correu para a Câmara dos Comuns, pescou Halifax da galeria e o levou para atrás da cadeira do presidente da casa. Lá encontraram Wilson a acenar freneticamente para Alec Dunglass (Alec Douglas-Home), secretário particular parlamentar do primeiro-ministro. "O que diabos aconteceu? Ele iniciou a marcha?", perguntou o rapaz, vendo seus rostos alvoroçados.[62] Posto a par do assunto, subiu com esforço até seu assento atrás do de Chamberlain e passou o bilhete para John Simon, que esperou alguns minutos e então puxou a barra da casaca do primeiro-ministro. Chamberlain fez uma pausa para digerir a notícia. E então, com as marcas da ansiedade sumindo de seu rosto, limpou a garganta e, com todo o desembaraço de um showman experiente, anunciou que tinha algo mais a dizer à Casa:

> Acaba de chegar a meu conhecimento que Herr Hitler me convida a estar com ele amanhã pela manhã, em Munique. Signor Mussolini e monsieur Daladier estão convidados também. Signor Mussolini já aceitou, e não tenho dúvidas de que monsieur Daladier também o fará. Quanto a mim, nem é preciso dizer qual será a resposta.[63]

A Câmara explodiu em vivas. Quando Chamberlain se sentou, a bancada conservadora se ergueu quase toda, seguida, mais acanhadamente, pela oposição. Churchill, Eden, Amery e Nicolson foram dos poucos a permanecer sentados e foram escarnecidos pelos colegas. "Levante-se, grosseirão", sibilou Walter Liddall, representante conservador de Lincoln, para Nicolson.[64] Channon, ultimamente desconsolado, sentia-se "febril de tanto entusiasmo" e desejava abraçar Chamberlain, que ganhava tapinhas nas costas e apertos de mão de todos.[65] Afinal, quando o tumulto começou a se dispersar, Churchill ergueu-se e abordou o primeiro-ministro. Apertou-lhe a mão e disse: "Vá com Deus".[66]

XVII
Um pedaço de papel

Anunciado esta tarde que Neville assinara um pacto com Hitler – o homem está louco e hipnotizado por um lunático. Oh, céus.
Harry Crookshank, parlamentar, 30 de setembro de 1938.[1]

A estrada para Heston começava a se tornar familiar, mas para Chamberlain a despedida daquela manhã de 29 de setembro de 1938 excedeu até mesmo as duas anteriores. Por sugestão de sir John Simon, todo o Gabinete aparecera para fazer-lhe uma surpresa – à exceção "daquele absurdo dissidente estraga-prazeres Eddie Winterton", notou Chips Channon –, e com eles os altos-comissários de Austrália, Canadá, Irlanda e África do Sul, o embaixador da Itália, o encarregado de negócios alemão, vários parlamentares e lorde Brocket.[2] O grupo o saudava e, radiante, Chamberlain caminhava até o avião, apertando as mãos de todos pelo caminho. Antes de embarcar, virou-se para o exército de câmeras a serviço dos noticiários e ofereceu-lhes uma frase cuidadosamente preparada:

> Quando era menino, eu costumava repetir: "Se não triunfar de início, tente, tente, tente de novo". É o que estou fazendo. Quando voltar, espero poder dizer a exemplo de Hotspur em *Henrique IV*: "Desta urtiga, o perigo, colhemos esta flor, a segurança".[3]

Alguns gaiatos do Secretariado das Relações Exteriores logo satirizaram sua homilia como: "Se não se curvar de início, viaje, viaje, viaje de novo".[4] Mas a maioria das pessoas ficava à margem de tal cinismo. Saudado entusiasticamente na véspera ao sair da Câmara dos Comuns, Chamberlain gerara expectativas, assim como manchetes de primeira página, para sua terceira visita à

Alemanha quando disse aos repórteres que o esperavam na Downing Street: "Dessa vez vai dar certo".⁵ A frase para os noticiários só conclamava os britânicos ainda mais a ouvir as palavras do primeiro-ministro e "aguentar firme", enquanto o *Daily Sketch* celebrava um homem cuja "firmeza de espírito e gentileza de coração" se interpuseram entre dois exércitos e "elevaram o nível da humanidade".⁶

O próprio Chamberlain não estava tão certo disso. Apesar dos sorrisos e de citar Shakespeare, descrevia a conferência de cúpula que o aguardava para Alec Dunglass – que, assim como Horace Wilson, William Strang, Frank Ashton-Gwatkin, William Malkin (consultor legal do Secretariado das Relações Exteriores) e Oscar Cleverly (secretário pessoal de Chamberlain), o acompanhava na ida a Munique* – como uma "cartada final", ainda que "não enxergasse o que tinha Hitler a ganhar ao levar a situação à beira da guerra".⁷ Na tarde anterior, Annie Chamberlain fizera uma rara intervenção política: "Quero que volte da Alemanha trazendo-nos paz com honra", instruiu a marido e logo acrescentou: "Deveria falar da janela como Dizzy [Disraeli] fazia". Mas Chamberlain não quis saber. "Não farei nada desse tipo", respondeu laconicamente. "Nada tenho a ver com Dizzy." ⁸

É possível que Chamberlain já contemplasse a extrema dificuldade de justificar uma conferência sobre o destino da Tchecoslováquia da qual os próprios tchecos eram excluídos. Tanto Benes quanto Masaryk haviam protestado sem êxito contra tal injustiça flagrante. Hitler não toleraria a participação dos tchecos ou dos russos, havia explicado o primeiro-ministro britânico, mas Benes poderia ter certeza de que ele, Chamberlain, "teria plenamente em mente os interesses da Tchecoslováquia" em sua luta em nome de uma cessão de territórios civilizada e equitativa.**⁹ Compreensivelmente, isso não era suficiente para um perturbado Masaryk. "Se sacrificar minha nação para preservar a paz no mundo, serei o primeiro a aplaudi-lo", disse ele ao primeiro-ministro e a lorde Halifax na noite de

---

* Sir Nevile Henderson, Ivone Kirkpatrick e Geoffrey Harrison, a comitiva da embaixada do Reino Unido, os encontrariam em Munique.
** Quando o primeiro-ministro britânico Benjamin Disraeli retornou do Congresso de Berlim em julho de 1878, onde foi decidido um novo assentamento territorial nos Bálcãs após a guerra russo-turca, disse à multidão em júbilo que o aguardava em Downing Street: "Lorde Salisbury e eu voltamos trazendo-lhes a paz – mas uma paz com honra, espero".

28 de setembro. "Caso contrário, senhores, que Deus se apiede de vossas almas."*¹⁰

Quaisquer que fossem as angústias anteriores de Chamberlain, ele e o resto da comitiva britânica se animaram com a recepção arrebatadora que tiveram em Munique. Ao pousarem, pouco antes do meio-dia, desceram da aeronave sob uma cacofonia de "*Heils*" à qual se seguiu uma versão bem mais delicada de "God Save the King". Foram então conduzidos em carro aberto ao longo de um caminho inteiramente ladeado por pessoas que lhes davam alegres boas-vindas. Chamberlain, claramente satisfeito, acenava com o chapéu para o mar de braços erguidos pelas avenidas. Sua alegria fazia um forte contraste com Daladier, que, 45 minutos antes, chegara com uma aparência "sombria e preocupada", a cabeça "enterrada nos ombros, cenho profundamente franzido".¹¹

A conferência aconteceria no Führerbau, quartel-general de Hitler em Munique, localizado na extremidade sudeste da Königplatz, praça do século XIX. Um prédio grande e simples de design arquetípico nazista-neoclássico, havia sido decorado com bandeiras dos quatro países em seus dois pórticos em estilo dórico.** Os degraus da entrada tinham sido adornados com tapete vermelho, a guiar os delegados até um espaçoso salão de vistoso mármore. A François-Poncet o interior do prédio lembrou "um desses gigantescos hotéis modernos".¹² Uma grande escadaria central, então adornada por flores, levava a uma galeria sustentada por grandes pilares. A reunião em si aconteceria na sala de Hitler, que não era particularmente grande, numa mesa redonda com poltronas baixas. Numa das extremidades havia uma escrivaninha, e noutra, uma imponente lareira. Acima da cornija, um retrato de Bismarck – o homem que um dia disse: "O mestre da Boêmia é o mestre da Europa".¹³

Apesar de tanta magnificência e tantos rapapés, a conferência foi, na lembrança de William Strang, "uma mixórdia".¹⁴ A eficiência alemã caíra por terra, e nem sequer havia canetas, lápis ou papel para uso dos líderes ou dos outros membros das delegações. Os servidores públicos britânicos ficaram

---

* Benes também enviou a Daladier um telegrama pedindo-lhe que "não esquecesse os vinte anos de colaboração política que tive com a França".

** O Führerbau, um dos poucos exemplos de arquitetura nazista a ter sobrevivido, é hoje a Universidade de Música e Artes Cênicas de Munique. O pequeno salão central do primeiro andar, de frente para a Arcisstrasse, foi onde a conferência foi realizada.

chocados com tal atitude desleixada. Wilson se queixou de ter que tomar notas em "quaisquer pedaços de papel" que por acaso trazia no bolso, enquanto Ivone Kirkpatrick lembrou-se de que o sistema de telefonia era tão ruim que o método mais rápido de se comunicar com o mundo exterior era mandar um carro com uma mensagem até o hotel dos britânicos.[15] A atmosfera tampouco estava propícia à discussão amigável e pacífica. Como lembraria Strang, o Führerbau fervilhava de oficiais das SS batendo os calcanhares e perguntando se "solicitamos algo", enquanto Dunglass se lembra de o terem conduzido "como se estivesse sendo preso".[16]

Mais chocante que a falta de material de escritório era o fato de nem britânicos nem franceses terem se dado ao trabalho de coordenar ou mesmo discutir antecipadamente que linha deveriam adotar nas conversas. Tendo chegado ao hotel pouco antes do meio-dia, Daladier revelou sua estratégia para a delegação francesa em termos que eram a exata descrição da política externa francesa desde a reocupação da Renânia. "Tudo depende dos ingleses. [...] Nada podemos fazer senão segui-los."[17] Mas os britânicos não sabiam disso. Como se recordaria Wilson, "estávamos incertos quanto a que linha Daladier adotaria", e foi lamentável que o primeiro-ministro francês tenha estado "longe demais" de Chamberlain durante a sessão de abertura, o que os impediu de confabular.[18]

Os alemães, por outro lado, tinham um plano para a cessão dos Sudetas e já o haviam compartilhado com os italianos e até mesmo persuadido Mussolini a apresentá-lo como seu. Naquela manhã de quinta-feira, 29 de setembro, Hitler aguardara a chegada do trem de Mussolini em Kufstein, na antiga fronteira com a Áustria. Durante a apressada viagem para Munique a bordo do trem especial de Hitler, os dois ditadores conversaram e o Führer explicou seus planos. "Ele pretende liquidar a Tchecoslováquia assim como a entendemos", recordaria o conde Galeazzo Ciano em seu diário:

> Pois o país imobiliza quarenta de suas divisões e o deixa de mãos atadas *vis-à-vis* a França. Quando a Tchecoslováquia tiver sido, como deve ser, esvaziada, dez divisões serão o bastante para imobilizá-la. O Duce ouve, concentrado. Está agora determinado o programa: ou a conferência será bem-sucedida em curto espaço de tempo ou a solução virá pela força das armas. "Por sinal", acrescenta o Führer, "chegará o dia em que teremos de lutar lado a lado contra a França e a Inglaterra. Melhor que aconteça enquanto o Duce e eu estamos à frente dos nossos países, ainda jovens e cheios de vigor."[19]

*

Os estadistas se encontraram em um coquetel no primeiro andar do Führerbau logo após 12h30. Os britânicos chegaram antes, seguidos (apropriadamente) dos franceses. Com seus ternos escuros e gravatas listradas, nenhum dos grupos chamava muito a atenção pelo estilo. François-Poncet descreveu Chamberlain como "grisalho, curvado, com sobrancelhas espessas e dentes proeminentes, manchas avermelhadas no rosto, mãos coradas pelo reumatismo", enquanto Daladier, de terno risca-de-giz largo e cabelo penteado para trás, mais parecia um corretor da bolsa de valores passando por dificuldades. O contraste com a vulgaridade resplandecente dos totalitários era gritante. Göring, que viera junto com Daladier do hotel deste e trocaria de roupa três vezes ao longo da conferência, iniciou o dia em um uniforme escuro justo, coberto por adornos e condecorações. Mussolini, "o uniforme a envolvê-lo, as características de um César, desdenhoso, totalmente à vontade como se estivesse na própria casa", circulava com o queixo erguido.[20] Por fim, Hitler fez sua entrada em seu uniforme mais simples, composto de casaco marrom e calças pretas, a suástica no braço e a cruz de ferro no peito.

Ao notar a carranca de Hitler, Chamberlain temeu que "a tempestade já enviasse seus sinais" e ficou aliviado ao ganhar o aperto de mão duplo reservado pelo Führer a "demonstrações especiais de amizade".[21] A preocupação era desnecessária, por sinal. Ainda que Hitler estivesse de fato de péssimo humor e não fizesse muito esforço para disfarçar a irritação com a "míni Liga das Nações" que tivera de organizar, a decisão fundamental em favor da paz já havia sido tomada. Não só britânicos e franceses haviam capitulado à essência das exigências alemãs, como haviam coagido os tchecos a aceitá-las. Contra sua preferência pessoal por uma guerra localizada, Hitler então fora persuadido a aceitar a capitulação. Nesse sentido, a Conferência de Munique não passava de uma cerimônia – um exercício de preservação de imagem para todos.

A reunião teve início com a aceitação de britânicos e franceses às demandas de Mussolini (de Hitler, na verdade) como "base para a discussão". Ficava estipulado que a ocupação dos Sudetas teria início em 1º de outubro, dali a dois dias (Cláusula 1), e deveria estar concluída até 10 de outubro (Cláusula 2). Chamberlain concordou de imediato com a Cláusula 1, mas expressou sua preocupação quanto a aceitar a Cláusula 2 sem obter a concordância dos tchecos. Foi quando Hitler explodiu. Se os britânicos e os franceses não estivessem preparados para coagir a Tchecoslováquia, seria melhor que o deixassem cuidar da questão do seu jeito, gritou, socando a palma da própria mão.²² Chamberlain recuou. Embora houvesse solicitado em caráter oficial a presença de um representante dos tchecos, nem ele nem Daladier estavam prontos a insistir na questão. Pelo contrário, os líderes democráticos expressaram imensa satisfação com a insistência alemã em uma ocupação ligeira, e Hitler se acalmou.

Após uma interrupção tardia para o almoço, na qual Hitler e Mussolini comeram juntos e os britânicos e franceses em separado, a cúpula foi retomada às 16h30. Nesse ponto as exigências ítalo-germânicas já haviam sido traduzidas para as variadas línguas e os líderes passaram a revisá-las ponto a ponto. Fosse por disposição de salvar algo para os tchecos ou devido ao respeito britânico pelo direito à propriedade, Chamberlain continuou a levantar a questão de compensações pela perda de posses nos Sudetas, chegando a perguntar se seria possível retirar antes o gado das zonas a serem ocupadas. Mais uma vez Hitler perdeu a paciência. "Nosso tempo é valioso demais para o perdermos com essas trivialidades", gritou, e a questão foi abandonada.²³

O único líder que parecia estar à vontade era Mussolini. Mesmo ocasionalmente entediado pela "atmosfera vagamente parlamentar", adorava o papel de intermediário e, ao contrário de Hitler, tinha habilidades linguísticas para acompanhar as conversas em tempo real.²⁴ François-Poncet, como os demais embaixadores, esteve presente às conversas da parte da tarde e observou, fascinado, a relação entre os dois ditadores:

> Mussolini estava profundamente acomodado em sua poltrona. Suas feições, extraordinariamente móveis, não descansavam por um segundo sequer; a boca se abria em um amplo sorriso ou se contraía em um beiço; as sobrancelhas erguiam-se em surpresa ou cerravam-se ameaçadoras; seus olhos, geralmente curiosos e de expressão divertida, iluminavam-se de súbito.
>
> De pé ao seu lado, Hitler o fitava atentamente, sujeito a seu charme e, como tal, fascinado e hipnotizado. Se o Duce risse, o Führer também ria; se fechasse a cara, Hitler fazia o mesmo. Era um estudo em mímica. Acabaria por deixar-me com a impressão duradoura e errônea de que Mussolini exercia sobre Hitler uma ascendência firmemente estabelecida. Naquele dia o fez, em todo caso.²⁵

Por fim, tarde da noite de 29 de setembro, chegou-se a um acordo e a já então desordenada conferência de cúpula se partiu em conversas paralelas.

Segundo Ciano, Daladier estava não apenas amistoso, mas também confessional. "Ele diz que o que está ocorrendo hoje se deve tão somente à teimosia de Benes e culpa os 'provocadores' na França por tentarem empurrar o país para uma 'guerra absurda e de fato impossível'."[26] Todos os demais, contudo, comentaram a óbvia depressão do premiê francês, que saiu da presença do Führer o quanto antes e foi visto estatelado em um sofá, pedindo uma cerveja de Munique para recuperar o ânimo.

Chamberlain, por outro lado, usava o intervalo para dar sequência ao trabalho diplomático. Discutiu a situação na Espanha com Mussolini e então sugeriu um *tête-à-tête* com Hitler. Segundo o relato de Chamberlain, o Führer "adorou a ideia" e pediu ao primeiro-ministro para visitá-lo na manhã seguinte em seu apartamento pessoal. Outro a aproveitar o hiato ao máximo foi Göring. Tendo constrangido Daladier ao expressar seu desejo de ir a Paris, o marechal – então de uniforme branco – posicionou-se em frente à lareira, onde, além de bloquear todo o calor, contava histórias e piadas em voz alta. Hitler, enquanto isso, continuava carrancudo sentado no sofá.

Finalmente, pouco antes das 2 horas de 30 de setembro de 1938, era assinado o Acordo de Munique: um momento histórico que se tornou farsesco quando Hitler mergulhou a caneta no belo tinteiro e percebeu que não continha tinta alguma.[27] Para Göring e Mussolini, os principais orquestradores da conferência, um momento de triunfo: o corpulento marechal bateu palmas e, na filmagem da ocasião, é possível ver o Duce a contar piadas para os anfitriões nazistas. Chamberlain, evidentemente, estava satisfeito. Ao observar o primeiro-ministro no retorno ao hotel, William Shirer julgou-o "particularmente satisfeito consigo" – embora revelasse seus próprios pensamentos ao compará-lo a um daqueles "urubus negros que vi a sobrevoar os corpos dos pársi em Bombaim".[28] Para a França, a humilhação foi dolorosa. Renovara continuamente a promessa de defesa da Tchecoslováquia e era agora responsável – juntamente com Reino Unido, Itália e Alemanha – por certificar-se de que o país entregasse um quinto de seu território e 800 mil tchecos. "Vejam como a França trata os únicos aliados que lhe permaneceram fiéis", foi o sarcástico lamento de François-Poncet ao fazer a síntese dos documentos.[29] Mussolini tentou animar o premiê francês ao dizer-lhe que seria aplaudido no retorno à França, mas Daladier parecia não acreditar nisso. Recusou a sugestão do Reino Unido de ir pessoalmente a Praga entregar o acordo aos tchecos para aprovação e insistiu com o primeiro-ministro britânico de que este deveria acompanhá-lo para dar a notícia aos "observadores" tchecos.

Esses desafortunados – Hubert Masarik, secretário particular do ministro tcheco das Relações Exteriores, e Vojtech Mastny, embaixador do país em Berlim – haviam pousado naquela tarde no aeroporto Oberwiesenfeld, em Munique, onde a Gestapo os recebera e os tratara como suspeitos.[30] Entregues aos cuidados do Hotel Regina (onde os britânicos também estavam hospedados), foram mantidos sob guarda policial, proibidos de se comunicar com Praga ou mesmo de sair dos quartos. Por volta de 10 horas da noite, Horace Wilson e Frank Ashton-Gwatkin apareceram com um mapa para lhes mostrar as áreas que haviam sido designadas para ocupação imediata. Os tchecos protestaram, mas os britânicos foram diretos: "Se não aceitarem, vocês terão de resolver essa questão por conta própria com a Alemanha", explicou Ashton-Gwatkin. "Talvez os franceses digam isso a vocês com mais delicadeza, mas, creia, eles compartilham de nosso desejo. [...] Estão se desinteressando."[31]

Às 2h15 da madrugada, os diplomatas tchecos foram chamados à suíte de Chamberlain, onde se depararam com os membros sêniores da delegação britânica, bem como com Alexis Léger, secretário-geral do Quai d'Orsay, François-Poncet e Daladier. Foi um encontro desconfortável. Os tchecos receberam uma cópia do acordo e foram informados de que não se esperava deles uma declaração, pois a questão era considerada resolvida. De tão taciturno, Daladier nem sequer respondia às perguntas que lhe eram feitas; as explicações e desculpas foram todas fornecidas por Léger. Chamberlain, exausto, caía no sono repetidamente, enquanto Masarik tentava esclarecer vários pontos. Mastny caiu em prantos. Quando tudo acabou, os franceses foram capturados pelo batalhão de repórteres que os esperavam no lobby do hotel. "*Monsieur le Président*, está satisfeito com o acordo?", perguntou um. O Touro de Vaucluse virou-se lentamente, mas suas palavras custaram a sair. Cansado e vencido, "cambaleou para fora em silêncio".[32]

Para a delegação britânica, porém, o trabalho não estava terminado. Após poucas horas de sono, William Strang foi acordado por uma mensagem do primeiro-ministro que lhe explicava que havia arranjado um encontro com Hitler antes de irem embora e lhe solicitava uma curta declaração sobre o futuro das relações anglo-germânicas que os dois líderes pudessem assinar. Strang arrastou-se para fora da cama e conseguiu organizar três curtos parágrafos durante o café da manhã, o segundo dos quais foi depois reescrito por

Chamberlain. O primeiro-ministro e Dunglass partiram então para o *pied-à--terre* de Hitler na Prinzregentenplatz.

Ao relatar o encontro subsequente à irmã Hilda, Chamberlain descreveu a conversa como "muito amistosa e agradável".[33] O intérprete Paul Schmidt, por outro lado, achou Hitler "rabugento" e distraído.[34] Certamente, foi o primeiro-ministro quem conduziu a conversa por uma série de tópicos, incluindo a Espanha, relações econômicas no Sudeste europeu e desarmamento aéreo. Ao final, retirou do bolso o comunicado conjunto, cuja passagem crucial era a declaração de que os dois líderes consideravam o Acordo de Munique "simbólico do desejo de nossos povos de jamais irem à guerra um contra o outro de novo".[35] De acordo com Chamberlain, Hitler concordou prontamente em assiná-lo, tendo exclamado "*Ja! Ja!*" em vários momentos durante a tradução.[36] A lembrança de Schmidt, por contraste, foi de que Hitler "concordou com os termos com certa relutância". Tenha ou não sido o caso, a segunda impressão de Schmidt, a de que Hitler "acrescentou sua assinatura somente para agradar Chamberlain", sem dúvida é correta.[37] "O Führer achou que não poderia recusar", explicou o intermediário alemão, o príncipe Philip de Hesse, a Ciano alguns dias depois, enquanto o próprio Hitler se encarregava de garantir ao amuado Ribbentrop naquela tarde: "Oh, não leve isso tão a sério. [...] Aquele pedaço de papel não tem qualquer significado".[38]

Enquanto os estadistas deliberavam na Baviera, o povo do Reino Unido esperava com os nervos à flor da pele. Os preparativos de guerra não haviam sido relaxados e os trens partiam de Londres lotados de gente que evacuava a cidade. Estações de recrutamento do Serviço Militar recebiam voluntários em série, e na catedral de Canterbury os operários davam início à delicada tarefa de retirar os vitrais do transepto sudeste. Naquela noite, quinta-feira, 29 de setembro de 1938, o Outro Clube (fundado por Churchill e F. E. Smith, futuramente lorde Birkenhead, em 1911) se encontrou no Salão Pinafore do Savoy. Churchill estava a ponto de explodir. Passara a tarde tentando arregimentar assinaturas para um telegrama destinado a cobrar de Chamberlain que não abandonasse os tchecos, mas nem Anthony Eden nem Clement Attlee estavam preparados para assiná-lo. Voltava então as baterias contra os dois membros do Gabinete presentes, Duff Cooper e Walter Elliot. Como poderiam "homens honrados, com ampla experiência e um histórico glorioso na Grande Guerra, aceitar uma política tão covarde?", exigiu. "Era sórdida, esquálida, subumana, suicida." Cooper, que já estava profundamente deprimido, defendeu-se o quanto pôde. Insultou ainda o professor Lindemann e, juntamente com Bob Boothby, o editor pró-apaziguamento do *Observer*, J. L. Garvin. Ofendido, Garvin saiu espumando do salão de jantar e, pelos seis anos seguintes, se recusaria a retornar ao clube. "Todos começaram a se insultar mutuamente, e Winston terminou dizendo que, na próxima eleição geral, daria apoio a qualquer plataforma socialista no país contra a do governo", registrou Cooper em seu diário.[39] Por volta de 1 hora, alguém correu até a Strand para comprar a primeira edição de um dos jornais matutinos, em que já constavam as linhas gerais do acordo firmado em Munique. O rosto de Cooper afogueou-se quando ele estudou os termos. "Não dá para engolir isto", disse a Boothby. "Terei de renunciar."[40] Quando o jantar enfim terminou, Churchill saiu junto com o jovem parlamentar conservador Richard Law. Já na rua, pararam em frente a um restaurante cheio de gente animada. "Pobres coitados!", disse Churchill. "Mal sabem o que terão de enfrentar."[41]

O avião de Chamberlain aterrissou pouco depois das 17h30 de 30 de setembro de 1938.* Uma chuva repentina acabara de cair, mas não fora suficiente para conter o entusiasmo das multidões reunidas não apenas em Heston, mas ao longo de toda a Great West Road. Quando a porta do avião se abriu e Chamberlain surgiu, ouviu-se uma longa sequência de aplausos e gritos de felicidade. O júbilo e o alívio haviam sido capturados pela manchete do *Daily Express* daquela manhã, onde se lia, simplesmente, em corpo gigantesco: "PAZ".[42] O primeiro-ministro então se preparava para revelar ao país e ao mundo a dimensão da paz que trouxera. Defronte uma grande quantidade de microfones de rádio e câmeras de cinejornais, declarou que "a definição do problema da Tchecoslováquia [...] é, a meu ver, apenas o prelúdio de um acordo maior que trará paz a toda a Europa". E então ergueu a fina folha de papel açoitada pelo vento e leu a declaração da qual constava a assinatura do chanceler alemão, Herr Hitler, "bem como a minha".

Chamberlain foi então de carro até o Palácio de Buckingham, onde o rei convidou a ele e a sua esposa para subirem ao balcão juntamente com o ca-

---

* Poderia ter chegado mais cedo, mas, após a conversa com Hitler, Chamberlain havia sido levado para ver algumas das atrações turísticas de Munique, entre elas o Sternecker Bräu – a cervejaria onde o Partido Nazista havia sido fundado.

sal real e receberem os aplausos de uma multidão. O ato era flagrantemente inconstitucional, mas não havia como pôr em dúvida sua popularidade. As melodias de "Rule Britannia" e "For He's a Jolly Good Fellow" ressoavam por toda a extensão do Mall enquanto os quatro sorriam e acenavam. O rei gesticulou a Chamberlain para que desse um passo à frente e, por dois minutos, o primeiro-ministro gozou da adulação sozinho. Tommy Woodroffe, da BBC, tentou transmitir a seus ouvintes o clima de entusiasmo no local enquanto o carro que levava Chamberlain tentava sair do palácio rumo à Downing Street:

> Lá vem ele, precedido por dois policiais, ambos a cavalo, e o carro mal consegue fazer a curva porque a turba se postou à sua frente e o impede. As pessoas aqui estão tremendamente entusiasmadas, e é uma das cenas mais impressionantes que já vi: boas-vindas totalmente não organizadas, espontâneas, a um homem que fez o melhor pelo seu país. É um maravilhoso esforço espontâneo: ninguém disse para que viessem, ninguém foi chamado a comparecer ao local. Mas ainda assim gente de todo tipo convergiu para cá e veio marcar presença.[43]

"Parece até que obtivemos uma grande vitória, em vez de meramente trair um país pequeno", comentou Orme Sargent enquanto assistia a cena de uma sacada no Secretariado das Relações Exteriores.[44]

Quando finalmente conseguiu entrar no nº 10 da Downing Street, Dunglass escutou alguém repetir a sugestão de Annie Chamberlain de que o primeiro-ministro fosse até a janela e repetisse a famosa frase de efeito de Disraeli sobre "paz com honra". Mais uma vez Chamberlain mostrou-se reticente, mas, ao subir as escadas, mudou de ideia. Eram 19h27 quando a janela do primeiro andar se abriu e o primeiro-ministro apareceu para dizer as palavras que o assombrariam, e à sua reputação, para todo o sempre:

> Meus bons amigos, pela segunda vez em nossa história retornamos à Downing Street da Alemanha trazendo-vos a paz com honra. Creio estar estabelecida a paz para nosso tempo. Agradecemos do fundo de nossos corações. [...] E agora recomendo a todos que voltem para suas casas e durmam tranquilamente em suas camas.[45]

*

O contraste com as cenas que se verificavam em Praga era trágico. Às 6h20 de 30 de setembro, Kamil Krofta, ministro das Relações Exteriores tcheco, foi tirado da cama pelo encarregado de negócios da embaixada alemã e informado de que seu país começaria a ser ocupado à meia-noite. Benes soube da notícia no banho. "É uma traição e será em si uma punição", previu. "Acham [as democracias ocidentais] que se salvarão da guerra e da revolução às nossas custas. Estão errados." Por uma fração de segundo, o presidente contemplou a ideia de resistir e pediu conselhos a Moscou. Ao meio-dia, contudo, já havia entregado os pontos. No Conselho para a Defesa da República, com lágrimas nos olhos, Benes declarou "não haver paralelo na história de um Estado soberano ter sido tratado daquela forma. [...] Fomos abandonados e traídos". O líder do Partido Comunista, Klement Gottwald, queria lutar e lembrou aos colegas que "até os etíopes de pés descalços" haviam tido a coragem de resistir aos italianos. Mas a comparação, insistiu Benes, não era exata. "Não fomos derrotados por Hitler", explicou, "mas por nossos próprios amigos."[46]

No final daquela mesma tarde, o primeiro-ministro, general Jan Syrovy, fez um pronunciamento à nação. Alto-falantes haviam sido instalados na praça Venceslau e a multidão ouviu em choroso silêncio Syrovy expor a verdade nua e crua: a única escolha que lhes restava era capitular ou "sacrificar as vidas de nossas esposas e filhos".[47] Aos últimos acordes do hino nacional tcheco, uma onda de raiva tomou a multidão e se voltou contra o castelo de Hradcany aos gritos de "Não, não, não!", "Fora Benes!", "Vida longa à Tchecoslováquia!" e "Deixem a Tchecoslováquia em paz!".[48]

Essa era a recepção que Daladier havia temido, mas em Paris o primeiro-ministro foi recebido como se fosse um herói conquistador. Bonnet, que nem sequer ouvira a descrição feita por François-Poncet dos termos acordados em Munique – "A paz está assegurada", cortou ele, "e o importante é isso" –, certificara-se de que o rádio anunciasse a rota que o carro de Daladier faria para sair do aeroporto de Le Bourget e, assim, as estradas encontravam-se repletas de gente alegre a gritar "*Vive Daladier!*" e "*Vive la paix!*".[49] O primeiro-ministro considerava equivocada tamanha exaltação, mas quatro dias depois defenderia o acordo na Câmara dos Deputados, afirmando não se arrepender "de nada" e chamando-o de "uma vitória moral da paz".[50] Após meras seis horas de debates, os deputados, à exceção dos comunistas e de dois da direita, concordaram, e quando houve a votação para interromper a sessão, o governo assegurou maioria de 535 a 75.

Em Londres, o debate parlamentar de quatro dias sobre o Acordo de Munique teve início com a carta de renúncia de Duff Cooper. "O primeiro-ministro pensou em dirigir-se a Herr Hitler falando a língua da doce razoabilidade", disse ele da bancada St. Helena, abaixo do passadiço. "Eu acreditava que ele fosse mais aberto à linguagem da ameaça."[51] Mais tarde, ele confidenciaria a amigos que a gota d'água havia sido "paz com honra". Caso Chamberlain "tivesse voltado de Munique falando em 'paz com a mais terrível, absoluta e incomparável desonra', talvez eu tivesse continuado. Mas paz com honra!?".[52] Outros ministros concordavam com essa visão, mas não o suficiente para seguir o exemplo de Cooper. Harry Crookshank, que julgava estar Chamberlain "louco e hipnotizado por um lunático", enviou sua carta de renúncia, mas depois se permitiu ser convencido a ficar. Os demais – Stanley, De La Warr, Elliot, Winterton e Bernays – nem carta escreveram.

A discussão que se seguiu à declaração de Cooper foi das mais apaixonadas e polarizadoras na história parlamentar moderna. Clement Attlee deu partida à conversa em nome da oposição, atacando o que descreveu como "a vitória da força bruta", pela qual "um povo galante, civilizado e democrático" fora traído "em nome do despotismo implacável".[53] A ele se seguiu o líder dos liberais, Archie Sinclair, que acusou Chamberlain de "murchar" perante as ameaças nazistas e atirar "a justiça e o respeito aos tratados [...] aos ventos".[54] Do outro lado do espectro, Victor Raikes, parlamentar conservador isolacionista de direita, teceu loas ao acordo, profetizando que o primeiro-ministro iria "entrar para a história como o maior estadista europeu de nosso ou de qualquer outro tempo".[55]

Chamberlain se pronunciara no início do debate, recebendo agradecimentos de todos os quadrantes da Câmara. E, no entanto, foram as críticas de sua própria facção que se destacaram. Richard Law, antes um leal apoiador do governo e filho de um ex-primeiro-ministro, questionou se deveriam mesmo acreditar "que aqueles homens que subiram ao poder através da violência e da traição, que se mantiveram no poder através da violência e da traição, que obtiveram seus maiores triunfos através da violência e da traição, foram repentinamente convencidos pelos belos olhos do primeiro-ministro [...] de que violência e traição não compensam".[56] Era verdade, declarou lorde Cranborne, que a paz havia sido temporariamente garantida, mas somente depois de "jogar aos lobos um pequeno país cuja coragem e dignidade em face de provocações quase intoleráveis têm sido uma revelação e uma inspiração para nós todos".[57] Para Leo Amery, Munique foi basicamente "a maior e mais barata vitória já obtida pelo militarismo agressivo".[58]

Quando Churchill discursou, no terceiro dia, a turbulência na Câmara já havia se tornado palpável. "Sofremos uma derrota completa, absoluta", declarou. "Disparate!", gritou Nancy Astor. Churchill continuou. O que o primeiro-ministro de fato obteve?, ele quis saber. "A paz!", gritaram parlamentares conservadores. Mas Churchill não era um homem a quem se calasse com gritos. Só o que o Acordo de Munique modificara, insistia ele, era que o ditador alemão, "em vez de surrupiar da mesa suas provisões, agora as terá servidas passo a passo como numa refeição". E agora estava tudo acabado. "Silenciosa, enlutada, abandonada, partida, a Tchecoslováquia se recolhe às trevas."[59] Churchill entendia que o povo britânico estivesse obviamente aliviado, mas sustentava que a população tinha de saber a verdade:

> Precisam saber que sofremos uma derrota sem guerra, cujas consequências nos acompanharão em nossa trajetória por longo tempo; precisam saber que foi um marco lastimável de nossa história, pelo qual todo o equilíbrio da Europa foi abalado, e que as terríveis palavras "Foste pesado na balança e foste achado em falta" agora foram pronunciadas contra as democracias ocidentais. E que não pensemos ser esse o fim. É só o início do acerto de contas. É apenas o primeiro gole, o antegosto da amarga taça que beberemos ano após ano, a não ser que, por meio da suprema recuperação da saúde moral e do vigor marcial, ergamo-nos novamente para a defesa da liberdade como no passado.[60]

Apesar de tal "eloquência demostênica", os dissidentes do Partido Conservador se viam em um dilema: poderiam ousar se abster ou mesmo votar contra o governo?[61] Desde o fim de semana, circulavam rumores de que Chamberlain pretendia lançar mão da euforia pós-Munique para convocar às pressas uma eleição geral, na qual somente os conservadores que o apoiaram teriam o "*coupon*" do partido, enquanto os rebeldes seriam desmarcados ou teriam de enfrentar a competição de candidatos "oficiais". A possibilidade tanto alarmava Harold Macmillan que ele procurou o porta-voz do Partido Trabalhista para a política externa, Hugh Dalton, e implorou-lhe que a moção de censura a ser proposta pela oposição não fosse tão extrema a ponto de forçar parlamentares conservadores anti-Munique a apoiar o governo. Dalton lhe prometeu se esforçar para isso e expressou sua crença na possibilidade de um acordo, em caso de eleição, pelo qual os socialistas abririam mão de concorrer contra os conservadores antiapaziguamento. Felizmente, todos esses planos de contingência se provariam desnecessários. Enfurecido pelos rumores, sir Sidney Herbert – parlamentar conservador altamente respeitado, ferido na Grande Guerra e que sabia estar à beira da morte – decidiu fazer uma rara intervenção, denunciando ferozmente a ideia de uma eleição por "lealdade" e cobrando do governo que usasse o tempo para o rearmamento.

O efeito do discurso, feito por um "representante da tradição conservadora em sua estirpe mais leal" e em condição física obviamente frágil, foi enorme.[62] As conversas sobre uma dissolução se evaporaram, e, quando Chamberlain subiu à tribuna no quarto dia do debate, deixou claro que não haveria eleição geral. Os conservadores rebeldes se sentiram encorajados, mas continuavam divididos entre votar contra o governo (a preferência de Churchill) ou a mera abstenção (o máximo que Eden e Amery sentiam-se dispostos a fazer). Ficou decidido que seria melhor eles se mostrarem unidos na abstenção em vez de alguns da oposição fazerem lobby enquanto outros permaneciam em seus assentos. No entanto, mesmo assim, as credenciais antigoverno de alguns que viriam a lucrar com a reputação de "antiapaziguadores" e adversários de Munique não eram tão fortes quanto alegariam mais tarde. Como Amery admitiu a Chamberlain após a fala de encerramento do primeiro-ministro – considerada *grosso modo* um triunfo –, tanto ele quanto Eden se sentiram tentados a acompanhá-lo no lobby governamental, mas não quiseram decepcionar os amigos.[63] Quando os votos foram contabilizados, menos de trinta conservadores recusaram-se a apoiar o governo, enquanto 366 votaram a favor do acordo.

O Acordo de Munique foi – e ainda é – um dos mais polêmicos jamais negociados. Uma rendição desonrosa, "o triunfo de tudo o que era melhor e mais esclarecido", um espaço vital para respirar: há mais de oitenta anos o debate segue acalorado.* Ninguém nega ter sido um desastre para o Estado tchecoslovaco. O país perdeu 28 mil quilômetros quadrados de território, habitado por 2,8 milhões de alemães dos Sudetas e 800 mil tchecos, todas

---

* Foi A. J. P. Taylor quem disse ser Munique "o triunfo de tudo o que era melhor e mais esclarecido na vida britânica", embora tenha alegado posteriormente tê-lo dito de forma irônica (A. J. P. Taylor, *The Origins of the Second World War*, Londres, 1961, p. 189).

as fortificações e a grande maioria dos recursos naturais. Sua capacidade de se defender desapareceu e o futuro do Estado reduzido – apesar da "garantia" das potências em Munique – tornou-se precário na melhor das hipóteses. Para os alemães dos Sudetas apoiadores do regime nazista, a hora era de celebrar. Mas não havia qualquer alegria para os 400 mil social-democratas, os refugiados comunistas e os judeus. O único consolo para os tchecos – mesmo assim, evidenciado apenas em retrospecto – foi de, ao aceitar pacificamente as exigências alemãs, terem evitado a guerra de aniquilação e ocupação brutal que viria a acometer os poloneses, que resistiram com o "apoio" das democracias ocidentais. Os tchecos sofreram sob o jugo nazista, mas os poloneses sofreram ainda mais.

Para Hitler, Munique foi um aparente triunfo. Obteve tudo o que havia exigido em Godesberg – a única diferença significativa sendo, como apontou Churchill, o fato de a ocupação ocorrer gradualmente ao longo de dez dias, e não toda de uma vez. Hoje, é claro, sabemos que Hitler queria uma guerra concentrada, que lhe teria permitido anexar toda a Tchecoslováquia, e se arrependeu quase imediatamente do acordo que fizera. "Aquele sujeito [Chamberlain] estragou minha entrada em Praga", reclamaria ele pouco depois.[64] Isso, porém, não apaga o fato de que atingira a meta declarada. Ele exigira os Sudetas até 1º de outubro; ao final de setembro, a região era sua. Ao mesmo tempo, as fronteiras do Reich haviam se expandido, e o poder da Alemanha, crescido. A fragilidade das democracias ocidentais fora exposta, e o prestígio e a popularidade do Führer nunca haviam estado tão em alta.

Por último, mas não menos importante, embora ele nunca viesse a saber disso, a Conferência de Munique destruiu uma trama da oposição alemã para depor Hitler no momento em que ele desse a ordem para a invasão. Há dúvidas se esse golpe, liderado pelo chefe do Estado-Maior, general Franz Halder, e que estava em andamento até 15 de setembro, teria sido bem-sucedido. Não há a menor dúvida de que o plano foi enterrado no momento em que os primeiros-ministros ocidentais embarcaram em seus voos. "Estávamos fortemente convencidos de que teríamos êxito", testemunhou Halder em Nuremberg. "Mas então veio o sr. Chamberlain e, de um só golpe, o risco de guerra foi afastado. [...] A hora crítica para o uso da força foi evitada."[65]

Do ponto de vista das potências ocidentais, o principal argumento favorável ao Acordo de Munique é que, em 1938, nem Reino Unido nem França estavam prontos para a guerra; Munique concedeu-lhes um ano extra para se prepararem – o tal "espaço para respirar". "Graças a Deus por Munique", escreveu Harold Balfour, subsecretário para o Ar no governo Chamberlain, lembrando-se de que em 1938 o Reino Unido só possuía dois Spitfires e apenas um punhado a mais de Hurricanes.[66] Balfour, é claro, estava com a razão. Os Spitfires, os Hurricanes e o RADAR – que fizeram a diferença entre vitória e derrota na Batalha da Grã-Bretanha – não estavam prontos em 1938, mas estariam em 1939. Contudo, esse argumento ignora o fato de que, em 1938, a Alemanha não estava em condições de promover a Batalha da Grã-Bretanha. Não só porque – como provariam os eventos de 1938 e 1939 – precisava derrotar antes os vizinhos imediatos e garantir campos de pouso ao longo da costa do Canal da Mancha antes de voltar sua atenção para o Reino Unido, mas também porque, em 1938, a Luftwaffe não dispunha de condições para lançar uma campanha de bombardeios estratégicos de longo alcance. Os líderes ocidentais, claro, não estavam cientes de todos esses dados. Vários deles eram iludidos pela propaganda alemã. A Força Aérea francesa perderia 40% de suas aeronaves só no primeiro mês de guerra, declarou o general Joseph Vuillemin, chefe do Estado-Maior da Aeronáutica da França, após retornar, em agosto de 1938, de uma visita de seis dias à Luftwaffe e às suas instalações, durante a qual os alemães fizeram as mesmas aeronaves reluzentes voar de um campo de pouso ao outro perante os visitantes franceses.[67] É fato que a Força Aérea francesa encontrava-se em petição de miséria. Em setembro de 1938, apenas setecentas de suas 1.126 aeronaves estavam em plenas condições de uso, e destas, menos de cinquenta eram máquinas modernas. O Deuxième Bureau estimava que, do outro lado, haveria 2.760 aeronaves alemãs, incluindo 1.368 bombardeiros. O detalhe que escapava aos franceses, no entanto – graças em parte às previsões apocalípticas do aviador norte-americano coronel Charles Lindbergh* –, era que parte significativa desse total estava inoperante. Em setembro de 1938, das 2.760 aeronaves, só 1.699 estariam em plenas condições

---

* Lindbergh, que ficara famoso ao tornar-se o primeiro homem a cruzar o Atlântico sozinho, havia ficado profundamente impressionado com a capacidade produtiva aérea da Luftwaffe e da Alemanha em geral, ambas as quais pôde inspecionar em várias ocasiões entre 1936 e 1938. Contudo, não era um expert e, nas palavras de Hugh Dalton, "sabia tanto quanto nossa Amy Johnson sobre aeronaves militares". Ele aterrorizou os ministros franceses em setembro de 1938 ao dizer que os alemães possuíam 8 mil aviões militares (quase sete vezes o número real) e podiam fabricar 1.500 por mês. "As cidades da França e do Reino Unido seriam dizimadas", previu o "Águia Solitária", que era simpático à Alemanha nazista e mais tarde faria campanha contra a intervenção norte-americana na guerra por meio do America First Committee.

de alçar voo.⁶⁸ E o mais importante, só havia oito divisões alemãs no front ocidental, contra 23 francesas (e disso o Deuxième Bureau sabia), enquanto a Linha Siegfried era pouco mais que um canteiro de obras. Por fim, embora raramente se falasse delas, havia 34 divisões tchecas bem equipadas e altamente motivadas.

Fato era – e os serviços de inteligência britânico e francês sabiam muito bem – que em 1938 os alemães não estavam prontos para uma guerra de grandes proporções e teriam ficado em uma posição extremamente difícil, talvez impossível, se Reino Unido, França e União Soviética tivessem unido forças em defesa da Tchecoslováquia. "Era fora de questão", testemunhou o general Alfred Jodl em Nuremberg quando perguntado a respeito das chances de êxito da Alemanha se Reino Unido e França tivessem decidido lutar em setembro de 1938, "com cinco divisões de infantaria e sete de reservistas nas fortificações ocidentais, que não passavam de um grande canteiro de obras, a cargo de deter cem divisões francesas. Era militarmente impossível".⁶⁹ O Alto-Comando alemão também não tinha ilusões quanto à segurança das fortificações tchecas. "Se uma guerra tivesse estourado", explicou em 1946 o marechal Erich von Manstein (que, ao contrário de Jodl, não estava sendo julgado com risco de pena de morte), "não teríamos podido defender adequadamente nossa fronteira ocidental nem nossa divisa com a Polônia, e não resta dúvida de que, caso a Tchecoslováquia tivesse se defendido, teríamos sido retidos por suas fortificações, pois não tínhamos meios para superá-las."⁷⁰

Não que se pretenda subestimar as sérias deficiências militares das potências ocidentais ou negar que o ano ganho por Munique lhes tenha permitido investir no tão necessário rearmamento. O problema é que o "espaço para respirar" também servia aos alemães, que o usaram para acelerar seu rearmamento e completar a Linha Siegfried.* A pilhagem obtida com a anexação dos Sudetas também foi considerável: 1,5 milhão de rifles, 750 aeronaves, 600 tanques, 2 mil canhões, sem falar em madeira e outros materiais brutos.⁷¹ Portanto, ainda que as potências ocidentais tenham feito considerável progresso no "ano extra", os alemães fizeram mais, ultrapassando França e Reino Unido com folga em terra e, em menor escala, também no ar. Os defensores de

---

* Apenas 517 bunkers haviam sido terminados até o final de setembro de 1938. Passados doze meses, o número havia subido para 11.283.

Munique, contudo, têm argumentos mais sólidos quando apontam, como na época se falava constantemente, que uma guerra em defesa da Tchecoslováquia em 1938 teria dividido a opinião pública no Reino Unido e na França, e teria sido pouco provável que os britânicos obtivessem o apoio dos Domínios (ao menos de início), pois estes haviam se manifestado de forma clara contra o conflito.

Por outro lado, deve-se pesar os efeitos da perda da oportunidade de garantir a presença da União Soviética em uma "Ampla Aliança" contra a Alemanha nazista (como Churchill propunha). Caso tivesse havido conflito, os alemães teriam sido forçados desde o início ao demorado combate em duas frentes. Havia boas razões para desconfiar de Stálin, é claro (como Churchill mais tarde descobriria), mas havia razões ainda melhores para desconfiar de Hitler, cuja palavra Chamberlain estava disposto a aceitar. Litvinov havia reafirmado seguidamente a determinação da URSS de honrar seus compromissos com a Tchecoslováquia (desde que, como estipulavam os termos do tratado soviético-tchecoslovaco, a França fosse a primeira a intervir); deixara claro também que, se essa oportunidade de reprimir a agressão alemã fosse perdida, a Rússia se recolheria ao isolamento. Aceitar a ajuda soviética por certo implicava dificuldades práticas, a maior delas a inexistência de uma fronteira entre URSS e Tchecoslováquia, somada à indisposição de Polônia e Romênia a permitir a passagem do Exército Vermelho por seus territórios. À medida que a crise piorou, porém, os romenos começaram a dar sinais de que aviões soviéticos poderiam cruzar seu espaço aéreo. Além disso, a ajuda material dos russos por si só já teria valor significativo. Em março, Litvinov prometera a Benes um "mínimo garantido" de mil aeronaves e, entre 21 e 24 de setembro, as Forças Armadas soviéticas incorreram em uma mobilização parcial, com a participação de 330 mil homens.[72] Tudo para nada. Ao longo da crise, britânicos e franceses repetidamente rejeitaram as ofertas soviéticas de colaboração e, quando Munique ocorreu, os russos, assim como os tchecos, foram excluídos. A estratégia de segurança coletiva de Litvinov havia falhado, e mentes no Kremlin começavam a contemplar a alternativa óbvia – um acordo com a Alemanha nazista.

O ponto crucial de Munique fora convencer Hitler de que as potências ocidentais jamais lutariam e continuariam a aceitar suas exigências. "Chamberlain tremeu de medo quando pronunciei a palavra *guerra*. Não venham me dizer que *ele* é perigoso", teria zombado o Führer pouco depois da assinatura do acordo.[73] Mais tarde, ao incensar seus generais para a campanha da Polônia, ele declararia: "Nossos inimigos são vermes. Estive com eles em Munique".[74] Foi um erro de cálculo cujas consequências o mundo inteiro viria a sentir.

XVIII
Paz para nosso tempo

A paz vibrava a partir dos pôsteres, e não sobre as asas de anjos.
E. M. Forster, "Two Cheers for Democracy", julho de 1938.

O Acordo de Munique elevou Neville Chamberlain ao auge da popularidade. Bonecos do primeiro-ministro, uns de terno, outros com trajes de pescaria, não acumulavam pó nas prateleiras, e 90 mil pessoas colecionavam cupons do *Daily Sketch* para trocá-los por um prato com uma foto de Chamberlain gravada. Mais de 20 mil cartas de felicitações chegaram ao nº 10 da Downing Street, e com elas varas de pescar, guarda-chuvas, flores, chocolate, iscas de salmão, pantufas, cachimbos, arenque defumado, charutos, cidra, champanhe, fotos, "meias premiadas lindamente cerzidas", engradados de maçãs, um peito de cordeiro, tetrazes, um "bolo de casamento", um piano de cauda, binóculos de teatro, relógios de parede e de bolso, "uma réplica de lata de leite de vaca Jersey", um trevo de quatro folhas, tulipas, biscoitos de gengibre, cortes de *tweed*, vinho branco alemão, creme de leite, "ferraduras da sorte" e um par de tamancos holandeses.[1]

Era uma coleção fantástica, mas alguns dos presentes mais extravagantes deram dor de cabeça ao Secretariado das Relações Exteriores. Em 30 de setembro de 1938, um dia após a conferência, o *Paris-Soir* anunciou estar estabelecendo uma poupança pública para comprar para o primeiro-ministro britânico uma casa de campo na França, próxima a um riacho com trutas, e, em 4 de outubro, já havia arrecadado quase meio milhão de francos. Houve preocupação no Secretariado. Se o primeiro-ministro rejeitasse a oferta, corria o risco de ofender os franceses. Por outro lado, se a aceitasse, teria a obrigação de visitá-la e garantir que fosse devidamente mantida. Acabou-se por decidir que o mais sensato seria a recusa. O primeiro-ministro "não tem ambições territoriais na Europa", declarou o Secretariado, com óbvia ironia, enviando instruções às embaixadas para que recusassem "casas, rios, montanhas e o que mais vier".²

Não que tenha sido o bastante para deter a enxurrada de elogios de todas as partes do mundo, de um menino iraquiano de quinze anos, que constatou que, "não fosse pelo senhor, o Führer teria mergulhado a Europa em outra guerra, cujos horrores seria impossível prever", até o presidente dos Estados Unidos.³ Algumas dessas expressões de gratidão chegavam às raias do sacrilégio. O *New York Daily News* proclamou haver "algo de Cristo" no primeiro-ministro, e a Sociedade Budista de Bombaim o felicitou por colocar em prática "os ensinamentos e princípios do Buda".⁴ Algumas semanas depois, em 12 de novembro de 1938, Chamberlain soube de uma velha camponesa grega que havia anos guardava o pequeno orifício no crucifixo que trazia ao peito para os restos da Vera Cruz, mas passara a querer "um pedaço do guarda-chuva do sr. Chamberlain".⁵

Nem tudo, porém, era júbilo, como mostrava a caixa postal certamente menos volumosa de Duff Cooper. "Como soldado raso que fui na Grande Guerra, e alguém que odeia e teme a guerra", escreveu A. E. Whitteridge em 2 de outubro de 1938 – uma entre cerca de 4 mil cartas recebidas por Cooper –, "gostaria de oferecer-lhe meu respeitoso agradecimento pela atitude que tomou no dia seguinte à maior humilhação sofrida por nosso país desde a conquista normanda."⁶ Outro missivista, proprietário de uma pequena fábrica em Ayrshire, declarou que Munique lhe trouxera "a vergonha da impotência", e o ex-marinheiro John Edward Smith vaticinou que "toda a gloriosa Marinha está com você".⁷

A família real, por outro lado, certamente não estava. Tendo se oferecido em mais de uma ocasião durante a crise para escrever a Hitler "de um ex-militar para outro", George VI se enchera de admiração pela direção tomada por seu primeiro-ministro e endossou seu acordo de peito aberto.⁸ Tão entusiasmado quanto ele estava o duque de Windsor, que, segundo sua esposa, ficara tão abalado com a possibilidade de guerra que estaria "determinado a recorrer ele mesmo a Hitler se o sr. C[hamberlain] não o tivesse feito".⁹ Agora o duque enviava seus sentidos cumprimentos ao primeiro-ministro – somando-se aos de seu irmão mais novo, o duque de Kent; sua irmã, a princesa real; sua cunhada, a rainha; e sua mãe, a rainha consorte, Mary. Esta última, particularmente irritada com aqueles que, como Cooper, criticavam o primeiro-ministro. "Ele trouxe para casa a paz", escreveu a seu filho, o rei. "Por que eles não podem ser gratos?"[10]

Em meio à maioria dos aristocratas o deleite não era menor. Cartas laudatórias da nobreza enchiam a bandeja do primeiro-ministro, entre elas uma do duque de Rutland, cunhado de Cooper, pedindo desculpas pelo comportamento deste. Outra carta, de teor particularmente revelador, foi escrita pelo duque de Buccleuch a Cooper depois que o ex-primeiro lorde renunciou. Tendo combatido por quatro anos durante a Primeira Guerra Mundial, Buccleuch – que em sua ascensão ao ducado, em 1935, tornara-se o maior proprietário de terras do Reino Unido – era dotado de um compreensível horror à guerra, bem como de uma profunda convicção de que Reino Unido e Alemanha jamais deveriam combater um ao outro novamente. Após a ascensão de Hitler, fez uma série de visitas particulares à Alemanha para estudar o regime e estabelecer contatos amistosos. Como deixa claro seu diário, achava muita coisa a respeito dos nazistas desagradável. Estava, no entanto, convencido de que outra guerra significaria o fim da civilização – certamente o fim da antiga ordem no Reino Unido – e que, portanto, não se deveria poupar esforços na busca de um entendimento com Hitler. Sua carta, tão honesta quanto ingenuamente otimista, diz muito sobre a mentalidade de parte significativa da classe alta britânica na época:

> Poderia algum de nós provar ou julgar antecipadamente que seja impossível em quaisquer circunstâncias confiar em Hitler ou na Alemanha? Talvez Hitler jamais tenha conhecido antes um cavalheiro e estadista, alguém capaz de confrontá-lo e com quem ele possa falar, e esteja mais que surpreso ao perceber-se a ceder consideravelmente a nosso PM [primeiro-ministro]. [...] Se não tivermos um acordo com a Alemanha, nossa única alternativa será a guerra, e a preparação para a guerra. [...] significará que teremos guerra em detrimento de todo o resto, inclusive os gastos consideráveis em nosso programa social. [...] Tinha tanta esperança de que pudesse ser afastado o pesadelo da guerra na Europa, e recuperada a confiança com impulso para a recuperação do comércio, tão necessária a todas as nossas indústrias, entre elas as abatidas atividades agrícola e de lã na Escócia, com as quais tenho profunda ligação (sem falar em minhas ansiedades agrícolas), e de uma revivida prosperidade que permita ao Parlamento executar tudo a que se propõe e [não] impor taxas ainda mais pesadas a nós. [...] Se todo o orçamento nacional for desviado para preparativos de guerra, a deterioração

continuará em outras direções e o descontentamento levará ao efeito repulsivo e desastroso de algum partido socialista no poder. [...] Não acha que nosso PM se saiu muito bem de início com Hitler? E que este tenha grandes oportunidades de lucrar e aprender com mais diálogos? *Por favor*, não seja tão belicoso. Mollie [a duquesa] ficará muito abalada ao saber que você não está mais no comando da Marinha. Sempre incerto a seu respeito, embora torça pelo melhor![11]

Apesar de toda essa cortesia, a época era turbulenta. "Os sentimentos estavam à flor da pele país afora", recordou Barbara Cartland, a popular escritora e irmã de um parlamentar conservador anti-Munique, Ronald Cartland. "Pessoas geralmente calmas e sem inclinações políticas perdiam as estribeiras e ficavam furiosas com os que delas discordavam, reagiam de forma rude e ofensiva à menor das provocações."[12] "Maridos e esposas pararam de se falar, pais e filhos disseram coisas imperdoáveis uns aos outros", escreveu lady Diana Cooper.[13] Segundo seu marido, Duff, os maridos tendiam a apoiar Munique e as esposas a se opor. Richard Law e Harold Nicolson já achavam o contrário. "As mulheres inglesas exibiam medo, e não coragem", repreendeu Nicolson, falando ao Conselho Nacional de Mulheres no início de novembro de 1938. "É possível sentir um inédito temor de que a causa do pacifismo possa até mesmo ter sido engendrada pela insistência geral de que o medo da guerra seja prerrogativa feminina, e de que para elas, naturalmente, os destinos dos povos sejam de menor importância do que a preservação imediata da pele de seus familiares."[14] Ao refletir sobre a situação, um ano depois, Law foi ainda mais condenatório:

> Se mulheres não tivessem direito ao voto, as Associações Conservadoras de Mulheres não existiriam. Elas são as vilãs dessa história. Quão tolos nossos pais foram ao supor que mulheres enobreceriam e santificariam a política. Broncas, intocadas que são por quaisquer considerações que não as mais grosseiramente materiais, não trouxeram à política nada além de degradação e desonra. Antes de 1918, um fenômeno como Neville Chamberlain teria sido inconcebível.[15]

A Mass-Observation tendia a esse ponto de vista. Segundo um apanhado de opiniões colhidas durante a crise, os homens eram mais a favor de "confrontar Hitler", ao passo que as mulheres tendiam a apoiar Chamberlain e seus esforços pela paz. Chamberlain certamente achava ser esse o caso e, ao longo do ano seguinte, tentou reforçar o apoio a suas políticas por meio de apelos às mulheres do Reino Unido.¹⁶

Outra divisão importante, igualmente generalizada, se dava entre os jovens e os velhos. Ao conversar com o eleitorado de Birmingham, Ronald Cartland percebeu que a maior parte dos jovens era contra Munique, enquanto seus pais, que se lembravam da Grande Guerra, defendiam com firmeza o acordo. "Com a possível exceção de Nosso Senhor, esta terra jamais viu homem como o sr. Chamberlain", disse um morador idoso.¹⁷ Outro caso foi o de um universitário de Oxford chamado Christopher Cadogan. Ao voltar para casa, encontrou o pai, o comandante Francis Cadogan (que servira na Marinha Real na Primeira Guerra Mundial), mandando o mordomo trazer champanhe para um brinde ao êxito do primeiro-ministro. Quando o filho se recusou a brindar, o pai expulsou-o de casa e, por algum tempo, não lhe dirigiu a palavra. Christopher posteriormente se afogaria durante o serviço militar ao largo da costa de Chipre.¹⁸

A ira maior era reservada àqueles parlamentares conservadores que haviam se recusado a votar pelo Acordo de Munique e atacavam abertamente o primeiro-ministro. "Queria esmagar-lhe a cabeça até virar geleia", declarou lady Willingdon, esposa de um ex-vice-rei da Índia, após a renúncia de Cooper.¹⁹ "Aqueles traidores, Winston Churchill, seu irmão e os dessa laia deveriam ser fuzilados", ouviu Barbara Cartland durante um almoço em Londres.²⁰ Não que os "traidores" se sentissem intimidados. Churchill "me xingou como uma vendedora de peixes de Billingsgate", reclamou um parlamentar do Partido Conservador após o debate sobre Munique, enquanto Cooper ficou tão alterado durante uma discussão com um parlamentar pró-apaziguamento que acabou apertando sua garganta.²¹ Harold Macmillan queimou uma efígie de Chamberlain durante a Noite de Guy Fawkes de 1938 (para alegria das crianças da aldeia e consternação de amigos ducais de sua esposa) e posteriormente chocaria a plateia de um cinema ao gritar "*Ombrello! Ombrello!*", quando o primeiro-ministro apareceu na tela.²²

Nas semanas seguintes ao debate sobre Munique, quase todos os parlamentares anti-Munique enfrentaram a repressão e até a ameaça de substituição por parte das bases de seus partidos, por incitação do Escritório Central Conservador. "Todos os meus apoiadores proeminentes estão furiosos, meu executivo pediu para falar comigo e tenho a impressão geral de que, em alguma ou em várias das reuniões que tenho na semana que vem, provavelmente serei apedrejado", escreveu lorde Cranborne a Anthony Eden, logo depois do debate sobre Munique.²³ Uma semana depois, escreveu para seu tio, o visconde Cecil: "Estou passando por poucas e boas com meus Blimps,* mas consegui extrair deles, após querela das mais longas, carta branca para dizer o que quiser sobre a política externa do governo. Pensam que sou, ao mesmo tempo, a) um socialista, b) um provocador incendiário e c) um detrator do primeiro-ministro. Não sei o que houve com o Partido Conservador. Parecem-me terrivelmente míopes e equivocados".²⁴

Outros conservadores rebeldes não se safaram tão facilmente. Duff Cooper foi efetivamente posto sob observação por sua associação de St. George's, Westminster, enquanto a duquesa de Atholl reagiu à decisão de sua associação de Kinross e Western Perthshire de procurar um novo candidato para a eleição seguinte, renunciando ao seu assento e concorrendo como independente.** A eleição suplementar que se seguiu foi decididamente nível século XVIII, marcada por maledicências, truques sujos e suborno barato, e todo o peso do Partido Conservador se abateu sobre a duquesa, derrotada por cerca de 1.300 votos. Pouco depois, Leslie Hore-Belisha, o secretário de Estado para a Guerra, do Partido Nacional Liberal, comentou com o correspondente militar do *Times*, Basil Liddell Hart, que "a máquina do Partido Conservador é ainda mais forte que a do Partido Nazista. Suas metas podem ser outras, mas é parecida na insensibilidade e na crueldade. Apaga todos que fogem às suas diretrizes".²⁵

Até mesmo Churchill – em parte graças aos líderes do governo – teve problemas em seu distrito eleitoral de Epping e foi forçado a levar a público que "agiria conforme o desejo dos eleitores" se não obtivesse o apoio de sua associação.²⁶ Quando soube disso, lorde Rothermere (que apoiava Munique, mas não queria ver Churchill afastado da Câmara dos Comuns) escreveu ao velho amigo e pediu-lhe que "fosse mais devagar". "A reputação de Neville Chamberlain permanecerá intocada enquanto ele for primeiro-ministro, e qualquer membro de seu partido que desafiá-lo pode sofrer um eclipse total",

---

* O termo designa um segmento da classe média inglesa de maioria militar e com fama de intolerante às ideias alheias. [N. T.]

** A "Duquesa Vermelha" – tão célebre por seu apoio assumido aos republicanos espanhóis – estava em uma turnê de palestras pelos Estados Unidos na época do debate sobre Munique. Ao retornar ao Reino Unido, contudo, tornou pública sua oposição por meio de discursos e panfletos que criticavam o acordo.

alertou o barão da imprensa. "O povo tem tanto medo de ser bombardeado que apoiará qualquer um que mantenha a guerra distante daqui. [...] Não confio no eleitorado de Epping, pois o lugar está localizado em uma das rotas pelas quais os aviões inimigos se aproximarão de Londres."[27]

Em tais circunstâncias, não surpreende que quase nenhum dos conservadores rebeldes tenha ousado fazer campanha pelo candidato anti-Munique da Frente Popular na eleição suplementar de Oxford, marcada para 27 de outubro de 1938. De fato, só um conservador com mandato foi destemido ou imprudente o bastante para fazer a viagem a Oxford e falar contra o candidato conservador: Harold Macmillan, que disse perante um comício de exaltados antimuniquenses que "sempre se pode acalmar leões atirando cristãos a eles, mas os cristãos dão a isso outro nome".[28]

Em qualquer outra época a eleição suplementar de Oxford nada teria tido de notável. Era um assento que os conservadores detinham desde 1885 (com exceção de dois anos), e seu candidato, Quintin Hogg, de 31 anos, era filho de lorde Hailsham, um membro ativo do Gabinete. Marcada para apenas quatro semanas depois de Munique e sem candidato trabalhista ou liberal, com ambos os partidos abrindo mão de concorrer em favor de um único candidato antiapaziguamento, A. D. "Sandie" Lindsay, diretor do Balliol College, acabou assumindo as características de um referendo sobre Munique. Como noutros lugares, eram os jovens os que mais se erguiam contra o acordo. Duas semanas antes da votação, um aluno do Balliol e organista assistente chamado Edward Heath, apesar de membro proeminente da Associação Conservadora da Universidade de Oxford, persuadiu membros da Oxford Union a apoiar a moção "Que esta casa deplora a política governamental de paz sem honra".[29] Outros jovens – principalmente de esquerda – que fizeram campanha por Lindsay e posteriormente tiveram suas próprias e renomadas carreiras políticas foram Roy Jenkins, Denis Healey, Patrick Gordon Walker, Richard Crossman, Frank Pakenham e Christopher Mayhew.

Sandie Lindsay era um candidato improvável para a Frente Popular. Professor de filosofia moral e socialista cristão, sua forma de mostrar solidariedade para com os desempregados era proibir que se servisse lagosta Newburg no bandejão. Graças a seu bando de entusiasmados jovens apoiadores, porém, a eleição suplementar de Oxford virou um pandemônio. "Votar em Hogg é votar em Hitler!", gritavam os apoiadores de Lindsay. "Vote em Hogg e salve sua pele", rebatia o próprio.[30] Hogg acabou vencendo por mais de 3 mil votos de diferença, mas a maioria conservadora foi reduzida à metade. Na véspera da votação, Hogg descrevera Munique como "o maior milagre feito por um único homem na era moderna".³¹ No dia seguinte, disse a seus radiantes apoiadores que a vitória não havia sido sua, mas sim do sr. Chamberlain.³²

Chamberlain logo se arrependeria de sua exuberância disraeliana na janela da Downing Street. No encerramento do debate sobre Munique, em 6 de outubro de 1938, procurou minimizar sua declaração sobre "paz para nosso tempo", explicando que tais palavras haviam sido ditas "em um momento de alguma emoção, após um dia longo e exaustivo, depois de passar por quilômetros de gente agitada, entusiasmada, radiante".³³ Como sua correspondência particular deixa claro, no entanto, o primeiro-ministro acreditava de fato que Munique havia sido um triunfo que, devidamente administrado, poderia levar à paz duradoura que ele ambicionava. "Tenho certeza de que algum dia os tchecos vão entender que garantimos a eles um futuro mais auspicioso", escreveu, talvez com uma ponta de remorso, em 2 de outubro ao arcebispo de Canterbury. "E creio sinceramente termos enfim aberto o caminho àquele apaziguamento geral que por si só pode salvar o mundo do caos."³⁴ Algumas semanas depois, confessou à sua madrasta achar "difícil acreditar que outra crise tão aguda e ameaçadora pudesse se formar", ao menos por um longo período de tempo, e que de fato buscava "uma restauração da confiança que nos permita a todos parar de nos armar e retornar à tarefa de fazer do mundo um lugar melhor para se viver".³⁵

Poucos colegas de Chamberlain compartilhavam dessa análise. Para um grande número de conservadores, no governo e fora dele, Munique havia sido uma experiência traumática que a falta de preparo do país para a guerra tornara inevitável. No entanto, eram logo cortados pelo primeiro-ministro quando argumentavam – como apoiadores de Munique posteriormente fariam em defesa de Chamberlain – que o tempo ganho pelo acordo deveria ser usado para redobrar o rearmamento britânico. "Mas veja, eu trouxe a paz", queixou-se Chamberlain a lorde Swinton, que fizera precisamente essa exigência em troca de apoio ao acordo.³⁶ Algumas semanas depois, em 31 de outubro, voltou-se contra os ministros do Gabinete – que incluíam Elliot, Winterton, De La Warr, Stanley, Hore-Belisha, Kingsley Wood e, principalmente, Halifax – que defendiam uma expansão ou aceleração do rearmamento. "Nossa política externa foi o apaziguamento", explicou o primeiro-ministro, acrescentando que "muita falsa ênfase foi dada [...] ao rearmamento, como se um resultado do Acordo de Munique tivesse sido a necessidade de ampliar nossos programas de rearmamento. A aceleração de programas que já existam é uma coisa; aumentar o escopo de nosso programa e levar a uma nova corrida armamentista é algo bem diferente. Esperava que fosse possível tomar medidas práticas e dar sequência ao Acordo de Munique com iniciativas que visem assegurar relações melhores", e esperava ainda que "algum dia possamos assegurar medidas para limitar armamentos, mas era cedo demais para dizer quando isso se provaria possível".[37]

Ainda mais incômodos para Chamberlain eram os parlamentares conservadores, que continuavam a atacá-lo e à sua grande realização. "Não é característica de Estados totalitários, de forma alguma, o costume de emporcalhar o próprio ninho", alfinetou de forma reveladora na Câmara dos Comuns em 1º de novembro.[38] Achava especialmente cansativo ter de manter na linha a "irmandade mais fraca" (como estava habituado a chamá-los) dentro de seu próprio governo e ao mesmo tempo se defender de Churchill e de seus apoiadores, que "sustentam uma conspiração cotidiana contra mim".[39] Nessa batalha, contudo, o primeiro-ministro tinha uma vantagem secreta. Desde a renúncia de Eden, sir Joseph Ball, o sinistro ex-agente do MI5, não estivera nada inativo e, nesse meio-tempo, cuidara de grampear os telefones de vários antiapaziguadores de renome, Churchill entre eles. "Eles evidentemente nada sabem quanto à minha ciência de seus atos", gabou-se Chamberlain à irmã Ida. Mas "tive informações contínuas sobre o que diziam e faziam, o que pela enésima vez provou o quanto Winston pode se enganar por completo".[40]

Mais preocupante para o primeiro-ministro era quão rapidamente a adulação de Munique se desgastara. Embora os conservadores tenham conseguido manter Oxford, perderam uma eleição complementar em Dartford na semana seguinte – igualmente disputada em torno da questão de Munique – e, em 17 de novembro, em Bridgwater, Vernon Bartlett, concorrendo como candidato independente antiapaziguamento, obteve uma vitória sensacional. Em torno da mesma época, uma enquete proposta pelo *News Chronicle* constatou que 86% dos ingleses consultados não acreditavam em Hitler quando dizia não ter mais ambições territoriais. De início, a descoberta foi mantida fora das páginas do jornal, cujo diretor-geral, sir Walter Layton, a quem o governo não dava a menor atenção, não queria "exacerbar sentimentos na

Alemanha".⁴¹ Mas uma série de outros sinais sugeriam um clima de descontentamento crescente, como esta carta anônima aos jornais, de meados de outubro:

> Vejo que o segmento de exportação de corações está bastante ativo, posto que o arcebispo de Canterbury anunciou que os nossos estão com os tchecos. Creio que o primeiro grande carregamento saiu em 1935, quando, vocês vão lembrar, nossos corações estavam com os "galantes abissínios" (nosso petróleo, é claro, estava com Mussolini). Desde então grandes entregas foram feitas à Espanha, à Áustria e à China. Espero que os consignatários tenham sido gratos, embora haja rumores de que algumas das nações menores estejam cochichando – com certa malícia – que, além dos corações, mandamos também nossos culhões.⁴²

Hitler também não facilitava o lado de Chamberlain. Ressentido com as potências ocidentais por terem "roubado" dele "sua pequena guerra" e com raiva do povo alemão por mostrar tamanho entusiasmo pela manutenção da paz, soltou os cachorros no que o diplomata alemão Ulrich von Hassell rotulou um "discurso incompreensivelmente grosseiro" em Saarbrücken em 9 de outubro, chamando de provocadores incendiários Cooper, Eden e Churchill e alertando o Reino Unido para parar com "a presunção dos dias de Versalhes" e manter distância dos interesses alemães.⁴³ "Não podemos tolerar mais a tutela de governantas!", declarou.⁴⁴ Algumas semanas depois, repetiu esses ataques em Weimar, ao mesmo tempo que celebrava o fato de a Alemanha já não ser mais governada por líderes burgueses "do tipo que carregam guarda-chuvas".⁴⁵ E ainda viria coisa muito pior.

Na manhã de 7 de novembro de 1938, o terceiro secretário da embaixada alemã em Paris tomou um tiro fatal de um judeu polonês de dezessete anos. Incitado por Goebbels, Hitler decidiu que chegara a hora de os judeus alemães "sentirem a ira do povo".⁴⁶ A polícia foi retirada das ruas, tomadas pelas SA. Na noite de 9 para 10 de novembro, uma onda de violência antissemita e destruição assolou a Alemanha e a Áustria. Foram queimadas ou explodidas 267 sinagogas; mais de 7.500 lojas cujos donos eram judeus foram arrasadas. Lares judeus, invadidos por gangues paramilitares, foram vandalizados e saqueados, e seus ocupantes espancados ou submetidos a atos bestiais de depravação. Centenas de judeus foram assassinados, e outros tantos preferiram dar cabo da própria vida, jogando-se de prédios ou cortando os pulsos. Nos dias seguintes ao *pogrom*, cerca de 30 mil homens judeus foram presos e levados para Dachau, Buchenwald e Sachsenhausen.

A chamada Noite dos Cristais deixou estarrecida a opinião pública no Reino Unido e pelo mundo afora. O *News Chronicle* falou em um "*pogrom* de uma fúria sem paralelo desde a Idade das Trevas", enquanto o *Times* declarou que "nenhum propagandista estrangeiro disposto a difamar a Alemanha perante o mundo poderia superar essas histórias de incêndios e espancamentos, de ataques traiçoeiros a gente indefesa e inocente, que ontem desgraçaram aquele país".47 Para Wilson Harris, editor do *Spectator*, favorável a Chamberlain, a palavra "apaziguamento" havia sido destruída pelos eventos da semana anterior – e aparentemente a maioria da população britânica compartilhava desse ponto de vista. De acordo com uma pesquisa de opinião do Gallup, 73% concordavam com a seguinte afirmação: "A perseguição aos judeus na Alemanha é um obstáculo ao entendimento entre o país e o Reino Unido".48

Até mesmo os pró-alemães reagiram com repulsa, ainda que para alguns a causa maior de lamentações fosse o dano provocado à tese do apaziguamento. "Devo dizer que Hitler jamais ajuda e sempre torna mais difícil a tarefa de Chamberlain" foi o casual comentário de Chips Channon em seu diário, na data de 15 de novembro de 1938. Uma semana depois, havia enriquecido de certa forma sua atitude:

> Ninguém jamais me acusou de ser antialemão, mas realmente não tenho mais como lidar com o atual regime, que parece ter perdido todo o bom senso e a razão. Estariam loucos? As perseguições aos judeus levadas a grau tão diabólico são míopes, cruéis e desnecessárias, e agora, nos contam os jornais, deverá haver também perseguições aos católicos.49

Outros confraternizadores de nazistas a registrar desgosto e decepção foram lorde Londonderry, que reconhecia tardiamente não haver chance de falar em apaziguamento colonial enquanto a Alemanha se envolvia em "uma perseguição [...] medieval em sua ferocidade", e lorde Mount Temple, que renunciou à direção da Sociedade Anglo-Germânica.50 Lorde Brocket, por outro lado, manteve a viagem para atirar com Göring e, ao voltar à Inglaterra, transmitiu a mensagem insistente do anfitrião e do próprio Hitler de que não tinham conhecimento nem envolvimento nas recentes perturbações. Ele deve ser "o mais crédulo dos idiotas", registrou Horace Rumbold, opinião que só pode ser considerada tremendamente benevolente.⁵¹

Os Estados Unidos foram o país onde houve protestos mais ruidosos e mais forte reprovação ao governo alemão. O presidente Roosevelt condenou a violência em uma entrevista coletiva em 15 de novembro e anunciou ter chamado de volta o embaixador norte-americano. Houve reprovação da parte das duas casas do Congresso, bem como do ex-presidente Herbert Hoover, que deplorou perante as câmeras dos cinejornais "a brutal intolerância sem paralelo na história moderna".⁵² "A opinião pública, sem exceção, está inflamada e hostil contra a Alemanha", reportou o embaixador alemão, Hans-Heinrich Dieckhoff, em 14 de novembro. Além disso, a grita não partia "apenas de judeus, mas igualmente de todos os campos e classes", incluindo os norte-americanos que haviam sido até então pró-Alemanha. "Me chama a atenção em particular", continuou o embaixador, "que, com raras exceções, os círculos de respeitáveis patriotas, que são tremendamente anticomunistas e, em grande parte, eles mesmos antissemitas, também já começam a se afastar de nós."⁵³

O efeito da Noite dos Cristais entre os norte-americanos foi destruir de vez qualquer resquício de fé no apaziguamento. Apesar do telegrama com a mensagem "Muito bom" enviado por Roosevelt a Chamberlain ao saber do convite feito por Hitler para a cúpula de quatro potências, o entusiasmo do presidente e da maior parte dos norte-americanos pelo Acordo de Munique durou pouco.⁵⁴ Muitos cidadãos dos Estados Unidos, na verdade, criticavam desde o início a forma como os britânicos conduziam a crise tcheca e, como explicou Joseph Kennedy a Anthony Eden, a tendência ao sentimento "antibritânico" nos Estados Unidos era mais forte que nunca.⁵⁵ Para se contrapor a ela, o embaixador norte-americano (que ainda tinha fé no apaziguamento mesmo que seus compatriotas não tivessem) insistiu com Eden para aceitar um convite da Associação Nacional de Produtores Industriais para discursar na conferência deles em Nova York, em 9 de dezembro. Tendo recusado de início o convite, Eden foi persuadido e, em 3 de dezembro de 1938, embarcou no *Aquitania* armado com uma caixa da champanhe Ambassador.

Eden foi recebido como se fosse um astro de Hollywood. Cerca de 4 mil pessoas se aglomeraram no Waldorf Astoria para ouvir seu discurso, transmitido ao vivo por três redes nacionais de rádio. Quando entrou no restaurante do hotel, "Land of Hope and Glory" começou a tocar e um enxame de fotógrafos passou a cercá-lo, registrando cada garfada. Quando ia começar a falar, recebeu um bilhete de outra mesa: "De uma forma ou de outra, não se importe com os fotógrafos – Noël Coward".⁵⁶ O mundo corria sérios riscos, disse Eden a seu público, mas a Grã-Bretanha estava preparada para enfrentá-los como fizera noutros momentos de sua história, "não sendo degenerada nem medrosa". Certamente não esperava convencer outros a "livrar sua pele".⁵⁷

Suas palavras caíram extremamente bem. O Congresso registrou o discurso em seus anais oficiais, e Eden era saudado e aplaudido onde quer que fosse. A imprensa norte-americana estabeleceu um novo patamar de hipérbole. "Ele é o príncipe charmoso, são Jorge lutando contra os dragões. Renunciou por princípio. Não é um oportunista. É capaz de se aguentar de pé até o último *round* e voltar à carga após um nocaute. É um inglês", elogiava o *New York Herald Tribune*.⁵⁸ "O senhor poderia se candidatar a presidente aqui e tirar de letra", cumprimentou-o Al Smith, ex-candidato à presidência pelo Partido Democrata.⁵⁹ Mas ainda assim, e por mais que lhe agradasse ter o nome cantado em verso e prosa, Eden ficou alarmado pela percepção norte-americana de Chamberlain e de seu governo. "Fiquei horrorizado com a atmosfera que encontrei", escreveu para Stanley Baldwin ao retornar.

> A pobre Nancy [Astor] e seu círculo de Cliveden causaram muitos danos, e 90% dos EUA foram firmemente persuadidos de sermos, eu e você, os dois únicos *tories* que não são fascistas disfarçados. [...] A maior parte do meu tempo foi gasta em afirmar que Neville não é fascista e nem John Simon é sempre um "duas-caras". [...] Espero não ter incorrido tanto em falso testemunho em nome de J. S. [...] Kennedy estava certo em se preocupar, e, quanto a mim, continuo. Este governo é demasiadamente de direita para recuperar a confiança desta gente, e alguém devia fazer Nancy fechar as portas de Cliveden.⁶⁰

Atitudes semelhantes encontrou o jornalista escocês Robert Bruce Lockhart, ex-diplomata e espião, ao embarcar para uma turnê de palestras pelos EUA em janeiro de 1939. "Em quase todos os lugares em que estive era forte o sentimento antinazista. Mas ainda mais amargas eram as críticas ao governo inglês", observou. A maioria das piadas tinha como alvo o primeiro-ministro britânico – por exemplo, a tirada de Dorothy Parker sobre Chamberlain ser "o primeiro chanceler da história a engatinhar a quatrocentos quilômetros por hora" –, e o principal acessório de moda para senhoras que julgassem que o Reino Unido deveria ter dado apoio à Tchecoslováquia era um broche de lapela no formato de um guarda-chuva branco. A atitude dominante foi capturada em um panfleto intitulado *England: A Dying Oligarchy* [Inglaterra: uma oligarquia moribunda], cujo autor, o romancista e jornalista Louis Bromfield, estabelecia "no melhor estilo de Birmingham" tudo o que resultara ou ainda iria resultar da política britânica de apaziguar Estados ditatoriais:

1. Imensa perda de prestígio através de Europa, Ásia e América.
2. Imenso prejuízo à causa da amizade anglo-americana e ao respeito dos norte-americanos pela Inglaterra.
3. Imensas perdas para os investidores britânicos, bem como os estrangeiros, tanto em receita quanto em capital.
4. Imenso conforto e estímulo a ditadores e elementos fora da lei no mundo.
5. A perda da liderança britânica perante as democracias.
6. Dominação estrangeira no Mediterrâneo, tão vital para a vida do Império Britânico.

Felizmente para os ingleses, os nazistas haviam conseguido alienar ainda mais a opinião pública norte-americana. A frustração para com os britânicos era derivada da ampla aversão aos nazistas, cuja propaganda era tão grosseira que conseguia tornar seus crimes ainda piores, como por exemplo no panfleto *George Washington: The First Nazi* [George Washington: o primeiro nazista]. Na reflexão irônica de Bruce Lockhart, "o melhor embaixador britânico que já tivemos nos Estados Unidos foi Adolf Hitler".[61]

Assim como a praticamente todos, a Noite dos Cristais chocou Chamberlain. "Está claro que o ódio nazista não tem limites para encontrar um pretexto para suas barbaridades", escreveu a Ida, embora sua maior queixa residisse no fato de que "parece haver alguma fatalidade a respeito das relações anglo-germânicas que invariavelmente emperra todos os esforços para melhorá-las".[62] Claramente era impossível naquele momento investir em novos esforços de apaziguamento. E mesmo assim Chamberlain não estava disposto a abandonar toda a sua política só por causa da bestialidade doméstica dos alemães.

Em 23 de novembro de 1938, um homem de terno cinza-escuro e casaco leve de *tweed*, de cerca de 1,80 metro de altura e olhos azuis, grande nariz reto e cabelo preto se esgueirou para dentro da embaixada alemã na Carlton House Terrace. George Steward, secretário de imprensa do primeiro-ministro, fora até lá para uma conversa secreta com o secretário de imprensa alemão, Fritz Hesse. A relação entre os dois já existia. Steward havia agido por algum tempo, provavelmente sob a supervisão de sir Joseph Ball, como o canal secreto entre o primeiro-ministro e os alemães, assim como Adrian Dingli fora um elo com os italianos. Em sua última visita, doze dias depois de Munique, Steward implorara aos alemães para "enfatizarem o quanto necessário" em sua propaganda que "confiavam em Chamberlain, pois este desejava a paz", e para "expor seu desejo de uma amizade duradoura com o povo britânico". A importância disso, explicava Steward, era que o primeiro-ministro trabalhava pela harmonia anglo-germânica contra a vontade do Secretariado das Relações Exteriores, que tentava "sabotar" seus planos, e até mesmo de alguns membros de seu próprio gabinete.[63]

Agora, duas semanas após a Noite dos Cristais, o emissário secreto do primeiro-ministro viera retransmitir o urgente desejo de Chamberlain de que fosse dado "algum passo na direção traçada pelo Acordo de Munique". Steward sugeria em particular um acordo voltado a "humanizar" a guerra aérea ou até mesmo "uma declaração conjunta anglo-germânica sobre o reconhecimento às respectivas zonas principais de influência". Para isso, seria importante que Ribbentrop ou algum outro ministro alemão viajasse a Londres, pois era impossível a Chamberlain fazer nova viagem à Alemanha sem que as coisas avançassem. O governo britânico, sim, poderia, no entanto, "garantir" ao ministro alemão um discurso favorável de sua parte na comunicação oficial à imprensa britânica, pois Rex Leeper, o chefe notoriamente antinazista do departamento de imprensa do Secretariado das Relações Exteriores, havia sido deposto em uma purga pós-Munique. O relatório de Hesse para Ribbentrop sobre essa conversa em caráter extraordinário trazia a seguinte conclusão:

> Essa sugestão surpreendente é, se posso expressar uma opinião, outro sinal do quão grande é o desejo de um entendimento conosco aqui na Inglaterra, e é prova também [...] de que a Grã-Bretanha está pronta, durante o próximo ano, a aceitar praticamente tudo de nós e a conceder-nos todos os nossos desejos. De resto, é significativo que esse funcionário tenha aproveitado a oportunidade de me informar em detalhes as medidas que o governo inglês tomou de forma espontânea para dar fim ao sentimento ruim causado pelo antissemitismo, de forma a retirar essa causa específica de fricção em nossas relações.[64]

A visita de Steward não passou desapercebida. O MI5 conseguira arregimentar um agente dentro da embaixada alemã, e um relatório da visita do assessor de imprensa, acrescido de sua descrição e de uma cópia do memorando de Hesse, logo se encontraria na mesa do subsecretário permanente das Relações Exteriores. Cadogan ficou chocado com o que leu. "Ainda que as negociações secretas sejam bem-sucedidas, só poderão resultar em desconforto aos moderados na Alemanha, em conforto aos extremistas no poder e em algum 'ajuste' de araque que será o início do fim para o Império Britânico", disse em sua ata.[65] Halifax confrontou Chamberlain, que se fingiu "horrorizado" com a revelação.[66] Cadogan não se convenceu disso; porém, como consolo, pensou que a partir dali quaisquer contatos futuros seriam impossíveis. Steward visitara pela última vez a Carlton House Terrace.

Chamberlain estava cada vez mais desmoralizado. Ainda que tenha falado a Hilda sobre a "maravilhosa recepção" a ele e a Halifax na visita a Paris entre 23 e 26 de novembro de 1938 – pensada para dar "ao povo francês a chance de despejar seus sentimentos reprimidos de gratidão e afeição", bem como fortalecer Daladier –, houve também vaias e gritos de "*Vive Eden!*" e "*A bas Munich*".[67] Ao mesmo tempo, Chamberlain encontrava críticas recorrentes e crescentes dentro de seu próprio partido. Em carta subsequente à irmã, ele continuava dizendo que naquela semana "um ministro de segundo escalão [Robert Hudson, secretário de Comércio Exterior] me procurou e me intimou, dizendo que, a não ser que me livrasse de ao menos dois e preferencialmente quatro dos meus colegas", que Hudson e seus aliados não acreditavam estarem se dedicando de fato ao rearmamento, "ele e uma série de outros jovens ministros teriam de reconsiderar suas posições".[68] No fim das contas, a assim chamada Revolta dos Subsecretários não deu em nada, mas o primeiro-ministro ficou em estado tanto de alerta máximo quanto de autocomiseração. "Às vezes penso querer que a democracia vá para o inferno e me pego a pensar qual PM já teve de passar pelo que estou passando", reclamou a Ida em 17 de dezembro.[69]

Bem mais perturbadora era a miríade de sinais de que Hitler, longe de se acalmar e tornar-se o estadista pacífico e saciado que Chamberlain esperava, se preparava para novas aventuras. Em 14 de outubro, passadas apenas duas semanas da Conferência de Munique, Göring anunciou uma gigantesca expansão do rearmamento alemão (com a Luftwaffe aumentando cinco vezes de tamanho) e, no início de dezembro, o governo alemão fez a notificação formal de que pretendia exercer uma cláusula do Tratado Naval Anglo-Germânico pela qual estaria autorizado a igualar o total de submarinos britânicos. Tais declarações públicas eram acompanhadas por relatos de inteligência segundo os quais Hitler, "à beira da insanidade", estava "consumido por um ódio irracional a este país", enquanto a imprensa alemã engajava-se em peçonhenta campanha para retratar a Grã-Bretanha como "inimigo público número um".[70]

O pressuposto inicial foi de que o próximo ataque alemão ocorreria no Leste. Os serviços de inteligência acreditavam ser a Ucrânia o novo objetivo de Hitler, suposição esta que os contatos de sir Robert Vansittart corroboravam. Em meados de dezembro, contudo, Ivone Kirkpatrick, primeira secretária da embaixada britânica em Berlim, ouviu de um agente diplomático sênior aposentado com bons contatos na Wehrmacht que Hitler pretendia "bombardear Londres em março".[71] Isso se provaria boato, cuja fonte foi possivelmente o diretor da inteligência militar alemã, o almirante antiguerra Wilhelm Canaris, procurando assustar os britânicos e fazê-los assumir uma posição de firmeza. Até certo ponto funcionou. Halifax de fato ficou alarmado, e uma bateria antiaérea foi instalada no quartel de Wellington, à plena vista da embaixada alemã. Mais ou menos na mesma época, o Gabinete deu permissão para a construção de uma nova fábrica de armamentos nos arredores de Glasgow, com previsão de produzir mais de trezentos canhões antiaéreos por ano. Para aqueles que havia anos faziam furor em nome de um maior investimento em defesa, era uma nesga de boa notícia. "Estas ondas de medo nos fazem avançar um pouquinho a cada vez", observou o general de brigada Henry Pownall, e, se "tivermos dessas crises em quantidade suficiente, talvez consigamos até mesmo montar uma força de campo devidamente equipada sem que o chanceler, Sam Hoare e outros do mesmo naipe sequer se deem conta!"[72]

Em todos os demais aspectos, porém, pouco havia a celebrar. Ao escrever no seu diário em 22 de dezembro de 1938, o máximo que Cadogan conseguiu dizer sobre aquele ano "extenuante e aflitivo" foi terem chegado "todos vivos e bem" ao final dele. Seria 1939 igual? Cadogan duvidava. "Parece-me que, a não ser que haja uma revolução na Alemanha, chafurdaremos na guerra. E a esperança de que haja é das menores. Só me resta rezar a Deus que me ajude a fazer o pouco que for possível na minha esfera, além de abençoar-nos a todos e guiar-nos em segurança durante este período."⁷³ Harold Nicolson, avaliando o cenário a partir de Sissinghurst, o castelo em estilo Tudor em Kent adquirido por sua família em 1930, ofereceu a 1938 exéquias igualmente sombrias: "Foi um mau ano. Chamberlain destruiu o equilíbrio do poder, e Niggs [seu segundo filho] teve um terceiro. Um ano sórdido. Ano que vem será pior".⁷⁴

XIX
Chamberlain traído

Ninguém em Birmingham jamais faltara com uma promessa ao prefeito; é certo que ninguém na Europa faltaria com uma promessa ao primeiro-ministro da Inglaterra.
Duff Cooper, "Chamberlain: A Candid Portrait" ["Chamberlain: um retrato sincero"].[1]

O trem especial chegou ao principal terminal de Roma pontualmente às 16h20 de 11 de janeiro de 1939. A plataforma fora aumentada, avançando sobre duas sequências de trilhos, e a estação, assim como o resto da cidade, estava adornada com bandeiras, a Union Jack britânica e a Tricolor italiana. Mussolini, de jaqueta militar preta trespassada justa, esperava na plataforma. Trazia no rosto um "belo sorriso afetado". Ao seu lado, Ciano, com sua boina arrogantemente enviesada, e alguns figurões fascistas.[2] Estava presente ainda o embaixador britânico, lorde Perth, e cerca de mil membros da colônia britânica. Quando o trem parou, a banda começou a tocar e Chamberlain saiu sorrindo de seu vagão, de encontro à saudação fascista e à mão enluvada do Duce. Segundo o comentarista do cinejornal, houve quase um "momento de alívio" quando a multidão percebeu que o primeiro-ministro não esquecera o guarda-chuva, que trazia a tiracolo juntamente com uma cartola reluzente, ao inspecionar a guarda de Granatieri di Sardegna, assim como a guarda pessoal do Duce.[3] Os quatro homens – Chamberlain, Mussolini, Halifax e Ciano – saíram então do local sob os aplausos de uma multidão.

Apesar das entusiásticas boas-vindas, a visita de Chamberlain e Halifax a Roma foi polêmica. Em 16 de novembro de 1938, o Reino Unido finalmente ratificara o acordo anglo-italiano, mas apenas depois de Mussolini chantageá-los ao ameaçar formar aliança militar com a Alemanha a não ser que o acordo entrasse em vigor imediatamente. Seguiu-se uma furiosa campanha de propaganda contra a França, lançada em 30 de novembro de 1938, quando a Câmara dos Deputados fascista irrompeu em gritos de "Túnis, Córsega, Nice, Savoy".[4] A população francesa ficou enfurecida, e Daladier declarou que não cederia um centímetro do território do país. Sua postura desafiadora foi aplaudida pelos jornais ingleses, que criticaram severamente a provocação italiana, e Daladier a sublinhou com sua bem-divulgada viagem de Ano-Novo pelas possessões francesas no Norte da África e no Mediterrâneo. Mas nada disso diminuía o impacto negativo que a ideia de uma cúpula anglo-italiana tinha sobre a França, e, como registrou sir Alexander Cadogan em 2 de dezembro, seu embaixador implorava aos britânicos para "dar uma traulitada na cabeça dos sorveteiros".*[5]

Como provaria a história, não havia por que os franceses se preocuparem. Ainda que Chamberlain fosse secretamente favorável à França fazer concessões territoriais de forma a obter uma aproximação com a Itália, não levantou a questão e nem tentou fazer ele mesmo um acordo. A visita, como Ciano reportou a Ribbentrop, foi na verdade "uma grande limonada".[6] Os britânicos foram levados à ópera, puseram flores no Túmulo do Soldado Desconhecido e assistiram a *signorinas* atléticas fazer exercícios estranhos com bolas medicinais. Compreensivelmente, consideraram ridículo o *passo romano* – plágio descarado do passo de ganso alemão –, ainda que a visão de meninos italianos a erguer rifles em miniatura os tenha trazido de volta à seriedade.

Para Chamberlain, a viagem foi memorável. Aonde quer que fosse, era recebido calorosamente por multidões que se reuniam de forma espontânea; quando se acomodou para a primeira conversa com o Duce, a polícia teve de interceder e domar o tumulto à frente do Palazzo Venezia. Chamberlain gostava de Mussolini. Ao contrário de Hitler, não parecia um "fanático" e tinha até senso de humor. Em carta ao rei ao retornar de sua viagem, o primeiro-ministro fez uma vívida descrição do ditador italiano, com sua pele escura – "mais escura que a de muitos indianos" – e olhos amarronzados. Apesar de grandes esforços para manter a forma, Chamberlain achou que Mussolini ganhara peso, embora "se mantenha extremamente atento e vigoroso, mental e fisicamente".[7] Uma possível fonte dessa vitalidade sobre a qual os britânicos

---

* Termo derrogatório então associado aos italianos. [N. T.]

especulavam era a fofoca sobre "Musso" (como Chamberlain sempre o chamava) ter trocado recentemente de amante. "Havia uma mulher italiana que supostamente o exauria", escreveu o secretário particular de Halifax, Oliver Harvey, "e ele agora tem uma alemã ou tcheca, mais calma ao que se diz!" Essa informação Chamberlain não passou ao rei.[8]

O primeiro-ministro cria ter alcançado seus objetivos primordiais: enfraquecer o Eixo Alemanha-Itália e persuadir Mussolini a conter quaisquer atos de "cachorro louco" de Hitler.[9]

"Sinto-me confiante de que os contatos pessoais estabelecidos cuidarão de manter Mussolini nos trilhos", disse ao rei. As atas do Gabinete de 18 de janeiro de 1939 registram a convicção do premiê de que "o Signor Mussolini e Herr Hitler não têm como serem muito simpáticos um ao outro".[10] A realidade, que estava ao alcance dos olhos de praticamente qualquer embaixador fora o ineficiente Perth (Harvey achava que ele nem sequer sabia falar italiano), era muito diferente. Apesar de momentos de apreensão devido às ambições de Hitler, Mussolini encontrava-se firmemente do lado dos alemães e, meros dez dias antes da visita britânica, decidira transformar o Pacto Anti-Comintern entre Alemanha, Itália e Japão em aliança militar plena. Além disto, em trágico contraste com a visão edulcorada que Chamberlain tinha dele, o Duce nutria péssima impressão das autoridades britânicas. Voltando-se para Ciano depois do jantar de gala no Palazzo Venezia, na primeira noite da visita, expôs a contundente opinião de que Chamberlain e Halifax não eram constituídos do mesmo material "que os Francis Drake e outros aventureiros magníficos que criaram o Império", mas sim "os filhos decadentes de uma longa linhagem de homens ricos, e vão perder o Império".[11] Pior, caçoou do guarda-chuva de Chamberlain.

Enquanto isso, continuavam a circular rumores de um iminente ataque alemão. Graças ao trabalho do almirante Canaris e seu chefe do Estado-Maior, Hans Oster, ainda em sua tentativa de assustar as potências ocidentais e fazê-las acelerar o rearmamento, agora a Holanda parecia ter se tornado prioridade nos planos alemães e falava-se até da Suíça como um alvo em potencial. Ao mesmo tempo, havia mais relatos de que Hitler tramava um ataque aéreo de grandes proporções à Grã-Bretanha, pois aparentemente cria que Londres "poderia ser destruída em questão de dias por bombardeios incessantes".[12] "É consenso entre os informes que o período de maior risco se inicia ao final de fevereiro", explicou Halifax em telegrama ao presidente Roosevelt.

O governo de Sua Majestade não deseja ser alarmista, mas hoje, como em julho, agosto e setembro do ano passado, é notável que haja uma tendência geral a perpassar todos os informes, e é impossível ignorá-los. [...] Ademais, a condição mental de Hitler, seu ódio irracional à Grã-Bretanha e sua megalomania, que desestabilizam os moderados ao seu redor, são totalmente consistentes com a execução de um *coup* desesperado contra as potências ocidentais.[13]

Quando o Comitê para a Política Externa se reuniu em 23 de janeiro de 1939, concordou-se que um ataque à Holanda consistiria em *casus belli* e, em 6 de fevereiro, Chamberlain se viu obrigado a anunciar na Câmara dos Comuns que qualquer ameaça aos "interesses vitais da França [...] incorrerá na imediata cooperação deste país".[14]

Os relatos de inteligência e o compromisso assumido com a França prenunciaram a morte da responsabilidade limitada. Halifax se preocupava havia algum tempo com o risco de a ausência de um compromisso continental tornar os franceses tão derrotistas a ponto de nem sequer conseguirem defender as próprias fronteiras ou de serem forçados a fazer um acordo com a Alemanha. Em 26 de janeiro, ele disse ao Comitê pela Defesa Imperial ter passado a apoiar um compromisso total com o continente, o que incluiria triplicar a Força Expedicionária Britânica, dobrar as Forças Territoriais, negociações de cúpula e recrutamento. O secretário das Relações Exteriores falava em apoio a Leslie Hore-Belisha, que, além de tudo o que já foi citado, fazia pressão por um Ministério do Abastecimento. "Disse-lhes que, caso nos envolvamos numa guerra, passaremos por dificuldades de subsistência, não se tratando de uma guerra em que possamos controlar danos", registrou o secretário de Guerra em seu diário. Ademais, "o impacto da próxima guerra [...] será tão avassalador que, caso não exista desde o início um Ministério do Abastecimento, há risco de a guerra ser perdida antes mesmo que se possa estabelecer tal organização".[15]

Chamberlain inicialmente manteve a postura de resistir a tais pressões. Disse ao Gabinete em 2 de fevereiro que "pode-se argumentar incontestavelmente em nome de um incremento de armamentos em cada força, caso ignoremos o aspecto financeiro da proposta. Mas não se pode ignorar as finanças, pois nossa robustez financeira foi uma de nossas maiores armas em todas as guerras que se estenderam além de certo tempo". O chanceler do Tesouro, sir John Simon, o apoiou, opondo-se à proposta de 81 milhões de libras para equipar até mesmo uma modesta força terrestre.[16] Quinze dias depois, porém, o primeiro e o segundo lordes do Tesouro haviam capitulado. Quatro divisões da Armada regular seriam equipadas para exercer um papel continental (em vez de duas, como originalmente planejado), e também duas divisões móveis e quatro divisões das Forças Territoriais. Os recursos apareceram, adiando o embarque destas últimas de quatro para seis meses após a eclosão da guerra, mas nem isso nem a resistência contínua ao Ministério do Abastecimento diminuíam a natureza revolucionária da decisão. Depois de tanto esforço para impedir uma situação em que soldados britânicos fossem levados a combater no continente europeu, como havia ocorrido com seus pais, o Gabinete por fim aceitara que, havendo guerra, aquela seria uma realidade inevitável. No dia 29 de janeiro, o governo solicitou que fossem estabelecidas conversas detalhadas de cúpula com os franceses, com vias ao planejamento de uma guerra não só contra a Alemanha, mas também contra a Itália.[17]

Apesar dos alertas de inteligência, Chamberlain não perdia jamais o otimismo. Resistia às tentativas de Halifax de "endurecer um pouco" o discurso que deveria fazer em Birmingham em 28 de janeiro e, em vez disso, apelava a Hitler sua "contribuição" à causa da paz.[18] Dois dias depois, no sexto aniversário da ascensão de Hitler ao poder, ele se dirigiu ao Reichstag sem fazer quaisquer novas exigências territoriais – ainda que tenha profetizado a "aniquilação da raça judaica na Europa" em caso de nova guerra –, e Chamberlain achou que seu apelo fora atendido.[19] "Eu mesmo começo finalmente a ter a sensação de estarmos controlando os ditadores", gabou-se para Hilda em 5 de fevereiro, acrescentando que Hitler havia se perdido em setembro. De uma forma ou de outra, alegrava-se, os alemães "não podem nos causar estragos em proporção nem sequer semelhante ao que teriam podido na época, ao passo que nós podemos lhes provocar estragos bem maiores".[20]

O otimismo de Chamberlain era alimentado por sir Nevile Henderson. Apesar de ausente de Berlim por três meses devido a uma operação de câncer na garganta, ele não perdia tempo em contradizer rumores de ataques alemães iminentes. "É minha primeira impressão que os alemães não contemplam aventuras intempestivas de qualquer tipo e seu compasso aponta o rumo da paz", comunicou o embaixador em 16 de fevereiro de 1939.[21] Na noite anterior, Henderson fora a um jantar da Deutsche-Englische Gesellschaft em que o presidente da associação, o duque de Coburg (um neto da rainha Vitória e contemporâneo do embaixador na Old Etonian), falara em termos os mais encorajadores sobre o futuro das relações anglo-germânicas. Segundo Henderson, o discurso do duque havia sido reescrito de última hora e provavelmente recebido "o aval de Herr Hitler em pessoa".[22] Chamberlain ficou encantado. "Parece-me o mais próximo que já vi da resposta que venho ambicionando", respondeu a Henderson, antes de entregar-se a uma fantasia sobre conversas iminentes pelo desarmamento e até mesmo uma nova tentativa de solucionar reivindicações coloniais alemãs.[23] Mas o secretário das Relações Exteriores não compartilhava desse entusiasmo e escreveu ao embaixador em tom depreciativo quanto à perspectiva "deveras otimista" do primeiro-ministro diante da situação. "De minha parte, não enxergo qualquer esperança de resolver reivindicações coloniais [...], não enquanto seus amigos alemães não nos apresentem mais que um discurso suave como prova de corações abertos."[24]

Como sugere essa diatribe, o ritmo da jornada de Halifax, de apaziguador a resistente, só se intensificara depois de Munique. Oliver Harvey considerou-o quase "irreconhecível em relação ao H[alifax] de um ano atrás", ressaltando que o secretário das Relações Exteriores agora julgava Hitler um "lunático criminoso" a ser enfrentado.[25] Tratava-se de um golpe considerável para Chamberlain, forçado uma vez mais a utilizar uma série de métodos clandestinos para fazer valer sua política. Um deles era continuar a encorajar visitas semioficiais à Alemanha, como a do governador pró-apaziguamento do Banco da Inglaterra, Montagu Norman, em janeiro de 1939. Não houve qualquer aviso ao Secretariado das Relações Exteriores, que só soube da visita por acidente, por meio de "informações paralelas da própria Alemanha". "Assim vemos mais um exemplo da política do PM de trabalhar pelas costas do secretário das Relações Exteriores e manter um canal paralelo com os ditadores", registrou o ultrajado Harvey.[26] Outro diplomata amador de cuja atuação o Secretariado não fazia ideia (e continuaria a não fazer) era o ex-parlamentar conservador e simpatizante do fascismo Henry Drummond Wolff. De acordo com seu próprio relato, sua visita a Berlim em janeiro de 1939 (a primeira de quatro que faria ao longo daquele ano) era uma iniciativa puramente pessoal. Mas na verdade, como explicaria na embaixada alemã, ele viajava com a aprovação de um dos "conselheiros centrais" do primeiro-ministro, quase certamente Joseph Ball.[27] Portas se abriram e Drummond Wolff logo se viu reunido com Göring, que conseguiu convencer o totalmente acrítico ex-parlamentar de que Hitler ainda estava "tremendamente ansioso em chegar a um acordo geral com o Reino Unido".[28]

Tais relatos, bem como sua apreciação das crescentes dificuldades econômicas alemãs, só serviram para fertilizar o otimismo já florescente de Chamberlain. "Todas as informações que me chegam apontam a direção da paz", escreveu para Hilda em 19 de fevereiro, "e repito mais uma vez que creio termos enfim controlado os ditadores."[29] Uma semana depois, previu um "período de paz cada vez maior" e, em 7 de março, disse durante um jantar com parlamentares conservadores que "os riscos de uma guerra com a Alemanha diminuem a cada dia à medida que nosso rearmamento se expande".[30] Dois dias depois, recebeu jornalistas setoristas do Parlamento para expressar a opinião de que a situação era "menos angustiante" do que havia sido por algum tempo e para fazer circular a possibilidade de uma nova cúpula sobre desarmamento. Esse resumo, reproduzido *ipsis litteris* por grande parte da imprensa, lhe valeu uma afiada crítica de Halifax, temeroso de que os alemães "fossem levados a pensar que estamos sentindo a tensão".[31] Fingindo remorso, Chamberlain escreveu para seu secretário das Relações Exteriores desculpando-se pela "gafe". A portas fechadas, contudo, não se arrependia de nada. Ao escrever para Ida em 12 de março de 1939, o primeiro-ministro explicou considerar-se imune a críticas quando sabia estar certo e, "como Chatham, 'sei que posso salvar este país e não acredito que ninguém mais possa'".[32] Três dias depois, Hitler invadiu o que restara da Tchecoslováquia.

A tomada da Tchecoslováquia pelos alemães não deveria ter pegado ninguém de surpresa. Em meados de fevereiro de 1939, a rede de inteligência de Vansittart já alertava sobre uma invasão e, no início de março, tanto o SIS quanto o MI5 ecoavam esses informes. Em memorando enviado a Halifax em 20 de fevereiro, Vansittart cita o secretário da Sociedade Anglo-Germânica, T. P. Conwell-Evans — que um dia fora apologista do regime e tornara-se um antiapaziguador convicto —, e sua enfática declaração de que Hitler pretendia marchar Tchecoslováquia adentro num futuro próximo. "O método que Hitler pretende adotar é incitar um movimento pela independência entre os eslovacos. Tais reivindicações gerarão resistência tcheca, e Hitler terá então a oportunidade de intervir *manu militari*, ou, em outras palavras, invadir o que restou da Tchecoslováquia."[33] As semanas seguintes provariam o quão exata era essa previsão.

Em 9 de março de 1939, em uma tentativa desesperada de manter unido seu já reduzido país, o dr. Emil Hácha — sucessor de Benes como presidente tcheco-eslovaco* – depôs o Gabinete eslovaco auxiliar, que cria estar a ponto de declarar independência, e prendeu o primeiro-ministro eslovaco deposto, o padre Jozef Tiso. Hitler avistou sua chance. No dia seguinte disse a Goebbels, Ribbentrop e Keitel que pretendia lançar mão da situação para ocupar o restante da Tchecoslováquia e, três dias depois, instruíra o libertado Tiso a proclamar a independência eslovaca e solicitar formalmente "proteção" do Reich. Na manhã seguinte, 14 de março de 1939, a Assembleia eslovaca declarara de fato sua independência e já naquela tarde o frágil dr. Hácha havia embarcado num trem para Berlim com seu ministro das Relações Exteriores, seu secretário e sua filha, disposto a fazer um apelo pela vida de seu país.

Hitler fez o agitado presidente esperar até 1h15, quando então ouviu sua patética fala e lançou-se num bem-ensaiado discurso. O exército alemão marcharia Tchecoslováquia adentro às 6 horas e, a não ser que o presidente desejasse ver sangue tcheco derramado e Praga destruída, daria ordens ao exército tcheco para não oferecer resistência. Em dado momento, Hácha desmaiou, ou teve mesmo um princípio de ataque cardíaco, tendo de ser reanimado com uma injeção pelo médico pessoal de Hitler, o dr. Theodor Morell. Ocorreu a Paul Schmidt, intérprete de Hitler, o pensamento de que, se algo acontecesse ao presidente tcheco, "o mundo inteiro dirá amanhã que ele foi assassinado dentro da Chancelaria".34 Felizmente ou não, Hácha se recuperou e, pouco antes das 4 horas, assinou a declaração que depositava nas mãos do Führer da Alemanha o futuro da nação tchecoslovaca. Duas horas depois, sete corpos do exército alemão cruzaram a fronteira da Boêmia. Não encontrando resistência, às 9 horas de 15 de março as divisões avançadas já haviam chegado a Praga. Hitler foi a seguir, de trem especial, desembarcando em Leipa (a cerca de 96 quilômetros ao norte da capital) para continuar sua jornada de carro. Apesar da neve que caía, ficou de pé pela maior parte do trajeto, rosto impávido, braço esticado. Naquela noite dormiu no Castelo de Hradcany, antiga residência dos reis da Boêmia, e na manhã seguinte os cidadãos de Praga, ao acordarem, depararam-se com a suástica a tremular sobre a balaustrada.

---

* Como reflexo da fragmentação do país, o hífen foi adicionado logo após o Acordo de Munique.

*

A invasão da Tchecoslováquia – a mais flagrante violação do Acordo de Munique – gerou revolta no Reino Unido. "Jamais se viu na história tão descarada e atrevida fuga ao que fora acordado por escrito", registrou um indignado Chips Channon. "A forma como se deu desafia a compreensão, e sua [de Hitler] dura deserção ao primeiro-ministro é de embasbacar. Não terei como perdoá-lo jamais."[35] O *News Chronicle* atacou um ato de "agressão nua e desavergonhada", enquanto o editor do *Observer*, J. L. Garvin (desde Munique vertido em oponente da política externa alemã, ainda que não da italiana), se referiu à "página mais vergonhosa e agourenta dos anais da Europa moderna".[36] Todos os jornais concordavam quanto ao cinismo e à falsidade de Hitler ao falar em política externa com legitimidade. "Até este momento, Herr Hitler declarara repetidas vezes a meta de unir o povo alemão, e seus golpes militares haviam tido ao menos a justificativa de trazerem a unificação a um nobre povo a quem esta vinha sendo negada", escreveu o *Times*, enquanto o *Daily Telegraph* declarava que o líder alemão, em sua incorporação brutal dos tchecos ao Reich, "deixara cair a máscara".[37]

O consenso quanto ao apaziguamento estar liquidado foi instantâneo. Em um só golpe, Hitler faltara com a palavra – dando as costas à alegação de que os Sudetas constituíam sua última exigência territorial – e revelara a "cobiça de conquistador" que seus críticos sempre haviam enxergado nele. Com tal homem não poderia haver mais nada a negociar e, como registrou em seu diário um dos leais a Chamberlain, "devemos combatê-lo assim que tivermos força o bastante".[38] Em Paris, Daladier resumiu o clima ao dizer à Câmara dos Deputados que nada mais havia a fazer a não ser "prepararmo-nos para a guerra". Munique fora "destruído", e a declaração franco-germânica – o "pedaço de papel" dos franceses, assinado em 6 de dezembro de 1938 – violada "nos termos tanto quanto no espírito".[39] Os parlamentares franceses reagiram por meio da concessão de poderes de emergência ao primeiro-ministro, permitindo ao governo instituir por decreto todas as medidas necessárias à defesa da nação.

Chamberlain, por outro lado, não captou de imediato a natureza transformadora do acontecimento. Perplexo com a perfídia de Hitler, sua maior preocupação na reunião do Gabinete durante a manhã da invasão foi ressaltar que a garantia de defesa à truncada Tchecoslováquia – manifestada tanto por ingleses quanto por franceses após o Acordo de Munique – já não existia, visto que aquele Estado "encontrava-se agora totalmente partido".⁴⁰ Fez então à Câmara dos Comuns uma declaração de tal frigidez casual que o *News Chronicle* a comparou à de "um presidente de empresa anunciando o fechamento de uma filial no estrangeiro".⁴¹ E, o mais chocante, declarou sua intenção de seguir com a política do apaziguamento. A reação foi imediata. Em nome do Partido Trabalhista, David Grenfell atacou sua "credulidade acima de qualquer compreensão", enquanto Josiah Wedgwood o acusou de estar "cego por sua afeição pelos ditadores".⁴² Embora tenham permanecido basicamente em silêncio durante o debate, seus críticos no Partido Conservador consideravam que "Chamberlain terá de renunciar ou reverter por completo sua política", e alguns ministros sêniores questionavam se o governo seria capaz de sobreviver.⁴³

Chamberlain se deu conta de sua mancada em cima da hora. Dois dias depois do debate, na véspera de seu aniversário de setenta anos, se colocou de maneira mais firme em um discurso em Birmingham. Condenou a violação do Acordo de Munique e exibiu um recém-incorporado ceticismo ao levantar a inevitável questão das ambições futuras de Hitler: "Seria este o último ataque a um pequeno Estado, ou a este se seguirão outros? Seria este, na verdade, um passo rumo à tentativa de dominar o mundo pela força?". Foi quando, pela primeira vez, alertou que o Reino Unido preferiria ir à guerra do que deixar tal situação ocorrer. Não havia nada que não estivesse disposto a sacrificar em nome da paz – nada, a não ser a "liberdade de que gozamos há centenas de anos e da qual nunca abriremos mão". "Nenhum erro", portanto, seria "maior que supor que o fato de esta nação considerar a guerra algo cruel e sem sentido a faça perder sua fibra e não resistir até o limite de seus poderes caso tal desafio se apresente."⁴⁴

De início, Chamberlain relutou em aderir a "novos compromissos não especificados a serem pautados por condições que ainda não podemos prever".⁴⁵ Em poucas horas, no entanto, eclodiria uma nova crise, que levaria não apenas ao abandono dessa intenção como a uma revolução na política externa britânica. Na tarde de sexta-feira, 17 de março de 1939, dois dias após a ocupação de Praga, o tenso embaixador romeno em Londres, Virgil Tilea, procurou Halifax e o informou de que os alemães exigiam um monopólio das exportações romenas e pareciam inclinados a atacar o país. Não se tratava apenas de uma informação errada; era deliberadamente enganosa. Abalado pelo golpe em Praga, contudo, o Secretariado das Relações Exteriores a levou a sério e entrou em polvorosa. Ministros do Gabinete cancelaram seus planos para o fim de semana e telegramas não tardaram a ser despachados para Varsóvia, Ancara, Atenas, Belgrado, Paris e Moscou, indagando qual seria a reação a um ataque alemão. Passadas 24 horas, o embaixador britânico em Bucareste já respondia e afirmava que o relato de Tilea "não continha um pingo de verdade", mas já era, então, tarde demais. O Gabinete se assustara e boatos de uma atrocidade alemã iminente haviam sido repercutidos na imprensa.[46] Começava a busca por uma medida diplomática para detê-la.

A primeira ideia de Chamberlain foi um manifesto de quatro países: Reino Unido, França, Rússia e Polônia concordariam em deliberar e oferecer "resistência conjunta" caso houvesse qualquer ameaça à segurança ou à independência de algum outro Estado europeu.[47] Os russos concordaram, mas os poloneses, desconfiados dos soviéticos e com medo de antagonizar Hitler, se recusaram. Chamberlain abandonou o plano. Compartilhava da "profunda desconfiança na Rússia" que tinham os poloneses e duvidava da capacidade da União Soviética de lançar "uma ofensiva bem-sucedida, mesmo que assim o desejasse".[48] Para o primeiro-ministro, o elemento crucial da situação era a Polônia. Como os comandantes militares haviam ressaltado, era vital que os alemães se vissem forçados a combater em duas frentes, e a Polônia, que fazia fronteira tanto com a Alemanha quanto com a Romênia, parecia uma melhor aposta estratégica – para não dizer ideológica – do que a Rússia. Assim, foi decidido em reunião do Comitê de Política Externa, em 27 de março de 1939, abandonar qualquer tentativa de construção de uma coalizão em torno da União Soviética e tentar instituir um sistema de acordos de defesa interligados que induziria os poloneses a acudir os romenos sob a garantia de que, caso o fizessem, Reino Unido e França se uniriam a eles. Vários ministros do Gabinete se opuseram à exclusão dos russos, notoriamente sir Samuel Hoare, mas Chamberlain e Halifax insistiram. Era vital que apresentassem um impeditivo diplomático imediato, e naquele momento o único disponível era focado na Polônia e na Romênia, mas não na União Soviética.[49]

Uma série de histórias de terror impelia Chamberlain à garantia da Polônia, uma responsabilidade que meros dez dias antes lhe parecia um anátema. Além da "ameaça" à Romênia, havia rumores persistentes de um ataque aéreo ao Reino Unido e, a partir de 20 de março, informes sobre planos alemães de invasão da Polônia. Em 21 de março – o dia em que o presidente da França,

Albert Lebrun, chegou a Londres para uma visita oficial – surgiram notícias sobre o mais novo ultimato de Hitler, dessa vez para que a Lituânia lhe devolvesse o Território de Memel, a parte norte da Prússia Oriental, que o Tratado de Versalhes subtraíra à Alemanha. Ao chegar ao Palácio de Buckingham para o banquete daquela noite, Chamberlain foi informado de que a Alemanha havia mobilizado vinte divisões ao largo de sua fronteira ocidental. Foi o suficiente para arruinar o jantar do primeiro-ministro, e, como ele se queixou a Ida, seu único momento de leveza e alívio foi quando duas duquesas cobertas de joias foram reclamar com ele de um membro graúdo da delegação francesa que não parava de dar em cima delas.[50]

A gota d'água foi quando o jornalista do *News Chronicle* Ian Colvin, de 26 anos, correspondente recentemente expulso de Berlim, chegou ao Secretariado das Relações Exteriores em 29 de março de 1939 com detalhes "de arrepiar os cabelos" de um ataque alemão iminente à Polônia.[51] Halifax ficou impressionado e levou o rapaz para repetir sua história para o primeiro-ministro. Chamberlain considerou muito do que ouviu – um "ataque fulminante" imediato à Polônia, seguido da anexação da Lituânia e de uma aliança russo-germânica – fantástico a ponto de duvidar de sua veracidade.[52] Contudo, um despacho recém-chegado do adido militar britânico em Berlim parecia corroborar a narrativa de Colvin. Halifax insistiu em uma imediata declaração de apoio à Polônia, e Chamberlain aceitou. Na manhã seguinte, o Gabinete teve uma reunião de emergência. Ministros concordaram em "se mexer", e telegramas foram despachados para Varsóvia e Paris.[53] O coronel Józef Beck, escorregadio ministro polonês das Relações Exteriores – que vinha procrastinando a resposta ao pedido britânico de uma declaração polonesa em apoio à Romênia –, assentiu "entre uma batida e outra das cinzas de seu cigarro" e, às 14h45 de sexta-feira, 31 de março de 1939, Chamberlain anunciou perante uma Câmara dos Comuns abarrotada que, no caso de um ataque à Polônia, o governo de Sua Majestade e o da França sentir-se-iam "obrigados a dar todo o apoio que lhes fosse possível ao governo da Polônia".[54]

Ao refletir sobre o caráter do secretário das Relações Exteriores meses depois, Rab Butler concluiu que a melhor forma de descrever Halifax era como um mestre da caça à raposa. Era essa a fonte de muitas de suas metáforas, das quais havia uma favorita em particular: "Não se deve entrar na campina antes de vislumbrar uma forma de sair". No caso da garantia à Polônia, contudo, "tornara-se preciso saltar repentinamente de uma estrada principal perigosa por cima de uma cerca alta, a sangue-frio".⁵⁵ À parte o fato de que Butler (caso quase único no primeiro escalão) teria continuado a apaziguar a Alemanha quanto a suas exigências à Polônia, a descrição não era inexata. A decisão de dar garantias à Polônia fora tomada sem considerar a capacidade militar daquele país ou como as potências ocidentais implementariam seu compromisso caso fossem chamadas a fazê-lo. Pior, ao simplesmente emitir uma garantia unilateral, os britânicos perderam o único objeto de barganha que teriam para persuadir o míope Beck a concordar com uma série de acordos de defesa com os vizinhos da Polônia. Os romenos, apesar da "ameaça" a seu país, não participaram da declaração, e o embaixador soviético só foi informado da iniciativa duas horas antes de Chamberlain anunciá-la. Os russos, como é compreensível, ficaram furiosos. "Chamberlain está impelindo Hitler a direcionar suas agressões ao nordeste", escreveu o calejado Maxim Litvinov a Ivan Maisky. Ele "conta conosco para resistir à ocupação da área do Báltico, na esperança de que isso leve ao confronto soviético-alemão com que tanto sonha".⁵⁶ E não foram só vozes soviéticas a se levantarem em crítica. Ainda que a garantia tenha sido bem-recebida em quase todos os quadrantes da Câmara dos Comuns e pela maioria da imprensa, Lloyd George alertou Chamberlain de que a exclusão dos russos era "repugnantemente arriscada". Bob Boothby mais tarde a chamaria de "um dos gestos mais imprudentes de toda a história do Reino Unido".⁵⁷

Para ser justo com Chamberlain e Halifax, nenhum deles via a garantia à Polônia como a palavra final e nem, isolada, como proposta militar de cunho prático. Pelo contrário, o anúncio de 31 de março era uma solução temporária pensada no intuito de impedir Hitler de atacar imediatamente a Polônia, que seria então utilizada como pedra fundamental de um acordo defensivo mais amplo no Leste Europeu. Infelizmente, tendo entregue o prêmio, os britânicos julgaram impossível induzir os poloneses a jogar o jogo. Beck chegou a Londres em 4 de abril para conversas, porém, apesar dos apelos tanto de Chamberlain quanto de Halifax, se recusou a incluir a Rússia no acordo ou a prometer a ajuda da Polônia à Romênia no caso de um ataque alemão. Para Chamberlain, essa era uma atitude decepcionante, em particular no que tocava à Romênia. Pôde, no entanto, ter o consolo de que seus atos haviam ganhado amplo apoio, e "Hitler, recebido um recado definitivo".⁵⁸ Mal uma crise parecia estar sendo mitigada, porém, outra já surgia.

*

Sem querer ser deixado para trás por Hitler, Mussolini invadiu o reino da Albânia na madrugada de 7 de abril de 1939. O rei Zog exortou seus súditos a lutar "até a última gota de sangue" e então fugiu com sua rainha húngara, seu filho nascido havia dois dias e grande parte das reservas de ouro do país. Chamberlain, forçado a interromper uma viagem de pescaria uma vez mais, ficou lívido. Havia arriscado a reputação na tentativa de seduzir Mussolini. Fazia apenas uma semana que enviara o recado, por meio de Joseph Ball e Adrian Dingli, de que se dispunha a atuar como mediador entre Itália e França. Agora, como um amante rejeitado, xingava o ditador italiano de "traiçoeiro e cafajeste" e confessava que "qualquer fé que já tive nas garantias de ditadores está rapidamente se esvaindo". Recusou-se a desacreditar o acordo anglo-italiano, mas já não tinha dúvidas de que "a aproximação com a Itália foi interrompida por Musso, exatamente do mesmo jeito que Hitler interrompeu qualquer aproximação com a Alemanha".[59]

A aventura albanesa, assim como o golpe sobre Praga, teve efeito cascata. De volta de uma missa de três horas de duração (era Sexta-Feira Santa), Halifax concordou com Cadogan que o Reino Unido precisava se mexer rapidamente e "estabelecer uma barreira com a Grécia e a Turquia" para garantir o controle do Mediterrâneo, e, em 10 de abril, o Comitê de Política Externa decidiu que deveria haver garantias à Grécia.*[60] Os rumores de que os italianos invadiriam Corfu se multiplicavam e o Almirantado estava inquieto, pois navios de guerra britânicos estavam então "vagabundeando" ao largo de portos italianos.[61] Enquanto isso, os romenos faziam barulho em busca de proteção. O melodramático Tilea voltou a se manifestar, mas o Secretariado das Relações Exteriores não lhe deu a mínima. O Reino Unido ainda não estava disposto a sair oferecendo garantias unilaterais a Deus e o mundo. Os franceses, contudo, morderam a isca. Abalado pelas histórias de um ataque alemão ao solo rico em petróleo da Romênia, Daladier exigiu que o Ocidente declarasse apoio imediato. Os britânicos protestaram – sua estratégia era erguer uma "represa" de Estados, e não uma coleção de obstáculos salpicados –, mas cederam quando os franceses se mostraram intransigentes. Em 13 de abril

---

* Segundo Harold Macmillan, a reação imediata do secretário das Relações Exteriores ao ser informado da invasão foi: "E logo na Sexta-Feira Santa!".

de 1939, Chamberlain anunciou garantias à Grécia e à Romênia, e um mês depois acrescentou-se uma declaração anglo-turca de defesa mútua.

Em consonância à frenética atividade diplomática, o rearmamento britânico avançava a passos largos. Em 29 de março, duas semanas após a Tchecoslováquia ser anexada, o Gabinete decidiu dobrar de tamanho o exército territorial e, em 20 de abril, Chamberlain anunciou por fim a criação de um Ministério do Abastecimento. No mesmo dia, foi forçado a curvar-se à pressão quase inexorável do governo da França, de seu próprio partido e de Hore-Belisha (que ameaçava renunciar ao Secretariado de Estado para a Guerra devido à questão) e aceitou instituir o recrutamento. Em 27 de abril, apesar da significativa oposição do Partido Trabalhista, o projeto de lei do treinamento militar foi aprovado na Câmara dos Comuns. Era uma medida limitada – compreendia tão somente homens de 20 e 21 anos –, mas também uma importante carta de intenções: o serviço militar compulsório era introduzido no Reino Unido em tempos de paz pela primeira vez em trezentos anos.

Para muitos que haviam apoiado o apaziguamento, a invasão da Tchecoslováquia fora um divisor de águas. "Relutantemente me convenci de que o nazismo não se satisfará com menos que o domínio do mundo", escreveu o futuro duque de Hamilton, até então partidário da amizade anglo-germânica e o homem a quem o delegado do Führer, Rudolf Hess, pretendia visitar quando caiu de paraquedas no sul da Escócia em 10 de maio de 1941.[62] Lorde Lothian admitiu que estava errado a respeito de Hitler – "efetivamente um gângster fanático e sem limites" –, enquanto lorde Londonderry queixou-se a outro simpatizante de que "o chanceler alemão, sinto dizê-lo, ultrapassou todos os limites, e não vejo possibilidade nenhuma de alguma confiança vir a ser depositada de novo em suas declarações e empreitadas".[63] Até mesmo George Ward Price, do *Daily Mail*, notório apologista de ditadores, passou por uma conversão e declarou em novo livro, *Year of Reckoning* [Ano do acerto de contas], que a possibilidade de "relações cordiais" entre o Reino Unido e a Alemanha havia "morrido". Admitiu também, pela primeira vez, que os nazistas haviam "cometido muitas atrocidades" dentro da própria Alemanha.[64]

Para uma pequena minoria, porém, o risco de abandonar a tentativa de satisfazer Hitler por meio de concessões razoáveis era alto demais. Alguns aristocratas britânicos, de fato, pareceram tão apavorados com a ideia de uma guerra que ora já era tratada como "inevitável" que decidiram adentrar a arena política, substituindo os nobres viajantes e diplomatas amadores então de saída. Assim, o duque de Wellington tornou-se um dos primeiros membros do Right Club, uma organização de elite pró-alemã favorável à paz e antissemita estabelecida pelo capitão e congressista Archibald Ramsey em maio de 1939; o duque de Westminster entrou para "o Elo", agrupamento de indivíduos pró-Alemanha e em muitos casos pró-nazismo e antissemitas, unido pelo desejo de melhora das relações anglo-alemãs; e o marquês de Tavistock, breve duque de Bedford, fundou o Partido do Povo Britânico, um "movimento" economicamente radical, pacifista e pró-alemão.*

Outro aristocrata a ter um papel pequeno, ainda que mais e mais desesperado, nos bastidores da saga do apaziguamento foi o duque de Buccleuch. Defensor convicto do Acordo de Munique e ferrenhamente contrário a uma guerra contra a Alemanha, em sua opinião o golpe contra Praga não deveria mudar a postura do governo. Muito pelo contrário: como escreveu imediatamente após o evento a Rab Butler, "nem Hitler nem Ribbentrop devem ser tão inumanos quanto o retratado. [...] Creio até que em tempos como os atuais o Reino Unido deve conduzir sua política rumo a canais mais seguros". O duque se preocupava em particular com a atmosfera de suspeita que pairava entre os dois países e seu potencial de se concretizar. Se cada um dos lados acreditasse que o outro estava determinado a ir à guerra, certamente o resultado seria a guerra. Em circunstâncias como essas, julgava importante que "visitantes não oficiais" mantivessem contatos com membros proeminentes do regime, reduzindo assim as suspeitas, e "até os efeitos dos encontros frequentes da srta. Mitford com o Führer não devem ser subestimados".⁶⁵

Foi nesse estado de espírito que Buccleuch, junto a lorde Brocket, resolveu ir a Berlim imediatamente antes das festividades do aniversário de cinquenta anos do Führer, a ser comemorado em 20 de abril de 1939. O Secretariado das Relações Exteriores, procurando projetar uma atitude de firmeza britânica, ficou chocado. "Macacos me mordam! Teria o mundo virado de ponta-cabeça?", foi como sir Alexander Cadogan reagiu ao tomar conhecimento da notícia. O subsecretário permanente não queria que Hitler recebesse quaisquer "felicitações (como também não as queremos deles!)" e ficou

---

* Em 7 de dezembro de 1941, o superintendente regional para a Segurança Interna da Escócia decidiu tardiamente que o então duque de Bedford deveria ser preso em caso de invasão alemã.

horrorizado em particular ao saber do plano impulsivo do reitor de St. Paul's, Knightsbridge, segundo o qual Hitler seria induzido a aproveitar a ocasião de seu aniversário para convocar uma conferência internacional de paz. Halifax e Cadogan procuraram o reitor e explicaram "não achar a ideia nada boa", mas Buccleuch, a quem ele confiara seu plano, já viajara para a Alemanha a tempo de escapar do alcance de qualquer pessoa do Secretariado das Relações Exteriores. A Cadogan restava torcer para "aqueles dois lunáticos" (Brocket e Buccleuch) "deixarem absolutamente claro não carregarem nem *sombra* de aprovação oficial de qualquer espécie".[66]

Felizmente a embaixada britânica conseguiu agir de forma a conter as ações dos dois nobres. Ao desembarcar em Berlim em 15 de abril, logo buscaram conselhos da embaixada sobre como deveriam reagir caso pressionados a aceitar convites para as comemorações do aniversário do Führer. O conselheiro britânico, sir George Ogilvie-Forbes, foi o tato em pessoa. Resistiu à tentação de dizer a Suas Senhorias que poderiam ter se poupado de tal dilema tendo permanecido na Inglaterra, preferindo dizer que, se Brocket era um cidadão à paisana e portanto poderia se fiar por seu bom senso (desde que o tivesse), o duque era lorde da família, "autoridade da corte do rei". Com isso em mente, Buccleuch deveria considerar a possibilidade de que sua presença no evento, sendo "anunciada e promovida", fosse considerada por alguns "fora de sintonia com a atual inclinação do governo do rei". Não seria então prudente levar a questão ao conhecimento do palácio de Buckingham ou, como alternativa, "descobrir" a existência de outro compromisso, "fora da Alemanha", ao qual fosse necessário seu comparecimento urgente?[67] Buccleuch ouviu o conselho. O secretário particular do rei foi ouvido e, quando recebeu a resposta de que Sua Majestade preferiria que seu lorde da família não comparecesse às celebrações de aniversário do Führer, o duque antecipou seu voo de volta à Inglaterra.

Apesar disso, Buccleuch saiu da Alemanha com o otimismo renovado. Estivera com grande quantidade de pessoas – a maioria, membros da aristocracia alemã – e tivera uma longa audiência com Ribbentrop. Ao fazer um relatório da visita ao primeiro-ministro e ao Secretariado das Relações Exteriores, disse haver "grande confiança e determinação" entre todos aqueles com quem conversara de que a guerra poderia ser evitada e amplo "desejo de melhora nas relações anglo-alemãs". E, no que julgava o ponto crucial, via a questão polonesa como solucionável. As exigências de Hitler – que lhe fosse devolvida Gdansk (uma cidade quase inteiramente alemã) e concedida maior liberdade de trânsito pelo Corredor Polonês – eram, "em comparação com recentes atos de agressão [...] bem razoáveis e naturais, e sua concessão provavelmente minimizaria o risco de problemas em uma zona muito perigosa, e de nosso povo ter de se engajar em uma guerra por uma má causa". Vital era persuadir os poloneses a negociar.[68]

Em uma carta de apresentação a Butler, Buccleuch deu ainda mais vazão ao seu otimismo, ainda que temesse o efeito de provocadores incendiários sobre Westminster:

> A atmosfera, as fofocas típicas do West End e o viés antialemão em Londres são deprimentes, e ultimamente estão ainda mais. Tem sido impossível a alguns poucos indivíduos enfrentar com êxito a influência poderosa de homens públicos como Churchill, Amery e Eden, e tantos dos que controlam a imprensa. Parece-me que de fato sempre desprezaram a possibilidade de concessões ou de consideração a qualquer argumento apresentado pelo outro lado, e por isso a guerra me parece cada vez mais próxima. O sucesso inicial do sr. Chamberlain com a paz como mote me parece de vital importância se não quisermos ter de ver Winston Churchill e outros no Gabinete, além de um bloco completo antialemão que nos leve a uma guerra mundial e então decida, ao custo de muitos milhões, se Winston ou Hitler devem vir primeiro.[69]

Os informes de Buccleuch e Brocket encorajaram Chamberlain. Ao contrário do duque, Brocket permanecera na Alemanha para a parada de aniversário, onde lhe disseram que Hitler negava ter rompido o Acordo de Munique – segundo ele, a Tchecoslováquia havia simplesmente implodido – e recentemente o teriam ouvido declarar que "nenhum dia lhe causaria mais orgulho" que aquele em que recebesse em Berlim o rei e a rainha.[70] "Estamos então todos vivendo um grande mal-entendido", caçoou Chamberlain. "Hitler 'é um bom camarada' e todos o julgamos mal!" Ainda assim, ficou esperançoso. "A cada mês sem guerra, a guerra torna-se mais improvável", escreveu para as irmãs por volta do fim de abril de 1939, e, ainda que "esperasse por mais períodos de ansiedade aguda", talvez fosse possível que "Hitler tenha se dado conta de ter chegado ao limite e decidido enfeitar o máximo possível o estágio atual".[71]

Vã esperança. Frustrado em suas tentativas de intimidar os poloneses a ceder a antiga cidade portuária alemã de Gdansk e fazer concessões ao longo do

Corredor Polonês (que dividia em duas a Alemanha), Hitler já havia decidido resolver a "questão polonesa" por meio da força. As garantias britânicas o haviam enfurecido – "Eu lhes prepararei uma poção do diabo", prometeu ao ler as notícias –, mas não desencorajado.[72] Em 3 de abril, a diretiva que ordenava o planejamento do "Caso Branco", a invasão da Polônia, estava pronta e, em 11 de abril, Hitler a lançou. As Forças Armadas, dizia a ordem, teriam de estar preparadas para lançar a operação a qualquer momento passado o dia 1º de setembro de 1939. A contagem regressiva havia começado.

XX
Dissuadindo os ditadores

Não estaria pronto a chamar a Rússia soviética de nação amante da liberdade, mas não podemos abrir mão dela neste momento. [...] Sei que eles fuzilaram muita gente por lá, mas ainda restaram 170 milhões.
Robert Bower, parlamentar, Câmara dos Comuns, 15 de março de 1939.[1]

A garantia britânica à Polônia continha grande risco e considerável ironia. De supetão, o governo cedera a decisão de envolver ou não o país numa guerra a um "país distante" do qual não se sabia praticamente nada e a um homem que H. G. Wells havia descrito recentemente como "louco de pedra".[2] Austen Chamberlain já havia declarado que o Corredor Polonês não valia o sangue de um único granadeiro britânico, enquanto, apenas um ano antes, seu meio-irmão se recusara a dar garantias à Tchecoslováquia sob a justificativa de que o governo de Sua Majestade não podia de forma alguma conceder decisão tão vital aos caprichos de países estrangeiros. A garantia à Polônia, é claro, não fora concebida para levar à guerra, mas para impedir Hitler de começar uma. Para tornar a dissuasão efetiva, contudo, as potências ocidentais precisavam chegar a um acordo com a Rússia soviética, nação pela qual sentiam profunda desconfiança e contra a qual a Alemanha nazista havia sido originalmente pensada como uma muralha.

De início, nem britânicos nem franceses davam muita importância à URSS. Os respectivos Estados-Maiores tinham dúvidas sobre seu valor militar, e os diplomatas ressaltavam a indisposição de outros Estados de se associarem a ela. No entanto, dado o fracasso britânico em estabelecer um sistema de alianças no Leste Europeu, e com a ruidosa insistência da oposição em Westminster, a questão soviética veio à tona. Em 14 de abril de 1939, lorde Halifax instruiu sir William Seeds, o embaixador britânico em Moscou, a perguntar a Litvinov se os russos fariam uma declaração comprometendo-se a dar apoio a qualquer país vizinho ao longo de sua fronteira ocidental que fosse alvo de agressão não provocada. De bom humor, Litvinov se recusou. Propôs como alternativa um pacto tríplice de assistência mútua entre Reino Unido, França e Rússia que cobrisse todos os Estados entre os mares Báltico e Negro. Os britânicos não aceitaram. O Comitê de Política Externa não enxergava qualquer vantagem em uma aliança com a Rússia – pelo contrário, era um movimento com potencial de perturbar os aliados do Reino Unido no Leste Europeu – e, embora Chamberlain tivesse assegurado aos líderes trabalhistas que não fazia "objeção ideológica a um acordo com a Rússia", admitia a portas fechadas ter "profunda desconfiança" do país.³

Chamberlain não era o único a desconfiar. Chips Channon considerava "loucura" cooperar com os bolcheviques, e o ex-embaixador britânico no Japão, sir Francis Lindley, disse ao Comitê de Política Externa do Partido Conservador (imediatamente depois de hospedar o casal Chamberlain durante o feriado de Pentecostes) que "rezava todas as noites para que o acordo anglo-russo caísse por terra, pois significaria a guerra e não a paz, e o maior mal deste século é a propaganda comunista".⁴ Em poucas semanas, no entanto, Chamberlain já sofria sérias pressões de seu próprio Gabinete para deixar para lá os receios e aceitar a aproximação dos soviéticos.

Em 4 de maio de 1939, surgiu a notícia de que Litvinov havia sido demitido e o novo comissário do Povo para as Relações Exteriores era Vyacheslav Molotov, braço direito de Stálin e presidente do Conselho Ministerial. Houve apreensão e confusão no Secretariado das Relações Exteriores. Embora Maisky insistisse que a nomeação não era indício de mudança na política soviética, Seeds temia que fosse um sinal de abandono da segurança coletiva e um recuo isolacionista. Seis dias depois, numa desconcertante virada, o Estado-Maior recomendou plena aliança militar com a União Soviética. "Ter a Rússia como aliada efetiva e inequívoca seria de inestimável valor, em particular para a contenção de grandes forças inimigas", escreveram. Ao mesmo tempo, argumentavam, era importante não "subestimar o risco que resultaria de uma aproximação entre Rússia e Alemanha – meta essa presente há muitos anos nas mentes dos comandantes militares alemães".⁵

Esses acontecimentos ajudaram a persuadir a maioria do Gabinete, Halifax entre eles, de que era hora de aceitar a oferta russa. Lorde Chatfield, substituto de sir Thomas Inskip na Coordenação da Defesa, considerava a possibilidade de guerra com a Rússia um "grande fator de dissuasão" para a Alemanha, enquanto o argumento de sir Samuel Hoare era que "deveríamos [...] fazer de tudo ao nosso alcance para trazer a Rússia para o nosso lado" e evitar o cenário de pesadelo de um acordo entre russos e alemães.⁶ Os franceses já haviam se manifestado dispostos a aceitar a proposta soviética e faziam lobby para obter o apoio britânico, enquanto a oposição a Chamberlain no Parlamento – o Partido Trabalhista, Lloyd George e Churchill – jamais titubeara no que o primeiro-ministro descrevia como "a patética crença na Rússia como chave da nossa salvação".⁷

Chamberlain continuava resolutamente contrário à ideia de uma aliança. Ainda tinha dúvidas quanto ao valor militar da Rússia, mas percebia que uma aliança significaria a divisão definitiva da Europa em "blocos adversários", fechando então a porta para quaisquer negociações futuras ou mesmo "discussão com os totalitários".⁸ "Não consigo afastar a suspeita de que a meta principal deles [os russos] é garantir que as potências 'capitalistas' destruam umas às outras enquanto ficam de fora", confessou a Ida em 21 de maio. Na véspera, disse a sir Alexander Cadogan que preferiria renunciar a assinar uma aliança com a União Soviética.⁹

Infelizmente para Chamberlain, quase nenhum dos colegas concordava com ele. Halifax concluíra relutantemente que o melhor seria "ir com tudo" e aceitar a proposta soviética, e até mesmo sir John Simon já parecia então favorável à aliança.¹⁰ No entanto, quando tudo já parecia perdido, sir Horace Wilson propôs uma solução perversamente genial. Em vez de simplesmente aceitar a proposta dos russos, os britânicos deveriam insistir para que suas obrigações fossem pautadas pelo Pacto da Liga das Nações. Assim, "cobririam todas as bases" (russófilos, fanáticos pela Liga das Nações, entusiastas da segurança coletiva), dotariam o acordo de um "caráter provisório" e, no ponto crucial, não antagonizariam os alemães.¹¹ Uma medida incrivelmente cínica. Chamberlain não apenas quase não mencionara a Liga – uma instituição pela qual nutria desdém – desde que se tornara primeiro-ministro, mas seu fracasso na resistência às agressões na Manchúria, na Abissínia, na Áustria e na Tchecoslováquia havia sido um dos temas mais flagrantes da década. Ressuscitá-la naquele momento só serviria para atiçar as suspeitas da parte dos soviéticos e nada faria para assustar os alemães. "Só levará os nazistas a caçoar de nós", regozijava-se Channon, cujo temor era que uma aliança convencional "servisse de sinal para uma guerra imediata".¹² Contudo, apesar de aquele ser, na descrição de um historiador, "um estratagema perniciosamente estúpido e criminosamente asinino", a recusa de Molotov em perceber que fechar uma aliança com o Ocidente interessava à União Soviética tanto quanto interessava ao Ocidente aliar-se aos soviéticos e, portanto, fazer concessões para tal era pura teimosia. E condenável, a se julgar pela perspectiva de 1941 a 1945, com 26 milhões de soviéticos mortos.[13]

Uma das razões de Chamberlain se opor com tal veemência à aliança com a Rússia era o fato de não ter desistido por completo do apaziguamento. Embora reconhecesse o risco representado pelas intenções alemãs na Polônia e relutasse em investir em uma trégua, "enquanto os judeus continuem a se recusar teimosamente a fuzilar Hitler!", ainda acreditava que a situação poderia ser resolvida por meio de diplomacia cuidadosa e, se necessário, secreta.[14] Em 3 de maio de 1939, uma gravação telefônica chegou às mãos de Cadogan, sugerindo que no nº 10 "voltou-se a falar de 'apaziguamento'". Enquanto isso, Oliver Harvey acreditava que uma carta de lorde Rushcliffe ao *Times*, fazendo apologia a negociações entre Polônia e Alemanha, tinha a influência de Horace Wilson. Algumas semanas depois, Chamberlain começou a maquinar um plano secreto por meio do qual "os escandinavos" fariam a mediação quanto a Gdansk.[15] Não deu em nada, mas serviu como indicativo da fé inabalável em sua política ou, nas palavras do general sir Edmund Ironside, inspetor-geral das Forças Ultramarinas do Reino Unido, "sua firme crença de ter sido escolhido por Deus como instrumento de prevenção de uma guerra iminente".[16]

Se Chamberlain ainda nutria a esperança de obter resultados via negociações, a opinião pública era ao mesmo tempo mais cética e mais decidida. "Meu pai acha que, se não dá mais para confiar em Hitler, então chega de conversar com ele; agora é hora de sentar-lhe a bordoada", explicou a senhoria de Virginia Cowles pouco depois de Praga ser invadida.[17] Por volta da mesma época, o duque de Devonshire, do segundo escalão do governo, resolveu apurar o ponto de vista de seu chofer. "Bem, Gibson, o que pensa você de Hitler?" "Bem, sua Graça, a mim me parece [...] não se tratar de alguém muito popular neste distrito", foi a contida resposta.[18]

Aparentemente, esses eram pontos de vista comuns. Em julho, uma pesquisa de opinião apontou que, para 76% dos britânicos, caso Alemanha e Polônia entrassem em guerra por Gdansk, o Reino Unido deveria fazer valer suas obrigações e declarar guerra, enquanto na França um questionário sugeria apoio de 70% dos cidadãos à resistência a futuras exigências alemãs. Acachapantes 87% dos britânicos apoiavam uma aliança com a União Soviética e até mesmo o *Daily Express*, um bastião do isolacionismo, registrou o novo espírito desafiador. "Hoje em dia, temos neste país 49 milhões de secretários das Relações Exteriores, e todos parecem dispostos a marcar posição."[19]

No fim de abril, uma enxurrada de artigos instava Chamberlain a "trazer Churchill de volta". O *Evening News* o queria como primeiro lorde do Almirantado ou secretário de Estado para o Ar, enquanto o *Sunday Pictorial* sugeria sua nomeação como lorde presidente do Conselho, pois o então detentor da pasta, lorde Runciman, cometera a "impertinência de embarcar em férias de quatro meses".[20] Três dias depois, o editor do *Pictorial* escreveu para Churchill para lhe dizer que recebera mais de 2 mil cartas, e quase todas de apoio. "A linha geral dos comentários é 'Chega de lamber as botas de Hitler'."[21] Na mesma época, Victor Cazalet registrou sua crença de que Winston devia então passar a integrar o Gabinete. "Há cinco anos ele está certo em tudo, e incluí-lo no governo seria mais efetivo que qualquer outra coisa para mostrar à Alemanha o quão sério estamos falando."[22]

Muitos haviam esperado por uma nomeação de Churchill para o recém-criado Ministério do Abastecimento – uma inovação pela qual ele fazia campanha desde 1936. Mas quando o primeiro-ministro subiu à tribuna da Câmara dos Comuns em 20 de abril, anunciou que o posto seria ocupado por Leslie Burgin, do Partido Nacional Liberal, na época ministro dos Transportes e uma nulidade. O anúncio gerou considerável ruído, e Harold Nicolson não conseguia decidir se fora uma "arfada de terror" ou "um gemido de dor". Mas não havia dúvida de que a decisão de Chamberlain de não levar Churchill em consideração e nomear mais um pau-mandado criou impressão deplorável e convenceu Nicolson, bem como outros, de que o primeiro-ministro conduzia "uma política dupla – por um lado armamento ostensivo, por outro o *secret de l'Empereur*, no caso apaziguamento mais Horace Wilson".[23]

Em linhas gerais, era um ponto de vista correto. Em carta a Ida em 23 de abril, Chamberlain explicou que o Ministério do Abastecimento não era um posto adequado para Churchill, mas, fundamentalmente, que estava determinado a excluí-lo porque, "se houver qualquer possibilidade de amainar a tensão e trazer de volta à normalidade as relações com os ditadores, eu não a arriscaria por meio de algo que eles certamente irão interpretar como um desafio".[24] Na semana seguinte, revelou estar contemplando uma nova abordagem a Mussolini, como forma de "fazer mestre Hitler sossegar", e também expressou alívio por Hitler ter feito um discurso "mais conciliatório e menos provocador que o esperado" ao Reichstag em 28 de abril – ocasião na qual ele havia repudiado não apenas o pacto de não agressão com a Polônia, como também o acordo naval anglo-germânico. "Não acho que Hitler vá iniciar uma guerra mundial por causa de Gdansk", declarou, confiante.[25]

Halifax, por outro lado, fora despido das ilusões que nutria e, como observaria Channon, "está agora afastado de Neville em vários aspectos".[26] No início de junho, ele abalara antiapaziguadores com um discurso na Câmara dos Lordes, quando havia tentado oferecer garantias ao povo alemão de que o Reino Unido "não abandonou todo o desejo de alcançar o entendimento com a Alemanha", chegando até a falar em "reivindicações concorrentes" que poderiam ser ajustadas para "garantir a paz duradoura".[27] Tudo isso, no entanto, havia sido basicamente planejado para se contrapor à propaganda nazista que alegava estar o Reino Unido determinado a arrasar a Alemanha por meio de uma política de cerco. Algumas semanas depois, um novo discurso perante o Instituto Real de Assuntos Internacionais já trazia um cardápio bem diferente. Seu tema, no resumo de Cadogan, era: "Não queremos lutar, mas oh Deus, se precisarmos!", e Halifax lhe fez total justiça, dizendo à plateia que a ameaça da força militar "fazia o mundo refém" e que a tarefa predominante deveria ser "resistir às agressões".[28]

Enquanto isso, a campanha "tragam Churchill de volta" chegava ao auge. Em 3 de julho de 1939, após ser alvo de lobby de Nicolson, Anthony Eden e lorde Astor (que, desde Munique, se transformara no mais resoluto dos resistentes), o *Daily Telegraph* publicou um retumbante editorial de duas colunas exigindo a inclusão de Churchill no governo. Garvin já havia publicado algo semelhante no *Observer* e logo viriam apelos do *Yorkshire Post*, do *Manchester Guardian*, do *Daily Mirror*, do *News Chronicle*, do *Star* e do *Evening News*. Em 5 de julho, lorde Rothermere disparou o canhão do *Daily Mail* em apoio à tese, e logo a imprensa embarcaria quase toda, apenas os jornais de Beaverbrook e o *Times* permaneceram de fora. Para o nobre conservador lorde Selborne, tratava-se de uma questão simples. "Nunca fui um seguidor do sr. Churchill", explicou em carta ao *Daily Telegraph* o ex-ministro, "mas concordo com os que dizem que sua inclusão [...] no governo neste momento em particular seria um gesto entendido por todos, até pelo dr. Goebbels."[29]

Quem chamou a atenção do governo britânico para esse aspecto foi o conde Gerhard von Schwerin, oficial do Estado-Maior alemão e contrário à guerra, que viajou a Londres no início de julho para incitar os britânicos a deixarem clara sua determinação de resistir a futuras agressões por meio de algum ato clamoroso. De início, foi difícil achar quem o ouvisse. "Se quiserem saber o que acho de ele ter vindo até aqui em um momento em que as relações de nosso país com o dele estão tão ruins, pois acho de um atrevimento ímpar", disse um oficial da inteligência militar.[30] Mas o conde acabaria por conseguir falar com uma série de pessoas importantes, entre as quais o número dois da bancada do governo, James Stuart, o ex-adido militar do Reino Unido em Berlim, general James Marshall-Cornwall, e Gladwyn Jebb, do Secretariado das Relações Exteriores. Schwerin explicou ao trio: "Hitler está certo de que a política externa britânica é meticulosamente flácida". Ele não acreditava que o Reino Unido estivesse pronto a arriscar seu império em nome da Polônia, e só fatos teriam alguma chance de chamá-lo à realidade. Schwerin sugeriu uma demonstração de força naval no Báltico e o envio de uma força de ataque aéreo à França. A forma mais eficaz de impressionar o Führer, no entanto, seria de longe reconvocar Churchill. "É o único inglês de quem Hitler tem medo", explicou o oficial, e o "mero fato de entregar-lhe uma posição de destaque no ministério convenceria Hitler da real intenção de confrontá-lo."[31]

Chamberlain não se deixou convencer. Sabia das habilidades de Churchill, mas duvidava que trazê-lo para o Gabinete fosse facilitar sua tarefa. Por experiência própria, sabia que Churchill tendia a dominar as atividades e que seu fluxo constante e intenso de ideias e memorandos acabava por "monopolizar o tempo de todo o ministério". Mas, em especial, era contra reconvocar Churchill por "ainda não ter perdido a esperança de alcançar a paz". A situação na Polônia era arriscada, mas, "se Hitler estivesse requisitando Gdansk de maneira normal, talvez fosse possível dar um jeito na situação".[32]

De onde quer que viesse o otimismo de Chamberlain, dos acontecimentos no cenário internacional é que não era. Em 22 de maio de 1939, Ciano e Ribbentrop assinaram uma aliança militar germano-italiana, o assim chamado Pacto de Aço, e, em meados de junho, os japoneses instituíram um bloqueio à concessão britânica de Tientsin, no norte da China. Chamberlain achava "enlouquecedor se ver em uma posição de liderança em face de tamanha humilhação", mas reconhecia ser perigoso demais colocar "tantas tentações no caminho de Hitler" ao se envolver em conflito com os "japas".³³ Informes provenientes da Alemanha também não poderiam estar gerando qualquer encorajamento. Os rumores de um golpe em Gdansk – que aparentemente fervilhava de membros das SS – começaram a se espalhar a partir de meados de abril, ao passo que em 5 de maio sir Nevile Henderson retransmitiu detalhes de uma conversa entre o general Karl-Heinrich Bodenschatz, oficial de ligação entre Göring e Hitler, e o adido militar polonês, na qual o general declarava "ser inevitável uma guerra este ano".³⁴

Igualmente alarmantes, ou mais, eram os rumores de aproximação entre Berlim e Moscou. A rede de inteligência de sir Robert Vansittart reportava negociações entre alemães e soviéticos desde o início de maio e, no dia 8 daquele mês, Robert Coulondre, o novo embaixador da França em Berlim, repassou a Henderson a impressão de suas fontes de que Hitler almejava um pacto de não agressão com Stálin. No mês seguinte, Erich Kordt, chefe de gabinete de Ribbentrop e parte da oposição antinazista, chegou a Londres com a notícia de que as negociações já estavam em andamento e, se de fato os britânicos desejavam se aliar à Rússia, "seria melhor se apressarem!".³⁵ Segundo Kordt, Hitler ainda não havia decidido quando atacaria os poloneses, mas outros relatos de inteligência, da parte de Ian Colvin, sugeriam que 25 de agosto havia sido reservado para "um confronto".³⁶

Nessas circunstâncias, era impossível buscar o apaziguamento em caráter oficial ou escancarado. O Reino Unido estava comprometido a defender a independência da Polônia, e a tarefa do governo britânico era convencer Hitler de que era para valer. Por trás dos panos, contudo, uma série de discussões semioficiais minavam essa posição. Em 6 de junho, o dr. Helmut Wohltat, braço direito de Göring no plano (econômico) alemão de quatro anos, se encontrou com sir Horace Wilson, sir Joseph Ball e Henry Drummond Wolff na residência londrina do duque de Westminster. O duque não estava presente e aparentemente não há qualquer registro da conversa. Relatos subsequentes, contudo, deixam claro que Wohltat apresentou um plano de apaziguamento econômico por meio do qual o Reino Unido "reconheceria a esfera de interesse econômico alemão no Leste e no Sudeste da Europa". No dia seguinte, repetiu seu plano para Frank Ashton-Gwatkin, no passado um defensor de tais medidas suavizadoras, e a recepção não foi boa. "Se é um símbolo de paz o que procuramos, acho que seria mais eficiente Herr Hitler reformar seu Gabinete e abrir para alguns de seus conselheiros a possibilidade de terem o tempo livre que seus serviços decididamente fazem por merecer", foi o seco comentário do integrante do Secretariado das Relações Exteriores.37 Wohltat, porém, fora encorajado pela reunião com os dois conselheiros mais próximos do primeiro-ministro – o bastante para enviar um relato da conversa a Göring – e, ao retornar a Londres em 17 de julho, não perdeu tempo em revisitar tanto Wilson quanto essa questão.

De acordo com seus registros das duas conversas que teve com Wohltat, em 19 e 20 de julho, Wilson manteve-se firme e não fez promessas. Como qualquer bom morador de uma rua, explicou o primeiro-conselheiro industrial, os britânicos tinham total desejo de uma relação amigável, mas não gostavam quando "um dos vizinhos fazia um barulho infernal a noite inteira e no dia seguinte saía a bater nas portas dos demais moradores". Assim, o governo britânico estava pronto a ouvir ideias que levassem à melhora das relações entre os dois países; porém, considerado o histórico recente de comportamento hostil, "a iniciativa precisaria partir do lado alemão".38

O relato de Wohltat é bem diferente. Segundo o alemão, Wilson preparara um memorando, aparentemente aprovado por Chamberlain, que propunha estabelecer negociações secretas entre os dois países com vista a um comunicado anglo-germânico que rejeitasse hostilidades (isto, como explicou Wilson, tornaria "supérfluas" as garantias britânicas à Polônia), declarações de "não interferência" mútua na esfera econômica, um acordo de desarmamento e um "condomínio colonial" na África.39 É importante ressaltar que esse documento jamais foi encontrado e que o objetivo de Wohltat e de seu aliado, o embaixador alemão Herbert von Dirksen, era evitar uma guerra persuadindo Hitler a reabrir negociações com os britânicos. Esses provavelmente foram os motivos de historiadores para descartar o relato de Wohltat. Outra fonte, contudo, também sugere que foi debatido na reunião mais do que Wilson admite em suas anotações. Em 21 de julho, um dia depois do segundo encontro, Jim Thomas, ex-secretário parlamentar particular de Eden, escreveu nervoso para lorde Cranborne sobre ter ouvido de fonte altamente avalizada que Horace Wilson tinha um plano de oferecer à Alemanha "um empréstimo vultoso" em troca do desarmamento e da devolução da Boêmia e da Morávia. Segundo a fonte de Thomas, o governo não esperava que o plano fosse aceito, mas acreditava que pudesse ser o trampolim para uma eleição geral em outubro. "Eles dirão 'fizemos uma oferta razoável à Alemanha, ela recusou e, neste caso, precisamos ter uma nação unida a apoiar o médico legista [Chamberlain] para fazermos frente à implacável Alemanha'", e haveria então uma "segunda tentativa de acordo à la Hoare-Laval".[40] Curiosamente, também Wohltat menciona ter ouvido de Ball que havia uma eleição geral provisoriamente marcada para 14 de novembro e que o primeiro-ministro teria de decidir se iria encará-la tendo como meta a paz ou os preparativos para a guerra com a Alemanha.

Certamente é possível que a fonte de Thomas (provavelmente alguém de dentro da embaixada da França) estivesse errada, exagerando ou simplesmente disposta a dar cabo de quaisquer possíveis negociações anglo-germânicas. Cranborne decididamente não se abalou muito, comentando que, "com todo o devido respeito a sir H. Wilson, acho esse novo plano o mais tolo de muitos que seu cérebro pueril já produziu".[41] De uma maneira ou de outra, não foi Wilson a causar um incidente diplomático em grande escala, mas o comportamento irresponsável de Robert Hudson, ministro do Comércio Exterior.

Segundo o relato de Hudson de sua conversa com Wohltat – ocorrida na noite de 20 de julho, quase imediatamente após a segunda reunião com Wilson –, ele propôs uma série de planos ambiciosos que poderiam aliviar tensões internacionais. Havia áreas enormes, como a Rússia e a China, que ofereciam "oportunidades quase ilimitadas para desenvolvimento de capital"; Reino Unido, Estados Unidos e Alemanha deveriam abolir barreiras comerciais e cotas de importação; e ainda havia a velha ideia de Chamberlain de um novo sistema de administração colonial na África. Infelizmente, a condição instável da Europa levava muita gente a acreditar que o Reino Unido logo estaria em guerra com a Alemanha. Mas, se houvesse uma mudança drástica e Hitler se prontificasse a aceitar o desarmamento em algum grau, seria possível "estabelecer fortes bases econômicas para a Alemanha".[42] Essa era a quintessência. Na noite seguinte, Hudson, que segundo outro parlamentar conservador "exibia ares de quem acabou de herdar uma fortuna e celebrar a boa sorte com um banho quente", vangloriou-se da iniciativa "pacificadora" em um jantar em que estavam presentes os jornalistas Victor Gordon-Lennox e Vernon Bartlett.[43] E, na manhã seguinte, a de 22 de julho, o *Daily Telegraph* e o *News Chronicle* davam a notícia estarrecedora de que o Reino Unido havia oferecido um empréstimo de 100 milhões de libras à Alemanha em troca do desarmamento.

O escarcéu foi instantâneo, com compreensível consternação da parte de Paris e Varsóvia, ao passo que a imprensa na Alemanha e na Itália ridicularizou a "proposta de Shylock"* que exemplificava a "voracidade de tubarão do Reino Unido para comprar o mundo".⁴⁴ Os indignados jornais britânicos entregaram-se a especulações febris e no Parlamento questões foram levantadas. Chamberlain negou haver ou ter havido algum tipo de conversa sobre um empréstimo. Hudson não teria feito tal sugestão e, de uma forma ou de outra, havia falado apenas por si. Mas o estrago estava feito. Franceses e poloneses aceitaram a negativa britânica, mas o caso foi propaganda de bandeja para o Eixo, e o mais importante efeito dessa "peça de superapaziguamento" foi aumentar as suspeitas já substanciais dos russos. "Duvido ser possível levar a insensatez a um grau mais extremo", comentou Gladwyn Jebb, do Secretariado das Relações Exteriores.⁴⁵

Chamberlain ficou irritado com a "gafe" de Hudson, que causara um dano considerável e abrira o flanco para seus inimigos dizerem: "Não falei? Ele quer vender os poloneses". Nem por isso estava menos disposto a tentar conversar por "canais mais discretos".⁴⁶ Em 27 de julho, lorde Kemsley, dono do *Sunday Times* e pró-apaziguamento, teve uma entrevista de uma hora com Hitler em Bayreuth na qual conseguiu extrair do Führer a sugestão de que Reino Unido e Alemanha apresentassem suas exigências por escrito na esperança de que "gerasse algum debate".** ⁴⁷ Downing Street reagiu com entusiasmo e enviou uma resposta em segredo.

Enquanto isso, Chamberlain e Halifax estavam em contato com dois empresários suecos amigos de Göring, Axel Wenner-Gren e Birger Dahlerus, que haviam se arvorado no papel de intermediários entre o marechal e o governo britânico. Segundo Dahlerus, ajudaria se Göring se dispusesse a se encontrar com um grupo de empresários britânicos que pudessem lhe explicar o "ponto de vista dos ingleses".⁴⁸ Halifax concordou e, em 7 de agosto, sete figurões do comércio e da indústria encontraram-se com o marechal em uma casa de propriedade da esposa de Dahlerus em Schleswig-Holstein. Lá, resumiram

---

* Personagem da peça *O mercador de Veneza*, de Shakespeare, Shylock é um ganancioso e vingativo agiota judeu. [N. T.]

** Kemsley ajudou bem menos ao garantir a Alfred Rosenberg, principal ideólogo do Partido Nazista e um autoproclamado *expert* em política externa, que Chamberlain "negociaria em Moscou relutantemente e estava pronto para desistir"; enquanto sua esposa declarou que "só os judeus desejam uma guerra entre a Alemanha e a Inglaterra".

meticulosamente a posição britânica, enfatizando que o país não desejava entrar numa guerra, mas decidira que "o uso arbitrário de força militar teria de ser limitado em algum momento".⁴⁹ Enquanto falavam, Göring franzia o cenho e rabiscava alguns comentários sarcásticos, além de uma carinha raivosa, no memorando que recebera. Depois que seus interlocutores britânicos concluíram o pensamento, ele embarcou em uma diatribe na qual ridicularizou a hipocrisia britânica, sua interferência em assuntos de outras nações e sua atitude beligerante. Exigiu que Reino Unido e Polônia resolvessem a questão de Gdansk com a Alemanha de uma vez por todas; que os governos britânico e alemão conversassem diretamente; e que uma conferência de cúpula entre quatro nações fosse realizada no intuito de resolver todas as pendências.⁵⁰

Ainda menos encorajador foi o relato de Ernest Tennant, sempre incansável em sua busca de uma trégua entre os dois países e que, no fim de julho, embarcou em uma última "missão de paz" junto a Ribbentrop. Como Tennant recordava, a reunião anterior entre os dois, em junho em Berlim, não havia sido boa. O ministro alemão das Relações Exteriores estava num dia particularmente pomposo, e o banqueiro mercantil havia sido forçado a ouvir falar do choque de Ribbentrop e de Hitler ao receberem cartas de gente da Inglaterra "pedindo se poderíamos fazer o imenso favor de não declarar guerra antes da corrida de cavalos de Ascot, ou do jogo entre Eton e Harrow ou uma série de outros eventos esportivos ou sociais".⁵¹ Apesar disso, e da enorme quantidade de evidências em contrário, Tennant ainda acreditava na "ânsia" de Ribbentrop por um acordo entre as duas nações. Assim sendo, escreveu para Chamberlain pedindo permissão para tentar uma nova abordagem. Em 10 de julho, Horace Wilson transmitiu-lhe a concordância do primeiro-ministro, com as devidas condições: a missão teria de ser secreta e o banqueiro teria de ater-se à linha estabelecida pelo governo, que estava determinado a "assistir a qualquer Estado cuja independência esteja ameaçada", mas disposto a "dialogar com gente razoável".⁵²

Infelizmente, como Tennant deveria saber, Ribbentrop nada tinha de razoável. O encontro foi no antigo Castelo de Salzburgo, e Tennant só conseguiu sorver uma rápida xícara de chá antes de seu anfitrião começar uma diatribe de quatro horas a respeito da estupidez e da crueldade britânicas. O Führer fizera nada menos que sete ofertas de amizade, mas os ingleses, "esnobes demais, após séculos de dominação mundial e com toda a tradição de Oxford e Cambridge, para admitir que a Alemanha ou qualquer outro país possam existir em termos de igualdade total", as rejeitaram. O estado ora vigente de tensão internacional se devia inteiramente aos ingleses e àquele "ridículo" pacto que haviam feito com os poloneses. A guerra era agora uma séria possibilidade e seria a mais terrível e impiedosa da história:

> Significará o fim do Reich e a destruição da raça alemã ou o fim do Império e a destruição da raça britânica – o Führer decidiu que isso é inevitável e necessário, e, se o Reino Unido deseja a guerra (e os que a querem parecem ser cada vez mais numerosos), poderá tê-la quando quiser. A Alemanha está pronta.

Quando Tennant mencionou a superioridade britânica no mar e a recém-instituída igualdade no ar, o ministro das Relações Exteriores alemão deu-lhe uma mostra do estilo bombástico pelo qual era célebre: "Meu caro Tennant, a força ou a fragilidade britânicas nem entram nos nossos cálculos, pois o Reino Unido nunca nos atingiria. Para cada Linha Maginot temos sete ou oito Linhas Siegfried impenetráveis. Quanto mais fortes vocês forem, mais homens perderão". A guerra seria um desastre para o Reino Unido e a França, e, se realmente quisessem evitá-la, teriam de convencer os poloneses a se curvarem às exigências do Führer.

No dia seguinte, 27 de julho, Tennant e Ribbentrop fizeram a viagem de trem de onze horas de volta a Berlim. Walther Hewel, chefe da equipe pessoal de Ribbentrop e um dos poucos amigos íntimos de Hitler, também estava a bordo. "Agosto será pacífico ou tempestuoso?", perguntou-lhe Tennant. Achando que ele dissera "outono em vez de agosto", Hewel respondeu que seria um outono tempestuoso caso os poloneses não caíssem em si. "Sim, mas e quanto a agosto?", quis saber o banqueiro. "Ah, agosto. Em agosto nada deverá acontecer. O Führer sabe esperar – pode até mesmo esperar por um ano ou mais, mas Gdansk com certeza retornará ao Reich."[53]

XXI
A última temporada

E assim seguimos nosso curso: jogando críquete, esperando pelos grandes eventos de turfe, planejando férias de verão. [...] Mas estaríamos acordados? Pior, teriam os deuses nos enlouquecido a todos antes da destruição?
Ronald Cartland, *Headway*, verão de 1939.[1]

O interesse anglo-francês em Gdansk não era intrínseco. Antes de Versalhes, a cidade integrara a Alemanha (os alemães a chamavam Danzig), e seu status de "cidade livre" sob os auspícios da Liga das Nações, administrada pelos nazistas internamente e pelos poloneses externamente, era visto em quase todos os quadrantes como um meio-termo insatisfatório. Em 4 de maio de 1939, o *Times* propunha que "Gdansk não vale uma guerra", e, no mesmo dia, Marcel Déat, ex-ministro do Ar francês, declarou no *L'Oeuvre* que não se deveria esperar que soldados franceses "morressem por Gdansk".[2] Da parte do embaixador de Sua Majestade em Berlim – um homem que, nas palavras de seu colega francês, "nada aprendera" com a invasão da Tchecoslováquia –, o conselho era consistente.[3] "De minha parte, estou convencido de que não haverá paz em caráter permanente na Europa até Gdansk voltar a ser alemã", escreveu sir Nevile Henderson em 24 de maio. "Os poloneses não podem ser os mestres de 400 mil alemães em Gdansk – logo, a Alemanha deve sê-lo."[4] Algumas semanas antes ele havia endossado a tese da Alemanha contra o Corredor Polonês – argumentando que, "se a Escócia fosse separada da Inglaterra por um corredor irlandês, quereríamos no mínimo o mesmo que Hitler ora exige" – e exposto seu ponto de vista de que "seria perverso deixar-se arrastar para uma guerra mundial em nome de quaisquer dessas questões".[5]

Pensar assim era não entender nada. Como disse o próprio Chamberlain em 18 de março a seu Gabinete, em referência a Gdansk ou ao Corredor, não se tratava de uma questão de certo ou errado, mas sim "se a Alemanha pretende ou não dominar a Europa por meio da força".⁶ Sob esse ângulo, a garantia à Polônia era um desafio deliberado: um alerta à Alemanha de que, caso mantivesse o curso, se veria em guerra contra o Império Britânico. Mas Chamberlain também concordava com Henderson. Embora mantivesse a consistência em seus pronunciamentos públicos quanto a uma tentativa alemã de tomar Gdansk pela força equivaler a uma declaração de guerra, admitia a portas fechadas que, se Hitler "tivesse um mínimo de paciência, me pareceria possível encontrar uma forma de atender às reivindicações alemãs sem comprometer a independência e a segurança econômica da Polônia".⁷ Em 10 de julho, mandou chamar o general Edmund Ironside à Downing Street. Apelidado de "Pequenino" (tinha mais de 1,90 metro), Ironside acabara de retornar ao Reino Unido após uma passagem pelo governo de Gibraltar. E, como deixaria registrado em seu diário, Chamberlain naquele momento lhe confiava a missão de tentar imprensar os poloneses:

> Ele me disse que não tinham ideia do que os poloneses iriam fazer e queria que eu fosse até lá para descobrir. Beck sempre os havia embromado, dizendo que seus atos dependeriam do quanto fossem provocados. Eu disse que nossa cartada principal era a garantia que havíamos dado à Polônia caso sentisse sua independência ameaçada e que, portanto, eles precisavam nos contar tudo o que pretendiam fazer. [...] Chamberlain disse que nenhum compromisso formal da parte de Hitler valia nada. Precisamos ter alguma garantia prática definitiva de que, com Gdansk integrada ao Reich, a Polônia teria na prática os mesmos direitos de que goza agora. Pensar em garantias que restringissem os atos de Hitler não deveria escapar à mente dos Aliados.⁸

Sete dias depois – um atraso indicativo de tremenda falta de urgência –, Ironside chegou a Varsóvia. Em muitos aspectos, a visita foi um incrível sucesso. Galante e arrojado (foi ele a inspiração para Richard Hannay, personagem dos livros de John Buchan), Ironside teve recepção calorosa da população local e se deu bem com o marechal Edward Rydz-Smigly, comandante-chefe das Forças Armadas. Para alívio de Londres, descobriu que nada de drástico era planejado pelos poloneses. Perguntou ao marechal o que faria se tropas alemãs ocupassem Gdansk, e a resposta de Rydz-Smigly foi que mandaria um oficial com uma bandeira branca para perguntar "o que estavam fazendo ali".[9] Ironside ficou impressionado com a força militar dos poloneses, que, mesmo ressentidos pela recusa britânica em conceder-lhes um empréstimo substancial para rearmamento (alegando razões econômicas), ficaram radiantes com as promessas do general quanto à determinação "do governo de Sua Majestade [...] de honrar os termos de sua garantia à Polônia".[10]

Enquanto isso, as conversas com a Rússia não iam bem. Como era previsível, a simples menção à Liga das Nações inflamara as suspeitas soviéticas. Em 27 de maio, Molotov acusou os britânicos de tentar neutralizar a aliança proposta atrelando-a a Genebra e a suas desconfortáveis condições. O embaixador britânico, sir William Seeds, protestou com veemência: o Reino Unido não teria qualquer intenção de invocar os *mecanismos* da Liga, mas apenas seus *princípios*. O ministro soviético das Relações Exteriores, porém, não engoliu a explicação. Sentado detrás de uma grande mesa de trabalho em cima de um estrado, recusou-se a aceitar as garantias do embaixador e continuou abraçado às suas suspeitas. Seeds entrou em desespero. Após uma segunda e frustrante visita ao Kremlin, escreveu para lorde Halifax lamentando que lhe tenha cabido lidar com um homem "totalmente ignorante em relações internacionais e a quem a ideia de negociar – e não impor a vontade do líder do partido – é completamente estranha". Ainda assim, o ministro possuía uma "astúcia tola", e a declaração de Seeds dando conta de ter ao menos esclarecido alguns dos "mal-entendidos mais gritantes" do comissário sugere que o embaixador não estava totalmente convencido da obtusidade de Molotov.[11]

Quaisquer que fossem as intenções do escorregadio, mas nada sutil, comissário soviético – com sua cabeça de bala de canhão, olhos pequenos e brilhantes e "sorriso de inverno siberiano" –, seu colega em Londres continuava a trabalhar inequivocamente em nome de um pacto anglo-soviético.[12] Quando o Secretariado das Relações Exteriores anunciou que enviaria sir William Strang a Moscou para pôr Seeds a par da posição do governo, Ivan Maisky pressionou Halifax a ir ele mesmo. "Se o senhor concordar em ir de imediato a Moscou, nesta semana ou no mais tardar na próxima, para conduzir as negociações por lá e assinar o pacto, será possível garantir a paz na Europa."[13] Anthony Eden apresentou argumento semelhante a Halifax, chamando atenção para o fato de o primeiro-ministro ter ido nada menos que três vezes ao encontro de Hitler, e tanto Chamberlain quanto Halifax terem visitado Mussolini; portanto, não seria absurdo da parte dos soviéticos esperar o mesmo tratamento. Se o secretário não quisesse ir ele mesmo, Eden se ofereceria como voluntário. Halifax ficou tentado pela sugestão, mas Chamberlain a recusou. "Mal dá para acreditar que alguém possa ser tão tolo", disse ele a Ida. "Enviar um ministro ou um ex-ministro seria a pior das táticas com um negociador tão duro quanto Molotov." Halifax "assentiu e retirou a proposta", mas "Lloyd George repetiu-a para Butler, chegando a sugerir que, se não aprovássemos Anthony, Winston deveria ir! Não tenho dúvidas de que os três estavam mancomunados e enxergaram ali uma oportunidade de entrar no Gabinete e, talvez, de minha substituição futura por um PM mais submisso!".[14]

As seis semanas seguintes foram de negociações duras, complexas, frustrantes ao extremo. Em 2 de junho, Molotov entregou a Seeds e ao embaixador da França, Paul-Emile Naggiar, as emendas soviéticas ao rascunho do tratado. As principais mudanças incluíam garantias à Letônia, à Estônia e à Finlândia, além de Bélgica, Grécia, Turquia, Romênia e Polônia (mas não à Suíça ou à Holanda, como desejavam os britânicos e os franceses); a proibição de uma paz em separado; e um acordo militar que passasse a ter validade junto com o acordo político. A todos esses pontos havia objeções, sendo a mais óbvia que nem finlandeses nem estonianos ou letões desejavam garantias, ao passo que poloneses e romenos sim, mas não da parte da Rússia. Desesperados por um acordo, os franceses pressionaram os britânicos a serem ágeis na resposta. Mas foram necessárias duas semanas e três reuniões do Comitê de Política Externa até que elaborassem uma resposta. Quando finalmente apresentaram sua revisão à revisão dos soviéticos, ela driblava a questão dos Estados bálticos, não mencionando pelo nome país algum coberto pelo tratado e insistindo em que os signatários consultassem uns aos outros antes de qualquer intervenção em um Estado não garantido. A cláusula soviética referente à proibição da paz em separado havia sido excluída, e o parágrafo de abertura mencionava a Liga das Nações. Molotov ficou furioso. Em rara instância de movimento em seu rosto granítico, acusou britânicos e franceses de tratar os soviéticos como se fossem "imbecis e palermas".[15] "Se o governo de Sua Majestade e o governo da França tratassem o governo soviético como se fosse composto por gente ingênua e tola, ele até poderia sorrir, mas não garantiria que outros reagissem com tamanha serenidade" – uma clara referência a Stálin.[16]

Devido à insistência dos franceses para que aceitassem as exigências dos russos, os britânicos começaram a fazer concessões. Aliás, toda a história das negociações com a Rússia consiste na lenta aproximação dos britânicos, enquanto os soviéticos e Molotov permaneciam impassíveis em sua posição, no topo de seu bizarro estrado. Os britânicos logo exibiriam sinais de frustração aguda. "É impossível lidar com os russos", rabiscou sir Alexander Cadogan em 20 de junho. "Damos tudo o que querem de mão beijada e não se dão por satisfeitos. Molotov não passa de um caipira ignorante e desconfiado."[17] Três dias depois, em audiência com Maisky, Halifax acusou os soviéticos de usarem o "método alemão de negociar" e perguntou de bate-pronto ao embaixador se seus líderes de fato desejavam um acordo.[18] De Moscou, Strang ousou dizer que "acabaríamos chegando a algum lugar", mas com o risco considerável de que só depois de "havermos todos atingido a idade-limite e nos aposentado".[19]

Nem só os britânicos ficaram frustrados. Em 29 de junho, Andrei Zhdanov, vice-presidente do Soviete Supremo e proponente da aproximação com a Alemanha, atacou as táticas anglo-francesas de negociação no *Pravda*, acusando britânicos e franceses de não quererem um "acordo de verdade" e usarem as conversas como mero instrumento "de preparação da opinião pública para uma barganha futura com os agressores".[20] Isso ocorreu imediatamente após os britânicos cederem na questão dos Estados bálticos, ao passo que os russos continuaram a se recusar a incluir Suíça e Holanda no acordo, o que foi tão injusto quanto alarmante. Os franceses, porém, inclinavam-se a culpar os britânicos pelo insucesso em alcançar um entendimento rápido. Como escreveu Georges Bonnet a Charles Corbin, embaixador da França em Londres, em 5 de julho de 1939, as recentes propostas russas eram consideravelmente piores que as iniciais; exigiam tratados distintos, mas simultâneos com URSS, Polônia e Turquia, bem como uma definição de "hostilidade indireta" que permitisse aos russos interferir nos Estados bálticos ainda que estes não tivessem sido invadidos. "Pelo jeito, estávamos certíssimos quando insistimos na necessidade de rápida condução das negociações e, para evitar dificuldades extras, na aceitação das versões soviéticas do texto sempre que não houvesse qualquer questão de princípios em jogo", escreveu o ministro das Relações Exteriores da França. Naquele mesmo dia, um memorando do Quai d'Orsay lamentava a "lentidão extrema" exibida pelos britânicos nas negociações.[21]

Nas primeiras três semanas de julho, nada mudou. O Reino Unido fez concessões adicionais e os russos continuaram a dificultar. Na definição de Strang, "uma experiência humilhante". "Por várias vezes assumimos uma posição, para abandoná-la uma semana depois, e sempre com a sensação de que Molotov sabia desde o início que seríamos forçados a abandoná-la", escreveu em 20 de julho:*

> A desconfiança e suspeita que exibem não diminuíram durante as negociações, e creio não haver crescido seu respeito por nós. O fato de termos criado seguidas dificuldades em questões por eles entendidas como meros detalhes gerou a impressão de não estarmos de fato desejosos de um acordo, e termos em última instância cedido tende a lembrá-los de ainda sermos a mesma potência que (na sua visão) capitulou no passado ao Japão, à Itália e à Alemanha, e da probabilidade de que o façamos novamente no futuro. Talvez devêssemos ter sido mais sábios e pago o preço soviético por este acordo logo de saída, pois não estamos em boa posição para barganhar e, à medida que a situação internacional se deteriora, o preço soviético tende a subir.[22]

Chamberlain não se preocupava. Henderson já havia dito a Cadogan que sentia "intuitivamente que os alemães se aproximam de Stálin", e Göring dissera fazia pouco tempo que "Alemanha e Rússia não serão sempre inimigas" – um entre vinte avisos que os britânicos haviam recebido ao longo do verão –, mas o primeiro-ministro, bem como a maioria dos que tomavam decisões no país, não levava a sério a possibilidade de uma aproximação entre alemães e soviéticos.[23] Em 10 de julho, Chamberlain repassou ao Comitê de Política Externa a visão contraditória de Henderson de que "seria impossível nas atuais circunstâncias à Alemanha e à Rússia soviética se unirem". Nove dias depois, disse a colegas "não conseguir acreditar que seja possível uma aliança real entre Rússia e Alemanha".[24] O primeiro-ministro, na verdade, estava mais do que satisfeito com o fracasso das conversas. Em carta de 15 de julho a Hilda, expressou alívio por Halifax estar enfim "se exasperando" com o "enlouquece-

---

* Tal capacidade de adivinhação não se devia só à identificação de velhos padrões de comportamento do Reino Unido. Os soviéticos, como seria revelado muito tempo depois, tinham um espião no Departamento de Comunicação do Secretariado das Relações Exteriores. Por isso estavam sempre um passo à frente dos britânicos, conseguindo ao mesmo tempo responder em tempo recorde às propostas anglo-francesas.

dor" Molotov, e uma semana depois admitiu "estarmos somente matando o tempo à espera da ruptura inevitável, e é duro que seja eu a levar a culpa pela ação dilatória, pois, não tivessem outros me impedido, já teria encerrado as discussões de uma forma ou de outra há muito tempo".[25] Antes de haver uma ruptura, porém, ambos os lados fizeram concessões que pareciam pressagiar um novo estágio nas negociações e talvez até a perspectiva de um acordo.

No dia 23 de julho, Molotov exigiu o início imediato de negociações militares, assegurando a britânicos e franceses que, uma vez encaminhadas, as dificuldades políticas restantes poderiam ser facilmente solucionadas. Compreensivelmente, o Reino Unido sempre se opusera a essa manobra. Negociações militares atrasariam um acordo ainda mais e, conforme comentou Strang, "é realmente extraordinário que se espere de nossa parte dividir segredos militares com o governo soviético antes de termos a certeza de que serão nossos aliados".[26] No intuito de assegurar a aliança, contudo, os britânicos estavam dispostos a ceder e, em 25 de julho, Halifax instruiu Seeds a dar a boa notícia a Molotov. Infelizmente, a empreitada ganharia dali por diante um elemento de farsa, ou humor negro.

Prevendo a necessidade de negociações militares (exigidas pelos russos desde o início das conversas), os franceses haviam selecionado sua delegação militar no início de julho. Chefiada pelo general Aimé Doumenc, especialista em guerra mecanizada, havia sido orientada por Bonnet a seguir com urgência máxima para Moscou e "nos trazer um acordo a qualquer preço".[27] Os britânicos eram menos organizados. A missão não havia sido nem selecionada, quanto mais preparada, e, como Halifax explicou, sua convocação seria trabalho para ao menos dez dias. Tardiamente começaram os preparativos. Ao menos desde 20 de julho Strang alertava: o chefe da missão precisava ser de patente no mínimo igual à do general Ironside. A visita deste a Moscou havia sido amplamente divulgada, e os russos, já então melindrados com o Reino Unido por não ter enviado um ministro do Gabinete como chefe da delegação, não aceitariam menos. O governo britânico ignorou o conselho. O honorável almirante sir Reginald Aylmer Ranfurly Plunkett-Ernle-Erle-Drax soava como um personagem de uma opereta de Gilbert & Sullivan. Na verdade, era um dos melhores cérebros da Marinha Real, lutara com distinção na Primeira Guerra Mundial e foi um dos pioneiros no uso de energia solar. Infelizmente, era quase completamente desconhecido fora do meio militar e nem sequer integrava a cúpula da Marinha. Ao ser informado da composição das delegações anglo-francesas, Stálin reagiu exatamente da forma que Strang temia. "Isso não é sério", disse para Molotov. "Essa gente certamente não tem a autoridade necessária. Londres e Paris estão jogando pôquer mais uma vez." "Ainda assim mantemos as conversas?", perguntou o ministro das Relações Exteriores. "Bem, se é preciso, que seja", respondeu o ditador soviético.[28]

A maneira mais rápida de as delegações chegarem a Moscou era de trem ou avião. Os franceses preferiam o trem, mas os britânicos atentaram para o fato de o trajeto ser via Berlim, algo não muito recomendável. Por razões diferentes, a opção aérea também foi descartada. Não era possível voar até lá sem escalas, e havia dúvidas se o combustível disponível nos campos de pouso russos seria adequado aos motores ocidentais. Restava o mar. Levantou-se a possibilidade de um navio de guerra, mas Halifax achou que "teria o efeito de atribuir importância demasiada à missão". O general "Pug" Ismay, secretário do Comitê de Defesa Imperial, entendendo o absurdo da discussão, sugeriu que "fossem de bicicleta".[29] Os britânicos acabariam por se decidir pelo *City of Exeter*, um antiquado navio mercante que não passava de treze nós e levaria quase uma semana para chegar a Leningrado. Quando Maisky se encontrou com o porta-voz do Partido Trabalhista para assuntos de política externa, Hugh Dalton, não pôde conter sua raiva: "A irritação russa com os métodos britânicos superou todos os limites", registrou o parlamentar.

> Não quisemos mandar um ministro a Moscou; mandamos só um funcionário do secretariado de RE. Quando definiu-se que haveria conversas de cúpula, nossos representantes militares eram de segundo e terceiro escalão, incapazes de falar de igual para igual com Voroshilov [ministro soviético da Guerra]. E os enviamos, reclamou ele, não de avião ou em um rápido navio de guerra, mas em um lento cargueiro. "Vocês nos trataram", disse ele, "sempre como inferiores."[30]

O atraso não alarmou Chamberlain nem Halifax. Embora Bonnet tivesse imbuído em Doumenc a necessidade de chegar a um acordo "o mais rápido possível", as instruções oficiais de Drax davam conta de que ele deveria "conduzir lentamente as conversas, com atenção ao progresso das negociações políticas e contato próximo com o embaixador de Sua Majestade".[31] Drax teve uma audiência com o primeiro-ministro em 4 de agosto. Achou Chamberlain "algo preocupado e inquieto com a situação na Rússia". "Havia sido pressionado pela Câmara dos Comuns a ir mais longe do que desejava" e, com ironia suprema, mas aparentemente inconsciente, expressou "alguma dúvida se seria possível ao 'apaziguamento' atingir o resultado desejado".[32]

Em 5 de agosto de 1939, o *City of Exeter* enfim zarpou. Para as duas delegações, que não sabiam que o tempo estava se esgotando – como relata Drax, todos em Londres estavam convencidos de que os russos achavam-se prontos a fazer um acordo satisfatório –, os cinco dias seguintes foram felizes. Todas as manhãs encontravam-se para discutir táticas, e as noites eram dedicadas a lautos jantares de curry servidos por garçons de turbante. Se não estavam trabalhando, jogavam *shuffleboard* e tênis. Na madrugada de 10 de agosto, chegaram a Leningrado e, após um dia de turismo (haviam perdido o trem que pretendiam pegar em 9 de agosto), tomaram o trem da meia-noite para Moscou. Foram calorosamente recebidos pelos russos, com um banquete e doses cavalares de vodca, acompanhamento natural para uma sucessão infinita de brindes. Infelizmente, seria o ponto alto da cooperação anglo-franco-soviética.

Na manhã seguinte, a de sábado, 12 de agosto de 1939, as três delegações se encontraram no palácio Spiridonovka para a primeira sessão de conversas. O ponto de partida não poderia ter sido pior. Voroshilov, o impiedoso ministro da Guerra,* logo de saída leu suas credenciais, concedendo a si próprio o poder de "negociar e assinar uma convenção militar com as delegações britânica e francesa", e pediu aos demais que fizessem o mesmo. Os britânicos devem ter se sentido como colegiais que esqueceram de fazer o dever de casa, pois Doumenc ainda tinha uma carta de Daladier a apresentar; Drax não tinha nada. "Ainda que eu talvez devesse ter pensado nisso, foi assombroso o governo e o Secretariado das Relações Exteriores terem permitido nossa partida sem ter nos munido de credenciais ou qualquer documento semelhante", comentaria ele mais tarde.[33] Voroshilov expressou profunda decepção. A União Soviética fora levada a acreditar que negociaria com pessoas dotadas de plenos poderes. Contudo, passado um momento de desconforto, no qual Drax prometeu cobrar de Londres suas credenciais, o marechal concordou em dar sequência às discussões. Que propostas traziam o Reino Unido e a França para a melhor cooperação da União Soviética em torno de uma causa comum? Drax começou a enumerar os "princípios" para a cooperação, mas

---

* Assinou pessoalmente 185 listas de execuções durante os expurgos.

Voroshilov logo o cortou. A União Soviética não estava interessada em "princípios", mas somente em "planos concretos".[34] Relutantemente, britânicos e franceses deram início a uma exagerada descrição de suas forças e de como planejavam usá-las em caso de guerra. Voroshilov não se deixava impressionar e interrogava os interlocutores a respeito de cada declaração.

Só na terceira reunião, em 14 de agosto, porém, chegou-se ao ponto crucial. Para que a União Soviética pudesse ser útil numa guerra contra a Alemanha – país com o qual não fazia fronteira –, era necessário ao Exército Vermelho cruzar a Polônia e a Romênia. Estariam esses dois países, garantidos por Reino Unido e França, de acordo? Drax tentou disfarçar: "Se um homem está se afogando em um rio e outro se diz pronto e disposto a jogar-lhe um salva-vidas, será que ele se recusaria a aceitar?".[35] Mas Voroshilov insistiu na questão. A União Soviética precisaria da autorização para enviar forças através do passo de Vilnius e da Galícia polonesa (a Romênia era menos importante). Sem garantias de que poderia fazê-lo, era perda de tempo continuar a conversar e era preciso aceitar o fracasso das negociações.

Tardiamente, britânicos e franceses correram para persuadir os poloneses. O embaixador da França encontrou-se com Beck em 17 de agosto, e o do Reino Unido, na tarde seguinte. A resposta não mudou. Os poloneses recusaram categoricamente que os soviéticos passassem por seu território, temerosos de nunca mais conseguirem tirá-los dali. Era compreensível, considerando-se que não fazia nem vinte anos que os russos haviam estado às portas de Varsóvia e levando-se em conta o fato de a Polônia ter sofrido nada menos que quatro divisões nas mãos daquele país nos duzentos anos anteriores. Os poloneses tinham tanto medo dos russos quanto dos alemães, se não mais, e de fato seria uma vitória de Pirro caso (por algum milagre) conseguissem expulsar o Lobo Alemão apenas para cair nos braços do Urso Russo.

Essa barreira foi o recife que fez naufragarem as conversas. As delegações ainda se encontraram novamente em 15 e 16 de agosto, mas no dia 17 Voroshilov insistiu em suspendê-las até que britânicos e franceses tivessem recebido respostas de Varsóvia e Bucareste. Forçados mais uma vez a fazer turismo, os britânicos visitaram o túmulo de Lênin – "não é algo que contribua com as atrações da cidade", pensou Drax – e deram voltas pelo "Parque do Povo para Descanso e Cultura" – conceito antagônico, levando-se em conta que a "cultura" era transmitida indiscriminadamente por uma série de alto-falantes, junto com muita doutrinação.[36] Por onde quer que fossem, a polícia secreta os seguia. Chegaram a descobrir dois homens à paisana do NKVD escondidos nos arbustos dos jardins da embaixada. Em 21 de agosto, voltaram ao palácio Spiridonovka, mas em vão. Britânicos e franceses não haviam conseguido persuadir os poloneses, e os russos se encontravam em estágio avançado de namoro com outro pretendente. A missão militar havia fracassado.

Apesar das nuvens de guerra ganhando forma, nada abalava os rituais do tradicional verão inglês. Meio milhão de pessoas se reuniu em Epsom para assistir a vitória de Blue Peter, o potro de lorde Rosebery, no Derby. Ascot, Henley e Cowes também reuniram grandes multidões. Uma bela "parada de vestidos e chapéus de verão" se fez notar na partida de críquete entre Eton e Harrow – na qual esta última deu fim a trinta anos seguidos de derrotas – e a elegância de figuras da sociedade como a duquesa de Northumberland (vestido de crepe de seda estampado amarelo-claro e capa de pele de mangas curtas cinza-chumbo) e a duquesa de Norfolk (crepe de seda lilás-claro com tufos de penas em chapéu da Bretanha de palha azul) assegurou ao Cup Day em Goodwood consonância com o "padrão de Ascot".37

Quanto a bailes, jantares e festas – eventos noturnos habituais da "temporada" londrina –, eram talvez até mais alegres e extravagantes que os de anos anteriores. Mais de mil convidados compareceram ao baile de 6 de julho na Holland House, e a presença elétrica, ainda que polêmica, de uma banda de músicos negros, sob o comando de Ken "Snakehips" Johnson, inspirou os convidados da festa de lady Twysden a dançar a conga em um gigantesco trenzinho descendo a escadaria dupla da casa de nº 6 em Stanhope Gate. O indiscutível ponto alto, porém, foi o baile de debutantes promovido pelo duque e pela duquesa de Marlborough no palácio de Blenheim para sua filha mais velha, lady Sarah Spencer-Churchill. Quase toda a classe sociopolítica e diplomática estava lá, com um exército de criados em uniformes amarelos e azuis ao estilo do século XVIII a servi-la. Chips Channon nunca havia visto nada parecido:

> A iluminação profusa do palácio tornava sua imponente beleza barroca visível a quilômetros de distância. Luz do mesmo tipo também recobria os lagos e, ainda melhor, as célebres sacadas: eram azuis, verdes; tiroleses circulavam a cantar. E ainda que houvesse setecentas pessoas ou até mais, a sensação era de modo algum opressiva. Era alegre, jovial, brilhante; a perfeição, para resumir.

Muito me doeu ter de sair, mas o fiz por volta de 4h30 e contemplei uma última vez as sacadas barrocas a projetar-se sobre o lago, as estátuas douradas e o grande palácio. Voltaremos um dia a ver algo semelhante? Não seria tal solenidade antiquada? E, no entanto, ali se via toda uma Inglaterra supostamente perdida e que todavia existe. Havia literalmente rios de champanhe.[38]

Para Ronald Cartland, era espantoso ou até mesmo perturbador que as pessoas continuassem "jogando críquete, esperando pelos grandes eventos de turfe, planejando férias de verão". "Teriam os deuses nos enlouquecido a todos antes da destruição?", ele se perguntava.[39] Mas seria errado inferir que todos os que gozavam do verão de 1939 ignoravam ou eram indiferentes à deterioração da situação internacional. A julgar pelas lembranças de um jovem farrista que acabara de entrar para as forças territoriais, pelo contrário: estávamos todos "muito cientes de que a guerra poderia estar logo ali virando a esquina" e, portanto, "de um ponto de vista masculino, a atmosfera era basicamente de 'comer, beber e farrear, pois amanhã podemos estar mortos'".[40] Peter Studd, o capitão do time titular da Universidade de Cambridge, exibiu semelhante atitude *carpe diem* ao dizer a um entrevistador que "esperava encarecidamente que Hitler aguardasse o fim da temporada de críquete para declarar guerra".[41]

Havia, contudo, preocupação legítima com o plano de Chamberlain de conceder ao Parlamento o recesso completo de verão, de 4 de agosto a 3 de outubro. A oposição trabalhista e liberal, e também os conservadores antiapaziguamento como Churchill, achavam a proposta revoltante. A Alemanha mobilizava tropas, a tensão aumentava em Gdansk, as negociações com a Rússia estavam incompletas e o primeiro-ministro queria dar aos parlamentares férias de dois meses. Em discurso em que conjurou "todos os seus poderes de oratória, perspicácia e ironia", Churchill atacou a ideia do recesso. Disse que passaria a pior mensagem possível aos inimigos da nação. A Câmara dos Comuns representava a mais "formidável expressão da vontade nacional britânica" e seria "desastroso", "patético", "vergonhoso" para o governo dizer à Casa naquele momento: "Sumam! Vão brincar. Levem as máscaras contra gás".[42] Falando em nome do Partido Trabalhista, Arthur Greenwood disse que a oposição não confiava no primeiro-ministro e achava que ele poderia usar a ausência do Parlamento para ressuscitar sua política de apaziguamento. O líder dos liberais, Archie Sinclair, fez coro.

A esses ataques, bem como a solicitações de Leo Amery, Vyvyan Adams e Richard Law, Chamberlain reagiu com um "discurso tacanho, ressentido, exaltado", por meio do qual declarou que o voto no recesso seria encarado como um voto de confiança no governo.[43] Conseguiu encerrar a discussão (nenhum parlamentar conservador votaria para derrubar o governo), mas não sem antes Ronald Cartland atacar nos termos mais dramáticos a decisão do primeiro-ministro. Sob horrorizadas engolidas em seco vindas dos assentos dos conservadores, o parlamentar de 32 anos disse haver "neste país uma impressão grotesca e peculiar [...] de que o primeiro-ministro tem ideias ditatoriais". A ideia era evidentemente ridícula, mas essa impressão acabaria reforçada pela recusa do primeiro-ministro em contemplar a possibilidade de reconvocar o Parlamento mais cedo que o previsto. Fato era, continuou Cartland, cada vez mais exaltado, que "estamos numa situação em que dentro de um mês podemos ser convocados a lutar e talvez morrer". Sir Patrick Hannon e vários outros parlamentares conservadores riram da afirmação. Com o rosto corado, Cartland voltou-se para eles. Que zombassem o quanto quisessem, "mas neste momento há milhares de rapazes em campos de treinamento [...] e o mínimo que podemos fazer aqui, se não formos nos encontrar de tempos em tempos e manter o Parlamento em sessão, é mostrar nossa imensa fé nesta instituição democrática".[44]

O efeito do discurso de Cartland foi "galvânico".[45] Em questão de minutos, lá estava Hannon a denunciar as palavras "venenosas" do representante de Kings Norton, enquanto Churchill corria para oferecer seus cumprimentos: "Muito bem, meu rapaz, muito bem!".[46] Embora Chamberlain tenha vencido com folga a disputa, quase quarenta conservadores, entre eles Churchill, Cartland, Harold Macmillan, Anthony Eden e Bob Boothby, se abstiveram. No dia seguinte, a primeira página do *Evening Standard* fazia alarde: "Premiê pede lista de parlamentares que não votaram ontem à noite. VÃO TODOS PARA A LISTA NEGRA".[47] As facas se mostravam particularmente afiadas para Cartland. Vinte parlamentares conservadores foram à liderança do partido exigir sua expulsão, e Richard Edwards, comandante da máquina do partido em Birmingham, disse em carta a Chamberlain que tanto ele quanto o diretor da Associação Conservadora de Kings Norton eram da opinião de que "deveríamos buscar outro candidato" para disputar a eleição geral seguinte.[48] Chamberlain ficou satisfeito. "Quanto ao mestre Cartland", escreveu para Ida três dias após o debate, "espero que tenha sujado o nome em Kings Norton, e estou tomando medidas para estimular uma oposição local. [...] Talvez isso nos leve a perder o assento, mas é preferível (desde que temporariamente) a ter um traidor no grupo."⁴⁹ Dali a nove meses, o major Ronald Cartland morreria ao tomar um tiro dos alemães enquanto conduzia seus homens rumo a Dunquerque.

Em 6 de agosto, Chamberlain pegou o trem noturno para a Escócia, onde esperava passar duas semanas pescando na propriedade do duque de Westminster em Sutherland. As notícias provenientes da Alemanha, onde cerca de 2 milhões de homens estariam prontos para combater, eram inquietantes, mas não desesperadoras, segundo pensava o primeiro-ministro. "Todas as minhas informações indicam que Hitler está finalmente ciente de que não pode mais se apossar de nada sem uma grande guerra", confidenciou à irmã Hilda imediatamente antes de partir, "e portanto decidiu colocar Gdansk na geladeira." Ele previa que logo se ouviria falar de grande movimentação de tropas ao largo da fronteira polonesa e "uma safra de histórias de preparativos ameaçadores que levarão Winston à histeria". Mas seriam meros ingredientes necessários a uma "guerra de nervos".⁵⁰

Infelizmente, ainda que chovesse cântaros no resto do país, em Sutherland "não caía uma gota" e o nível da água no rio estava quinze centímetros abaixo do indicado para a pesca. Chamberlain, incrivelmente, conseguiu pegar dois salmões no início da semana, mas sua sorte parou por aí. Em 14 de agosto, chegou a seu conhecimento uma conversa entre Hitler e Carl Burckhardt, o comissário da Liga das Nações em Gdansk, na qual o Führer havia ameaçado "esmagar os poloneses [...] de tal forma que não se encontrará nenhum vestígio da Polônia depois".⁵¹ Cinco dias depois, boletins de inteligência enviados por Halifax e provenientes de uma das fontes de sir Robert Vansittart davam conta de que a invasão da Polônia teria início em algum momento entre os dias 25 e 28 de agosto.⁵² Halifax queria que Chamberlain enviasse uma carta a Hitler enfatizando a determinação britânica de responder ao fogo com fogo, e pediu ao primeiro-ministro para retornar da Escócia. Chamberlain chegou na manhã de 21 de agosto e começou a rascunhar uma carta. Ao mesmo tempo, o Secretariado das Relações Exteriores recebeu uma mensagem oculta da Alemanha segundo a qual Göring propusera viajar a Londres para conversas emergenciais com o primeiro-ministro. Chamberlain aceitou a "curiosa sugestão" e foram feitos preparativos para o pouso do marechal em um aeródromo abandonado, de onde seria levado de carro a Chequers. Lá, os empregados seriam dispensados, e as linhas telefônicas, desconectadas.[53] Foi proposta a data de quarta-feira, 23 de agosto de 1939. Mas a reunião não aconteceu, por motivo tão simples quanto devastador. Tarde da noite de 21 de agosto, a agência de notícias oficial da Alemanha anunciou que "os governos alemão e soviético concordaram em concluir um pacto mútuo de não agressão" e que "o ministro de Relações Exteriores, Herr von Ribbentrop, irá a Moscou na quarta-feira, 23 de agosto, com a finalidade de concluir as negociações".[54] Stálin havia feito sua escolha.

XXII
As horas finais

Vivemos horas difíceis, mas espero ainda ser possível termos êxito em evitar o pior. Se conseguirmos, espero ainda ter a chance de caçar suas tetrazes.
Neville Chamberlain ao duque de Buccleuch, 30 de agosto de 1939.[1]

O Pacto Nazi-Soviético caiu "como uma bomba" sobre as potências ocidentais.[2] Oliver Harvey encontrou o Secretariado das Relações Exteriores em estado de choque, ao passo que o primeiro-ministro da França, Edouard Daladier, reclamou "não entender como os diplomatas e negociadores franceses haviam sido tão iludidos".[3] Aqueles que sempre haviam desconfiado dos soviéticos se sentiram vingados. "Percebi então que os russos nos haviam ludibriado, como sempre achei que fariam", registrou Chips Channon após abrir seu exemplar do *Daily Express* na manhã de 22 de agosto de 1939. "São as pessoas mais asquerosas da Terra. Agora, ao que parece, teremos guerra e a divisão imediata da Polônia."[4] Harold Nicolson, que soube da notícia a bordo de um veleiro no porto de Plymouth, chegou à mesma conclusão:

> Nossa frente pacífica está agora destruída e nossas garantias à Polônia, à Grécia e à Rumênia [sic] tornaram-se deveras questionáveis. Ribbentrop deve estar a rir-se. A notícia me atordoa e sento-me ao convés desnorteado, com os barcos pesqueiros ao meu redor. Temo que isso signifique termos sido humilhados e reduzidos a pó.[5]

Chamberlain ficou seriamente abatido. Embora jamais tivesse desejado a aliança com a Rússia e grande parte da culpa pelo fracasso anglo-francês em assegurá-la tenha sido sua, percebeu que o caminho para a invasão da Polônia pelos alemães estava agora escancarado. "Parece um homem acabado", registrou o embaixador norte-americano, Joseph Kennedy, ao visitá-lo na noite de 23 de agosto. "Disse-me que não consegue pensar em mais nada a dizer ou fazer. Sente que todo o seu trabalho foi em vão. 'Não posso viajar de novo, pois aquilo só foi bom uma vez'."[6] Mas, se o primeiro-ministro se achava no direito à autocomiseração, isso de forma alguma significava um recuo perante aliança tão nova quanto desgraçada. Pelo contrário: horas após a confirmação da notícia, o Gabinete já havia emitido um comunicado declarando que o pacto em nada afetava as obrigações britânicas com a Polônia. Algumas horas depois, o embaixador britânico estava a caminho de Berchtesgaden munido de uma carta para Hitler que reforçava essas garantias.

Sir Nevile Henderson encontrou Hitler em seu estado mais belicoso. O Führer culpou o Reino Unido por impedir uma solução pacífica para a questão polonesa e fez um escarcéu contra os poloneses por seus supostos ataques à minoria alemã. A calma defesa que Henderson fez da política britânica não surtiu efeito. Hitler acusou os ingleses de dar aos poloneses um "cheque em branco" e alertou-o de que não se furtaria a uma guerra caso as provocações polonesas continuassem. Depois, quando entregou sua resposta à carta de Chamberlain ao embaixador, em que repetia sua determinação em dar cabo da situação na Polônia por meio da força se necessário, Hitler disse que era óbvio o desejo do Reino Unido de "aniquilar a Alemanha" e que preferiria uma guerra naquele momento, quando tinha cinquenta anos, do que dali a cinco ou dez anos. Henderson protestou e insistiu que o Reino Unido certamente lutaria para defender a Polônia, mas Hitler lhe pareceu estar num estado em que "a razão nada significava para ele".[7] O Führer, aliás, pensava estar sendo extremamente esperto. Logo que Henderson saiu, deu um tapa na coxa e exclamou em tom exultante: "Chamberlain não vai sobreviver a esta discussão. O Gabinete dele vai cair esta noite".[8]

Em reunião no dia seguinte, quinta-feira, 24 de agosto, o Gabinete britânico tomou a decisão de convocar o restante das unidades de defesa costeira e antiaérea. Preparativos substanciais de defesa já haviam então sido encomendados, entre eles a convocação da Força Aérea Auxiliar e de 5 mil reservistas da Marinha, e cerca de oitenta navios mercantes e traineiras haviam sido requisitados para os esforços de guerra. O sistema de alerta de ataque aéreo entrou em *stand-by* e foram emitidas ordens para a proteção de pontos vulneráveis contra sabotagens. Na França, 900 mil homens estavam em processo de recrutamento e o governo cancelou o que teria sido o primeiro Festival de Cinema de Cannes. Na véspera, enquanto Henderson discutia com Hitler, Daladier reuniu toda a cúpula da defesa da França para considerar a situação. Georges Bonnet pretendia esquivar-se das obrigações da França com a Polônia, mas acabou prevalecendo a vontade da linha dura do Gabinete, com o apoio do Estado-Maior. Os preparativos para a completa mobilização das forças francesas continuaram e, na noite de 25 de agosto, Daladier fez um vibrante pronunciamento à nação.

Já o discurso de Chamberlain na tarde da véspera na Câmara dos Comuns não foi tão inspirador. Nicolson o comparou a "um legista explicando um caso de assassinato".[9] De qualquer forma, o compromisso britânico com a Polônia foi reiterado e, em contraste com seu infame pronunciamento durante a crise da Tchecoslováquia, o premiê disse que, caso estourasse uma guerra por causa de Gdansk, não seria pelo "futuro político de uma cidade distante numa terra estrangeira" que o Reino Unido iria lutar, mas "pela preservação daqueles princípios [...] cuja destruição acarretaria a destruição de todas as possibilidades de paz e segurança para os povos do mundo".[10] Os parlamentares o ouviram em sereno silêncio. Nada da expectativa nervosa de setembro do ano anterior, mas sim resignação e resolução. "O medo", escreveu o general e parlamentar contrário ao apaziguamento "Louis" Spears, "havia desaparecido."[11] Naquela noite, em visita à Downing Street, Joseph Kennedy julgou que o primeiro-ministro estava deprimido, porém determinado. "Não se preocupe, Neville, ainda creio que tens Deus ao teu lado", foram as palavras de conforto do embaixador. Ninguém culparia Chamberlain se pensasse que Ele não estava trabalhando duro o bastante.[12]

A invasão da Polônia estava prevista para começar na madrugada de 26 de agosto. As ordens haviam sido emitidas imediatamente após a assinatura do Pacto Nazi-Soviético. Agora, mais que nunca, Hitler tinha certeza de que as potências ocidentais não iriam interferir. "Encontrei-me em Munique com os homens dos guarda-chuvas, Chamberlain e Daladier, e os conheci", garantiu a seus generais quando expressaram dúvidas. "Nunca conseguirão me impedir de resolver a questão polonesa. Os sorvedores de chá em Londres e Paris ficarão quietos desta vez também."[13] Contudo, ao ler as traduções dos jornais britânicos na manhã de 25 de agosto, todos expressando forte aprovação ao discurso de Chamberlain, Hitler começou a ter dúvidas e decidiu que era preciso um último esforço para desmobilizar o Reino Unido (a França ele mal pareceu considerar). Às 13h30, Henderson chegou à Chancelaria do Reich. Lá, o Führer o informou de que decidira fazer um esforço final em prol de um entendimento com a Inglaterra. Segundo lhe explicou, a questão polonesa *precisava* ser resolvida. Era intolerável que a Alemanha sofresse "condições macedônias" em sua fronteira.[14] Solucionada a questão, contudo, ele se dizia pronto a fazer à Inglaterra uma oferta ampla e generosa. Ofereceria garantias ao Império Britânico e colocaria as forças do Reich à sua disposição – desde que o Reino Unido concordasse com as "limitadas" reivindicações coloniais alemãs.[15] Henderson deveria voar imediatamente para Londres – e teria um avião à sua disposição para isso – e relatar a oferta ao Gabinete. Para encerrar, Hitler adicionou um desajeitado toque de pilhéria. Disse ser por natureza um artista e, assim que estivesse resolvida a questão polonesa, pretendia "encerrar a vida como artista, e não como valentão". Não pretendia que "a Alemanha passasse a se resumir a quartéis".[16]

Dispensado o embaixador, Hitler deu ordem para as tropas marcharem às 15h02. A operação contra a Polônia começaria na manhã seguinte, e os britânicos – ainda a debater sua oferta – ficariam tão surpresos e confusos que não se meteriam. Contudo, cinco horas depois, a ordem foi repentinamente cancelada. Hitler passara o dia todo esperando pela resposta de Mussolini à sua carta informando-o da iminência da invasão à Polônia e da expectativa de ter o parceiro do Eixo ao seu lado. A resposta do Duce chegou às 17h45 – três horas depois de tropas alemãs terem começado a se encaminhar aos pontos de partida – e abalou Hitler profundamente. Mussolini sentia informá-lo de que a Itália não estava em condições de entrar em guerra naquele momento e portanto permaneceria neutra no conflito. Minutos antes, Hitler havia recebido o embaixador da França, Robert Coulondre, que lhe dera sua palavra na condição de autoridade do país de que lutaria caso a Polônia fosse atacada. E, quase simultaneamente, fora ainda informado de algo ainda mais sério: o Reino Unido assinara naquela mesma tarde uma aliança militar formal com a Polônia. Hitler ficou estupefato. Estivera convencido de que os britânicos estavam blefando e, no entanto, haviam acabado de rejeitar-lhe a "oferta" da maneira mais belicosa possível (na verdade, o governo britânico, ao rubricar a aliança com a Polônia, não sabia da "oferta"). Suas expectativas haviam sido frustradas; sua confiança, abalada. No espaço de uma hora, havia perdido o aliado com que contava e ganhado dois adversários que dera como favas con-

tadas. Em pânico, Hitler mandou chamar o cabeça do Supremo Comando da Wehrmacht, general Wilhelm Keitel:
"Preciso de tempo", disse o Führer. "É possível parar as tropas?"
"Eu teria de olhar o cronograma", respondeu o general.
"Pois mande fazê-lo, homem!"
Após examinar o documento, Keitel declarou ser possível parar as tropas desde que a ordem fosse dada naquele instante. Hitler o fez. Por ora, a guerra fora adiada.[17]

A proposta de Hitler não seduziu os britânicos. Sua determinação em resolver a questão polonesa à sua própria maneira já havia sido rejeitada antes, e sua oferta de conceder garantias ao Império Britânico foi vista como impertinência. Havia, porém, a crença de que Hitler estaria procurando uma saída e que o Reino Unido deveria ajudá-lo. Se Halifax já rascunhara uma "péssima resposta" tarde da noite de 25 de agosto, Horace Wilson e Rab Butler – as únicas pessoas além de Henderson a "trabalhar feito castores" por um novo Acordo de Munique – se saíram com uma ainda pior.[18] O Gabinete a rasgou em pedaços. Leslie Hore-Belisha a condenou como "servil, aduladora e deferente. [...] Não devemos em hipótese alguma passar a impressão de estar enfraquecendo nossas garantias à Polônia".[19] Colegas concordaram, e Chamberlain anunciou que os ministros deveriam enviar suas sugestões ao chanceler do Tesouro. Naquela noite, Chamberlain, Halifax, Butler, sir John Simon e sir Alexander Cadogan trabalharam em um novo texto; na manhã seguinte, Halifax e Cadogan retomaram a tarefa juntamente com sir William Strang e sir William Malkin, do Secretariado das Relações Exteriores. No domingo à tarde, 27 de agosto, foram solicitadas contribuições do Gabinete. A sir Thomas Inskip, a cena remeteu aos bancos escolares "com todos debruçados em silêncio sobre suas cópias e, de vez em quando, uma troca de comentários em voz baixa".[20]

Na mesma reunião, Chamberlain passou ao Gabinete mais detalhes do "homem misterioso" que estava agindo como intermediário entre o Secretariado das Relações Exteriores e Göring.[21] Era Birger Dahlerus, ingênuo mas incansável sueco que fizera a ponte entre os empresários britânicos e o marechal no início do mês. Em 25 de agosto, Dahlerus visitara Halifax no Secretariado. As negociações àquela altura já eram oficiais e o Secretariado dispensara seus serviços. Mas naquela noite Dahlerus recebera uma ligação de Göring em que o marechal descrevia a situação como extremamente grave, podendo a guerra irromper a qualquer momento. Dahlerus retornou ao Secretariado na manhã seguinte e pediu a Halifax que escrevesse uma carta a Göring enfatizando a disposição do Reino Unido em trabalhar por um acordo de paz. Após uma breve consulta a Chamberlain, Halifax aceitou e Dahlerus pegou um voo para a Alemanha.

Ao pousar às 19 horas no aeroporto Tempelhof, em Berlim, foi diretamente levado até Göring, que o esperava em seu trem especial, a meio caminho entre Berlim e seu retiro de campo. Dahlerus encontrou o marechal macambúzio e nervoso. Sôfrego, Göring abriu a carta de Halifax para só então lembrar que seu inglês não era bom o suficiente para entendê-la. "Herr Dahlerus!", exigiu, "traduza esta carta para o alemão e lembre-se do quão tremendamente importante é cada sílaba transmitir o tom correto de seu significado."[22] De acordo com Halifax, a carta não passava de "uma mensagem banal", reiterando o desejo britânico de paz.[23] Porém, Göring ficou impressionado com o que ouviu e mandou o trem parar para que os dois pudessem retornar a Berlim. Lá, foi até Hitler, acordou-o e apresentou-o a Dahlerus. Embora fosse alta madrugada, Hitler entregou-se a um monólogo de vinte minutos atacando os poloneses e se lamuriando dos britânicos antes que Dahlerus ou Göring conseguissem chegar ao ponto-chave. Estava totalmente transtornado e em dado momento lhe parecia entrar em colapso bem na frente deles. "Vou construir submarinos, construir submarinos, construir submarinos", gritava curtas frases em *staccato*, prevendo o que faria se explodisse uma guerra entre Inglaterra e Alemanha. "Vou construir aviões, construir aviões, construir aviões. [...] Se tivermos de ficar sem manteiga, serei o primeiro a parar de comer manteiga, de comer manteiga."[24]

Hitler acabaria se acalmando o suficiente para transmitir a Dahlerus uma série de propostas semelhantes às feitas a Henderson na véspera. Desejava uma aliança com o Reino Unido, mas também queria Gdansk e o Corredor Polonês. Dahlerus deveria ir a Londres e repetir a oferta aos britânicos. Ávido, o sueco se despediu. Acreditava que a paz mundial dependia de sua missão e não conseguiu dormir antes do voo, que partiu às 8 horas num avião governamental alemão. Naquela tarde, domingo, 27 de agosto, ele transmitiu a mensagem a Chamberlain, Halifax e Cadogan.

A reação dos três foi fleumática. Embora as novas propostas de Hitler diferissem o bastante das apresentadas a Henderson a ponto de causar confusão, na essência eram as mesmas e, como observou Cadogan, "não acrescentaram muito ao que sabíamos".²⁵ Chamberlain não tinha boa impressão de Dahlerus, e, quanto à visão do Secretariado das Relações Exteriores sobre o intermediário sueco, o apelido "a Morsa" a revelava.²⁶ Era, porém, um canal útil com Göring, e o Gabinete concordou com o primeiro-ministro de que deveriam continuar a usá-lo desde que se ativesse à linha de que os britânicos estavam ansiosos por um acordo pacífico, mas não deixariam de lado suas obrigações para com a Polônia. Os britânicos acreditavam que a negociação de uma solução deveria ser feita diretamente entre os governos alemão e polonês, sem ameaças e intimidação. Se isso fosse alcançado, estariam prontos a aderir, juntamente com outras potências, para garantir o acordo.

Foi essa a base da resposta oficial à "oferta" de Hitler, e, após três dias, ao menos três comitês distintos para elaborar o texto e três reuniões do Gabinete, foi finalmente terminada na tarde de segunda-feira, 28 de agosto. Nada poderia persuadir o governo de Sua Majestade a abandonar os poloneses, porém, ainda assim, ansioso por uma solução pacífica, este pressionava o chanceler para que entrasse em negociações diretas com o governo da Polônia. O otimismo crescera em Londres e Paris ao longo do fim de semana com a chegada das notícias do cancelamento do ataque alemão. Hitler parecia vacilar e, em Roma, tudo indicava que Mussolini não estava disposto a apoiar seu aliado no campo de batalha. "O teste de força acabou por colocar-nos em vantagem", escreveu a Daladier um exultante Coulondre na tarde de 30 de agosto:

> Ouvi de fonte confiável que o sr. Hitler hesita há cinco dias, há vacilação dentro do Partido Nazista e um crescente descontentamento em meio ao povo. O ataque foi decidido para a noite entre 25 e 26 de agosto. Por razões incertas, Hitler recuou no último minuto. [...] Precisamos manter-nos firmes, firmes, firmes.²⁷

O Secretariado das Relações Exteriores compartilhava dessa visão. O SIS informava sobre divisões no Alto-Comando alemão, e o conselheiro da embaixada alemã confirmou para William Strang haver "hesitação em Berlim" quanto ao rumo a seguir. "Se bem entendi a visão dele, com absoluta firmeza de nossa parte (sem provocá-los) e com prudência e moderação da parte dos poloneses, ainda é possível uma saída pacífica", escreveu ele.²⁸ Hitler, contudo, tinha outros planos.

Tendo sofrido algo semelhante a um colapso nervoso após a decisão de adiar a invasão da Polônia, o ditador alemão recuperava a audácia. É quase certo que isso teria ocorrido de qualquer jeito, mas lamentavelmente Dahlerus parece ter sido relevante no processo com seus relatos entusiásticos e exagerados da avidez britânica por um acordo. Posteriormente, quando o relato do sueco sobre o período chegou ao conhecimento do Secretariado das Relações Exteriores, espantou a todos pela ingenuidade. A história de Birger Dahlerus nos últimos dias antes da Segunda Guerra Mundial exemplifica – como se fosse preciso mais alguma prova – o efeito tremendamente negativo da diplomacia amadora durante esse período.

Por ora os canais oficiais ainda funcionavam. Às 22h30 de 28 de agosto, Henderson, encorajado por meia garrafa de champanhe, chegou à Chancelaria do Reich para apresentar a resposta britânica. Hitler, que já começara a reprogramar a invasão para 1º de setembro, fingiu interesse. Estava mais calmo que no encontro anterior e, embora falasse em "aniquilar a Polônia", o fez sem nada do histrionismo habitual. O Führer repetiu suas exigências e o embaixador reiterou a determinação britânica de apoiar os poloneses. Ao final, Hitler perguntou a Henderson – que ao menos daquela vez foi quem mais falou – se o Reino Unido estaria pronto a aceitar uma aliança com a Alemanha. Henderson respondeu que, "falando apenas por si, não excluiria tal possibilidade se o desenrolar dos eventos a justificasse".[29] Manifestada sua condição de refém da sorte, foi então embora com a promessa de Hitler de estudar o documento e dar uma resposta formal no devido tempo.

Na manhã seguinte, a de terça-feira, 29 de agosto, Dahlerus, instruído por Göring, fez saber ao Secretariado das Relações Exteriores que Hitler certamente acreditava agora na possibilidade de um acordo de paz. Mais uma vez, o otimismo britânico aumentou. A essa, seguiram-se novas comunicações encorajadoras. Embora a maior parte do exército alemão estivesse distribuída ao longo da fronteira com a Polônia, o sueco insistia na "ânsia de Hitler por relações amigáveis com a Grã-Bretanha e em sua disposição de se desdobrar pelo entendimento com os poloneses".[30] O neurótico Henderson começou a relaxar. Embora se ressentisse da intrusão de Dahlerus em sua esfera, serviu-lhe xerez e reconfortou-se com as atenções de seu cão da raça dachshund. Às 19h15, com um cravo vermelho na lapela, apresentou-se mais uma vez na Chancelaria do Reich para receber a resposta de Hitler.

Em minutos, seu otimismo se evaporou. Hitler acusou os poloneses aos berros de "atos bárbaros de maus-tratos".³¹ O governo alemão não se submeteria mais a tais provocações. Contudo, devido ao sincero desejo de amizade com a Inglaterra, entraria em negociações desde que um emissário polonês com plenos poderes chegasse a Berlim na quarta-feira, 30 de agosto de 1939 – ou seja, dali a 24 horas. Quando Henderson leu essa exigência, acusou Hitler de dar um ultimato e a conversa se deteriorou ainda mais. Hitler começou a gritar e acusar o Reino Unido de não se importar "a mínima se alemães seriam massacrados na Polônia ou não". Com a afronta, Henderson passou a gritar ainda mais. "Disse-lhe que não daria ouvidos àquele linguajar da parte dele nem de mais ninguém." Sua calúnia à sensibilidade humana do governo britânico era intolerável. "Se queria guerra, a teria." Por considerável que fosse o poderio militar alemão, também o era a firmeza da Inglaterra, "e aguentaríamos um pouco mais que a Alemanha poderia e por aí foi a conversa".³² No dia seguinte, Henderson escreveu a Halifax para dizer que esperava não ter passado do ponto. Normalmente, gritar não faria parte das atribuições de um embaixador britânico, mas Hitler, explicou, não era uma pessoa normal. Remoera-se durante a audiência em Berchtesgaden para contrapor os delírios de Hitler com sua calma e ponderação, mas não obtivera resultados e "achei que uma vez na vida Hitler precisava tomar uma dose do próprio remédio".³³

Apesar da destemida performance, Henderson recomendou que o governo polonês concordasse com a exigência de Hitler e chegou a pressionar o embaixador da França para que seu governo convencesse os poloneses. Tomou grande descompostura do embaixador britânico em Varsóvia, sir Howard Kennard, que enviou um telegrama afirmando que os poloneses "prefeririam lutar e perecer que submeter-se a tal humilhação, especialmente após exemplos de Tchecoslováquia, Lituânia e Áustria".³⁴ Halifax concordou. O cronograma alemão era completamente irracional, e Henderson foi instruído a expressá-lo ao governo alemão, tarefa da qual deu conta via um telefonema a Ribbentrop durante a madrugada.

Ao longo do dia seguinte, quarta-feira, 30 de agosto, Henderson continuou a pressionar Londres a persuadir os poloneses a "engolir esse esforço de última hora no sentido de estabelecer contato direto com Herr Hitler", chegando a sugerir a possibilidade de pôr o papa Pio XII no circuito para intermediar alguma "solução imparcial".³⁵ O governo, porém, se manteve firme.

Havia, como Rab Butler depois se queixaria, "total inibição" da parte do Secretariado das Relações Exteriores para pressionar os poloneses a negociar – resultado, acreditava ele, da "vergonha deixada por Munique em alguns corações".[36] Chamberlain disse ao Gabinete que esse era mais um exemplo da técnica de *bullying* de Hitler e que era essencial mostrar que "não cederemos dessa vez".[37] Mais cedo, respondera a uma carta do duque de Buccleuch com notável confiança: "Vivemos horas difíceis, mas espero ainda ser possível termos êxito em evitar o pior. Se conseguirmos, espero ainda ter a chance de caçar suas tetrazes".[38] Informações enganosas transmitidas por meio de Dahlerus davam conta da disposição de Hitler a considerar um plebiscito sobre o Corredor, mas isto não afetou a questão do negociador polonês. Ao meio-dia, o coronel Józef Beck informou Kennard de que o governo polonês decidira se mobilizar – uma reação natural às sessenta divisões alemãs distribuídas ao longo de sua fronteira – e à tarde Henderson repassou o que parecia ser um novo plano de batalha alemão.

À meia-noite, exatamente quando expirava o prazo dado pelos alemães para a visita de um emissário polonês, Henderson entrou no velho prédio do Ministério das Relações Exteriores para ver Ribbentrop e entregar a resposta formal britânica. Desde o adiamento da invasão cinco dias antes, o belicoso ministro, que havia assegurado a Hitler que os britânicos jamais lutariam, vinha tentando desesperadamente recuperar sua posição e, nas palavras de um alto funcionário do ministério, nitidamente "salivava por uma guerra".[39] Segundo a lembrança do intérprete Paul Schmidt, ele chegara ao antigo escritório de Bismarck "quase tremendo" de excitação e se recusara a sentar-se quieto enquanto o embaixador britânico fazia seu comunicado. Levantou-se de supetão várias vezes, cruzando os braços, querendo saber se Henderson ainda tinha algo mais a dizer. Quando o embaixador repetiu o quão irracional era esperar que um emissário polonês com plenos poderes chegasse assim tão rápido, o ministro o cortou. "Acabou o prazo", declarou com frieza afetada. "Onde está o polonês que seu governo iria providenciar?" Henderson repetiu o que acabara de dizer e afirmou que os britânicos haviam pedido aos poloneses para adotarem todas as medidas possíveis para evitar incidentes de fronteira e pediam agora aos alemães que fizessem o mesmo. Ribbentrop enfureceu-se mais uma vez. Os poloneses eram os verdadeiros agressores, cuspiu. Henderson continuou, cada vez mais irritado. Os britânicos insistiram para que o governo alemão comunicasse suas propostas ao governo polonês da maneira normal, convocando o embaixador da Polônia. Além disso, chegavam a eles relatos de atos de sabotagem cometidos por alemães na Polônia. A essa menção, Ribbentrop reagiu perdendo as estribeiras de vez. "Essa é uma mentira deslavada do governo polonês!", rugiu, pondo-se de pé, rosto corado. "Só o que posso lhe dizer, Herr Henderson, é que o diabo de nossa posição é séria!" Chocado com linguagem tão antidiplomática, o empertigado embaixador ergueu-se e também elevou a voz. "O senhor acabou de dizer 'diabo'. [...] Isso não é palavra que um estadista use em situação tão grave." Por um momento, Schmidt achou que os dois homens estavam a ponto de se engalfinhar. Mas, depois de mais alguns instantes de bufos e cara fechada, a tensão baixou e os diplomatas retomaram seus assentos. Ribbentrop leu então uma série de propostas para resolver a "questão polonesa". Henderson pediu uma cópia, mas Ribbentrop se recusou a dá-la. "Está desatualizado de qualquer forma, pois o enviado polonês não apareceu."[40] Tardiamente, Henderson começou a perceber que o ministro alemão das Relações Exteriores estava tentando diretamente provocar uma guerra. Isso não o impediu, porém, de pedir ao embaixador da Polônia para lhe telefonar às 2 horas e pressioná-lo, nos "termos mais fortes", a telefonar de uma vez para Varsóvia para que Beck pudesse solicitar uma cópia das propostas alemãs.[41]

Quinta-feira, 31 de agosto de 1939, foi um dia de altos e baixos emocionais, relatos conflitantes e tentativas desesperadas. Teve início com os tomadores de decisões em Londres decifrando e lendo o relato de Henderson da conversa com Ribbentrop. "Não me soou lá muito encorajador", lembraria um Halifax caracteristicamente eufemístico. A isso se seguiu a chegada de um telegrama do embaixador (que só fora dormir às 4 horas) dizendo que, segundo informações recém-recebidas, salvo algum fato novo nas duas ou três horas seguintes, o governo alemão declararia guerra à Polônia.* Ainda assim, o Gabinete se recusou a ceder ao *bullying* de Hitler. Preferiu mobilizar a frota e tomar a decisão de iniciar a evacuação de 3 milhões de mulheres e crianças

---

* O "informante" era Ernst von Weizsäcker, por meio do embaixador italiano, Bernardo Attolico, e aquela era uma última tentativa do secretário de Estado de preservar a paz induzindo os britânicos a forçar os poloneses a fazer concessões. Hitler, na realidade, nunca tivera qualquer intenção tão cavalheiresca quanto a de "declarar guerra" formalmente, e o prazo final, a partir do qual a ordem para a invasão já não poderia ser cancelada, era 16 horas, e não o meio da manhã.

de áreas vulneráveis (Londres, em especial). Para alívio do general de brigada Henry Pownall, foi dada afinal a autorização para maximizar o contingente de reservistas e convocar mais uma leva de pessoal de terra para a RAF.

Em Berlim, o general Franz Halder foi informado às 6h30 de que Hitler decidira seguir em frente com o ataque, provisoriamente marcado para o nascer do dia seguinte, sexta-feira, 1º de setembro. "Pelo jeito a sorte foi lançada", registrou Goebbels. Mesmo assim ainda havia quem se esforçasse para manter a paz. Às 11 horas, Ciano telefonou para Halifax e disse que, se os britânicos conseguissem fazer os poloneses abrirem mão de Gdansk, Mussolini estaria pronto a usar sua influência para tentar persuadir Hitler a convocar uma cúpula. Os britânicos se recusaram. Contudo, enquanto Chamberlain e Halifax discutiam a proposta, o ministro das Relações Exteriores da Itália – temporariamente transformado no mais devoto dos anglófilos, devido à sua oposição à guerra e antipatia pelos alemães – ligou de novo e fez nova proposta: uma conferência internacional para revisar o Tratado de Versalhes. Chamberlain respondeu que só daria para considerá-la se antes houvesse desmobilização em grau significativo. Na França, Daladier nem sequer estava pronto a ir tão longe. Preferiria renunciar, segundo disse ao embaixador britânico, do que aceitar o convite de Mussolini para um segundo Acordo de Munique. Bonnet, como de hábito, preferia a aceitação, mas foi voto vencido pelo primeiro-ministro, que leu trechos da carta de Coulondre da véspera. Precisamos manter-nos "firmes, firmes, firmes", citou o "Touro de Vaucluse", socando a mesa.[42]

Enquanto isso, o crédulo Dahlerus continuava a interpretar o papel pretendido por Göring. Tendo fornecido aos britânicos uma cópia das propostas alemãs tarde da noite de 30 para 31 de agosto, visitou o embaixador da Polônia, Józef Lipski, às 11h do dia seguinte e aconselhou-o a receber o marechal, assinar o que ele quisesse e "todo o problema estaria resolvido e poderíamos caçar veados juntos".[43] Quando o ultrajado Lipski se mostrou indisposto a ouvir tal sugestão de um completo estranho desprovido de autoridade diplomática ou política, o sueco decidiu que eram os belicosos poloneses os responsáveis pela destruição da última oportunidade de paz e ligou para Londres para reclamar através de uma linha telefônica insegura da embaixada britânica. As propostas alemãs eram "extremamente liberais", disse a Horace Wilson. Acabara de visitar Lipski e... Nesse momento, Wilson ouviu uma voz repetir as palavras de Dahlerus em alemão. Desesperadamente, tentou fazer o sueco se calar, mas Dahlerus continuou. Era óbvio que os poloneses estavam "obstruindo as possibilidades de uma negociação", disse. O entorno de Hitler "fazia o possível para segurá-lo, mas [...] caso os poloneses não venham a Berlim...". Nesse ponto, Wilson desligou o telefone.[44]

Quase exatamente ao mesmo tempo, Hitler assinou a ordem que autorizava a invasão da Polônia. As propostas (Ribbentrop as lera para Henderson, mas se recusara a comunicá-las aos poloneses) haviam servido meramente para criar um álibi: por meio delas, poderia dizer ao povo alemão ter oferecido termos razoáveis aos poloneses, mas Varsóvia os teria recusado. Quando Beck instruiu Lipski a comunicar a disposição do governo polonês de abrir negociações, o embaixador a princípio não conseguiu marcar uma audiência. Finalmente conseguiu se encontrar com Ribbentrop às 18h30, mas o ministro das Relações Exteriores encerrou a conversa logo que Lipski admitiu não ter autoridade para fazer concessões em nome de seu país. Às 21 horas, as propostas foram ao ar em rede nacional de rádio na Alemanha, com a alegação de que a Polônia as tinha em mãos havia dois dias. Em Londres, Cadogan mandou a assessoria de imprensa do Secretariado das Relações Exteriores "dar cabo" da mentira. Os alemães tinham, porém, uma transcrição de Dahlerus falando de dentro da embaixada do Reino Unido e dizendo serem as propostas "extremamente liberais", e era óbvio que os poloneses estariam sabotando a ideia da negociação.[45] Uma hora antes, membros das SS, vestidos de soldados poloneses, haviam tomado a estação de rádio Gleiwitz, na fronteira, e lá despejado cadáveres – dois deles retirados de um campo de concentração, o terceiro morto por injeção letal – e falsificado uma transmissão antialemã. Houve ocorrências forjadas também no posto de alfândega de Hochlinden (também vítimas de campos de concentração, fuziladas nas matas próximas) e em uma cabana deserta da guarda florestal em Pitschen. Às 4h45 de sexta-feira, 1º de setembro, abriu-se fogo. A guerra havia começado.

As 48 horas seguintes foram de alta tensão e intensa frustração. Quando Churchill se encontrou com Chamberlain no início da tarde de sexta-feira, o primeiro-ministro lhe disse que a sorte havia sido lançada: já não via esperança de evitar um conflito com a Alemanha e convidava seu rival a integrar o pequeno Gabinete de Guerra que pretendia formar. Tendo alertado quanto ao perigo nazista por tanto tempo e sido ignorado, o momento era de validação pessoal para o mais jovem dos dois, mas a reunião não foi seguida por um chamado às armas como ele esperava.

Apavorado pelo risco de um bombardeio antes de completar a mobilização de tropas e evacuar mulheres e crianças, o governo francês tentou adiar a declaração de guerra o quanto pôde, enquanto Bonnet fazia tudo o que podia para evitar que a França tivesse de honrar suas obrigações. Quando o Reino Unido se recusou a dar apoio a tais esforços – centrados na proposta de uma conferência de cúpula feita por Mussolini –, o ministro das Relações Exteriores da França exigiu um intervalo de 48 horas entre o envio de um ultimato anglo-francês e uma declaração de guerra.[46] Nisso teve o apoio de Daladier, convencido pelo general Gamelin da vantagem militar do adiamento. O Reino Unido protestou, mas em vão. Bonnet "lançou mão de todos os subterfúgios em nome de um adiamento", registraria Oliver Harvey.[47]

A essa altura, tarde de sábado, 2 de setembro, era testada a paciência até mesmo dos francófilos mais ferrenhos. "Se a França fracassar de novo e trair os poloneses da forma como traiu os tchecos", gritou Churchill ao telefone com o embaixador francês, ele, que sempre fora amigo do país, "ficaria totalmente indiferente à sua sorte". Quando o pobre Charles Corbin, que deplorava a portas fechadas as atitudes de seu governo, balbuciou algo sobre "dificuldades técnicas", Churchill deu-lhe um fora. "Ao diabo com dificuldades técnicas! Imagino que, se uma bomba alemã cair na cabeça de um polonês, o senhor diria que ele sofreu uma dificuldade técnica."[48]

O bate-boca na Câmara dos Comuns naquela noite – quando Leo Amery instou o Partido Trabalhista a "falar pela Inglaterra!" e até os mais sólidos apoiadores do governo pareciam à beira da insurreição – resolveu a questão. Um ultimato não podia mais ser adiado, disse Chamberlain a Daladier ao telefone às 21h30: o governo não sobreviveria. Se a França não pudesse agir em consonância com o Reino Unido, este agiria sozinho. Três horas depois Halifax enviou um telegrama a Henderson, que deveria buscar uma audiência com o ministro das Relações Exteriores alemão às 9 horas da manhã seguinte e apresentar-lhe um ultimato britânico que expiraria três horas depois – 11 horas da manhã no horário de verão britânico.

Na Chancelaria do Reich o estado reinante era de incerteza. Convencido de que os britânicos não interfeririam, mas acometido de crise de confiança em 25 de agosto, Hitler fora encorajado desde então por Ribbentrop a considerar a incompetência anglo-francesa em emitir um ultimato imediato como a confirmação de sua impressão original. Mas os britânicos haviam solicitado uma audiência às 9 horas da manhã de domingo, 3 de setembro, e não havia dúvidas de que o ministro das Relações Exteriores havia estado espetacular e voluntariamente errado. Confrontado com a realidade, Ribbentrop se recusou a ver Henderson e mandou Schmidt em seu lugar. O ultimato britânico exigia o fim das hostilidades e a retirada imediata de todas as forças alemãs – ou isso, ou guerra. "O silêncio foi total", lembrou o intérprete, após traduzi-lo para Hitler e Ribbentrop meia hora depois, na sala pessoal do Führer: "Hitler sentou-se imóvel, contemplando o vazio." Então voltou-se para Ribbentrop "com um olhar selvagem, como se sugerisse que seu ministro o induzira a erro quanto à provável reação britânica", e cobrou: "E agora?".[49]

Pouco mais de uma hora e meia depois, milhões de ouvintes no Reino Unido e mundo afora ouviram a transmissão em que uma voz seca e vacilante dizia no tom mais funesto: "Falo a vocês da Sala do Gabinete na Downing Street, nº 10...".

XXIII
Fantasmas do apaziguamento

> *Avante, soldados de Neville*
> *Em marcha, a honrar a farda,*
> *Com fé na Marinha Real*
> *A garantir-lhes a retaguarda:*
> *Neville e seu guarda-chuva*
> *Líder pronto para a batalha*
> *Arrasta-se para o combate*
> *Arrasta-nos à mortalha...*
> *Pequenas nações perecem,*
> *Folíolos caem ao solo*
> *Só não cai o grupo de Neville*
> *Este nada tem de tolo.*
> *A tchecos e poloneses o tormento,*
> *Às galés os finlandeses,*
> *Se assim lhes promete Neville, Assim será, sem reveses.*
> Versos anônimos depositados sobre a mesa de parlamentar fiel a Chamberlain, fevereiro de 1940.[1]

Por vinte minutos, pareceu que a guerra havia começado exatamente como temiam os britânicos. Mal Chamberlain terminara seu pronunciamento anunciando a declaração de guerra, as sirenes de ataque aéreo começaram a soar. "Isto foi um alerta de ataque aéreo", anunciou o primeiro-ministro ao grupo reunido na Sala do Gabinete, que incluía lorde Halifax, sir Alexander Cadogan e Rab Butler. Alguns riram. "Seria mesmo divertido se fosse", comentou alguém. Mas Chamberlain insistiu. "Isso foi um alerta de ataque aéreo." O grupo começou a se dispersar. Annie Chamberlain surgiu com uma cesta de mantimentos e Butler, com a decisão tomada de que, se era para morrer, que fosse no Secretariado das Relações Exteriores, encaminhou-se para a King Charles Street.²

Perto dali, um grupo de parlamentares contrários ao apaziguamento, entre os quais Anthony Eden, Duff Cooper, Harold Nicolson e Leo Amery, saía de uma reunião na casa de Ronnie Tree em Queen Anne's Gate. "Não deveriam fazer isso depois do que ouvimos no rádio", comentou Amery. "As pessoas vão achar que é um alerta de ataque aéreo." "Meu Deus!", exclamou Nicolson. "*É um alerta de ataque aéreo!*" Mantendo o ritmo da caminhada e fazendo uma valente tentativa de manter uma conversa casual, o grupo se encaminhou para o Parlamento. Mal haviam dado alguns passos, porém, e surgiu Louis Spears em um carro. Todos se amontoaram – Nicolson no colo de Amery e Eden em cima de Nicolson – e o motor roncou rumo à Câmara dos Comuns.³

Na direção oposta, Churchill observava a cena do telhado de Morpeth Mansions. Passados quinze minutos do alerta, desceu, pegou uma garrafa de *brandy* e foi para o abrigo.⁴ Imediatamente antes de entrar, imaginou a destruição que poderia ocorrer: as célebres "cataratas de alvenaria" que caracterizariam o tão esperado "golpe violento" a vir do céu.⁵ Mas as bombas não caíram.

Em retrospecto, o alarme falso de 11h28 da manhã de domingo, 3 de setembro de 1939, foi a abertura apropriada para a guerra no Ocidente, cujos oito primeiros meses foram marcados por uma notória ausência de ataques de ambos os lados, exceto no mar. Não apenas o "golpe violento" não se materializou como, à parte ataques à frota do país, as ilhas britânicas permaneceram intocadas pela Luftwaffe entre setembro de 1939 e julho de 1940. A RAF, em retribuição, despejou panfletos e não bombas sobre cidades alemãs, enquanto os franceses avançaram oito quilômetros Sarre adentro para marcar presença, e então pararam, e retrocederam para a segurança da Linha Maginot.

Na Polônia foi bem diferente. Bombas alemãs choveram sobre cidades polonesas, e as divisões Panzer da Wehrmacht movimentaram-se em velocidade fulminante para cercar o bravo mas subequipado exército polonês.*

---

* Não ajudou muito, para dizer o mínimo, o fato de os poloneses terem cedido à pressão anglo-francesa e cancelado a ordem para a mobilização em 29 de agosto, reemitindo-a no dia seguinte. O resultado foi uma confusão generalizada e, no momento da invasão, apenas cerca de um terço do exército polonês foi devidamente acionado.

Em 17 de setembro, a data-limite para os franceses cumprirem sua promessa de lançar uma ofensiva ao longo do front ocidental, os poloneses foram "apunhalados pelas costas" quando o Exército Vermelho cruzou sua fronteira oriental para reivindicar a porção do país outorgada a Stálin como parte do Pacto Nazi-Soviético.[6]

Àquela altura já não havia mais esperança. "É como uma expedição de caça", disse o perturbado embaixador polonês em Londres, o conde Edward Raczynski, a Hugh Dalton. "Nós somos as perdizes e eles as espingardas."[7] Nos derradeiros dias, tocou-se continuamente no rádio a Polonesa opus 40 nº 1 de Chopin e o hino nacional, mas não era patriotismo o que faltava aos poloneses. Tendo sido destruída sua fraca Força Aérea, Varsóvia se rendeu em 28 de setembro de 1939, após dez dias de bombardeio contínuo que transformou a cidade em "sucursal do inferno".[8] Aproximadamente 70 mil soldados poloneses haviam morrido combatendo os alemães; 133 mil haviam sido feridos, e 700 mil feitos prisioneiros. Incontáveis civis morreram nos bombardeios, enquanto milhares, talvez dezenas de milhares, foram assassinados pelas SS, bem como pela Wehrmacht. No Leste, os soviéticos informaram terem morrido 50 mil poloneses, sem feridos – uma estatística que sugere execuções em massa como as ocorridas próximo à floresta de Katyn entre março e maio de 1940.[9] Estima-se que ao longo dos seis anos seguintes, sob ocupação alemã e (temporariamente) soviética, 5,7 milhões de poloneses tenham morrido ou sido assassinados – um quinto da população pré-guerra.[10]

Os poloneses, compreensivelmente, se consideraram traídos pelos aliados ocidentais. Raczynski ia diariamente ao Secretariado das Relações Exteriores implorar pela ajuda do Reino Unido, e seu êxito não era maior que o de seu colega em Paris. A Polônia, líderes britânicos e franceses haviam decidido tempos antes, não seria salva pela ajuda militar direta, mas somente pelo triunfo dos Aliados após uma longa guerra. Para os que consideravam o acordo anglo-polonês algo mais que um mero compromisso teórico ou uma promessa vã, tal ideia era ignominiosa e estapafúrdia. Louis Spears ameaçou levantar a questão no Parlamento, mas foi dissuadido por sir Kingsley Wood, o secretário de Estado para o Ar, convencido de que nada era possível para ajudar a Polônia. Quando Leo Amery pressionou Wood a despejar bombas incendiárias sobre a Floresta Negra (era sabido que os alemães estocavam munição por lá), a resposta foi ainda mais ridícula: "O senhor está ciente de que aquilo é propriedade privada? [...] O que faríamos depois? Bombardearíamos Essen?" – uma referência ao centro da indústria alemã de armamentos no vale do Ruhr.¹¹

Por trás da decisão aliada de protelar a guerra aérea, não deixava de haver razões sensatas. Como explicou Churchill, nomeado primeiro lorde do Almirantado, a Hugh Dalton, adiar o confronto aéreo era do interesse britânico, pois mês a mês o poderio bélico da RAF – então suprida de Hurricanes e Spitfires em ritmo notável – se aproximava mais do da Luftwaffe. Além disso, do ponto de vista de países neutros, em especial dos Estados Unidos, era desejável que os alemães atacassem primeiro, já que se tratava de bombardeios que inevitavelmente causariam baixas civis. Mesmo que se mire apenas alvos militares, "sempre há danos colaterais", explicou Churchill, e certamente morreria gente à paisana. "Se for possível, asseguremos que as primeiras mulheres e crianças a serem atingidas sejam britânicas, e não alemãs."¹²

Essa estratégia, porém, não levava em conta o desgaste à moral anglo-francesa ou as conclusões negativas extraídas pelos países neutros (tanto os amigos quanto os hostis), aos quais ficava a impressão de os Aliados não serem confiáveis. "Tem havido um clima geral de lamentação pelo flagrante desconforto por que passamos, os blecautes, o aumento no preço da comida [...] os evacuados a ocupar as camas sobressalentes de todos e compensação alguma por tudo isso – e os poloneses destruídos pelas bombas", escreveu Jim Thomas a lorde Cranborne em 25 de setembro.¹³ O embaixador italiano em Paris comentou ter visto "várias guerras travadas sem ser declaradas", mas aquela seria a primeira vez em que via uma "declarada e não travada". Jornalistas norte-americanos, por sua vez, já se referiam a ela como "a guerra de mentirinha".¹⁴

O ato mais ridicularizado foi despejar milhões de panfletos de propaganda em cidades alemãs enquanto a Luftwaffe despejava bombas nas polonesas. Foi apelidado de "guerra de confete", e piadas sobre essas ofensivas grotescas circulavam a rodo. Uma reportagem publicada no *Daily Telegraph* mencionava um piloto que voltara duas horas mais cedo de sua incursão para jogar panfletos. Questionado pelo oficial em comando, o rapaz explicou que não se preocupara em abrir os pacotes e simplesmente os atirara do avião fechados e amarrados. "Deus do céu", resmungou o comandante, "você podia ter matado alguém!"¹⁵ Noutra ocasião, o jornalista norte-americano John Gunther ligou para o recém-criado Ministério da Informação para solicitar o texto de um dos panfletos. A resposta foi: "Não temos autorização para revelar informações que possam ser úteis ao inimigo".[16] Mais extraordinária ainda foi a decisão da BBC de proibir uma transmissão de sir Horace Rumbold para a Alemanha porque o ex-embaixador era excessivamente "antinazista".[17]

Um argumento defendido tanto na época quanto depois foi que os Aliados deveriam ter usado a oportunidade apresentada pela campanha da Polônia para lançar uma ofensiva esmagadora contra a Alemanha. "Se não desmoronamos em 1939, foi só porque britânicos e franceses mantiveram-se totalmente inertes durante a campanha da Polônia", testemunhou o general Alfred Jodl ao ser julgado em Nuremberg.[18] Mas se a supremacia numérica dos Aliados ao longo do front ocidental, com 85 divisões francesas e quatro britânicas contra 35 alemãs, era um fato, este jamais se traduziu em possibilidades reais. Havia vários fatores a mitigar as chances de êxito – o equipamento deficiente dos Aliados, a Linha Siegfried, a neutralidade da Bélgica – mas o principal era a falta de vontade, fosse da parte dos tomadores de decisões na França e no Reino Unido (cuja mentalidade defensiva era profundamente inculcada) ou das populações dos dois países, de executar a ofensiva.

Chamberlain, de fato, não considerava ofensivas necessárias. Tendo acreditado anteriormente que as dificuldades econômicas da Alemanha poderiam dissuadir Hitler da guerra, agora esperava que, exacerbadas pelo bloqueio aos portos alemães, fossem gerar uma crise doméstica no país. "Nesse tipo de guerra de resistência, creio podermos ir mais longe que os alemães", escreveu a Ida em 23 de setembro, e acrescentou: "Não creio que holocaustos sejam necessários para obtermos a vitória, embora certamente possam ser responsáveis pela perda da paz." Duas semanas depois, mostrava-se ainda mais confiante:

> Minha política continua a ser a mesma. Aguentarmos firmes. Manter a pressão econômica, incrementar a produção de munição e preparativos militares com o máximo de energia, não lançar nenhuma ofensiva a não ser que Hitler o faça primeiro. Julgo que, se nos for permitido manter esta política, teremos vencido esta guerra quando chegar a primavera.[19]

Isso era fantasticamente otimista até para os padrões de Chamberlain. A Marinha Real e seu bloqueio haviam levado quatro anos para colocar a Alemanha de joelhos em 1918. Graças ao acordo com Stálin, os alemães recebiam toneladas de grãos, petróleo e outras matérias-primas da União Soviética.

Além disso, ao optar pela "guerra de resistência", os Aliados cediam a Hitler a iniciativa, e este a usava para infligir uma série de surpresas devastadoras, enquanto a insistência na assim chamada "Guerra da Modorra" causava um compreensível desgaste político.[20] "O silêncio absoluto no front no que se refere à ação britânica é um verdadeiro teste para os nervos da população", escreveu lorde Salisbury, ex-lorde do Selo Privado, a Halifax em 22 de setembro. "Sem dúvida, todos sentem profunda compaixão por essa gente a quem prometemos ajuda e assombro por não termos nos aproveitado das dificuldades alemãs." Salisbury reconhecia haver boas razões para a falta de atividade. "Mas paira a sombra do 'apaziguamento' sobre elas, e isso provavelmente deixará a opinião pública indevidamente desconfiada."[21]

Chamberlain não ajudava a própria causa ao não exibir nada da determinação e vitalidade esperadas de um líder em tempos de guerra. Seus pronunciamentos semanais ao Parlamento eram aborrecidos e deprimentes – segundo Harold Nicolson, "parecia o secretário de uma firma de papa-defuntos lendo as atas da última reunião" –, e o fato de manter no governo ex-apaziguadores como sir John Simon e sir Samuel Hoare minava ainda mais a confiança na capacidade do governo de levar a cabo a guerra.[22]

Quando do anúncio de que o Conselho Superior de Guerra, reunido pela primeira vez em 12 de setembro em Abbeville, consistiria tão somente de Chamberlain, lorde Chatfield, ministro para a coordenação da Defesa, Daladier e o general Gamelin, Richard Law, contrário ao apaziguamento, não conseguiu conter seu desespero. "Estou pasmo com o Conselho Superior de Guerra", escreveu a Paul Emrys-Evans, que era de opinião semelhante:

> Ele [Chamberlain] se imagina de fato um grande líder militar? [...] O Gabinete de Guerra já me havia alarmado bastante, mas isso é absolutamente assustador. Decerto não há problema em pensar, como penso eu, que esse senhor já não durará muito, mas ele pode facilmente arruinar-nos a todos enquanto dura. Por vezes me conforto a pensar em Anthony [Eden, convocado para ser secretário colonial] e Winston, mas representam uma minoria tão diminuta. O que podem fazer, a não ser renunciar? [...] Perco o sono à noite a pensar como passei anos a dizer a meu eleitorado que o voto em um socialista nos levaria à guerra, e que desejar a paz implicava apoiar o governo. Se nos pusermos a pensar – todos os que morreram da última vez, todos os que agora morrerão – em todo esse desperdício gerado pela teimosia e falta de imaginação de uns poucos senhores

e a falta de brio de vários jovens. Se um dia engajar-me novamente na política, deixarei o Partido Conservador. [...] Essa teoria de que é possível "educar" esse partido não se sustenta. Mas não creio ver qualquer um de nós a engajar-se na política de novo.²³

No mesmo dia em que a carta foi escrita, foi anunciado que Chamberlain havia desenterrado o ex-secretário para Assuntos Internos sir John Gilmour para comandar o recém-criado Ministério da Expedição. Isso quase nos leva a "pensar se ele quer mesmo ganhar a guerra", comentou Violet Bonham Carter, filha de Herbert Asquith e célebre antiapaziguadora.²⁴

O cacife de Churchill, por outro lado, subia. Feliz em retornar ao Almirantado, o departamento que comandara durante os primeiros anos da Grande Guerra, beneficiou-se do fato de o mar ser o único teatro de operações realmente ativo nos oito meses da "Guerra de Mentira". Em 26 de setembro, fez um relato eletrizante das atividades da Marinha nas quatro semanas anteriores, pleno de nuances "da profunda preocupação à irreverência, da resolução à pura e simples jovialidade".²⁵ "Sentia-se o clima na Casa melhorando a cada palavra", registrou Nicolson, que não foi o único a comparar-lhe a oratória com as performances apagadas de Chamberlain. "Churchill colocou-se mais próximo do posto de primeiro-ministro naqueles vinte minutos do que jamais ocorrera antes. Nas antessalas, depois, até defensores de Chamberlain diziam: 'Acabamos de encontrar nosso líder'."²⁶ Jim Thomas considerou "jamais ter visto os bancos da frente tão furiosos".²⁷

Em 12 de outubro de 1939, Chamberlain rejeitou a aguardada "oferta de paz" de Hitler depois de o Führer, em discurso ao Reichstag, sugerir a possibilidade de uma conferência internacional de cúpula desde que as potências ocidentais aceitassem a divisão da Polônia. O primeiro-ministro se mantinha otimista quanto a acabar com a guerra no prazo de um ano, mas considerava que os alemães ainda não estavam "suficientemente convencidos de não terem como vencer".²⁸ Além disso, julgava a deposição "daquele louco maldito", Adolf Hitler, pré-requisito essencial para negociar a paz.²⁹ "Ele precisa morrer ou ir para Santa Helena, ou então se tornar de fato arquiteto do departamento de obras públicas, de preferência numa 'casa de repouso'", escreveu ele para Ida em 5 de novembro.

Temos de nos livrar de sua *entourage* também, talvez com a exceção de Göring, que poderia ter um papel decorativo em um governo de transição. Uma vez que nos tenhamos livrado dos nazistas, não creio em grandes dificuldades com a Alemanha no tocante à Polônia, à Tchecoslováquia, ao desarmamento, aos judeus etc. É bem mais provável que tenhamos problemas sérios com a França.[30]

Antes do seu discurso de 12 de outubro – no qual efetivamente passou a responsabilidade adiante ao exigir que o governo alemão provasse seu "desejo de paz por meio de atos incontestáveis" –, Chamberlain havia admitido "ter mais medo de uma oferta de paz do que de um ataque aéreo", pois encorajaria "a turma da paz-a-qualquer-preço".[31] Ele não tinha dúvidas da existência de muita gente assim. Só na semana anterior lhe haviam chegado 1.860 cartas, de um total de 2.450 recebidas, pressionando-o a "impedir a guerra" de uma forma ou de outra.[32]

Mais sinistra foi a reunião ocorrida em 12 de setembro na residência do duque de Westminster, à qual compareceram o duque de Buccleuch, lorde Arnold (integrante da Sociedade Anglo-Germânica), lorde Mottistone (idem, e amigo de Ribbentrop), o ex-secretário de Estado para o Trabalho lorde Rushcliffe, o jornalista e notório apaziguador sir Philip Gibbs, Henry Drummond Wolff e o pároco da St. Alban Church em Londres. Logo de início, Westminster leu em voz alta um manifesto contra jornais "controlados pela esquerda e pelos judeus" e adeptos "de postura contrária à paz até o nazismo ser destruído pela raiz". Julgava uma calamidade "as duas raças mais semelhantes" lutarem uma contra a outra, e que o governo deveria estar pronto a explorar opções pela paz o mais cedo possível. Certamente não faria sentido continuarem a brigar uma vez que a Polônia já havia sido conquistada. A Alemanha era "inexpugnável no solo, tanto a leste quanto a oeste", ao passo que Londres (cujo território era, em parte considerável, de propriedade do duque) constituía "o melhor alvo aéreo da face da Terra".[33]

Em resposta ao manifesto, que logo circularia tanto na Downing Street quanto no Secretariado das Relações Exteriores, Churchill escreveu ao duque, um velho amigo com quem costumava caçar javalis na França, alertando-o contra discurso tão derrotista, enquanto sir Joseph Ball avisava a Chamberlain que "seria extremamente perigoso para o governo dar qualquer indicação neste momento de estar ouvindo tais propostas".* ³⁴ Tendo gozado da hospitalidade de Westminster na Escócia, Chamberlain parecia sentir-se constrangido pelo manifesto. Contudo, regozijou-se quando Lloyd George, seu velho adversário, tomou uma descompostura de Duff Cooper em 30 de outubro ao cobrar do governo atenção especial a quaisquer termos de paz com que Hitler viesse a acenar. "Ergui-me de supetão logo que ele se sentou", lembrou Cooper, então "pálido de raiva". "Acusei-o de pregar a rendição. Disse que seu discurso seria recebido com júbilo na Alemanha, onde se diria que o homem que alega ter vencido a última guerra já admite a derrota nesta."³⁵

Segundo o líder da bancada do governo, Charles Waterhouse, a Casa mostrou-se "esmagadoramente contrária" ao ex-premiê, que deixou a tribuna "com o rabo entre as pernas". Naquela noite, porém, em uma reunião da bancada conservadora, ele ouviu Cyril Culverwell, representante de Bristol West, exigir "paz a quase qualquer preço", sir Archibald Southby, de Epsom, clamar por "paz a preço bem baixo" e discursos "de linha semelhante" de sir Arnold Wilson, de Hitchin, sir Charles Cayzer, de Chester, além do capitão Archibald Ramsay, de Peebles e South Midlothian e fundador do Right Club.³⁶ Algumas semanas antes, deparara-se com o tagarela Robert Hudson a proclamar as virtudes de "outro Munique" e "um pouco mais de apaziguamento" no Carlton Club, ao passo que, em 4 de outubro, James Stuart, o número dois da bancada governamental, escreveu ao duque de Buccleuch nos seguintes termos:

> Não posso fingir [...] descontentamento em ouvir Ll. G. dizer grande parte do que disse ontem – ainda que muitos, é claro, venham a julgá-lo um traidor.
> Aceitaria de bom grado qualquer coisa que desse fim a esta estúpida guerra – ainda que de nada valha caso nada produza além de concessões temporárias a serem seguidas por mais hostilidades dentro de um ano ou algo assim.³⁷

O governo, na verdade, estava preparado para considerar, ou ao menos ouvir, ofertas de paz – que, àquela altura, emanavam de uma série de fontes

---

* A carta de Churchill e uma subsequente visita de Ball parecem ter surtido efeito. Uma segunda reunião, igualmente derrotista, ocorrida em 26 de setembro na casa de Westminster, já não contou com a presença do duque. Contudo, foi uma reunião maior, à qual retornaram todos os presentes à anterior (à exceção do pároco de St. Alban), bem como "parlamentares avulsos" (sir Arnold Wilson entre eles), o lorde trabalhista Noel-Buxton, o pároco de St. Paul, Knightsbridge, e um dos cônegos da Catedral de St. Paul.

e em ritmo constante –, mas mantinha-se firme na recusa a negociar com Hitler. "O fato principal é que ninguém sonharia em confiar minimamente em qualquer promessa vinda de Hitler e, portanto, é extremamente difícil encontrar uma fórmula para chegar a um acordo de paz que não envolva a derrubada do governo alemão, e isso provavelmente só ocorrerá ao fim de um conflito sangrento no qual a Alemanha levará a pior", registrou sir John Simon, no mais das vezes considerado um apaziguador proeminente, em seu diário com data de 13 de outubro de 1939.[38]

Um mês depois, Halifax, que mostrara grande paciência para lidar com uma série de sindicantes da paz, respondeu assim a uma carta do conde de Lytton:

> Sim, suponho que não seria particularmente difícil elencar numa folha de papel todas as nossas reivindicações quanto à Tchecoslováquia, à Polônia, à Áustria, ao desarmamento, à cooperação política e econômica na Europa etc. E, mesmo com tudo isso feito, eu certamente não me sentiria detentor de uma posição segura enquanto estivesse a lidar com Hitler e o regime nazista da forma como o conhecemos.[39]

Jock Colville, recém-nomeado secretário particular assistente de Chamberlain, registrou em fins de outubro de 1939 a concordância do primeiro-ministro com "oito entre os nove itens" de uma proposta de acordo de paz pela qual Polônia e Tchecoslováquia teriam a independência restaurada sob um governo liderado por Göring; mas ele teria insistido para que "Hitler não tivesse participação alguma na nova ordem proposta".[40] Passados três meses, sua atitude era ainda mais resoluta. Em resposta a uma carta do duque de Buccleuch, na qual este questionava as metas de guerra do Reino Unido e inquiria sobre a possibilidade de se abrir negociações com Göring, Chamberlain adotou um tom quase churchilliano:

> Meu caro Walter [...]
> [...] estudei com cuidado tudo o que você diz, e a mim parece que as nossas diferenças de opinião têm por base a questão que levanta no último parágrafo datilografado de sua carta. Tal parágrafo me parece sugerir estarmos absolvidos de lutar resolutamente contra a Alemanha, posto que seus repetidos atos de agressividade não se dão diretamente contra o Império Britânico. Se é de

fato o que sugere [Buccleuch rabiscou "NÃO" ao lado], de fato nossas visões seriam tremendamente opostas. A minha é que a história dos últimos anos é prova incontestável do estabelecimento por parte da Alemanha de um programa de agressões e expansão, e, se à *Anschluss* seguiu-se a tomada da Tchecoslováquia, e a esta a invasão da Polônia, em algum momento, então, a França seria tomada de assalto e o Império Britânico atacado.

Você sabe quão intenso foi meu desejo de interromper essa trágica sequência por meios pacíficos. Pois creio ter sido Munique a última chance de uma solução pacífica e o teste final da sinceridade alemã; Hitler rejeitou deliberadamente tal chance e demonstrou quão insincero é. Quando a Alemanha invadiu a Polônia, apesar de não lhe faltarem alertas quanto aos resultados inevitáveis de tal ato, viu-se passada a última oportunidade de interromper tal sequência mesmo por meio da guerra, e não tenho a menor dúvida de que, ao entrarmos em guerra em setembro, o fizemos não meramente em defesa da Polônia, mas da França e do Império Britânico. Sendo esse o caso, é imperativo, como você reconhece, que estejamos preparados, se necessário, para lutar até o amargo fim. Em todo caso, espero que conselhos mais sábios ainda prevaleçam na Alemanha e possamos alcançar nosso propósito de interromper as agressões sem sofrimento e perdas na escala que nos abateu na última guerra. [...]

Bem sei que numerosos "sindicantes da paz" têm sido acionados por fontes alemãs, e também sei da frequente associação destes ao nome de Göring, mas nenhum trouxe por ora qualquer evidência satisfatória de uma imprescindível mudança de atitude. [...]

Você também teme que uma guerra iniciada como sendo contra Hitler torne-se agora uma guerra contra a Alemanha. Pois eu lhe lembraria ser de fato a agressão o que combatemos. Pois esta tem sido, e certamente não dispomos de qualquer evidência de que tenha deixado de ser, a política de Hitler. Por esse motivo declaramos guerra a Hitler e por esse motivo, enquanto ele seja capaz de persuadir ou compelir a Alemanha a apoiá-lo nessa política, devemos lançar-nos à guerra contra ela também. [...]

Permita-me enfatizar novamente que por certo não perderemos qualquer oportunidade de atingir a justa paz desde que tenhamos a segurança de que tal paz será duradoura. Continuarei, no entanto, a alertar o país quanto a nada ser pior que uma paz inconclusiva ou a reversão de um cessar-fogo, e nós e os nossos aliados temos de estar preparados para lutar resolutamente até que se possa atingir a paz verdadeira.[41]

Para ser justo com Buccleuch e tantos outros na mesma posição, definir com precisão as metas de guerra do Reino Unido provou-se uma dificuldade considerável para o governo. O país entrara na guerra em defesa da Polônia, mas, no início de outubro, aquele país já havia sido conquistado e Hitler insistia não ter qualquer querela com as potências ocidentais. "Gostaria de saber pelo que lutamos", escreveu lorde Derby para lorde Beaverbrook próximo ao fim da campanha da Polônia:

> Se a ideia é dar uma sova em Hitler, entendo e empatizo fortemente, mas se é reconstituir a Polônia, já não tenho o mesmo entusiasmo. Não fosse pela Liga das Nações, que abomino – ou por Locarno, um tratado que sempre julguei por demais superestimado –, não deveríamos estar lutando agora pela Polônia.[42]

A entrada do Exército Vermelho complicou ainda mais a questão. Se o Reino Unido lutava pela independência da Polônia, a lógica ditava que deveria estar combatendo a União Soviética tanto quanto a Alemanha nazista. "H[alifax] me perguntou sobre nossas 'Metas de Guerra'", registrou Cadogan em 23 de setembro.

> Eu lhe disse enxergar dificuldades. Já não podemos dizer "evacuar a Polônia" sem entrar em guerra com a Rússia, o que não desejamos! Creio que nosso grito seja "Pela abolição do hitlerismo". [Mas] e caso Hitler entregue o poder a Göring?! [...] E se a Alemanha mantiver então a compostura? Gamelin não me parece estar exatamente cheio de entusiasmo na Linha Siegfried. E então, o que faríamos? Aumentar nossa capacidade bélica em ritmo febril? Para quê? [...] É preciso tentarmos pensar bem nisso.[43]

Não demorou para que a confusão quanto às metas de guerra do país começasse a ser expressa por meio de humor negro. Um limerique com origem no Secretariado das Relações Exteriores mirava firmemente em Chamberlain:

> Ao honrado estadista de dor a ganir
> A razão desta guerra foram inquirir
> Por escrito, respondeu "Meus
> colegas e eu de tudo faríamos para
> descobrir".[44]

Tratava-se de uma injustiça com Chamberlain, que, apesar da repulsa à guerra, não tinha dúvidas quanto à razão pela qual a nação combatia. Porém, sua incapacidade para inspirá-la, somada à falta recorrente de ação militar (exceto no mar), aumentava as críticas à sua liderança. Sua reação era queixar-se às irmãs, em particular do Partido Trabalhista, que para ele agia de forma desonrosa. Porém não estava nem de longe insatisfeito com os rumos do conflito. Tendo sempre duvidado da vontade de Hitler de dar início à guerra no Ocidente – "acarretaria em medonhas baixas, a ponto de comprometer todo o sistema nazista" –, quanto mais tempo passava sem que isso ocorresse, mais otimista ele ficava de que nunca iria ocorrer.[45] Em 5 de novembro, reportou com prazer a Ida que a ameaça de um ataque à Linha Maginot, "profetizada pelos soldados", parecia se esvair. E embora "nos digam que o momento *crucial* será [...] em março ou em abril [...] tenho um 'palpite' de que a guerra estará acabada antes da primavera".[46] Mais adiante no mês, recebeu informações de que Hitler estaria a ponto de atacar os Países Baixos, mas recusou-se a levá-las a sério, pois "em tantas ocasiões já me fizeram chegar datas garantidas para ofensivas". De fato, não via razão alguma para modificar sua crença de que Hitler continuaria a "abster-se de quaisquer atos capazes de acarretar combates realmente ferrenhos". No entanto, começava a "conjeturar se nos será possível conseguir algo de bom com eles [os alemães] sem antes aplicar-lhes um belo soco na boca do estômago".[47]

Pois a realidade é que seriam os alemães a aplicar os socos.

XXIV
A queda de Chamberlain

Avante, soldados de Neville
Prossegui com a guerra,
O clarim vos chama ao dever
Como antes nesta terra.
Já não existem partidos,
Às favas com líderes servis
Usai vossas cacholas
Apenas por vosso país.
Avante, soldados bretões
Em marcha, combatei com garbo,
A vitória vos aguarda,
Um novo e bravo líder ora está a cargo.
Estrofes finais de poema anônimo depositado sobre a mesa do capitão Charles Waterhouse, membro do Parlamento, 1º de maio de 1940.[1]

O ano de 1939 deu lugar ao de 1940 e, se a maioria do povo britânico achasse estar participando de um ensaio geral para a guerra, seria compreensível. Prédios estavam cercados por sacos de areia, usavam-se uniformes, carregavam-se máscaras contra gás – só o que faltava era a sensação de perigo. Os leitos dos hospitais permaneciam vazios, quando a expectativa era de 30 mil baixas por dia, e a Força Expedicionária Britânica, longe de pendurar roupas para secar na Linha Siegfried como diziam os versos da popular canção sobre a Guerra de Mentira, erguia fortins e cavava trincheiras. O único perigo verdadeiro enfrentado pelo povo britânico durante esse período derivava do autoimposto blecaute, que matou mais de 2 mil pessoas em acidentes de trânsito nos últimos quatro meses de 1939; no front ocidental, como termo de comparação, só houve três mortes. Mas, se havia poucos sinais de guerra no Ocidente, o mesmo não valia para outras partes do mundo.

Em 30 de novembro de 1939, não tendo conseguido suas exigências territoriais por meio de negociação, Stálin ordenou ao Exército Vermelho que invadisse a neutra Finlândia, para ultraje da opinião pública ocidental. A União Soviética foi expulsa da Liga das Nações (represália à qual o Krêmlin não deu a mínima) e Ivan Maisky observou que a "fúria" britânica com relação a esse ato hostil denotava maior indignação que a invasão da Polônia pelos alemães.[2] Inspirados pela heroica resistência dos finlandeses, que, entre dezembro de 1939 e fevereiro de 1940, infligiram uma série de espantosas derrotas às forças soviéticas em ampla vantagem numérica, começaram os apelos pelo envio de ajuda militar à Finlândia. À parte o fato de pouco ter se falado nesses termos quando da invasão à Polônia, com a qual britânicos e franceses tinham um compromisso oficialmente firmado, a cataclísmica insensatez de arriscar uma guerra com a URSS sem que a Alemanha nazista tivesse sido derrotada parecia insuficientemente captada tanto pela opinião pública quanto por alguns tomadores de decisões aliados.

"Considero essencial quebrarmos a espinha da União Soviética na Finlândia", foi o que escreveu o general Maxime Weygand ao general Maurice Gamelin, uma colocação simbólica do desejo francês de transferir a guerra para o mais longe possível do território francês.[3] Os britânicos foram mais circunspectos. Lorde Halifax não queria acrescentar a Rússia aos inimigos do país, e Chamberlain não considerava a aventura de Stálin digna de uma reação ocidental. Em fevereiro de 1940, contudo, a ideia de ajudar a Finlândia havia se emaranhado a outro plano: o de fazer cessar o suprimento de minério de ferro da Suécia para a Alemanha.

A ideia de interromper o fluxo de minério de ferro da Suécia para a Alemanha derivou naturalmente da estratégia aliada para a economia de guerra. Os recursos suecos eram essenciais para a fabricação das armas alemãs: em Londres, o Ministério da Economia de Guerra estimava em 9 milhões de toneladas as importações dos alemães no primeiro ano da guerra. Argumentava-se que a interrupção desse suprimento representaria um tremendo golpe à capacidade bélica da Alemanha. "Encurtará a guerra e salvará muitos milhares de vidas", declarou Winston Churchill, o principal defensor do plano, em 16 de dezembro de 1939 ao Gabinete de Guerra.[4] Outros concordaram. "Uma tentativa de interromper o suprimento [alemão] de minério de ferro vindo da Suécia [...] tem várias vantagens e pode ser decisiva", escreveu o general sir Edmund Ironside, chefe do Estado-Maior Imperial, em documento submetido ao Gabinete de Guerra. E até Chamberlain, cauteloso por natureza, admitiu que esse poderia ser "um divisor de águas na guerra".[5]

O problema era a neutralidade dos escandinavos. Extraído principalmente na região norte da Suécia, próximo à cidade de Gällivare, o minério era despachado através do golfo de Bótnia nos meses de verão; no inverno, quando o golfo congelava, a rota era transferida para o porto norueguês de Narvik. Para interromper a extração, os britânicos teriam de violar a neutralidade escandinava, minando as águas territoriais da Noruega (forçando assim os navios alemães a navegar em mar aberto, onde a Marinha Real poderia abordá-los) ou ocupando os campos de mineração propriamente ditos. Um dilema então se colocava. Em guerra para defender os direitos de pequenas nações, com que justificativa os Aliados violariam a neutralidade escandinava? E o mais importante: como outros países neutros, em especial os Estados Unidos, reagiriam a tal escárnio para com o direito internacional? A resposta, Halifax assegurou aos colegas, era "nada bem".

A guerra na Finlândia parecia oferecer uma saída àquela difícil situação. Sob o pretexto de ajudar os finlandeses, os Aliados enviariam uma força expedicionária para assumir o controle dos campos de mineração suecos, bem como de uma série de portos noruegueses. Felizmente (não para eles, é claro), os finlandeses se renderam em 12 de março de 1940, liquidando assim um plano "cabeça de vento" que acarretava o risco de uma guerra com a Noruega e a Suécia, sem falar na Rússia, antes mesmo de ser posto em prática.[6] Mas a história não terminou ali. Determinado a deter a chegada do minério, Churchill finalmente conseguiu persuadir seus colegas a permitir-lhe minar as águas da Noruega. De manhã cedo, em 8 de abril, 234 minas Mark-17 foram despejadas ao longo do Vestfjord próximo a Narvik. Ao mesmo tempo, uma força expedicionária havia sido arregimentada no estuário do rio Forth, pronta para reagir caso Hitler retaliasse com uma invasão da Noruega. Os britânicos só não sabiam que os alemães já estavam a caminho.

Hitler previra uma tentativa aliada de bloquear-lhe o minério e ordenara que os planos para a invasão da Noruega estivessem prontos em meados de dezembro de 1939. Nas semanas posteriores a tal decisão, a intenção alemã era bem clara. "Relatos de que preparativos militares e navais da Alemanha em vários portos do Báltico para a possível ação contra a Escandinávia não são mantidos em segredo, pelo contrário aliás", expunha o *briefing* do Comitê Integrado de Inteligência em 4 de janeiro de 1940. "Tropas sendo treinadas em operações de desembarque em Kiel e outros portos alemães no Báltico", informava o relatório de 7 de janeiro. "Quarenta e oito transportes estariam sendo preparados em portos do Báltico", dizia o de 23 de janeiro.[7] Em 26 de março, uma fonte sueca de alto escalão alertou o adido aeronáutico britânico em Estocolmo de que os alemães estariam "concentrando belonaves e aeronaves" para uma possível "tomada dos portos e campos de pouso noruegueses", e no dia 30 o ministro da Marinha da França informou a seu novo premiê, Paul Reynaud,* que os alemães haviam reunido "recursos para uma expedição contra as bases no sul da Noruega".[8]

A incapacidade de dar conta dessa informação e preparar-se para uma ofensiva alemã – melhor dizendo, bombardear os portos onde as forças invasoras estavam sendo preparadas – é estarrecedora. Igualmente incompreensível era o radiante otimismo de Chamberlain, levando-o a declarar em discurso de grande repercussão, em 4 de abril, que Hitler havia "perdido o bonde".[9] Cinco dias depois – passadas 24 horas da operação britânica de despejo de minas –, divisões aéreas e marítimas alemãs desembarcaram e tomaram os portos noruegueses de Kristiansand, Stavanger, Bergen, Trondheim, Narvik e Oslo, além de ocupar a Dinamarca. Tardiamente, os britânicos se deram conta do tamanho de sua mancada. "É lamentável que tenhamos nos perdido nesse nhe-nhe-nhem e agora cá estão os alemães [na Noruega, aliás]", comentou em seu diário o general Ironside.[10] O chanceler do Tesouro, sir John Simon, concordou. Os alemães haviam sido "muito ladinos", disse a Jock Colville. "E nós, uns patetas, uns patetas!"[11]

O fiasco da tentativa britânica de recapturar os portos e expulsar os alemães da Noruega é bem documentado.[12] Sem mapas, veículos, rádios e, detalhe crucial, apoio aéreo, a campanha britânica, nas palavras de um militar francês, "parecia concebida ao estilo de uma expedição punitiva contra os zulus".[13] Pior foi a mudança constante de planos e objetivos, que resultou em previsível confusão e, em última análise, desastre. Os alemães lutaram

---

* Daladier renunciara em 20 de março, quando trezentos deputados franceses se abstiveram de conceder uma moção de confiança a seu governo, depois de ter se mostrado incapaz de socorrer a Finlândia.

tenazmente, ao passo que os aliados se mostraram incapazes de coordenar suas operações mutantes entre si ou até mesmo entre suas respectivas forças armadas. Planos para uma ofensiva naval sobre Trondheim, antiga capital no centro do país, foram feitos, abrindo mão de uma rápida recuperação do controle de Narvik, mas em seguida desfeitos, impedindo as forças terrestres de tentar um envolvimento duplo. Em 27 de abril, o Gabinete de Guerra havia decidido minimizar suas perdas. As forças do Reino Unido, que vinham combatendo sob forte nevasca sem esquis, botas de neve ou camuflagem e sob constantes ataques aéreos, seriam evacuadas da região central da Noruega; apenas uma pequena guarnição permaneceria ao norte do país, concentrada na retomada do controle de Narvik. Nas palavras de um correspondente de guerra dos Estados Unidos, aquela fora "uma tremenda mixórdia".[14]

O choque gerado pelo desastre na Noruega foi considerável. Alvoroçados por notícias falsas, os britânicos esperavam uma vitória, mas viram a Marinha Real ser iludida (apesar de vários destróieres e submarinos alemães terem sido afundados depois) e as forças terrestres sofrerem uma indisfarçável derrota. "Humilhação e indignação foram os sentimentos-chave", registrou Robert Bruce Lockhart após ser informado da história pelo jornalista do *Times* Colin Coote.[15] Ao chegar a uma reunião do comitê observador – grupo crítico ao governo, formado por homens experientes comandado por lorde Salisbury – na tarde de 30 de abril, Harold Nicolson encontrou um "ambiente sombrio": "A impressão geral é que podemos perder a guerra".[16]

A culpa pela derrota recaiu sobre Chamberlain. Uma impressão nada justa para aqueles inteirados das reviravoltas das semanas anteriores. Se houve um responsável pelo fiasco, foi Churchill. Ao contrário do que fez parecer em suas memórias de guerra, ele mudou de ideia repetidas vezes quanto a concentrar as operações aliadas em Narvik ou Trondheim. "Precisamos que o PM interfira antes que Winston e Tiny [Ironside] esculhambem a guerra toda", disse um exasperado P. J. Grigg, subsecretário permanente do Secretariado de Guerra e amigo de Churchill, em 12 de abril.[17] Alguns dias depois, Chamberlain foi forçado a reassumir o controle do Comitê de Coordenação Militar, pois Churchill havia levado os comandantes do Estado-Maior a ponto de um motim. O efeito foi transformador. Ânimos se acalmaram, os trabalhos passaram a proceder em ritmo normal e a decisão de concentrar esforços em Trondheim foi tomada por unanimidade. Contudo, pouco se soube a respeito de tudo isso fora da segurança das paredes de Whitehall, e a visão cada vez mais estabelecida que faltava a Chamberlain a determinação implacável para ganhar a guerra se provou decisiva.

Havia uma "onda na Câmara dos Comuns contra o PM", observou Hugh Dalton em 1º de maio, depois que começaram a vazar notícias sobre a decisão de evacuar o sul da Noruega. Até parlamentares do Partido Conservador diziam: "É hora de ele sair".[18] No dia seguinte, Charles Waterhouse, líder da bancada governamental e um ferrenho chamberlainista, encontrou em sua mesa um poema anônimo que conclamava os membros da bancada a mandar "às favas líderes servis", mas usar suas "cacholas" para encontrar "um novo e bravo líder".[19] Mais tarde, ao circular pelos corredores, observou "muitos cochichos pelos cantos" entre parlamentares. Os detratores de Chamberlain pareciam "meninos que encontraram a chave do armário de geleia", registrou ele. "Pois será que de fato a encontraram?"[20]

Apesar de tamanha intriga, nada havia de inevitável na repercussão do desastre na Noruega. Chamberlain gozava de uma maioria de mais de duzentos na Câmara dos Comuns e o fiasco também respingara em Churchill. Líderes governamentais deram início a uma campanha insidiosa, rotulando o primeiro lorde do Almirantado de "verdadeiro culpado pela catástrofe na Noruega", com esforços igualmente intensos para assegurar a posição de Chamberlain.[21] Os que apostavam no debate sobre o fiasco como um presságio da queda do primeiro-ministro estavam pessimistas. Orme Sargent, do Secretariado das Relações Exteriores, tinha certeza de que "nada aconteceria" e Chamberlain manteria o controle da Casa. Sempre acreditara que "só um desastre para este país acordar e livrar-se deste governo", mas duvidava então de que a calamidade na Noruega tivesse sido em grau suficiente para sacudir os parlamentares conservadores de seu torpor. "Teremos de esperar por mais", disse sombriamente. "Talvez por uma invasão da Escócia."[22] Já outros estavam menos certos disso. Chips Channon temia que os dias de Chamberlain estivessem contados, e o líder principal da bancada, David Margesson, declarou estarem enfrentando "a maior crise política desde agosto de 1931".*[23] Tudo permaneceria na dependência do debate sobre a condução da guerra por parte do governo, marcado para a semana seguinte, dias 7 e 8 de maio de 1940.

O debate sobre a Noruega pode bem ter sido o mais importante da história do Reino Unido. Foi certamente o mais apaixonado desde os dias de Cromwell, cujas palavras seriam citadas com efeito devastador. Ao adentrar a Câmara pouco antes das 16 horas, Chamberlain foi recebido aos gritos de "perdeu o bonde" da bancada trabalhista e aos aplausos orquestrados da bancada conservadora.[24] Falou mal. Cansado e irritado com os apupos da oposição, tropeçou nas palavras, pareceu constrangido e, de maneira geral, nada exibiu da autoconfiança a que os parlamentares estavam acostumados. Sua defesa da expedição norueguesa foi maçante (o embaixador do Egito caiu no sono) e, aos ouvidos de muitos, soou delirante. Com loas ao êxito da evacuação e referências às baixas sofridas pelos alemães, expressou sua visão de que as implicações do recuo haviam sido "seriamente exageradas".[25] "Ninguém que ouvisse tal discurso imaginaria ter o Reino Unido sofrido uma grande derrota", se lembraria o parlamentar do Partido Liberal Dingle Foot. Quando Chamberlain se sentou, só os "puxa-sacos" do governo o aplaudiram.[26]

Ainda assim, a impressão geral era de que o governo "se safaria".[27] Se a história foi outra, isso se deveu em grande parte a um parlamentar conservador de Portsmouth North, o almirante sir Roger Keyes, que, devidamente uniformizado, com seis fileiras de medalhas a decorar-lhe o peito, subiu à tribuna pouco depois das 19 horas e fez um devastador discurso sobre a forma como o governo conduzira a campanha norueguesa.

Herói da Grande Guerra, Keyes havia liderado o cerco a Zeebrugge em 1918* e usava seu uniforme, conforme explicou, pois gostaria de falar em nome dos muitos comandantes e soldados da Marinha que combatiam no mar e se sentiam terrivelmente traídos. A chegada de navios de guerra alemães a águas norueguesas para desembarque de tropas invasoras não havia sido culpa deles, afirmou com uma voz nervosa que lhe conferiu peso à argumentação. Não havia sido culpa deles se portos e campos de pouso vulneráveis haviam permanecido quase um mês sem serem alvo de operação alguma. Não havia sido culpa deles os alemães terem podido reabastecer de tanques, artilharia pesada e transporte mecanizado sua linha de frente. E não havia sido culpa deles se a ofensiva naval sobre Trondheim, da qual as forças terrestres do país dependiam, não se materializara. Não, a culpa era tão somente da pusilanimidade de Londres e do sistema decisório do comitê de Whitehall. Tratava-se de uma

---

* O cerco a Zeebrugge de 23 de abril de 1918 foi uma malsucedida tentativa da Marinha Real de bloquear o porto belga e assim negar aos submarinos e navios alemães ali estacionados acesso ao Canal da Mancha.

"história chocante de inaptidão" que, assegurou à Casa, "jamais deveria ter podido ocorrer". A tragédia de Galípoli fora repetida "passo a passo", e, se o governo não quisesse perder a guerra, faria por bem lembrar a máxima de Nelson sobre "as medidas mais ousadas serem as mais seguras".[28] Foi o discurso mais apaixonado que Harold Nicolson já ouvira. Mas não o último.

Às 8h03, o presidente da Casa em exercício chamou à tribuna Leo Amery, líder da dissidência conservadora. A oratória de Amery, notoriamente prolixa, costumava ter efeito soporífico sobre os ouvintes. Não dessa vez. Determinado a fazer cair o governo Chamberlain, havia passado a manhã preparando cuidadosamente seu discurso. Chegara mesmo a pesquisar algumas de suas citações favoritas de Oliver Cromwell. Quando releu a forma como o futuro lorde protetor dissolvera o Parlamento Provisório em 1653, duvidou se recorrer àquilo não seria "pegar pesado", mas decidiu manter as anotações consigo caso o momento o inspirasse.

Depois de começar com a assertiva de que o próprio Parlamento estava sendo julgado – pois, "se perdermos esta guerra, quem será rejeitado de forma generalizada e de vez não será este ou aquele governo, mas o Parlamento como instituição" –, Amery se lançou a uma exposição arrasadora da saga escandinava: "Uma história de falta de capacidade de previsão e de preparação, uma história de indecisão, lentidão e medo de correr riscos". Se aquela tivesse sido uma catástrofe isolada, menos mal, mas não era o caso. Toda a condução da guerra, alegou ele, era sofrível devido à inércia do governo. "Como está não dá para continuar", declarou, sob aplausos cada vez mais fortes de todos os quadrantes da Casa. "É preciso mudar." Aplausos. "De uma forma ou de outra, temos de colocar no governo homens comparáveis aos nossos inimigos em espírito de luta, em ousadia, em determinação e sede de vitória." Mais aplausos. "Lutamos hoje por nossa vida, nossa liberdade, nossa plenitude; não podemos mais ser liderados da forma como estamos sendo."[29]

Amery fez uma pausa. Havia chegado ao clímax de sua fala: o momento em que teria de decidir se leria ou não as palavras que havia anotado naquela manhã. Sabia dos riscos de ir longe demais. "Minha intenção não era um final dramático, mas um propósito prático; derrubar o governo", lembraria. Mas a Casa estava decididamente do seu lado, e, "arrastado pela onda de sensações que meu discurso havia causado nos bancos ao meu redor", ele decidiu mandar às favas a cautela.[30]

Já havia citado as palavras ditas por Cromwell a John Hampden, repreendendo-o por lançar mão de "servidores decadentes" no Exército Novo (uma alfinetada dirigida a Chamberlain, Simon e Hoare), e propunha então citar outras mais. Apesar de relutante, posto que falava de "velhos amigos e companheiros",* julgava tais palavras aplicáveis à situação então em vigor.

Isso foi o que disse Cromwell ao Parlamento Provisório ao julgá-lo não mais apto a conduzir os destinos da nação: "Já sentaram-se aqui por tempo demasiado para qualquer bem que porventura nos tenham feito. Parti, vos digo, e libertai-nos de vós. Ide, em nome de Deus!".³¹

Embora haja controvérsias quanto a Chamberlain ter estado ou não presente à Câmara quando dessa ordem formal, ainda assim aquela foi, nas palavras de Alec Douglas-Home, seu secretário particular parlamentar, "uma facada no coração".³²

O segundo dia de debates não foi menos acalorado. Começou com o anúncio contrário às expectativas da parte do trabalhista Herbert Morrison de que a oposição exigiria uma divisão ao fim do debate – para todos os efeitos, um voto de confiança no governo. De imediato, Chamberlain se ergueu e, "rangendo os dentes como um rato acuado", aceitou o desafio.³³ "Tenho amigos na Casa", declarou – frase tão inoportuna e infeliz quanto "perdeu o bonde" ou "paz para nosso tempo", apelando à lealdade partidária em meio a uma crise nacional –, "e conclamo-os a nos apoiarem no lobby esta noite."³⁴

O grande momento seguinte foi cortesia de David Lloyd George, naquele que Violet Bonham Carter (cujo pai, Herbert Asquith, fora suplantado por Lloyd George na Primeira Guerra Mundial) viria a descrever como "o melhor e mais mortal discurso que já o ouvi proferir".³⁵ Em severa reprimenda ao governo pela forma como conduzira a expedição na Noruega, ainda assim tentou blindar Churchill ao dizer não acreditar que o primeiro lorde fosse responsável por tudo o que ocorrera lá. Quando Churchill insistiu em assumir total responsabilidade por tudo o que o Almirantado fizera, seu amigo e ex-

---

* Chamberlain não apenas havia assegurado um assento no Parlamento a Amery, mas este era padrinho de Frank, filho do primeiro-ministro.

-colaborador intimou-o a não permitir que "fizessem dele um abrigo de ataque aéreo para impedir estilhaços de atingir seus colegas".[36] Os oposicionistas explodiram em gargalhadas, eles que antes gritavam ao ponto da rouquidão em apoio. Horace Wilson, que a tudo assistia das galerias, ficou surpreso ao identificar o ódio em vários dos rostos.

"Tratava-se de um amargor reprimido e de uma animosidade pessoal alimentada por anos."[37] Outra a observar tudo de cima foi Annie Chamberlain. Toda de preto, a não ser por um ramo de violetas sobre o peito, "exibia a imensurável desolação de quem contemplava a arena enlouquecida onde os leões farejavam o sangue de seu marido". Na esperança de cercá-lo com uma "aura de afeição", o sempre leal Chips Channon havia achado um assento diretamente atrás de Chamberlain. Mas não servia de escudo contra a mira precisa das flechas de Lloyd George.[38] A questão não era os amigos do primeiro-ministro, insistia o "Mago Galês", mas sim o grande inimigo da nação. O primeiro-ministro havia estado com Hitler na guerra e na paz e "sempre saíra tosquiado". Agora seu apelo era ao sacrifício. "Digo solenemente que o primeiro-ministro deveria dar um exemplo de sacrifício, pois nada poderá contribuir mais para a vitória nesta guerra que o seu sacrifício ao cargo."[39]

Enquanto isso, líderes e secretários particulares parlamentares tentavam conter a rebelião desesperadamente. "Só mais uma vez", rogavam.[40] O governo seria reerguido sem Simon ou Hoare, e o primeiro-ministro estava pronto a aceitar quaisquer demandas da parte deles. Mas era tarde demais. Os rebeldes estavam determinados e, em reunião dos vários grupos dissidentes, a decisão foi partir com tudo para cima do governo. O mais alarmante para os partidários do primeiro-ministro era o número de ex-apoiadores que anunciavam sua intenção de também se rebelar. "Fato é que não há um só jovem oficial que eu conheça a conceder apoio incondicional ao governo", explicou Quintin Hogg, ele mesmo um oficial do 17º Batalhão que vinha "treinando" seus homens sem metralhadoras Bren ou munição, ao suplicante Alec Dunglass.[41] Outro apoiador a se rebelar foi Roy Wise, representante parlamentar de Smethwick. Um tenente-coronel no Regimento Real da rainha havia voltado da Noruega determinado a votar contra o governo em nome de seus homens, que haviam sido consistentemente "bombardeados por aviões alemães sem ter nada com o que revidar, nem mesmo uma metralhadora".[42]

Quando a divisão da Assembleia foi enfim chamada, após uma honrosa defesa do governo por parte de Churchill, Hugh Dalton se emocionou ao ver quantos membros do Partido Conservador, muitos de uniforme, cerravam fileiras com a oposição.

No início do dia não imaginei ser possível a adesão de mais que doze a quinze apoiadores do governo, se tanto. [...] Pois de fato tivemos algo entre quarenta e cinquenta. Meus olhos se encheram de lágrimas. Para muitos, o último voto que viriam a registrar, em nome do seu país e contra seu partido.[43]

"Traidores!", gritavam os partidários de Chamberlain aos desertores. "Ratos!" e "Puxa-sacos!", eram as respostas.[44] Lentamente, David Margesson e mais três apuradores de votos se aproximaram da mesa dos escreventes, abaixo da cadeira do presidente da Casa. "A tensão era tamanha nos bancos abarrotados que estes pareciam vibrar como fios esticados", recordou Louis Spears.[45] Eles se curvaram, e Margesson então proferiu o resultado com sua voz clara e imponente:

Os "sins" à direita – 281; os "nãos" à esquerda – 200.

Foi a senha para o pandemônio. A maioria governamental de mais de duzentos, esmigalhada, estava reduzida a 81. Quarenta e um parlamentares da base (33 do Partido Conservador) haviam votado contra o governo, e mais de quarenta se abstido.* Uma derrota moral arrasadora. Antes do resultado, havia consenso entre os partidários de Chamberlain de que ele teria de renunciar se não obtivesse uma maioria de mais de cem – mínimo apoio necessário em tempos de guerra. A bancada da oposição explodia de euforia, à qual logo se seguiram gritos de "Renúncia!" e "Fora!". Violet Bonham Carter ficou chocada ao ver "conservadores respeitáveis e cerimoniosos como Harold Macmillan – de colarinho alto branco e pincenê ajustado – a gritar 'fora!', 'fora!', 'fora!' como babuínos inspirados".[46] Josiah Wedgwood começou a cantar "Rule Britannia", e Macmillan, "que mais parecia um colegial de sorriso maníaco", logo o acompanhou com sua voz nada musical até que o coro dos conservadores fiéis os abafasse.[47]

---

* O número exato de abstenções deliberadas é impossível de averiguar, pois havia vários parlamentares ausentes por licença médica ou serviço militar no exterior.

Chamberlain parecia ter tomado um soco no estômago. Manteve a dignidade, no entanto, e, com um leve sorriso aos apoiadores – a quem Margesson fizera sinal para que o aplaudissem –, tomou o rumo da saída, passando por sobre os pés salientes de seus colegas de Gabinete. Ao vê-lo ir embora, Spears, que acabara de votar contra o governo, sentiu sua raiva se evaporar:

> Saiu da Casa e cruzou o lobby com andar pesado, uma figura verdadeiramente triste, patética. O negror de suas vestes devia recobrir-lhe os pensamentos. Eu, que tão veementemente me opusera à sua política, senti imenso dó ao vê-lo sair, solitário, na esteira de suas esperanças vãs e esforços infrutíferos.[48]

Chamberlain dedicou as 24 horas seguintes a tentar persuadir a liderança trabalhista a se unir a um governo verdadeiramente nacional sob sua liderança – sua única chance de sobrevivência. Todos os demais passaram o mesmo período a debater seu sucessor. É bem documentado que a preferência da maioria da bancada conservadora, dos partidos Trabalhista e Liberal, do Gabinete, da imprensa, de Chamberlain e do rei era por Halifax, e não Churchill. Tremendamente querido, sem inimigos apesar de uma carreira política de trinta anos, o sumo sacerdote do conservadorismo respeitável parecia a quase todos a escolha óbvia, e não o errático autor de Dardanelos. O problema é que Halifax não queria o posto. Em maio de 1939, Victor Cazalet disse a lorde Tweedsmuir que Halifax "se recusa terminantemente a contemplar a ideia de ser PM".[49] Um ano depois, pouco havia mudado. Seu título de nobreza era visto como o obstáculo óbvio: seria impossível, argumentava Halifax, deter tal posição estando ausente do centro da ação política, que era a Câmara dos Comuns. Mas ele também parecia ter se dado conta de suas próprias inadequações à posição de líder de guerra, em particular quando contrastadas às óbvias qualidades de Churchill. Chega a ser surpreendente que tal pensamento não fosse mais amplamente disseminado quando se nota que Halifax demonstrara belicosidade ainda menor que a de Chamberlain durante a "Guerra de Mentira" e parecia consideravelmente mais abatido. De um jeito ou de outro, não era para ser.

Halifax se recusou a ceder aos múltiplos pedidos. Quando a liderança trabalhista confirmou às 4h45 da tarde de 10 de maio (quarenta horas após a votação) não se dispor a ter Chamberlain como líder, não restou alternativa ao primeiro-ministro. Ele havia nutrido a esperança de que a invasão alemã aos Países Baixos, iniciada naquela madrugada, lhe servisse para ganhar tempo, mas logo foi desenganado. Às 18 horas, levou ao rei sua renúncia e recomendou Churchill como sucessor.*

Pouco depois, Alec Dunglass e Jock Colville foram ter com Chips Channon e Rab Butler na sala deste no Secretariado das Relações Exteriores. Nas palavras de Channon, "abri uma garrafa de champanhe e nós, quatro leais seguidores do sr. Chamberlain, brindamos 'ao rei sobre a água'".⁵⁰ Dunglass e Butler – que 23 anos depois disputariam o posto de primeiro-ministro – então saíram. "Rab disse achar que a boa e velha tradição da política inglesa, a de Pitt em vez de Fox, havia sido vendida ao maior aventureiro da história política moderna", registraria Colville. "Esse golpe repentino de Winston e sua ralé foi um desastre, e desnecessário: a causa já fora traída pelo sr. C[hamberlain], por lorde Halifax e Oliver Stanley [cuja contribuição ao debate sobre a Noruega havia sido particularmente ruim]. Eles já haviam se rendido debilmente a um [norte-]americano mestiço cujo principal apoio vinha de gente ineficiente mas falastrona da mesma laia."⁵¹

Enquanto isso, Churchill iniciava sua caminhada rumo ao seu destino.

---

* "Aceitei sua renúncia", registrou George VI em seu diário naquela noite, "e lhe disse achar de uma injustiça flagrante o que lhe acontecera e como sentia profundamente por toda aquela polêmica. Tivemos então uma conversa informal sobre seu sucessor. Sugeri Halifax, é claro, mas ele me relatou que H. não se entusiasmava com a ideia, pois na Câmara dos Lordes só poderia atuar como uma sombra ou um fantasma sobre a dos Comuns, onde as coisas de fato aconteciam. Sua declaração me desapontou, pois a mim H. parecia a escolha óbvia e sua posição de nobreza poderia ser suspensa temporariamente. Então percebi só haver uma pessoa a quem poderia delegar a formação de um governo no qual o país confiasse, e era Winston. Pedi a Chamberlain um conselho, e ele me disse ser Winston o homem a convocar."

XXV
A última defesa do apaziguamento

Nunca nos renderemos.
Winston Churchill, 4 de junho de 1940.¹

A última defesa do apaziguamento se deu duas semanas depois. Pegos de surpresa pela ofensiva alemã (mais que esperada), os Aliados mergulharam no caos enquanto a Wehrmacht avançava pelos territórios holandês e belga. Em 14 de maio de 1940, o Grupo de Exércitos A, comandado pelo general Gerd von Rundstedt, rompeu a linha de defesa francesa em Sedan – local da decisiva derrota de Napoleão III para os prussianos em 1870 – e no dia 20 já havia alcançado o Canal da Mancha, encurralando as forças britânicas e as do Norte da França. Ao deparar-se com a queda da França e a possível perda da Força Expedicionária Britânica, o Gabinete de Guerra – então formado pelo primeiro-ministro Winston Churchill, pelo lorde-presidente Neville Chamberlain, pelo secretário das Relações Exteriores lorde Halifax, pelo lorde do Selo Privado Clement Attlee e pelo ministro sem pasta Arthur Greenwood – começou a debater a possibilidade de conversas de paz.

Tal debate foi imposto por Halifax. Espantado com a queda da França e derrotista quanto às possibilidades do Reino Unido, considerava seu dever analisar quais termos Hitler estaria disposto a oferecer. Em 25 de maio, obteve de Churchill a permissão para abordar o embaixador da Itália, Giuseppe Bastianini, oficialmente para debater as formas (subornos) mediante as quais a Itália concordaria em permanecer neutra, mas também para avaliar a disposição de Mussolini em atuar como mediador entre Hitler e os Aliados. Bastianini foi animador. Tendo percebido o real propósito do secretário, quis saber se seria possível debater "não só a Grã-Bretanha e a Itália, mas outros países" – a Alemanha, noutras palavras. Quando Halifax lhe respondeu ser difícil contemplar tais discussões com a guerra ainda em andamento, o embaixador lhe assegurou que, uma vez iniciadas as conversas, "a guerra não faria sentido".²

No dia seguinte, domingo, 26 de maio, enquanto a Força Expedicionária do Reino Unido começava a recuar para Dunquerque, Halifax levantou a possibilidade de explorar termos de paz em três diferentes reuniões do Gabinete de Guerra. "Tivemos de encarar o fato de não mais se tratar de impor uma derrota absoluta à Alemanha, mas sim de resguardar a independência de nosso Império e, se possível, da França", disse. Sob tais circunstâncias, estaria Churchill disposto a negociar, uma vez garantidos "aspectos vitais à independência deste país"?³ Churchill se escorava em um relatório do Estado-Maior eufemisticamente intitulado "Estratégia Britânica em Certa Eventualidade" (isto é, a queda da França), cuja conclusão era que, sim, o Reino Unido poderia sobreviver sozinho caso sua Marinha e sua Força Aérea continuassem em plenas condições de resistir a uma invasão alemã, mas mesmo assim não julgou possível àquela altura recusar logo de cara. Sua própria posição de primeiro-ministro nada tinha de segura; uma desavença aberta com o secretário das Relações Exteriores (que muitos parlamentares do Partido Conservador achavam a melhor escolha para suceder Chamberlain) teria o potencial de torná-la insustentável. Disse, pois, que embora achasse "incrível Hitler aceitar quaisquer termos que nos pareçam razoáveis [...], se for possível sairmos deste atoleiro abrindo mão de Malta e Gibraltar [para a Itália] e algumas colônias africanas [para a Alemanha], não perderia tempo". A única estratégia segura, porém, "seria convencer Hitler de que não nos conseguiria derrotar".⁴

As 24 horas seguintes só trouxeram notícias desesperadoras. Hitler cancelara na manhã de 26 de maio sua polêmica ordem para suspender operações,* e no dia 27 as primeiras divisões armadas já estavam a menos de oito quilômetros de Dunquerque. A resistência efetivamente se encerrara em Calais na tarde de 26, mas Churchill sentira-se na obrigação de ordenar ao comandante local que continuasse a lutar para proteger a retaguarda do princi-

---

* Temeroso que o terreno fosse se provar demasiadamente pantanoso para os tanques e tendo sido convencido por Göring de que a Luftwaffe poderia arrasar sozinha a encurralada Força Expedicionária, Hitler havia ordenado às Divisões Panzer em 24 de maio que parassem de avançar. Estavam na ocasião a meros 24 quilômetros de Dunquerque. A decisão forneceu a janela crucial em que foi posta em ação a Operação Dínamo.

pal bloco de forças britânicas que recuava para Dunquerque. Às 19 horas foi dada a ordem para a Operação Dínamo, a evacuação da Força Expedicionária Britânica do território francês. Horas depois, o Secretariado das Relações Exteriores foi informado de que o rei belga Leopoldo III se preparava para firmar um acordo de paz em separado com a Alemanha. Às 7h15 da manhã seguinte, segunda-feira, 27 de maio, um telefonema acordou Churchill. Era o vice-almirante Somerville informando-o de que os alemães haviam levado seus canhões para o norte de Calais e estavam bombardeando os navios que se aproximavam de Dunquerque. Ao longo de todo o resto do dia houve ataques incessantes da Luftwaffe às forças aliadas ilhadas em Dunquerque. A batalha crucial, porém, estava sendo lutada em Londres.

Às 16h30 o Gabinete de Guerra se reuniu pela segunda vez, acrescido de sir Archibald Sinclair, novo secretário de Estado para o Ar e, crucialmente, aliado de Churchill. Foi apenas uma hora e meia de reunião, mas talvez tenham sido os noventa minutos mais importantes da guerra, e certamente o mais perto que Hitler chegou de vencê-la.[5] Tendo recebido o memorando de Halifax com a "Sugestão de Abordagem ao *Signor* Mussolini", Churchill agora dizia ter sérias dúvidas quanto a tal atitude. Sinclair deu apoio imediato ao primeiro-ministro. "Ele estava convencido da futilidade de abordar a Itália naquele momento", dizia a ata do Gabinete de Guerra. "Qualquer fraqueza de nossa parte encorajará os alemães e os italianos e tenderá a minar a moral em nosso país e nos Domínios." Attlee e Greenwood concordaram. "Se vazar a notícia de que cortejamos um acordo ao custo da cessão de território britânico, podemos ter de encarar consequências terríveis", defendeu Greenwood. "É caminho para o desastre dar sequência a tais abordagens."

Churchill declarou então aberta oposição ao plano de Halifax. Abordar Mussolini seria quase certamente encarado "com desprezo" e "arruinaria a integridade de nossa postura de combate neste país".

> No momento, nosso prestígio na Europa é baixo. A única forma de recuperá-lo é mostrando ao mundo que a Alemanha não nos venceu. [...] Mesmo vencidos, não estaríamos pior que ficaremos se abandonarmos o combate. Evitemos sermos arrastados precipício abaixo com a França. Todas essas manobras foram pensadas para nos envolver tão profundamente em negociações que não mais nos seria possível recuar.[6]

Tendo ouvido "tal tolice assustadora", como a descreveu em seu diário, Halifax fez uma ameaça indireta de renunciar.7 A consequência foi a famosa caminhada pelo jardim de Downing Street na qual Churchill, ainda que incapaz de convencer seu secretário das Relações Exteriores do seu ponto de vista, claramente conseguiu envolvê-lo para que não desse um passo com o potencial – bem sabiam ambos – de destruir o governo.

Halifax, em todo caso, reiterou sua posição no dia seguinte, terça-feira, 28 de maio, quando o Gabinete de Guerra se reuniu às 16 horas na Câmara dos Comuns. Tendo proposto a abordagem a Mussolini, na qual o governo da França igualmente insistia, o secretário das Relações Exteriores pediu aos colegas para não "ignorarem o fato de que nos será possível obter melhores termos antes de a França sair da guerra e de nossas fábricas de aviões serem bombardeadas do que daqui a três meses". Churchill mais uma vez discordou. A chance de Hitler oferecer termos que não cerceassem a independência ou a integridade do Reino Unido era irrisória, os negociadores britânicos seriam forçados a abandonar a mesa e, quando isso acontecesse, "descobriremos que todas as forças de resolução ora à nossa disposição terão sumido". Nesse momento crucial, Chamberlain – que em reuniões anteriores tentara manter um equilíbrio entre Halifax e Churchill, ainda que mais inclinado a este último – manifestou apoio ao primeiro-ministro. Registra a ata do Gabinete: "O lorde-presidente [...] concordou com esse diagnóstico". Chamberlain levantou a questão de que, se manter o combate era uma aposta arriscada, "também a opção de interrompê-lo envolveria uma aposta considerável". Portanto, "concluiu que não valia a pena se aproximar nos termos propostos" naquele momento. Tratava-se de uma intervenção vital – uma reversão dos papéis na situação de um ano e meio antes, quando Halifax se opusera a Chamberlain quanto às exigências de Godesberg – e, caso tivesse sido feita na direção contrária, poderia ter mudado o curso da história.8

Churchill agia então para dar o golpe final em Halifax. Encerrada a reunião, pediu que o Gabinete de Guerra voltasse a se encontrar às 19 horas, depois de ele ter estado com o Gabinete completo, até ali excluído de suas deliberações. Àqueles 25 ministros dos partidos Conservador, Trabalhista, Liberal Nacional, Liberal e do Trabalhismo Nacional, Churchill ofereceu um sumário da situação em Dunquerque e recusou-se a "minimizar a extensão do desastre ou dos desastres futuros que poderiam ocorrer como uma marcha bem-sucedida dos alemães sobre Paris e uma rendição francesa".9 Estava claro, disse ele, que os alemães logo voltariam sua atenção às ilhas britânicas e "sem dúvida haverá tentativas de nos invadir". Nessas circunstâncias, como registraria o recém-nomeado ministro da Economia de Guerra, Hugh Dalton, Churchill conjeturara se seria "seu dever considerar entrar em negociações com Aquele Homem", mas teria se decidido ser "inútil pensar que, caso tentemos alcançar a paz agora, obteremos termos melhores que se lutarmos".[10]

Os alemães exigiriam nossa frota – a isso se daria o nome de "desarmamento" –, nossas bases navais e muito mais. Passaríamos a ser um Estado escravo, por mais que se estabelecesse um governo britânico marionete de Hitler – "sob o comando de [Oswald] Mosley [líder da União Britânica de Fascistas] ou alguém assim". E onde estaríamos ao final de tudo isto? Por outro lado, nossas reservas e vantagens eram imensas. Portanto, disse, "continuaremos e lutaremos, seja aqui ou alhures e, se a longa história desta nossa ilha tiver de terminar, que seja apenas depois de cada um de nós sufocar no próprio sangue caído ao solo".[11]

Ninguém expressou "nem sequer uma nesga de discordância", e, quando Churchill terminou, vários ministros se apressaram a congratulá-lo. Ele não se lembrava de "jamais ouvir um grupo de pessoas ocupantes de altos postos na vida política se expressarem com tanta ênfase", disse ao Gabinete de Guerra quando da nova reunião, às 19 horas. "Eles não haviam expressado alarme quanto à posição na França, mas expressaram a maior satisfação quando ele lhes disse não haver chance de abandonarmos o combate."[12]

Confrontado com tal resolução unânime, Halifax não teve escolha senão aceitar a derrota. Trouxe ainda à baila o desejo da França de um apelo ao presidente Roosevelt, mas Churchill rejeitou a ideia, defendendo que "uma postura ousada" traria o respeito dos Estados Unidos, "mas um apelo rastejante [...] teria o pior efeito possível". Halifax não fez objeções. Churchill havia vencido.

Enquanto isso, a situação começava a melhorar na evacuação de Dunquerque. No dia seguinte, quarta-feira, 29 de maio, 47 mil homens foram resgatados apesar dos incessantes ataques aéreos. Um dia depois, 53.800 foram salvos. E no dia seguinte, 68 mil. Ao cair da noite de 4 de junho – passados nove dias do início da Operação Dínamo –, 338.226 homens haviam sido evacuados, entre os quais mais de 125 mil soldados do exército francês.[13] Considerando-se que o Estado-Maior julgara possível o resgate de no máximo 45 mil, foi quase um milagre, que muito fortaleceu a determinação de dar sequência ao combate, tanto no Gabinete de Guerra quanto no país. Em resposta a um memorando do Secretariado das Relações Exteriores sugerindo que fosse preparada a evacuação da família real e do governo para "alguma parte do Império além-mar, e de lá continuaríamos a conduzir a guerra", Churchill foi enfático: sua resposta era "não". "Creio que devemos fazê-los lamentar o dia em que tentarem invadir nossa ilha. Esse tipo de discussão está proibida", declarou em ata de 1º de junho.[14] Quando o diretor da National Gallery, Kenneth Clark, sugeriu o envio das pinturas do museu ao Canadá por segurança, a resposta foi semelhante. "Não. Enterre-as nos subterrâneos e porões. Nenhuma sairá daqui. Nós vamos vencê-los."[15]

Três dias depois, enquanto os últimos soldados aliados eram evacuados de Dunquerque, Churchill articulou seu estado de espírito em palavras que ecoariam por gerações. Tinha total confiança, disse à Câmara dos Comuns, de que poderiam defender sua ilha natal e "superar a tempestade da guerra [...] por anos, se necessário, sozinhos, se necessário". Ao menos tal era o compromisso do governo de Sua Majestade, "cada um de seus homens":

> Lutaremos na França, lutaremos nos mares e oceanos, lutaremos nos céus com confiança e força crescentes, defenderemos nossa ilha, custe o que custar. Lutaremos nas praias, lutaremos nos campos de pouso, lutaremos nas planícies e nas ruas, lutaremos nas colinas; nunca nos renderemos, e mesmo que, e nisto não creio nem por um momento, esta ilha ou grande parte dela seja subjugada e submetida a privações, nosso Império além-mar, armado e protegido pela Frota Britânica, continuará a combater até que, no tempo estipulado por Deus, o novo mundo, com todo o seu poder e força, se apresente para o resgate e a libertação do velho.[16]

Foi o sinal definitivo da vitória de Churchill sobre Halifax e os apaziguadores: a mais dramática expressão da resistência que negaria a Hitler a vitória em 1940. Pouco mais de quinze dias depois, a França assinaria um armistício com a Alemanha. Meia Europa passaria a ser controlada por Hitler. O Reino Unido estava sozinho, mas continuaria a lutar. Terminara a era do apaziguamento; tivera início novamente a da guerra.

Epílogo
"Homens culpados"

Todos os que morreram da última vez, todos os que agora morrerão – todo esse desperdício gerado pela teimosia e falta de imaginação de uns poucos senhores e a falta de brio de vários jovens.
Richard Law a Paul Emrys-Evans, 13 de setembro de 1939.[1]

Ele estava certo ao tentar salvar o mundo de uma grande catástrofe e a história o julgará.
Sir Samuel Hoare a Annie Chamberlain, 11 de novembro de 1940.[2]

Certa noite, durante a "Guerra de Mentira", membros do Departamento de Inteligência Política do Secretariado das Relações Exteriores debatiam quais políticos poderiam ser considerados "criminalmente responsáveis pela guerra e deveriam ser enforcados em postes". Segundo registraria o ex-jornalista e espião Robert Bruce Lockhart, formou-se um consenso quanto aos principais candidatos. Sir John Simon, secretário das Relações Exteriores entre 1931 e 1935, seria o primeiro a ser encaminhado à guilhotina, seguido de Stanley Baldwin e sir Samuel Hoare. Outros a receberem a pena capital incluíam os "fanáticos trabalhistas que queriam atacar a todos e votaram contra o rearmamento, Beaverbrook (pelo isolamento e pela campanha 'Não haverá guerra'), Geoffrey Dawson e o *Times*" e, claro, o primeiro-ministro, Neville Chamberlain.[3]

Quatro meses depois, tendo a Força Expedicionária Britânica sido evacuada de Dunquerque, uma conversa parecida reuniu três jornalistas dos quadros de Beaverbrook no telhado do edifício do *Evening Standard*. Escandalizados com a derrota – a mais acachapante da história britânica – e as circunstâncias que levaram a ela, Frank Owen, um ex-parlamentar do

Partido Liberal, Peter Howard, do Partido Conservador, e Michael Foot, futuro líder do Partido Trabalhista, decidiram escrever um livro em desonra aos homens que julgavam responsáveis pela catástrofe. Feito em apenas quatro dias, com forte inspiração para a injúria, *Guilty Men* [Homens culpados] vendeu, na definição de um dos autores, "como um clássico da pornografia".4 Em outubro, já contabilizava 22 reimpressões. Ao final do ano, havia atribuído com sucesso a culpa pela catástrofe, não só nas mentes de seus contemporâneos, mas em grande medida para a posteridade, aos principais membros do governo de coalizão nacional de forma geral e, em particular, a Neville Chamberlain.

A esmagadora responsabilidade pela Segunda Guerra Mundial é, obviamente, de Adolf Hitler. Somente ele e seus capangas mais fanáticos a desejaram. Somente ele desejou a série de acontecimentos que nela desembocou. Mas ainda que a tragédia, sem dúvida, seja sua responsabilidade, a pergunta permanece: como o deixaram causar tamanho tormento? Como foi possível a um país derrotado em 1918, penalizado com a redução do território e restrições à capacidade bélica e cercado por potenciais inimigos ascender no curto espaço de vinte anos a uma posição que lhe possibilitou a busca da supremacia global, um objetivo que quase alcançou?

Para muitos contemporâneos, o simples fracasso da diplomacia europeia é a explicação. "Um bocadinho de atitude de estadista poderia facilmente ter impedido esta última guerra", defendeu Bob Boothby em 1947.5 Churchill apelidou-a de "a guerra desnecessária", e o historiador anglo-polonês Lewis Namier acreditava "poder ter sido interrompida em uma série de momentos sem esforço ou sacrifício excessivos".6 Mais intrigante ainda, dada sua proximidade a Chamberlain durante a maior parte da década, foi a forma arrasadora como o ex-secretário permanente do Tesouro, sir Warren Fisher, avaliou a política externa britânica três anos após o fim da guerra:

> Em 1935 fizemos chegar aos italianos platitudes morais sobre a integridade da Abissínia sem qualquer ganho para esta, meramente conduzindo a Itália aos braços da Alemanha; e em 1936 fizemos chegar aos alemães questionários mil sobre sua reocupação militar da Renânia.
>
> Quando estourou a Guerra Civil Espanhola, nos iludimos com um pacto de não intervenção que ninguém além de nós respeitou. E em 1938 repartimos a Tchecoslováquia.

Este breve resumo omite muita coisa, inclusive nossa fátua performance ou não performance no que se refere à [invasão japonesa da] Manchúria. Mas a moral para o futuro é clara. [...]

Tivessem o Império Britânico, os Estados Unidos e a França diretamente encarado os fatos em uníssono, os horrores que tiveram início com o estupro da Manchúria, seguido do ultraje à Abissínia, o ataque total à China, a tomada da Áustria e da Tchecoslováquia e culminaram nos anos a partir de setembro de 1939 poderiam ter sido impedidos; e, portanto, nenhum desses países pode se furtar ou fugir a uma forte dose de responsabilidade.[7]

A defesa do apaziguamento se escora em quatro pilares: o precário estado do rearmamento anglo-francês significaria que Reino Unido e França não estariam aptos a lutar antes do outono de 1939; o estouro de uma guerra antes dessa data teria gerado uma cisão na opinião pública e, provavelmente, no Império Britânico; somente após a invasão da Tchecoslováquia, em março de 1939, teria ficado provado não ser possível confiar em Hitler; e a tentativa de evitar os horrores de uma nova guerra mundial via concessões à Alemanha nazista seria uma política razoável e digna de ser tentada.

Não se discute o fato de que as Forças Armadas de Reino Unido e França tinham sérias deficiências em 1938, ano em que as potências ocidentais poderiam ter assumido uma postura mais firme perante a expansão alemã e em que a guerra quase estourou. Na época de Munique, só 29 dos 52 esquadrões de caças considerados necessários à defesa do Reino Unido estavam prontos para o combate (sendo a maioria Gladiators, Furies, Gauntlets e Demons obsoletos), ao passo que a tardia tentativa francesa de diminuir a desvantagem em relação à Luftwaffe só tivera início seis meses antes. Contudo, também é verdade que os alemães, em 1938, não estavam em posição de conduzir uma guerra de grandes proporções. Na época da crise na Tchecoslováquia, a Wehrmacht só possuía três divisões levemente blindadas e seus paióis de munição não sustentariam mais que seis semanas de combate ferrenho. Se em setembro de 1938 a Alemanha tinha mais de 2.700 aviões de primeira linha, só dois terços deles estavam aptos a tomar parte em operações e não mais de metade eram máquinas modernas.[8] A Luftwaffe, no outono de 1938, não só era incapaz das campanhas de bombardeio estratégico temidas por britânicos e franceses, como sua tarefa básica – reconhecida até pelo Estado-Maior da França nos momentos mais calmos – era ajudar na destruição da Tchecoslováquia.

Franceses e britânicos, é claro, não estavam totalmente cientes das deficiências da Wehrmacht. Simultaneamente atordoados e assustados pela propaganda nazista, sua apreciação do poderio militar alemão foi consistentemente inflacionada nos anos seguintes à reocupação da Renânia. Deveriam, porém, ter se dado conta das vantagens estratégicas e militares de que dispunham. A não ser pela aliança informal com a Itália (que, como ficaria provado, mais atrapalhava que ajudava), a Alemanha encontrava-se diplomaticamente isolada em setembro de 1938, privada de recursos naturais e, ao longo de sua fronteira ocidental, perigosamente exposta. As potências ocidentais, por outro lado, detinham os recursos do maior império do mundo, o domínio dos mares e 23 divisões (com o potencial para outras trinta) contra apenas oito divisões alemãs e uma série de *bunkers* inacabados ao longo da fronteira ocidental da Alemanha. Havia ainda o Tratado de Aliança Tchecoslovaco-Soviético.

O papel que a União Soviética teria desempenhado numa guerra em nome da Tchecoslováquia sempre dará margem a especulações. Além da dificuldade logística de chegar à nação aliada, a efetividade das forças armadas soviéticas e a confiabilidade de Stálin eram questionáveis. O que se pode afirmar com convicção é que a União Soviética teria passado por um intenso constrangimento caso falhasse no cumprimento de suas obrigações com a Tchecoslováquia, enquanto tê-la numa aliança ainda que nominal com o Ocidente – não se recolhendo ao isolamento nem passando para o lado alemão – era obviamente do interesse dos Aliados. Fato é que, no outono de 1938, toda a vantagem estratégica pertencia aos Aliados – certamente mais que no ano seguinte, depois de a Alemanha absorver a Tchecoslováquia e estabelecer um pacto com a União Soviética –, mas britânicos e franceses se mostraram incapazes de valorizar ou explorar essa realidade.

Isso se deu em grande parte devido à composição política e psicológica das duas nações. Traumatizadas pela Primeira Grande Guerra e morrendo de medo de sofrerem bombardeios, as classes políticas francesa e britânica haviam se imbuído do espírito do pacifismo, se não da doutrina. Eram também democratas: convencidas, e não sem razão, de que algo sério como uma guerra exigia apoio da opinião pública, e este inexistiria a não ser que os povos britânico e francês sentissem uma ameaça direta à sua segurança. Para muitos historiadores, isso é aceito como uma justa suposição. A euforia que cercou o Acordo de Munique pareceu revelar apoio considerável à política de

Chamberlain, enquanto os Domínios haviam deixado clara sua oposição a uma guerra em nome da Tchecoslováquia. Este, contudo, não era o quadro total. Consultados em uma pesquisa de opinião pouco depois da *Anschluss* para saber se o Reino Unido deveria prometer o apoio aos tchecos em caso de ataque, menos da metade dos cidadãos respondeu com um "não" definitivo (um terço disse "sim", um quarto não tinha opinião). Um exercício semelhante conduzido na época da cúpula de Godesberg revelou 22% favoráveis ao apaziguamento contra 43% opostos.[9] A rapidez com que o alívio por Munique deu lugar a sentimentos de vergonha e desconfiança parece corroborar essas amostragens, e a calma com que o povo britânico se preparou para a guerra no outono de 1938 sugere que os políticos subestimaram o povo. Por fim, como o parlamentar conservador Paul Emrys-Evans observou após a reocupação da Renânia, o governo britânico recusou-se constantemente a dar ao menos um norte à opinião pública, escolhendo, isso sim, abrigar-se atrás dela. Se os líderes políticos do Reino Unido tivessem sido claros com relação à natureza da ameaça alemã e à necessidade de resistir a ela – como Churchill foi –, talvez a opinião pública tivesse exibido outra face.[10] Mas isso pressupõe que os tomadores de decisões britânicos entendessem claramente a natureza da ameaça.

A incapacidade de compreender a verdadeira natureza do regime nazista e de Adolf Hitler foi a mais significativa falha dos formuladores da política do Reino Unido no período, pois todas as falhas subsequentes dela derivam – a incapacidade de se rearmar suficientemente, de construir alianças (em especial com a URSS), de transmitir a força do Reino Unido e de educar a opinião pública. Para defensores do apaziguamento, esse é um exercício de a-historicismo. Eles argumentam que Hitler só foi demonstrar o quão insincero era ao rasgar o Acordo de Munique e marchar sobre Praga, e a extensão dos horrores do nazismo só ficaria clara depois do fim da guerra.* Mas esse argumento se baseia em uma leitura seletiva das evidências. Em 1933, Hitler insistia não querer mais do que a equiparação com o poderio bélico das demais potências europeias, mas rejeitou o plano britânico de padronização dos

---

* "Sempre havia uma chance de o 'apaziguamento', que atingiu seu ápice ali [em Munique], dar certo", insistiu o então ministro da Saúde, Malcolm MacDonald, em novembro de 1940, enquanto Keith Feiling, na biografia autorizada *Life of Neville Chamberlain* [A vida de Neville Chamberlain], argumentou que "engana-se o homem que diz ter previsto em 1937 os decretos da Providência de 1939 a 41".

exércitos continentais em 200 mil homens e tirou a Alemanha da Conferência pelo Desarmamento e da Liga das Nações. Prometeu honrar o Tratado de Locarno, garantindo a natureza não militar da Renânia, violou o acordo para então proclamar não ter mais "demandas territoriais a fazer na Europa".[11] Negou quaisquer intenções ou preparativos para a *Anschluss* com a Áustria; depois de absorver o país, repetiu as mesmas garantias aos tchecos. Por fim, alegou que só desejava para os alemães dos Sudetas a igualdade de status dentro do Estado tcheco.

A verdadeira natureza do regime nazista era, se tanto, mais óbvia. A repressão aos opositores e a perseguição aos judeus começaram poucas semanas depois de Hitler chegar ao poder; a "Noite das Facas Longas" e a proliferação de campos de concentração causaram impressões profundas na opinião pública estrangeira. Para quem entendia a realidade do regime – cujos medalhões usavam quepes com caveiras e ossos e criavam seus filhos para serem guerreiros e supremacistas raciais –, a ideia de que democratas amantes da paz pudessem chegar a algum acordo amigável com a Alemanha nacional-socialista sempre foi ilusão. "O senhor descreveu seu livro como 'o fracasso de uma missão'", escreveu sir Horace Rumbold para sir Nevile Henderson depois de ler o relato feito por este último sobre seus dois anos e meio como embaixador britânico.

> Mas por duas razões ninguém poderia ter sido bem-sucedido. Essas razões são: A) a natureza do caráter da besta com que qualquer representante britânico teria de lidar, e B) a estúpida crença de Chamberlain e, presume-se, também de seu governo de que era possível alcançar qualquer objetivo em 1937 por meio de uma política de apaziguamento da Alemanha. Hitler é um homem perverso, seu regime e sua filosofia são perversos. Não se negocia com a perversidade.[12]

Além de Rumbold – cuja leitura atenta de *Mein Kampf* lhe permitiu alertar o governo britânico já em abril de 1933 sobre a ideologia agressiva e expansionista a guiar o novo chanceler –, sir Robert Vansittart, o brigadeiro A. C. Temperley, sir Austen Chamberlain, Ralph Wigram e, é claro, Churchill, se destacam como exemplos de homens que, desde o início, entenderam "a natureza da besta" e defenderam ações reparadoras.

Por todas essas razões é difícil relevar os atos dos apaziguadores e, em especial, de Neville Chamberlain. Ainda que a história contrafactual seja por definição especulativa, não é difícil imaginar como uma política externa mais robusta poderia ter produzido um resultado melhor que aquele com que o mundo se deparou em setembro de 1939. Se Reino Unido e França tivessem feito valer as cláusulas referentes a armamentos do Tratado de Versalhes; se tivessem confrontado Mussolini e usado a Marinha Real para impedir a conquista da Abissínia (preservando assim a Liga das Nações e mandando uma mensagem importante para Hitler); se tivessem confrontado Hitler e forçado os 22 mil soldados alemães a saírem da Renânia; se tivessem montado uma coalizão voltada para impedir futuras hostilidades por parte da Alemanha em vez de permitirem a Hitler que escolhesse suas vítimas uma a uma; e se tivessem estado preparadas para resistir a Hitler e, se necessário, ir à guerra durante a crise da Tchecoslováquia – então seria possível imaginar um curso diferente para a história. Talvez tivesse havido uma guerra do mesmo jeito. Com Hitler no poder, as chances de um confronto sempre teriam sido extremamente altas. Mas ela não precisaria ter sido tão vasta, tão longa ou tão terrível.

Mas o Reino Unido tentou argumentar com Hitler. Que os esforços iniciais nesse sentido não tenham sido acompanhados por uma estratégia de rearmamento mais urgente continua a ser visto como pecado maior de Stanley Baldwin;* mas que tenham continuado em face de evidências tão contraditórias e para o prejuízo de alianças voltadas à contenção pesa na balança contra seu sucessor. Não que Chamberlain não conhecesse as evidências. Havia lido trechos de *Mein Kampf*, bem como *The House That Hitler Built* [A casa construída por Hitler], de Stephen Roberts. Mas sua fé no próprio juízo, somada ao otimismo natural, o levaram a ignorá-las. "Eu me desesperaria se aceitasse as conclusões do autor", escreveu sobre a análise de Roberts, "mas não as aceito e não me desespero."[13] É difícil discordar dos que o acusam de arrogância e vaidade quando se lê sua correspondência particular. Ele se mostra "totalmente convencido" da correção da direção que tomava

---

* Como já se ressaltou, foi uma perversa sorte o Reino Unido não ter começado a se rearmar para valer de 1936 a 1939, pois um esforço anterior teria meramente sobrecarregado a RAF com montes de máquinas obsoletas. Contudo, essa ironia só ficaria clara em retrospecto. Na época não se sabia que a guerra só viria a estourar em setembro de 1939 (e, de fato, quase estourou um ano antes), e a deficiência das defesas britânicas – as aéreas, em especial – foi um dos muitos fatores a inibir os tomadores de decisões a assumir uma postura mais firme contra os Estados ditatoriais.

e se recusa a mudá-la apesar da rejeição de Hitler a seu plano sobre as colônias, apesar da *Anschluss*, apesar de Godesberg, apesar de Munique e apesar da Noite dos Cristais.[14] Na opinião do parlamentar conservador antiapaziguamento Vyvyan Adams, a "incapacidade do primeiro-ministro de avaliar o hitlerismo por tanto tempo" constituía nada menos que "um milagre infernal".[15] Mas havia explicações mais mundanas.

Chamberlain detestava a guerra tanto quanto qualquer outro pacifista, e, embora as piadas sobre sua experiência municipal fossem frequentemente injustas – "um bom lorde prefeito de Birmingham em anos de penúria", segundo David Lloyd George –, há algo de verdadeiro na visão de que ele e seu lugar-tenente Horace Wilson encaravam a política internacional como quem soluciona disputas comerciais ou industriais.[16] Eis o que escreveu Duff Cooper, no início de 1939, em breve perfil do ex-chefe:

> Chamberlain nunca havia conhecido ninguém em Birmingham que ao menos lembrasse Adolf Hitler. Sempre achara as pessoas que conhecera, nos negócios ou no governo local, não muito diferentes dele mesmo – razoáveis, honestas. Sempre se provara possível, com algum toma lá dá cá, chegar a um acordo com eles que fosse satisfatório para ambos os lados.
>
> Esses ditadores, assim lhe pareceu, também devem ser razoáveis. Queriam certas concessões, e havia algumas que a Grã-Bretanha estaria em condições de fazer. Portanto, quanto mais cedo conseguisse se entender com eles, melhor. A motivação não era desonrosa, o método não era irracional. Seu único erro foi equivalente ao do menino que brinca com o lobo achando ser um cordeiro – um erro zoológico perdoável – mas com o potencial de provar-se fatal para o jogador que o cometer.[17]

Para os defensores de Chamberlain, o "ano extra" que ele ganhou em Munique fora central. Por mais que o apaziguamento tivesse fracassado na meta principal, a política "nada perdera de sua importância", alegou Malcolm MacDonald em novembro de 1940, pois, "ao adiar a guerra atual por um ano inteiro, deu ao Reino Unido tempo para fazer preparativos militares que transformarão o que provavelmente teria sido uma derrota no que agora será [...] decerto uma vitória para a civilização europeia".[18] O problema desse argumento não é só a Alemanha ter se armado mais que o Reino Unido no período entre Munique e a eclosão da guerra – enquanto a situação estratégica se deteriorava –, mas sim tratar-se essencialmente de um *ex post facto*, como até mesmo seus beneficiários admitiram. Como disse Alec Dunglass a Jock Colville em fevereiro de 1940, a falta de preparo do Reino Unido para a guerra "pesou fortemente sobre o PM durante a crise de Munique, mas era justo admitir que ele e Horace [Wilson] acreditavam poder obter a paz em caráter permanente e satisfazer a Hitler por meio do sacrifício da Tchecoslováquia".[19] Tal verdade seria posteriormente confirmada pelo próprio Wilson, ao atestar que "nossa política jamais foi pensada apenas para adiar a guerra ou permitir que entrássemos nela mais unidos. A meta do apaziguamento era evitar a guerra pura e simplesmente, de vez" – daí a relutância de Chamberlain em intensificar a campanha de rearmamento após Munique.[20]

Nisso, Chamberlain obviamente falhou. Considerando-se o caráter e a ideologia do homem com quem estava lidando, é inconcebível que pudesse ter sido diferente. No entanto, o fato de também ter negligenciado a construção de um sistema de alianças capaz de deter Hitler ou, se houvesse guerra, derrotá-lo o mais rápido possível não era nem de longe inevitável. Ao contrário de seu sucessor, tratou os Estados Unidos com máxima indiferença, e sua incapacidade de fechar um acordo com a União Soviética se destaca como uma das maiores falhas daquela calamitosa década. Seu único feito indiscutível foi que, quando o Reino Unido finalmente se decidiu a parar Hitler por meio da força, o fez unido e com o apoio de todo o seu Império. Mas até essa realização é fruto em última análise do fracasso de sua política. A motivação de Chamberlain jamais esteve em dúvida. Seus esforços foram consideráveis e determinados. Mas, ao se equivocar tão profundamente quanto à natureza do homem com quem lidava, sua política acabou por negligenciar as contingências que poderiam tê-lo contido ou derrotado com mais rapidez. Foi em todos os sentidos uma tragédia.

Agradecimentos

A primeira dívida que preciso reconhecer é com aquelas pessoas e instituições que gentilmente me concederam acesso e permissão para citar documentos privados. Nesse sentido sou extremamente grato a Sua Majestade, a rainha, ao visconde Astor, à condessa de Avon, aos arquivos da BBC em Caversham, à Biblioteca Britânica, a Robert Bell, à Biblioteca Bodleiana (Universidade de Oxford), ao duque de Buccleuch e Queensberry, à Biblioteca de Pesquisa de Cadbury (Universidade de Birmingham), a sir Edward Cazalet, aos Arquivos de Churchill (Churchill College, Cambridge), a lorde Coleraine, a lorde Crathorne, ao conde de Halifax, à Biblioteca Hartley (Universidade de Southampton), ao Centro Liddell Hart para Arquivos Militares (King's College, Londres), à London School of Economics, ao marquês de Lothian, a Julian Metcalfe, a Juliet Nicolson, ao falecido visconde Norwich e a Artemis Cooper, a sir Henry Rumbold, ao marquês de Salisbury, a Charles Simon, à Biblioteca de Wren (Trinity College, Cambridge), a Michael Waterhouse e à duquesa de Westminster.

Fizemos tentativas de contatar todos os detentores de direitos autorais, mas, se porventura infringi os de alguém, eu e meus editores oferecemos nossas mais sinceras desculpas.

Pelas respostas a várias perguntas, por oferecerem conselhos ou me direcionarem a materiais, gostaria de agradecer a lorde Arnold de Ilminster, à dra. Catherine Andreyev, ao professor Jeremy Black, a Denys Blakeway, ao professor sir Richard Evans, ao dr. Kit Kowol, a lorde Lexden, a lorde Lisvane, a Andrew Riley, a sir Nicholas Soames e a Pippa Quarrell.

Dido Connolly, Elizabeth Gausseron, Ingo e Michelle Maerker e a dra. Lyuba Vinogradova traduziram uma série de documentos e livros, enquanto Laura Bailey, Ben Francis e Hilary McClellen ajudaram checando várias citações e referências. Jeff Hulbert foi gentil o bastante para compartilhar comigo vários clipes de áudio e cinejornais do período, bem como material dos arquivos da BBC em Caversham.

Meu amigo Robert de Lille gentilmente organizou uma visita minha ao antigo Führerbau – local da Conferência de Munique, que hoje felizmente abriga a Universidade de Música e Artes Cênicas – e me acompanhou a Berchtesgaden, onde, após um passeio pela floresta e (sem querer) por jardins privados, descobrimos as ruínas do Berghof.

Meu ex-editor no Channel 4 News, Ben de Pear, foi generoso em me conceder uma licença para pesquisar e iniciar este livro, e eu gostaria de agradecer a Katherine Davenport e à incomparável equipe de política do Channel 4 News por possibilitar isto.

A maior parte do manuscrito foi escrita na Biblioteca de Londres, onde tive a ajuda de seu staff sempre prestativo, bem como dos amigos que fiz na escadaria, à espera da abertura das portas.

Este livro não existiria sem meu formidável agente, Bill Hamilton, que abraçou a mim e a este projeto depois de uma mera reunião curta em novembro de 2015 e que, além de mapear o interesse das editoras, ofereceu o encorajamento fundamental ao longo do processo.

Por razões semelhantes, sou extremamente grato aos meus editores, Stuart Williams, no Reino Unido, e Tim Duggan, nos EUA. O entusiasmo que Stuart teve pelo projeto já de início foi um momento de excepcional emoção para mim, potencializado quando ele me apresentou a Tim. Nestes últimos três anos, me beneficiei dos conselhos ponderados de Stuart, enquanto meu editor de texto, o paciente e meticuloso Jörg Hensgen, melhorava imensuravelmente o manuscrito.

Vários amigos e colegas foram generosos o bastante para encontrar tempo em suas agendas lotadas para ler o livro ou partes dele no manuscrito e dar opiniões. Nesse sentido, gostaria de oferecer meus sinceros agradecimentos a Michael Crick, Andrew Gilmour e ao professor Brian Young. Richard Davenport-Hines leu cada capítulo à medida que ficava pronto e me ofereceu orientação inestimável, além do encorajamento. Desnecessário dizer que os erros que permanecem, bem como os juízos, são meus e apenas meus.

Por fim, gostaria de agradecer a minha família. Minhas irmãs, Lara e Clare, foram comigo a vários arquivos, e meu irmão, Jamie, leu o manuscrito e contribuiu com suas sábias críticas. Minha grande dívida, porém, é com meus pais: meu pai, Peter, leu várias versões do texto e assim compensou minha dislexia; e minha mãe, Jane, fez a mesma coisa e também checou minhas citações, corroborando minhas referências, além de digitar minhas observações escritas em letra quase ilegível. A dívida que tenho para com eles naturalmente se estende bem além desses serviços, e temo nunca conseguir pagá-la. Mas dedico este livro a eles como uma pequena demonstração de amor e gratidão.

Notas

PREFÁCIO
1. *New Statesman*, 1944, citado em Sidney Aster, "Appeasement: Before and After Revisionism", *Diplomacy & Statecraft*, vol. 19, n. 3 (2008), pp. 443-80; Martin Gilbert, *The Roots of Appeasement* (Londres, 1966), p. xi.

PRÓLOGO
1. John Julius Norwich (org.), *The Duff Cooper Diaries 1915-1951* (Londres, 2005), 3 set. 1939, p. 274. • 2. Hugh Dalton, *The Fateful Years: Memoirs 1931-1945* (Londres, 1957), p. 263. • 3. Hansard, HC Deb, 1º set. 1939, vol. 351, cols. 125-33. • 4. Nigel Nicolson (org.), *Harold Nicolson Diaries: 1907-1963* (Londres, 2004), 27 set. 1939, p. 203. • 5. Beamish Papers, Diário, 2 set. 1939, BEAM 3/3. • 6. Hankey Papers, Hankey para sua esposa, 3 set. 1939, HNKY 3/43. • 7. Beverley Baxter, *Men, Martyrs and Mountebanks: Beverley Baxter's Inner Story of Personalities and Events behind the War* (Londres, 1940), p. 14. • 8. N. A. Rose (org.), *Baffy: The Diaries of Blanche Dugdale 1936-1947* (Londres, 1973), 2 set. 1939, p. 149. • 9. Robert Rhodes James (org.), *"Chips": The Diaries of Sir Henry Channon* (Londres, 1967), 2 set. 1939, p. 212. • 10. Nicolson (org.), *Harold Nicolson Diaries and Letters*, 2 set. 1939, p. 418. • 11. General de brigada sir Edward Spears, *Assignment to Catastrophe, Vol. I: Prelude to Dunkirk jul. 1939-maio 1940* (Londres, 1954), p. 20. • 12. Hansard, HC Deb, 2 set. 1939, vol. 351, col. 281. • 13. Spears, *Assignment to Catastrophe*, p. 20. • 14. John Barnes e David Nicholson (orgs.), *The Leo Amery Diaries, Vol. II: The Empire at Bay 1929-1945* (Londres, 1988), 2 set. 1939, p. 570. • 15. Hansard, HC Deb, 2 set. 1939, vol. 351, cols. 282-3. • 16. James (org.), *"Chips"*, 2 set. 1939, p. 213. • 17. Nicolson, *Harold Nicolson Diaries and Letters*, 2 set. 1939, p. 419. • 18. Sir Reginald Dorman-Smith, "Recollections", *Sunday Times*, 6 set. 1966. • 19. Ibidem.

I – O EXPERIMENTO COM HITLER
1. *DBFP, Second Series, vol. V* (Londres, 1956) - Rumbold para sir John Simon, 30 jun. 1933, n. 229. • 2. *The Times*, 31 jan. 1933. • 3. Stuart Ball (org.), *Parliament and Politics in the Age of Baldwin and MacDonald: The Headlam Diaries 1923-1935* (Londres, 1992), p. 258. • 4. *Daily Telegraph*, 31 jan. 1933. • 5. *News Chronicle*, 31 jan. 1933; *Daily Herald*, 31 jan. 1933. • 6. *The Times*, 30 jan. 1933. • 7. *The Times*, 31 jan. 1933. • 8. *New Statesman*, 4 fev. 1933. O *New Statesman* era editado por Kingsley Martin, que usou a revista, ao longo desse período, para promover o pacifismo e, posteriormente, o apaziguamento. • 9. *Morning Post*, 30 jan. 1933. • 10. Citado em *Scotsman*, 31 jan. 1933. • 11. *L'Ami du peuple*, 31 jan. 1933; Coty em *L'Ami du peuple*, 7 fev. 1933. • 12. Citado em Martin Gilbert, sir *Horace Rumbold: Portrait of a Diplomat 1869-1941* (Londres, 1973), p. 367. • 13. *DDF, First Series, Vol. II*, François-Poncet para Paul-Boncour, 1º fev. 1933, n. 253. • 14. *Scotsman*, 4 abr. 1933. • 15. Kenneth Young (org.), *The Diaries of Sir Robert Bruce Lockhart, Vol. I: 1915-1938* (Londres, 1973), 6 mar. 1933, pp. 248-9. • 16. Hamilton Papers, Heyne para Hamilton, 1º abr. 1933, Hamilton 14/2/3. • 17. Hamilton Papers, Hamilton para Heyne, 23 out. 1933. • 18. Hamilton Papers, Hamilton para Frau von Flesch-Brunningen, 30 nov. 1933. • 19. Hamilton Papers, Hamilton para Rebecca West, 15 mar. 1933. • 20. John Lee, *A Soldier's Life: General Sir Ian Hamilton, 1853-1947* (Londres, 2000), p. 263. • 21. Citado em Richard Griffiths, *Fellow Travellers of*

the Right: British Enthusiasts for Nazi Germany 1933-9 (Oxford, 1980), p. 76. • 22. *DBFP, Second Series, Vol. V,* Simon to Rumbold, 10 maio 1933, n. 126. • 23. *Pimpinela Escarlate* (London Films/United Artists, 1934). • 24. Martin Gilbert, *The Roots of Appeasement* (Londres, 1966), Apêndice I, "O 'Memorando Fontainebleau'", p. 189. • 25. Departamento de Estado dos Estados Unidos, *Peace and War: United States Foreign Policy 1931-1941* (Washington, 1943), pp. 179-81. • 26. Robert Graves, *Goodbye to All That*, ed. rev. (Harmondsworth, 1960), p. 240. • 27. Diário de MacDonald, 2 fev. 1930, MS MacDonald, PRO 30/69/1753; Gilbert, *The Roots of Appeasement*, pp. 127, 131. • 28. Thomas C. H. Jones, *A Diary with Letters 1931-1950* (Londres, 1954), 29 abr. 1933, p. 108. • 29. Harold Nicolson, citado em Gilbert, *Sir Horace Rumbold*, p. 318. • 30. Robert Vansittart, *The Mist Procession: The Autobiography of Lord Vansittart* (Londres, 1958), p. 476. • 31. *DBFP, Second Series, Vol. V*, Rumbold para Simon, 26 abr. 1933, nº 36. • 32. Idem, anexo nº 127. • 33. Vansittart Papers, Atas, 6 maio 1933, VNST 2/3. • 34. Atas do Gabinete, 17 maio 1933, CAB 23/76/7/88. • 35. Jeremy Noakes e Geoffrey Pridham (orgs.), *Documents on Nazism 1919-1945* (Londres, 1974), pp. 509-10. • 36. Citado em Peter Jackson, *France and the Nazi Menace: Intelligence and Policy Making 1933-1939* (Oxford, 2000), p. 64. • 37. Joseph Goebbels, discurso confidencial a membros da imprensa alemã, 5 abr. 1940, citado em Volker Ullrich, *Hitler: Ascent 1889-1939* (Londres, 2016), p. 478. • 38. Adolf Hitler, *Mein Kampf* (Nova York, 1939), pp. 978-9. • 39. *DDF, First Series, Vol. III*, n. 259. • 40. Sir Ivone Kirkpatrick, *The Inner Circle: Memoirs* (Londres, 1959), p. 90. • 41. Gaynor Johnson (org.), *Our Man in Berlin: The Diary of Sir Eric Phipps 1933-1937* (Basingstoke, 2007), pp. 30-1. • 42. Vernon Bartlett, *Nazi Germany Explained* (Londres, 1933), p. 199. • 43. Brian Bond (org.), *Chief of Staff: The Diaries of Lieutenant-General Sir Henry Pownall, Vol. I - 1933-1940* (Londres, 1972), 7 jul. 1933, p. 20. • 44. Phipps Papers, Hankey para Phipps, set. 1933, PHPP I 3/3. • 45. Robert Rhodes James, *Bob Boothby: A Portrait* (Londres, 1991), p. 60. • 46. Idem, p. 138. • 47. Robert Boothby, *Boothby: Recollections of a Rebel* (Londres, 1978), pp. 110-1. • 48. Robert Boothby, *I Fight to Live* (Londres, 1947), p. 124.

II – "Falo de armas e do homem"

1. Winston Churchill, discurso na Winchester House, Epping, 23 fev. 1931. • 2. Hansard, HC Deb, 23 nov. 1932, vol. 272, col. 81. • 3. Hansard, HC Deb, 23 mar. 1933, vol. 276, col. 542. • 4. Hansard, HC Deb, 13 abr. 1933, vol. 276, col. 2792. • 5. David Lloyd George, *War Memoirs, Vol. I* (Londres, 1933), p. 52. • 6. *Daily Express*, 13 fev. 1933. • 7. Martin Gilbert, *Winston Churchill, Vol. V*, 1922-1939; *Daily Telegraph*, 11 fev. 1933. • 8. Hansard, HC Deb, 30 jul. 1934, vol. 292, col. 2401. • 9. Denis Mack Smith, *Mussolini* (Londres, 1981), pp. 194-5. • 10. Citado em *Nottingham Evening Post*, 9 mar. 1933. • 11. Keith Middlemas e John Barnes, *Baldwin: A Biography* (Londres, 1969), p. 745. • 12. Hansard, HC Deb, 12 nov. 1936, vol. 317, col. 1144. • 13. Winston S. Churchill, *The Second World War, Vol. I: A aproximação da tempestade* (Londres, 1948), pp. 169, 615. • 14. Nick Smart (org.), *The Diaries and Letters of Robert Bernays 1932-1939: An Insider's Account of the House of Commons* (Lewiston, NY, 1996), 9 jul. 1936, p. 271. • 15. Robert Boothby, *I Fight to Live* (Londres, 1947), pp. 35-6. • 16. Citado em Middlemas e Barnes, *Baldwin*, p. 722. • 17. Hansard, HC Deb, 10 nov. 1932, vol. 270, col. 632. • 18. J. F. C. Fuller, *The Reformation of War* (Londres, 1923), p. 150. • 19. Hansard, HC Deb, 30 jul. 1934, vol. 292, col. 2368. • 20. *Leeds Mercury*, 29 jun. 1933. • 21. Atas do Gabinete de Guerra, 15 ago. 1939, CAB 23/15/270. • 22. Simon Papers, Memorando para o Staff da Marinha, 31 jan. 1932. • 23. Revisão Anual da Política de Defesa do Estado-Maior, fev. 1932, CAB 53/22/10. • 24. *DBFP, Second Series, Vol. V* (Londres, 1956), Rumbold para Simon, 27 jun. 1933, nº 223. • 25. S. W. Roskill, *Hankey: Man of Secrets, Vol. III 1931-1963* (Londres, 1974), p. 86. • 26. Hansard, HC Deb, 7 nov. 1933, vol. 281, col. 138. • 27. Hansard, HC Deb, 7 fev. 1934, vol. 285, col. 1197. • 28. *DBFP, Second Series, Vol. V*, Rumbold para Simon, 27 jun. 1933, n. 223. • 29. Idem, Memorando de Vansittart sobre o rearmamento alemão, 14 jul. 1933, n. 253. • 30. N. H. Gibbs, *History of the Second World War: Grand Strategy, Vol. I - Rearmament Policy* (Londres, 1976), p. 135. • 31. Atas do Gabinete, 28 fev. 1934, CAB 23/78/7. • 32. Hansard, HC Deb, 8 mar. 1934, vol. 286, col. 2027. • 33. Idem, col. 2048. • 34. Idem, col. 2057. • 35. Idem, col. 2072. • 36. Idem, col. 2078. • 37. Relatório de subcomitê do Comitê de Exigências de Defesa, 28 fev. 1934, PREM 1/175/79. • 38. 52nd Conclusions, 2 jul. 1934, CAB 27/504; Michael Howard, *The Continental Commitment: The Dilemma of British Defence Policy in the Era of the Two World Wars* (Londres, 1972), p. 108. •

39. Gibbs, *History of the Second World War: Grand Strategy*, p. 106. • 40. DC(M)(32) Paper 120, "Observação do chanceler do Tesouro sobre o Relatório do CED", 20 jun. 1934, CAB 16/111. • 41. Hansard, HC Deb, 10 nov. 1932, vol. 270, col. 632. • 42. Brian Bond (org.), *Chief of Staff: The Diaries of Lieutenant-General Sir Henry Pownall, Vol. I - 1933-1940* (Londres, 1972) - 3 maio e 21 jun. 1934, pp. 42, 46. • 43. Ibidem. • 44. Idem, p. 48. • 45. Para um estudo detalhado do relacionamento entre a inteligência francesa e as políticas de Estado do país, ver Peter Jackson, *France and the Nazi Menace: Intelligence and Policy Making 1933-1939* (Oxford, 2000), pp. 53-76. • 46. Citado em Piers Brendon, *The Dark Valley: A Panorama of the 1930s* (Londres, 2000), p. 139. • 47. Citado em Martin Gilbert, *Winston S. Churchill, Vol. V: 1922-1939* (Londres, 1976), p. 552. • 48. Idem, p. 552. • 49. Hansard, HC Deb, 30 jul. 1934, vol. 292, col. 2349. • 50. Idem, cols. 2373-4. • 51. Hansard, HC Deb, 13 jul. 1934, vol. 292, col. 675. • 52. Atas do Gabinete, 26 nov. 1934, CAB 23/80/10. • 53. *DBFP, Second Series, Vol. XII* (Londres, 1972), Memorandos de Phipps sobre o rearmamento alemão, 23 nov. 1934, n. 208. • 54. *DBFP, Second Series, Vol. XII*, Ata de Simon, 28 nov. 1934, n. 231. • 55. Atas do Gabinete, 21 nov. 1934, CAB 23/80/214. • 56. Citado em Gilbert, *Winston S. Churchill, Vol. V*, pp. 571-2. • 57. Harold Macmillan, *Winds of Change 1914-1939* (Londres, 1966), p. 575. • 58. Hansard, HC Deb, 28 nov. 1934, vol. 295, col. 863. • 59. *Daily Telegraph*, 29 nov. 1934. • 60. *Daily Mail*, 29 nov. 1934. • 61. Hansard, HC Deb, 28 nov. 1934, vol. 295, col. 883. • 62. Ibidem, col. 917.

III – CHÁ COM HITLER

1. Thomas C. H. Jones, *A Diary with Letters 1931-1950* (Londres, 1954), p. 125. • 2. Conde de Avon, *Facing the Dictators* (Londres, 1962), p. 61. • 3. Idem, p. 69. • 4. Avon Papers, Diário, 20 fev. 1934, AP 20/1/14. • 5. Baldwin Papers, Eden para Baldwin, 21 fev. 1934, vol. 122, ff. 31-3. • 6. Avon Papers, Eden para MacDonald, 22 fev. 1934, AP 14/1/338/4. • 7. Robert Vansittart, *The Mist Procession: The Autobiography of Lord Vansittart* (Londres, 1958), p. 346. • 8. *DBFP, Second Series, Vol. VI* (Londres, 1957), Simon para Phipps, 23 fev. 1934, n. 308. • 9. Avon Papers, Diário, 24 fev. 1934, AP 20/1/14. • 10. *DBFP, Second Series, Vol. VI*, Phipps para Simon, 21 mar. 1934, n. 360. • 11. Noticiado no *Times*, 12 mar. 1934. • 12. Robert Rhodes James, *Anthony Eden* (Londres, 1986), p. 135; D. R. Thorpe, *Eden: The Life and Times of Anthony Eden* (Londres, 2003), p. 130 • 13. Nicolson Papers, Diário, 2 fev. 1934. • 14. Hansard, HC Deb, 13 abr. 1933, vol. 276, col. 2759. • 15. John Hallett (E. H. Carr), "O complexo prussiano", *Fortnightly Review*, 1º jan. 1933, pp. 37-45. • 16. John Maynard Keynes, *The Economic Consequences of the Peace* (Londres, 1919), p. 209. • 17. Citado em Martin Gilbert, *The Roots of Appeasement* (Londres, 1966), p. 52. • 18. Noticiado no *Times*, 13 mar. 1933. • 19. Ben Pimlott (org.), *The Political Diary of Hugh Dalton 1918-40, 1945-60* (Londres, 1986), 18 ago. 1933, p. 179. • 20. *The Times*, 10 abr. 1933. • 21. Hansard, HC Deb, 23 mar. 1933, vol. 276, col. 617. • 22. Citado em Michael Bloch, *Ribbentrop* (Londres, 1992), p. 52. • 23. *Manchester Guardian*, 12 maio 1933. • 24. *DGFP, Series C, Vol. II* (Londres, 1959), Embaixador na Grã-Bretanha ao Ministério das Relações Exteriores, 10 nov. 1933, n. 57. • 25. Jones, *A Diary with Letters*, 3 jul. 1932, p. 44; J. R. M. Butler, *Lord Lothian (Philip Kerr) 1882-1940* (Londres, 1960), p. 237. • 26. Carta ao *Manchester Guardian*, 10 maio 1935. • 27. Butler, *Lord Lothian*, p. 197. • 28. Vernon Bartlett, *Nazi Germany Explained* (Londres, 1933), p. 267. • 29. *DGFP, Series C, Vol. III* (Londres, 1959), Embaixador na Grã-Bretanha ao Ministério das Relações Exteriores, n. 445. • 30. *DBFP, Second Series, Vol. XII* (Londres, 1972), n. 391; Lothian Papers, Lothian para Simon, 30 jan. 1935. • 31. *The Times*, 1º fev. 1935. • 32. Pimlott (org.), *The Political Diary of Hugh Dalton*, p. 164. • 33. Allen para Ellen Wilkinson, 30 abr. 1934, citado em Martin Gilbert, *Plough My Own Furrow: The Story of Lord Allen of Hurtwood as Told through His Writings and Correspondence* (Londres, 1965), pp. 354-5. • 34. Anotações de Allen, citado idem, p. 358. • 35. *Daily Telegraph*, 28 jan. 1935, citado idem, p. 358. • 36. Butler Papers, Dorothy Bonareies para R. A. Butler, 9 nov. 1932, RAB G4-73; Nick Smart (org.), *The Diaries and Letters of Robert Bernays 1932-1939: An Insider's Account of the House of Commons* (Lewiston, NY, 1996), 9 maio 1933, p. 75. • 37. Eric Hobsbawm, *The Age of Extremes: The Short Twentieth Century 1914-1991* (Londres, 1994). • 38. Citado em Martin Gilbert, *Winston S. Churchill, Vol. V: 1922-1939* (Londres, 1976), p. 226; citado em Andrew Gilmour, "A mudança nas reações da imprensa britânica à Itália de Mussolini" (tese não publicada, Universidade de Oxford, 1986), p. 3; citado em Alexander Anievas, "The International Political Economy of Appeasement: The Social Sources of British Foreign Policy During

the 1930s", *Review of International Studies*, vol. 37, nº 2 (2011), p. 617. • 39. S. J. Taylor, *The Great Outsiders: Northcliffe, Rothermere and the Daily Mail* (Londres, 1996), p. 191. • 40. Gavin Bowd, *Fascist Scotland: Caledonia and the Far Right* (Edimburgo, 2013), pp. 19-20. • 41. *Daily Mail*, 10 jul. 1933. • 42. *Daily Mail*, 28 nov. 1933. • 43. *Daily Mail*, 28 dez. 1934. • 44. Carta de Rothermere para Churchill, 13 maio 1935, citado em Martin Gilbert, *Winston S. Churchill, Vol. V: Companion, Part 3: The Coming of War 1936-1939* (Londres, 1982), p. 1.171. • 45. *Daily Mail*, 7 nov. 1933; idem, 13 nov. 1934. • 46. Citado em Taylor, *The Great Outsiders*, p. 290. • 47. Citado em Griffiths, *Fellow Travellers of the Right*, p. 157; Arnold Wilson, "A Alemanha em maio", *English Review*, jun. 1934. • 48. Citado em Karina Urbach, *Go-Betweens for Hitler* (Oxford, 2015), p. 246. • 49. *DBFP, Second Series, Vol. XII*, Phipps para Simon, 16 dez. 1934, n. 294. • 50. Gaynor Johnson (org.), *Our Man in Berlin: The Diary of Sir Eric Phipps 1933-1937* (Basingstoke, 2007), p. 85. • 51. *DBFP, Second Series, Vol. XII*, Vansittart para Phipps, 2 fev. 1935, n. 453, nota de rodapé 5. • 52. Phipps Papers, Hankey para Phipps, 3 set. 1933, PHPP I 3/3. • 53. *Manchester Guardian*, 24 maio 1934. • 54. Phipps Papers, Hankey para Phipps, 3 set. 1933, PHPP I 3/3. • 55. Adam Sisman, *Hugh Trevor-Roper: The Biography* (Londres, 2010), p. 39. • 56. *DBFP, Second Series, Vol. XII*, Phipps para Simon, 26 set. 1934, n. 120. • 57. Ibidem, Drummond para Simon, 18 fev. 1935, nº 466. • 58. Ian Kershaw, *Making Friends with Hitler: Lord Londonderry and Britain's Road to War* (Londres, 2004), p. 33. • 59. L. S. Amery, *My Political Life, Vol. III: The Unforgiving Years 1929-1940* (Londres, 1955), p. 380. • 60. Hamilton Papers, Hamilton para T. J. Schwartz, 24 jul. 1934, 14/2/3. • 61. Gordon Martel (org.), *The Times and Appeasement: The Journals of A. L. Kennedy 1932-1939* (Cambridge, 2000), 19 set. 1934, p. 146. • 62. *Manchester Guardian*, 2 jul. 1934. • 63. Smart (org.), *The Diaries and Letters of Robert Bernays*, 2 jul. 1934, pp. 145-6. • 64. *Daily Telegraph*, 7 jul. 1934. • 65. Robert Self (org.), *The Neville Chamberlain Diary Letters, Vol. IV: The Downing Street Years 1934-1940* (Aldershot, 2005), 7 jul. 1934, p. 78. • 66. Idem, 28 jul. 1934, p. 81. • 67. Avon Papers, Astor para Eden, 2 out. 1933, AP 14/1/139. • 68. Kenneth Young (org.), *The Diaries of Sir Robert Bruce Lockhart, Vol. I: 1915-1938* (Londres, 1973), 7 jul. 1933, p. 260. • 69. Richard Davenport-Hines, *Universal Man: The Seven Lives of John Maynard Keynes* (Londres, 2015), p. 308; Stuart Ball (org.), *Parliament and Politics in the Age of Baldwin and MacDonald: The Headlam Diaries 1923-1935* (Londres, 1992), 23 jun. 1933, p. 273. • 70. Martin Gilbert, *Sir Horace Rumbold: Portrait of a Diplomat 1869-1941* (Londres, 1973), p. 319. • 71. Hamilton Papers, Londonderry para Hamilton, 9 ago. 1938, 14/2/10. • 72. Robert Bernays, *Special Correspondent* (Londres, 1934), pp. 234. • 73. Idem, pp. 239, 228, 239. • 74. Idem, p. 210. • 75. Idem, pp. 213-4. • 76. Ibidem. • 77. Ian Kershaw, *Hitler 1889-1936: Hubris* (Londres, 1998), p. 547. • 78. *DBFP, Second Series, Vol. XII*, Phipps para Simon, 4 fev. 1935, n. 412. • 79. Lloyd Papers, Lloyd para Blanche Lloyd, fev./mar. 1935, GLLD 4/3. • 80. *DBFP, Second Series, Vol. XII*, Memorando de Vansittart, 21 fev. 1935, n. 484. • 81. N. J. Crowson (org.), *Fleet Street, Press Barons and Politics: The Journals of Collin Brooks 1932-1940* (Cambridge, 1998), 25 jan. 1934, p. 56. • 82. Martel (org.), *The Times and Appeasement*, 11 jul. 1934, p. 143; Vansittart, *The Mist Procession*, pp. 427-8; Colin R. Coote, *Editorial: The Memoirs of Colin R. Coote* (Londres, 1965), p. 175. • 83. Roy Jenkins, *The Chancellors* (Londres, 1998), p. 367. • 84. Coote, *Editorial*, p. 175. • 85. David Dutton, *Simon: A Political Biography of Sir John Simon* (Londres, 1992), p. 337. • 86. Simon Papers, Diário, 11 mar. 1935, MS Simon 7. • 87. Hansard, HC Deb, 11 mar. 1935, vol. 299, col. 35. • 88. Idem, col. 77. • 89. *DBFP, Second Series, Vol. XII*, Campbell para Simon, 17 mar. 1935, n. 587. • 90. Idem, Campbell para Simon, 18 mar. 1935, nº 590. • 91. Paul Schmidt, *Hitler's Interpreter* (Londres, 1951), p. 16. • 92. Salisbury Papers, Cranborne para Ormsby-Gore, mar. 1935, box 63. • 93. Ball (org.), *Parliament and Politics in the Age of Baldwin and MacDonald*, 18 mar. 1935, p. 327; Gilbert, *Sir Horace Rumbold*, p. 393. • 94. Martel (org.), *The Times and Appeasement*, 14 maio 1936, p. 225. • 95. Salisbury Papers, Cranborne para Ormsby-Gore, mar. 1935, box 63. • 96. Schmidt, *Hitler's Interpreter*, pp. 17-8. • 97. *DGFP, Series C, Vol. III, 1934-5*, n. 555. • 98. Avon, *Facing the Dictators*, p. 135. • 99. *DBFP, Second Series, Vol. XII*, n. 651. • 100. Avon Papers, Diário, 25 mar. 1935, AP 20/1. • 101. Salisbury Papers, Diário de Cranborne, 23 mar. 1935, box 63. • 102. Avon, *Facing the Dictators*, p. 139. • 103. Salisbury Papers, Cranborne para William Ormsby-Gore, mar. 1935, box 63. • 104. Salisbury Papers, Diário de Cranborne, 23 mar. 1935, box 63. • 105. Simon Papers, 27 mar. 1935, MS Simon 7. • 106. Avon Papers, Diário, 26 mar. 1935, AP 20/1. • 107. Schmidt, *Hitler's Interpreter*, p. 34. • 108. *DBFP, Second Series, Vol. XII*, "Observações sobre as conversas entre Reino Unido, França e Itália", 18 abr. 1935, n. 722 (nota de rodapé 43). • 109. Hansard, HC Deb, 11 jul. 1935, vol. 304, col. 543. • 110. Joachim von Ribbentrop, *The Ribbentrop Memoirs* (Londres, 1954), p. 41. • 111. Fred Kupferman, *Laval* (Paris, 1987), p. 150.

IV – O IMBRÓGLIO ABISSÍNIO

1. *DDF, Second Series, Vol. I*, nº 288; citado em Zara Steiner, *The Triumph of the Dark: European International History 1933-1939* (Oxford, 2011), p. 31. • 2. *Daily Telegraph*, 17 jul. 1935; *The Times*, 17 jun. 1935. • 3. Nick Smart (org.), *The Diaries and Letters of Robert Bernays 1932-1939: An Insider's Account of the House of Commons* (Lewiston, NY, 1996), Bernays para Lucy Brereton, 19 jul. 1935, p. 214. • 4. *DBFP, Second Series, Vol. XIV* (Londres, 1976), Barton para Simon, 11 abr. 1935, n. 229. • 5. Nicholas Farrell, *Mussolini: A New Life* (Londres, 2003), p. 261. • 6. Kenneth Rose, *The Later Cecils* (Londres, 1975), p. 130. • 7. Helen McCarthy, "Democratizing British Foreign Policy: Rethinking the Peace Ballot 1934-1935", *Journal of British Studies*, vol. 49, nº 2 (2010), pp. 358-87. • 8. *Daily Express*, 25 out. 1934. • 9. Robert C. Self (org.), *The Austen Chamberlain Diary Letters* (Cambridge, 1995), p. 487. • 10. Smart (org.), *The Diaries and Letters of Robert Bernays*, 5 maio 1934, p. 134. • 11. Citado em John Charmley, *Churchill: The End of Glory* (Londres, 1993), p. 202. • 12. *The Times*, 24 jul. 1935. • 13. *DBFP, Second Series, Vol. XIV*, Ata de Vansittart, nº 301. • 14. Conde de Avon, *Facing the Dictators* (Londres, 1962), p. 224. • 15. William E. Dodd e Martha Dodd (orgs.), *Ambassador Dodd's Diary 1933-1938* (Londres, 1941), 22 maio 1935, p. 255. • 16. *Daily Mail*, 15 jul. 1935. • 17. *Evening Standard*, 13 fev. 1935; Robert Rhodes James (org.), *"Chips": The Diaries of Sir Henry Channon* (Londres, 1967), 30 jul. 1935, p. 40. • 18. Kenneth Rose, *King George V* (Londres, 1983), p. 387. • 19. Victor Cazalet Papers, MS 917 02 05. • 20. *The Times*, 30 ago. 1935; *Daily Herald*, 10 jul. 1935. • 21. J. A. Cross, *Sir Samuel Hoare: A Political Biography* (Londres, 1977), pp. 219-20. • 22. Salisbury Papers, Cranborne para Ormsby-Gore, 24 set. 1935, box 63. • 23. Philip Williamson e Edward Baldwin (orgs.), *Baldwin Papers: A Conservative Statesman 1908-1947* (Cambridge, 2004), p. 352. • 24. Chamberlain Papers, Hoare para Chamberlain 18 ago. 1935, NC 7/11/28/24-5. • 25. *DBFP, Second Series, Vol. XV* (Londres, 1976), Phipps para Hoare, 13 nov. 1935, nº 213. • 26. Cross, *Sir Samuel Hoare*, p. 235. • 27. Avon, *Facing the Dictators*, p. 298. • 28. *The Times*, 16 dez. 1935. • 29. Citado em *DBFP, Second Series, Vol. XV*, Lindsay para Hoare, 17 dez. 1935, nº 387. • 30. Robert Self (org.), *The Neville Chamberlain Diary Letters, Vol. IV: The Downing Street Years 1934-1940* (Aldershot, 2005), 15 dez. 1935, p. 166. • 31. Nigel Nicolson (org.), *Harold Nicolson: Diaries and Letters 1930-1939* (Londres, 1966), 10 dez. 1935, p. 230. • 32. Victor Cazalet Papers, Diário, dezembro de 1935. • 33. Avon, *Facing the Dictators*, p. 317. • 34. David Gilmour, *The Pursuit of Italy: A History of a Land, Its Regions and Their Peoples* (Londres, 2011), p. 322. • 35. *Selected Speeches of His Imperial Majesty Haile Selassie I, 1918 to 1967* (Addis Abeba, 1967) pp. 313-4.

V – ATRAVÉS DO RENO

1. Liddell Hart Papers, 11/1938/98. • 2. Ian Kershaw, *Hitler 1888-1936: Hubris* (Londres, 1998), p. 587. • 3. William L. Shirer, *Berlin Diary: The Journal of a Foreign Correspondent 1934-1941* (Londres, 1941), 7 mar. 1936, pp. 50-51. • 4. Gaynor Johnson (org.), *Our Man in Berlin: The Diary of Sir Eric Phipps 1933-1937* (Basingstoke, 2007), 14 dez. 1935, p. 140. • 5. Jonathan Haslam, *The Vices of Integrity: E. H. Carr 1892-1982* (Londres, 1999), p. 59. • 6. Norman Rose, *Vansittart: Study of a Diplomat* (Londres, 1978), p. 190. • 7. Hankey Papers, Hankey para Phipps, 2 jan. 1936, HNKY 5/5. • 8. *DBFP, Second Series, Vol. XV* (Londres, 1976), "O risco alemão", Memorando de Eden, 17 jan. 1936, n. 460. • 9. Martin S. Alexander, *The Republic in Danger: General Maurice Gamelin and the Politics of French Defence 1933-1940* (Cambridge, 1992), p. 258. • 10. Idem, p. 259. • 11. *The Times*, 9 mar. 1936. • 12. Citado em Zara Steiner, *The Triumph of the Dark: European International History 1933-1939* (Oxford, 2011), p. 144. • 13. Nigel Nicolson (org.), *Harold Nicolson: Diaries and Letters 1930-1939* (Londres, 1966), 9 mar. 1936, p. 248. • 14. *DBFP, Second Series, Vol. XVI* (Londres, 1977), Law para Sargent, 9 mar. 1936, n. 55; *The Times*, 9 mar. 1936. • 15. Thomas C. H. Jones, *A Diary with Letters 1931-1950* (Londres, 1954), 8 mar. 1936, pp. 180-1. • 16. *DBFP, Second Series, Vol. XVI*, "Eden, Memorando ao Gabinete", 8 mar. 1936, n. 48. • 17. Idem, "Relato de um encontro entre as potências de Locarno", 10 mar. 1936, n. 61. • 18. Avon Papers, "Questões a abordar com M. Flandin", sem data, 13/1/33 B. • 19. Victor Cazalet Papers, Diário, março de 1936.

• 20. N. A. Rose (org.), *Baffy: The Diaries of Blanche Dugdale 1936-1947* (Londres, 1973), p. 8. • 21. *DGFP, Series C, Vol. V* (Londres, 1961), Embaixador na Grã-Bretanha ao Ministério das Relações Exteriores, 9 mar. 1936, n. 33. • 22. Conde de Avon, *Facing the Dictators* (Londres, 1962), p. 346. • 23. N. J. Crowson, *Facing Fascism: The Conservative Party and the European Dictators 1935-1940* (Londres, 1997), p. 41. • 24. Nicolson (org.), *Harold Nicolson: Diaries and Letters*, 12 mar. 1936, pp. 249-50. • 25. Atas do Gabinete, 11 mar. 1936, CAB 23/83/18. • 26. Ben Pimlott (org.), *The Political Diary of Hugh Dalton 1918-40, 1945-60* (Londres, 1986), 11 mar. 1936, p. 196. • 27. Nicolson (org.), *Harold Nicolson: Diaries and Letters*, 17 mar. 1936, p. 251. • 28. Keith Feiling, *The Life of Neville Chamberlain* (Londres, 1946), p. 279. • 29. Jones, *A Diary with Letters*, 22 mar. 1936, pp. 183-4. • 30. Avon Papers, Simon para Baldwin, 26 mar. 1936, 14/1/621. • 31. Nicolson (org.), *Harold Nicolson: Diary and Letters*, 23 mar. 1936, p. 254. • 32. Ian Colvin, *None So Blind: A British Diplomatic View of the Origins of World War II* (Nova York, 1965), p. 99. • 33. Hansard, HC Deb, 26 mar. 1936, vol. 310, col. 1439. • 34. Brian Bond (org.), *Chief of Staff: The Diaries of Lieutenant-General Sir Henry Pownall, Vol. I - 1933-1940* (Londres, 1972), 15 abr. 1936, p. 109. • 35. Steiner, *The Triumph of the Dark*, p. 151. • 36. Citado em William Shirer, *The Rise and Fall of the Third Reich: A History of Nazi Germany* (Londres, 1962), p. 293. • 37. Emrys Evans Papers, Emrys-Evans para Margesson, 13 jul. 1936, MS 58248.

VI – A DEFESA DO REINO
1. *Morning Post*, 16 jan. 1936. • 2. Robert C. Self (org.), *The Austen Chamberlain Diary Letters* (Cambridge, 1995), AC para Hilda, 15 fev. 1936, p. 499. • 3. Victor Cazalet Papers, Diário, 13 fev. 1936. • 4. Martin Gilbert, *Winston S. Churchill, Vol. V: 1922-1939* (Lenders, 1976), p. 687. • 5. Martin Gilbert, *Winston S. Churchill, Vol. V, Companion, Part 3: The Coming of War 1936-1939* (Londres, 1982), p. 18. • 6. Idem, p. 7. • 7. Gilbert, *Winston S. Churchill, Vol. V*, p. 703. • 8. N. J. Crowson (org.), *Fleet Street, Press Barons and Politics: The Journals of Collin Brooks 1932-1940* (Cambridge, 1998), 14 mar. 1936, p. 160. • 9. Lloyd Papers, GL para George Lloyd, março de 1936, GLDD 5/5. • 10. "Cato", *Guilty Men* (Londres, 1940), p. 75; *The Times*, 16 mar. 1936. • 11. Victor Cazalet Papers, Diário, 4 mar. 1936. • 12. Thomas C. H. Jones, *A Diary with Letters 1931-1950* (Londres, 1954), 22 maio 1936, p. 204. • 13. Gilbert, *Winston S. Churchill, Vol. V*, p. 686. • 14. Chamberlain Papers, Hoare para Chamberlain, 23 fev. 1936, NC 7/11/29/29. • 15. *Evening Standard*, 1º maio 1936. • 16. Brian Bond (org.), *Chief of Staff: The Diaries of Lieutenant-General Sir Henry Pownall, Vol. I - 1933-1940* (Londres, 1972), 27 jan. 1936, p. 99. • 17. Hansard, HC Deb, 10 mar. 1936, vol. 309, col. 1973. • 18. Gilbert, *Winston S. Churchill, Vol. V, Companion, Part 3*, p. 164. • 19. Citado em B. H. Liddell Hart, *The Memoirs of Captain Liddell Hart, Vol. I* (Londres, 1965), p. 261. • 20. Philip Williamson e Edward Baldwin (orgs.), *Baldwin Papers: A Conservative Statesman 1908-1947* (Cambridge, 2004), p. 379. • 21. Nigel Nicolson (org.), *Harold Nicolson: Diaries and Letters 1930-1939* (Londres, 1966), 12 nov. 1938, p. 278. • 22. Hansard, HC Deb, 10 nov. 1936, vol. 317, col. 742. • 23. Hansard, HC Deb, 12 nov. 1936, vol. 317, col. 1107. • 24. Idem, col. 1.145. • 25. Michael Fry, *Hitler's Wonderland* (Londres, 1934).

VII – A TERRA ENCANTADA DE HITLER
1. Dawson Papers, Horace Rumbold para Dawson, 10 jun. 1936, MS. Dawson 78. • 2. Mount Temple Papers, "Relatório de Tennant sobre comício de Nuremberg 1935", BR 81/10. • 3. Ernest W. D. Tennant, *True Account* (Londres, 1957), p. 169. • 4. Citado em Kenneth Rose, *The Later Cecils* (Londres, 1975), p. 179. • 5. Douglas Reed, *Insanity Fair* (Londres, 1938), pp. 420-1, 362; Nigel Nicolson (org.), *Harold Nicolson Diaries and Letters 1907-1964* (Londres, 2004), 18 maio 1938, p. 166. • 6. Nicolson (org.), *Harold Nicolson Diaries and Letters*, 6 jun. 1938, p. 346. • 7. Kenneth Young (org.), *The Diaries of Sir Robert Bruce Lockhart, Vol. I: 1915-1938* (Londres, 1973), 14 set. 1934, p. 305; idem, 8 ago. 1933, p. 267; Jessica Mitford, *Hons and Rebels* (Londres, 1960), p. 62. • 8. Young (org.), *The Diaries of Sir Robert Bruce Lockhart, Vol. I*, 13 jul. 1933, p. 263. • 9. Philip Ziegler, *King Edward VIII: The Official Biography* (Londres, 1990), p. 206; Robert Rhodes James (org.), *"Chips": The Diaries of Sir Henry Channon* (Londres, 1967), Whitsuntide 1935, p. 35. • 10. Graham Wootton, *The Official History of the British Legion* (Londres, 1956), p. 185, citado em Richard Griffiths, *Fellow Travellers of the Right: British Enthusiasts for Nazi Germany 1933-9* (Oxford, 1980), p. 130. • 11. James Murphy,

Notas

Who Sent Rudolf Hess? (Londres, 1941), p. 11, citado em Griffiths, *Fellow Travellers of the Right*, p. 130. • 12. Stuart Ball (org.), *Parliament and Politics in the Age of Churchill and Attlee: The Headlam Diaries 1935-1951* (Cambridge, 1999), 21 nov. 1938, p. 145; Stuart Ball (org.), *Parliament and Politics in the Age of Baldwin and MacDonald: The Headlam Diaries 1923-1935* (Londres, 1992), 1º nov. 1926, p. 103. • 13. A. J. P. Taylor (org.), *Lloyd George: A Diary by Frances Stevenson* (Londres, 1971), 22 nov. 1934, p. 292; Robert Rhodes James (org.), *Memoirs of a Conservative: J. C. C. Davidson's Memoirs and Papers 1910-1937* (Londres, 1969), p. 405. • 14. Ian Kershaw, *Making Friends with Hitler: Lord Londonderry and Britain's Road to War* (Londres, 2004), p. 130. • 15. Idem, pp. 139-41. • 16. Nicolson (org.), *Harold Nicolson Diaries and Letters*, 20 fev. 1936, p. 245. • 17. Marquês de Londonderry, *Ourselves and Germany* (Londres, 1938), pp. 13-4. • 18. Thomas C. H. Jones, *A Diary with Letters 1931-1950* (Londres, 1954), mar. 1936, p. 179. • 19. Citado em Martin Gilbert, *The Roots of Appeasement* (Londres, 1966), p. 165. • 20. Neville Thompson, *The Anti-Appeasers: Conservative Opposition to Appeasement in the 1930s* (Oxford, 1971), pp. 156-7. • 21. A. L. Rowse, *A Man of the Thirties* (Londres, 1979), p. 4. • 22. Gaynor Johnson (org.), *Our Man in Berlin: The Diary of Sir Eric Phipps 1933-1937* (Basingstoke, 2007), 10 nov. 1936, p. 188. • 23. Citado em Gilbert, *The Roots of Appeasement*, pp. 166-7. • 24. Dawson Papers, Horace Rumbold para Dawson, 10 jun. 1936, MS. Dawson 78. • 25. KV 5/3, "Relatório Anual da Sociedade Anglo-Germânica 1935-1936". • 26. Michael Bloch, *Ribbentrop* (Londres, 1992), p. 110. • 27. Idem, p. 117. • 28. O escritor americano Thomas Wolfe, um espectador, citado em Duff Hart-Davis, *Hitler's Olympics* (Londres, 1986), p. 151. • 29. Joachim von Ribbentrop, *The Ribbentrop Memoirs* (Londres, 1954), p. 62. • 30. Idem; André François-Poncet, *The Fateful Years: Memoirs of a French Ambassador in Berlin 1931-1938* (Londres, 1949), p. 206. • 31. James (org.), *"Chips"*, 6, 11 e 13 ago. 1936, p. 106; Nicolson (org.), *Harold Nicolson Diaries and Letters*, 20 set. 1936, p. 273. • 32. François-Poncet, *The Fateful Years*, p. 206. • 33. T. P. Conwell-Evans, "Observações sobre uma conversa entre Lloyd George e Hitler em Berchtesgaden, 4 set. 1936", citado em Gilbert, *The Roots of Appeasement*, Apêndice 2, p. 209. • 34. *Daily Express*, 17 set. 1936. • 35. KV 5/6, "Relatório do Serviço de Segurança sobre o Comício de Nuremberg de 1937". • 36. Avon Papers, Diário, 20 maio 1936, AP 20/1/16. • 37. James (org.), *"Chips"*, 22 nov. 1936, p. 84. • 38. Fritz Hesse, *Hitler and the English* (Londres, 1954), pp. 31-2. • 39. Idem, p. 33.

VIII – Chamberlain se apresenta

1. Robert Self (org.), *The Neville Chamberlain Diary Letters, Vol. IV: The Downing Street Years 1934-1940* (Aldershot, 2005), 8 ago. 1937, p. 265. • 2. Citado no *Times*, 1º fev. 1937. • 3. O primeiro verso do poema de John Cornford, escrito pouco antes de ele morrer no front de Córdoba, em dez. 1936, aos 21 anos. • 4. Este número inclui tanto as execuções quanto as mortes por maus-tratos em campos soviéticos - ver Robert Conquest, *The Great Terror: A Reassessment*, edição do 40º aniversário (Londres, 2008), pp. 485-6. • 5. Martin Gilbert, *Winston S. Churchill, Vol. V, Companion, Part 3: The Coming of War 1936-1939* (Londres, 1982), p. 2. • 6. Idem, p. 143. • 7. Thomas C. H. Jones, *A Diary with Letters 1931-1950* (Londres, 1954), 19 fev. 1937, p. 316. • 8. *The Times*, 31 maio 1937; *Sunday Times*, 30 maio 1937. • 9. *Daily Telegraph*, 29 maio 1937. • 10. Winston S. Churchill, *Great Contemporaries* (Londres, 1937), p. 52. • 11. Citado em Robert Self, *Neville Chamberlain: A Political Life* (Aldershot, 2006), p. 19. • 12. Idem, p. 20. • 13. Douglas-Home Papers, perfil de Neville Chamberlain. • 14. Self, *Neville Chamberlain*, p. 25. • 15. Idem, p. 27. • 16. Robert Self (org.), *The Neville Chamberlain Diary Letters, Vol. I: The Making of a Politician 1915-1920* (Aldershot, 2000), NC para Hilda, 1º jul. 1917, p. 208. • 17. Self (org.), *The Neville Chamberlain Diary Letters, Vol. IV*, 30 maio 1937, p. 253. • 18. Roger Middleton, "British Monetary and Fiscal Policy in the 1930s", *Oxford Review of Economic Policy*, vol. 26, n. 3 (2010), pp. 414-41. • 19. Self (org.), *The Neville Chamberlain Diary Letters, Vol. IV*, 12 maio 1934, p. 70. • 20. Idem, 23 mar. 1935, p. 125. • 21. Douglas-Home Papers, "20th Century Remembered", Entrevista à BBC, 11 maio 1983. • 22. Robert Self (org.), *The Neville Chamberlain Diary Letters, Vol. II: The Reform Years 1921-1927* (Aldershot, 2000), NC para Ida 19 jun. 1927, p. 412. • 23. Douglas-Home Papers, Observações, "Neville Chamberlain 1940". • 24. Citado em Self, *Neville Chamberlain*, p. 13; Conde de Swinton, *Sixty Years of Power: Some Memories of the Men Who Wielded It* (Londres, 1966), p. 111. • 25. Esta foi a frase dita por Churchill a Lloyd George durante o almoço em 21 fev. 1938 (Colin Cross (org.), *Life with Lloyd George: The*

Diary of A. J. Sylvester 1931-1945 (Londres, 1975), p. 196) embora Robert Self ressalte também ter sido usada por Aneurin Bevan em junho de 1937 (Michael Foot, *Aneurin Bevan: A Biography, Vol. I - 1897-1945* (Londres, 1962), p. 257). • 26. Swinton, *Sixty Years of Power*, p. 110; Harold Macmillan, *The Past Masters: Politics and Politicians 1906-1939* (Londres, 1975), p. 134; Alistair Horne, *Macmillan 1894-1956: Vol. I of the Official Biography* (Londres, 1988), p. 80. • 27. Lorde Salter, *Memoirs of a Public Servant* (Londres, 1961), p. 251. • 28. Douglas-Home Papers, "20th Century Remembered", Entrevista à BBC, 11 maio 1983. • 29. Self (org.), *The Neville Chamberlain Diary Letters, Vol. IV*, NC para Ida, 29 fev. 1936, p. 178. • 30. Malcolm Muggeridge, *The Thirties: 1930-1940 in Great Britain* (Londres, 1940), p. 77. • 31. Self, *Neville Chamberlain*, p. 4; Self (org.), *The Neville Chamberlain Diary Letters, Vol. IV*, NC para Ida, 16 out. 1937, p. 275. • 32. Conde de Avon, *Facing the Dictators* (Londres, 1962), p. 445. • 33. Self (org.), *The Neville Chamberlain Diary Letters, Vol. IV*, NC para Hilda, 28 jul. 1934, pp. 82-3. • 34. Chamberlain Papers, NC para Hilda, 4 fev. 1933, NC 18/1/815. • 35. *The Times*, 11 jun. 1936. • 36. Self (org.), *The Neville Chamberlain Diary Letters, Vol. IV*, NC para Hilda, 14 jun. 1936, pp. 194-5. • 37. Hansard, HC Deb, 26 mar. 1936, vol. 310, col. 1446. • 38. Keith Feiling, *The Life of Neville Chamberlain* (Londres, 1946), p. 324. • 39. Self (org.), *The Neville Chamberlain Diary Letters, Vol. IV*, 18 mar. 1935, p. 123. • 40. Idem, 14 nov. 1936, p. 219. • 41. Gabriel Gorodetsky (org.), *The Maisky Diaries: Red Ambassador to the Court of St James's 1932-1943* (New Haven, 2015), 29 jul. 1937, p. 84. • 42. Cadogan Papers, Diário, 24 set. 1936, ACAD 1/5. • 43. Lothian Papers, "Memorando alemão", 11 maio 1937, pp. 250-60. • 44. Avon Papers, Ormsby-Gore para Eden, 19 out. 1936, AE 13/1/50 L. • 45. Avon Papers, Vansittart para Eden, 21 set. 1936, AE 13/1/50 F. • 46. Self, *Neville Chamberlain*, p. 280. • 47. Chamberlain Papers, Chamberlain para Leo Amery, 15 nov. 1937, NC7/11/30/6-7. • 48. Avon Papers, Churchill para Eden, 3 set. 1937, AE 13/1/58 F. • 49. Avon Papers, Churchill para Eden, 3 set. 1937, AE 13/1/58 I. • 50. Malcolm Muggeridge (org.), *Ciano's Diary 1937-1938* (Londres, 1952), 21 set. 1937, p. 15. • 51. Atas do Gabinete, 6 out. 1937, CAB 23/89/7. • 52. Self (org.), *The Neville Chamberlain Diary Letters, Vol. IV*, NC para Ida, 30 out. 1937, p. 280. • 53. Idem, NC para Ida, 4 jul. 1937, p. 259.

IX – À CAÇA DA PAZ

1. Helen P. Kirkpatrick, *Under the British Umbrella: What the English Are and How They Go to War* (Nova York, 1939), p. 260. • 2. Robert Bernays, *Naked Fakir* (Londres, 1931), p. 52. • 3. Citado em Robert Self, *Neville Chamberlain: A Political Life* (Aldershot, 2006), p. 291. • 4. Thomas C. H. Jones, *A Diary with Letters 1931-1950* (Londres, 1954), 2 jun. 1936, p. 215. • 5. Andrew Roberts, *The Holy Fox: A Biography of Lord Halifax* (Londres, 1991), p. 64. • 6. Conde de Avon, *Facing the Dictators* (Londres, 1962), p. 503. • 7. Nevile Henderson, *Water under the Bridges* (Londres, 1945), p. 100. • 8. Nevile Henderson, *Failure of a Mission: Berlin 1937-1939* (Londres, 1940), p. 13. • 9. John Harvey (org.), *The Diplomatic Diaries of Oliver Harvey 1937-1940* (Londres, 1970), p. 41; *DBFP, Second Series, Vol. XIX* (Londres, 1982), n. 53. • 10. *The Times*, 2 jun. 1937. • 11. Avon, *Facing the Dictators*, p. 504. • 12. Henderson, *Failure of a Mission*, p. 17. • 13. *DBFP, Second Series, Vol. XIX*, n. 273. • 14. Hickleton Papers, Henderson para Halifax, 29 out. 1937, A4/410/3/2/ii. • 15. Hickleton Papers, Henderson para Halifax, 4 nov. 1937, A4/410/3/2/ii. • 16. Halifax para Chamberlain, 8 nov. 1938, PREM 1/330/175. • 17. R. A. C. Parker, *Chamberlain and Appeasement: British Policy and the Coming of the Second World War* (Basingstoke, 1993), p. 98. • 18. Citado em Roberts, *The Holy Fox*, p. 67. • 19. Hickleton Papers, Diário, 17 nov. 1937, A4/410/3/3/vi. • 20. Hickleton Papers, Diário de Lorde Halifax: "Visita do lorde presidente à Alemanha, 17-21 nov. 1937", A4/410/3/3/vi. • 21. Sir Ivone Kirkpatrick, *The Inner Circle: Memoirs* (Londres, 1959), p. 94. • 22. Lorde Halifax, *Fullness of Days* (Londres, 1957), pp. 184-5. • 23. A veracidade destas conversas é corroborada pelo diário que Halifax fez da viagem (enviado por ele ao Secretariado das Relações Exteriores e a Chamberlain), pelos registros oficiais alemães e pelas memórias de Paul Schmidt (intérprete de Hitler) e de Kirkpatrick. • 24. Kirkpatrick, *The Inner Circle*, p. 95. • 25. *DGFP, Series D, Vol. I* (Londres, 1949), Memorando, 10 nov. 1937, n. 19. • 26. *DGFP, Series C, Vol. I* (Londres, 1949), Embaixada alemã na Grã-Bretanha ao ministro das Relações Exteriores da Alemanha, 18 nov. 1937, n. 29. • 27. Hickleton Papers, Diário, 19 nov. 1937, A4/410/3/3/vi. • 28. Paul Schmidt, *Hitler's Interpreter* (Londres, 1951), p. 77. • 29. Kirkpatrick, *The Inner Circle*, pp. 95-7. • 30. Hickleton Papers, Diário, 19 nov. 1937, A4/410/3/3/vi. • 31. Schmidt, *Hitler's*

Interpreter, p. 77. • 32. Gaynor Johnson (org.), *Our Man in Berlin: The Diary of Sir Eric Phipps 1933-1937* (Basingstoke, 2007), p. 58. • 33. Hickleton Papers, Diário, 20 nov. 1937, A4/410/3/3/vi. • 34. Ibidem. • 35. Ibidem. • 36. *DBFP, Second Series Vol. XIX*, Henderson para Eden, 23 nov. 1937, n. 343, anexo. • 37. Hickleton Papers, Diário, 21 nov. 1937, A4/410/3/3/vi. • 38. Ibidem. • 39. Atas do Gabinete, 24 nov. 1937, CAB 23/90A/5. • 40. Robert Self (org.), *The Neville Chamberlain Diary Letters, Vol. IV: The Downing Street Years 1934-1940* (Aldershot, 2005), 26 nov. 1937, pp. 286-7. • 41. Lothian Papers, Dawson para Lothian, 23 maio 1937, CD 40/17/337/340. • 42. *Daily Herald*, 1º dez. 1937. • 43. Hickleton Papers, Halifax para Southwood, 1º nov. 1937, A4/410/3/2. • 44. Ibidem. • 45. Citado em Timothy S. Benson, *Low and the Dictators* (Londres, 2008) • 46. Henderson, *Failure of a Mission*, p. 65. • 47. *DBFP, Second Series, Vol. XIX*, Henderson para Eden, 29 nov. 1937, n. 353. • 48. Hickleton Papers, A4/410/3/2/ii. • 49. Hickleton Papers, Halifax para Ormsby-Gore, 12 nov. 1937. • 50. *DGFP, Series D. Vol. I*, n. 93.

X – "Chapéus-coco estão de volta!"

1. Conde de Avon, *Facing the Dictators* (Londres, 1962), p. 559. • 2. Sumner Welles, *Seven Major Decisions* (Londres, 1951), p. 41. • 3. *DBFP, Second Series, Vol. XIX* (Londres, 1982), Lindsay para o Secretariado das Relações Exteriores, 12 jan. 1938, n. 422. • 4. Idem, Linday para o Secretariado das Relações Exteriores, 12 jan. 1938, n. 423. • 5. Idem, Lindsay para o Secretariado das Relações Exteriores, 12 jan. 1938, n. 425. • 6. Hansard, HC Deb, 3 nov. 1937, vol. 328, col. 583. • 7. David Dilks (org.), *The Diaries of Sir Alexander Cadogan, OM, 1938-1945* (Londres, 1971), 13 jan. 1938, p. 36. • 8. *DBFP, Second Series, Vol. XIX*, Secretariado das Relações Exteriores para Lindsay, 13 jan. 1938, anexo n. 431. • 9. Sumner Welles, *The Time for Decision* (Nova York e Londres, 1944), p. 66. • 10. Robert Self, *Neville Chamberlain: A Political Life* (Aldershot, 2006), p. 281. • 11. *DBFP, Second Series, Vol. XIX*, Secretariado das Relações Exteriores para Lindsay, 13 jan. 1938, anexo n. 431. • 12. Richard Lamb, *Mussolini and the British* (Londres, 1997), p. 180. • 13. *DBFP, Second Series, Vol. XIX*, "Registro por Chamberlain de uma conversa com Grandi", 27 jul. 1937, n. 64. • 14. Chamberlain Papers, Diário, 19 fev. 1938, NC 2/24 A; PREM 1/276/340. • 15. Robert Self (org.), *The Neville Chamberlain Diary Letters, Vol. IV: The Downing Street Years 1934-1940* (Aldershot, 2005), 8 ago. 1937, p. 265. • 16. John Harvey (org.), *The Diplomatic Diaries of Oliver Harvey 1937-1940* (Londres, 1970), 19-23 dez. 1937, p. 65. • 17. Avon, *Facing the Dictators*, p. 455. • 18. Self (org.), *The Neville Chamberlain Diary Letters*, 12 set. 1937, p. 270. • 19. Harvey (org.), *The Diplomatic Diaries of Oliver Harvey*, nov. 1937, p. 61. • 20. Ibidem • 21. Avon Papers, Eden para Chamberlain, 3 nov. 1937, AE 13/1/49 I. • 22. Avon Papers, Diário, 8 nov. 1937, AP 20/1/18. • 23. *DBFP, Second Series, Vol. XIX*, Memorando de subcomitê do Estado-Maior do Comitê de Defesa Imperial, 4 fev. 1938, n. 491. • 24. Self (org.), *The Neville Chamberlain Diary Letters*, 12 dez. 1937, p. 292. • 25. Ibidem. • 26. Avon Papers, Diário, 16 jan. 1938, AP 20/1/18. • 27. Harvey (org.), *The Diplomatic Diaries of Oliver Harvey*, 16 jan. 1938, p. 71. • 28. *DBFP, Second Series, Vol. XIX*, Lindsay para Eden, 18 jan. 1938, n. 446. • 29. Harvey (org.), *The Diplomatic Diaries of Oliver Harvey*, 18 jan. 1938, p. 73. • 30. Avon Papers, Diário, 18 jan. 1938, AP 20/1/18. • 31. Avon, *Facing the Dictators*, p. 560. • 32. Idem, p. 563. • 33. *DBFP, Second Series, Vol. XIX*, Eden para Lindsay, 21 jan. 1938, n. 456. • 34. Idem, Lindsay para Halifax, 25 fev. 1938, n. 588. • 35. Robert Rhodes James (org.), *Memoirs of a Conservative: J. C. C. Davidson's Memoirs and Papers, 1910-1937* (Londres, 1969), p. 272. • 36. William C. Mills, "Sir Joseph Ball, Adrian Dingli, and Neville Chamberlain's 'Secret Channel' to Italy 1937-1940", *International History Review*, vol. 24, n. 2 (2002), pp. 278-317 e pp. 284-6. • 37. Diário de Dingli, 10 jan. 1938, citado idem, p. 292. • 38. Idem, p. 294. • 39. Chamberlain Papers, Diário, 19 fev. 1938, NC 2/24 A. • 40. *DBFP, Second Series, Vol. XIX*, Conde de Perth para Eden, 6 fev. 1938, n. 497. • 41. Eden para Chamberlain, 8 fev. 1938, PREM 1/276/99-100. • 42. Chamberlain para Eden, 8 fev. 1938, PREM 1/276/96. • 43. *DBFP, Second Series, Vol. XIX*, Perth para Eden, 17 fev. 1938, nº 538. • 44. Idem, n. 543. • 45. Chamberlain Papers, Diário, 19 fev. 1938, NC 2/24 A. • 46. Malcolm Muggeridge (org.), *Ciano's Diary 1937-1938* (Londres, 1952), 16 fev. 1938, p. 76. • 47. Idem, 7 fev. 1938, p. 71. • 48. Mills, "Sir Joseph Ball, Adrian Dingli, and Neville Chamberlain's 'Secret Channel' to Italy", p. 297. • 49. Chamberlain Papers, Diário, 19 fev. 1938, NC 2/24 A. • 50. Avon, *Facing the Dictators*, p. 582. • 51. Malcolm Muggeridge (org.), *Ciano's Diplomatic Papers* (Londres, 1948), p. 183. • 52. Chamberlain Papers, Diário, 19 fev. 1938, NC 2/24 A. • 53. Muggeridge (org.), *Ciano's*

Diplomatic Papers, p. 171. • 54. Avon, *Facing the Dictators*, p. 582. • 55. Muggeridge (org.), *Ciano's Diplomatic Papers*, p. 183. • 56. Hickleton Papers, "Um registro de eventos relacionados à renúncia de Anthony Eden, 19-20 fev. 1938", A4/410/4/11. • 57. Atas do Gabinete, 19 fev. 1938, CAB 23/92/6/187. • 58. John Julius Norwich (org.), *The Duff Cooper Diaries 1915-1951* (Londres, 2005), p. 242. • 59. Chamberlain Papers, Diário, 19 fev. 1938, NC 2/24 A. • 60. Muggeridge (org.), *Ciano's Diary*, 20 fev. 1938, p. 78. • 61. Winston S. Churchill, *The Second World War, Vol. I: A aproximação da tempestade* (Londres, 1948), p. 201. • 62. Robert Rhodes James (org.), *"Chips": The Diaries of Sir Henry Channon* (Londres, 1967), 21 fev. 1938, p. 145. • 63. Astor Papers, recorte de jornal com data escrita à mão de 12 mar. 1938. • 64. "Pesquisa de opinião pública 1: British Institute of Public Opinion", *Public Opinion Quarterly*, vol. 4, n. 1 (1940), pp. 77-82. • 65. Avon Papers, Lorde Auckland para Eden, AP 8/2/11; citado em Martin Gilbert, *Sir Horace Rumbold: Portrait of a Diplomat 1869-1941* (Londres, 1973), p. 432. • 66. Harvey (org.), *The Diplomatic Diaries of Oliver Harvey*, 27 fev. 1938, p. 103. • 67. Hansard, HC Deb, 21 fev. 1938, vol. 332, col. 51. • 68. Martin Gilbert, *Winston S. Churchill, Vol. V, Companion, Part 3* (Londres, 1982), p. 914, nota de rodapé 4. • 69. Hansard, HC Deb, 22 fev. 1938, vol. 332, cols. 243, 247. • 70. Chamberlain Papers, NC para Ivy Chamberlain, 3 mar. 1938, NC1/15/5. • 71. James (org.), *"Chips"*, 5 mar. 1938, pp. 148-9. • 72. Idem, 4 mar. 1938, p. 148. • 73. Harvey (org.), *The Diplomatic Diaries of Oliver Harvey*, 23 fev. 1938, p. 100. • 74. James (org.), *"Chips"*, 7 mar. 1938, p. 149.

XI – O ESTUPRO DA ÁUSTRIA
Citado em Robert C. Self (org.), *The Austen Chamberlain Diary Letters* (Cambridge, 1995), p. 505. • 2. Stuart Ball (org.), *Parliament and Politics in the Age of Churchill and Attlee: The Headlam Diaries 1935-1951* (Cambridge, 1999), 10 mar. 1938, p. 125. • 3. *DBFP, Second Series, Vol. XVII* (Londres, 1979), Phipps para Eden, 10 nov. 1936, n. 365. • 4. Proposta de convite ao general Göring para visitar a Inglaterra para o Grand National, FO 954/10A/3594/70 • 5. Hansard, HC Deb, 10 fev. 1938, vol. 331, col. 1239. • 6. Hugh Dalton, *The Fateful Years: Memoirs 1931-1945* (Londres, 1957), p. 108. • 7. Nigel Nicolson (org.), *Harold Nicolson Diaries and Letters 1907-1964* (Londres, 2004), 26 maio 1938, p. 344. • 8. Stephen H. Roberts, *The House That Hitler Built* (Londres, 1937), p. 363. • 9. Robert Self (org.), *The Neville Chamberlain Diary Letters, Vol. IV: The Downing Street Years 1934-1940* (Aldershot, 2005), 30 jan. 1938, p. 300. • 10. Atas do Comitê de Política Externa, 24 jan. 1938, CAB 27/623/4-30. • 11. Ian Kershaw, *Hitler 1936-45: Nemesis* (Londres, 2000), p. 53. • 12. Idem, p. 59. • 13. John Julius Norwich (org.), *The Duff Cooper Diaries 1915-1951* (Londres, 2005), 13 fev. 1938, p. 240. • 14. Henderson para Halifax, 24 maio 1938, FO 800/269/153. • 15. Henderson para Halifax, 27 fev. 1938, FO 800/313/1. • 16. Henderson para Halifax, 9 mar. 1938, FO 800/313/20. • 17. Reinhard Spitzy, *How We Squandered the Reich*, (Wilby, Norfolk, 1997), p. 68. • 18. *DBFP, Second Series, Vol. XIX* (Londres, 1982), Henderson para Halifax, 5 mar. 1938, n. 615. • 19. Idem, Henderson para Halifax, 4 mar. 1938, n. 609; *DGFP, Series D, Vol. I* (Londres, 1949), Ribbentrop para Henderson, 4 mar. 1938, n. 138; Paul Schmidt, *Hitler's Interpreter* (Londres, 1951), pp. 86-7; Nevile Henderson, *Failure of a Mission: Berlin 1937-1939* (Londres, 1940), pp. 114-18. • 20. *DBFP, Second Series, Vol. XIX*, Henderson para Halifax, 5 mar. 1938, n. 615. • 21. *DGFP, Series D, Vol. I*, "Registro de conversa entre Halifax e Ribbentrop", 10 mar. 1938, n. 145. • 22. Idem, Ribbentrop para Hitler, 10 mar. 1938, n. 146. • 23. Spitzy, *How We Squandered the Reich*, p. 187. • 24. Michael Bloch, *Ribbentrop* (Londres, 1992), p. 171. • 25. A. J. P. Taylor (org.), *Lloyd George: A Diary by Frances Stevenson* (Londres, 1971), 21 maio 1934, p. 262. • 26. Charles Stuart (org.), *The Reith Diaries* (Londres, 1975), 10 mar. 1938, p. 219. • 27. *DBFP, Third Series, Vol. I* (Londres, 1949), Palairet para Halifax, 11 mar. 1938, n. 10. • 28. Idem, Henderson para Halifax, 11 mar. 1938, n. 13. • 29. Idem, n. 37. • 30. *DGFP, Series D, Vol. I*, "Memorando ao ministro das Relações Exteriores", 11 mar. 1938, n. 150. • 31. Self (org.), *The Neville Chamberlain Diary Letters*, 13 maio 1938, p. 304. • 32. John Harvey (org.), *The Diplomatic Diaries of Oliver Harvey 1937-1940* (Londres, 1970), 11 mar. 1938, p. 113. • 33. *DBFP, Third Series. Vol. I*, Halifax para Henderson, 11 mar. 1938, n. 44. • 34. David Dilks (org.), *The Diaries of Sir Alexander Cadogan, OM, 1938-1945* (Londres, 1971), 11 mar. 1938, p. 60. • 35. Spitzy, *How We Squandered the Reich*, p. 190. • 36. Volker Ullrich, *Hitler: Ascent 1889-1939* (Londres, 2016), p. 717. • 37. Spitzy, *How We Squandered the Reich*, p. 191. • 38. Idem, p. 194. • 39. George Ward Price, *Extra-Special Correspondent* (Londres, 1957), p. 229. • 40. *The Times*, 15 mar. 1938; Ullrich, *Hitler: Ascent*, p. 718.

• 41. *DBFP, Third Series, Vol. I*, Palairet para Halifax, 14 mar. 1938, n. 76. • 42. *The Times*, 17 fev. 1938. • 43. *The Times*, 14 mar. 1938. • 44. Victor Cazalet Papers, Diário, 12 e 11 mar. 1938. • 45. Carta ao *Times*, 14 mar. 1938. • 46. *History of The Times, Vol. IV: The 150th Anniversary and Beyond, 1912-1948* (Londres, 1952), Parte II, p. 917. • 47. Martin Gilbert, *sir Horace Rumbold: Portrait of a Diplomat 1869-1941* (Londres, 1973), p. 432. • 48. Cartas ao *Times*, 14 e 17 mar. 1938. • 49. Gilbert, *sir Horace Rumbold*, pp. 433-4. • 50. Mount Temple Papers, "Memorando de Tennant após o plebiscito sobre a Áustria", BR 81/10. • 51. Buccleuch Papers, Halifax para Buccleuch, 16 fev. 1938. • 52. Dilks (org.), *The Diaries of Sir Alexander Cadogan*, 15 fev. 1938, p. 47. • 53. Harvey (org.), *The Diplomatic Diaries of Oliver Harvey*, 15 fev. 1938, p. 90. • 54. Dilks (org.), *The Diaries of Sir Alexander Cadogan*, 21 fev. 1938, p. 55. • 55. Self (org.), *The Neville Chamberlain Diary Letters*, NC para Hilda, 13 mar. 1938, pp. 304-5. • 56. Idem, p. 305. • 57. Conde de Woolton, *The Memoirs of the Rt Hon. the Earl of Woolton* (Londres, 1959), p. 132. • 58. William Shirer, *The Rise and Fall of the Third Reich: A History of Nazi Germany* (Londres, 1962), p. 351. • 59. George Glenton e William Pattinson, *The Last Chronicle of Bouverie Street* (Londres, 1963), pp. 73-4; Will Wainewright, *Reporting on Hitler: Rothay Reynolds and the British Press in Nazi Germany* (Londres, 2017), pp. 206-7. • 60. G. E. R. Gedye, *Fallen Bastions: The Central European Tragedy* (Londres, 1939), pp. 305-7. • 61. Hansard, HL Deb, 29 mar. 1938, vol. 108, cols 448-9, 452, 465. • 62. Gabriel Gorodetsky (org.), *The Maisky Diaries: Red Ambassador to the Court of St James's 1932-1943* (New Haven, 2015), 29 mar. 1938, p. 111. • 63. Hansard, HC Deb, 24 mar. 1938, vol. 333, col. 1454. • 64. Nick Smart (org.), *The Diaries and Letters of Robert Bernays 1932-1939: An Insider's Account of the House of Commons* (Lewiston, NY, 1996), 28 mar. 1938, p. 348.

XII – O último trem de Berlim

1. Citado em John Julius Norwich (org.), *The Duff Cooper Diaries 1915-1951* (Londres, 2005), 27 mar. 1938, p. 245. • 2. David Dilks (org.), *The Diaries of Sir Alexander Cadogan, OM, 1938-1945* (Londres, 1971), 12 mar. 1938, p. 62. • 3. G. E. R. Gedye, *Fallen Bastions: The Central European Tragedy* (Londres, 1939), p. 396. • 4. *DBFP, Third Series, Vol. II* (Londres, 1949), "Observações de Chamberlain sobre sua conversa com Hitler", 15 set. 1938, n. 340. • 5. John Barnes e David Nicholson (orgs.), *The Leo Amery Diaries, Vol. II: The Empire at Bay 1929-1945* (Londres, 1988), 12 mar. 1938, p. 496. • 6. *The Times*, 19 mar. 1938. • 7. Martin Gilbert, *Winston S. Churchill, Vol. V: 1922-1939* (Londres, 1976), p. 922. • 8. Butler Papers, Beaumont para Butler, 16 mar. 1938, RAB G9/5. • 9. Memorando do Secretário de Estado para Secretariado das Relações Exteriores, "Possíveis medidas para evitar ações alemãs na Tchecoslováquia", PREM 1/265/290. • 10. Atas do Comitê de Política Externa, 18 mar. 1938, CAB 27/623/161. • 11. *DBFP, Third Series, Vol. I* (Londres, 1949), Newton para Halifax, 15 mar. 1938, n. 86. • 12. Comitê de Política Externa, 18 mar. 1938, CAB 27/623/159-65. • 13. Dilks (org.), *The Diaries of Sir Alexander Cadogan*, 18 mar. 1938, p. 63. • 14. Robert Self (org.), *The Neville Chamberlain Diary Letters, Vol. IV: The Downing Street Years 1934-1940* (Aldershot, 2005), NC para Ida, 20 mar. 1938, p. 307. • 15. Roderick Macleod and Denis Kelly (orgs.), *The Ironside Diaries 1937-1940* (Londres, 1962), 24 maio 1938, p. 57; Dilks (org.), *The Diaries of Sir Alexander Cadogan*, 16 mar. 1938, p. 63. • 16. Comitê de Política Externa, 18 mar. 1938, CAB 27/623/164. • 17. Halifax para Henderson, 19 mar. 1938, FO/800/269/56. • 18. Self (org.), *The Neville Chamberlain Diary Letters*, NC para Ida, 20 mar. 1938, p. 307. • 19. Atas do Gabinete, 22 mar. 1938, CAB 23/93/2. • 20. Hansard, HC Deb, 24 mar. 1938, vol. 333, cols. 1405-6. • 21. J. L. Garvin, *Observer*, 27 mar. 1938. Garvin, editor do *Observer*, era tchecófobo e um dos principais apoiadores do apaziguamento. • 22. *DBFP, Third Series, Vol. I*, Embaixador soviético para Halifax, 17 mar. 1938, n. 90. • 23. Self (org.), *The Neville Chamberlain Diary Letters*, NC para Ida, 20 mar. 1938, p. 307. • 24. *DBFP, Third Series, Vol. I*, Chilston to Halifax, 19 abr. 1938, n. 148. • 25. Idem, Phipps para Halifax, 15 mar. 1938, n. 81. • 26. Phipps para Halifax, 11 abr. 1938, FO 800/311/27. • 27. Joseph Paul-Boncour, *Entre deux guerres: souvenirs sur la IIIe République* (Paris, 1946), pp. 97-101. • 28. Self (org.), *The Neville Chamberlain Diary Letters*, NC para Hilda, 27 mar. 1938, p. 309; NC para Ida, 3 abr. 1938, p. 313. • 29. Idem, NC para Hilda, 9 abr. 1938, p. 314. • 30. Hansard, HC Deb, 5 maio 1938, vol. 335, col. 583. • 31. Self (org.), *The Neville Chamberlain Diary Letters*, NC para Hilda, 13 mar. 1938, p. 306. • 32. Idem, NC para Ida, 16 abr. 1938, p. 316. • 33. *DGFP, Series D, Vol. I* (Londres, 1949), Woermann para Ribbentrop, 22 abr. 1938, n. 750. • 34. *DBFP, Third Series, Vol. I*, "Registro de conversas entre

Reino Unido e França", 28 abr. 1938, nº 164. • 35. Dilks (org.), *The Diaries of Sir Alexander Cadogan*, 29 abr. 1938, p. 73. • 36. *DGFP, Series D, Vol. II* (Londres, 1950), Dirksen para Ribbentrop, 6 maio 1938, n. 147. • 37. *DBFP, Third Series, Vol. I*, Henderson para Halifax, 6 maio 1938, n. 184. • 38. *DGFP, Series D, Vol. II*, relatório sem assinatura com anexos, 28 mar. 1938, n. 107. • 39. *DBFP, Third Series, Vol. I* - Henderson para Halifax, 20 maio 1938, n. 240. • 40. Self (org.), *The Neville Chamberlain Diary Letters*, NC para Hilda, 22 maio 1938, p. 323. • 41. Shiela Grant Duff, *Europe and the Czechs* (Harmondsworth, 1938), p. 175. • 42. Virginia Cowles, *Looking for Trouble* (Londres, 1941), p. 123. • 43. Idem, p. 125. • 44. Robert Rhodes James (org.), *"Chips": The Diaries of Sir Henry Channon* (Londres, 1967), 22 maio 1938, p. 196. • 45. *DBFP, Third Series, Vol. I*, Henderson para Halifax, 21 maio 1938, n. 249; Nevile Henderson, *Failure of a Mission: Berlin 1937-1939* (Londres, 1940), p. 136. • 46. Dilks (org.), *The Diaries of Sir Alexander Cadogan*, 21 maio 1938, p. 79. • 47. *DBFP, Third Series, Vol. I*, Halifax para Henderson, 21 maio 1938, n. 250. • 48. *DGFP, Series D, Vol. II*, Memorando do ministro das Relações Exteriores, 21 maio 1938 nº 186. • 49. Henderson, *Failure of a Mission*, pp. 137-8. • 50. David Faber, *Munich: The 1938 Appeasement Crisis* (Londres, 2008), p. 178. • 51. Henderson, *Failure of a Mission*, p. 140. • 52. Volker Ullrich, *Hitler: Ascent 1889-1939* (Londres, 2016), p. 727. • 53. *DGFP, Series D, Vol. II*, "Diretiva para a Operação 'Verde'", 30 maio 1938, n. 221. • 54. Jeremy Noakes e Geoffrey Pridham (orgs.), *Documents on Nazism 1919-1945* (Londres, 1974), p. 542. • 55. Brian Bond (org.), *Chief of Staff: The Diaries of Lieutenant-General Sir Henry Pownall, Vol. I - 1933-1940* (Londres, 1972), 23 maio 1938, p. 147. • 56. Self (org.), *The Neville Chamberlain Diary Letters*, NC para Ida, 28 maio 1938, p. 325. • 57. Norwich (org.), *The Duff Cooper Diaries*, 29 maio 1938, pp. 249-50. • 58. *DBFP, Third Series, Vol. I*, Halifax para Newton, 25 maio 1938, n. 315. • 59. Idem, Phipps para Halifax, 23 maio 1938, n. 286.

XIII – Honrados e Rebeldes

1. Avon Papers, 14/1/731. • 2. Nigel Nicolson (org.), *Harold Nicolson Diaries and Letters 1907-1964* (Londres, 2004), 16 mar. 1938, p. 332. • 3. Ben Pimlott (org.), *The Political Diary of Hugh Dalton 1918-40, 1945-60* (Londres, 1986), 7 abr. 1938, p. 225; Hugh Dalton, *The Fateful Years: Memoirs 1931-1945* (Londres, 1957), p. 162. • 4. Avon Papers, sir Timothy Eden para AE, 16 mar. 1938, 14/1/731. • 5. Avon Papers, sir Timothy Eden para AE, 26 mar. 1938, 14/1/732. • 6. Avon Papers, Sandys para Eden, 28 abr. 1938, 14/1/803. • 7. Avon Papers, Cranborne para Eden, 8 jun. 1938, 14/1/174. • 8. Robert Rhodes James, *Anthony Eden* (Londres, 1986), p. 203. • 9. Nicolson (org.), *Harold Nicolson Diaries and Letters*, 18 jul. 1939, p. 406. • 10. Citado em Kenneth Rose, *The Later Cecils* (Londres, 1975), p. 103. • 11. Thomas C. H. Jones, *A Diary with Letters 1931-1950* (Londres, 1954), Abraham Flexner para Jones, 8 mar. 1938, p. 392. • 12. Idem, Lorde Astor para Jones, mar. 1938, pp. 389-90. • 13. Citado no *Times*, 6 out. 1937. • 14. Citado em C. A. MacDonald, *The United States, Britain and Appeasement 1936-1939* (Londres, 1981), pp. 73-4. • 15. *The Times*, 18 mar. 1938. • 16. Ted Schwarz, *Joseph P. Kennedy: The Mogul, the Mob, the Statesman, and the Making of an American Myth* (Hoboken, NJ, 2003), p. 236. • 17. *The Times*, 19 mar. 1938. • 18. Amanda Smith (org.), *Hostage to Fortune: The Letters of Joseph P. Kennedy* (Nova York, 2001), p. 227. • 19. Margesson Papers, Lorde Bruntisfield para Margesson, 1º dez. 1938, MRGN 2/1; G. S. Harvie-Watt, *Most of My Life* (Londres, 1980), p. 133; J. L. P. Thomas, citado em Andrew Roberts, *Eminent Churchillians* (Londres, 1994), p. 153. • 20. Margesson Papers, "Harold Macmillan's Reflections on David Margesson", MRGN 2/1. • 21. "Cato", *Guilty Men* (Londres, 1940), p. 91. • 22. Citado em Piers Brendon, *The Dark Valley: A Panorama of the 1930s* (Londres, 2000), p. 50. • 23. Chamberlain Papers, Ball para Chamberlain, 21 fev. 1938, NC 7/11/31/10. • 24. Robert Self (org.), *The Neville Chamberlain Diary Letters, Vol. IV: The Downing Street Years 1934-1940* (Aldershot, 2005), 23 jul. 1939, p. 432. • 25. Kenneth Clark, *Another Part of the Wood: A Self-Portrait* (Londres, 1974), p. 271. • 26. Robert Vansittart, *The Mist Procession: The Autobiography of Lord Vansittart* (Londres, 1958), pp. 442-3; W. J. Brown, *So Far...* (Londres, 1943), pp. 220-21. • 27. *DGFP Series D, Vol. I* (Londres, 1949), Memorando, Londres, 25 fev. 1938, n. 223. • 28. Emrys-Evans Papers, Emrys-Evans para Julian Amery, 22 maio 1956, MS 58247. • 29. Rose, *The Later Cecils*, p. 171. • 30. Alistair Horne, *Macmillan 1894-1956: Vol. I of the Official Biography* (Londres, 1988), p. 115; Norman Rose, *Harold Nicolson* (Londres, 2005), p. 213. • 31. *Reynold's News*, 27 fev. 1938. • 32. Claud Cockburn, *I, Claud* (Harmondsworth, 1967), p. 180. • 33. Roberts, *Eminent Churchillians*, p. 12. • 34. Ver Richard Carr, "Veterans

of the First World War and Conservative Anti-Appeasement", *Twentieth Century British History*, vol. 22, n. 1 (2011), pp. 28-51. • 35. Citado em Andrew Boyle, *"Poor, Dear Brendan": The Quest for Brendan Bracken* (Londres, 1974), p. 218. • 36. Citado em Rose, *The Later Cecils*, p. 280.

XIV – UM PAÍS DISTANTE

1. Henderson para Halifax, 20 mar. 1938, FO 800/309/127. • 2. Lorde Ponsonby, Hansard, HL Deb, 29 mar. 1938, vol. 108, col. 461. • 3. Robert Bruce Lockhart, *Jan Masaryk: A Personal Memoir* (Londres, 1951), p. 18. • 4. Henderson para Halifax, 7 abr. 1938, FO 800/269/90-91. • 5. Ibidem. • 6. *DBFP, Third Series, Vol. I* (Londres, 1949), Henderson para Halifax, 1º abr. 1938, n. 121; Mount Temple Papers, Henderson para Mount Temple, 7 mar. 1938, BR 76/2. • 7. Mount Temple Papers, Henderson para Mount Temple, 14 mar. 1938, BR 76/2. • 8. Nigel Nicolson (org.), *Harold Nicolson Diaries and Letters 1907-1964* (Londres, 2004), 11 abr. 1938, p. 334. • 9. Henderson para Cadogan, 2 jun. 1938, FO 800/269/158; David Dilks (org.), *The Diaries of Sir Alexander Cadogan, OM, 1938-1945* (Londres, 1971), 31 maio 1938, p. 81. • 10. *DBFP, Third Series, Vol. I*, Halifax para Phipps, 31 maio 1938, n. 354. • 11. *The Times*, 3 jun. 1938. • 12. *DBFP, Third Series, Vol. I*, Halifax para Newton, 4 jun. 1938, n. 374. • 13. Idem, Halifax para Newton, 4 jun. 1938, n. 374; *The History of The Times, Vol. IV: The 150th Anniversary and Beyond, 1912-1948* (Londres, 1952), Parte II, p. 921. • 14. Gordon Martel (org.), *The Times and Appeasement: The Journals of A. L. Kennedy 1932-1939* (Cambridge, 2000), Kennedy para Dawson, 18 mar. 1938, p. 263. • 15. Robert Self (org.), *The Neville Chamberlain Diary Letters, Vol. IV: The Downing Street Years 1934-1940* (Aldershot, 2005), NC para Ida, 18 jun. 1938, p. 328. • 16. David Gilmour, Obituário de Mary, duquesa de Buccleuch, *Scotsman*, 13 fev. 1993. • 17. *The Times*, 4 jul. 1938. • 18. Robert Rhodes James (org.), *"Chips": The Diaries of Sir Henry Channon* (Londres, 1967), 22 jun. 1938, p. 160. • 19. Dilks (org.), *The Diaries of Sir Alexander Cadogan*, 18 jul. 1938, p. 87. • 20. Zetland Papers, Zetland para Brabourne, 8 ago. 1938, Mss Eur D609/10/35; Lorde Halifax, "Observação sobre suas conversas com o capitão Wiedemann", 18 jul. 1938, FO 371/217/185. • 21. Zetland Papers, Zetland para Brabourne, 2 ago. 1938, Mss Eur D609/10/31. • 22. *DGFP, Series D, Vol. VII* (Londres, 1956), Apêndice III, "Relato a v. Ribbentrop". • 23. Hansard, HC Deb, 26 jul. 1938, vol. 338, col. 2963. • 24. Idem, col. 2959. • 25. Idem, col. 2994. • 26. John Barnes e David Nicholson (orgs.), *The Leo Amery Diaries, Vol. II: The Empire at Bay 1929-1945* (Londres, 1988), 26 jul. 1938, p. 508. • 27. *The Times*, 27 jul. 1938; *Observer*, 31 jul. 1938. • 28. Robert Coulondre, Embaixador da França em Berlim 1938-39, citado em Paul Vyšný, *The Runciman Mission to Czechoslovakia 1938: Prelude to Munich* (Basingstoke, 2003), p. 81; Horace Wilson para Halifax, 22 jun. 1938, FO 800/309/194. • 29. Citado em Piers Brendon, *The Dark Valley: A Panorama of the 1930s* (Londres, 2000), p. 450. • 30. Hansard, HL Deb, 27 jul. 1938, vol. 110, col. 1282. • 31. *DBFP, Third Series, Vol. II* (Londres, 1949), Ashton-Gwatkin para Strang, 9 ago. 1938, n. 598; idem, Runciman para Halifax, 10 ago. 1938, n. 602. • 32. Idem, Halifax para Runciman, 18 ago. 1938, n. 643. • 33. *DBFP, Third Series, Vol. I*, Strang para Henderson, 21 jul. 1938, n. 538. • 34. Memorando de Vansittart, 25 jul. 1938, FO 371/21729/198. • 35. *DBFP, Third Series, Vol. II*, Mason-MacFarlane para Henderson, 25 jul. 1938, n. 533, anexo 2. • 36. Henderson para Halifax, 3 ago. 1938, FO 800/269/219. • 37. Henderson para Halifax, 26 jul. 1938, FO 800/269/205-8. • 38. *DBFP, Third Series, Vol. II*, Henderson para Halifax, 6 ago. 1938, n. 590.• 39. Halifax para Henderson, 5 ago. 1938, FO 800/314/25-31. • 40. Self (org.), *The Neville Chamberlain Diary Letters*, NC para Hilda, 13 ago. 1938, p. 340. • 41. Henderson para Halifax, 8 ago. 1938, FO 800/269/222. • 42. *DBFP, Third Series, Vol. II*, Mason-MacFarlane para Henderson, 7 ago. 1938, n. 595, anexo. • 43. Idem, "Memorando passado ao embaixador de Sua Majestade, Berlim, para transmissão a Herr Hitler", 11 ago. 1938, n. 608, anexo. • 44. Citado em Ian Kershaw, *Hitler 1936-45: Nemesis* (Londres, 2000), p. 106.

XV – EXPLODE A CRISE

1 *DBFP, Third Series, Vol. II* (Londres, 1949), Henderson para Halifax, 21 ago. 1938, n. 658. • 2. Vansittart Papers, Vansittart para Halifax, 18 ago. 1938, VNST, 1/2/37. • 3. Chamberlain para Halifax, 19 ago. 1938, FO 800/314/60. • 4. Sir John Simon, Discurso, PREM 1/265/186, noticiado no *Times*, 29 ago. 1938. • 5. Atas do Gabinete, 30 ago. 1938, CAB 23/94/10. • 6. Ibidem. • 7. Vansittart Papers, Vansittart para Halifax, 18 ago. 1938, VNST 1/2/37. • 8. Gabriel Gorodetsky (org.), *The Maisky Diaries: Red Ambassador to the Court of St James's*

1932-1943 (New Haven, 2015), 30 ago. 1938, p. 119. • 9. Churchill para Halifax, 31 ago. 1938, PREM 1/265/120. • 10. Martin Gilbert, *Winston S. Churchill, Vol. V, Companion, Part 3: The Coming of War 1936-1939* (Londres, 1982), pp. 1123, 1139. • 11. Gorodetsky (org.), *The Maisky Diaries*, 4 set. 1938, p. 124. • 12. Visconde de Templewood, *Nine Troubled Years* (Londres, 1954), p. 299. • 13. Ian Kershaw, *Hitler 1936-45: Nemesis* (Londres, 2000), p. 88. • 14. Henderson para Halifax, 13 set. 1938, FO 800/269/285. • 15. *DBFP, Third Series, Vol. II*, Newton para Halifax, 4 set. 1938, n. 758. • 16. John W. Wheeler-Bennett, *Munich: Prologue to Tragedy* (Londres, 1948), p. 92. • 17. David Dilks (org.), *The Diaries of Sir Alexander Cadogan, OM, 1938-1945* (Londres, 1971), 6-7 set. 1938, pp. 94-5. • 18. Dawson Papers, Diário, 7 set. 1938, MS. Dawson 42. • 19. Vansittart to Halifax, 7 set. 1938, PREM 1/265/40. • 20. Gorodetsky (org.), *The Maisky Diaries*, 7 set. 1938, p. 126; John Harvey (org.), *The Diplomatic Diaries of Oliver Harvey 1937-1940* (Londres, 1970), 8 set. 1938, p. 171; Gordon Martel (org.), *The Times and Appeasement: The Journals of A. L. Kennedy 1932-1939* (Cambridge, 2000), 7 set. 1938, pp. 276-7. • 21. Dawson Papers, Diário, 7 set. 1938, MS.Dawson 42; Dawson Papers, Dawson para Barrington-Ward, 7 set. 1938, 80/24. • 22. Nick Smart (org.), *The Diaries and Letters of Robert Bernays 1932-1939: An Insider's Account of the House of Commons* (Lewiston, NY, 1996), Bernays para Lucy Brereton, 9 set. 1938, p. 370. • 23. Nigel Nicolson (org.), *Harold Nicolson Diaries and Letters 1907-1964* (Londres, 2004), 11 set. 1938, p. 359. • 24. Idem, 6 jun. 1938, p. 345. • 25. Chamberlain Papers, NC para Annie Chamberlain, 2 set. 1938, NC 1/26/530. • 26. *DBFP, Third Series, Vol. II*, Halifax para Kirkpatrick, 9 set. 1938, n. 815. • 27. Idem, Henderson para Halifax, via Ogilvie-Forbes, 10 set. 1938, n. 819. • 28. Templewood, *Nine Troubled Years*, pp. 301-2. • 29. Atas do Gabinete, 12 set. 1938, CAB 23/95/1/8. • 30. *DBFP, Third Series, Vol. II*, 7 set. 1938, n. 798. • 31. Gilbert, *Winston S. Churchill, Vol. V, Companion, Part 3*, p. 1.155. • 32. Robert Self (org.), *The Neville Chamberlain Diary Letters, Vol. IV: The Downing Street Years 1934-1940* (Aldershot, 2005), NC para Ida, 11 set. 1938, p. 344. • 33. Caldecote Papers, Diário, "26 de agosto-19 de setembro, 1938 - Munique", 7 set. 1938, INKP 1. • 34. Self (org.), *The Neville Chamberlain Diary Letters*, NC para Ida, 11 set. 1938, p. 345. • 35. Atas do Gabinete, 12 set. 1938, CAB 23/95/1/4-11. • 36. John Julius Norwich (org.), *The Duff Cooper Diaries 1915-1951* (Londres, 2005), 12 set. 1938, p. 258. • 37. Virginia Cowles, *Looking for Trouble* (Londres, 1941), pp. 154-5. • 38. Thelma Cazalet Papers, "Nuremberg 1938 e 1946". • 39. Cowles, *Looking for Trouble*, pp. 155-6. • 40. Lorde Brocket, "Observações sobre conversações com Hitler e Ribbentrop", 10 set. 1938, PREM 1/249/70. • 41. Norman H. Baynes (org.), *The Speeches of Adolf Hitler, April 1922-August 1939* (Oxford, 1942), pp. 1.489-91. • 42. Harvey (org.), *The Diplomatic Diaries of Oliver Harvey*, 12 set. 1938, p. 176; John Barnes e David Nicholson (orgs.), *The Leo Amery Diaries, Vol. II: The Empire at Bay 1929-1945* (Londres, 1988), 11 set. 1938, p. 508. • 43. Nicolson (org.), *Harold Nicolson Diaries and Letters*, 11 set. 1938, p. 171. • 44. Smart (org.), *The Diaries and Letters of Robert Bernays*, Bernays para Lucy Brereton, 28 set. 1938, p. 371. • 45. Gilbert, *Winston S. Churchill, Vol. V, Companion, Part 3*, p. 1.154. • 46. Idem, pp. 1158-9. • 47. Self (org.), *The Neville Chamberlain Diary Letters*, NC para Ida, 19 set. 1938, p. 345. • 48. Phipps para Halifax, 13 set. 1938, FO 371/21737/39-44. • 49. *DBFP, Third Series, Vol. II*, Halifax para Henderson, 13 set. 1938, n. 862. • 50. L. B. Namier, *Diplomatic Prelude 1938-1939* (Londres, 1948), p. 35. • 51. Self (org.), *The Neville Chamberlain Diary Letters*, NC para Ida, 19 set. 1938, p. 346. • 52. Zetland Papers, Zetland para Brabourne, 16-20 set. 1938, Mss Eur D609/10/57. • 53. Robert Rhodes James (org.), *"Chips": The Diaries of Sir Henry Channon* (Londres, 1967), 14 set. 1938, p. 166. • 54. David Faber, *Munich: The 1938 Appeasement Crisis* (Londres, 2008), p. 284. • 55. *Daily Express*, 16 set. 1938; *The Times*, 16 set. 1938. • 56. Barnes e Nicholson (orgs.), *The Leo Amery Diaries*, 14 set. 1938, p. 509. • 57. Harvey (org.), *The Diplomatic Diaries of Oliver Harvey*, 15 set. 1938, p. 180. • 58. *DBFP, Third Series, Vol. II*, Phipps para Halifax, 14 set. 1938, n. 874. • 59. Idem, Lindsay para Halifax, 12 set. 1938, n. 841. • 60. Galeazzo Ciano, *Diary 1937-1943: The Complete, Unabridged Diaries of Count Galeazzo Ciano*, trad. Robert L. Miller (Londres, 2002), 14 set. 1938, p. 126. • 61. *The Times*, 16 set. 1938. • 62. Robert Self, *Neville Chamberlain: A Political Life* (Aldershot, 2006), p. 312. • 63. Margesson Papers, Duff Cooper, "Chamberlain: Um retrato sincero", MRGN 1/5. • 64. "Apreciação da situação em caso de guerra contra a Alemanha", 14 set. 1938, FO 371/21737/142-4. • 65. Tom Harrisson e Charles Madge, *Britain by Mass-Observation*, 2ª ed. (Londres, 1986), p. 64. • 66. Self (org.), *The Neville Chamberlain Diary Letters*, NC para Ida, 19 set. 1938, p. 346. • 67. *Manchester Guardian*, 16 set. 1938; Geoffrey Harrison entrevistado em *God Bless You, Mr Chamberlain*, BBC 2, 23 set.

1988. • 68. Self (org.), *The Neville Chamberlain Diary Letters*, NC para Ida, 19 set. 1938, p. 346. • 69. Horace Wilson, "Observações sobre Munique", CAB 127/158. • 70. Self (org.), *The Neville Chamberlain Diary Letters*, NC para Ida, 19 set. 1938, p. 346. • 71. Paul Schmidt, *Hitler's Interpreter* (Londres, 1951), p. 91. • 72. Self (org.), *The Neville Chamberlain Diary Letters*, NC para Ida, 19 set. 1938, p. 346. • 73. Caldecote Papers, Diário, "26 de agosto-19 set. 1938 - Munique", 17 set. 1938, INKP 1; Atas do Gabinete, 17 set. 1938, CAB 23/95/3/72. • 74. Self (org.), *The Neville Chamberlain Diary Letters*, NC para Ida, 19 set. 1938, p. 347. • 75. *DBFP, Third Series, Vol. II*, "Observações do sr. Chamberlain sobre sua conversa com Herr Hitler em Berchtesgaden em 15 set. 1938", n. 895; idem, "Tradução de observações feitas por Herr Schmidt sobre a conversa entre o sr. Chamberlain e Herr Hitler em Berchtesgaden, 15 set. 1938", n. 896. • 76. Self (org.), *The Neville Chamberlain Diary Letters*, NC para Ida, 19 set. 1938, p. 347. • 77. *DBFP, Third Series, Vol. II*, "Observações do sr. Chamberlain sobre sua conversa com Herr Hitler em Berchtesgaden em 15 set. 1938", n. 895. • 78. Self (org.), *The Neville Chamberlain Diary Letters*, NC para Ida, 19 set. 1938, p. 348. • 79. Ibidem. • 80. Chamberlain Papers, "Observações de Sir Horace Wilson sobre conversas durante a visita do sr. Chamberlain a Berchtesgaden", 16 set. 1938, NC 8/26/2. • 81. Volker Ullrich, *Hitler: Ascent 1889-1939* (Londres, 2016), pp. 735-6. • 82. Dilks (org.), *The Diaries of Sir Alexander Cadogan*, 16 set. 1938, p. 99. • 83. "A crise tchecoslovaca de 1938 - Observações sobre encontros informais de embaixadores", 16 set. 1938, CAB 27/646/36. • 84. Atas do Gabinete, 17 set. 1938, CAB 23/95/3/72-86. • 85. Atas do Gabinete, 17 set. 1938, CAB 23/95/86-7; Norwich (org.), *The Duff Cooper Diaries*, 17 set. 1938, p. 261; Atas do Gabinete, 17 set. 1938, CAB 23/95/88-9. • 86. Atas do Gabinete, 17 set. 1938, CAB 23/95/3/92. • 87. Caldecote Papers, Diário, "26 de agosto-19 set. 1938 - Munique", 17 set. 1938, INKP 1. • 88. Dilks (org.), *The Diaries of Sir Alexander Cadogan*, 18 set. 1938, p. 100; *DBFP, Third Series, Vol. II*, "Registro das conversas entre Reino Unido e França ocorridas em Downing Street, n. 10, em 18 set. 1938", n. 928. • 89. Caldecote Papers, Diário, "26 de agosto-19 set. 1938 - Munique", 19 set. 1938, INKP 1. • 90. N. A. Rose (org.), *Baffy: The Diaries of Blanche Dugdale 1936-1947* (Londres, 1973), 18 set. 1938, p. 98. • 91. Self (org.), *The Neville Chamberlain Diary Letters*, NC para Ida, 9 out. 1938, p. 351; Harvey (org.), *The Diplomatic Diaries of Oliver Harvey*, 10 set. 1938, p. 175. • 92. Dilks (org.), *The Diaries of Sir Alexander Cadogan*, 20 set. 1938, p. 102. • 93. *DBFP, Third Series, Vol. II*, Newton para Halifax, 21 set. 1938, p. 1.002.

XVI – À BEIRA

1. David Dilks (org.), *The Diaries of Sir Alexander Cadogan, OM, 1938-1945* (Londres, 1971), 21 set. 1938, p. 102. • 2. Ibidem. • 3. Martin Gilbert, *Winston S. Churchill, Vol. V, Companion, Part 3: The Coming of War 1936-1939* (Londres, 1982), pp. 1.171-2. • 4. John Julius Norwich (org.), *The Duff Cooper Diaries 1915-1951* (Londres, 2005), 21 set. 1938, pp. 262-3. • 5. Sir Ivone Kirkpatrick, *The Inner Circle: Memoirs* (Londres, 1959), p. 113. • 6. Nigel Nicolson (org.), *Harold Nicolson Diaries and Letters 1907-1964* (Londres, 2004), 22 set. 1938, pp. 363-4. • 7. David Faber, *Munich: The 1938 Appeasement Crisis* (Londres, 2008), p. 333. • 8. Tom Harrisson e Charles Madge, *Britain by Mass-Observation*, 2ª ed. (Londres, 1986), p. 75. • 9. Idem, pp. 72-3. • 10. Butler Papers, *Beaumont to Butler*, 21 set. 1938, RAB G9/8. • 11. John Harvey (org.), *The Diplomatic Diaries of Oliver Harvey 1937-1940* (Londres, 1970), 23 set. 1938, p. 194; *DBFP, Third Series, Vol. II* (Londres, 1949), Halifax para delegação britânica (Godesberg), 23 set. 1938, n. 1.058. • 12. Paul Schmidt, *Hitler's Interpreter* (Londres, 1951), p. 100; Nevile Henderson, *Failure of a Mission: Berlin 1937-1939* (Londres, 1940), p. 157; Kirkpatrick, *The Inner Circle*, p. 120. • 13. Schmidt, *Hitler's Interpreter*, p. 102. • 14. *DGFP, Series D, Vol. II* (Londres, 1950), "Memorando sobre a conversa entre o Führer e chanceler do Reich e Neville Chamberlain, o primeiro-ministro britânico, em Godesberg na noite de 23 set. 1938", n. 583. • 15. Dilks (org.), *The Diaries of Sir Alexander Cadogan*, 24 set. 1938, p. 103. • 16. "A crise tchecoslovaca - Observações sobre encontros informais de embaixadores", 24 set. 1938, CAB 27/646/91-2. • 17. Dilks (org.), *The Diaries of Sir Alexander Cadogan*, 24 set. 1938, p. 103. • 18. Ibidem. • 19. Atas do Gabinete, 24 set. 1938, CAB 23/95/6/178-80. • 20. Norwich (org.), *The Duff Cooper Diaries*, 24 set. 1938, p. 264. • 21. Dilks (org.), *The Diaries of Sir Alexander Cadogan*, 24 set. 1938, pp. 103-4. • 22. Idem, 25 set. 1938, p. 105. • 23. Norwich (org.), *The Duff Cooper Diaries*, 25 set. 1938, p. 265. • 24. Atas do Gabinete, 25 set. 1938, CAB 23/95/7/197-9. • 25. Hickleton Papers, "Observações repassadas entre NC e Halifax", 25 set. 1938, A4/410/3/7. • 26. R. J. Minney, *The Private Papers of Hore-Belisha*

(Londres, 1960), 25 set. 1938, p. 146. • 27. N. A. Rose (org.), *Baffy: The Diaries of Blanche Dugdale 1936-1947* (Londres, 1973), 25 set. 1938, p. 105. • 28. Masaryk para Halifax, 23 set. 1938, PREM 1/266a/122. • 29. Geoffrey Cox, *Countdown to War: A Personal Memoir of Europe 1938-1940* (Londres, 1988), p. 71. • 30. Norwich (org.), *The Duff Cooper Diaries*, 25 set. 1938, p. 267. • 31. Dilks (org.), *The Diaries of Sir Alexander Cadogan*, 27 set. 1938, p. 106. • 32. Atas do Gabinete, 26 set. 1938, CAB 23/95/7/258. • 33. Horace Wilson, "Observações sobre Munique", CAB 127/158. • 34. Kirkpatrick, *The Inner Circle*, p. 123. • 35. *DBFP, Third Series, Vol. II*, "Observações sobre uma conversa entre sir Horace Wilson e Herr Hitler em Berlim em 26 set. 1938, cinco da tarde", n. 1.118. • 36. William Shirer, *The Rise and Fall of the Third Reich: A History of Nazi Germany* (Londres, 1962), p. 397. • 37. Kirkpatrick, *The Inner Circle*, p. 125; Henderson, *Failure of a Mission*, p. 160. • 38. PREM 1/266A. • 39. Henderson, *Failure of a Mission*, p. 160. • 40. *The Times*, 26 set. 1938. • 41. Diário Oficial da Liga das Nações, Suplemento Especial n. 183 (1938), p. 74. • 42. Nicolson (org.), *Harold Nicolson Diaries and Letters*, 26 set. 1938, p. 367. • 43. John Barnes e David Nicholson (orgs.), *The Leo Amery Diaries, Vol. II: The Empire at Bay 1929-1945* (Londres, 1988), 26 set. 1938, p. 517. • 44. *DBFP, Third Series, Vol. II*, Halifax para Henderson, 26 set. 1938, n. 1.111. • 45. "A crise tchecoslovaca - Observações sobre encontros informais de embaixadores", 27 set. 1938, CAB 27/646/101. • 46. *DBFP, Third Series, Vol. II*, Newton para Halifax, 6 set. 1938, n. 794, anexo. • 47. Dilks (org.), *The Diaries of Sir Alexander Cadogan*, 27 set. 1938, p. 108. • 48. *DBFP, Third Series, Vol. II*, Halifax para Newton, 27 set. 1938, n. 1136. • 49. Dilks (org.), *The Diaries of Sir Alexander Cadogan*, 27 set. 1938, p. 107. • 50. Robert Self (org.), *The Neville Chamberlain Diary Letters, Vol. IV: The Downing Street Years 1934-1940* (Aldershot, 2005), NC para Hilda, 2 out. 1938, p. 349. • 51. Transmissão da rádio BBC, 27 set. 1938, disponível em http://www.bbc.co.uk/archive/ww2outbreak/7904.shtml (acessada em 20 set. 2018). • 52. Barnes e Nicholson (orgs.), *The Leo Amery Diaries*, 27 set. 1938, p. 519. • 53. Esta questão foi elegantemente levantada por Andrew Roberts em *The Holy Fox: A Biography of Lord Halifax* (Londres, 1991), p. 120. • 54. Atas do Gabinete, 27 set. 1938, CAB 23/95/10; Norwich (org.), *The Duff Cooper Diaries*, 27 set. 1938, pp. 267-9. • 55. Henderson, *Failure of a Mission*, p. 161. • 56. Shirer, *The Rise and Fall of the Third Reich*, p. 399. • 57. Self (org.), *The Neville Chamberlain Diary Letters*, NC para Hilda, 2 out. 1938, p. 349. 58. *DBFP, Third Series, Vol. II*, Halifax para Henderson, 28 set. 1938, nº 1158. • 59. Henderson, *Failure of a Mission*, p. 163. • 60. Nicolson (org.), *Harold Nicolson Diaries and Letters*, 28 set. 1938, p. 369. • 61. Robert Rhodes James (org.), *"Chips": The Diaries of Sir Henry Channon* (Londres, 1967), 28 set. 1938, p. 171. • 62. Douglas-Home Papers, "Observações sobre Munique". • 63. *The Times*, 29 set. 1938. • 64. Nicolson (org.), *Harold Nicolson Diaries and Letters*, 28 set. 1938, p. 371; Nigel Nicolson (org.), *The Harold Nicolson Diaries 1907-1963* (Londres, 2005), 28 set. 1938, p. 177. • 65. James (org.), *"Chips"*, 28 set. 1938, p. 171. • 66. Gilbert, *Winston S. Churchill, Vol. V, Companion, Part 3*, p. 1184.

XVII – UM PEDAÇO DE PAPEL

1. Crookshank Papers, Diário, 30 set. 1938, MS. Eng. Hist. d. 359. • 2. Robert Rhodes James (org.), *"Chips": The Diaries of Sir Henry Channon* (Londres, 1967), 29 set. 1938, p. 172. • 3. "A crise: Conferência de quatro potências", British Pathé, 3 out. 1938. • 4. R. H. Bruce Lockhart, *Comes the Reckoning* (Londres, 1947), p. 9. • 5. *The Times*, 29 set. 1938. • 6. "A crise: Conferência de quatro potências"; *Daily Sketch*, 29 set. 1938. • 7. Lorde Home, *The Way the Wind Blows: An Autobiography* (Londres, 1976), p. 65. • 8. Douglas-Home Papers, "Observações sobre Munique". • 9. *DBFP, Third Series, Vol. II* (Londres, 1949), Halifax para Newton, 28 set. 1938, nº 1184, anexo. • 10. Citado em John W. Wheeler-Bennett, *Munich: Prologue to Tragedy* (Londres, 1948), p. 171. • 11. André François-Poncet, *The Fateful Years: Memoirs of a French Ambassador in Berlin 1931-1938* (Londres, 1949), p. 269. • 12. Ibidem. • 13. J. E. Kaufmann e H. W. Kaufmann, *The Forts and Fortifications of Europe 1815-1914: The Central States - Germany, Austria-Hungary and Czechoslovakia* (Barnsley, 2014), p. 173. • 14. Lorde Strang, *Home and Abroad* (Londres, 1956), p. 144. • 15. Horace Wilson, "Observações sobre Munique", CAB 127/158; Sir Ivone Kirkpatrick, *The Inner Circle: Memoirs* (Londres, 1959), p. 127. • 16. Strang, *Home and Abroad*, p. 145; Douglas-Home Papers, "Observações sobre Munique". • 17. Estas colocações são uma lembrança de Paul Stehlin, o adido aéreo assistente da França. Citado em Telford Taylor, *Munich: The Price of Peace* (Sevenoaks, 1979), p. 18. • 18. Horace Wilson, "Observações sobre Munique", CAB 127/158. •

19. Galeazzo Ciano, *Diary 1937-1943: The Complete, Unabridged Diaries of Count Galeazzo Ciano*, tr. Robert L. Miller (Londres, 2002), 29 set. 1938, pp. 134-5. • 20. François-Poncet, *The Fateful Years*, p. 269. • 21. Robert Self (org.), *The Neville Chamberlain Diary Letters, Vol. IV: The Downing Street Years 1934-1940* (Aldershot, 2005), NC para Hilda, 2 out. 1938, p. 350. • 22. Horace Wilson, "Observações contemporâneas sobre Munique", T 273/407/4. • 23. Paul Schmidt, *Hitler's Interpreter* (Londres, 1951), p. 110. • 24. Ciano, *Diary 1937-1943*, 29-30 set. 1938, p. 136. • 25. François-Poncet, *The Fateful Years*, p. 271. • 26. Ciano, *Diary 1937-1943*, 29-30 set. 1938, pp. 135-6. • 27. Horace Wilson, "Observações sobre Munique", CAB 127/158. • 28. William L. Shirer, *Berlin Diary: The Journal of a Foreign Correspondent 1934-1941* (Londres, 1941), 30 set. 1938, p. 121. • 29. Ciano, *Diary 1937-1943*, 29-30 set. 1938, p. 136. • 30. "Depoimento do dr. Hubert Masarik sobre a Conferência de Munique, encerrada às quatro da manhã de 30 set. 1938", T 273/408. • 31. Ibidem. • 32. Shirer, *Berlin Diary*, 30 set. 1938, p. 121. 33. Self (org.), *The Neville Chamberlain Diary Letters*, NC para Hilda, 2 out. 1938, p. 350. • 34. Schmidt, *Hitler's Interpreter*, p. 112. • 35. *DBFP, Third Series, Vol. II*, Halifax para Newton, 28 set. 1938, nº 1228, apêndice. • 36. Self (org.), *The Neville Chamberlain Diary Letters*, NC para Hilda, 2 out. 1938, p. 350. • 37. Schmidt, *Hitler's Interpreter*, pp. 112-13. • 38. Ciano, *Diary 1937-1943*, 2 out. 1938, p. 137; Reinhard Spitzy, *How We Squandered the Reich*, tr. G. T. Waddington (Wilby, Norfolk, 1997), p. 254. • 39. John Julius Norwich (org.), *The Duff Cooper Diaries 1915-1951* (Londres, 2005), 29 set. 1938, p. 270. • 40. Robert Boothby, *I Fight to Live* (Londres, 1947), p. 165. • 41. Citado em Colin R. Coote, *The Other Club* (Londres, 1971), p. 91. • 42. *Daily Express*, 30 set. 1938. • 43. Tommy Woodroffe em Downing Street, 30 set. 1938, LP com gravação da BBC, 1955. • 44. "Munique", entrevista de Sir John Colville, Arquivos LSE, 1/1/5/26. • 45. *The Times*, 1º out. 1938. • 46. Zbynek Zeman e Antonín Klimek, *The Life of Edvard Beneš 1884-1948: Czechoslovakia in Peace and War* (Oxford, 1997), pp. 134-7. • 47. *Manchester Guardian*, 1º out. 1938. • 48. Virginia Cowles, *Looking for Trouble* (Londres, 1941), p. 178. • 49. François-Poncet, *The Fateful Years*, p. 273; *The Times*, 1º out. 1938. • 50. Taylor, *Munich*, p. 59; Alexander Werth, *France and Munich: Before and After the Surrender* (Londres, 1939), pp. 328-9. • 51. Hansard, HC Deb, 3 out. 1938, vol. 339, col. 34. • 52. Cowles, *Looking for Trouble*, p. 188. • 53. Hansard, HC Deb, 3 out. 1938, vol. 339, col. 51. • 54. Ibidem, col. 70. • 55. Ibidem, col. 97. • 56. Ibidem, cols. 112-13. • 57. Hansard, HC Deb, 4 out. 1938, vol. 339, col. 233. • 58. Ibidem, col. 203. • 59. Hansard, HC Deb, 5 out. 1938, vol. 339, cols. 361, 365. • 60. Ibidem, col. 373. • 61. John Barnes e David Nicholson (orgs.), *The Leo Amery Diaries, Vol. II: The Empire at Bay 1929-1945* (Londres, 1988), 5 out. 1938, p. 527. • 62. Harold Macmillan, *Winds of Change 1914-1939* (Londres, 1966), p. 570. • 63. Amery Papers, Amery para Chamberlain, 6 out. 1938. • 64. William Shirer, *The Rise and Fall of the Third Reich: A History of Nazi Germany* (Londres, 1962), p. 427. • 65. Citado em Patricia Meehan, *The Unnecessary War: Whitehall and the German Resistance to Hitler* (Londres, 1992), p. 180. • 66. Harold Balfour, *Wings over Westminster* (Londres, 1973), p. 111. • 67. Anthony Adamthwaite, *France and the Coming of the Second World War 1936-1939* (Londres, 1977), p. 240. • 68. Peter Jackson, *France and the Nazi Menace: Intelligence and Policy Making 1933-1939* (Oxford, 2000), pp. 270-71. • 69. Citado em Shirer, *The Rise and Fall of the Third Reich*, p. 424. • 70. Ibidem. • 71. Niall Ferguson, *The War of the World: History's Age of Hatred* (Londres, 2006), p. 367. • 72. Hugh D. Phillips, *Between the Revolution and the West: A Political Biography of Maxim M. Litvinov* (Boulder, CO, 1992), p. 164; Zara Steiner, *The Triumph of the Dark: European International History 1933-1939* (Oxford, 2011), p. 619. • 73. Fritz Hesse, *Hitler and the English* (Londres, 1954), p. 62. • 74. Citado em Ian Kershaw, *Hitler 1936-45: Nemesis* (Londres, 2000), p. 123.

XVIII – Paz para nosso tempo

1. Chamberlain Papers, NC 13/7/183, 13/7/195. • 2. Chamberlain Papers, Memorando do Secretariado de Relações Exteriores ao primeiro-ministro, NC 7/914; Chamberlain Papers, Carta do Secretariado de Relações Exteriores a Sir Nevile Bland (embaixador britânico em Haia), 7 out. 1938, NC 13/7/639. • 3. Chamberlain Papers, Alex. O. Kouyoumdjian para Chamberlain, 9 out. 1938, NC 13/7/720. 4. Chamberlain Papers, *New York Daily News*, NC 13/7/844; Chamberlain Papers, Sociedade Budista de Bombaim para Chamberlain, NC 13/10/109. • 5. Robert Self (org.), *The Neville Chamberlain Diary Letters, Vol. IV: The Downing Street Years 1934-1940* (Aldershot, 2005), NC para Ida, 13 nov. 1938, p. 363. • 6. Cooper Papers, DUFC 2/25. • 7. Cooper Papers, DUFC 2/26, DUFC 2/25. • 8. Royal Archives, Carta do secretário particular do rei, Alec Hardinge, para

George VI, 15 set. 1938, GVI/235/04. • 9. Victor Cazalet Papers, Diário, 24-28 fev. 1939. • 10. Citado em John W. Wheeler-Bennett, *King George VI: His Life and Reign* (Londres, 1958), p. 356. • 11. Duff Cooper Papers, Duque de Buccleuch para Cooper, 2 out. 1938, DUFC 2/19. • 12. Barbara Cartland, *Ronald Cartland* (Londres, 1942), p. 185. • 13. Citado em William Manchester, *The Caged Lion: Winston Spencer Churchill 1932-1940* (Londres, 1988), p. 372. • 14. Julie V. Gottlieb, *"Guilty Women", Foreign Policy, and Appeasement in Inter-War Britain* (Basingstoke, 2015), p. 173. • 15. Emrys-Evans Papers, Law para Emrys-Evans, 30 dez. 1939, MSS.58239. • 16. Citado em Gottlieb, *"Guilty Women"*, p. 187. • 17. Cartland, *Ronald Cartland*, p. 185. • 18. Robert Shephard, *Appeasement and the Road to War* (Londres, 1988), p. 230-1 • 19. Kenneth Clark, *Another Part of the Wood: A Self-Portrait* (Londres, 1974), p. 274. • 20. Cartland, *Ronald Cartland*, p. 185. • 21. Robert Shepherd, *A Class Divided: Appeasement and the Road to Munich 1938* (Londres, 1988), p. 247; Victor Cazalet Papers, Diário, "Munique". • 22. Harold Macmillan, *Winds of Change 1914-1939* (Londres, 1966), p. 573; Lynne Olson, *Troublesome Young Men: The Rebels Who Brought Churchill to Power and Helped Save England* (Nova York, 2007), p. 174. • 23. Avon Papers, Cranborne para Eden, 9 set. 1938, AE 14/1/718. • 24. Citado em Neville Thompson, *The Anti-Appeasers: Conservative Opposition to Appeasement in the 1930s* (Oxford, 1971), p. 193. • 25. B. H. Liddell Hart, *The Memoirs of Captain Liddell Hart, Vol. II* (Londres, 1965), p. 228. • 26. Martin Gilbert, *Winston S. Churchill, Vol. V, Companion, Part 3: The Coming of War 1936-1939* (Londres, 1982), p. 1229. • 27. Ibidem, p. 1216. • 28. Citado em Geoffrey Lewis, *Lord Hailsham: A Life* (Londres, 1997), p. 56. • 29. Edward Heath, *The Course of My Life* (Londres, 1998), p. 58. • 30. Lorde Hailsham, *A Sparrow's Flight: The Memoirs of Lord Hailsham of St Marylebone* (Londres, 1990), p. 123. • 31. Lewis, *Lord Hailsham*, p. 56. • 32. *The Times*, 28 out. 1938. • 33. Hansard, HC Deb, 6 out. 1938, vol. 339, col. 551. • 34. Citado em Keith Feiling, *The Life of Neville Chamberlain* (Londres, 1946), p. 375. • 35. Chamberlain Papers, NC para Mary Endicott Chamberlain, 5 nov. 1938,1/20/180-202. • 36. Ian Colvin, *The Chamberlain Cabinet* (Londres, 1971), p. 168. • 37. Atas do Gabinete, 31 out. 1938, CAB 23/96/3. • 38. Hansard, HC Deb, 1º nov. 1938, vol. 340, col. 73. • 39. Self (org.), *The Neville Chamberlain Diary Letters*, NC para Ida, 9 out. 1938, p. 351. • 40. Ibidem, p. 352. • 41. Citado em Richard Cockett, *Twilight of Truth: Chamberlain, Appeasement and the Manipulation of the Press* (Londres, 1989), p. 101. • 42. Avon Papers, Recorte enviado por Timothy Eden para Anthony Eden, c. 20 out. 1938, 14/1/736B. • 43. Ulrich von Hassell, *The von Hassell Diaries 1938-1944* (Londres, 1948), 15 out. 1938, p. 7. • 44. Norman H. Baynes (org.), *The Speeches of Adolf Hitler*, abril de 1922-agosto de 1939 (Oxford, 1942), vol. 2, pp. 1533-6. • 45. Ibidem, p. 1544. • 46. Citado em Ian Kershaw, *Hitler 1936-45: Nemesis* (Londres, 2000), p. 138. • 47. *News Chronicle*, 11 nov. 1938; *The Times*, 11 nov. 1938. • 48. *Spectator*, 18 nov. 1938; *News Chronicle*, 28 nov. 1938. • 49. Robert Rhodes James (org.), *"Chips": The Diaries of Sir Henry Channon* (Londres, 1967), 15 nov. 1938, p. 177; 21 nov. 1938, p. 178. • 50. Lorde Londonderry, discurso à OverSeas League noticiado pelo *Times*, 14 dez. 1938. • 51. Martin Gilbert, *Sir Horace Rumbold: Portrait of a Diplomat 1869-1941* (Londres, 1973), p. 440. • 52. Fox Movietone News: "A América condena o terrorismo nazista". • 53. *DGFP, Series D, Vol. IV* (Londres, 1951), Dieckhoff para o Ministério de Relações Exteriores da Alemanha, 14 nov. 1938, nº 501. • 54. Citado em Robert Dallek, *Franklin D. Roosevelt and American Foreign Policy 1932-1945* (Oxford, 1979), p. 166. • 55. Conde de Avon, *The Memoirs of the Rt Hon. Sir Anthony Eden, KG, PC, MC, Vol. III: The Reckoning* (Londres, 1965), p. 39. • 56. Ibidem, p. 40. • 57. Ibidem, p. 41. • 58. Citado em D. R. Thorpe, *Eden: The Life and Times of Anthony Eden, First Earl of Avon, 1897-1977* (Londres, 2003), p. 230. • 59. Ibidem, pp. 230-31. • 60. Baldwin Papers, Eden para Baldwin, 19 dez. 1938, Foreign Affairs Series B, vol. 124, fol. 155. • 61. R. H. Bruce Lockhart, *Comes the Reckoning* (Londres, 1947), pp. 23-9. • 62. Self (org.), *The Neville Chamberlain Diary Letters*, NC para Ida, 13 nov. 1938, p. 363. • 63. *DGFP, Series D, Vol. IV*, "Memorando a Fritz Hesse", 11 out. 1938, nº 251, anexo 2. • 64. "Negociações clandestinas entre George Steward e o dr. Fritz Hesse", 25 nov. 1938, FO 1093/107. • 65. Ibidem. • 66. David Dilks (org.), *The Diaries of Sir Alexander Cadogan, OM, 1938-1945* (Londres, 1971), 24 nov. 1938, p. 127. • 67. Self (org.), *The Neville Chamberlain Diary Letters*, NC para Hilda, 27 nov. 1938, p. 364; John Harvey (org.), *The Diplomatic Diaries of Oliver Harvey 1937-1940* (Londres, 1970), 23 nov. 1938, p. 223. • 68. Self (org.), *The Neville Chamberlain Diary Letters*, NC para Hilda, 11 dez. 1938, p. 368. 69. Ibidem, NC para Ida, 17 dez. 1938, pp. 369-70. • 70. "Memorando resumindo relatórios de inteligência na Alemanha por Gladwyn Jebb", 19 jan. 1939, CAB 27/627/177-9; Zetland Papers, Zetland para Lorde Linlithgow, 22 nov. 1938, Mss Eur D609/9/140. • 71. Dilks (org.), *The Diaries of Sir Alexander Cadogan*, 15 dez. 1938, p. 130. • 72. Brian Bond (org.), *Chief of Staff: The Diaries of Lieutenant-General Sir Henry Pownall, Vol. I - 1933-1940* (Londres, 1972), pp. 174-5. • 73. Dilks (org.), *The Diaries of Sir Alexander Cadogan*, 31 dez. 1938, pp. 131-2. • 74. Nigel Nicolson (org.), *Harold Nicolson Diaries and Letters 1907-1964* (Londres, 2004), 31 dez. 1938, p. 384.

XIX – CHAMBERLAIN TRAÍDO

1. Margesson Papers, Duff Cooper, "Chamberlain: Um retrato sincero", MRGN 1/5 • MRGN 1/5. • 2. William L. Shirer, *Berlin Diary: The Journal of a Foreign Correspondent 1934-1941* (Londres, 1941), 11 jan. 1939, p. 128. • 3. "O primeiro-ministro em Roma", Pathé News, 16 jan. 1939. • 4. Malcolm Muggeridge (org.), *Ciano's Diary 1939-1943* (Londres, 1947), 2 dez. 1938, p. 200. • 5. David Dilks (org.), *The Diaries of Sir Alexander Cadogan, OM, 1938-1945* (Londres, 1971), 2 dez. 1938, p. 127. • 6. Muggeridge (org.), *Ciano's Diary*, 12 jan. 1939, p. 10. • 7. Royal Archives, Chamberlain para Sua Majestade, o Rei, 17 jan. 1939, PS/PSO/GVI/C/47/14. • 8. John Harvey (org.), *The Diplomatic Diaries of Oliver Harvey 1937-1940* (Londres, 1970), 14 jan. 1939, p. 242. • 9. Atas do Gabinete, 21 dez. 1938, CAB 23/96/12/430. • 10. Atas do Gabinete, 18 jan. 1939, CAB 23/97/1/6. • 11. Muggeridge (org.), *Ciano's Diary*, 11 jan. 1939, p. 10. • 12. Citado em Keith Jeffery, *MI6: The History of the Secret Intelligence Service 1909-1949* (Londres, 2010), p. 310. • 13. *DBFP, Third Series, Vol. IV* (Londres, 1951), Halifax para Mallet, 24 jan. 1939, nº 5. • 14. Hansard, HC Deb, 6 fev. 1939, vol. 343, col. 623. • 15. R. J. Minney, *The Private Papers of Hore-Belisha* (Londres, 1960), Diário, 26 jan. 1939, p. 171. • 16. Atas do Gabinete, 2 fev. 1939, CAB 23/97/5/176-8. • 17. DDF, Second Series, vol. XIII, 29 jan. 1939, nº 454. • 18. *The Times*, 30 jan. 1939. • 19. "Discurso de Herr Hitler no Reichstag", *Bulletin of International News*, vol. 16, nº 3 (1939), p. 6. • 20. Robert Self (org.), *The Neville Chamberlain Diary Letters, Vol. IV: The Downing Street Years 1934-1940* (Aldershot, 2005), NC para Hilda, 5 fev. 1939, p. 377. • 21. Henderson para Cadogan, 16 fev. 1939, FO 800/270/5. • 22. *DBFP, Third Series, Vol. IV*, Henderson para Secretariado de Relações Exteriores, 16 fev. 1939, Apêndice I, parte III, nota de rodapé 1. • 23. Chamberlain para Henderson para Cadogan, 19 fev. 1939, FO 800/270/12. • 24. Halifax para Henderson, 20 fev. 1939, FO 800/270/13. • 25. Harvey (org.), *The Diplomatic Diaries of Oliver Harvey*, 17 fev. 1939, p. 255; 29 set. 1938, p. 202. • 26. Ibidem, 4 jan. 1939, p. 235. • 27. Citado em Martin Gilbert e Richard Gott, *The Appeasers* (Londres, 1963), p. 201. • 28. Drummond Wolff Papers, "Relato sobre visita a Berlim", janeiro de 1939, MS 709/875. • 29. Self (org.), *The Neville Chamberlain Diary Letters*, NC para Hilda, 19 fev. 1939, p. 382. • 30. Ibidem, NC para Ida, 26 fev. 1939, p. 387; Robert Rhodes James (org.), *"Chips": The Diaries of Sir Henry Channon* (Londres, 1967), 7 mar. 1939, p. 185. • 31. Chamberlain Papers, Halifax para NC, 10 mar. 1939, NC7/11/32/111. • 32. Self (org.), *The Neville Chamberlain Diary Letters*, NC para Hilda, 12 mar. 1939, pp. 391-2. • 33. Vansittart para Halifax, 20 fev. 1939, FO 371/22965/199. • 34. Paul Schmidt, *Hitler's Interpreter* (Londres, 1951), p. 125. • 35. James (org.), *"Chips"*, 15 mar. 1939, pp. 185-6. • 36. *News Chronicle*, 16 mar. 1939; *Observer*, 19 mar. 1939 • 37. *The Times*, 15 mar. 1939; *Daily Telegraph*, 16 mar. 1939. • 38. Stuart Ball (org.), *Parliament and Politics in the Age of Churchill and Attlee: The Headlam Diaries 1935-1951* (Cambridge, 1999), 15 mar. 1939, p. 151. • 39. Daladier à Câmara dos Deputados, 17 mar. 1939, e Daladier ao Senado, 19 mar. 1939, citado em Daniel Hucker, *Public Opinion and the End of Appeasement in Britain and France* (Farnham, Surrey, 2011), p. 136. • 40. Atas do Gabinete, 15 mar. 1939, CAB 23/98/1/3. • 41. *News Chronicle*, 17 mar. 1939. • 42. Hansard, HC Deb, 15 mar. 1939, vol. 345, cols 446, 462. • 43. Nigel Nicolson (org.), *Harold Nicolson Diaries and Letters 1907-1964* (Londres, 2004), 17 mar. 1939, p. 393. • 44. Noticiado no *Times*, 18 mar. 1939. • 45. Citado em Robert Self, *Neville Chamberlain: A Political Life* (Aldershot, 2006), p. 353. • 46. *DBFP, Third Series, Vol. IV*, Hoare para Halifax, 19 mar. 1939, nº 399, anexo. • 47. Ibidem, Halifax para Phipps, Seeds e Kennard, 20 mar. 1939, nº 446 • 48. Self (org.), *The Neville Chamberlain Diary Letters*, NC para Ida, 26 mar. 1939, p. 396. • 49. Ibidem. • 50. Ibidem, NC para Ida, 26 mar. 1939, p. 398. • 51. Dilks (org.), *The Diaries of Sir Alexander Cadogan*, 29 mar. 1939, p. 164. • 52. Self (org.), *The Neville Chamberlain Diary Letters*, NC para Hilda, 1º abr. 1939, p. 400. • 53. Atas do Gabinete, 30 mar. 1939, CAB 23/98/6/161. • 54. L. B. Namier, *Diplomatic Prelude 1938-1939* (Londres, 1948), p. 107; Hansard, HC Deb, 31 mar. 1939, vol. 345, col. 2415. • 55. Butler Papers, Observações, junho de 1939, RAB G110/28. • 56. Citado em Zara Steiner, *The Triumph of the Dark: European International History 1933-1939* (Oxford, 2011),

p. 739. • 57. Robert Boothby, *I Fight to Live* (Londres, 1947), p. 187. • 58. Self (org.), *The Neville Chamberlain Diary Letters*, NC para Hilda, 1º abr. 1939, p. 402. • 59. Ibidem, NC para Hilda, 15 abr. 1939, p. 405; NC para Ida, 9 abr. 1939, p. 403; NC para Hilda, 15 abr. 1939, p. 405. • 60. Dilks (org.), *The Diaries of Sir Alexander Cadogan*, 7 abr. 1939, p. 170. • 61. Hansard, HC Deb, 13 abr. 1939, vol. 346, col. 31. • 62. Citado em Martin Pugh, *"Hurrah for the Blackshirts!" Fascists and Fascism in Britain between the Wars* (Londres, 2005), p. 284. • 63. J. R. M. Butler, *Lord Lothian (Philip Kerr) 1882-1940* (Londres, 1960), p. 227; Ian Kershaw, *Making Friends with Hitler: Lord Londonderry and Britain's Road to War* (Londres, 2004), p. 278. • 64. Richard Griffiths, *Fellow Travellers of the Right: British Enthusiasts for Nazi Germany 1933-9* (Oxford, 1980), p. 349. • 65. Buccleuch Papers, Buccleuch para Butler, 24 abr. 1939. • 66. Cadogan Papers, Diário, 15 & 20 abr. 1939, ACAD 1/8. • 67. Ogilvie-Forbes ao Secretariado de Relações Exteriores, 17 abr. 1939, FO/800/315/94. • 68. Buccleuch Papers, "Berlim, 15-18 abr. 1939: Algumas observações e impressões após conversas com o primeiro-ministro e outros". • 69. Buccleuch Papers, Buccleuch para Butler, 24 abr. 1939. • 70. Lorde Brocket, "Memorando sobre a visita a Berlim, 16 a 22 abr. 1939", FO 800/315/103-15. • 71. Self (org.), *The Neville Chamberlain Diary Letters*, NC para Hilda, 29 abr. 1939, pp. 412-13; NC para Ida, 21 abr. 1939, p. 409. • 72. Citado em Ian Kershaw, *Hitler 1936-45: Nemesis* (Londres, 2000), p. 178.

XX – Dissuadindo os ditadores

1. Hansard, HC Deb, 15 mar. 1939, vol. 345, col. 488. • 2. Citado em Franklin Reid Gannon, *The British Press and Germany 1936-1939* (Oxford, 1971), p. 46. • 3. Ian Colvin, *The Chamberlain Cabinet* (Londres, 1971), p. 201; Robert Self (org.), *The Neville Chamberlain Diary Letters, Vol. IV: The Downing Street Years 1934-1940* (Aldershot, 2005), NC para Hilda, 29 abr. 1939, p. 412. • 4. Robert Rhodes James (org.), *"Chips": The Diaries of Sir Henry Channon* (Londres, 1967), 23 abr. 1939, p. 194; Salisbury Papers, Jim Thomas para Lorde Cranborne, 15 jun. 1939, box 63. • 5. Relatório do subcomitê do Estado-Maior, "O equilíbrio do valor estratégico na guerra como entre a Espanha como inimiga e a Rússia como aliada", FO 371/22972/265-6. • 6. Colvin, *The Chamberlain Cabinet*, p. 213. • 7. Self (org.), *The Neville Chamberlain Diary Letters*, NC para Ida, 9 abr. 1939, p. 404. • 8. Ibidem, NC para Hilda, 28 maio 1939, p. 418. • 9. Ibidem, NC para Ida, 21 maio 1939, p. 417; David Dilks (org.), *The Diaries of Sir Alexander Cadogan, OM, 1938-1945* (Londres, 1971), 20 maio 1939, p. 182. • 10. John Harvey (org.), *The Diplomatic Diaries of Oliver Harvey 1937-1940* (Londres, 1970), 20 maio 1938, p. 290. • 11. Self (org.), *The Neville Chamberlain Diary Letters*, NC para Hilda, 28 maio 1939, p. 418. • 12. James (org.), *"Chips"*, 24 maio 1939, p. 201. • 13. Donald Cameron Watt, *How War Came: The Immediate Origins of the Second World War 1938-1939* (Londres, 1989), p. 247. • 14. Self (org.), *The Neville Chamberlain Diary Letters*, NC para Hilda, 29 abr. 1939, p. 411; NC para Hilda, 28 maio 1939, p. 419. • 15. Dilks (org.), *The Diaries of Sir Alexander Cadogan*, 3 maio 1939, p. 178; 22 maio 1939, p. 182. • 16. Roderick Macleod e Denis Kelly (orgs.), *The Ironside Diaries 1937-1940* (Londres, 1962), 25 jul. 1939, p. 83. • 17. Virginia Cowles, *Looking for Trouble* (Londres, 1941), p. 245. • 18. Nigel Nicolson (org.), *Harold Nicolson Diaries and Letters 1907-1964* (Londres, 2004), 3 abr. 1939, p. 394. • 19. Citado em Geoffrey Cox, *Countdown to War: A Personal Memoir of Europe 1938-1940* (Londres, 1988), p. 109. • 20. Citado em Martin Gilbert, *Winston S. Churchill, Vol. V: 1922-1939* (Londres, 1976), p. 1064. • 21. Martin Gilbert, *Winston S. Churchill, Vol. V, Companion, Part 3: The Coming of War 1936-1939* (Londres, 1982), Hugh Cudlipp para Churchill, 26 abr. 1939, p. 1475. • 22. Victor Cazalet Papers, Diário, abril de 1939. • 23. Nicolson (org.), *Harold Nicolson Diaries and Letters*, 20 abr. 1939, p. 399. • 24. Self (org.), *The Neville Chamberlain Diary Letters*, NC para Ida, 23 abr. 1939, p. 410. • 25. Ibidem, NC para Hilda, 29 abr. 1939, pp. 411-13. • 26. James (org.), *"Chips"*, 13 abr. 1939, p. 193. • 27. Hansard, HL Deb, 8 jun. 1939, vol. 113, cols. 358-61. • 28. Dilks (org.), *The Diaries of Sir Alexander Cadogan*, 29 jun. 1939, p. 190. • 29. *Daily Telegraph*, 8 jul. 1939. • 30. Citado em Watt, *How War Came*, p. 391. • 31. Gilbert, *Winston S. Churchill, Vol. V, Companion, Part 3*, General de brigada James Marshall Cornwall para Halifax, "Conversa com o conde Schwerin", 6 jul. 1939, pp. 1553-4. • 32. Ibidem, "Lorde Camrose: observações sobre conversa com Neville Chamberlain", p. 1544. • 33. Self (org.), *The Neville Chamberlain Diary Letters*, NC para Ida, 25 jun. 1939, p. 424; NC para Hilda, 17 jun. 1939, p. 421. • 34. *DBFP, Third Series, Vol. V* (Londres, 1952), Henderson para Halifax, 5 maio 1939, nº 377. • 35. "Conversa com o dr. Kordt", 16 jun. 1939, FO 371/22973/31226. • 36. Ian

Colvin, Memorando, 17 jul. 1939, FO 371/22975/3. • 37. *DBFP, Third Series, Vol. V*, Ata de Ashton-Gwatkin, 7 jun. 1939, nº 741. • 38. Horace Wilson, "Observações sobre conversa com Herr Wohltat", 19 jul. 1939, PREM 1/330/32-3. • 39. *DGFP, Series D, Vol. VI* (Londres, 1956), "Memorando de membro do staff do Plano de Quatro Anos", 24 jul. 1939, nº 716. • 40. Salisbury Papers, Thomas para Cranborne, 21 jul. 1939, box 63. • 41. Ibidem, Cranborne para Thomas, julho de 1939. • 42. "Registro de conversa entre R.S. Hudson e o dr. Wohltat", 20 jul. 1939, PREM 8/1130. • 43. Watchman, *What of the Night?* (Londres, 1940), p. 154. • *DBFP, Third Series, Vol. VI* (Londres, 1953), Loraine para Halifax, 24 jul. 1939, nº 425. • 44. Lorde Gladwyn, *The Memoirs of Lord Gladwyn* (Londres, 1972), p. 93. • 46. Self (org.), *The Neville Chamberlain Diary Letters*, NC para Ida, 23 jul. 1939, pp. 430-31; NC para Hilda, 30 jul. 1939, p. 435. • 47. Lord Kemsley, "Observações sobre a conversa com Herr Hitler, Bayreuth", 27 jul. 1939, FO 800/316/157. • 48. "Observações de Halifax sobre reunião com Dahlerus", 25 jul. 1939, FO 800/316/135. • 49. *DGFP, Series D, Vol. VI*, Memorando sem assinatura, nº 783. • 50. *DBFP, Third Series, Vol. VI*, "Registro de conversas com o marechal de campo Göring", 10 ago. 1939, Apêndice IV(iii); *DGFP, Series D, Vol. VI*, Memorando sem assinatura, nº 783; Watt, *How War Came*, p. 404. • 51. Ernest W. D. Tennant, *True Account* (Londres, 1957), pp. 214-17. • 52. "Observações de Horace Wilson sobre reunião com Ernest Tennant", 10 jul. 1939, PREM 1/335/53-5. • 53. "Registro de E. W. D. Tennant", 31 jul. 1939, PREM 1/335/15-28.

XXI – A ÚLTIMA TEMPORADA

1. Citado em Barbara Cartland, *Ronald Cartland* (Londres, 1942), p. 218. • 2. *The Times*, 4 maio 1939; *The Times*, 5 maio 1939. • 3. Citado em Jean-Baptiste Duroselle, *France and the Nazi Threat: The Collapse of French Diplomacy 1932-1939* (Nova York, 2004), p. 337. • 4. Henderson para Wilson, 4 maio 1939, PREM 1/331A. • 5. Henderson para Halifax, 26 abr. 1939, FO 800/270/40-41. • 6. Atas do Gabinete, 18 mar. 1939, CAB 23/98/2. • 7. Robert Self (org.), *The Neville Chamberlain Diary Letters, Vol. IV: The Downing Street Years 1934-1940* (Aldershot, 2005), NC para Hilda, 15 jul. 1939, p. 428. • 8. Roderick Macleod e Denis Kelly (orgs.), *The Ironside Diaries 1937-1940* (Londres, 1962), 10 jul. 1939, p. 77. • 9. *DBFP, Third Series, Vol. VI* (Londres, 1953), Norton para Halifax, 20 jul. 1939, nº 374. • 10. Macleod e Kelly (orgs.), *The Ironside Diaries*, 18 jul. 1939, p. 81; *DBFP, Third Series, Vol. VI*, Norton para Halifax, 20 jul. 1939, nº 374. • 11. *DBFP, Third Series, Vol. V* (Londres, 1952), Seeds para Halifax, 30 maio 1939, nº 665. • 12. Winston S. Churchill, *The Second World War, Vol. I: A aproximação da tempestade* (Londres, 1948), p. 288. • 13. Gabriel Gorodetsky (org.), *The Maisky Diaries: Red Ambassador to the Court of St James's 1932-1943* (New Haven, 2015), 12 jun. 1939, p. 200. • 14. Self (org.), *The Neville Chamberlain Diary Letters*, NC para Ida, 10 jun. 1939, pp. 420-21. • 15. Lorde Strang, *Home and Abroad* (Londres, 1956), p. 176. • 16. *DBFP, Third Series, Vol. VI*, Seeds para Halifax, 17 jun. 1939, nº 73. • 17. David Dilks (org.), *The Diaries of Sir Alexander Cadogan, OM, 1938-1945* (Londres, 1971), 20 jun. 1939, p. 189. • 18. Gorodetsky (org.), *The Maisky Diaries*, 23 jun. 1939, p. 201. • 19. *DBFP, Third Series, Vol. VI*, Strang para Sargent, 21 jun. 1939, nº 122. • 20. Ibidem, nº 193, anexo. • 21. *DDF, Second Series, Vol. XVII* (Paris, 1984), Bonnet para Corbin, 5 jul. 1939, nº 100; "Negociações entre França, Reino Unido e Rússia, 12 maio 1939-5 jul. 1939", 5 jul. 1939, nº 107. • 22. *DBFP, Third Series, Vol. VI*, Strang para Sargent, 20 jul. 1939, nº 376. • 23. Henderson para Cadogan, junho de 1939, FO 800/294/68. • 24. CAB 27/625/269; Atas do Gabinete, 19 jul. 1939, CAB 23/100/6/187. • 25. Self (org.), *The Neville Chamberlain Diary Letters*, NC para Hilda, 15 jul. 1939, p. 428; NC para Ida, 23 jul. 1939, p. 432. • 26. *DBFP, Third Series, Vol. VI*, Strang para Sargent, 20 jul. 1939, nº 376. • 27. Citado em Duroselle, *France and the Nazi Threat*, p. 357. • 28. Simon Sebag Montefiore, *Stalin: The Court of the Red Tsar* (Londres, 2003), p. 272. • 29. Drax Papers, "Missão a Moscou, agosto de 1939", DRAX 6/2. • 30. Hugh Dalton, *The Fateful Years: Memoirs 1931-1945* (Londres, 1957), p. 257. • 31. *DBFP, Third Series, Vol. VI*, "Instruções à missão militar britânica a Moscou", agosto de 1939, Apêndice V. • 32. Drax Papers, "Missão a Moscou, agosto de 1939", DRAX 6/14. • 33. Ibidem. • 34. Ibidem. • 35. Ibidem. • 36. Ibidem. • 37. *The Times*, 17 jul. 1939; *The Times*, 28 jul. 1939. • 38. Robert Rhodes James (org.), *"Chips": The Diaries of Sir Henry Channon* (Londres, 1967), 7 jul. 1939, p. 205. • 39. Cartland, *Ronald Cartland*, p. 218. • 40. Angela Lambert, *1939: The Last Season of Peace* (Londres, 1989), p. 97. • 41. T. E. B. Howarth, *Cambridge between Two Wars* (Londres, 1978), p. 236. • 42. Hansard, HC Deb, 2 ago. 1939, vol. 350, cols. 2438, 2440,

2441. • 43. Geoffrey Mander, ibidem, col. 2490. • 44. Ibidem, cols. 2494, 2495; Cartland, *Ronald Cartland*, p. 225. • 45. Nigel Nicolson (org.), *Harold Nicolson Diaries and Letters 1907-1964* (Londres, 2004), 2 ago. 1939, p. 407. • 46. Hansard, HC Deb, 2 ago. 1939, vol. 350, col. 2503. • 47. Cartland, *Ronald Cartland*, p. 225. • 48. Chamberlain Papers, Richard Edwards para Chamberlain, 4 ago. 1939, NC 711/32/38. • 49. Self (org.), *The Neville Chamberlain Diary Letters*, NC para Ida, 5 ago. 1939, p. 438. • 50. Ibidem, NC para Hilda, 30 jul. 1939, p. 435. • 51. *DBFP, Third Series, Vol. VI*, "Registro de audiência entre Burckhardt e Hitler", 14 ago. 1939, nº 659, anexo 2. • 52. Halifax para Chamberlain, 19 ago. 1939, FO 800/316/204-6. • 53. Butler Papers, "Um registro de eventos anteriores à guerra, por Lorde Halifax", G10/01. • 54. *DBFP, Third Series, Vol. VII* (Londres, 1954), Henderson para Halifax, 22 ago. 1939, nº 153.

XXII – As horas finais

1. Buccleuch Papers, Chamberlain para Buccleuch, 30 ago. 1939. • 2. Hore-Belisha Papers, Diário, 21 ago. 1939, HOBE 1/7. • 3. *FRUS, 1939, Vol. I* (Washington, 1956), Bullitt para Hull, 22 ago. 1939, p. 302. • 4. Robert Rhodes James (org.), *"Chips": The Diaries of Sir Henry Channon* (Londres, 1967), 22 ago. 1939, p. 208. • 5. Nigel Nicolson (org.), *Harold Nicolson Diaries and Letters 1907-1964* (Londres, 2004), 22 ago. 1939, p. 411. • 6. Amanda Smith (org.), *Hostage to Fortune: The Letters of Joseph P. Kennedy* (Nova York, 2001), Diário, 25 ago. 1939, p. 362. • 7. Henderson para Halifax, 24 ago. 1939, FO 800/316/221. • 8. Ian Kershaw, *Hitler 1936-45: Nemesis* (Londres, 2000), p. 213. • 9. Nicolson (org.), *Harold Nicolson Diaries and Letters*. 24 ago. 1939, p. 413. • 10. Hansard, HC Deb, 24 ago. 1939, vol. 351, col. 10. • 11. James (org.), *"Chips"*, 24 ago. 1939, p. 209; General de brigada Sir Edward Spears, *Assignment to Catastrophe, Vol. I: Prelude to Dunkirk*, julho de 1939-maio de 1940 (Londres, 1954), p. 13. • 12. Smith (org.), *Hostage to Fortune*, Diário, 24 ago. 1939, p. 360. • 13. Citado em Donald Cameron Watt, *How War Came: The Immediate Origins of the Second World War 1938-1939* (Londres, 1989), p. 480. • 14. Paul Schmidt, *Hitler's Interpreter* (Londres, 1951), p. 143. • 15. *DBFP, Third Series, Vol. VII* (Londres, 1954), Henderson para Halifax, 25 ago. 1939, nº 283. • 16. Ibidem, Henderson para Halifax, 25 ago. 1939, nº 284. • 17. Keitel citado em Leonard Mosley, *On Borrowed Time: How World War II Began* (Londres, 1969), p. 398. • 18. David Dilks (org.), *The Diaries of Sir Alexander Cadogan, OM, 1938-1945* (Londres, 1971), 25 ago. 1939, p. 201; John Harvey (org.), *The Diplomatic Diaries of Oliver Harvey 1937-1940* (Londres, 1970), 27 ago. 1939, p. 307. • 19. Hore-Belisha Papers, Diário, 26 ago.-2 set. 1939, HOBE 1/7. • 20. Caldecote Papers, Diário, 27 ago. 1939, INKP 2. • 21. Dilks (org.), *The Diaries of Sir Alexander Cadogan*, 27 ago. 1939, p. 202. • 22. Birger Dahlerus, *The Last Attempt* (Londres, 1948), p. 56. Os relatos das atividades de Dahlerus também foram retirados de seu "Relatório sobre negociações entre a Grã-Bretanha e a Alemanha de quinta-feira, 24 de agosto a 3 set. 1939", Hickleton Papers, A4/410/3/10/i. • 23. Butler Papers, Lorde Halifax, "Um registro dos eventos anteriores à guerra", 1939, RAB G10/101. • 24. Dahlerus, *The Last Attempt*, pp. 62-3. • 25. Dilks (org.), *The Diaries of Sir Alexander Cadogan*, 27 ago. 1939, p. 202. • 26. James (org.), *"Chips"*, 28 ago. 1939, p. 210. • 27. *DDF, Second Series, Vol. XIX* (Paris, 1986), Coulondre para Daladier, 30 ago. 1939, nº 235. • 28. Strang para Cadogan, 26 ago. 1939, PREM 1/331a. • 29. *DBFP, Third Series, Vol. VII*, Henderson para Halifax, 29 ago. 1939, nº 455. • 30. Ibidem, Henderson para Halifax, 29 ago. 1939, nº 467. • 31. Ibidem, Henderson para Halifax, 30 ago. 1939, nº 502. • 32. Ibidem, Henderson para Halifax, 30 ago. 1939, nº 508. • 33. Henderson para Halifax, 30 ago. 1939, FO 800/316/237-8. • 34. *DBFP, Third Series, Vol. VII*, Kennard para Halifax, 30 ago. 1939, nº 512. • 35. Ibidem, Henderson para Halifax, 30 ago. 1939, nº 520. • 36. Butler Papers, "Setembro de 1939", RAB G10/110. • 37. Atas do Gabinete, 30 ago. 1939, CAB 23/100/14/425. • 38. Buccleuch Papers, Chamberlain para Buccleuch, 30 ago. 1939. • 39. Ulrich von Hassell, *The von Hassell Diaries 1938-1944* (Londres, 1948), 30 ago. 1939, p. 44. • 40. O relato deste famoso confronto é retirado de Schmidt, *Hitler's Interpreter*, pgs. 150-54; Nevile Henderson, *Failure of a Mission: Berlin 1937-1939* (Londres, 1940), pp. 269-73; *DBFP, Third Series, Vol. VII*, nº 571 & 574; e *DGFP, Series D, Vol. VII* (Londres, 1956), Memorando de funcionário da secretaria do Ministério de Relações Exteriores, 31 ago. 1939, nº 461. • 41. *DBFP, Third Series, Vol. VII*, Henderson para Halifax, 31 ago. 1939, nº 575. • 42. Anthony Adamthwaite, *France and the Coming of the Second World War 1936-1939* (Londres, 1977), p. 346. • 43. Wacław Jedrzejewicz (org.), *Diplomat in Berlin 1933-1939: Papers and Memoirs of Józef Lipski, Ambassador of Poland* (Nova York e Londres, 1968), p. 608. • 44. Ata de Horace

Wilson, 31 ago. 1939, PREM 1/331a/82; *DBFP*, *Third Series, Vol. VII*, Ata de Cadogan, 31 ago. 1939, nº 589. • 45. Dilks (org.), *The Diaries of Sir Alexander Cadogan*, 31 ago. 1939, p. 206. • 46. Jean-Baptiste Duroselle, *France and the Nazi Threat: The Collapse of French Diplomacy 1932-1939* (Nova York, 2004), p. 408. • 47. Harvey (org.), *The Diplomatic Diaries of Oliver Harvey*, 2 set. 1939, p. 314. • 48. Hugh Dalton, *The Fateful Years: Memoirs 1931-1945* (Londres, 1957), p. 271. • 49. Schmidt, *Hitler's Interpreter*, p. 158.

XXIII – Fantasmas do apaziguamento

1. Waterhouse Papers, Diário, 21 fev. 1940. • 2. Butler Papers, "Lembranças da eclosão da guerra, setembro de 1939", RAB G10/110. • 3. Nigel Nicolson (org.), *Harold Nicolson: Diaries and Letters 1930-1939* (Londres, 1966), 3 set. 1939, p. 421. • 4. Winston S. Churchill, *The Second World War, Vol. I: A aproximação da tempestade* (Londres, 1948), p. 319. • 5. Hansard, HC Deb, 7 fev. 1934, vol. 285, col. 1197; Hansard, HC Deb, 15 nov. 1937, vol. 329, col. 55. • 6. Halifax para Salisbury, 31 out. 1939, FO 800/325/14731. • 7. Ben Pimlott (org.), *The Political Diary of Hugh Dalton 1918-40, 1945-60* (Londres, 1986), 11 set. 1939, p. 299. • 8. Transmissão oficial polonesa, noticiada no *Manchester Guardian*, 28 set. 1939. • 9. Antony Beevor, *The Second World War* (Londres, 2012), p. 35. • 10. Wojciech Materski e Tomasz Szarota (orgs.), *Polska 1939-1945: Straty osobowe i ofiary represji pod dwiema okupacjami* ("Polônia 1939-1945: Perdas humanas e vítimas da repressão sob duas ocupações") (Varsóvia, 2009), p. 9. • 11. General de brigada Sir Edward Spears, *Assignment to Catastrophe, Vol. I: Prelude to Dunkirk July 1939-May 1940* (Londres, 1954), p. 32. • 12. Hugh Dalton, *The Fateful Years: Memoirs 1931-1945* (Londres, 1957), pp. 277-8. • 13. Salisbury Papers, Thomas para Cranborne, 25 set. 1939, box 63. • 14. John Colville, *The Fringes of Power: Downing Street Diaries 1939-1955, Vol. I - September 1939-September 1941* (Londres, 1985), 27 set. 1939, p. 28. • 15. Lynne Olson, *Troublesome Young Men: The Rebels Who Brought Churchill to Power and Helped Save England* (Nova York, 2007), p. 221. • 16. Nicolson (org.), *Harold Nicolson: Diaries and Letters 1930-1939*, Nicolson para Vita Sackville-West, 14 set. 1939, p. 200. • 17. Salisbury Papers, Thomas para Cranborne, 29 out. 1939, box 63. • 18. Martin Gilbert e Richard Gott, *The Appeasers* (Londres, 1963), p. 342. • 19. Robert Self (org.), *The Neville Chamberlain Diary Letters, Vol. IV: The Downing Street Years 1934-1940* (Aldershot, 2005), NC para Ida, 8 out. 1939, p. 456. • 20. Ibidem, NC para Ida, 23 set. 1939, p. 451. • 21. Salisbury para Halifax, 22 set. 1939, FO 800/317/30-34. • 22. Nigel Nicolson (org.), *Harold Nicolson: Diaries and Letters 1939-1945* (Londres, 1967), 20 set. 1939, p. 35. • 23. Emrys-Evans Papers, Law para Emrys-Evans, 13 set. 1939, MS 58239. • 24. Avon Papers, Violet Bonham Carter para Eden, 13 set. 1939, AP 20/7/87. • 25. Nicolson (org.), *Harold Nicolson: Diaries and Letters 1939-1945*, 26 set. 1939, p. 37. • 26. Ibidem. • 27. Salisbury Papers, Thomas para Cranborne, 28 set. 1939, box 63. • 28. Hansard, HC Deb, 12 out. 1939, vol. 352, cols. 563-5; Self (org.), *The Neville Chamberlain Diary Letters*, NC para Ida, 8 out. 1939, p. 454. • 29. Self (org.), *The Neville Chamberlain Diary Letters*, NC para Hilda, 15 out. 1939, p. 458. • 30. Ibidem, NC para Ida, 5 nov. 1939, p. 467. • 31. Hansard, HC Deb, 12 out. 1939, vol. 352, col. 568. • 32. Self (org.), *The Neville Chamberlain Diary Letters*, NC para Ida, 8 out. 1939, p. 454. • 33. Hankey para Halifax, 12 set. 1939, FO 800/317/7-14. • 34. PREM 1/443. • 35. Duff Cooper, *Old Men Forget: The Autobiography of Duff Cooper, Viscount Norwich* (Londres, 1953), p. 267. • 36. Waterhouse Papers, Diário, 4 out. 1939, 6 set. 1939. • 37. Buccleuch Papers, Stuart para Buccleuch, 4 out. 1939. • 38. Simon Papers, Diário, 13 out. 1939, MS Simon 11. • 39. Halifax para Lytton, 11 nov. 1939, FO 800/317/196-7. • 40. Colville, *The Fringes of Power*, 29 out. 1939, p. 45. • 41. Buccleuch Papers, Chamberlain para Buccleuch, 12 fev. 1940. • 42. Citado em Gilbert e Gott, *The Appeasers*, p. 344. • 43. David Dilks (org.), *The Diaries of Sir Alexander Cadogan, OM, 1938-1945* (Londres, 1971), 23 set. 1939, p. 219. • 44. Lorde Gladwyn, *The Memoirs of Lord Gladwyn* (Londres, 1972), p. 96. • 45. Self (org.), *The Neville Chamberlain Diary Letters*, NC para Ida, 22 out. 1939, p. 460. • 46. Ibidem, NC para Ida, 5 nov. 1939, p. 467. • 47. Ibidem, NC para Ida, 3 dez. 1939, p. 475.

XXIV – A queda de Chamberlain

1. Waterhouse Papers, Diário, 1º maio 1940. • 2. Gabriel Gorodetsky (org.), *The Maisky Diaries: Red Ambassador to the Court of St James's 1932-1943* (New Haven, 2015), 1º dez. 1939, p. 243. • 3. Citado em Max Hastings, *All Hell Let Loose: The World at War 1939-1945* (Londres, 2011), p. 35. • 4. Atas do Gabinete de

Guerra, 16 dez. 1939, CAB 65/2/51. • 5. Roderick Macleod e Denis Kelly (orgs.), *The Ironside Diaries 1937-1940* (Londres, 1962), p. 176; Atas do Gabinete de Guerra, 22 dez. 1939, CAB 65/2/165. • 6. Marechal das Forças Aéreas Cyril Newall, citado em Nicholas Shakespeare, *Six Minutes in May: How Churchill Unexpectedly Became Prime Minister* (Londres, 2017), p. 56. • 7. Chamberlain Papers, "Relatórios de inteligência do JIC na espera pela invasão da Noruega", NC 8/35/64. • 8. Martin Gilbert, *Winston S. Churchill, Vol. VI: 1939-1941* (Londres, 1983), p. 197; Paul Reynaud, *In the Thick of the Fight 1930-1945* (Londres, 1955), p. 270. • 9. Noticiado no *Times*, 5 abr. 1940. • 10. Macleod and Kelly (orgs.), *The Ironside Diaries*, 9 abr. 1940, p. 249. • 11. John Colville, *The Fringes of Power: Downing Street Diaries 1939-1955, Vol. I - September 1939-September 1941* (Londres, 1985), 9 abr. 1940, p. 100. • 12. Ver o relato mais intenso em Shakespeare, *Six Minutes in May*. • 13. Colville, *The Fringes of Power*, 3 maio 1940, p. 116. • 14. Leland Stowe, *No Other Road to Freedom* (Londres, 1942), p. 110. • 15. Kenneth Young (org.), *The Diaries of Sir Robert Bruce Lockhart, Vol. II: 1939-1965* (Londres, 1980), 2 maio 1940, p. 52. • 16. Nigel Nicolson (org.), *Harold Nicolson: Diaries and Letters 1939-1945* (Londres, 1967), 30 abr. 1940, p. 74. • 17. Colville, *The Fringes of Power*, 12 abr. 1940, p. 102. • 18. Ben Pimlott (org.), *The Political Diary of Hugh Dalton 1918-40, 1945-60* (Londres, 1986), 1º maio 1940, p. 332. • 19. Waterhouse Papers, Diário, 1º e 2 maio 1940. • 20. Ibidem. • 21. Emanuel Shinwell, *I've Lived through It All* (Londres, 1973), p. 157. • 22. Young (org.), *The Diaries of Sir Robert Bruce Lockhart*, 3 maio 1940, p. 53. • 23. Robert Rhodes James (org.), *"Chips": The Diaries of Sir Henry Channon* (Londres, 1967), 2 e 3 maio 1940, p. 244. • 24. Nigel Nicolson (org.), *The Harold Nicolson Diaries 1907-1963* (Londres, 2004), 7 maio 1940, p. 215. • 25. Hansard, HC Deb, 7 maio 1940, vol. 360, cols. 1073-86. • 26. Sir Dingle Foot, *British Political Crises* (Londres, 1976), p. 178. • 27. Colville, *The Fringes of Power*, 7 maio 1940, p. 92. • 28. Hansard, HC Deb, 7 maio 1940, vol. 360, cols. 1125-30. • 29. Ibidem, cols. 1140-50. • 30. L. S. Amery, *My Political Life, Vol. III: The Unforgiving Years 1929-1940* (Londres, 1955), p. 365. • 31. Hansard, HC Deb, 7 maio 1940, vol. 360, col. 1150. • 32. Lorde Home, *The Way the Wind Blows: An Autobiography* (Londres, 1976), p. 74. • 33. Pimlott (org.), *The Political Diary of Hugh Dalton*, 8 maio 1940, p. 341. • 34. Hansard, HC Deb, 8 maio 1940, vol. 360, col. 1266. • 35. Mark Pottle (org.), *Champion Redoubtable: The Diaries and Letters of Violet Bonham Carter 1914-1945* (Londres, 1998), 2-14 maio 1940, p. 210. • 36. Hansard, HC Deb, 8 maio 1940, vol. 360, col. 1283. • 37. Colville, *The Fringes of Power*, 8 maio 1940, p. 119. • 38. James (org.), *"Chips"*, 8 maio 1940, p. 245. • 39. Hansard, HC Deb, 8 maio 1940, vol. 360, col. 1283. • 40. John Barnes e David Nicholson (orgs.), *The Leo Amery Diaries, Vol. II: The Empire at Bay 1929-1945* (Londres, 1988), 8 maio 1940, p. 610. • 41. Shakespeare, *Six Minutes in May*, p. 297. • 42. Pimlott (org.), *The Political Diary of Hugh Dalton*, 9 maio 1940, p. 343. • 43. Ibidem, 8 maio 1940, p. 342. • 44. James (org.), *"Chips"*, 8 maio 1940, pp. 246-7. • 45. General de brigada Sir Edward Spears, *Assignment to Catastrophe, Vol. I: Prelude to Dunkirk July 1939-May 1940*, p. 129. • 46. Pottle (org.), *Champion Redoubtable*, 2-14 maio 1940, p. 211. • 47. Waterhouse Papers, Diário, 11 maio 1940. • 48. Spears, *Assignment to Catastrophe*, p. 130. • 49. Victor Cazalet Papers, Cazalet para Tweedsmuir, 9 maio 1939. • 50. James (org.), *"Chips"*, 10 maio 1940, p. 250. • 51. Colville, *The Fringes of Power*, 10 maio 1940, p. 122.

XXV – A ÚLTIMA DEFESA DO APAZIGUAMENTO

1. Hansard, HC Deb, 4 jun. 1940, vol. 361, col. 796. • 2. Anexo de Atas do Gabinete de Guerra, Halifax para Sir Percy Loraine, 25 maio 1940, CAB 65/13/159. • 3. Atas do Gabinete de Guerra, 26 maio 1940, CAB 65/13/20/138-45; John Lukacs, *Five Days in London: May 1940* (New Haven, 1999), p. 113. • 4. Chamberlain Papers, Diário, 26 maio 1940, NC 2/24 A. • 5. O professor John Lukacs defendia solidamente a tese de que os dias 24-28 maio 1940 foram a verdadeira "dobra do destino" da Segunda Guerra Mundial. Ver Lukacs, *Five Days in London*. • 6. Atas do Gabinete de Guerra, 4.30 p.m., 27 maio 1940, CAB 65/13/23/175-81. • 7. Hickleton Papers, Halifax Diário, 27 maio 1940, A7/8/4. • 8. Atas do Gabinete de Guerra, 4 p.m., 28 maio 1940, CAB 65/13/24/184-90. • 9. John Barnes e David Nicholson (orgs.), *The Leo Amery Diaries, Vol. II: The Empire at Bay 1929-1945* (Londres, 1988), 28 maio 1940, p. 619. • 10. Hugh Dalton, *The ateful Years: Memoirs 1931-1945* (Londres, 1957), pp. 335-6. • 11. A citação no diário original de Hugh Dalton é: "… e se a longa história tiver enfim de terminar, melhor seria que ocorresse não pela rendição, mas somente quando estivermos desfalecidos no solo". Contudo, ele depois corrigiria suas palavras, adotando as que foram citadas

no texto principal. (Ben Pilmott (org.), *The Second World War Diary of Hugh Dalton 1940-45* (Londres, 1986), 28 maio 1940, p. 28; Dalton, *The Fateful Years*, pp. 335-6.) • 12. Atas do Gabinete de Guerra, 7 p.m., 28 maio 1940, CAB 65/13/24/189. • 13. Lukacs, *Five Days in London*, p. 191. • 14. Martin Gilbert (org.), *The Churchill War Papers, Vol. II: Never Surrender*, maio de 1940-dezembro de 1940 (Londres, 1994), Churchill para Desmond Morton, 1º jun. 1940, p. 221. • 15. Ibidem, Observação de Churchill, 1º jun. 1940, p. 221. • 16. Hansard, HC Deb, 4 jun. 1940, vol. 361, cols 795-6.

Epílogo

1. Emrys-Evans Papers, Law para Emrys-Evans, 13 set. 1939, MS 58239. • 2. Citado em Keith Feiling, *The Life of Neville Chamberlain* (Londres, 1946), p. 464. • 3. Kenneth Young (org.), *The Diaries of Sir Robert Bruce Lockhart, Vol. II: 1939-1965* (Londres, 1980), p. 42. • 4. Michael Foot, Prefácio, em "Cato", *Guilty Men* (Londres, [1940] 1998), p. v. • 5. Robert Boothby, *I Fight to Live* (Londres, 1947), p. 9. • 6. Winston S. Churchill, *The Second World War, Vol. I: A aproximação da tempestade* (Londres, 1948), p. viii; L. B. Namier, *Diplomatic Prelude 1938-1939* (Londres, 1948), p. ix. 7. Citado em D. C. Watt, *Personalities and Policies: Studies in the Formulation of British Foreign Policy in the Twentieth Century* (Londres, 1965), p. 105. • 8. Richard Overy, "German Air Strength 1933 to 1939: A Note", *Historical Journal*, vol. 27, nº 2 (1984), pp. 465-71, pp. 468-70. • 9. Citado em Niall Ferguson, *The War of the World: History's Age of Hatred* (Londres, 2006), p. 336 e David Dutton, *Neville Chamberlain* (Londres, 2001), p. 50. • 10. Transmissão de rádio da BBC, 27 set. 1938. • 11. Ian Kershaw, *Hitler, 1936-1945: Nemesis* (Londres, 2000), p. xxxv. • 12. Citado em Peter Neville, *Appeasing Hitler: The Diplomacy of Sir Nevile Henderson 1937-1939* (Basingstoke, 2000), p. 60. • 13. Robert Self (org.), *The Neville Chamberlain Diary Letters, Vol. IV: The Downing Street Years 1934-1940* (Aldershot, 2005), NC para Hilda, 30 jan. 1938, p. 300. • 14. Chamberlain Papers, NC para Hilda, NC/18/1/1057. • 15. Watchman, *What of the Night?* (Londres, 1940), p. 99. • 16. Robert Self, *Neville Chamberlain: A Political Life* (Aldershot, 2006), p. 4. • 17. Margesson Papers, Duff Cooper, "Chamberlain: Um retrato sincero", MRGB 1/5. • 18. Citado em Feiling, *The Life of Neville Chamberlain*, p. 465. • 19. John Colville, *The Fringes of Power: Downing Street Diaries 1939-1955, Vol. I - September 1939-September 1941* (Londres, 1985), 15 fev. 1940, p. 83. • 20. Citado em Martin Gilbert, "Horace Wilson: Man of Munich?", *History Today*, out. 1982, p. 6.

Fontes e bibliografia

ARQUIVOS
Vyvyan Adams, London School of Economics and Political Science
Leopold Amery, Churchill College, Cambridge
Frank Ashton-Gwatkin, Arquivos Nacionais
Lady Astor, Universidade de Reading
Conde de Avon, Biblioteca da Universidade de Birmingham
Stanley Baldwin, Biblioteca da Universidade de Cambridge
Harold Balfour, Churchill College, Cambridge
Sir Joseph Ball, Biblioteca Bodleiana, Oxford
BBC, Arquivos de papel da BBC, Caversham
Contra-almirante Tufton Beamish, Churchill College, Cambridge
Comandante Robert Bower, Churchill College, Cambridge
Brendan Bracken, Churchill College, Cambridge
Arthur Bryant, Arquivos militares de Liddell Hart, Kings College, Londres
Duque de Buccleuch e Queensberry, coleção particular
Patrick Buchan-Hepburn, Churchill College, Cambridge
R. A. Butler, Trinity College, Cambridge
Gabinete, Arquivos Nacionais
Sir Alexander Cadogan, Churchill College, Cambridge
Lorde Caldecote, Churchill College, Cambridge
Thelma Cazalet, Eton College
Victor Cazalet, Eton College
Neville Chamberlain, Biblioteca da Universidade de Birmingham
Lady Diana Cooper, Churchill College, Cambridge
Duff Cooper, Churchill College, Cambridge
Lorde Crathorne, coleção particular
Harry Crookshank, Biblioteca Bodleiana, Oxford
Geoffrey Dawson, Biblioteca Bodleiana, Oxford
Alec Douglas-Home, coleção particular
Almirante Sir Reginald Drax, Churchill College, Cambridge
Henry Drummond Wolff, Biblioteca da Universidade de Leeds
Paul Emrys-Evans, Biblioteca Britânica
Governo de Sua Majestade, Arquivos Nacionais
General Sir Ian Hamilton, Arquivos militares de Liddell Hart, Kings College, Londres
Sir Maurice Hankey, Churchill College, Cambridge
Hickleton, Instituto de Borthwick, Universidade de York
Leslie Hore-Belisha, Churchill College, Cambridge

Sir Roger Keyes, Churchill College, Cambridge
Basil Liddell Hart, Arquivos de Liddell Hart, Kings College, Londres
Lorde Lloyd, Churchill College, Cambridge
Marquês de Lothian, Escritório de Registros da Escócia
Ramsay MacDonald, Arquivos Nacionais
David Margesson, Churchill College, Cambridge
Lady Alexandra Metcalfe, coleção particular
Lorde Mount Temple, Biblioteca Hartley, Universidade de Southampton
Harold Nicolson, Balliol College, Oxford
Philip Noel-Baker, Churchill College, Cambridge
Sir Henry Page Croft, Churchill College, Cambridge
Sir Eric Phipps, Churchill College, Cambridge
Sir John Reith, Arquivos da BBC, Caversham
Arquivos Reais, Castelo de Windsor
Lorde Runciman, Arquivos Nacionais
Marquês de Salisbury, coleção particular
Duncan Sandys, Churchill College, Cambridge
Sir Orme Sargent, Arquivos Nacionais
Sir John Simon, Biblioteca Bodleiana, Oxford
Sir Archibald Sinclair, Churchill College, Cambridge
Edward Spears, Churchill College, Cambridge
William Strang, Churchill College, Cambridge
Lorde Swinton, Churchill College, Cambridge
Lorde Templewood, Biblioteca da Universidade de Cambridge
Sir Robert Vansittart, Churchill College, Cambridge
Charles Waterhouse, coleção particular
Sir Horace Wilson, Arquivos Nacionais
Marquês de Zetland, Biblioteca Britânica

JORNAIS, REVISTAS E DIÁRIOS
Contemporary Review
Daily Express
Daily Herald
Daily Mail
Daily Telegraph
English Review
Evening Standard
Fortnightly Review
Leeds Mercury
Manchester Guardian
Morning Post
New Statesman
News Chronicle
Nineteenth Century and After
Nottingham Evening Post
Observer
Reynold's News
Scotsman Spectator
Sunday Times

The Times
Yorkshire Post
Coleções oficiais de documentos
Documents diplomatiques français 1932-1939, Series I and II
Documents on British Foreign Policy 1919-1939, Second and Third Series (Londres, 1946-84)
Documents on German Foreign Policy 1918-1945, Series C and Series D (Londres, 1949-66)
Foreign Relations of the United States: Diplomatic Papers, 1938 and 1939 (Washington, 1954-7)
Debates Parlamentares, Câmara dos Comuns, Transcrição oficial, Quinta série
Debates Parlamentares, Câmara dos Lordes, Transcrição oficial, Quinta série
Peace and War: United States Foreign Policy 1931-1941 (Washington, 1943)

Fontes primárias publicadas

ALLEN DE HURTWOOD, Lorde, *Britain's Political Future: A Plea for Liberty and Leadership* (Londres, 1934).
AMERY, L. S., *My Political Life, Vol. III: The Unforgiving Years 1929-40* (Londres, 1955).
ANNAN, Noel, *Our Age: Portrait of a Generation* (Londres, 1990).
ASHTON-GWATKIN, F. T. A., *The British Foreign Service* (Syracuse, NY, 1950).
ATHOLL, Duquesa de, *Working Partnership: Being the Lives of John George, 8th Duke of Atholl, and His Wife Katharine Marjory Ramsay* (Londres, 1958).
ATTLEE, Clement, *As It Happened* (Londres, 1954).
AVON, Conde de, *Facing the Dictators* (Londres, 1962); *The Memoirs of the Rt Hon. Sir Anthony Eden, KG, PC, MC, Vol. III: The Reckoning* (Londres, 1965).
BALFOUR, Harold, *Wings over Westminster* (Londres, 1973).
BALL, Stuart (org.), *Parliament and Politics in the Age of Baldwin and MacDonald: The Headlam Diaries 1923-1935* (Londres, 1992); *Parliament and Politics in the Age of Churchill and Attlee: The Headlam Diaries 1935-1951* (Cambridge, 1999).
BARNES, John e David Nicholson (orgs.), *The Leo Amery Diaries, Vol. II: The Empire at Bay 1929-1945* (Londres, 1988).
BARTLETT, Vernon, *Nazi Germany Explained* (Londres, 1933); *This is My Life* (Londres, 1937); *And Now, Tomorrow* (Londres, 1960); *I Know What I Liked* (Londres, 1974).
BAXTER, Beverley, *Men, Martyrs and Mountebanks: Beverley Baxter's Inner Story of Personalities and Events behind the War* (Londres, 1940).
BAYNES, Norman H. (org.), *The Speeches of Adolf Hitler, April 1922-August 1939* (Oxford, 1942).
BEDFORD, John, Duque de, *A Silver-Plated Spoon* (Londres, 1959).
BERNAYS, Robert, *Naked Fakir* (Londres, 1931); *Special Correspondent* (Londres, 1934).
BOND, Brian (org.), *Chief of Staff: The Diaries of Lieutenant-General Sir Henry Pownall, Vol. I - 1933-1940* (Londres, 1972).
BOOTHBY, Lorde, *My Yesterday, Your Tomorrow* (Londres, 1962).
BOOTHBY, Robert, *I Fight to Live* (Londres, 1947); *Boothby: Recollections of a Rebel* (Londres, 1978).
BROOKS, Collin, *Can Chamberlain Save Britain? The Lesson of Munich* (Londres, 1938); *Brown Book of the Hitler Terror and the Burning of the Reichstag* (Londres, 1933).
BROWN, W. J., *So Far...* (Londres, 1943).
BRUCE LOCKHART, R. H., *Guns or Butter: War Countries and Peace Countries of Europe Revisited* (Londres, 1938); *Comes the Reckoning* (Londres, 1947); *Jan Masaryk: A Personal Memoir* (Londres, 1951); *Your England* (Londres, 1955).
BRUCE LOCKHART, Sir Robert, *Friends, Foes and Foreigners* (Londres, 1957); *Giants Cast Long Shadows* (Londres, 1960).
BRYANT, Arthur, *The Man and the Hour: Studies of Six Great Men of Our Time* (Londres, 1934).
BURCKHARDT, Carl Jacob, *Meine Danziger Mission 1937-1939* (Munique, 1960).

BUTLER, Lord, *The Art of the Possible: The Memoirs of Lord Butler, KG, CH* (Londres, 1971).
"CATO", *Guilty Men* (Londres, 1940).
CAZALET-KEIR, Thelma, *From the Wings* (Londres, 1967).
CHAIR, Somerset de, *Die? I Thought I'd Laugh* (Braunton, Devon, 1993).
CHURCHILL, Randolph S., *Twenty-One Years* (Londres, 1964).
CHURCHILL, Winston S., *Great Contemporaries* (Londres, 1937); *The Second World War, Vol. I: A aproximação da tempestade* (Londres, 1948); *The Second World War, Vol. II: Their Finest Hour* (Londres, 1949); *Great Contemporaries* (Londres, 1937).
CIANO, Galeazzo, *Diary 1937-1943: The Complete, Unabridged Diaries of Count Galeazzo Ciano* (Londres, 2002).
CITRINE, Lorde, *Men and Work: An Autobiography* (Londres, 1964); *Two Careers* (Londres, 1967).
CLARK, Kenneth, *Another Part of the Wood: A Self-Portrait* (Londres, 1974).
COCKBURN, Claud, *In Time of Trouble: An Autobiography* (Londres, 1956); *I, Claud* (Harmondsworth, 1967).
COLVILLE, John, *The Fringes of Power: Downing Street Diaries 1939-1955, Vol. I - September 1939-September 1941* (Londres, 1985).
COLVIN, Ian, *None So Blind: A British Diplomatic View of the Origins of World War II* (Nova York, 1965); *The Chamberlain Cabinet* (Londres, 1971).
COOPER, Diana, *The Light of Common Day* (Londres, 1959).
COOPER, Duff, *Old Men Forget: The Autobiography of Duff Cooper, Viscount Norwich* (Londres, 1953).
COOTE, Colin, *Editorial: The Memoirs of Colin R. Coote* (Londres, 1965).
COWLES, Virginia, *Looking for Trouble* (Londres, 1941).
COX, Geoffrey, *Countdown to War: A Personal Memoir of Europe 1938-1940* (Londres, 1988).
CROSS, Colin (org.), *Life with Lloyd George: The Diary of A. J. Sylvester 1931-1945* (Londres, 1975).
CROWSON, N. J. (org.), *Fleet Street, Press Barons and Politics: The Journals of Collin Brooks 1932-1940* (Cambridge, 1998).
DAHLERUS, Birger, *The Last Attempt* (Londres, 1948).
DALTON, Hugh, *The Fateful Years: Memoirs 1931-1945* (Londres, 1957).
DIETRICH, Otto, *The Hitler I Knew: Memoirs of the Third Reich's Press Chief* (Londres, 1957).
DILKS, David (org.), *The Diaries of Sir Alexander Cadogan, OM, 1938-45* (Londres, 1971).
DODD, William E. e Martha Dodd, *Ambassador Dodd's Diary 1933-1938* (Londres, 1941).
DONNER, Patrick, *Crusade: A Life against the Calamitous Twentieth Century* (Londres, 1984).
EBERLE, Henrik e Matthias Uhl (orgs.), *The Hitler Book: The Secret Dossier Prepared for Stalin* (Londres, 2005).
FRANÇOIS-PONCET, André, *The Fateful Years: Memoirs of a French Ambassador in Berlin 1931-1938* (Londres, 1949).
FRY, Michael, *Hitler's Wonderland* (Londres, 1934).
FULLER, J. F. C., *The Reformation of War* (Londres, 1923).
GAFENCU, Grigore, *The Last Days of Europe: A Diplomatic Journey in 1939* (Londres, 1947).
GEDYE, G. E. R., *Fallen Bastions: The Central European Tragedy* (Londres, 1939).
GERMAINS, Victor Wallace, *The Tragedy of Winston Churchill* (Londres, 1931).
GILBERT, Martin, *Plough My Own Furrow: The Story of Lord Allen of Hurtwood as Told through His Writings and Correspondence* (Londres, 1965); *Winston S. Churchill, Vol. V, Companion, Part 2: The Wilderness Years 1929-1935* (Londres, 1981); *Winston S. Churchill, Vol. V, Companion, Part 3: The Coming of War 1936-1939* (Londres, 1982).
GLADWYN, Lorde, *The Memoirs of Lord Gladwyn* (Londres, 1972).
GORODETSKY, Gabriel (org.), *The Maisky Diaries: Red Ambassador to the Court of St James's 1932-1943* (New Haven, 2015).
GRANT DUFF, Shiela, *Europe and the Czechs* (Harmondsworth, 1938); *The Parting of Ways: A Personal Account of the Thirties* (Londres, 1982).

GRAVES, Robert, *Goodbye to All That*, rev. org. (Harmondsworth, 1960).
GRIGG, Sir Edward, *Britain Looks at Germany* (Londres, 1938).
GRIMOND, Jo, *Memoirs* (Londres, 1979).
GUNTHER, John, *Inside Europe*, rev. org. (Nova York e Londres, 1938).
HADLEY, W. W., *Munich Before and After* (Londres, 1944).
HAILSHAM, Lorde, *A Sparrow's Flight: The Memoirs of Lord Hailsham of St Marylebone* (Londres, 1990).
HALIFAX, Lorde, *Fullness of Days* (Londres, 1957).
HARVEY, John (org.), *The Diplomatic Diaries of Oliver Harvey 1937-1940* (Londres, 1970).
HARVIE-WATT, G. S., *Most of My Life* (Londres, 1980).
HASSELL, Ulrich von, *The Ulrich von Hassell Diaries 1938-1944* (Londres, 1948).
HEALEY, Denis, *The Time of My Life* (Londres, 1989).
HEATH, Edward, *The Course of My Life* (Londres, 1998).
HENDERSON, Nevile, *Failure of a Mission: Berlin 1937-1939* (Londres, 1940); *Water under the Bridges* (Londres, 1945).
HESSE, Fritz, *Hitler and the English* (Londres, 1954).
HILL, Leonidas E. (org.), *Die Weizsäcker-Papiere 1933-1950* (Frankfurt-am-Main, 1974).
HITLER, Adolf, *Mein Kampf* (Nova York, 1939).
HOGG, Quintin, *The Left was Never Right* (Londres, 1945).
HOME, Lorde, *The Way the Wind Blows: An Autobiography* (Londres, 1976); *Letters to a Grandson* (Londres, 1983).
JAMES, Robert Rhodes (org.), *"Chips": The Diaries of Sir Henry Channon* (Londres, 1967); *Memoirs of a Conservative: J. C. C. Davidson's Memoirs and Papers 1910-1937* (Londres, 1969); *Winston S. Churchill: His Complete Speeches, Vol. V 1928-1935* (Nova York, 1974); *Winston S. Churchill: His Complete Speeches, Vol. VI 1935-1942* (Nova York, 1974).
JAY, Douglas, *Change and Fortune: A Political Record* (Londres, 1980).
JEDRZEJEWICZ, Wacław (org.), *Diplomat in Berlin 1933-1939: Papers and Memoirs of Józef Lipski, Ambassador of Poland* (Nova York e Londres, 1968).
JOHNSON, Gaynor (org.), *Our Man in Berlin: The Diary of Sir Eric Phipps 1933-1937* (Basingstoke, 2007).
JONES, F. Elwyn, *Hitler's Drive to the East* (Londres, 1937).
JONES, Thomas C. H., *A Diary with Letters 1931-1950* (Londres, 1954).
JOVANOVICH, William (org.), *The Wartime Journals of Charles A. Lindbergh* (Nova York, 1970).
KENNEDY, A. L., *Britain Faces Germany* (Londres, 1937).
KENNEDY, John F., *Why England Slept* (Londres, 1940).
KEYNES, John Maynard, *The Economic Consequences of the Peace* (Londres, 1919).
KING, Cecil H., *Strictly Personal: Some Memoirs of Cecil H. King* (Londres, 1969); *With Malice Toward None: A War Diary* (Londres, 1970).
KIRKPATRICK, Helen, *This Terrible Peace* (Londres, 1939); *Under the British Umbrella: What the English Are and How They Go to War* (Nova York, 1939).
KIRKPATRICK, Sir Ivone, *The Inner Circle: Memoirs* (Londres, 1959).
KORDT, Erich, *Wahn und Wirklichkeit* (Stuttgart, 1947); *Nicht aus den Akten* (Stuttgart, 1950).
LIDDELL HART, B. H., *The Memoirs of Captain Liddell Hart, Vols. I & II* (Londres, 1965).
LLOYD GEORGE, David, *War Memoirs, Vol. I* (Londres, 1938).
LONDONDERRY, Marquês de, *Ourselves and Germany* (Londres, 1938).
LOW, David, *Low's Autobiography* (Londres, 1956).
MACLEOD, Roderick e Denis Kelly (orgs.), *The Ironside Diaries 1937-1940* (Londres, 1962).
MACMILLAN, Harold, *Winds of Change 1914-1939* (Londres, 1966); *The Past Masters: Politics and Politicians 1906-1939* (Londres, 1975).
MACNAMARA, J. R. J., *The Whistle Blows* (Londres, 1938).
MARTEL, Gordon (org.), *The Times and Appeasement: The Journals of A. L. Kennedy 1932-1939* (Cambridge, 2000).

MAUGHAM, Visconde, *The Truth about the Munich Crisis* (Londres, 1944); *At the End of the Day* (Londres, 1954).
MINNEY, R. J., *The Private Papers of Hore-Belisha* (Londres, 1960).
MITFORD, Jessica, *Hons and Rebels* (Londres, 1960).
MOSLEY, Charlotte (org.), *Love from Nancy: The Letters of Nancy Mitford* (Londres, 1993).
MUGGERIDGE, Malcolm, *The Thirties: 1930-1940 in Great Britain* (Londres, 1940).
MUGGERIDGE, Malcolm (org.), *Ciano's Diplomatic Papers* (Londres, 1948); *Ciano's Diary 1937-1938* (Londres, 1952).
NAMIER, L. B., *In the Margin of History* (Londres, 1939).
NICOLSON, Harold, *Peacemaking 1919* (Londres, 1933); *Why Britain is at War* (Harmondsworth, 1939).
NICOLSON, Nigel (org.), *Harold Nicolson Diaries and Letters 1930-1939* (Londres, 1966); *Harold Nicolson Diaries and Letters 1939-1945* (Londres, 1967); *The Harold Nicolson Diaries 1907-1963* (Londres, 2004).
NOAKES, Jeremy e Geoffrey Pridham (orgs.), *Documents on Nazism 1919-1945* (Londres, 1974).
NORWICH, John Julius (org.), *The Duff Cooper Diaries 1915-1951* (Londres, 2005).
PAUL-BONCOUR, Joseph, *Entre deux guerres: souvenirs sur la IIIe République* (Paris, 1946).
PERTINAX, *The Gravediggers of France: Gamelin, Daladier, Reynaud, Pétain, and Laval* (Garden City, NY, 1944).
PIMLOTT, Ben (org.), *The Political Diary of Hugh Dalton 1918-40, 1945-60* (Londres, 1986); *The Second World War Diary of Hugh Dalton 1940-45* (Londres, 1986).
POTTLE, Mark, *Champion Redoubtable: The Diaries and Letters of Violet Bonham Carter 1914-1945* (Londres, 1998).
PRICE, George Ward, *I Know These Dictators* (Londres, 1937); *Extra-Special Correspondent* (Londres, 1957).
RACZYNSKI, Conde Edward, *In Allied Londres* (Londres, 1962).
RAVENSDALE, Baronesa, *In Many Rhythms: An Autobiography* (Londres, 1953).
REED, Douglas, *Insanity Fair* (Londres, 1938); *Disgrace Abounding* (Londres, 1939); *A Prophet at Home* (Londres, 1941).
REITH, J. C. W., *Into the Wind* (Londres, 1949).
REYNAUD, Paul, *In the Thick of the Fight 1930-1945* (Londres, 1955).
REYNOLDS, Rothay, *When Freedom Shrieked* (Londres, 1939).
RIBBENTROP, Joachim von, *The Ribbentrop Memoirs* (Londres, 1954).
ROBERTS, Stephen H., *The House That Hitler Built* (Londres, 1937).
ROSE, Norman (org.), *Baffy: The Diaries of Blanche Dugdale 1936-1947* (Londres, 1973).
ROTHERMERE, Visconde, *My Fight to Rearm Britain* (Londres, 1939); *Warnings and Predictions* (Londres, 1939).
ROWSE, A. L., *All Souls and Appeasement: A Contribution to Contemporary History* (Londres, 1961); *A Man of the Thirties* (Londres, 1979).
SALTER, Arthur, *Slave of the Lamp: A Public Servant's Notebook* (Londres, 1967).
SALTER, Lorde, *Memoirs of a Public Servant* (Londres, 1961).
SCHMIDT, Paul, *Hitler's Interpreter* (Londres, 1951).
Selected Speeches of His Imperial Majesty Haile Selassie First, 1918 to 1967 (Addis Abeba, 1967).
SELF, Robert (org.), *The Austen Chamberlain Diary Letters* (Cambridge, 1995); *The Neville Chamberlain Diary Letters, Vol. I: The Making of a Politician 1915-1920* (Aldershot, 2000); *The Neville Chamberlain Diary Letters, Vol. II: The Reform Years 1921-1927* (Aldershot, 2000); *The Neville Chamberlain Diary Letters, Vol. III: The Heir Apparent 1928-1933* (Aldershot, 2002); *The Neville Chamberlain Diary Letters, Vol. IV: The Downing Street Years 1934-1940* (Aldershot, 2005).
SHINWELL, Emanuel, *I've Lived through It All* (Londres, 1973).
SHIRER, William L., *Berlin Diary: The Journal of a Foreign Correspondent 1934-1941* (Londres, 1941).
SIMON, Visconde, *Retrospect: The Memoirs of the Rt Hon. Viscount Simon* (Londres, 1952).
SMART, Nick (org.), *The Diaries and Letters of Robert Bernays 1932-1939: An Insider's Account of the House of Commons* (Lewiston, NY, 1996).

SMITH, Amanda (org.), *Hostage to Fortune: The Letters of Joseph P. Kennedy* (Nova York, 2001).
SMITH, Howard K., *Last Train from Berlin* (Londres, 1942).
SPEARS, General de brigada Sir Edward, *Assignment to Catastrophe, Vol. I: Prelude to Dunkirk July 1939-May 1940* (Londres, 1954).
SPIER, Eugen, *Focus: A Footnote to the History of the Thirties* (Londres, 1963).
SPITZY, Reinhard, *How We Squandered the Reich* (Wilby, Norfolk, 1997).
STEED, Henry Wickham, *The Press* (Harmondsworth, 1938).
STOWE, Leland, *No Other Road to Freedom* (Londres, 1942).
STRANG, Lorde, *Home and Abroad* (Londres, 1956).
STUART, Charles (org.), *The Reith Diaries* (Londres, 1975).
STUART, James, *Within the Fringe: An Autobiography* (Londres, 1967).
SWINTON, Conde de, *Sixty Years of Power: Some Memories of the Men Who Wielded It* (Londres, 1966).
SWINTON, Visconde, *I Remember* (Londres, 1948).
SYLVESTER, A. J., *The Real Lloyd George* (Londres, 1947).
TAYLOR, A. J. P. (org.), *Lloyd George: A Diary by Frances Stevenson* (Londres, 1971).
TEMPLEWOOD, Visconde, *Nine Troubled Years* (Londres, 1954).
TENNANT, Ernest W. D., *True Account* (Londres, 1957).
TOYNBEE, Arnold J., *Acquaintances* (Londres, 1967).
TREE, Ronald, *When the Moon Was High: Memoirs of Peace and War 1897-1942* (Londres, 1975).
URQUHART, Brian, *A Life in Peace and War* (Londres, 1987).
VANSITTART, Robert, *The Mist Procession: The Autobiography of Lord Vansittart* (Londres, 1958).
WATCHMAN, *Right Honourable Gentlemen* (Londres, 1939); *What of the Night?* (Londres, 1940).
WEDGWOOD, Josiah C., *Memoirs of a Fighting Life* (Londres, 1940).
WEIZSÄCKER, Ernst von, *Memoirs of Ernst von Weizsäcker* (Londres, 1951).
WELLES, Sumner, *The Time for Decision* (Nova York e Londres, 1944); *Seven Major Decisions* (Londres, 1951).
WELLS, H. G., *Daqui a cem anos* (Londres, 1933).
WERTH, Alexander, *France and Munich: Before and After the Surrender* (Londres 1939).
WESTMINSTER, Loelia, Duquesa de, *Grace and Favour: The Memoirs of Loelia, Duchess of Westminster* (Londres, 1961).
WHEELER-BENNETT, John W., *Munich: Prologue to Tragedy* (Londres, 1948); *Knaves, Fools and Heroes* (Londres, 1974).
WILLIAMS, Francis, *Press, Parliament and People* (Londres, 1946).
WILLIAMSON, Philip e Edward Baldwin (orgs.), *Baldwin Papers: A Conservative Statesman 1908-1947* (Cambridge, 2004).
WILSON, Sir Arnold, *Walks and Talks Abroad: The Diary of a Member of Parliament in 1934-6* (Londres, 1936); *More Thoughts and Talks: The Diary and Scrap-Book of a Member of Parliament from September 1937 to August 1939* (Londres, 1939).
WINTERTON, Earl, *Orders of the Day* (Londres, 1953).
WOOLTON, Conde de, *The Memoirs of the Rt Hon. the Conde de Woolton* (Londres, 1959).
WRENCH, Evelyn, *I Loved Germany* (Londres, 1940).
YOUNG, Kenneth (org.), *The Diaries of Sir Robert Bruce Lockhart, Vol. I: 1915-1938* (Londres, 1973); *The Diaries of Sir Robert Bruce Lockhart, Vol. II: 1939-1965* (Londres, 1980).

Fontes secundárias

ADAMTHWAITE, Anthony, *France and the Coming of the Second World War 1936-1939* (Londres, 1977).
ALDRICH, Richard J. e Rory Cormac, *The Black Door: Spies, Secret Intelligence and British Prime Ministers* (Londres, 2016).
ALEXANDER, Martin S., *The Republic in Danger: General Maurice Gamelin and the Politics of French Defence 1933-1940* (Cambridge, 1992).

ANDREW, Christopher, *Secret Service: The Making of the British Intelligence Community* (Londres, 1985).
ASTER, Sidney, *1939: The Making of the Second World War* (Londres, 1973).
ASTER, Sidney (org.), *Appeasement and All Souls: A Portrait with Documents 1937-1939* (Cambridge, 2004).
BALL, Simon, *The Guardsmen: Harold Macmillan, Three Friends, and the World They Made* (Londres, 2004).
BARNES, James J. e Patience P. Barnes, *Hitler's Mein Kampf in Britain and America: A Publishing History 1930-39* (Cambridge, 1980).
BEEVOR, Antony, *The Second World War* (Londres, 2012).
BELL, P. M. H., *France and Britain 1900-1940: Entente and Estrangement* (Londres, 1996).
BENSON, Timothy S., *Low and the Dictators* (Londres, 2008).
BERG, A. Scott, *Lindbergh* (Londres, 1998).
BETHELL, Nicholas, *The War Hitler Won: September 1939* (Londres, 1972).
BEW, John, *Citizen Clem: A Biography of Attlee* (Londres, 2016).
BIRKENHEAD, Conde de, *Halifax: The Life of Lord Halifax* (Londres, 1965).
BLAKE, Robert, *The Conservative Party: From Peel to Major* (Londres, 1997).
BLAKEWAY, Denys, *The Last Dance: 1936, The Year of Change* (Londres, 2010).
BLOCH, Michael, *Ribbentrop* (Londres, 1992).
BOWD, Gavin, *Fascist Scotland: Caledonia and the Far Right* (Edimburgo, 2013).
BOYCE, Robert e Esmonde M. Robertson (orgs.), *Paths to War: New Essays on the Origins of the Second World War* (Basingstoke, 1989).
BOYD, Julia, *Travellers in the Third Reich: The Rise of Fascism through the Eyes of Everyday People* (Londres, 2017).
BOYLE, Andrew, *"Poor, Dear Brendan": The Quest for Brendan Bracken* (Londres, 1974).
BRENDON, Piers, *The Dark Valley: A Panorama of the 1930s* (Londres, 2000).
BRODRICK, Alan Houghton, *Near to Greatness: A Life of the Sixth Earl Winterton* (Londres, 1965).
BUTLER, Ewan, *Mason-Mac: The Life of Lieutenant-General Sir Noel Mason-Macfarlane* (Londres, 1972).
BUTLER, J. R. M., *History of the Second World War: Grand Strategy, Vol. II September 1939-June 1941* (Londres, 1957); *Lord Lothian (Philip Kerr) 1882-1940* (Londres, 1960).
CANNADINE, David, *Class in Britain* (New Haven, 1998); *The Decline and Fall of the British Aristocracy* (New Haven e Londres, 1990).
CARTLAND, Barbara, *Ronald Cartland* (Londres, 1942).
CHARMLEY, John, *Chamberlain and the Lost Peace* (Londres, 1991); *Churchill: The End of Glory* (Londres, 1993); *A History of Conservative Politics 1900-1996* (Basingstoke, 1996).
CHISHOLM, Anne e Michael Davie, *Beaverbrook: A Life* (Londres, 1992).
CLARKE, Peter, *Hope and Glory: Britain 1900-1990* (Londres, 1996).
COCKETT, Richard, *Twilight of Truth: Chamberlain, Appeasement and the Manipulation of the Press* (Londres, 1989).
CONQUEST, Robert, *The Great Terror: A Reassessment*, edição de 40 anos (Oxford, 2008).
COOKE, Alistair (org.), *Tory Policy-Making: The Conservative Research Department 1929-2009* (Londres, 2010).
COOTE, Colin R., *The Other Club* (Londres, 1971).
COURCY, Anne de, *The Viceroy's Daughters: The Lives of the Curzon Sisters* (Londres, 2000).
COWLING, Maurice, *The Impact of Hitler: British Politics and British Policy 1933-1940* (Cambridge, 1975).
CROSS, J. A., *Sir Samuel Hoare: A Political Biography* (Londres, 1977).
CROWSON, N. J., *Facing Fascism: The Conservative Party and the European Dictators 1935-40* (Londres, 1997).
DALLEK, Robert, *Franklin D. Roosevelt and American Foreign Policy 1932-1945* (Oxford, 1979).
DAVENPORT-HINES, Richard, *Universal Man: The Seven Lives of John Maynard Keynes* (Londres, 2015).
DEIST, Wilhelm, Manfred Messerschmidt, Hans-Erich Volkmann e Wolfram Wette (orgs.), *Germany and the Second World War, Vol. I: The Build-up of German Aggression* (Oxford, 1990).
DINSHAW, Minoo, *Outlandish Knight: The Byzantine Life of Steven Runciman* (Londres, 2016).
DULLIN, Sabine, *Men of Influence: Stalin's Diplomats in Europe 1930-1939* (Edimburgo, 2008).

DUROSELLE, Jean-Baptiste, *France and the Nazi Threat: The Collapse of French Diplomacy 1932-1939* (Nova York, 2004).

DUTTON, David, *Simon: A Political Biography of Sir John Simon* (Londres, 1992); *Anthony Eden: A Life and Reputation* (Londres, 1997); *Neville Chamberlain* (Londres, 2001).

EDGERTON, David, *Britain's War Machine: Weapons, Resources, and Experts in the Second World War* (Londres, 2011).

EGREMONT, Max, *Under Two Flags: The Life of Major-General Sir Edward Spears* (Londres, 1997).

EMMERSON, James Thomas, *The Rhineland Crisis 7 March 1936: A Study in Multilateral Diplomacy* (Londres, 1977).

EVANS, Richard J., *The Third Reich in Power* (Londres, 2005).

FABER, David, *Munich: The 1938 Appeasement Crisis* (Londres, 2008).

FARRELL, Nicholas, *Mussolini: A New Life* (Londres, 2003).

FEILING, Keith, *The Life of Neville Chamberlain* (Londres, 1946).

FERGUSON, Niall, *The War of the World: History's Age of Hatred* (Londres, 2006).

FEST, Joachim C., *Hitler* (Londres, 1974).

FOOT, Sir Dingle, *British Political Crises* (Londres, 1976).

GANNON, Franklin Reid, *The British Press and Germany 1936-1939* (Oxford, 1971).

GIBBS, N. H., *History of the Second World War: Grand Strategy, Vol. I - Rearmament Policy* (Londres, 1976).

GILBERT, Martin, *The Roots of Appeasement* (Londres, 1966); *Sir Horace Rumbold: Portrait of a Diplomat 1869-1941* (Londres, 1973); *Winston S. Churchill, Vol. V: 1922-1939* (Londres, 1976); *Winston Churchill: The Wilderness Years* (Londres, 1982); *Winston S. Churchill, Vol. VI, 1939-1941* (Londres, 1983); *Churchill: A Life* (Londres, 1991).

GILBERT, Martin e Richard Gott, *The Appeasers* (Londres, 1963).

GILMOUR, David, *The Pursuit of Italy: A History of a Land, Its Regions and Their Peoples* (Londres, 2011).

GLENTON, George e William Pattinson, *The Last Chronicle of Bouverie Street* (Londres, 1963).

GOTTLIEB, Julie V., *"Guilty Women", Foreign Policy, and Appeasement in Inter-War Britain* (Basingstoke, 2015).

GRANZOW, Brigitte, *A Mirror of Nazism: British Opinion and the Emergence of Hitler 1929-1933* (Londres, 1964).

GRAYZEL, Susan R., *At Home and Under Fire: Air Raids and Culture in Britain from the Great War to the Blitz* (Cambridge, 2012).

GREENE, Nathanael, *From Versailles to Vichy: The Third French Republic 1919-1940* (Nova York, 1970).

GRIFFITHS, Richard, *Fellow Travellers of the Right: British Enthusiasts for Nazi Germany 1933-9* (Oxford, 1980).

HARRISSON, Tom e Charles Madge, *Britain by Mass-Observation*, 2ª edição (Londres, 1986).

HART-DAVIS, Duff, *Hitler's Olympics: The 1936 Games* (Sevenoaks, 1988).

HASLAM, Jonathan, *The Soviet Union and the Struggle for Collective Security in Europe 1933-39* (Basingstoke, 1984); *The Vices of Integrity: E. H. Carr 1892-1982* (Londres, 1999).

HASTINGS, Max, *All Hell Let Loose: The World at War 1939-1945* (Londres, 2011).

HEIMANN, Mary, *Czechoslovakia: The State That Failed* (New Haven e Londres, 2009).

HERMISTON, Roger, *All Behind You, Winston: Churchill's Great Coalition 1940-45* (Londres, 2016); *History of The Times, Vol. IV: The 150th Anniversary and Beyond, 1912-1948* (Londres, 1952).

HOBSBAWM, Eric, *The Age of Extremes: The Short Twentieth Century 1914-1991* [*Era dos extremos* (São Paulo: Companhia das Letras, 1995)] (Londres, 1994).

HORNE, Alistair, *Macmillan 1894-1956: Vol. I of the Official Biography* (Londres, 1988).

HOWARD, Michael, *The Continental Commitment: The Dilemma of British Defence Policy in the Era of the Two World Wars* (Londres, 1972).

HOWARTH, T. E. B., *Cambridge Between Two Wars* (Londres, 1978).

HUCKER, Daniel, *Public Opinion and the End of Appeasement in Britain and France* (Farnham, Surrey, 2011).

JACKSON, Peter, *France and the Nazi Menace: Intelligence and Policy Making 1933-1939* (Oxford, 2000).
JAGO, Michael, *Rab Butler: The Best Prime Minister We Never Had?* (Londres, 2015).
JAMES, Robert Rhodes, *Churchill: A Study in Failure 1900-1939* (Londres, 1970); *Victor Cazalet: A Portrait* (Londres, 1976); *Anthony Eden* (Londres, 1986); *Bob Boothby: A Portrait* (Londres, 1991).
JEFFERY, Keith, *MI6: The History of the Secret Intelligence Service 1909-1949* (Londres, 2010).
JENKINS, Roy, *Baldwin* (Londres, 1987); *The Chancellors* (Londres, 1998); *Churchill* (Londres, 2001).
KAUFMANN, J. E. e H. W. Kaufmann, *The Forts and Fortifications of Europe 1815-1914: The Central States - Germany, Austria-Hungary and Czechoslovakia* (Barnsley, 2014).
KEMP, Anthony, *The Maginot Line: Myth and Reality* (Londres, 1981).
KENNEDY, Paul, *The Realities behind Diplomacy: Background Influences on British External Policy 1865-1980* (Londres, 1981).
KERSHAW, Ian, *Hitler 1889-1936: Hubris* (Londres, 1998); *Hitler 1936-1945: Nemesis* (Londres, 2000); *Making Friends with Hitler: Lord Londonderry and Britain's Road to War* (Londres, 2004); *To Hell and Back: Europe 1914-1949* (Londres, 2015).
KLEMPERER, Klemens von, *German Resistance Against Hitler: The Search for Allies Abroad 1938-1945* (Oxford, 1992).
KOCHO-WILLIAMS, Alastair, *Russian and Soviet Diplomacy 1900-1939* (Basingstoke, 2012).
KUPFERMAN, Fred, *Laval* (Paris, 1987).
LAMB, Richard, *Mussolini and the British* (Londres, 1997).
LAMBERT, Angela, *1939: The Last Season of Peace* (Londres, 1989).
LEE, John, *A Soldier's Life: General Sir Ian Hamilton, 1853-1947* (Londres, 2000).
LEITZ, Christian, *Nazi Foreign Policy 1933-1941: The Road to Global War* (Londres, 2004).
LEWIS, Geoffrey, *Lord Hailsham: A Life* (Londres, 1997).
LONGERICH, Peter, *Goebbels: A Biography* (Londres, 2015).
LUKACS, John, *Five Days in London: May 1940* (New Haven, 1999).
LUKES, Igor, *Czechoslovakia between Stalin and Hitler: The Diplomacy of Edvard Beneš in the 1930s* (Nova York, 1996).
LYSAGHT, Charles, *Brendan Bracken* (Londres, 1979).
MACDONALD, C. A., *The United States, Britain and Appeasement 1936-1939* (Londres, 1981).
MACK SMITH, Denis, *Mussolini* (Londres, 1981).
MACLEOD, Iain, *Neville Chamberlain* (Londres, 1961).
MACMILLAN, Margaret, *Peacemakers: The Paris Peace Conference of 1919 and its Attempt to End War* (Londres, 2001).
MAIER, Klaus A., Horst Rohde, Bernd Stegemann e Hans Umbreit, *Germany and the Second World War, Vol. II: Germany's Initial Conquests in Europe* (Oxford, 1991).
MAIOLO, Joseph A., *The Royal Navy and Nazi Germany 1933-39: A Study in Appeasement and the Origins of the Second World War* (Basingstoke, 1998).
MANCHESTER, William, *The Caged Lion: Winston Spencer Churchill 1932-1940* (Londres, 1988).
MATERSKI, Wojciech e Tomasz Szarota (orgs.), *Polska 1939-1945: Straty osobowe i ofiary represji pod dwiema okupacjami* ("*Polónia 1939-1945: Perdas humanas e vítimas da repressão sob duas ocupações*") (Varsóvia, 2009).
MEEHAN, Patricia, *The Unnecessary War: Whitehall and the German Resistance to Hitler* (Londres, 1992).
MIDDLEMAS, Keith e John Barnes, *Baldwin: A Biography* (Londres, 1969).
MORRIS, Benny, *The Roots of Appeasement: The British Weekly Press and Nazi Germany during the 1930s* (Londres, 1991).
MOSLEY, Leonard, *On Borrowed Time: How World War II Began* (Londres, 1969).
MULVEY, Paul, *The Political Life of Josiah C. Wedgwood: Land, Liberty and Empire 1872-1943* (Woodbridge, Suffolk, 2010).
MURRAY, Williamson, *The Change in the European Balance of Power 1938-1939: The Path to Ruin* (Princeton, 1984).

NAMIER, L. B., *Diplomatic Prelude 1938-1939* (Londres, 1948).
NEVILLE, Peter, *Appeasing Hitler: The Diplomacy of Sir Nevile Henderson 1937-1939* (Basingstoke, 2000).
OLSON, Lynne, *Troublesome Young Men: The Rebels Who Brought Churchill to Power and Helped Save England* (Nova York, 2007).
OVERY, Richard, *1939: Countdown to War* (Londres, 2009).
OWEN, Frank, *Tempestuous Journey: Lloyd George, His Life and Times* (Londres, 1954).
PARKER, R. A. C., *Chamberlain and Appeasement: British Policy and the Coming of the Second World War* (Londres, 1993); *Churchill and Appeasement* (Londres, 2000).
PEDEN, G. C., *British Rearmament and the Treasury 1932-1939* (Edimburgo, 1979).
PHILLIPS, Hugh D., *Between the Revolution and the West: A Political Biography of Maxim M. Litvinov* (Boulder, CO, 1992).
PIMLOTT, Ben, *Hugh Dalton* (Londres, 1985).
PRESTON, Adrian (org.), *General Staffs and Diplomacy before the Second World War* (Londres, 1978).
PUGH, Martin, *"Hurrah for the Blackshirts!" Fascists and Fascism in Britain between the Wars* (Londres, 2005).
REYNOLDS, David, *The Long Shadow: The Great War and the Twentieth Century* (Londres, 2013).
ROBERTS, Andrew, *The Holy Fox: A Biography of Lord Halifax* (Londres, 1991); *Eminent Churchillians* (Londres, 1994).
ROSE, Kenneth, *The Later Cecils* (Londres, 1975); *King George V* (1983).
ROSE, Norman, *Vansittart: Study of a Diplomat* (Londres, 1978); *The Cliveden Set: Portrait of an Exclusive Fraternity* (Londres, 2000); *Harold Nicolson* (Londres, 2005).
ROSKILL, S. W., *Hankey: Man of Secrets, Vol. III 1931-1963* (Londres, 1974).
ROSTOW, Nicholas, *Anglo-French Relations 1934-1936* (Londres, 1984).
SCHWARZ, Ted, *Joseph P. Kennedy: The Mogul, the Mob, the Statesman, and the Making of an American Myth* (Hoboken, NJ, 2003).
SEBAG MONTEFIORE, Simon, *Stalin: The Court of the Red Tsar* (Londres, 2003).
SELF, Robert, *Neville Chamberlain: A Political Life* (Aldershot, 2006).
SHAKESPEARE, Nicholas, *Six Minutes in May: How Churchill Unexpectedly Became Prime Minister* (Londres, 2017).
SHAY, Robert Paul, Jr, *British Rearmament in the Thirties: Politics and Profits* (Princeton, 1977).
SHEPHERD, Robert, *A Class Divided: Appeasement and the Road to Munich 1938* (Londres, 1988).
SHIRER, William, *The Rise and Fall of the Third Reich: A History of Nazi Germany* (Londres, 1962).
SISMAN, Adam, *Hugh Trevor-Roper: The Biography* (Londres, 2010).
SKED, Alan e Chris Cook (orgs.), *Crisis and Controversy: Essays in Honour of A. J. P. Taylor* (Londres, 1976).
SKIDELSKY, Robert, *Oswald Mosley* (Londres, 1975); *Britain since 1900: A Success Story?* (Londres, 2014).
STEINER, Zara, *The Triumph of the Dark: European International History 1933-1939* (Oxford, 2011).
STONE, Dan, *Responses to Nazism in Britain 1933-1939: Before War and Holocaust* (Basingstoke, 2003).
STROBL, Gerwin, *The Germanic Isle: Nazi Perceptions of Britain* (Cambridge, 2000).
SYMONS, Julian, *The Thirties: A Dream Revolved* (Londres, 1975).
TAYLOR, A. J. P., *The Origins of the Second World War* (Londres, 1961).
TAYLOR, S. J., *The Great Outsiders: Northcliffe, Rothermere and the Daily Mail* (Londres, 1996).
TAYLOR, Telford, *Sword and Swastika: The Wehrmacht in the Third Reich* (Londres, 1953); *Munich: The Price of Peace* (Sevenoaks, 1979).
THOMPSON, Neville, *The Anti-Appeasers: Conservative Opposition to Appeasement in the 1930s* (Oxford, 1971).
THORPE, D. R., *Eden: The Life and Times of Anthony Eden, First Earl of Avon, 1897-1977* (Londres, 2003); *Supermac: The Life of Harold Macmillan* (Londres, 2010).
TOOZE, Adam, *The Deluge: The Great War and the Remaking of Global Order 1916-1931* (Londres, 2014).
ULLRICH, Volker, *Hitler: Ascent 1889-1939* (Londres, 2016).
URBACH, Karina, *Go-Betweens for Hitler* (Oxford, 2015).

VYŠNÝ, Paul, *The Runciman Mission to Czechoslovakia 1938: Prelude to Munich*.
WAINEWRIGHT, Will, *Reporting on Hitler: Rothay Reynolds and the British Press in Nazi Germany* (Londres, 2017).
WALEY, Daniel, *British Public Opinion and the Abyssinian War 1935-6* (Londres, 1975).
WAPSHOTT, Nicholas, *The Sphinx: Franklin Roosevelt, the Isolationists, and the Road to World War II* (Nova York, 2015).
WARK, Wesley K., *The Ultimate Enemy: British Intelligence and Nazi Germany 1933-1939* (Londres, 1985).
WATT, D. C., *Personalities & Policies: Studies in the Formulation of British Foreign Policy in the Twentieth Century* (Londres, 1965).
WATT, Donald Cameron, *How War Came: The Immediate Origins of the Second World War 1938-1939* (Londres, 1989).
WEBER, Eugen, *The Hollow Years: France in the 1930s* (Londres, 1995).
WEDGWOOD, C. V., *The Last of the Radicals: Josiah Wedgwood, MP* (Londres, 1951).
WEINBERG, Gerhard L., *The Foreign Policy of Hitler's Germany: Diplomatic Revolution in Europe 1933-36* (Chicago e Londres, 1970).
WEST, Nigel, *MI6: British Secret Intelligence Service Operations 1909-1945* (Londres, 1983).
WHEELER-BENNETT, John W., *King George VI: His Life and Reign* (Londres, 1958).
WILSON, Jim, *Nazi Princess: Hitler, Lord Rothermere and Princess Stephanie von Hohenlohe* (Stroud, 2011).
WRENCH, Evelyn, *Geoffrey Dawson and Our Times* (Londres, 1955).
ZEMAN, Zbynek e Antonín Klimek, *The Life of Edvard Beneš 1884-1948: Czechoslovakia in Peace and War* (Oxford, 1997).
ZIEGLER, Philip, *King Edward VIII: The Official Biography* (Londres, 1990).

Artigos

ADAMTHWAITE, Anthony, "French Military Intelligence and the Coming of War 1935-1939", em Christopher Andrew e Jeremy Noakes (orgs.), *Intelligence and International Relations 1900-1945* (Exeter, 1987).
ANIEVAS, Alexander, "The International Political Economy of Appeasement: The Social Sources of British Foreign Policy During the 1930s", *Review of International Studies*, vol. 37, n. 2 (2011).
ASTER, Sidney, "Appeasement: Before and After Revisionism", *Diplomacy and Statecraft*, vol. 19, n. 3 (2008), pp. 443-80.
BELL, Phillip M. H., "Great Britain and the Rise of Germany 1932-4", *International Relations*, vol. 2, n. 9 (1964), pp. 609-18.
CARR, Richard, "Veterans of the First World War and Conservative Anti-Appeasement", *Twentieth Century British History*, vol. 22, n. 1 (2011), pp. 28-51.
CEADEL, Martin, "The 'King and Country' Debate, 1933: Student Politics, Pacifism and the Dictators", *Historical Journal*, vol. 22, n. 2 (1979), pp. 397-422.
GILBERT, Martin, "Horace Wilson: Man of Munich?", *History Today*, outubro de 1982, pp. 3-9.
HOLT, Andrew, "'No More Hoares to Paris': British Foreign Policymaking and the Abyssinian Crisis, 1935", *Review of International Studies*, vol. 37, n. 3 (2011), pp. 1383-401.
HUCKER, Daniel, "Public Opinion between Munich and Prague: The View from the French Embassy", *Contemporary British History*, vol. 25, n. 3 (2011), pp. 407-27.
JOHNSON, Gaynor, "Sir Eric Phipps, the British Government, and the Appeasement of Germany 1933-1937", *Diplomacy and Statecraft*, vol. 16, n. 4 (2005), pp. 651-69.
JUKES, G., "The Red Army and the Munich Crisis", *Journal of Contemporary History*, vol. 26, n. 2 (1991), pp. 195-214.
KELLY, Bernard, "Drifting towards War: The British Chiefs of Staff, the USSR and the Winter War, November 1939-March 1940", *Contemporary British History*, vol. 23, n. 3 (2009), pp. 267-91.
KENNEDY, Paul M., "'Appeasement' and British Defence Policy in the Inter-War Years", *British Journal of University Studies*, vol. 4, n. 2 (1978), pp. 161-77.

KERSTEN, Lee, "The Times and the Concentration Camp at Dachau, December 1933-February 1934: An Unpublished Report", *Shofar*, vol. 18, n. 2 (2000), pp. 101-9.
LUCKHURST, Tim, "When Yorkshire Ruled the World", *British Journalism Review*, vol. 27, n. 3 (2016), pp. 59-65.
MARDER, Arthur, "The Royal Navy and the Ethiopian Crisis of 1935-36", *American Historical Review*, vol. 75, n. 5 (1970), pp. 1327-56.
MCCARTHY, Helen, "Democratizing British Foreign Policy: Rethinking the Peace Ballot 1934-1935", *Journal of British Studies*, vol. 49, n. 2 (2010), pp. 358-87.
MIDDLETON, Roger, "British Monetary and Fiscal Policy in the 1930s", *Oxford Review of Economic Policy*, vol. 26, n. 3 (2010), pp. 414-41.
MILLS, William C., "Sir Joseph Ball, Adrian Dingli and Neville Chamberlain's 'Secret Channel' to Italy 1937-1940", *International History Review*, vol. 24, n. 2 (2002), pp. 278-317.
NEILSON, Keith, "Stalin's Moustache: The Soviet Union and the Coming of War", *Diplomacy and Statecraft*, vol. 12, n. 2 (2001), pp. 197-208.
PEDEN, G. C., "Sir Horace Wilson and Appeasement", *Historical Journal*, vol. 53, n. 4 (2010), pp. 983-1014.
REYNOLDS, David, "Churchill's Writing of History: Appeasement, Autobiography and The Gathering Storm", *Transactions of the Royal Historical Society*, Sixth Series, vol. 11 (2001), pp. 221-47.
ROBBINS, Keith G., "VI. Konrad Henlein, the Sudeten Question and British Foreign Policy", *Historical Journal*, vol. 12, n. 4 (1969), pp. 674-97.
SOUCY, Robert J., "French Press Reactions to Hitler's First Two Years in Power", *Contemporary European History*, vol. 7, n. 1 (1998), pp. 21-38.
STANNAGE, C. T., "VIII. The East Fulham By-Election", *Historical Journal*, vol. 14, nº 1 (1971), pp. 165-200.
STEINER, Zara, "The Soviet Commissariat of Foreign Affairs and the Czechoslovakian Crisis in 1938: New Material from the Soviet Archives", *Historical Journal*, vol. 42, n. 3 (1999), pp. 751-79.

Dissertações
GILMOUR, Andrew, "The Changing Reactions of the British Press towards Mussolini's Italy from 1935-1940" (Oxford, 1986).
GRIMWOOD, Ian, "Aftermath of Munich: Strategic Priorities in British Rearmament October 1938-August 1939" (LSE, 1996).

Índice

Abbeville (França) 414
Aberdare, Clarence Bruce, 3º barão 137
Abissínia:
    Anexação italiana 101, 151-2, 176-8, 181, 296;
    Crise da Abissínia (1935) 40, 93-102, 444, 449;
    origens do conflito entre Itália e Abissínia 92-3;
    Pacto Hoare-Laval 98-100, 104, 116, 142-3;
    queda de Addis Abeba 101
Ação Católica 75
Acordo anglo-italiano (1938) 186, 226, 252, 343, 356
Acordo anglo-polonês (1939) 15-6, 396-7, 411-2
Acordo de Berchtesgaden (Alemanha-Áustria; 1938) 208, 210-1
Acordo de Munique (1938):
    assinatura do Acordo 310-2;
    avaliação do impacto e do significado 319-24, 450-1;
    Chamberlain desenvolve "Plano Z" para missão pessoal junto a Hitler 263-6, 271;
    condições de acordo 309-10, 319-20;
    Conferência de Munique 305-13;
    debate na Câmara dos Comuns sobre Acordo 316-20, 332-3;
    Declarações Anglo-Germânicas e Franco-Germânicas 312-3, 350-1;
    declaração de Chamberlain sobre "paz para nosso tempo" 315-6, 332-3;
    exigências de Hitler via memorando de Godesberg 289-91, 293-301, 319-21;
    Hitler convida para Munique 301-3;
    observadores tchecos informados do Acordo 311-2;
    primeiro encontro entre Chamberlain e Hitler em Berchtesgaden 271-8;
    reação do público no Reino Unido 313-5, 325-35;
    reação tcheca 315-7, 319-20;
    segundo encontro entre Chamberlain e Hitler em Bad Godesberg 285-7, 289-91;
    sir Horace Wilson vai sozinho ao encontro de Hitler 293-6;
    Tchecoslováquia abre mão dos Sudetas 278-86;
Acordo Franco-Italiano (1935) 95
Acordo Naval Anglo-Germânico (1935) 88-9, 135, 368
acordos/tratados navais:
    Acordo Naval Anglo-Germânico (1935) 87-9, 135-6, 152-3, 341, 368-9;
    corrida armamentista naval, pré-I Guerra Mundial 87-8;
    Pacto de Não Agressão Nazi-Soviético (1939) 390-5, 411-4;
    Tratado Naval de Washington (1922) 87-8, 92, 151-2
Adam, Wilhelm 256
Adams, Vyvyan 43, 219, 389, 450
Adwa (Abissínia) 92;
    Batalha de (1896) 97
aeroporto de Tempelhof (Berlim) 398;
    exposição aérea (1933) 44-5
Albânia, invasão italiana (1939) 356
alemães dos Sudetas 217-8, 227, 247-8, 319-20
Alemanha:
    aceitação na Liga das Nações 27, 63;
    Acordo Naval Anglo-Germânico (1935) 87-9, 135-6, 152-3, 341, 368-9;
    anexação dos Sudetas 319-23;
    ascensão do Partido Nazista 21-2;
    Caso Verde (plano de invasão da Tchecoslováquia) 229, 232-4, 249, 254, 257, 294-5, 300-2;
    condições do Tratado de Versalhes e compensações de guerra 27-8, 33-4, 62-3;

Conferência de Hossbach sobre a política de Lebensraum (1937) 164-5, 168-9, 199-200, 229;
estabelecimento de um supremo comando militar subordinado a Hitler 198-200;
envolvimento na Guerra Civil Espanhola 126, 141-2, 155-6;
golpe planejado por Halder para destituir Hitler (setembro de 1938) 320-1;
Grande Depressão 21;
I Guerra Mundial 11, 429*n*;
incêndio no Reichstag 24;
invade e ocupa o restante da Tchecoslováquia 319-20, 349-52, 444-5;
invasão da Áustria 206-7, 208*n*, 214, 445;
invasão da França 437-8
invasão da Noruega e da Dinamarca 424-6;
invasão da Polônia 14-6, 405-6;
invasão dos Países Baixos 434, 437, 439;
Lei Habilitante cria ditadura 24;
Noite das Facas Longas 33-4, 74-6, 168, 197, 286, 448;
Noite dos Cristais (novembro de 1938) 334-6, 338, 449;
nomeação de Hitler como Chanceler 21-4, 29-30;
ocupação francesa do vale do Ruhr 33-4;
Olimpíada de 1936 em Berlim 135-8;
Pacto de Aço (aliança militar germano-italiana; maio de 1939) 369-70;
Pacto de Não Agressão com a Polônia (1934) 67-8;
Pacto de Não Agressão Nazi–Soviético (agosto de 1939) 390-5, 411-4;
plebiscito do Saar 78-80, 86-7;
primeiros *pogroms* antijudeus 24-8, 35;
remilitarização da Renânia 103-13, 444;
retorno do recrutamento militar 82-4, 153-4;
saída da Conferência de Genebra pelo Desarmamento e da Liga das Nações 33-4, 48-9, 55-6, 64, 169;
saída do Pacto de Não Agressão com a Polônia e do Acordo Naval Anglo-Germânico 368-9;
violações do Tratado de Versalhes e rearmamento 27-8, 30-1, 44-7, 52–7, 63-4, 82-3;
Alexandre I, rei da Iugoslávia 160;
assassinato 80
All Souls College, Oxford 81, 132, 205, 238
Allen de Hurtwood, Clifford Allen, 1º barão 67, 133
Almería (Espanha), bombardeio alemão (1937) 155

Alsácia-Lorena 68
America First Committee 321*n*
Amery, Leo:
aparência e personalidade 238, 430;
com Churchill nos encontros de antiapaziguadores 295-7;
debate na Câmara dos Comuns sobre a interrupção (agosto de 1939) 388-9;
debate na Câmara dos Comuns sobre o Acordo de Munique 318-20;
debate sobre a Noruega (maio de 1940) 430-1
e a questão do possível compromisso de defesa da Tchecoslováquia 219;
e estouro da guerra 18, 406-7, 410;
estabelece grupo de estudos com parlamentares conservadores antiapaziguamento 238;
lê *Mein Kampf* durante visita a Berlim (1934) 74;
na Câmara dos Comuns na véspera da Conferência de Munique 302-3;
pressiona pelo bombardeio da Alemanha 411-2;
sobre a *Anschluss* austríaca 207-8, 219;
sobre a missão de Chamberlain junto a Hitler 272, 295-7;
sobre a missão de Runciman na Tchecoslováquia 252-3;
sobre a remilitarização da Renânia 108;
sobre o discurso de Hitler no comício de Nuremberg de 1938 268-9;
sobre o pronunciamento de Chamberlain à nação em 27 de setembro de 1938 299-300;
Ami du Peuple, L' (jornal) 23
Anderson, Torr 121-3
Anschluss (anexação da Áustria pela Alemanha; 1938):
atrocidades e suicídios subsequentes 212-4, 334;
expectativa 185-6, 199-200, 202-6;
invasão alemã 206-7;
reações britânicas 207-15, 219, 222, 226-7, 237-8
antissemitismo:
no Reino Unido 76-8, 138-9, 357-8;
ver também judeus, perseguição nazista
Apsley, Allen Bathurst, lorde 138
Aquitania, RMS 336
Arado (fabricante de aviões) 46
Armada Territorial 222, 297, 346, 356-7
Armstrong Siddeley (fabricante de motores de aviação) 46
Arras, Batalha de (1917) 53
Asch (Tchecoslováquia) 270, 287, 299
Ascot (corrida) 374, 387

ÍNDICE

Ashley, Wilfrid *ver* Mount Temple, Wilfrid Ashley, 1º barão
Ashton-Gwatkin, Frank 253, 306, 312, 370
Asquith, Herbert (*depois* 1º conde de Oxford e Asquith) 37, 415, 431
Assembleia Juvenil pela Paz 191
Associação Anglo-Germânica 25-6, 134
Associação Nacional de Produtores Industriais (Estados Unidos) 336
Astor, Nancy Astor, viscondessa 68, 74, 107, 171;
 "Clube de Cliveden" 245, 337;
 debate na Câmara dos Comuns sobre o Acordo de Munique 317-8;
 reação à renúncia de Eden ao Secretariado das Relações Exteriores 191;
 sobre Churchill 118;
 sobre Ribbentrop 135
Astor, Waldorf Astor, 2º visconde 68, 74, 107, 218;
 visita a Alemanha nazista (1933) 76-7
Atatürk, Mustafa Kemal 155
Atholl, Katharine Stewart-Murray, duquesa de 74, 219, 330
Ato Administrativo para a Índia (1935) 38, 237*n*
Ato de Neutralidade (Estados Unidos; 1937) 142
Ato Nacional sobre o Seguro de Saúde (1928) 147
Ato sobre o Governo Provincial (1929) 147
Ato sobre Pensões para Órfãos e Idosos (1925) 147
Ato sobre Taxas e Valorização (1925) 147
Attlee, Clement (*depois* 1º conde de Attlee):
 líder da oposição 120, 287-8, 313-4, 316-8;
 no Gabinete de Guerra 437, 439;
 vice-líder do Partido Trabalhista 37, 31, 52, 81-3;
Attolico, Bernardo 403*n*
Auckland, Frederick Eden, 6º barão 191
Áustria:
 Acordo de Berchtesgaden (fevereiro de 1938) 185, 199-200, 208, 210-2;
 assassinato de Dollfuss 75-7;
 atrocidades e suicídios após a *Anschluss* 212-4, 334-5;
 expectativa pela *Anschluss* 185-6, 199-200, 202-6;
 invasão alemã 206-7, 217, 445;
 panfletagem nazista 45-6, 206;
 reações britânicas à anexação 207-15, 219, 222, 226-7, 237-8;

Backhouse, sir Roger 298
Bad Godesberg (Renânia do Norte-Vestfália) 285-7, 289-90, 292;
 ver também memorando de Godesberg
Bahamas 144, 146
bailes (dançantes) 387
Baldwin, Oliver (*depois* 2º conde Baldwin de Bewdley) 116-7
Baldwin, Stanley (*depois* 1º conde Baldwin de Bewdley):
 1935 sucesso na eleição geral 96-8;
 aposentadoria do cargo de primeiro-ministro 142-3;
 carreira posterior 302-3;
 co-primeiro-ministro na prática no governo de coalizão nacional 42, 128, 148;
 dança das cadeiras no Gabinete 94, 130;
 e a ameaça de guerra aérea e a proposta de expansão da Força Aérea 46-50, 52-3, 56-7;
 e a crise da Abissínia 93-5, 99-100;
 e a remilitarização da Renânia 109-11;
 e as visitas de Simon e Eden à Europa no início de 1935 81-2;
 e crise da abdicação 142-3;
 e o rearmamento 40-3, 48-9, 449;
 exclui Churchill de cargos no governo 116-9;
 formação e personalidade 41-2, 245-6;
 primeiro e segundo mandatos como primeiro-ministro 38, 41-2;
 reações a mais lobby de Churchill sobre preparativos de defesa 121-5;
 relações iniciais com Churchill 38, 41;
 reputação subsequente 443, 449;
 sobre a eleição complementar de Fulham East 40-1;
 sobre Bob Boothby 37-8, 41;
 sobre lorde Lothian 66-7;
 terceiro mandato como primeiro-ministro 94, 138-9
Balfour, Arthur Balfour, 1º conde de 149
Balfour, Harold (*depois* 1º barão Balfour de Inchyre) 137, 321
Ball, sir Joseph 183-4, 186, 189-90, 192, 242-3, 333, 339, 348, 356, 370, 372, 416, 417*n*
Balliol College, Oxford 331
Balmoral 257, 259, 264
Banco Municipal de Birmingham 145
Barnby, Vernon Willey, 2º barão 137
Barthou, Louis 64, 80
Bartlett, Vernon 34, 66, 333, 372;
 Alemanha nazista explicada 34, 66
Bastianini, Giuseppe 437

Bayreuth 35, 76, 373
BBC (British Broadcasting Corporation) 184, 203, 243, 264, 315, 413
Beamish, Tufton 16-7
Beaufort (bombardeiro) 122
Beaumont, Michael 219-20, 289
Beaverbrook, Max Aitken, 1º barão 170, 420, 443;
 e a missão de Chamberlain junto a Hitler 281-2
 na Olimpíada de Berlim 136-7;
 sobre a crise da Tchecoslováquia 259-60;
 sobre a perseguição dos judeus pelos nazistas 25, 76-7;
 sobre Chamberlain como primeiro-ministro 226;
 sobre lorde Halifax 159;
 sobre o Pleito da Paz 93-4
Beck, Józef 354-5, 378, 386, 402-3, 405
Beck, Ludwig 256, 258
Bedford, Hastings Russell, 12º duque de 358
Beethoven, Ludwig van 145
Bélgica 171, 379-80, 413, 429n;
 invasão alemã 434-5, 437, 439
Belloc, Hilaire 217
Beneš, Edvard:
 e a missão de Runciman 251;
 e a questão dos Sudetas 229, 235, 248, 254-5;
 e exigências de Hitler por meio do memorando de Godesberg 298-9;
 excluído da Conferência de Munique 306, 310-1;
 presidente tchecoslovaco 229, 323, 350;
 "Quarto Plano" 261-2, 263-4;
 reação ao Acordo de Munique 315-7;
 rendição dos Sudetas 280-3;
Berard, Armand 95
Berchtesgaden (Bavária) 162, 164, 185, 231, 233, 261, 275-6, 280, 287, 394, 401
Bergen (Noruega) 426
Berghof (residência de Hitler) 138, 164, 276
Berlim:
 Dahlem 137;
 Embaixada do Reino Unido 162-4;
 Hotel Adlon 71;
 Kroll Opera House 103;
 Sportspalast 294;
 Tumba dos Mortos 163;
 Unter den Linden 136;
 ver também aeroporto de Tempelhof
Bernays, Robert 41, 108;
 Correspondente especial 78-9
 e Acordo de Munique 316-7;
 e iniciativa de Chamberlain de aproximar-se da Itália 191;
 no jantar dos Astor na Noite das Facas Longas 74-6;
 sobre a crise na Tchecoslováquia 262-3, 270;
 sobre a revista da frota no Jubileu de Prata 92;
 sobre lorde Halifax 159;
 sobre Ramsay MacDonald 94;
 visita à Alemanha nazista 39-40, 77-9;
Bevin, Ernest 120n
Birkenhead, F. E. Smith, 1º conde de 94, 313
Birmingham 143-5, 246, 274, 276, 329, 338, 343, 347, 352, 450
Bismarck, Otto von, "Chanceler de Ferro" 248, 307, 402
Bismarck, príncipe Otto von 74
Blenheim (bombardeiro) 387
Blickling Hall (Norfolk) 107
Blomberg, Werner von 164-5, 169, 196n
 renúncia forçada 198
Blücher, Gebhart Leberecht von 85
Blue Peter (cavalo de corrida) 387
Blum, Léon 145, 225
Blunden, Edmund 28
Bodenschatz, Karl-Heinrich 370
bombardeio aéreo, ameaça de 42-3, 45-51, 55, 274, 320-2, 341, 345, 353-4;
 ver também precauções contra ataques aéreos;
bombas de gás 43, 101, 297
Bonham Carter, Violet (*depois* baronesa Asquith de Yarnbury) 415, 431, 433
Bonnet, Georges:
 e Acordo de Munique 316-7;
 e crise da Tchecoslováquia 234-5, 248-9, 268-9, 271-2;
 e declaração de guerra 406;
 e missão de Chamberlain junto a Hitler 279-81, 293-4;
 e negociações por aliança com os soviéticos 380-5;
 e propostas de Mussolini para a conferência de paz 404;
 e Tchecoslováquia abre mão dos Sudetas 279-81;
 ministro das Finanças 50;
 ministro das Relações Exteriores 226, 228;
Bono, Emilio de 97
Boothby, Robert "Bob" (*depois* barão Boothby) 19, 34-5, 41, 63n, 219, 237, 282, 296, 314, 355, 389, 444
Bosworth, Batalha de (1485) 192

Boughton House (Northamptonshire) 249-50
Bower, Robert 363
Bracken, Brendan (*depois* 1º visconde Bracken) 19, 117, 237, 287
Braun, Eva 278
Braunau am Inn (Áustria) 206
Bregenz (Áustria) 206
Brigadas Internacionais (Guerra Civil Espanhola) 141
Bristol 108
British Broadcasting Corporation *ver* BBC
Brittain, Vera, *Testament of Youth* 39
Brocket, Ronald Nall-Cain, 2º barão 268, 273, 305, 335, 358-60
Bromfield, Louis, *England: A Dying Oligarchy* 338
Brooks, Collin 117
Brown Book of the Hitler Terror and the Burning of the Reichstag (1933) 25
Buccleuch, Mary, duquesa de 250
Buccleuch, Walter Montagu Douglas Scott, 8º duque de 210, 245, 250, 327, 358-60, 393, 402, 416-20
Buchan, John *ver* Tweedsmuir, John Buchan, 1º barão
Burckhardt, Carl 390
Burgin, Leslie 367
Butler, Ewan 204*n*
Butler, Rab (*depois* barão Butler de Saffron Walden) 81*n*;
  e eclosão da guerra 409-10;
  e propostas finais de Hitler ao Reino Unido 397, 401-2;
  e queda de Chamberlain 433-4;
  e questão da Polónia 354-5;
  sobre lorde Halifax 354-5;
  subsecretário de Estado para Política Externa 193, 209, 219, 227, 288-9, 295-6, 357-60
Byron, Robert 268
Bywater, Hector C. 92

caça à raposa 159, 354
Cadogan, Christopher 329
Cadogan, Francis 329
Cadogan, sir Alexander:
  durante a guerra 419-20;
  e a declaração de guerra do Reino Unido 409;
  e a invasão da Polónia pelos alemães 405;
  e anexação da Áustria 204, 206, 210-2, 217;
  e as propostas finais de Hitler ao Reino Unido 397-9;
  e Conferência de Munique 302-3;
  e crise da Tchecoslováquia de maio de 1938 232;
  e iniciativa de Chamberlain de aproximar-se da Itália 191;
  e início do desenvolvimento da política externa da "diplomacia cuidadosa" por parte de Chamberlain 153-5;
  e invasão italiana da Albânia 355-6;
  e missão de Chamberlain junto a Hitler 273, 285, 290-2, 297-9;
  e negociações secretas de George Steward com Fritz Hesse 340;
  e possível aliança com a União Soviética 365;
  e questão do possível compromisso de defesa da Tchecoslováquia 217, 221-2, 228;
  e renovada crise da Tchecoslováquia 257-9, 261-4, 298-9;
  e visita de Chamberlain e Halifax a Roma (janeiro de 1939) 344-5;
  e visita do duque de Buccleuch e de lorde Brocket à Alemanha (abril de 1939) 358-9;
  sobre a negociação contínua de uma aliança anglo-soviética 380-2;
  sobre o compromisso contínuo de Chamberlain com o apaziguamento 366;
  sobre o discurso de Halifax ao Royal Institute of International Affairs (junho de 1939) 368-9;
  subsecretário assistente para política externa 153;
  subsecretário permanente 179-80, 250*n*, 341;
  visita secreta de Fritz Wiedemann (julho de 1938) 250-1
Calais 169, 438-9
Callaghan, James (*depois* barão Callaghan de Cardiff) 81*n*
Camarões 154*n*, 169
Cambon, Jules 200*n*
Cambrai, Batalha de (1917) 145*n*
campanha da Noruega (1940) 423-8
campanha de Dardanelos (1915) 38, 434
campanha de Galípoli (1915) 38*n*, 238, 430
campo de concentração de Buchenwald 335
campo de concentração de Dachau 24, 130, 213, 335
campo de concentração Sachsenhausen 335
campo de pouso de Heston 273, 305, 314
campos de concentração 130, 138, 405, 448
Camrose, William Berry, 1º visconde 137
Canal de Suez 92
Canaris, Wilhelm 258, 341, 345
Canning, George 266, 279
Carinhall (propriedade de Göring em Brandemburgo) 167

Carr, E. H. 62-3, 105
Cartland, Ronald 197, 238, 328, 377, 388-90
Casares Quiroga, Santiago 126
Caso Branco (plano alemão para a invasão da Polônia) 361
caso Stavisky (1933-34) 51
Caso Verde (plano alemão para a invasão da Tchecoslováquia) 229, 234, 249, 294
Castelo de Sissinghurst (Kent) 297, 342
Castelo de Windsor 161
Castlereagh, Edward Vane-Tempest-Stewart, visconde (*depois* 8º marquês de Londonderry) 137
Catedral de Canterbury, remoção de vitrais 313
"Cato", *Guilty Men* 242, 444
Cayzer, Sir Charles 417
Cazalet, Thelma 268
Cazalet, Victor 100, 108, 116, 118, 208, 268, 367, 434, 453
Cecil, lorde Hugh (*depois* 1º barão Quickswood) 246
Cecil of Chelwood, Eleanor "Nelly", viscondessa 129
Cecil of Chelwood, Robert Cecil, 1º visconde (*antes* lorde Robert Cecil) 93, 133, 244, 287, 296, 330
Cenotáfio (Londres) 11, 26, 65, 302
cerco a Zeebrugge (1918) 429
Chamberlain, Anne "Annie" (*née* Vere Cole) 146, 150, 301, 306, 409-10, 432
  e a declaração de "paz para nosso tempo" 315, 433
Chamberlain, Dorothy 146
Chamberlain, Frank 146, 431*n*
Chamberlain, Hilda 143;
  correspondência com o irmão 146, 148, 151, 178, 198, 205, 211, 226, 255, 313, 340, 347, 349, 382, 390
Chamberlain, Ida,
  correspondência com o irmão 148, 156, 170, 177, 221-2, 227, 243, 249, 264, 266, 271, 275-7, 333, 338, 340, 349, 354, 365, 367, 380, 389, 413, 415, 421
Chamberlain, Ivy, Lady 181-3, 185
Chamberlain, Joseph 143
Chamberlain, Neville:
  adiamento de ofensivas durante a Guerra de Mentira 413-4, 419-21;
  ascensão ao cargo de primeiro-ministro 141-3, 150;
  assinatura do Acordo 310-2;
  casamento e filhos 146;
  Chanceler do Tesouro 47-9, 135-6, 147-8, 154-5;
  como lorde-presidente do Conselho 437, 440;
  conclusão do Acordo Anglo-Italiano 226, 252;
  concorda com as reivindicações de comprometimento militar total com o continente 346-7;
  continua a encorajar as visitas de diplomatas amadores à Alemanha 348;
  conversas com Henderson sobre sua nomeação como embaixador em Berlim 161-2;
  criação do Ministério do Abastecimento e introdução do recrutamento 356-7, 367;
  debate na Câmara dos Comuns sobre Acordo 316-20, 332-3;
  debate sobre adiamento na Câmara dos Comuns 387-90;
  debate sobre a Noruega (maio de 1940) 429-34;
  declaração anglo-turca de defesa mútua 225-6;
  declaração ao Parlamento sobre a questão da Tchecoslováquia (24 de março de 1938) 223-4, 226;
  declaração sobre "paz para nosso tempo" 315-6, 332-3;
  desenvolvimento da estratégia de "responsabilidade limitada" 50-1, 119-20;
  desenvolvimento do papel de sir Horace Wilson como conselheiro pessoal 178-9, 212-3, 243-5;
  desenvolvimento do "Plano Z" para a missão pessoal de se encontrar com Hitler 263-6, 271;
  dirige-se ao comício do governo de coalizão nacional em Boughton House (julho de 1938) 250;
  discurso à Câmara dos Comuns (24 de agosto de 1939) 395;
  discurso em Birmingham (28 de janeiro de 1939) 347;
  discurso em Birmingham (17 de março de 1939) 351-2;
  e anexação da Áustria 204-5, 211-3, 226-7;
  e assinatura do Tratado Anglo-Irlandês 226;
  e campanha da Noruega 424-8;
  e campanha para a eleição geral de 1935 96-7, 119;
  e continuando as negociações da aliança anglo-soviética 379-83;
  e crise de maio de 1938 na Tchecoslováquia 230, 233-4, 249;
  e exigências de Hitler no memorando de Godesberg 289-91, 293-9;
  e fim das sanções contra a Itália 151-2;
  e formação do Conselho Superior de Guerra dos Aliados 414-5;

e Iniciativa Roosevelt em assuntos internacionais 176, 179-83;
e invasão da Finlândia pelos soviéticos 423-4;
elaboração de comunicado conjunto sobre futuras relações anglo-germânicas 312-3;
e maior lobby de preparativos de defesa por parte de Churchill 142-5, 153-4;
e missão de Dahlerus à Alemanha (agosto--setembro de 1939) 397-9;
e missão de Drax a Moscou (agosto de 1939) 383-5;
e missão de Runciman à Tchecoslováquia 251-2;
emite ultimato à Alemanha 19-20, 406-7;
e mobilização da Tchecoslováquia para a guerra 286-7, 293-4;
e negociações secretas de George Steward com Fritz Hesse 338-40;
envia Horace Wilson em missão solitária junto a Hitler 293-6;
envia o general Ironside em missão a Varsóvia (julho de 1939) 378-9, 382-3;
e Pacto Hoare-Laval e renúncia de Hoare 98-100;
e perguntas sobre Gdansk e o Corredor Polonês 377-8;
e plano de Halifax para a paz negociada 440;
e propostas finais de Hitler ao Reino Unido 397-9, 401-2;
e propostas finais de Mussolini para a conferência de paz 404-5;
e questão do possível compromisso de defesa da Tchecoslováquia 221-4;
e questão dos Sudetas 227-9, 249-51, 255, 257, 268-9;
e reações públicas ao Acordo 313-5, 325-35;
e recomendações do Comitê de Requerimentos de Defesa sobre gastos com defesa 47-55;
e remilitarização da Renânia 109-10, 118;
e rumores de plano de oferecimento de empréstimo à Alemanha em troca do desarmamento 270-1;
e última "missão de paz" de Ernest Tennant junto a Ribbentrop (julho de 1939) 373-5;
e visita de Halifax a Berlim (novembro de 1937) 157, 159, 161-3, 165-6, 168-71, 178-9;
e visita de Kleist-Schmenzin a Vansittart 257-8;
e visita do duque de Buccleuch e de lorde Brocket à Alemanha (abril de 1939) 359-61;
faz comunicado à nação sobre a declaração de guerra 20, 406-10;
garantias à Grécia e à Romênia 356-7;
garantias à Polônia 351-6, 360-3, 377-8;
hesitação após a invasão alemã da Polônia 15-9, 406-7;
histórico familiar, juventude e início da carreira 142-5, 244-6;
iniciativa de aproximar-se da Itália 176-8, 179-93, 226;
início da carreira política 145-7;
mantém o otimismo 347-9;
na caçada em Balmoral (agosto de 1938) 257-9;
na Conferência 307-13, 314n;
opinião particular sobre o Acordo 332-3;
oposição à aliança com a União Soviética 352-4, 363-6, 380;
personalidade e interesses 142-5, 148-50, 244-6;
plano para oferecer territórios coloniais à Alemanha 176, 197-8;
plano secreto de intermediação de suecos com Göring 366, 373-4, 397-8;
primeira reunião com Hitler em Berchtesgaden 271-8;
primeiro estágio no desenvolvimento da política externa de "diplomacia cuidadosa" 152-5, 156-7;
pronunciamento à nação sobre a crise da Tchecoslováquia e preparativos para a guerra (27 de setembro de 1938) 298-301;
proposta de pacto de não agressão com o Japão 151-2;
reação à deterioração da situação nos Sudetas 262-66, 268-9, 271;
reação à invasão da Albânia pela Itália 355-7;
reação à invasão da Tchecoslováquia 351-2;
reação à Noite dos Cristais na Alemanha 338;
reação ao bloqueio japonês de Tientsin (junho de 1939) 369-70;
reação ao Pacto Nazi-Soviético 390-4;
reação aos ataques japoneses à China 156-7;
reação aos "sindicantes da paz" domésticos 416-9;
reação ao Terceiro Relatório do Comitê de Requerimentos de Defesa 119-20;
recebe convite de Hitler para a Conferência de Munique durante discurso na Câmara dos Comuns 301-3;
rejeita a oferta de Litvinov de conversas sobre uma possível aliança com a União Soviética 224-5;
rejeita a "oferta de paz" de Hitler (outubro de 1939) 415-8;

relatórios ao Gabinete sobre a primeira reunião 277-81;
renúncia 433-4;
renúncia de Eden ao Secretariado das Relações Exteriores 179-80, 181-2, 189-93, 243;
reputação e avaliação da política de apaziguamento 443-51;
resistência à campanha para "trazer Churchill de volta" 367-9;
retorna a Londres 313-6, 390-1;
reunião de emergência do Gabinete sobre a crise da Tchecoslováquia (30 de agosto de 1938) 257-61;
reuniões de Gabinete após a volta a Londres 290-4, 297-301;
rompimento de relações com Eden 152-3, 177-83, 185-6;
segunda reunião com Hitler em Bad Godesberg 285-91;
sobre Baldwin excluir Churchill de cargos no governo 118-9;
sobre o expurgo promovido por Hitler na Noite das Facas Longas e o assassinato de Dollfuss na Áustria 75-7;
Tchecoslováquia abre mão dos Sudetas 278-81;
viagem de pesca à Escócia (agosto de 1939) 389-91;
viaja a Munique 305-7;
visita de Daladier a Londres para conversas sobre a Tchecoslováquia (abril de 1938) 227-9;
visita Mussolini em Roma (janeiro de 1939) 343-6;
visita Paris com Halifax (novembro de 1938) 340;
Chamberlain, Norman 145*n*
Chamberlain, Sir Austen:
apoio a Mussolini 69-70;
ataca a política de defesa do governo 115-6, 122-3;
e o Corredor Polonês 363;
e resultados do Pleito da Paz 93-4;
histórico familiar, personalidade, juventude e início da carreira 143, 145, 147, 245-6;
morte 181*n*;
reação ao Relatório Branco de 1935 sobre gastos com defesa 82-3;
se recusa a comparecer à Olimpíada de Berlim 137*n*;
sobre a importância da independência da Áustria 195;
sobre o conhecimento de política externa de seu meio-irmão 150;
sobre o governo de Hitler 62, 448
Champetier de Ribes, Auguste 293
Channon, sir Henry "Chips":
e a queda de Chamberlain 428, 432-4;
e o estouro da guerra 18;
na Câmara dos Comuns na véspera da Conferência de Munique 302-3;
promoção a secretário particular parlamentar 193;
sobre a crise da Abdicação 139-40;
sobre a crise da Abissínia 95-6;
sobre a crise de maio de 1938 na Tchecoslováquia 231;
sobre a ida de Chamberlain junto a Hitler 272;
sobre a ocupação alemã da Tchecoslováquia 350-1;
sobre a Olimpíada de Berlim 137-8;
sobre a perseguição dos alemães aos judeus 335;
sobre a possível aliança com a União Soviética 364, 366;
sobre a presença de Chamberlain em Munique 305;
sobre as inclinações nazistas do príncipe de Gales 130;
sobre o afastamento de Halifax das políticas apaziguadoras 368-9;
sobre o baile do Palácio de Blenheim 387-8;
sobre o Pacto Nazi-Soviético 393;
sobre Eden 191, 250;
vida social em Londres 250;
Chaplin, Charlie 22, 150
Chartwell (Kent) 53, 260
Chatfield, Ernle Chatfield, 1º barão 88, 364, 414
Chautemps, Camille 51, 211
Chicago 240
China:
bloqueio japonês a Tientsin (1939) 369-70;
bombardeio de Xangai pelos japoneses (1932) 42;
guerra civil (1927-36) 68-9;
Guerra Sino-Japonesa (1937-45) 121-2, 156-7, 445;
invasão japonesa da Manchúria (1931) 44, 81-2, 95-6, 180-1, 365, 444-5;
Churchill, Randolph 116-7, 237
Churchill, sir Winston:
A aproximação da tempestade 112;
alvo de desconfiança como líder em potencial dos parlamentares antiapaziguamento 238, 280-1;
ameaça rebelião contra a política externa do governo 237;

apoio reiterado pelo estabelecimento de um
  Ministério do Abastecimento 237;
ataca o Acordo Naval Anglo-Germânico (1935)
  89;
"campanha para trazer Churchill de volta"
  367-9;
campanhas contra o autogoverno para a Índia
  38, 237n;
debate sobre adiamento na Câmara dos Comuns
  (agosto de 1939) 387-90;
debate sobre a Noruega (maio de 1940) 432-3;
derrota de seu filho em eleições complementares
  116-7;
derrota o plano de Halifax por uma paz
  negociada 437-43;
durante a Guerra de Mentira 412, 415;
e anexação da Áustria 204, 213-5, 237;
e a renúncia de Eden ao Secretariado das
  Relações Exteriores 190, 192;
e campanha da Noruega 423-5, 427-8, 432-3;
e crise da Tchecoslováquia 259-61, 264-6, 270,
  287-8, 295-7;
e discurso de Chamberlain na Boughton House
  (julho de 1938) 250;
e estouro da guerra 406, 410;
e invasão da Polônia pelos alemães 19, 406;
e "manifesto pela paz" do duque de Westminster
  416, 417n;
entra para o Gabinete de Guerra como primeiro
  lorde do Almirantado 19, 406, 412;
e possível aliança com a União Soviética 365;
e questão do possível compromisso com a defesa
  da Tchecoslováquia 219-20, 224;
e reação do público ao Acordo 329, 331-2;
excluído por Baldwin de cargos governamentais
  116-9;
fala em debate na Câmara dos Comuns sobre o
  Acordo 317-9;
faz pressão para a expansão da Força Aérea 43,
  47-8, 53-7, 121-2;
História dos povos de língua inglesa 260;
jura apoio à luta de Mussolini contra o
  comunismo 69-70;
juventude e início da carreira política 37-8, 147,
  245-6;
líder em tempo de guerra 437, 441-4;
mais lobby sobre preparativos de defesa e
  pressiona pelo estabelecimento de um
  Ministério do Abastecimento 120-6, 153-4;

  na Câmara dos Comuns às vésperas da
    Conferência de Munique 302-3;
  organiza reuniões de antiapaziguadores
    (setembro de 1938) 287-8, 295-7;
  primeiros alertas sobre rearmamento alemão
    38-9, 45-6, 52-7, 448;
  proposta para deter ataques de submarinos
    italianos durante a Guerra Civil Espanhola
    155-6;
  reação ao Acordo de Munique 293-4, 317-21;
  reitera alertas sobre rearmamento alemão 119,
    121-2;
  relações com Baldwin no início da carreira 38, 41;
  sobre a anexação dos Sudetas pelos alemães
    319-21;
  sobre a crise da Abissínia 95-6;
  sobre a ida de Chamberlain junto a Hitler 272,
    281-2, 287-8;
  sobre a remilitarização da Renânia 112, 117;
  sobre a Tchecoslováquia abrir mão dos Sudetas
    285-6;
  sobre lorde Halifax 159;
  sobre lorde Londonderry 130;
  sobre lorde Rothermere e o *Daily Mail* 69-72;
  sobre o debate em Oxford sobre "Rei e País" 39;
  sobre os últimos meses de Baldwin como
    primeiro-ministro 142-3;
  sobre o Tratado Anglo-Irlandês (1938) 226;
  substitui Chamberlain como primeiro-ministro
    434-5;
  visitado por Maisky em Chartwell (setembro de
    1938) 259-61;
Ciano, conde Galeazzo:
  assina Pacto de Aço (aliança militar entre
    Alemanha e Itália; maio de 1939) 369-70;
  e iniciativa de Chamberlain de aproximar-se de
    Mussolini 180-1, 185-6, 190;
  e visita de Chamberlain e Halifax a Roma
    (janeiro de 1939) 343-6;
  ministro das Relações Exteriores da Itália 156-7,
    273;
  na Conferência de Munique 308-13;
  propostas finais para conferência de paz 404-5;
  sobre a participação da Itália em patrulhas
    do Mediterrâneo durante a Guerra Civil
    Espanhola 156-7
City of Exeter, SS 384-5
Clark, Kenneth (*depois* barão Clark) 243, 442
Clemenceau, Georges 27

Cleverly, Oscar 306
Clive, Mervyn Herbert, visconde 267
Cliveden (Buckinghamshire) 69;
  "Clube de Cliveden" 244-5, 337
Clydesdale, Douglas Douglas-Hamilton, marquês de (*depois* 14º duque de Hamilton) 137
cobertura da Alemanha pela imprensa do Reino Unido:
  esforços do governo para influenciar a 169-73, 339;
  reclamações dos alemães 163-4, 169, 201-2;
Coburg, Charles Edward, duque de 347
Cockburn, Claud 245
Cole, G. D. H. 82
Colônia 103, 277, 286
Colville, sir John "Jock" 418, 426, 435, 451
Colvin, Ian 354, 370
comemorações do Dia do Armistício 11, 26
Comício de Nuremberg:
  (1934) 129;
  (1935) 127-8;
  (1936) 138-9;
  (1937) 138-9, 161;
  (1938) 254, 262-4
Comitê de Requerimentos de Defesa (DRC) 48-9
Concílio Antinazista 126
Conferência de Genebra pelo Desarmamento (1932-34) 27-8, 44, 64;
  delegação britânica 30, 59, 62;
  retirada alemã 33-4, 48-9, 55-6, 64, 447
Conferência de Hossbach (Chancelaria do Reich; 1937) 168-9, 199, 229
Conferência de Lausanne (1932) 27
Conferência de Nyon (1937) 155-6
Conferência de Stresa (1935) e Frente de Stresa 88-9, 92, 96, 101, 128
Conferência de Wannsee (1942) 78
Conferência Mundial pelo Desarmamento (1932-34) *ver* Conferência de Genebra pelo Desarmamento
Conferência pelo Desarmamento (1932-34) *ver* Conferência de Genebra pelo Desarmamento
Conflito das Malvinas (1982) 12
Congresso de Berlim (1878) 306n
Congresso do Partido dos Alemães dos Sudetas (1938) 227, 229, 261-2
Congresso Sindical 191
Conselho de Transporte de Passageiros de Londres 148
Conselho Nacional da Paz 191
Conselho Nacional de Mulheres 328

Conselho Superior de Guerra (Aliados) 414
Conwell-Evans, T. P. 66, 134, 138, 349
Cooper, Alfred Duff (*depois* 1º visconde Norwich):
  apoio à cooperação anglo-francesa 139-40;
  "Chamberlain: Um retrato sincero" 343, 450;
  e ataques de submarinos alemães durante a Guerra Civil Espanhola 155-6;
  e decisão de mobilizar a Frota Britânica 298-301;
  e estouro da guerra 14-5, 19, 410;
  e iniciativa de Chamberlain de aproximar-se da Itália 189;
  e missão de Chamberlain junto a Hitler 272, 274, 278-81, 286, 291-4;
  e "oferta de paz" de Hitler 416-7;
  e questão de possível compromisso de defesa da Tchecoslováquia 223-4, 258-9;
  na reunião de emergência do Gabinete durante a renovada crise da Tchecoslováquia (30 de agosto de 1938) 258-9;
  reação à ameaça crescente à Tchecoslováquia 266-7, 271-2;
  reação ao Acordo de Munique 313-4;
  reação da população ao desrespeito a Munique 326-30;
  renúncia 300-1, 313-4, 316-7;
  secretário de Estado para a Guerra 139-40;
  serviço na I Guerra Mundial 245-6;
  sobre a crise de maio de 1938 na Tchecoslováquia 233-5;
  sobre a remilitarização da Renânia 109;
  sobre o pronunciamento de Chamberlain à nação em 27 de setembro de 1938 299-300;
  sobre os conflitos de Eden com Chamberlain 182n, 189
Cooper, Lady Diana (*depois* viscondessa Norwich) 15, 328
Coote, sir Colin 82, 427
Corbin, Charles 381, 406
Corfu 356
Corredor Polonês 218, 360-1, 363, 377, 398
corridas de cavalos 196, 374
Corrigan, Laura 250
Coty, François 23
Coulondre, Robert 370, 396, 399, 404
Coward, sir Noël 337
Cowles, Virginia 230-1, 265n, 267, 366
Cox, Geoffrey 294
Cranborne, Elizabeth, viscondessa (*depois* marquesa de Salisbury) 192

Cranborne, Robert Gascoyne-Cecil, visconde (*depois* 5º marquês de Salisbury):
  críquete 41, 386-8;
  debate na Câmara dos Comuns sobre o Acordo de Munique 226;
  durante a Guerra de Mentira 412;
  e reação pública ao Acordo 329-30;
  e rumores de plano de oferecimento de empréstimo à Alemanha em troca do desarmamento 371-2;
  e visita de Simon e Eden no início de 1935 a Berlim 84-6;
  na Conferência de Stresa (1935) 89n;
  negativa a liderar parlamentares antiapaziguamento 27-8;
  renúncia à subsecretaria parlamentar 192;
  sobre a crise na Abissínia 96-7;
  sobre Göring 86;
  sobre Hitler 27-8;
  sobre o rearmamento alemão 86-7
Cripps, sir Stafford 94
Crise da abdicação (1936) 139-42, 238
crise de maio de 1938 na Tchecoslováquia 229-35, 247, 249
Crise de julho (1914) 269n
Crise de Suez (1956) 12
Croft, sir Henry Page (*depois* 1º barão Croft) 74
Croix, La (jornal) 24
Cromwell, Oliver:
  citado em debate sobre a Noruega 430-1;
  Hitler comparado a 68, 74;
Crookshank, Harry (*depois* 1º visconde Crookshank) 305, 317
Crossley, Anthony 302
Crossman, Richard 132, 331
Cuba 12
Culverwell, Cyril 417
Cunard, Maud "Emerald", Lady 129, 135
Cunliffe-Lister, sir Philip *ver* Swinton, Philip Cunliffe-Lister, 1º conde de
Curzon de Kedleston, George Curzon, 1º marquês 29, 138

Dahlerus, Birger 373, 397-400, 402, 404-5
Daily Express 25, 39, 138, 259, 281, 294, 314, 367, 393
Daily Herald 22, 96, 171, 272
Daily Mail 56, 69;
  campanha de rearmamento 72;
  campanhas para o retorno de Churchill ao governo 368;
  sobre a anexação da Áustria 207, 208n;
  sobre a crise da Abissínia 95-6;
  sobre a crise da Tchecoslováquia e a missão de Chamberlain junto a Hitler 282;
  sobre eleições complementares em Ross e Cromarty 116-7;
  sobre o regime nazista 70-2, 75, 79;
Daily Mirror 69, 368
Daily Sketch 40, 306, 325
Daily Telegraph:
  campanhas para a volta de Churchill ao governo 368;
  e ascensão de Chamberlain a primeiro-ministro 142;
  e rumores de plano de oferecimento de empréstimo à Alemanha em troca do desarmamento 372;
  relatório de lorde Allen sobre visita à Alemanha nazista 68;
  sobre a anexação da Áustria 212-3;
  sobre a crise na Tchecoslováquia e a missão de Chamberlain junto a Hitler 282;
  sobre a Noite das Facas Longas 75;
  sobre a visita de Halifax à Alemanha 172;
  sobre nomeação de Hitler a chanceler 22;
  sobre ocupação alemã da Tchecoslováquia 351;
  sobre o debate "Rei e País" em Oxford 39;
  sobre operações de despejo de panfletos da RAF 412;
  sobre revista da frota no Jubileu de Prata 92
Daladier, Edouard:
  Conferência e Acordo de Munique 302-3, 307-12, 316-7, 350-1;
  e adiamento da invasão alemã da Polônia 398-9;
  e crise da Tchecoslováquia 227-9, 265-6, 271;
  e declaração de guerra 406-7;
  e missão de Chamberlain junto a Hitler 272n, 279-81, 293-4;
  e negociações da aliança soviética 384-5, 393;
  e ocupação alemã da Tchecoslováquia 350-1;
  e Tchecoslováquia abre mão dos Sudetas 279-81;
  e últimas propostas de Mussolini para conferência de paz 404-6;
  e visita de Chamberlain a Paris (novembro de 1938) 340;
  garantias à Polônia e à Romênia 353-7;
  giro por territórios franceses no Norte da África e Mediterrâneo (janeiro de 1939) 344-5;

no Conselho Superior de Guerra dos Aliados
414;
nomeação de Bonnet para ministro das Relações
Exteriores 225-6, 228;
primeiro-ministro pela primeira vez 23, 33-4;
primeiro-ministro pela segunda vez 51-3;
primeiro-ministro pela terceira vez 225-6;
reações ao Pacto Nazi-Soviético 393-4;
renúncia ao cargo de primeiro-ministro 426
Dalton, Hugh (*depois* barão Dalton) 238, 318-9, 321*n*,
384, 411-2, 428, 432, 441
Daly, Denis 204*n*
Danzig *ver* Gdansk
Daqui a cem anos (filme; 1936) 55
Davidson, J. C. C. (*depois* 1º visconde Davidson) 116
Davis, Norman 107
Dawson, Geoffrey 127, 133, 171, 208, 245, 249, 262-3, 443
Dawson de Penn, Bertrand Dawson, 1º visconde 138
Déat, Marcel 377
debate sobre a Noruega (maio de 1940) 428-35
Debate "Rei e País" (Oxford Union; 1933) 39
de Bono, Emilio 97
defesas antiaéreas Comitê de Pesquisa sobre Defesa
Aérea 121-2
defesas antiaéreas 115, 178-9, 222-3, 296-8, 341, 394
de Gaulle, Charles 51
De La Warr, Herbrand Sackville, 9º conde 279, 281,
291, 293, 317, 332
de Lacroix, Victor 282
Delbos, Yvon 211
Depressão, Grande 22, 38, 44, 50, 70, 120, 147, 218
Derby, Edward Stanley, 17º conde de 196, 420
Derby (corrida de cavalos) 387
Deutsch-Englische Gesellschaft 161, 347
Deuxième Bureau (inteligência militar francesa) 28,
50, 105, 225*n*, 321-2
De Valera, Eamon 226
Devonshire, Edward Cavendish, 10º duque de 366
Diaspro (submarino italiano) 155
Dieckhoff, Hans-Heinrich 336
Dietrich, Otto 268
Digby, Kenelm 40
Dinamarca 426
Dinastia dos Habsburgo 217-8
Dingli, Adrian 183-4, 186, 189-90, 339, 356
dirigíveis 145
Dirksen, Herbert von 250*n*, 275, 371
Disraeli, Benjamin, 1º conde de Beaconsfield 279,
306, 315, 332

Dollfuss, Engelbert 76
Dorman-Smith, sir Reginald 19-20
Dornier (fabricante de aviões) 31
Douglas-Home, sir Alec (*antes* lorde Dunglass):
na Conferência de Munique 306, 308, 312-3, 450-1;
secretário particular parlamentar de
Chamberlain 143, 302-3, 314-5, 431, 433-4;
sobre Chamberlain 143, 148-9, 450
Doumenc, Aimé 383-5
Drake, sir Francis 345
Drax, sir Reginald, missão a Moscou (agosto de 1939)
383-6
Dugdale, Blanche "Baffy" 281, 293
Duncan-Jones, Arthur, decano da Chichester
Cathedral 108-9
Dunglass, Alec Douglas-Home, lorde *ver* Douglas-
-Home, sir Alec
Dunlop Rubber 134
Durham 129, 131, 135

Echo de Paris, L (jornal) 24, 99
Economist, The (jornal) 22, 107
Eden, Anthony (*depois* 1º conde de Avon):
aparência e personalidade 59, 239;
Conferência de Nyon (setembro de 1937) 155-7;
discurso na Associação Nacional de
Produtores Industriais em Nova York
(dezembro de 1938) 336-7;
e ataques de submarinos italianos durante a
Guerra Civil Espanhola 155-7;
e crise na Abissínia 94-5;
e esforços de Halifax para influenciar a cobertura
da Alemanha pela imprensa britânica 171-3;
e estouro da guerra 19, 410;
e fim das sanções contra a Itália 151-3;
e Henderson como embaixador em Berlim 161;
e iniciativa de Chamberlain de aproximar-se da
Itália 176-90, 226;
e Iniciativa Roosevelt em assuntos internacionais
176, 179-84;
e negociações por aliança anglo-soviética 379-80;
e remilitarização da Renânia 104-9, 111;
estremecimento nas relações com Chamberlain
152-3, 177-83, 185-6;
e visita de Halifax a Berlim e conversas com
Hitler (novembro de 1937) 154-6, 161-2,
165-6, 178-9;
faz lobby pelo retorno de Churchill ao governo
368-9;

ÍNDICE

juventude e início da 59-60, 245-6;
ministro das Relações Exteriores e lorde do Selo Privado 59;
na Câmara dos Comuns às vésperas da Conferência de Munique 302-3;
negativa a liderar parlamentares antiapaziguamento 238-9, 270, 280-1;
no jantar dos Astor na Noite das Facas Longas 74-5;
primeira visita a Hitler em Berlim (fevereiro de 1934) 59-61;
reação à crise crescente na Tchecoslováquia 264-5, 270;
reação ao Acordo de Munique 313-4, 318-9;
recolhe-se ao sul da França 238-9;
renúncia ao cargo de secretário das Relações Exteriores 179-82, 189-93, 199-201, 238, 243-4;
Secretariado das Relações Exteriores 104, 138-40, 152-3, 211-2;
sobre Chamberlain como primeiro-ministro 150, 175;
sobre metas da Conferência de Genebra pelo Desarmamento 64;
sobre visita de delegação de ex-soldados britânicos à Alemanha (julho de 1935) 130;
visita Berlim, Moscou, Varsóvia e Praga para novas negociações de acordo de armamentos (março de 1935) 80-2, 84-8;
voto por adiamento na Câmara dos Comuns (agosto de 1939) 389-90;
Eden, John 60
Eden, sir Timothy 60, 237-8
Eden, sir William 60
Edinburgh Evening News 117
Edward VIII, rei *ver* Windsor, Edward, duque de
Edwards, Richard 389
Eger (Tchecoslováquia) 270, 287, 299
Einstein, Albert 25
eleições *ver* eleições complementares; eleições gerais
eleições complementares:
Bridgwater (1938) 333;
Dartford (1938) 333;
Fulham East (1933) 40-1;
Kinross e Western Perthshire (1938) 330;
Liverpool Wavertree (1935) 116;
Oxford (1938) 330-2;
Ross e Cromarty (1936) 116
eleições gerais:
(1918) 146;
(1931) 42*n*;
(1935) 96-8, 116, 119, 245-6
Elizabeth I, rainha 70
Elizabeth, rainha consorte 326
Ellington, sir Edward 52
Elliot, Walter 281, 293, 313, 317, 332
Elliott's Metal Company 145
"Elo, o" (grupo pró-alemão) 358
Emrys-Evans, Paul 113, 414, 443, 447
Enchantress, HMS 91
Endymion, SS, naufrágio do (1938) 184
Epping (Essex) 330-1
Epsom Derby (corrida de cavalos) 387
Eritreia 92-3, 97, 99
Esses homens maravilhosos e suas máquinas voadoras (filme; 1965) 274
Estados Unidos:
discurso de Roosevelt sobre "Quarentena" (outubro de 1937) 240;
e crise na Abissínia 98-100;
Guerra do Vietnã 11;
Iniciativa Roosevelt/Plano Welles sobre política externa 176-7, 179-81, 184, 240-1;
isolacionismo pós-I Guerra Mundial 11;
publicação de tradução de *Mein Kampf* 32;
reação à anexação da Áustria 241;
reação à Noite dos Cristais 336;
terceiro Ato de Neutralidade (1937) 142-3;
USS *Panay* afundado pelos japoneses 156;
vendas de equipamento aéreo à Alemanha 46-7;
visões sobre política do apaziguamento após Acordo de Munique 336-8
Estônia 380
Estrasburgo 106, 256
Etiópia *ver* Abissínia
Eton College 29, 59, 6, 93;
jogo de críquete entre Eton e Harrow 374, 387
evacuação (de mulheres e crianças) 20, 403, 406
evacuação de Dunquerque (1940) 438-43
Evening News 117, 288, 367-8
Evening Standard 25, 119, 160, 389, 443;
charges de Low 169, 171
ex-colônias alemãs:
desenvolvimento do plano britânico de ofertas de colônias 154-5, 169-70, 176, 197-200;
questão da restituição 38, 71-3, 85, 105-6, 139-40, 154-5, 167-9, 201-2;
tomada e divisão sob determinações do Tratado de Versalhes 43, 62, 154*n*;

Exposição Internacional de Caça (Berlim; 1937) 157,
    159, 162-3, 166, 169*n*
Eyres-Monsell, sir Bolton *ver* Monsell, Bolton Eyres-
    -Monsell, 1º visconde

Feiling, Keith, *Life of Neville Chamberlain* 447*n*
Fermor, sir Patrick Leigh 40
Festival de Cinema de Cannes 395
Field (revista) 159
Finlândia 380;
    invasão soviética e Guerra de Inverno (1939-40)
        424-5, 426*n*
Fisher, H. A. L. 63
Fisher, sir Warren 45, 48, 444
Flandin, Pierre-Etienne 107-8, 110
Flexner, Abraham 240
Foot, Michael 171, 443
Foot, sir Dingle 429
Força Aérea Alemã *ver* Luftwaffe
Força Aérea Auxiliar 394
Força Aérea Real (RAF):
    gasto e expansão 45-57, 118-9, 121-2, 178-9, 223,
        320-1, 412, 445;
    missões para despejo de panfletos de propaganda
        410, 412-3;
    tempo de guerra 410, 412;
    treinamento 121-2;
    ver também Força Aérea Auxiliar
Forster, E. M. 325
Fortnightly Review (diário) 62
Fox, Charles James 435
França:
    Acordo Franco-Italiano (1935) 94-5;
    caso Stavisky (1933-34) 52-3;
    compromisso com a defesa da Tchecoslováquia
        218-9, 225, 227-9, 232, 265-6, 268-9, 272;
    curto segundo mandato de Daladier como
        primeiro-ministro 51-3;
    declaração de guerra 406-7;
    e crise na Abissínia 94-102;
    e Frente de Stresa 87-9;
    eleição da Frente Popular 128;
    e ocupação alemã da Tchecoslováquia 350-1;
    e remilitarização da Renânia 105-13;
    e Tchecoslováquia abre mão dos Sudetas 279-83;
    garantias de apoio à Polônia e à Romênia 353-7,
        395-6;
    Grande Depressão 50-1;
    Guerra Franco-Prussiana 437;
    interrompe negociações pelo desarmamento 64;
    invasão alemã 437-8, 442-3
    Laval se sai bem como ministro das Relações
        Exteriores 79-80;
    militarização no pós-guerra 27-8, 48-50;
    negociações anglo-francesas por aliança com a
        União Soviética 363-6, 379-87, 393;
    negociações do Tratado de Versalhes 27-8;
    nomeação de Bonnet como ministro das
        Relações Exteriores 225-6, 228;
    ocupação do vale do Ruhr 33-4;
    Pacto Franco-Soviético (1935) 79-80, 103-6, 128,
        224;
    plebiscito sobre o Saar 78-80;
    preparativos para a guerra 292-5, 321-2, 350-1, 393-4;
    I Guerra Mundial 11;
    primeiro mandato de Daladier como primeiro-
        -ministro 23, 33-4;
    primeiros meses de guerra 307, 319-20, 426;
    propostas anglo-francesas para o novo acordo
        armamentista 79-81;
    queda do primeiro governo Blum 142-3;
    queda do segundo governo Blum 225;
    reação à anexação da Áustria 211-2;
    reação ao Pacto Nazi-Soviético 395-6;
    reação à reintrodução do alistamento militar pela
        Alemanha 82-4;
    reações à ascensão de Hitler ao poder 32-4;
    reações ao Acordo de Munique 316-7, 325, 340;
    renúncia do governo Chautemps 211-2;
    reestabelecimento do serviço militar 82-3;
    Reynaud como primeiro-ministro 426;
    terceiro mandato de Daladier como primeiro-
        -ministro 225-9, 265-6, 271, 292-4;
    Tratado Franco-Tcheco (1925) 218-9, 249;
Francisco Ferdinando, arquiduque da Áustria 76
Franco, Francisco 141, 178
François-Poncet, André:
    e Acordo e Conferência de Munique 309, 311-2,
        316-7;
    e crise de maio de 1938 na Tchecoslováquia 232;
    embaixador da França em Berlim 24;
    faz planos de fuga em caso de guerra 200-1;
    sobre a Olimpíada de Berlim 137-8;
    sobre governo de Hitler 24, 32;
Frank, Karl Hermann 229
Frederico, o Grande, rei da Prússia 248
Fritsch, Werner von 165;
    renúncia forçada 198

ÍNDICE

Fuller, J. F. C. 42
Futebol 21

Gallacher, William 197
Gällivare (Suécia) 425
Gamelin, Maurice 105-6, 112, 228, 294, 406, 414, 420, 424
Gandhi, Mahatma 38, 159-60, 166
Garvin, J. L. 29, 171, 253, 314, 351, 368
Gascoyne-Cecil, Lady Gwendolen 244
Gdansk 154, 165, 360-1, 366, 368-70, 374-5, 377-8, 388, 390, 395, 398, 404
Gedye, G. E. R. 212-3
George V, rei 92, 96
George VI, rei 135, 326, 435n;
  como duque de York 274;
  coroação 142, 196
George Washington: The First Nazi (panfleto de propaganda) 338
Germains, V.W., *The Tragedy of Mr Churchill* 38n
Gibbon, Edward, *Ascensão e queda do Império Romano* 115
Gibbs, sir Philip 416
Gilbert, W. S., "O duque da Plaza Toro" 291n
Gilmour, sir John 415
Glaise-Horstenau, Edmund 185
Glasgow 25, 341;
Glasgow Record and Mail (jornal) 69
Goebbels, Joseph, ministro da Propaganda Nazista 25-6, 32;
  e estouro da guerra 404-5;
  e invasão da Tchecoslováquia 349-50;
  encontro com lorde Halifax em Berlim (1937) 169, 197;
  e Noite das Facas Longas 74-5;
  e Noite dos Cristais 334-5;
  e Olimpíada de Berlim 137-8;
  e visita de lorde Rothermere a Berlim (1934) 70-2;
  reação ao Relatório Branco Britânico sobre gastos com defesa 82-3;
  sobre a reação francesa à remilitarização da Renânia 106-7;
Goebbels, Magda 71
Goodwood Cup (corrida de cavalos) 387
Gordon-Lennox, Victor 172, 372
Gordon Walker, Patrick (*depois* barão Gordon-Walker) 331
Göring, Emmy 71

Göring, Hermann:
  admite existência da Luftwaffe 82-3;
  anuncia ampla expansão do programa de rearmamento 340-1;
  aproximação com soviéticos 381-2;
  Birger Dahlerus como intermediário junto aos britânicos 373-4, 397-9;
  convites para visitar o Reino Unido 196-7, 251;
  discurso em Potsdam sobre o militarismo prussiano (março de 1934) 61;
  e Conferência de Munique 301-2, 309-11;
  e invasão da França 438n;
  e missão de Dahlerus à Alemanha (agosto--setembro de 1939) 397-400, 404-5;
  e missão de Helmut Wohltat a Londres (junho de 1939) 370-1;
  e Noite das Facas Longas 33-4, 168, 197;
  e "oferta de paz" de Hitler (outubro de 1939) 417-8;
  e Olimpíada de Berlim 137-8;
  e perseguição de judeus 77-8;
  e visita de lorde Londonderry a Berlim (1936) 131;
  e visita de lorde Lothian a Berlim (1937) 154-5;
  e visita de lorde Rothermere a Berlim (1934) 70-1;
  e visita de Simon e Eden a Berlim em 1935 85-6;
  ministro da Aviação do Reich 33-4, 44-6;
  interesse por caça 160, 167, 335;
  propõe conversas emergenciais com Chamberlain (agosto de 1939) 390-1;
  reunião de Schleswig-Holstein e grupo de empresários britânicos (agosto de 1939) 373-4;
  suposta determinação de iniciar a guerra no outono de 1938 255, 257-8;
  visitado por lorde Halifax em Carinhall (novembro de 1937) 167-9, 197;
Gottwald, Klement 316
Grã-Bretanha, Batalha da (1940) 118, 321
Grand National (corrida de cavalos) 196
Grandi, conde Dino 176-7, 184-8, 190, 241
Grant Duff, Shiela 230
Graves, Robert, *Goodbye to All That* 28, 39
Grécia 356-7, 380, 393
Greenwood, Arthur 18, 388, 437, 439
Gregório VII, papa 266
Grenfell, David 352
Greve Geral (1926) 40-1, 69
Greville, Dame Margaret 129

Grey, sir Edward 269
Grigg, sir P. J. 142, 427
Grupo Anglo-Germânico 67
Guernica (Espanha), bombardeio de (1937) 155
Guerra Civil Espanhola (1936-39) 42, 126, 128, 139-42, 155-6, 177-8, 444;
   intervenções italianas 155-7, 177-8, 190, 252
Guerra da Coreia (1950-53) 11
Guerra das Rosas (1455-87) 192n
Guerra de Inverno, Soviético-Finlandesa (1939-40) 423-5, 426n
Guerra do Vietnã (1955-75) 12
Guerra dos Bôeres (1899-1902) 37, 208
Guerra Franco-Prussiana (1870-71) 438-9
Guerra Sino-Japonesa (1937-45) 141-2, 156-7, 445
Guest, Frederick "Freddie" 47
Guilty Men 242, 444
Gunther, John 412
Gürtner, Franz 22n

Hácha, Emil 350
Haig, Douglas Haig, 1º conde 53
Haile Selassie, imperador da Abissínia 95, 101
Hailsham, Douglas Hogg, 1º visconde 49-50, 279, 293, 331
Halder, Franz 404
   golpe planejado contra Hitler (setembro de 1938) 320
Halifax, Edward Wood, 1º conde:
   alerta a Chamberlain sobre iminente invasão alemã da Polônia 390-1;
   aparência, personalidade, interesses 159, 364-5;
   assistente de Eden no Secretariado das Relações Exteriores e lorde presidente do Conselho 123, 157;
   chá com Goebbels 169, 197;
   conversas com Hitler em Berchtesgaden 154-5, 161-7;
   discurso na Joseph Kennedy Pilgrims Society (março de 1938) 241;
   discursos à Câmara dos Lordes e ao Royal Institute of International Affairs (junho de 1939) 368-9;
   durante Guerra de Mentira 414, 419-20, 434;
   e anexação da Áustria 202-5, 210-1, 222;
   e artigo do *Times* pedindo a cessão dos Sudetas 261-3;
   e audiência de Henderson com Hitler sobre proposta de Acordo Anglo-Germânico (março de 1938) 199-203;
   e campanha da Noruega 424-5;
   e Conferência de Munique 302-3, 307;
   e continuidade de negociações de aliança anglo--soviética 379-83;
   e crise de maio de 1938 na Tchecoslováquia 230, 232, 234-5;
   e estouro da guerra 19, 406, 409;
   e exigências de Hitler via memorando de Godesberg 291-3, 296-9, 300-1;
   e garantias à Polônia 352-6;
   e iniciativa de aproximação com a Itália 189, 193;
   e invasão soviética da Finlândia 423-4;
   e missão de Chamberlain junto a Hitler 273, 279-82, 286-7, 290-3;
   e missão de Dahlerus à Alemanha (agosto--setembro de 1939) 397-9;
   e missão de Drax a Moscou (agosto de 1939) 383-5;
   e missão de Runciman à Tchecoslováquia 253-4;
   e mobilização da Tchecoslováquia para a guerra 286-90;
   e plano de intermediários suecos com Göring 374-5;
   e plano de oferta de colônias à Alemanha 170, 198;
   e "Plano Z" de Chamberlain de missão pessoal para encontrar Hitler 263-4;
   e possível aliança com a União Soviética 352-4, 363-6, 379-80;
   e questão de possível compromisso de defesa da Tchecoslováquia 220, 222;
   e questão dos Sudetas 234-5, 248-9, 253-6, 261-3, 268-9;
   esforços para influenciar cobertura da Alemanha pela imprensa britânica 169-72;
   estada com Göring em Carinhall 167-9, 197;
   e Tchecoslováquia abre mão dos Sudetas 279-82;
   e últimas propostas de Hitler ao Reino Unido 397-405;
   e últimas propostas de Mussolini para conferência de paz 404-5;
   memorando a Hitler sobre mobilização militar contra a Tchecoslováquia (agosto de 1938) 225-6;
   nomeação como secretário das Relações Exteriores 193, 195;
   origens, juventude e início da carreira 159, 245-6;
   plano para paz negociada 437-41, 442-3
   reação à ameaça crescente à Tchecoslováquia 263-9;

reação à invasão da Albânia pela Itália 355-6;
reação a propostas soviéticas sobre a crise 259-61;
reação a "sindicantes da paz" domésticos 417-8;
recusa a suceder Chamberlain 433-5;
relatório sobre a visita para Chamberlain 168-70;
reunião de emergência do Gabinete sobre crise da Tchecoslováquia (30 de agosto de 1938) 257-60;
transição pós-Munique de apaziguador a resistente 332-3, 341, 345-9, 368-9;
visita a Alemanha (novembro de 1937) 157-69, 171-2, 178-9;
visita Paris com Chamberlain (novembro de 1938) 340;
visita Roma com Chamberlain (janeiro de 1939) 343-5;
visita secreta de Fritz Wiedemann (julho de 1938) 250-1;
Halifax, lady 273
Hamilton, Douglas Douglas-Hamilton, 14º duque de (*antes* marquês de Clydesdale) 137, 357
Hamilton, sir Ian 25-6, 74, 78, 134*n*
Hampden (bombardeiro) 122
Hampden, John 430-1
Hanfstaengl, Ernst "Putzi" 79
Hankey, sir Maurice (*depois* 1º barão Hankey) 17, 45, 48-9, 105, 121, 191, 221;
visita Alemanha nazista (1933) 34, 72-3
Hannon, sir Patrick 389
Hardinge, Alec (*depois* 2º barão Hardinge de Penshurst) 300*n*
Harmsworth, Esmond (*depois* 2º visconde Rothermere) 69
Harmsworth, Vere 70
Harmsworth, Vyvyan 70
Harris, Wilson 335
Harrison, sir Geoffrey 306*n*
Harrow School, partida de críquete entre Eton e Harrow 374, 387
Harvey, Oliver (*depois* 1º barão Harvey de Tasburgh):
secretário particular de Eden 180;
secretário particular de Halifax 293, 262, 269, 281, 345, 348, 366, 393, 406
Hassell, Ulrich von 101, 334
Havaí, ameaça de ataque japonês ao 151
Havock, HMS 155
Haydn, Joseph 135
Headlam, Arthur, bispo de Gloucester 26
Headlam, sir Cuthbert 22, 84, 92, 130, 195

Healey, Denis (*depois* barão Healey) 331
Heath, sir Edward 331
Heinkel (fabricante de aviões) 44
Henderson, sir Nevile:
aparência, personalidade e vida pessoal 160-1, 245-6;
audiência com Hitler sobre proposta de Acordo Anglo-Germânico (março de 1938) 98-203;
chamado para reunião de emergência do Gabinete (agosto de 1938) 257-61;
dá garantias a Chamberlain sobre rumores de ataque alemão iminente 347-8;
e anexação da Áustria 204, 206, 222;
e Conferência de Munique 301-3, 306*n*;
e crise de maio de 1938 na Tchecoslováquia 229-34;
e declaração de guerra 406-7;
e esforços de Halifax para influenciar cobertura da Alemanha pela imprensa britânica 171-2;
embaixador em Belgrado 160;
e missão de Chamberlain junto a Hitler 274-5, 276*n*, 286, 298;
e "Plano Z" de Chamberlain para missão pessoal de encontro com Hitler 263-4;
e possível aproximação germano-soviética 381-2;
e questão dos Sudetas 229, 247-8, 251, 254-5;
e últimas propostas de Hitler ao Reino Unido 396-7, 399-405;
e visita de Halifax à Alemanha (novembro de 1937) 161-3, 165-6, 169;
no Comício de Nuremberg de 1938 263-4, 265*n*;
nomeação como embaixador em Berlim 160-2;
primeiro memorando sobre "política britânica para a Alemanha" 161;
reação à ameaça crescente à Tchecoslováquia 263-7, 298-9;
repassa comentário de general alemão sobre inevitabilidade da guerra 369-70;
se encontra com Hitler após anúncio do Pacto Nazi-Soviético 394, 396;
visões sobre Gdansk e questões do Corredor Polonês 377-8;
volta a Berlim após três meses fora para cirurgia de câncer 347;
Henlein, Konrad:
líder do Partido dos Alemães dos Sudetas 227, 235, 249, 253, 264, 278;
reuniões com Hitler 229, 231, 261-2
Henrique IV, Sacro Império Romano-Germânico 266, 305

Herbert, sir Sidney 319
Herring, J. H. 44-6
Herriot, Édouard 52
Hess, Rudolf 131;
  voo para a Escócia (1941) 357
Hesse, Fritz 140;
  negociações secretas com George Steward 339-40
Hewel, Walther 375
Heyne, Ernst 25
Himmler, Heinrich 78, 130, 255
Hindenburg (dirigível) 136
Hindenburg, Paul von 21, 24
Hitler, Adolf:
  Acordo de Berchtesgaden com Schuschnigg (fevereiro de 1938) 185, 199-200, 208, 210-2;
  adiamento da invasão da Polônia e últimas propostas ao Reino Unido 395-401;
  Alemanha sai da Conferência pelo Desarmamento e da Liga das Nações 33-4, 48-9, 55-6, 64, 447;
  ampla expansão do programa de rearmamento 340-1;
  anexação dos Sudetas 319-23;
  anuncia a expansão do exército alemão 45-6;
  assiste à parada militar (27 de setembro de 1938) 300-2;
  audiência com lorde Kemsley (julho de 1939) 372-4;
  audiência com Nevile Henderson sobre proposta de Acordo Anglo-Germânico (março de 1938) 198-203;
  autoriza invasão da Polônia 405;
  Caso Branco (plano de invasão da Polônia) 360-1, 369-70;
  celebrações do aniversário de cinquenta anos 358-61;
  Conferência de Hossbach sobre a política de Lebensraum 164-5, 168-9, 199-200, 229;
  Conferência de Munique 308-13;
  desenvolvimento do Caso Verde (plano para invasão da Tchecoslováquia) 229, 232-4, 249, 254, 257, 294-5, 300-2;
  discurso ao Comício de Nuremberg de 1938 261-2, 263-4, 266-9;
  discurso de comemoração de quatro anos no Reichstag (janeiro de 1937) 141-2;
  discurso de maio de 1933 no Reichstag 31-2;
  discurso de sexto aniversário perante o Reichstag (janeiro de 1939) 347;
  discurso no Sportspalast de Berlim (26 de setembro de 1938) 294-5;
  discursos pós-Munique de ataque ao Reino Unido 334-5;
  e assassinato de Dollfuss na Áustria 75-6;
  e crise de maio de 1938 na Tchecoslováquia 232-4;
  e plano de Halifax para negociar a paz 437-8;
  e propostas anglo-francesas para novo acordo sobre armamentos 79-81;
  e "Quarto Plano" de Beneš 260-2;
  exige devolução do território de Memel 353-4;
  exigências do memorando de Godesberg 289-91, 293-8, 318-20;
  faz convites a Munique 301-3;
  força renúncia de generais e estabelece Supremo Comando das Forças Armadas 198-200;
  garantias após o plebiscito de Saar 78-80;
  golpe planejado por Halder 320-1;
  intenção de ataque à Tchecoslováquia antes do fim de setembro 257, 260-2, 266-7;
  invasão da Áustria 206-7, 208n;
  invasão de Noruega e Dinamarca 424-6;
  invasão dos Países Baixos e da França 437-8;
  invasão e ocupação do restante da Tchecoslováquia 319-20, 349-52;
  Lei Habilitante cria ditadura 24;
  Mein Kampf 29, 32, 33, 73-5, 224, 448;
  missão de Dahlerus (agosto-setembro de 1939) 397-402;
  missão solitária de sir Horace Wilson junto a 293-6, 300-1;
  na Olimpíada de 1936 em Berlim 135-7;
  não reage ao memorando de Halifax sobre mobilização militar contra a Tchecoslováquia 256;
  não responde a "questionário" sobre obrigações do tratado 138-9;
  Noite das Facas Longas 33-4, 74-6, 168, 286, 448;
  Noite dos Cristais (novembro de 1938) 334-5;
  nomeado chanceler 21-4, 29-30;
  "oferta de paz" (outubro de 1939) 415-8;
  primeira reunião com Chamberlain em Berchtesgaden 271-8;
  primeiros *pogroms* antijudeus 24-8, 35;
  reação à crise da Abdicação no Reino Unido 139-41;
  reação à declaração de guerra do Reino Unido 406-7;

reintrodução do recrutamento 81-3, 153-4;
remilitarização da Renânia 103-13;
renova campanha pela restituição das colônias 138-40, 154-5;
renuncia ao Pacto de Não Agressão com a Polônia e ao Acordo Naval Anglo-Germânico 368-9;
responsabilidade pela guerra 444, 447-8;
reunião com comissário da Liga das Nações em Gdansk (agosto de 1939) 389-91;
reunião com Halifax no Berchtesgaden (novembro de 1937) 161-7;
reuniões com Henderson após anúncio do Pacto Nazi-Soviético 394, 396;
reuniões com líderes do Partido dos Alemães dos Sudetas 229, 231, 260-2;
segunda reunião com Chamberlain em Bad Godesberg 285-7, 289-91;
Tchecoslováquia como alvo 218, 232-4, 260-1;
vésperas da anexação da Áustria 202-6;
visita às fortificações da Linha Siegfried (agosto de 1938) 256;
visita de Simon e Eden para negociar acordo armamentista (março de 1935) 82-8;
visitado por delegação de ex-soldados britânicos (julho de 1935) 130;
visitado por diplomatas amadores britânicos 65-8, 70-3, 130-4;
visitado por Eden (fevereiro de 1934) 59-61;
visitado por Lloyd George (setembro de 1936) 137-9;
visões sobre o Acordo de Munique 312-3, 320-1, 323-4;
Hoare, sir Samuel (*depois* 1º visconde Templewood):
avaliação da política de apaziguamento de Chamberlain 443;
demitido do governo 432-3, 443;
e crise crescente na Tchecoslováquia 260-1, 264-5;
e crise na Abissínia 93-7;
e missão de Chamberlain junto a Hitler 279-82, 290-1;
e mobilização da Tchecoslováquia para a guerra 289-90;
em tempos de guerra 414, 431;
e plano de Chamberlain para oferta de colônias à Alemanha 198;
e questão da Tchecoslováquia 220;
e Tchecoslováquia abre mão dos Sudetas 279-80;

incidente de Hochlinden (1939) 406;
Pacto Hoare-Laval 98-100, 104, 116, 142-3;
personalidade e juventude 93-4, 245-6;
pressiona por aliança com os soviéticos 352-3, 365;
reação aos alertas de Churchill sobre o rearmamento alemão 53-6;
renúncia ao Secretariado das Relações Exteriores 99-100, 104;
reputação subsequente 443;
secretário das Relações Exteriores 93-4;
secretário de Estado para a Índia 53-4;
secretário para Assuntos Internos 189, 197, 341;
sobre a campanha por eleições gerais em 1935 97-8;
sobre exclusão de Churchill de cargos no governo por Baldwin 118-9;
sobre Henderson como embaixador na Alemanha 260-1;
Hoesch, Leopold von 66
Hogg, Quintin (*depois* barão Hailsham de St. Marylebone) 331-2, 432
Hohenlohe, princesa Stephanie von 71
Holanda 103, 345-6, 380-1;
invasão alemã 434, 437
Hollenden, Geoffrey Hope-Morley, 2º barão 137, 267
Hong Kong 44
Honolulu, ameaça de ataque japonês 151
Hood, HMS 97
Hoover, Herbert 336
Hore-Belisha, Leslie (*depois* 1º barão Hore-Belisha):
e introdução do recrutamento 356-7;
e missão de Chamberlain junto a Hitler 271, 274-5, 291-3;
e últimas propostas de Hitler ao Reino Unido 397;
faz campanha pela aceleração do rearmamento 332-3, 346;
ministro dos Transportes 76-8;
secretário de Estado para a Guerra 77-8, 250;
sobre a máquina do Partido Conservador 330;
Horne of Slamannan, Robert Horne, 1º visconde 287
Hospital Geral de Birmingham 145
Hossbach, Friedrich 146
Howard, Peter, *Guilty Men* 242, 443-4
Hudson, Robert (*depois* 1º visconde Hudson) 340, 372-3, 417
Hugenberg, Alfred 22*n*
Hulbert, sir Norman 267

Hull, Cordell 241
Hungria 70
Hurlingham Club 21
Hurricane (caça) 122, 321, 412

I Guerra Mundial:
   bombardeios aéreos 42;
   carreira de Chamberlain durante a 145-6;
   estouro 16-7;
   homenagens 11, 26-7;
   impacto econômico 43;
   livros, peças e filmes sobre 27-8, 39;
   serviço militar de apaziguadores e de antiapaziguadores em tempo de guerra 245-6;
   total de vítimas 11, 38*n*;
   ver também Arras; Cambrai; Dardanelles; Jutland; Passchendaele; Somme; Verdun; Zeebrugge
II Guerra Mundial:
   Batalha da Grã-Bretanha 118, 320-1;
   bombardeio aéreo do Reino Unido 55-6, 274;
   bombardeio da Polônia 14, 410-2;
   campanha da Noruega 423-8;
   estouro 14–20, 405-7;
   evacuação de Dunquerque 438-9, 440-3;
   Guerra de Mentira 410-5, 419-24, 434;
   invasão alemã dos Países Baixos 434, 437, 439;
   invasão soviética da Finlândia e Guerra de Inverno 423-5, 426*n*;
   queda da França 437-8, 442-3;
   total de vítimas 366, 411-2
Igreja Luterana 77
Igrejas, perseguição pelos nazistas 163
ilha de Andros (Bahamas) 144, 146
incêndio no Reichstag (1933) 24
incidente com o *Deutschland* (1937) 155
incidente da Ponte Marco Polo (1937) 156
incidente de Gleiwitz (1939) 405
incidente de Mukden (1931) 44
incidente de Wal-Wal (1934) 92
incidente em Lugouqiao (1937) 156
Instituto Real de Assuntos Internacionais 368
Internacional Trabalhista e Socialista, Conferência (Paris; 1933) 64
Índia 38, 43-4, 53, 92, 159, 163, 166, 238, 271, 291, 300, 329
Innsbruck 206
Inskip, sir Thomas (*depois* 1º visconde Caldecote) 107, 117-8, 123, 125, 182, 220, 223, 280, 364, 397

Irã 12
Iraque 12, 43
Irlanda 43, 143, 205, 253, 305;
   Tratado Anglo-Irlandês (1921) 226;
   Tratado Anglo-Irlandês (1938) 226
Iride (submarino italiano) 155
Ironside, Edmund (*depois* 1º barão Ironside) 220, 366;
   e campanha da Noruega 425-7;
   missão a Varsóvia (1939) 378-9, 383
Ismay, Hastings "Pug" (*depois* 1º barão Ismay) 384
Itália:
   Acordo Anglo-Italiano (1938) 226, 252, 343-5, 355-6;
   anexação da Abissínia 101-2, 151-2, 176-8, 180-1;
   aproximação com Alemanha nazista 101-2;
   ascensão do fascismo 68-71;
   assassinato de Matteotti 73-4;
   Conferência de Stresa (1935) 87-9, 92-3;
   Guerra da Abissínia 92-102, 296-7, 444, 449;
   iniciativa de aproximação de Chamberlain 176-93, 226;
   intervenções na Guerra Civil Espanhola 155-7, 177-8, 190, 252;
   invasão da Albânia 355-7;
   Pacto de Aço (aliança militar germano-italiana; maio de 1939) 369-70
   reação ao assassinato de Dollfuss na Áustria 75-7;
   reação à reintrodução do recrutamento pela Alemanha 82-4;
   Reino Unido encerra sanções contra 151-3;
   une-se ao Pacto Germano-Japonês Anticomintern e deixa a Liga das Nações 177-8;

Japão:
   ataques a navios dos Estados Unidos e do Reino Unido no rio Yang-tsé 156-7;
   bloqueio a Tientsin (1939) 369-70
   bombardeio de Xangai (1932) 42;
   Guerra Sino-Japonesa (1937-45) 141-2, 156-7, 445;
   invasão da Manchúria (1931) 44, 81-2, 95-6, 180-1, 365, 444-5;
   proposta de Chamberlain para pacto de não agressão 151-2;
   saída do Tratado Naval de Washington 87-8, 151-2;
Jebb, Gladwyn (*depois* 1º barão Gladwyn) 369, 373
Jellicoe, George Jellicoe, 2º conde 137
Jenkins, Roy (*depois* barão Jenkins of Hillhead) 331

ÍNDICE

Joad, C. E. M. 40
Jodl, Alfred 112, 322, 413
Jogos Olímpicos (Berlim, 1936) 136-8
Johnson, Amy 321*n*
Johnson, Ken "Snakehips" 387
Jones, Thomas 118, 183, 240, 245-6;
   sobre a remilitarização da Renânia 107-8;
   sobre Hitler 29, 59;
   sobre lorde Lothian 66-7;
   sobre os últimos meses de Baldwin como primeiro-ministro 142-3
   visita à Alemanha nazista 132, 138-9;
Journal des débats, Le 23
Jouvenel, Henry de 91
Judeus, perseguição nazista 24-8, 65, 136-7, 212-3, 334-6, 448;
   reações britânicas 76-9, 335, 338
julgamentos de Nuremberg (1945-46) 112, 321-3
Junkers (fabricante de aviões) 44
Jutland, Batalha de (1916) 60

Keitel, Wilhelm 229-30, 255, 350, 397
Kemsley, Gomer Berry, 1º visconde 137
   audiência com Hitler (julho de 1939) 373
Kennard, sir Howard 401-2
Kennedy, A. L. 74
Kennedy, Joseph 241-2, 336-7, 394-5
Kennedy, Leo 249
Kent, princesa Marina, duquesa de 250
Kent, príncipe George, duque de 241-2, 250, 302, 326
Keyes, sir Roger (*depois* 1º barão Keyes) 429
Keynes, John Maynard Keynes, 1º barão 63, 77;
   As consequências econômicas da paz 63
Kiel 426
Kings Norton, Birmingham (distrito eleitoral) 197, 238, 389
Kirkpatrick, sir Ivone 163-4, 166, 286, 295, 306*n*, 308, 341,
Kleist-Schmenzin, Ewald von 257-9
Klemperer, Otto 25
Knatchbull-Hugessen, sir Hughe 156
Knowsley Hall (Lancashire) 196
Königsbrück (Saxônia) 230
Kordt, Erich 370
Kordt, Theodor 262, 273
Kosovo 12
Kristiansand (Noruega) 426
Krofta, Kamil 316
Kufstein (Áustria) 308

Ladybird, HMS, ataque japonês ao (1937) 156
Ladywood, Birmingham (distrito eleitoral) 147
Lanark 258
Lang, Cosmo, arcebispo de Canterbury (*depois* 1º barão Lang of Lambeth) 93, 214, 302, 313, 332, 334
Lansbury, George 40, 64, 120, 132
Laval, Pierre:
   Acordo Franco-Italiano (1935) 94-5;
   e crise na Abissínia 94-7;
   e Frente de Stresa 89;
   Pacto Hoare-Laval 98-100, 104, 116, 142-3;
   renúncia forçada 106-7;
   sucessão como ministro das Relações Exteriores e primeiro-ministro 79-80, 89;
Law, Richard (*depois* 1º barão Coleraine) 314, 317, 328, 389, 414, 443
Layton, sir Walter (*depois* 1º barão Layton) 107, 171, 333
Lazard Brothers (mercado financeiro) 134
Leamington Spa 139
Lebensraum (política alemã do "espaço vital") 164, 218
Lebrun, Albert 354
Leeds 25, 43, 192
Léger, Alexis 312
Legião Britânica 26, 130
Legião Condor (alemã) 155
Lei Habilitante (Alemanha; 1933) 24
Leibstandarte Adolf Hitler (divisão SS) 286
Leicester 106, 108, 212
Leipa (Tchecoslováquia) 350
leis de Nuremberg (1935) 136
Leningrado 384-5
Lennox-Boyd, Alan (*depois* 1º visconde Boyd de Merton) 219
Leopoldo III, rei da Bélgica 439
Letônia 380
Líbia 91, 93
Liddall, sir Walter 303
Liddell Hart, sir Basil 50*n*, 103, 330
Liga das Nações:
   1938 conferência 272;
   admissão alemã 27, 63;
   derrocada 113;
   e crise na Abissínia 93, 94-102, 113;
   e invasão japonesa da Manchúria 44, 81-2, 95-6, 365;
   e negociação de aliança anglo-soviética 365, 379-80;

entrada da União Soviética 224;
e remilitarização da Renânia 108, 111, 113;
expulsão da União Soviética 423-4;
fundação e princípios 93, 99-100;
Pleito da Paz (1934-35) 93-4;
saída da Alemanha 33-4, 447;
saída da Itália 177-8;
União da Liga das Nações (LNU) 87-8, 93, 108, 123, 126, 191
Lindbergh, Charles 271, 321
Lindemann, Frederick (*depois* 1º visconde Cherwell) 117, 121, 314
Lindley, sir Francis 364
Lindsay, A. D. "Sandie" (*depois* 1º barão Lindsay de Birker) 331
Lindsay, Kenneth 137
Lindsay, sir Ronald 175-6, 183, 273
Linha Maginot 51, 106, 266, 375, 410, 421
Linha Siegfried *ver* Muro Ocidental
Linz (Áustria) 206-7
Lipski, Józef 404-5
Lituânia 85, 354, 401
Litvinov, Maxim 110, 224, 260, 296, 323, 355, 364
Liverpool 108-9
Lloyd, George, 1º barão 81, 287-8
Lloyd George, David (*depois* 1º conde Lloyd-George de Dwyfor):
  depois carreira política 56-7;
  discurso no debate sobre a Noruega (maio de 1940) 431-3;
  e garantias britânicas à Polônia 354-5;
  negociações do Tratado de Versalhes 27, 65-7;
  "oferta de paz" de Hitler 416-7;
  possível aliança com a União Soviética 365, 380;
  primeiro-ministro 37, 145-7, 431;
  sobre Chamberlain 450;
  sobre Hitler 73-4, 137-8;
  sobre Lorde Runciman 253;
  sobre o Tratado de Versalhes e o rearmamento alemão 56-7, 63-4;
  sobre sir John Simon 81-2;
  visita Hitler na Alemanha 137-9;
  War Memoirs 39
Lloyd's of London, reação à missão de Chamberlain junto a Hitler 272
Locarno, Tratado de (1925) 27, 60, 80, 89, 119, 139, 169n, 420, 448;
  violação alemã 103-4, 106-8, 110-1
Lockhart, sir Robert Bruce 64, 337-8, 427, 443

lojas de departamentos Lewis 212
Londonderry, Charles Vane-Tempest-Stewart, 7º marquês de:
  convida Göring a ficar em Londres 196;
  e missão de Chamberlain junto a Hitler 273;
  Nós e a Alemanha 132;
  personalidade e juventude 130, 245-6;
  reação à invasão alemã da Tchecoslováquia 356-8;
  reação à renúncia de Eden ao Secretariado das Relações Exteriores 191;
  secretário de Estado para o Ar 54-7, 130;
  sobre perseguição nazista a judeus 77-8, 335;
  substituído 130;
  visita a Alemanha nazista 130-2;
Londonderry, Edith Vane-Tempest-Stewart, marquesa de 130-1, 135-6
Londonderry, Edward Vane-Tempest-Stewart, 8º marquês de *ver* Castlereagh, visconde
Londres:
  Broadcasting House 203;
  campo de pouso Heston 273, 305, 314;
  Cenotáfio 11, 26, 65, 302;
  Eaton Square 250;
  embaixada da Alemanha 165, 203, 205, 227, 244, 250n, 338;
  estações de metrô 297;
  Holland House 387;
  Horse Guards Parade 297;
  Hotel Claridge's 241;
  Hyde Park 25;
  Londonderry House 130, 196;
  Morpeth Mansions 296, 410;
  National Gallery 16, 442;
  Palácio de Buckingham 251n, 314, 354, 359;
  ponte de Westminster 297;
  quartel de Wellington 341;
  Queen Anne's Gate 410;
  Savoy Hotel 15, 313;
  St James's Park 243;
  St Paul's, Knightsbridge 359, 417n;
Lothian, Philip Kerr, 11º marquês de 74-5, 84, 86-7, 107-8, 170-1, 209, 245-6, 356-7;
  aparência, personalidade e início da carreira 65-7;
  visita a Alemanha nazista e se encontra com Hitler 66-9, 72-3, 78-9, 132, 154-5
Low, sir David 169, 171-2
Luftwaffe (Força Aérea Alemã):
  admissão da existência, por Göring 82-3;

ataques às forças britânicas em Dunquerque 438*n*, 439;
bombardeio da Polônia 14, 410-2;
bombardeio do Reino Unido 55-6, 274;
e anexação da Áustria 206;
expansão 30, 44-7, 52-5, 64, 71-2, 268-9, 271, 320-2, 341, 445;
operações na Guerra Civil Espanhola 126, 141-2, 155-6;
Luís Fernando, príncipe da Prússia 129
Lysander (aviões) 122
Lytton, Victor Bulwer-Lytton, 2º conde de 287, 418

MacDonald, Malcolm 116, 198, 221, 447*n*, 450
MacDonald, Ramsay:
 aposentadoria como primeiro-ministro 93-4;
 considera convidar Hitler a Londres 65;
 durante a I Guerra Mundial 245-6;
 e venda de equipamento aéreo à Alemanha 46-7;
 e visitas de Simon e Eden à Europa no início de 1935 81-2;
 na Conferência de Stresa (abril de 1935) 87-9, 92-3;
 perde assento na eleição geral de 1935 116*n*;
 plano para limitação de armas no continente 33-4, 46-7;
 primeiro-ministro 29, 38, 42, 130, 135-6, 148, 150, 244-5, 429*n*;
 proíbe uso do termo "Força Expedicionária" 48-9;
 recebe alertas sobre a política externa de Hitler 30-1;
Macmillan, Harold (*depois* 1º conde de Stockton):
 apoia estabelecimento do Ministério do Abastecimento 237;
 debate sobre a Noruega (maio de 1940) 433-4;
 e debate na Câmara dos Comuns sobre Acordo de Munique 318-9;
 em reuniões de antiapaziguadores promovidas por Churchill 295-6;
 reação ao Acordo 329, 331-2;
 serviço na I Guerra Mundial 245-6;
 sobre ameaça de bombardeio aéreo 55-6;
 sobre a Noite das Facas Longas 75-6;
 sobre a reação de Halifax à invasão italiana da Albânia 356*n*;
 sobre Chamberlain 147, 149, 244-5;
 sobre David Margesson 242;
 voto sobre adiamento na Câmara dos Comuns (agosto de 1939) 389-90;

Maginot, André 51
Maisky, Ivan 81, 214, 260, 384, 424;
 e crise da Tchecoslováquia 262, 355, 364, 379, 381
Malkin, sir William 306, 397
Manchester 25
Manchester Guardian (jornal) 75, 131, 275, 368
Manchúria, invasão japonesa da (1931) 44, 82, 96, 181, 365, 445
Mandel, Georges 106, 293
Manstein, Erich von 322
Margesson, David (*depois* 1º visconde Margesson) 242, 428, 433-4
Marinha Real:
 Armada do Mediterrâneo 96-8, 155-6, 223, 355-6;
 I Guerra Mundial 429;
 mobilização durante crise da Tchecoslováquia 298-301;
 mobilização durante crise na Polônia 404-5;
 programas de gastos e reconstrução 49-50, 87-8, 119, 223;
 requisição de navios mercantes 394;
 revista da frota (julho de 1935) 91-2;
 tempo de guerra 414, 426-7;
 ver também acordos e tratados navais
Markham, Violet 111, 149
Marlborough, Alexandra, duquesa de 387
Marlborough, John Spencer-Churchill, 10º duque de 387
Marquis, sir Frederick (*depois* 1º conde de Woolton) 211-2
Marshall-Cornwall, sir James 369
Martin, Kingsley 132
Mary, princesa real 326
Mary, rainha 302, 326
Masarik, Hubert 312
Masaryk, Jan 235, 247, 282
Masaryk, Thomas 294
máscaras contra gás, provisões de:
 França 293;
 Reino Unido 270, 297, 299
Masefield, John, "Como Príamo a Aquiles, por seu filho" 257, 285
Mason-MacFarlane, sir Noel 203, 254, 298
massacre de Katyn (1940) 411
Mass-Observation, pesquisas sobre a missão de Chamberlain junto a Hitler e o Acordo de Munique 272, 288, 328
Mastný, Vojtech 312
Maugham, Frederic Maugham, 1º visconde 278-9

Mayhew, Christopher (*depois* barão Mayhew) 331
McGowan, Harry McGowan, 1º barão 267
Memel 85, 154, 354
memorando de Fontainebleau (Lloyd George; 1919) 27
memorando de Godesberg (Hitler; 1938) 286-7, 289-90, 292, 294-5, 298, 320, 440, 447, 450
Mendelssohn, Felix 25
Mensdorff, conde Albert von 130
Metcalfe, Lady Alexandra "Baba" (*née* Curzon) 171
MI5 (Serviço de Segurança) 183, 333, 340, 349
Milch, Erhard 169
Ministério da Expedição, formação do 415
Ministério da Informação, formação do 412-3
Ministério do Abastecimento:
    formação do (abril de 1939) 356-7, 367;
    pressão pela criação do 121-2, 125, 237, 346-7, 367;
Mitford, Diana (*depois* Lady Mosley) 129*n*, 137, 358
Mitford, Nancy 268*n*
Mitford, Unity 129, 137, 267-8
Molotov, Vyacheslav 364, 366, 379-84
Monsell, Bolton Eyres-Monsell, 1º visconde 49, 137
Moore, sir Thomas 72, 138, 209
Moravská Ostrava (Tchecoslováquia), distúrbios (1938) 264
Morell, Theodor 350
Morning Post (jornal) 23, 69, 115
Morrison, Herbert (*depois* barão Morrison de Lambeth) 197, 281, 431
Morton, sir Desmond 53-4, 121, 123
Moscou 383-5;
    Palácio Spiridonovka 385, 387;
    Parque do Povo para Descanso e Cultura 386;
    tumba de Lênin 386;
Mosley, sir Oswald 70, 129*n*, 138, 441
Mottistone, J. E. B. Seeley, 1º barão 416
Mount Temple, Wilfrid Ashley, 1º barão 134, 138, 209, 248, 335
Mowrer, Edgar 63*n*
Moyne, Walter Guinness, 1º barão 265
Muggeridge, Malcolm 150
Munique:
    aeroporto de Oberwiesenfeld 312;
    Feldherrnhalle 62;
    Führerbau 307-9;
    Prinzregentenplaz 313;
    Regina Hotel 312;
    Sternecker Bräu 314*n*

Muro Ocidental (fortificações da Linha Siegfried) 234, 256, 294, 322, 413, 420, 423
Murray, Gilbert 133
Mussolini, Benito:
    Acordo Anglo-Italiano (1938) 226, 252, 343-5, 355-6;
    apoio inicial no Reino Unido 69-71;
    aproximação com Hitler 101-2;
    Conferência de Munique 301-3, 308-11;
    Conferência de Stresa (abril de 1935) 87-9, 92-3;
    e estouro da guerra 16-7;
    e Guerra Civil Espanhola 155-7, 177-8, 190, 252;
    e invasão alemã da Polônia 396, 398-9, 404-5;
    e plano de Halifax para negociação da paz 437, 439-40;
    estabelecimento do Império Fascista 101-2;
    guerra e ocupação da Abissínia 92-102, 151-2, 170-1, 296-7;
    iniciativa de aproximação de Chamberlain 176-93, 226;
    invasão da Albânia 355-7;
    Itália se une ao Pacto Germano-Japonês Anticomintern e deixa a Liga das Nações 177-8;
    reação ao assassinato de Dollfuss na Áustria 75-7;
    sobre a percepção inicial da Alemanha nazista no Reino Unido 73-4;
    sobre debate "Rei e País" na Oxford Union 40;
    sobre missão de Chamberlain junto a Hitler 273;
    últimas propostas para a conferência de paz 404-6;
    visita Berlim (setembro de 1937) 177-8;
    visita de Chamberlain e Halifax a Roma (janeiro de 1939) 343-6;

Naggiar, Paul-Emile 380
Namier, sir Lewis 444
Napoleão I, imperador da França 51, 85, 227
Napoleão III, imperador da França 437
Narvik (Noruega) 425-7
National Gallery (Londres), evacuação das coleções 16, 442
Nelson, HMS 91
Nelson, Horatio Nelson, 1º visconde 430
Neurath, Konstantin von 65, 71, 109, 157, 163-4, 176, 199
New Statesman (revista) 22, 132
New York Daily News 326
New York Herald Tribune 337

New York Times 212
News Chronicle 78, 171, 354;
    campanhas para retorno de Churchill ao governo 368;
    sobre Acordo de Munique 333;
    sobre a Noite dos Cristais 335;
    sobre atrocidades após anexação da Áustria 212;
    sobre missão de Chamberlain junto a Hitler 272;
    sobre nomeação de Hitler como chanceler 22;
    sobre ocupação da Tchecoslováquia 351-2;
    sobre rumores de plano para oferecer à Alemanha empréstimo em troca do desarmamento 372
Newton, sir Basil 220-1, 229, 248, 282, 289
Nicolson, Nigel 342
Nicolson, sir Harold:
    e estouro da guerra 18, 410;
    em reuniões de antiapaziguadores promovidas por Churchill 287-8, 295-7;
    e proposta de visita de Göring ao Reino Unido 197;
    faz lobby pelo retorno de Churchill ao governo 368-9;
    janta com Churchill 237;
    na Câmara dos Comuns às vésperas da Conferência de Munique 302-3;
    recusa-se a comparecer à Olimpíada de Berlim 137*n*;
    sobre apoio popular a Hitler no Reino Unido 129;
    sobre a remilitarização da Renânia 107-11;
    sobre atmosfera em Londres durante a crise da Tchecoslováquia 301-2;
    sobre campanha e debate sobre Noruega 427, 430;
    sobre Chamberlain 244-5, 342;
    sobre Chamberlain e Churchill durante as primeiras semanas de guerra 414-5;
    sobre "Chips" Channon 137-8;
    sobre crise da Tchecoslováquia 262-3, 270, 281-2;
    sobre discurso de Chamberlain à Câmara dos Comuns (24 de agosto de 1939) 395;
    sobre Eden 191, 239;
    sobre missão de Chamberlain junto a Hitler 287-8;
    sobre nomeação de Burgin a ministro do Abastecimento 367;
    sobre o Pacto Hore-Laval 99-100;
    sobre o Pacto Nazi-Soviético 393;
    sobre reação da população ao Acordo de Munique 328;
    sobre visita de lorde Londonderry a Berlim 131;
    sombrio resumo dos acontecimentos de 1938 342;
    visita à Alemanha nazista (fevereiro de 1934) 61-2;
Noel-Buxton, Noel Buxton, 1º barão 417*n*
Noite das Facas Longas (1934) 75, 168, 197, 286, 448
Noite dos Cristais (novembro de 1938) 335-6, 338-9, 450
Norfolk, Lavinia, duquesa de 387
Norman, Montagu Norman, 1º barão 69, 348
Northcliffe, Alfred Harmsworth, 1º visconde 69
Northumberland, Helen, duquesa de 387
Nova Sociedade da Comunidade das Nações 191
Nova York 25, 336;
    Broadway 240;
    Hotel Waldorf Astoria 336

Obama, Barack 12
Observer (jornal) 29, 171, 253, 282, 314, 351, 368
Ogilvie-Forbes, sir George 359
Olimpíada de Berlim (1936) 135-8
Omdurman, Batalha de (1898) 37
operação Dínamo (evacuação de Dunquerque; 1940) 438-43
organizações sindicais:
    França 106-7;
    Reino Unido 120-2, 191;
Ormsby-Gore, William (*depois* 4º barão Harlech) 87, 154
Orquestra Filarmônica de Berlim 25
Orwell, George, *A caminho de Wigan* 147
Oslo 426
ossário de Douaumont 11
Oster, Hans 345
Outro Clube 313
OEuvre, L' (jornal) 99, 377
Owen, Frank, *Guilty Men* 242, 443-4

Packard, Reynolds 231
Pacto Anti-Comintern (1936) 178, 345
Pacto de Não Agressão Alemanha-Polônia (1934) 68, 368
Pacto Franco-Soviético (1935) 80, 103, 105, 128
Pacto Kellogg–Briand (1928) 27
Pakenham, Frank (*depois* 7º conde de Longford) 331
Palácio de Blenheim (Oxfordshire) 387
Palestina 43, 177
Palmerston, Henry Temple, 3º visconde 250

Panay, USS, naufrágio do (1937) 156
Papen, Franz von 22
Paris 51-2, 98-9, 316-7, 340;
   Conferência de Paris pela Paz (1919) *ver*
     Versalhes, Tratado de;
   Conferência Internacional Trabalhista e
     Socialista (1933) 64
Paris-soir (jornal) 23, 325
Parker, Dorothy, sobre Chamberlain 337
Partido Comunista da Grã-Bretanha 68
Partido do Povo Britânico 358
Partido dos Alemães dos Sudetas (SdP) 260-4, 270-1;
   Congresso de Karlsbad (abril de 1938) 227, 229
Partido Popular Nacional Alemão (DNVP) 22*n*,
Partido Radical-Socialista (França) 23
Passchendaele, Batalha de (1917) 28, 48
Passo de Vilnius 386
Paul-Boncour, Joseph 23, 225, 228
Pearman, Violet 121
Peel, William Peel, 1º conde 209
Perth, Eric Drummond, 7º conde de 186, 219, 330, 343, 345
Petit Journal, Le 24
Philip, príncipe de Hesse 313
Phipps, sir Eric:
   alertas sobre remilitarização da Renânia 104;
   "despacho do bisão" feito na propriedade de Göring, Carinhall (1934) 167;
   e crise da Tchecoslováquia 234-5, 271;
   e falta de preparo da França para a guerra 292-4;
   e missão de Chamberlain junto a Hitler 272;
   e visita de Eden a Hitler (fevereiro de 1934) 60-1;
   e visitas de "diplomatas amadores" britânicos a Berlim 71-4, 132-3;
   impressão inicial do governo de Hitler 33-5;
   mais alertas sobre metas expansionistas da Alemanha 160;
   nomeação como embaixador em Berlim 33-4;
   personalidade 33-4, 160-1;
   propostas anglo-francesas sobre novo acordo armamentista 79-80;
   relatos de aumento de gastos da Alemanha em armamentos 54-5;
   sobre crise da Abissínia 97-9;
   sobre proposta de convidar Göring para ir ao Reino Unido 196;
   transferido de Berlim para Paris 160, 210;
   visita de Simon e Eden a Hitler (março de 1935) 84;

Pilgrims Society 241-2
Pimpinela escarlate (filme; 1934) 27
Pio XII, papa 401
Pitt, William, o Novo 435
Pitt-Rivers, George 138
Plano Dawes (1924) 27
Plano Young (1929) 27
plebiscito (1935) 80, 94
Pleito da Paz (1934-35) 94
Poincaré, Raymond 33
Polo 21
Polônia:
   Acordo Anglo-Polonês (1939)15-6, 396-7, 411-2;
   Caso Branco (plano alemão de invasão) 360-1, 369-70;
   garantias britânicas de apoio 351-6 360-3, 378, 411-2;
   invasão e ocupação alemã 14-6, 319-20, 404-6, 410-2;
   invasão soviética 411-2;
   massacre de Katyn (1940) 411-2;
   mobilização militar 401-2;
   Pacto de Não Agressão com a Alemanha (1934) 67-8, 368-9;
   renúncia alemã a Pacto de Não Agressão 368-9;
Ponsonby de Shulbrede, Arthur Ponsonby, 1º barão 214
Portsmouth, revista da frota (julho de 1935) 91
Portugal 171-2
Pownall, sir Henry 34, 49, 111, 119, 234, 341, 404
Praga:
   Castelo de Hradcany 282, 316, 350;
   clube Pratt 129, 237;
   Hotel Ambassador 231;
   Praça Venceslau 282, 316
Pravda (jornal) 381
precauções contra ataques aéreos 270, 297, 394, 409-10;
   ver também bombardeio aéreo, ameaça de
Price, George Ward 71, 79, 207, 208*n*;
   Year of Reckoning 357
Price Waterhouse (firma de contabilidade) 134
projeto de lei do Treinamento Militar (1939) 357
Protocolos dos Sábios de Sião (falsificação) 77
"Putsch da Cervejaria" de Munique (1923) 130

quartel de Döberitz (Brandemburgo) 163
Queen Elizabeth, HMS 91

Raczynski, conde Edward 16, 411
radar, desenvolvimento do 122, 321
RAF *ver* Força Aérea Real
Raikes, sir Victor 317
Ramsay, Archibald 417
Rathbone, Eleanor 270
Ravensdale, Irene Curzon, 2ª baronesa 138
Reading, Rufus Isaacs, 1º marquês de 25-6
recrutamento militar:
   Alemanha 82-3, 153-4;
   Departamento Conservador de Pesquisa 183, 242;
   França 82-3;
   Reino Unido 145-6, 312-3, 356-7, 404-5;
"Red Clydeside" 68
Redesdale, David Freeman-Mitford, 2º barão 129, 214, 267, 268*n*
Redesdale, Sydney, baronesa 267
Reed, Douglas 129
"Regra de Dez Anos" (1919) 44
Reith, John (*depois* 1º barão Reith) 203, 242-3
Relatórios Brancos sobre gastos com defesa:
   (1935) 45, 82-3;
   (1936) 120
Remarque, Erich Maria, *Nada de novo no front* 39
Renânia:
   reações internacionais à remilitarização 104-12, 117;
   remilitarização (março de 1936) 104-6, 112-3, 444;
   zona desmilitarizada 79-80, 82-3, 89, 104;
Rennell, Rennell Rodd, 1º barão 137
Renown, HMS 97
revista da frota (Portsmouth; julho de 1935) 92
"Revolta dos Subsecretários" (1938) 340
Reynaud, Paul 293, 426
Reynolds News 245
Rhodes Scholarship Committee 66
Ribbentrop, Anna von 135-6, 204
Ribbentrop, Joachim von:
   amizade com Ernest Tennant e Sociedade Anglo--Germânica 127-8, 135;
   anfitrião de festa na véspera do Comício de Nuremberg de 1938 267-9;
   assina Pacto de Aço (aliança militar Alemanha--Itália em maio de 1939) 369-70;
   assinatura do Pacto de Não Agressão Nazi--Soviético (agosto de 1939) 390-1;
   comissário especial para o desarmamento 64;
   dá garantias sobre probabilidade de guerra com Reino Unido 209;
   duque de Buccleuch visita (abril de 1939) 359-60;
   e Acordo de Munique 312-3;
   e Acordo Naval Anglo-Germânico (1935) 87-9, 135-6;
   e conversas de Chamberlain e Halifax com Mussolini (janeiro de 1939) 344-5;
   e crise da Abdicação 139-41;
   e crise de maio de 1938 na Tchecoslováquia 231-4;
   e declaração de guerra por parte do Reino Unido 406-7;
   e invasão da Tchecoslováquia 349-50;
   e missão de Chamberlain junto a Hitler 274-5;
   e negociações secretas de Fritz Hesse com George Steward 339;
   e nova ameaça à Tchecoslováquia 260-1;
   e Olimpíada de Berlim 136-8;
   e perseguição de judeus 60;
   e reunião de Halifax com Hitler 160;
   e reunião de Lloyd George com Hitler 137-8;
   e últimas propostas de Hitler ao Reino Unido 401-5;
   e visita a Berlim de lorde Londonderry (1936) 131;
   e visita a Berlim de lorde Rothermere (1934) 70-1;
   em Londres às vésperas da anexação da Áustria (março de 1938) 202-5;
   embaixador em Londres 135-6, 172-3;
   embaixador itinerante 87-8, 135-6;
   fracasso da missão a Londres e desenvolvimento de anglofobia 172-3, 199-201;
   "missões de paz" de Ernest Tennant (junho-julho de 1939) 373-5;
   nomeação como ministro das Relações Exteriores 199-200;
   origens, personalidade e juventude 134-6;
   suposta determinação por uma guerra no outono 1938 255;
Richard III, rei 192*n*
Right Club 358, 417
Rintelen, Franz von 40
rio Yang-tsé, ataque japonês ao HMS *Ladybird* e afundamento do USS *Panay* (1937) 156
Roberts, Stephen, *The House That Hitler Built* 198, 449
Rodney, HMS 91
Röhm, Ernst 75, 286
Roma 343-5;
   Palazzo Venezia 344-5

Romênia 113, 218, 323, 353-7, 380, 386
Roosevelt, Franklin:
  assinatura do terceiro Ato de Neutralidade (1937) 142-3;
  discurso sobre "quarentena" (outubro de 1937) 240;
  e Acordo de Munique 336;
  e crise da Tchecoslováquia e missão de Chamberlain junto a Hitler 273, 298-9, 300n;
  e plano de Halifax para a paz negociada 440-1;
  Iniciativa Roosevelt/Plano Welles sobre política externa 175-6, 179-84, 240-1;
  mensagem à Conferência Mundial de Genebra pelo Desarmamento 27-8;
  reação à anexação da Áustria 241;
  reação à Noite dos Cristais 336;
Rosebery, Harry Primrose, 6º conde de 387
Rosenberg, Alfred 26, 65, 373n
Rothermere, Esmond Harmsworth, 2º visconde 70
Rothermere, Harold Harmsworth, 1º visconde 69-72, 97, 116, 137, 153, 330, 368
Round Table (diário) 66
Rowse, A. L. 132
Royal Ascot (corrida) 374, 387
Rumbold, sir Horace:
  alertas sobre governo de Hitler 21, 24-6, 29-30, 448;
  aparência e personalidade 29, 161;
  aposentadoria 33-4;
  "despacho sobre *Mein Kampf*" 29-30, 448;
  e *pogroms* nazistas antijudeus 26-7, 77-8;
  em tempo de guerra 413, 429;
  embaixador britânico em Berlim 21;
  sobre anexação da Áustria 208-9;
  sobre a visão do inglês médio a respeito de política externa 127, 133-4;
  sobre iniciativa de Chamberlain de aproximação com a Itália 191;
  sobre lorde Brocket 335;
  sobre visita de Simon a Berlim em 1935 84;
Runciman Doxford, Walter Runciman, 1º visconde 278-9, 367;
  missão à Tchecoslováquia 244, 251-6, 262
Rundstedt, Gerd von 437
Rushcliffe, Henry Betterton, 1º barão 366, 416
Rússia:
  Guerra Russo-Turca (1877–78) 306n;
  I Guerra Mundial 11;
  Revolução de 1917 68-9;

ver também União Soviética
Rutland, John Manners, 9º duque de 327
Rydz-Smigly, Edward 378

Saarbrücken 334
Sackville-West, Vita 109, 297
Saffron Walden (Essex) 209
Salisbury, James Gascoyne-Cecil, 4º marquês de 414, 427
Salisbury, Robert Gascoyne-Cecil, 3º marquês de 86, 89n, 306n
Salisbury, Robert Gascoyne-Cecil, 5º marquês de *ver* Cranborne, Robert Gascoyne-Cecil, visconde
Salter, Arthur Salter, 1º barão 149
Salzburgo 206, 374
Samuel, Herbert Samuel, 1º visconde 53, 79
Sanderson, sir Frank 138, 267
Sandys, Duncan (*depois* barão Duncan-Sandys) 19, 239
Santander 178
Sapper (H. C. McNeile), histórias de Bulldog Drummond 77
Sargent, sir Orme 161, 244, 315, 428
Sarraut, Albert 106
Sarre 410
Sassoon, Siegfried, *Memoirs of an Infantry Officer* 39
Sassoon, sir Philip 46, 77
Schacht, Hjalmar 69, 109, 133, 154, 169, 172
Schilgen, Fritz 136
Schleicher, Kurt von 22-3, 75
Schmidt, Paul:
  e ocupação alemã da Tchecoslováquia 349-50;
  e últimos encontros de Ribbentrop com o embaixador britânico (agosto-setembro de 1939) 401-2, 406-7;
  missão de Chamberlain junto a Hitler (1938) 274-6, 290-1, 294-5;
  na Conferência de Munique 312-3;
  sobre crise na Abissínia 98n;
  sobre reuniões de lorde Halifax com Hitler em Berchtesgaden (1937) 165-6;
  sobre visita de lorde Londonderry a Berlim (1936) 131;
  sobre visita de Simon e Eden a Berlim (março de 1935) 84
Schoenberg, Arnold 25
Schuschnigg, Kurt 185, 199, 202, 204-5, 208, 212
Schwerin, conde Gerhard von 369
Scotsman (jornal) 25

Sedan (França) 437
Seeds, sir William 363-4, 379-80, 383
Segrue, John 212
Selborne, William Palmer, 2º conde de 368
Serviço Secreto de Inteligência (SIS) 53-4, 138-9, 398-9;
  e ataques em potencial à Tchecoslováquia 231, 233-4, 254, 349
Seyss-Inquart, Arthur 185, 205
Shakespeare, William 145;
  Conto do inverno 247;
  Henrique IV 305
Sharpe, Catherine 138
Shea, sir Ambrose 144
Sherriff, R. C., *Journey's End* 39
Shirer, William 104, 212, 295, 301, 311
Simon, sir John (*depois* 1º visconde Simon):
  aparência, personalidade e início da carreira 80-2, 245-6;
  chanceler do Tesouro 15-6, 337;
  discurso à Liga das Nações sobre invasão japonesa da Manchúria 81-2;
  e Acordo Naval Anglo-Germânico 87-8;
  e crise da Tchecoslováquia 257-8, 264-5;
  e estouro da guerra 15-7;
  e missão de Chamberlain junto a Hitler 272, 290-1;
  e possível aliança com a União Soviética 365;
  e presença de Chamberlain na Conferência de Munique 302-3, 305;
  e pressiona por total compromisso militar com o continente 346-7;
  e reação à remilitarização da Renânia 111;
  e últimas propostas de Hitler ao Reino Unido 397;
  e visita de Eden a Hitler (fevereiro de 1934) 61;
  em tempo de guerra 341-4, 317-8, 326, 431;
  líder do Partido Nacional Liberal 42*n*;
  na Conferência de Stresa (abril de 1935) 89*n*, 92-3;
  remoção do Gabinete de Guerra 432-3, 443;
  reputação subsequente 443;
  secretário das Relações Exteriores no governo de coalizão nacional 26-7, 135-6;
  secretário para Assuntos Internos 93-4;
  sobre o rearmamento alemão 55-7;
  sobre *pogroms* nazistas antijudeus 26-7;
  visita Berlim para negociações visando a um novo acordo armamentista (março de 1935) 78-88;

Simpson, Wallis (*depois* duquesa de Windsor) 139
Sinclair, sir Archibald (*depois* 1º visconde Thurso) 287, 296, 317, 388, 439
Sinclair, sir Hugh "Quex" 234
SIS *ver* Serviço Secreto de Inteligência
Smith, Al 337
Smith, F. E. *ver* Birkenhead, F. E.
Smith, 1º conde de Smith, John Edward 326
Snowden, Philip Snowden, 1º visconde 147
Sociedade Anglo-Germânica 134, 138, 161, 209, 248, 268, 335, 349, 416
Sociedade Budista de Bombaim 328
Somália Britânica 95
Somália Italiana 92-3
Somerville, sir James 439
Somme, Batalha de (1916) 11, 28, 48, 60
Sonnemann, Emmy (*depois* Göring) 71
Southby, sir Archibald 417
Southwood, Julius Elias, 1º visconde 171
Spears, sir Edward Louis 16-8, 245, 395, 410-1, 433-4
Spectator (revista) 22, 235
Spencer-Churchill, Lady Sarah 387
Spitfire (caça) 122, 321, 412
Spitzy, Reinhard 200, 203, 207
St Paul's, Knightsbridge 359, 417*n*
Stálin, Josef 68, 141, 224-5, 323, 364, 370, 380, 382, 384, 391, 411, 413, 424, 446
Stamp, Josiah Stamp, 1º barão 267
Stanley, Lady Maureen 131
Stanley, Oliver:
  presidente da Câmara de Comércio 192, 220-1, 246, 263, 271, 279, 281, 291, 293, 317, 332, 435;
  presidente da Comissão de Educação 110, 131
Star, The (jornal) 368
Stavanger (Noruega) 426
Steward, George, negociações secretas com Fritz Hesse 339-40
Strang, William (*depois* 1º barão Strang):
  com Chamberlain em missão junto a Hitler 274*n*;
  diretor do Departamento Central do Secretariado das Relações Exteriores 196;
  e negociações de aliança anglo-soviética 379-84;
  e questão dos Sudetas 248;
  e últimas propostas de Hitler ao Reino Unido 397-400;
  na Conferência de Munique 306-8, 312-3;
  sobre proposta de visita de Göring ao Reino Unido 196;

Stratford on Avon 108
Strauss, Richard 136
Streicher, Julius 137, 213
Stronge, Humphrey 298
Stuart, James (*depois* 1º visconde Stuart de Findhorn) 369, 417, 454
Studd, sir Peter 388
Stürmer, Der (jornal) 137, 213
submarinos:
 alemães 89, 124, 141, 427, 429*n*;
 italianos 155-6, 178
Sudão 37
Sudetas 217-8;
 anexação alemã 319-23;
 distúrbios e revoltas 263-4, 270-1;
 eleições (1938) 229-33;
 imposição de lei marcial 271;
 rendição da Tchecoslováquia 278-86;
Sudetendeutsches Freikorps (milícia) 287
Sudoeste da África 43
Sueter, sir Murray 138
Suíça 51, 99, 345, 380-1
Sunday Pictorial 69, 367
Sunday Times 142, 230-1, 373
Suécia:
 intermediários suecos em conversas com Göring 366, 373-4, 397-402, 404-5;
 suprimentos de minério de ferro 423-5
Swinton, Philip Cunliffe-Lister, 1º conde de 121-2, 149, 332
Syrový, Jan 316

Tanganica 43, 154
Tavistock, Hastings Russell, marquês de (*depois* 12º duque de Bedford) 358
Taylor, A. J. P. 319*n*
Tchecoslováquia:
 anexação dos Sudetas pela Alemanha 319-23;
 Caso Verde (plano de invasão alemã) 229, 232-4, 249, 254, 257, 294-5, 300-2;
 crise de maio de 1938 229-35, 247, 249;
 imposição de lei marcial 271;
 invasão alemã e ocupação do restante do país 319-20, 349-52, 444-5;
 missão de Runciman a (agosto de 1938) 251-5, 261-3, 278-9;
 mobilização para a guerra 286-90, 293-4;
 origens e formação 217-8, 221, 247-8;
 reação ao Acordo de Munique 315-7, 319-20;
 reações britânicas à invasão 350-2, 356-8;
 rendição dos Sudetas 278-86;
 Tratado da Aliança Tchecoslovaca–Soviética (1935) 224, 259-60, 323-4, 446;
 Tratado Franco-Tcheco (1925) 218-9, 249;
 ver também alemães dos Sudetas; Sudetas
Temperley, A. C. 30-1, 448
Tennant, Ernest 209;
 visita a Alemanha nazista 127-8, 132, 134, 267, 374-5
Thomas Cook (companhia de turismo) 134
Thomas, James "Jim" (*depois* 1º visconde Cilcennin) 178-9, 182, 192, 239, 371-2, 412, 415
Tientsin, bloqueio japonês (1939) 369
Tilea, Virgil 352-3, 356
Times, The:
 artigo de lorde Lothian sobre visita à Alemanha nazista 67-8;
 carta de lorde Rushcliffe sobre possíveis negociações entre Polônia e Alemanha 366;
 cartas sobre crise da Tchecoslováquia 270, 295-6;
 e campanha para "trazer Churchill de volta" 368-9;
 esforços de Dawson para moderar cobertura da Alemanha nazista 170-1;
 revelação da falsificação dos Protocolos dos Sábios de Sião 77-8;
 sobre a ascensão de Chamberlain ao cargo de primeiro-ministro 142-3;
 sobre a revista da frota no Jubileu de Prata 92;
 sobre anexação da Áustria 208, 213*n*;
 sobre crise na Abissínia 95-6, 98-9;
 sobre economia francesa 23*n*;
 sobre missão de Chamberlain junto a Hitler 281-2;
 sobre missão de Runciman à Tchecoslováquia 252;
 sobre Noite dos Cristais 335;
 sobre nomeação de Hitler como chanceler 21-2;
 sobre ocupação alemã da Tchecoslováquia 350-1;
 sobre o Tratado de Versalhes 64;
 sobre questão de Gdansk 377;
 sobre questão dos Sudetas 249, 261-3, 267-8;
 sobre remilitarização da Renânia 107-8;
Tirol Sul 218*n*
Tirpitz, Alfred von 88
Tiso, Jozef 350
Togolândia 154*n*, 169
Toynbee, Arnold 107, 132

Transjordânia 43
Tratado anglo-irlandês (1921) 226
Tratado anglo-irlandês (1938) 226
Tratado Franco-Tcheco (1925) 218-9, 249
Tratado Naval de Washington (1922) 88, 92, 151;
    saída do Japão 88, 151
Tree, Ronald 239, 410
Trevor-Roper, Hugh (*depois* barão Dacre de Glanton) 73
Trondheim (Noruega) 426-7, 429
Truth (jornal conservador) 243
Tryon, George (*depois* 1º barão Tryon) 219
Turquia 380-1;
    declaração anglo-turca de defesa mútua (1939) 357;
    Guerra Russo-Turca (1877-78) 306*n*
Tweedsmuir, John Buchan, 1º barão 434;
    romances 77, 378
Twysden, Duff, Lady 387

U-boats ver submarinos, alemães
Ucrânia 341
União Britânica de Fascistas 70, 78, 129*n*, 441
União Soviética:
    desenvolvimento da política externa por Litvinov 224, 323-4;
    e garantias britânicas à Polônia 352-5;
    e Guerra Civil Espanhola 141-2, 156-7;
    e invasão alemã da Tchecoslováquia 295-6, 322-4;
    e remilitarização da Renânia 109-10, 224;
    entra para a Liga das Nações 224;
    expulsão da Liga das Nações 423-4;
    invasão da Finlândia e Guerra de Inverno 423-5;
    invasão da Polônia 411-2;
    Molotov tem êxito como ministro das Relações Exteriores 364-6;
    negociações de aliança anglo-francesa 352-4, 363-6, 379-87;
    oferta de Litvinov de conversas sobre possível aliança com Reino Unido 224-5;
    Pacto de Não Agressão Nazi-Soviético (1939) 390-5, 411-4;
    Pacto Franco-Soviético (1935) 79-80, 103-6, 128, 224;
    Revolução de 1917 68-9;
    sob Stálin 68-9, 141-2, 225;
    total de vítimas da II Guerra Mundial 366;
    Tratado de Aliança Tcheco-Soviética (1935) 224, 259-60, 323-4, 446;
Unilever 134
Universidade de Birmingham 145
Universidade de Cambridge 40
Universidade de Glasgow 40
Universidade de Königsberg 66
Universidade de Manchester 40
Universidade de Oxford:
    debate "Rei e País" (1933) 39;
    debate sobre política de apaziguamento (1938) 331-2;
    ver também All Souls College; Balliol College
Universidade St. Andrews 70

Valência 155
Van Zeeland, Paul 108
Vansittart, Robert Vansittart, 1º barão:
    aparência e personalidade 61, 245-6;
    atitude francófila responsabilizada por ocorrências na Alemanha nazista 64;
    e anexação da Áustria 206;
    e crise crescente da Tchecoslováquia 261-2;
    e iminente invasão da Polônia 390-1;
    e invasão alemã da Tchecoslováquia 349;
    e Pacto Hoare-Laval 98-9;
    e possível restituição das colônias alemãs 105-6, 154-5;
    e primeiros alertas sobre política externa de Hitler 29, 31, 44, 448;
    e questão dos Sudetas 248, 257-8;
    e visita de Eden a Hitler (fevereiro de 1934) 61;
    e visita de Eden a Moscou para negociações visando a um novo acordo armamentista (março de 1935) 80-1;
    e visitas de "diplomatas amadores" britânicos a Berlim 72-3;
    escanteado em novo posto como "Conselheiro--Chefe Diplomático" 178-80;
    iniciativa de Chamberlain de aproximar-se da Itália 191;
    investigação quanto a quem editava o jornal *Truth* 243;
    juventude e carreira 61;
    membro do Comitê de Requerimentos de Defesa 48-9;
    na Conferência de Stresa (abril de 1935) 89*n*;
    na Olimpíada de Berlim 136-7;
    nomeação de Henderson à embaixada em Berlim 161-2;

oposição a "Plano Z" de Chamberlain de uma missão pessoal ao encontro de Hitler 265-6;
preocupações com o rearmamento alemão 45-7;
relatos sobre rumores de negociações entre a Alemanha e a União Soviética 369-70;
sobre a crise da Abissínia 94-5, 98-9;
sobre a França do pós-guerra 29;
subsecretário permanente de Estado para Política Externa 29;
suposições sobre próximos alvos expansionistas alemães 341;
visão de Henderson como embaixador na Alemanha 248;
visita de Halifax à Alemanha e conversas com Hitler (novembro de 1937) 160-2, 165-6;
visitado por Kleist-Schmenzin (agosto de 1938) 257-9
Vansittart, Sarita, Lady 137
Varsóvia 378, 411-2
Verdun, Batalha de (1916) 11, 51, 106
Vere Cole, Anne *ver* Chamberlain, Anne
Versalhes, Tratado de (1919):
conteúdo e signatários 27, 43, 62, 165n, 221;
críticas e esforços subsequentes para corrigir falhas 27-9, 62-9;
delegação britânica à Conferência de Paz 62, 65-7;
negociações 27, 248;
Viena 203, 205, 207-8, 212-3, 218
violações alemãs 27-8, 30-1, 45-7, 63-4, 82-3, 108-10
Vitória, rainha 86, 347
Voroshilov, Kliment 384-6
Vuillemin, Joseph 321

Wagner, Richard 35, 76, 131
Walter, Bruno 25
Wardell, Michael 171-2
Washington, DC, embaixada britânica 175
Waterhouse, Charles 417, 423, 428
Waterloo, Batalha de (1815) 61, 85
Watson-Watt, sir Robert 122
Waugh, Evelyn 96
Wedgwood, Josiah (*depois* 1º barão Wedgwood) 252, 270, 352, 433
Week (jornal comunista) 244-5
Weimar 334
Weir, William Weir, 1º visconde 121
Weizsäcker, Ernst von 229-30, 233, 275, 276n, 278, 403n,

Welles, Sumner 175, 181, 241
Wellesleys (bombardeiro) 122
Wellington, Arthur Wellesley, 1º duque de 61, 85
Wellington, Arthur Wellesley, 5º duque de 341
Wellington (bombardeiro) 122
Wells, H. G. 51, 363;
Daqui a cem anos 55
Wenner-Gren, Axel 373
West, Dame Rebecca 26
Westminster, Hugh "Bendor" Grosvenor, 2º duque de 15, 19, 117, 147, 177, 245, 330, 358, 360, 363, 370, 416-7
Weygand, Maxime 32, 424
Wheeler-Bennett, sir John 74
Whitteridge, A. E. 326
Wiedemann, Fritz:
ajudante de ordens pessoal de Hitler 250;
visita secreta a Londres (julho de 1938) 250-1
Wietersheim, Gustav von 256
Wigram, Ralph 53-4, 121, 448
Willingdon, Maria, marquesa de 329
Wilmot, John (*depois* 1º barão Wilmot de Selmeston) 40
Wilson, sir Arnold 72-3, 138, 191, 267, 417
Wilson, sir Horace:
acompanhante de Chamberlain em duas primeiras reuniões com Hitler 274n, 275, 277-8, 286;
aparência e personalidade 243-4;
aposentadoria 244-5;
assessor de Chamberlain 178-9, 212-3, 243-5;
crise da Tchecoslováquia 261-2;
e compromisso contínuo de Chamberlain com apaziguamento 365-7;
e "Plano Z" de Chamberlain para missão pessoal junto a Hitler 263-4;
e possível aliança com a União Soviética 365;
e renúncia de Eden ao Secretariado das Relações Exteriores 181-2;
e última "missão de paz" de Tennant junto a Ribbentrop (julho de 1939) 373-4;
e últimas propostas de Hitler ao Reino Unido 397, 405;
missão solitária de encontro com Hitler 293-6, 298-301;
na Conferência de Munique 302-3, 306, 308, 311-2, 450-1;
reuniões com Helmut Wohltat sobre possível apaziguamento econômico (junho-julho de 1939) 369-72;

sobre debate sobre a Noruega (maio de 1940) 432-3;
sobre metas da política de apaziguamento 451
Wilson, Woodrow 27, 248
Windsor, Edward, duque de (*antes* príncipe de Gales e rei Edward VIII) 15, 129-30, 196, 326;
Abdicação 139-43, 238;
visita a Alemanha nazista 139*n*
Winterton, Edward Turnour, 6º conde 279, 291, 293, 305, 317, 332
Wise, Roy 432
Woermann, Ernst 204-5, 227
Wohltat, Helmut 370-2
Wolff, sir Henry Drummond 348, 370, 416

Wolmer, Roundell Palmer, visconde (*depois* 3º conde de Selborne) 287
Wood, sir Kingsley 111, 159, 332, 411
Woodroffe, Tommy 315

Xangai 156;
bombardeio japonês de (1932) 42

York, príncipe Albert, duque de *ver* George VI, rei
Yorkshire Post (jornal) 368

Zetland, Lawrence Dundas, 2º marquês de 271
Zhdanov, Andrei 381
Zog, rei da Albânia 356

**Acreditamos
nos livros**

Este livro foi composto em Adobe Garamond
pro para a Editora Planeta do Brasil e impresso
pela Geográfica em janeiro de 2021.